Michel Drac

ESSAIS
2005-2009

Michel Drac

Essayiste non-conformiste, **Michel Drac** s'efforce de construire une grille de lecture originale de notre présent, pour esquisser notre devenir. Sa méthode : ignorer toutes les injonctions du politiquement correct, abolir toutes les barrières artificielles qui encagent notre réflexion, et réapprendre à énoncer le négatif pour rendre possible de nouvelles synthèses.

"Céfran", Scribédit 2007
"De la souveraineté", Scribédit 2008
"La question raciale", Le Retour aux Sources 2009
"Crise ou coup d'État", Le Retour aux Sources 2009
"Crise économique ou crise du sens", Le Retour aux Sources 2010

Publié par Le Retour aux Sources

www.leretourauxsources.com

© Omnia Veritas Limited – Michel Drac – 2020

TABLE DES MATIÈRES

DEUXIÈME QUESTION POURQUOI MAINTENANT ET DE CETTE MANIÈRE ?

TROISIÈME QUESTION QUELLES CONSÉQUENCES ? 376

CRISE ÉCONOMIQUE OU CRISE DU SENS

PRÉFACE À LA TROISIÈME ÉDITION

En relisant, en 2020...

*L*e présent ouvrage regroupe des textes rédigés entre 2005 et 2009. *Ces textes ont été publiés séparément dans une première édition, pour certains au format brochure. Puis ils ont été regroupés dans un recueil, publié en 2013 – d'où l'insertion, devant certains textes, d'une note intitulée « en relisant, en 2013 ». Ils sont maintenant publiés une troisième fois, à l'occasion de la réédition du recueil.*

Les deux premiers textes, « Céfran » et « De la souveraineté », sont des contributions théoriques à la définition d'un séparatisme en devenir. Les trois suivants, « La question raciale », « Crise ou coup d'État ? » et « Crise économique ou crise du sens ? » sont d'une nature différente. Ce sont là encore des contributions théoriques, mais celles-ci ne sont pas particulièrement dédiées à la démarche séparatiste.

Ces trois derniers titres correspondent à des rebonds sur des objections formulées par les premiers lecteurs des deux premiers ouvrages de ce recueil. Plus précisément :

- « La question raciale » est né de la critique qu'un ami, membre du Bloc Identitaire, avait lancée contre « De la souveraineté ». En réponse, il s'agissait d'expliquer pourquoi, si une « question raciale » se pose, elle n'a pas grand-chose à voir avec ce qu'on entend par là en général.

- « Crise ou coup d'État ? » est né à la suite d'un article intitulé « Quand l'imprévisible est certain ». Cet article venait quant à lui des interrogations d'un ami intéressé par la collapsologie, qui estimait « De la souveraineté » encore trop « décliniste » dans son « catastrophisme ». Pour approfondir la question, il fallait s'intéresser à l'économie, facteur décisif dans le rythme de l'effondrement.

- « Crise économique ou crise du sens ? » est né d'une critique entendue fréquemment au sein du petit groupe des premiers lecteurs : les analyses présentées ne prenaient pas assez en compte l'état de santé mental collectif de la population occidentale. De fil en aiguille, le travail suscité par cette critique conduisit à poser la question du sens. Ce fut fait dans une suite de billets de blogs, ensuite regroupés dans un ouvrage un peu décousu, à seule fin d'ouvrir des pistes de réflexion.

*

Plus d'une décennie après, quel regard l'auteur porte-t-il sur son travail ? Eh bien disons que cela pourrait être mieux, mais cela pourrait aussi être pire. Le fond a souvent été confirmé par les évènements. La forme, en revanche, est médiocre.

Cela étant, il y a une dynamique.

Même s'ils sont de nature différente, ces cinq textes sont unis par un lien manifeste. On y trouvera une pensée en cours d'élaboration, qui se découvre elle-même dans « L'architecture du rejet » (2005), « Céfran » (2006-2007) et « De la souveraineté » (2007-2008), puis commence à opérer une reprise réflexive dans les trois derniers ouvrages (2008-2009). Au fur et à mesure que les écrits s'enchaînent et se complètent, la crise contemporaine apparait dans toute sa gravité.

Après les textes regroupés dans le présent recueil, en 2010, la réflexion devait déboucher sur « Choc et simulacre », qui constatait, tout simplement, que c'étaient les structures créatrices du sens à l'intérieur de nos esprits qui étaient en train de s'effondrer. Là résidait une tragédie bien plus profonde que la dislocation de notre vie politique, ou que la fragilité inquiétante de notre système économique.

Cette remontée du constat des effondrements visibles, dans la politique et l'économie, vers le chaos invisible, dans les structures cognitives mêmes, se doubla d'un élargissement progressif de la prospective. « Céfran » et « De la souveraineté » parlent de la France. « Crise ou coup d'État », « Crise économique ou crise du sens », et a fortiori « Choc et simulacre », sont des tentatives pour embrasser des évolutions globales.

Le lecteur comprendra facilement, en lisant « Crise économique ou crise du sens ? », par opposition à « Céfran », à quelles conclusions cette démarche conduisait. À posteriori, on peut trouver le Michel Drac de « Céfran » et de « De la souveraineté » pertinent en théorie, mais surtout trop optimiste en pratique. De toute évidence, une démarche séparatiste, alors que l'hypothèse « décliniste » reste d'actualité, est extrêmement improbable. Les bases mentales font défaut pour une réaction collective. Seule la nécessité obligera les Français d'après la France à se refonder collectivement.

Pour autant, ces textes n'ont pas été écrits en vain. De nombreux témoignages démontrent qu'ils ont fait réfléchir quelques milliers de personnes, contribué à un éveil, préparé les esprits pour ce qui viendra en son temps.

Une ombre immense prend forme à l'horizon, et bientôt deviendra matérielle. Quand il faudra construire la phalange salvatrice évoquée dans « Céfran », les hommes véritables, qui devront converger, auront la surprise de constater que des pistes ont été pré-dessinées sur la carte, parfois esquissées sur le territoire.

Puissent donc ces modestes contributions théoriques avoir contribué à marquer ces sentiers de l'avenir.

CÉFRAN

En relisant, en 2013...

*R*édigé pour l'essentiel au deuxième semestre 2006, Céfran poursuivait l'objectif suivant : énoncer la situation réelle des « Français d'après la France », et suggérer une voie d'action pour refonder l'avenir de ceux-ci, qui n'en ont plus.

Cet objectif m'avait été suggéré par plusieurs lecteurs, à la suite d'un article publié un an plus tôt, juste avant le référendum sur le projet de Traité Constitutionnel Européen : « L'architecture du rejet » (voir ci-après). On me reprochait, en substance, de critiquer sans proposer. Je décidai donc de faire une proposition, malgré mes doutes sur la faisabilité d'une action au-delà de la simple critique désabusée.

Presque sept ans plus tard, je relis ce texte avec intérêt et amusement.

Intérêt, car les grandes dynamiques que j'avais identifiées ont été quasi-parfaitement confirmées par le mouvement historique : effondrement financier de l'économie d'endettement, fuite en avant quasi-nihiliste des classes dirigeantes, dislocation des cadres anthropologiques fondamentaux.

Mais aussi amusement, parce que le rythme des évènements, et parfois le détail de leur déroulement, diffèrent ici ou là de mes anticipations – sur la question turque et sur le tempo de l'effondrement financier, en particulier.

Je retiens de l'affaire une leçon simple : il semble que ma méthode d'alors me permettait de voir assez juste quant aux évolutions lourdes relatives aux thèmes sur lesquels je portais mon attention, mais m'exposait à me laisser prendre complètement à revers par une évolution de détail, souvent provoquée par l'interférence d'une problématique annexe que je n'aurais pas du tout considérée. À posteriori, je pense que cette faiblesse relative prenait sa source dans un réel déficit de transversalité, que je n'ai surmonté qu'en partie, et dans des écrits ultérieurs. En 2006, je n'avais pas encore réalisé qu'on ne pouvait sérieusement établir de prospective que réellement globale.

Cela étant, sur le fond et quant à l'essentiel du propos, je n'ai, sept ans après Céfran, absolument pas changé d'avis. Le défi des patriotes français n'est pas de défendre la France qui fut, mais bien d'en faire naître une nouvelle. Et le combat qu'impose ce défi n'oppose en dernière analyse que deux camps : le peuple français contre l'euromondialisme.

L'ARTICLE À L'ORIGINE DE « CEFRAN » : L'ARCHITECTURE DU REJET

Une chronique publiée sur le site subversiv.com, le 20 avril 2005

Subversiv me demande un billet sur le Traité Constitutionnel Européen. Chose curieuse, cela me fait penser à Sylviane Agacinski, l'épouse de Lionel Jospin.

En parlant du TCE, elle a déclaré, en substance, qu'elle ne comprenait pas qu'on puisse être contre.

Il y a pas mal de gens comme elle, parmi les partisans du « oui ». Ils ne comprennent pas le rejet du discours institutionnel. Essayons de leur expliquer.

Un « non » populaire

Ce que n'a pas vu madame Agacinski, c'est que la réalité prime les discours. En cela, la dame est représentative de nos soi-disant élites européennes, qu'en bon lecteur de Maurice G. Dantec, j'ai coutume d'appeler les zélites zéropéennes.

Ces gens sont dupes de la médiasphère dans laquelle ils évoluent. Conçue au départ pour leurrer les spectateurs passifs, cette médiasphère est devenue la prison mentale de ses animateurs. La méconnaissance qu'on voulait imposer au peuple est désormais le fait des princes : retournement classique dans l'histoire des régimes politiques finissants.

La preuve de cette auto-intoxication semble d'ailleurs avoir été donnée par Jacques Chirac lui-même. Il n'a pas correctement apprécié les risques du référendum. Sans cette erreur d'appréciation, même pour diviser la gauche, il ne se serait pas lancé dans cette aventure.

Essayons de décrire plus précisément ce que madame Agacinski n'a pas vu, ou pas voulu voir. Essayons de saisir l'esprit du temps.

Pour nos zélites zéropéennes, nul européen ne saurait s'opposer à la Zérope institutionnelle, puisque celle-ci se confond avec l'Europe réelle. Discours partial : dans les faits, la Zérope apparaît au contraire comme l'adversaire de l'Europe réelle.

Depuis quinze ans, à chaque fois que la Zérope dit quelque chose, l'Europe réelle éprouve le contraire. La Zérope fait l'Euro, et pour cela impose une politique de désinflation compétitive. Officiellement, il s'agit de renforcer la rentabilité du capital productif. Mais dans les faits, on assiste au gonflement de la rente et à la délocalisation des entreprises de main d'œuvre. Puis, une fois l'Euro créé, la Zérope proclame le retour de la croissance. Mais dans les faits, l'Euroland s'enfonce dans la stagnation.

Un tel divorce entre discours et réalité ne peut pas durer éternellement. Tout se passe comme si la Zérope institutionnelle prétendait défendre l'Europe réelle, mais en réalité la défaisait. Du fait de cette contradiction permanente, l'opinion évolue.

La plupart des gens n'ont pas encore discerné l'origine du problème, mais ils en ont ressenti les effets de manière répétée. Ils commencent donc à se poser de sérieuses questions. Or, plus ils se posent des questions, plus ils sont amenés à reconsidérer leur point de vue.

Ainsi se détricote le discours institutionnel. Les spécialistes de l'action psychologique appellent ce mécanisme une dépersuasion. L'Histoire enseigne que c'est un mécanisme irréversible, c'est-à-dire qu'une fois le discours institutionnel déconstruit, il n'est plus possible de le reconstruire. Il faut en inventer un autre.

Tel est le mécanisme que madame Agacinski n'a pas décelé - ou plutôt tel est le mécanisme qu'elle a choisi d'ignorer, dans l'espoir de le conjurer. Semblable ignorance ne peut évidemment conduire nulle part. Les faits sont têtus.

Les électeurs dépersuadés ne jugent plus en fonction des belles paroles. Ils jugent en fonction de ce qu'ils voient. Or, ce qu'ils voient, c'est la réalité. Et ce que leur enseigne cette réalité, c'est que la politique macro-économique poursuivie sous l'impulsion de la Zérope conduit concrètement à privilégier toujours plus les revenus du capital spéculatif vagabond, au détriment des revenus du travail et du capital productif investi localement.

Ces concepts généraux recouvrent sur le terrain des faits très concrets - hausse du chômage, chantage à la délocalisation, inflation sauvage. Ce sont ces réalités indéniables qui expliqueront le « non » populaire. Il est impossible de dire si ce « non » sera majoritaire dans le pays, mais ce qui est certain, c'est qu'il sera non négligeable.

À ce « non » populaire, il ne faudra pas chercher des justifications élaborées. C'est une réaction instinctive, l'expression d'une exaspération parfois légitime, parfois illégitime.

Exaspération légitime, la réaction de l'ouvrier licencié, à qui la commission européenne présente les délocalisations comme un « phénomène positif ». Notre homme en déduira fort logiquement que la commission européenne parle d'un phénomène positif pour la rentabilité du capital spéculatif - et non, évidemment, pour les intérêts relativement convergents des travailleurs et du petit patronat. D'où un certain sentiment de dépossession chez les petites gens.

Exaspération illégitime, en revanche, la réaction corporatiste du statufié, fonctionnaire ou autre, qui ne défend guère que ses privilèges, parfois indus.

Mais au fond, peu importe. Qu'il procède ou non d'une exaspération légitime, le suffrage populaire est légitime sui generis. Même injuste, sa sanction doit être acceptée, qui révèle à tout le moins un manque de lisibilité dans l'action politique.

Dans ce contexte, l'objectif des « nonistes de gauche » est très clair : il s'agit d'exprimer une exaspération telle que les classes dirigeantes seront contraintes de réviser leurs choix macro-économiques.

Certains critiquent ce « non », au motif que le sujet du référendum est la constitution, pas la politique macro-économique. Critique elle-même critiquable, dans la mesure où la constitution verrouille implicitement le pilotage macro-économique.

Cette question du verrouillage des choix macro-économiques nous amène au deuxième « non » : le « non » politique.

Un « non » politique

Dans le prolongement du « non » populaire, touffu et plus ou moins légitime, il y a le « non » politique, autrement plus structuré. Ce vote-là ne prend pas prétexte du référendum. Il critique le TCE sur le fond.

Ne nous attardons pas sur les faiblesses du texte, elles sont bien connues. De la quasi-impossibilité d'une révision au flou dans la définition du périmètre de l'Union, le TCE est un tissu de contradictions et de compromis boiteux. Ceux qui veulent en savoir plus peuvent se reporter aux sites spécialisés.

Demandons-nous plutôt comment on en est arrivé là. La procédure de rédaction en dit long sur le contexte idéologique zéropéen.

Cette procédure est la copie presque conforme de celle adoptée en 1787 pour rédiger la constitution des États-Unis. Délégation par les États de représentants siégeant en assemblée, lesquels s'interdisent de communiquer quoi que ce soit de leurs délibérations avant l'achèvement de leurs travaux, puis soumettent leur projet à la ratification des États constituants. En Amérique, le résultat fut un texte de 4000 mots, clair et synthétique, énonçant de grands principes souples, élaborés au terme d'un processus transactionnel concluant.

Le moins qu'on puisse dire, c'est qu'en Zérope, le résultat a été moins concluant.

Pour comprendre les raisons de cet échec, il faut nous demander ce qu'est l'Europe réelle, par opposition à ce que la Zérope institutionnelle voudrait qu'elle soit. En effet, l'essence de l'Europe réelle est constituée par ses nations, alors que la Zérope institutionnelle voudrait justement se construire au mépris de cette essence.

Nos dirigeants ont voulu refaire l'Histoire américaine. Mais ce faisant, ils ont nié l'Europe réelle. La procédure américaine était bien adaptée à d'anciennes colonies britanniques, désireuses de se constituer en une nation, homogène de par son héritage institutionnel et culturel. Cette procédure de rédaction centralisée traduisait un fait national dans le domaine institutionnel.

À l'inverse, il n'y a aucun fait national zéropéen. Les nations européennes restent constituées, de par leur originalité linguistique. Dotées chacune de leur personnalité historique propre, poursuivant des intérêts parfois divergents, elles ne peuvent se fondre réellement dans un ensemble supranational. C'est pourquoi la Zérope institutionnelle est structurellement boiteuse.

En fait, pour sortir de l'impasse du traité de Nice, deux procédures étaient envisageables. Soit l'on décidait de créer les États-Unis d'Europe, et alors, dans une optique franchement révolutionnaire, il fallait élire une assemblée constituante au scrutin continental par liste, consacrant ainsi la naissance d'une nation européenne. Soit l'on constatait que les nations européennes restaient les réalités essentielles du continent, et l'on revenait tout bonnement à une Europe de la coopération.

À l'inverse, le TCE prononce le divorce entre l'Europe réelle et la Zérope institutionnelle. D'un côté des intérêts divergents, de l'autre une souveraineté théoriquement supérieure, mais sans unité de la volonté. Tout cela risque fort de déboucher sur une paralysie complète.

À ce point de la réflexion, une question se pose : le TCE a-t-il pour but de créer une Union Européenne viable ? Et si c'était un leurre ? Et si la paralysie des institutions était en réalité une incidence acceptable, du point de vue des inspirateurs du texte ?

Demandons-nous qui en fait dirige l'Union Européenne. À quoi pensent ces gens-là ? Quel est leur horizon temporel ?

Écoutons les connaisseurs des institutions zéropéennes. Leur constat est sans appel : en pratique, les commissaires contrôlent difficilement leurs propres services. Ce sont les fonctionnaires qui dirigent la Zérope. Et à travers eux, les lobbys.

Ce constat explique comment l'Europe des fondateurs s'est réduite à la Zérope. En réalité, il n'y a plus de vision politique derrière la construction zéropéenne. Les véritables inspirateurs de cette construction sont exclusivement préoccupés de questions économiques, et ils ont de l'économie une vision très financiarisée. Les questions politiques fondamentales ne les intéressent pas. C'est pourquoi non seulement ils ne s'inquiètent guère des éventuels blocages institutionnels, mais en outre ils en escomptent une position d'arbitrage.

Ainsi, la coquille institutionnelle européenne est désormais squattée par le projet zéropéen. Les classes dirigeantes européennes ne parviennent pas à penser notre civilisation, même pas par opposition au reste du monde : ne reste que le pouvoir de l'argent.

Quelques exemples.

Prenons la question turque, pour commencer. Bien sûr, l'entrée de la Turquie en Europe est planifiée. Le référendum sur cette question ne sera organisé qu'une fois la population « mûre », idéologiquement et ethniquement. C'est l'évidence.

Mais pourquoi la Zérope tient-elle tant à intégrer la Turquie ?[1] En apparence, c'est absurde. Ce grand pays appartient principalement à l'aire de civilisation musulmane. Il est très lié à l'Asie Centrale, il a peu d'intérêts convergents avec l'Europe. L'entrée de la Turquie, c'est la paralysie garantie pour la Zérope.

S'agit-il d'acquérir un surcroît de puissance ? Voire. La Turquie n'offre aucune ressource naturelle vitale. Même dans le cadre d'une grande politique arabe, la carte turque est assez contestable. Au reste, le règne du tout pétrole s'achève et à long terme, il est plus intéressant de se tourner vers la Russie.

Alors pourquoi l'insistance de la Zérope à se fourrer dans le guêpier turc ?
- Tout simplement parce que la rentabilité du capital spéculatif exige qu'on

---

[1] Note 2013 : sur la question turque et son évolution ultérieure, voir « Céfran », chapitre 2.

importe en Europe une main d'œuvre abondante et bon marché. L'objectif est évident : il s'agit de réviser le partage des surplus de productivité. Et peu importe si, à long terme, l'Europe réelle est submergée par le monde musulman. L'essentiel est que sur une période de trente ans, le rendement du capital soit maximisé !

Prenons un autre sujet sensible : la réforme de l'État. Tout le monde en France sait que la fonction publique doit être réformée. Et cependant, on ne fait rien. Mieux : alors que nos partis politiques sont étroitement liés aux confédérations syndicales, politiciens et syndicalistes nous offrent un affrontement de comparses, avec pour seul résultat le maintien des corporatismes.

Situation absurde : l'État programme sa propre faillite.

Situation absurde, mais qui s'explique très bien dans le cadre d'une stratégie de pourrissement. Si nos dirigeants ne réforment pas l'État, c'est parce qu'ils ne le veulent pas ! Leur logique est de restreindre le choix politique à deux options également mortifères : ou bien le maintien des conservatismes, ou bien la soumission aux intérêts du capital spéculatif à travers la privatisation générale de la société.

En somme, à l'imitation des grands féodaux du Moyen Âge, par un enchaînement complexe de stratégies conscientes et de réflexes de caste, les oligarchies technocratiques déconstruisent l'ordre public pour rendre désirables les souverainetés privées. Tel est le fond de l'affaire. En la matière, la construction zéropéenne fonctionne comme un système de cliquets : elle institutionnalise à son tour chaque étape de ce processus de démolition générale, ce qui rend les évolutions irréversibles.

Nous pourrions continuer ainsi sur des pages et des pages, à propos de la stratégie des leurres mise en place par la deuxième gauche, à propos de l'immigrationnisme aberrant de certains milieux islamophobes, à propos de bien d'autres sujets encore… Faute de place, nous ne développerons pas davantage. Constatons simplement que les incohérences de nos classes dirigeantes s'expliquent très bien, dès lors qu'on admet leur allégeance au capital spéculatif.

C'est le rejet de cette féodalisation illégitime qui structure secrètement le « non » politique. Même si la racine du problème est ignorée de certains acteurs, tous ont perçu la nécessité d'une refondation du principe de souveraineté.

À partir de ce rejet fondateur, le « non » politique déploie une arborescence complexe, vivante, mouvante. Il s'agit d'un vote contestataire et conservateur à la fois. Contestataire envers le nouvel ordre féodal, mais conservateur par sa défense de l'État-nation. D'où une certaine ambiguïté. En outre la droite pose franchement le problème en termes de souveraineté, alors que par réflexe, la gauche de combat privilégie le clivage entre solidarités populaires et capitalisme sauvage.

Et cependant, malgré cette polyphonie parfois dissonante, il semble que le « non » possède une surprenante capacité à faire s'adosser ses tendances les unes aux autres. Comme s'il existait une unité idéologique latente derrière la diversité évidente des « non » de droite et de gauche.

Il nous faut à présent parler des enjeux métapolitiques.

Un « non » métapolitique

La politique peut être vue comme une intermédiation entre les exigences de l'époque et les revendications du peuple. Mais elle peut aussi se montrer volontariste. Dans cette optique, elle est reliée non seulement à l'économique et au social, mais aussi au spirituel et au culturel. Là commence le débat métapolitique. Il s'agit de gérer l'espace mental collectif, au-delà de l'espace matériel.

Cet aspect de la situation paraîtra irréel, mais il ne faut pas s'y tromper : c'est dans le domaine métapolitique que se trouve la matrice conceptuelle des forces agissantes. Généralement, il s'agit de façonner la société à travers la culture, par un effet de choc en retour. Plus rarement, les acteurs métapolitiques visent réellement le domaine symbolique pour lui-même.

Quand il s'agit d'approuver une constitution, la question métapolitique est incontournable.

Ce qui saute aux yeux, quand on lit le TCE, c'est l'emprise des signifiants sur les schémas mentaux de ses rédacteurs. On dirait que pour ces gens-là, les signifiants justifient les signifiés, comme si ceux-ci pouvaient s'émanciper impunément de l'ordre des choses. Telle est la formule de pensée de nos zélites zéropéennes : c'est un nominalisme perverti.

C'est ainsi que la Zérope prétend exister uniquement à travers ses institutions, au point de ne pas toujours distinguer dans ses finalités entre le bien de ses citoyens et celui du reste du monde. Étrange construction politique, qui ne se pense pas en fonction de sa substance charnelle, mais se constitue pour ainsi dire comme une administration anonyme.

Au-delà des intérêts immédiats du capital vagabond, comment une telle formule de pensée a-t-elle pu s'imposer au sommet de notre continent ? Pourquoi imprègne-t-elle à ce point nos élites ? Car on voit bien qu'il s'agit d'un problème de fond, n'est-ce pas ? Pourquoi avons-nous besoin de ce simulacre, interposé entre l'Europe réelle et la perception que nous en avons ? Qu'est-ce que nous cherchons à ne pas voir ?

La vérité que nous cache le simulacre zéropéen, c'est que l'Europe réelle est morte, parce qu'elle n'est plus une civilisation. Elle n'a plus de projet autre que sa préservation, elle ne cherche plus à élever le réel jusqu'à la beauté, elle ne structure plus l'espace mental des peuples. Elle ne fait pas rêver.

Nous autres zéropéens, nous n'existons plus que comme profiteurs du monde. Nous nous gobergeons frénétiquement pour oublier que nous n'avons pas d'avenir. Nous ne sommes plus qu'une foule, hantée par le désir compulsif de régresser vers la matrice fusionnelle. D'où la nécessité du simulacre, qui nous dissimule notre pourrissement.

Ainsi, notre Zérope n'est pas chrétienne : elle adore Mammon, elle est fondamentalement satanique. Mais il serait injuste d'imputer ce malheur à nos seules zélites zéropéennes. Celles-ci n'ont rien fait pour résoudre le problème, certes, mais elles ne l'ont pas pour autant créé. Le mal est en chacun de nous. Il ne retranche pas de la vérité une classe sociale donnée. En chaque européen, et donc en chaque Français, il y a une part du mensonge. C'est du cœur de notre culture que jaillit la source mortifère.

Pour comprendre comment nous en sommes arrivés là, il faut nous interroger sur la nature de l'Europe occidentale d'après 1945, ou de l'Europe orientale d'après 1989. Ces Zéropes d'après le cataclysme n'ont plus d'âme. Elles forment un continent zombi - au mieux un prolongement apathique du véritable cœur de l'Occident, à savoir les États-Unis.

Seulement, ce qui fonctionne outre-Atlantique ne fonctionne pas chez nous.

La société américaine a un sens en Amérique. Là-bas, elle renvoie à l'essence secrète d'un projet national, en l'occurrence la libre expérimentation spirituelle. Mais ce projet-là n'est pas le nôtre, et pourtant nous n'avons aucun projet alternatif à lui substituer. Nous ne pouvons donc que singer le système américain, alors qu'il ne correspond pas à notre nature profonde.

C'est ainsi que notre Zérope est devenue le monde le plus bête de l'Histoire. Un monde en pleine implosion culturelle, démographique et même économique, un monde qui ne tient que par la supériorité illusoire d'un avantage technologique momentané. Et un monde, cependant, qui s'acharne à se perpétuer, dans l'attente de sa chute.

Le drame des zélites zéropéennes, c'est justement que la chute approche. D'où la fuite en avant.

Pour assurer son pouvoir, la social-démocratie européenne a promu un système de références débilitant, destiné à modeler des consommateurs compulsifs et des salariés dociles. Le résultat de cette entreprise d'abrutissement général, c'est une fragilisation extrême du corps social. L'Europe n'a plus de tripes.

Or, avec l'épuisement des ressources naturelles et la montée en puissance de blocs rivaux, nous entrons dans un monde où il faudra avoir de la tripe ! Il devient donc nécessaire de retrouver une certaine volonté de puissance, faute de quoi nous serons balayés.

Dans ce contexte, on peut lire l'attitude de nos dirigeants comme une stratégie de classe partiellement programmée. Du point de vue de la bourgeoisie, en effet, il s'agit désormais de préserver son mode de vie, ce qui suppose que quelqu'un d'autre acquitte le prix amer de la remobilisation économique du continent. D'où la décision de réduire les classes moyennes à une certaine insécurité. D'où la nécessité d'un verrouillage institutionnel, ce qui est le véritable objectif du TCE.

Le problème est que cette stratégie de classe n'a aucun sens à long terme. Elle renvoie à une perception réductrice du fait politique. Une société ne peut être viable, qui a cessé de se représenter à elle-même. La Zérope va tenter de masquer momentanément la crise, mais ce faisant, elle va nous jeter dans une fuite en avant désastreuse. Pour redonner vie à l'Europe, il faudra lui offrir bien autre chose qu'une dérisoire utopie libérale – libertaire, énième avatar de l'idolâtrie marchande.

Derrière la multiplicité des « non » qui vont s'exprimer le 29 mai, il y aura souvent le pressentiment de cet enjeu métapolitique. Une motivation inconsciente que nous pourrions baptiser le désir de catastrophe.

Ressentant confusément leur responsabilité historique, de nombreux Français veulent en fait la dislocation de la Zérope. Ils veulent déchirer le voile qui cache l'ampleur du désastre. Ils veulent que l'Europe se découvre morte, parce qu'à l'instant où elle se saura morte, elle commencera à renaître. Spirituellement, culturellement, et par contrecoup démographiquement et politiquement.

Ce « non » métapolitique ne visera donc aucun objectif institutionnel zéropéen. D'ailleurs, beaucoup d'électeurs du « non » ne souhaitent plus discuter avec les dirigeants. Ils souhaitent au contraire que les dirigeants se taisent, parce qu'ils n'ont plus rien à dire. En ce sens, le rejet de la Zérope exprimera parfois une revendication sécessionniste.

EN EXERGUE À « CÉFRAN »

Peuple français, connais ta gloire ;
Couronné par l'Égalité,
Quel triomphe, quelle victoire,
D'avoir conquis la Liberté ! (Bis)
Le Dieu qui lance le tonnerre
Et qui commande aux éléments,
Pour exterminer les tyrans,
Se sert de ton bras sur la terre.

La Marseillaise, septième couplet original

CHAPITRE I - LA NATURE DE LA FRANCE

Dans son « Essai sur le principe générateur des constitutions politiques et des autres institutions humaines », Joseph de Maistre admet que l'Histoire ne trouve pas seulement sa source dans la volonté des hommes, mais aussi dans les voies de la divinité. Cette idée nous paraît aujourd'hui étrange, à nous autres, européens épuisés. Cependant, elle est encore bien vivante, ailleurs dans le monde, là où subsiste une volonté politique. Les dirigeants américains, par exemple, font souvent référence à la destinée manifeste de leur nation – c'est pour eux une manière de rappeler que la volonté politique doit rencontrer une *nécessité*.

Si tous les maîtres des puissances ne ramènent pas l'affaire à la religion, aucun cependant n'oserait nier que les peuples ont un rôle à tenir dans un drame qui les dépasse : de là, leur capacité à construire une vision du monde. Adopter le point de vue métapolitique, c'est en effet prendre un recul tel que les péripéties sont ramenées à leurs vraies proportions. C'est comprendre l'épreuve en considérant la nécessité de son dépassement. L'enjeu de l'Histoire n'est alors plus seulement d'évoluer au sein de l'univers des possibles. Il faut aussi parfois rendre possible ce qui est nécessaire au regard de l'Idéal.

Alors que la France approche d'une crise décisive, je voudrais adopter ce point de vue pour juger de notre situation. Je me propose de remonter très en amont, dans les causes métapolitiques de nos maux politiques, car je crois ces maux complexes, et je ne pense pas qu'il soit possible de les analyser sans les avoir situés d'abord dans une cartographie globale de l'espace collectif. Je ne me satisfais ni des explications purement endogènes, ni des explications purement exogènes. Je crois plutôt que c'est une combinaison dynamique de facteurs endogènes et exogènes qui explique la crise, et c'est précisément le caractère dynamique du phénomène que nous devons placer au centre de nos raisonnements.

Pour esquisser un tableau aussi exact que possible, j'entends donc dessiner jusqu'aux replis intimes de notre âme collective. Je crois en effet que c'est d'eux que procède la mécanique du destin, et donc la possibilité d'une renaissance. Je me propose ainsi de traquer, derrière la figure perceptible de la catastrophe, les lignes d'une nouvelle transfiguration.

*

Commençons par dresser le constat de décès dans toute sa brutalité : la France n'existe plus.

Plus rien ne réunit les soixante millions de personnes qui peuplent « l'hexagone », sinon l'intérêt qu'elles ont à maintenir l'illusion de leur vie commune. Les habitants de la France n'ont plus rien en commun : ni projet, ni filiation – pas même leurs ennemis. La francité n'existe plus. Dès que l'État ne sera plus en mesure de rétribuer l'adhésion des citoyens, le corps social se disloquera.

Parlons franc : la France se meurt, la France est morte.

Prenez tout d'abord un jeune homme issu de l'immigration maghrébine, élevé dans le souvenir des crimes commis par l'ancienne puissance coloniale. Pourquoi diable se voudrait-il français, lui qui déteste la France ? Il peut avoir intérêt à faire semblant de l'être, mais il n'a aucune raison de le devenir vraiment.

Prenez une jeune femme issue de l'immigration noire africaine, élevée dans l'humiliation de l'ancien colonisé, forcé de quémander l'aide des anciens colonisateurs. Rajoutez à cela ce mépris discret des Noirs pour les Blancs. Croyez-vous que cette jeune femme resterait fidèle à la soi-disant république dite française, si l'État cessait de rétribuer sa fidélité ?

Vous devez penser que j'en veux aux Africains. Passons à autre chose, donc. Prenez maintenant un électeur du Front National. Celui-là passe à coup sûr pour un « bon Français ». Et cependant, la question se pose de savoir si « sa » France est encore celle de ses voisins. Depuis vingt ans, cet électeur du Front National a été inlassablement stigmatisé par l'ensemble des corps constitués. Aussi « sa » France n'a-t-elle plus qu'un très vague rapport avec la représentation institutionnelle obligée. Si demain, à la faveur d'une crise, l'opportunité se présente pour lui de claquer la porte, de quitter à son tour la soi-disant république dite française, il n'hésitera pas : il partira.

Admettons que survienne, par exemple, la sécession d'une région à majorité musulmane. Cet électeur Front National militera-t-il pour l'unité de la soi-disant république dite française ? Ou bien revendiquera-t-il un droit à faire également sécession, de son côté, au nom d'une « France française », désormais distincte de la soi-disant république dite française ? – la question mérite d'être posée.

À cette aune, la France est devenue la prison des communautés qui la font – ou plutôt qui la défont.

Voici le juif en partance, pour qui la France n'est plus qu'un lieu de transit vers Israël. Voici le régionaliste plus ou moins légitime, qui non sans raisons fait remarquer que les provinces crèvent de Paris. Voici le catholique excédé par la propagande antichrétienne des médias institutionnels, qui admet désormais que sa vraie patrie, c'est l'Église. Voici le musulman qui veut bien que la république finance sa mosquée, mais pas qu'elle désigne son imam. Etc.

Au rythme actuel, la France s'invente un communautarisme par mois, ou à peu près. Après les Noirs, Antillais et Africains mêlés par on ne sait quel tour de passe-passe, voici les homosexuels. Encore plus fort : nous découvrons le « communautarisme féminin ». Je me souviens par exemple avec amusement d'une émission radiophonique où quelques rombières New Age expliquaient très sérieusement que « la femme » définit une catégorie politique homogène, dotée d'une dynamique électorale propre, animée par sa logique, bien distincte de celle des hommes – démarche grotesque, certes, et bien évidemment instrumentalisée par les pouvoirs en place. Mais pour grotesque qu'elle soit, cette démarche n'en ajoute pas moins à l'impression générale d'écroulement.

La maison France se défait. Chaque jour, une lézarde apparaît. Déjà, quelques tuiles ont glissé du toit. Ici ou là, une pierre s'est descellée. La France ne se représente plus à elle-même. Elle n'est plus qu'un lieu de cohabitation forcée pour des millions d'individus schizophrènes. À l'aune de cette réalité dramatique, la montée des communautarismes procède d'abord d'un effacement de l'être collectif français. Au vrai, les prisonniers de la maison France tentent tout simplement de maintenir un lien social en retournant à leurs appartenances communautaires – voire en les réinventant. On ne peut pas vivre si l'on n'est personne.

*

Cependant, le paradoxe français veut que ce pays qui n'existe pas ne puisse pour autant pas cesser d'être. Il y a en France des millions de gens, qui lorsqu'on leur demande s'ils se sentent français, répondent : non. Mais si on leur demande ensuite ce qu'ils se sentent plutôt que français, ils répondent : rien.

Ce paradoxe ne doit pas nous étonner.

Tout d'abord, il faut relativiser le recul de la francité. Une des raisons pour lesquelles l'identité française s'est à ce point effacée, c'est qu'elle est en quelque sorte perçue comme un acquis définitif. Beaucoup de gens ne se sentent pas français qui ne se sont jamais demandé s'ils l'étaient. C'est d'ailleurs tout à fait logique : seule une identité menacée est vindicative. À l'inverse, une identité apaisée s'affiche peu, et elle se revendique encore moins.

L'identité française est tellement ancienne, tellement profondément ancrée dans la tradition, qu'elle a en quelque sorte cessé d'être du domaine des superstructures conscientes. Au vrai, elle a été « enfoncée » dans l'inconscient collectif par la greffe progressive d'une autre identité, « en superstructure » celle-là – une identité entièrement construite par l'État. Cette identité en superstructure masque l'identité profonde, rejetée dans les soubassements de la construction collective – syndrome très complexe, typiquement français et donc largement incompris à l'étranger. Nous reviendrons ultérieurement sur l'origine historique du phénomène. Pour l'instant contentons-nous de l'illustrer par un exemple.

Prenez un Français ordinaire : monsieur Dupont.

Monsieur Dupont compte vraisemblablement quelques étrangers parmi ses ancêtres. Disons au moins un arrière-grand-père – et cela est vraiment un minimum ; la plupart des Français dits « de souche » comptent un bon quart d'ancêtres étrangers, dès qu'on remonte quatre générations en arrière.

Son ascendance étrangère structure-t-elle la personnalité de monsieur Dupont ?

Généralement pas, ou très peu, car monsieur Dupont est d'abord le fruit de ses expériences propres. Or, la France, qui n'est pas un très grand pays, est toutefois bien assez grande pour que l'essentiel de la population passe l'essentiel de sa vie à l'intérieur du pays. C'est ainsi : seuls les petits peuples ont l'habitude de l'étranger. Pour un Luxembourgeois, l'étranger, c'est forcément la porte à côté. À l'inverse, pour un Français, l'étranger, c'est loin. La France n'est pas la Russie, certes, mais elle est bien assez diverse pour qu'on voie en elle un monde en miniature.

En somme, monsieur Dupont a beau compter un arrière-grand-parent russe, italien, allemand ou arménien, il a beau savoir que le monde s'étend bien au-delà des limites de son pays, cette connaissance « intellectuelle » reste désincarnée – et ce ne sont pas quelques voyages organisés qui vont y changer quelque chose. Concrètement, lorsqu'il réfléchit au problème du Bien et du Mal, monsieur Dupont peut s'élever au-delà de sa propre personne, jusqu'à la question du Bien commun. Cependant, quoiqu'il en dise, la plus grande communauté qu'il peut percevoir concrètement, c'est la France – qui le justifie parce qu'elle l'inclut. Tout à fait comme monsieur Ivanov de Krasnoïarsk pense agir pour le mieux en servant la Russie, monsieur Dupont, à Orléans ou à Amiens, pense d'abord au bien de la France. Lorsqu'il se ramène au plus grand ensemble dont il se sente partie prenante, monsieur Dupont va vers la France. Le monde, c'est beaucoup trop vaste, c'est désincarné. La France, c'est charnel.

Ce lien charnel, monsieur Dupond ne le conceptualise pas explicitement. L'appartenance à la France ne se nomme pas : elle est profondément ancrée dans nos esprits, mais elle ne nous apparaît pas clairement. C'est que nous avons, pour la nommer, inventé une forme politique qui, à nos yeux, résume le projet national. Cette forme, c'est la République. L'existence de cette forme nous dispense de nommer l'essence qu'elle recouvre.

Donc, si monsieur Dupond est profondément français, il dissimule cette francité obligée derrière l'illusion d'un acte positif : la signature du pacte républicain, traduction politique du « contrat social » métapolitique. Monsieur Dupond réussit ainsi le tour de force d'être résolument particulier, et cependant il se réclame de l'universalisme le plus abstrait pour justifier ce particularisme résolu. Voilà ce qu'être français veut dire. On comprend donc que les étrangers nous trouvent compliqués : effectivement, nous *sommes* compliqués.

*

On dira que j'exagère, que la construction européenne a fait évoluer les choses. Elle a un peu modifié la donne, c'est vrai. Mais un *tout* petit peu.

L'une des particularités de l'identité française est en effet qu'elle est pensée par les Français comme la matrice nécessaire de l'identité européenne. De sorte que s'il se ramène à l'Europe, le Français commence généralement par ramener l'Europe à la France !

Il suffit d'examiner une carte du continent pour comprendre d'où vient cette étrangeté. La France est le seul pays européen qui touche à la fois à l'Atlantique, à la Mer du Nord et à la Méditerranée. C'est aussi le seul pays qui touche à la fois au monde latin, au monde germanique et à l'espace anglo-saxon. Avec l'Allemagne, qui touche au monde slave, la France est l'un des deux seuls pays sans lesquels il n'y a pas d'Europe possible.

En outre, à la différence de l'Allemagne, qui touche à plusieurs mondes mais ne les incorpore pas dans sa substance propre, la France présente cette singularité qu'elle regroupe en son sein des fractions de tous les mondes européens – y compris le monde slave, tard venu, par l'immigration. À l'Est, la France inclut les Lorrains et les Alsaciens, qu'un Breton peut à bon droit regarder comme des manières de Germains. Au sud, elle intègre des Corses et des Niçois, qu'un Lillois verra nécessairement comme des presque Italiens, ou encore des Catalans français, qu'on peut difficilement trouver plus proches des Flamands de Dunkerque que des Catalans de Barcelone.

À cette, aune, disons-le, vue de Paris, l'Europe n'est rien d'autre qu'une extension du principe français – vision erronée sans doute, mais logique de notre point de vue. Une vision aussi qui ne s'exprime certes pas de la même manière dans le peuple et dans les classes dirigeantes de notre pays, mais qui est finalement partagée par tous les Français.

Voici donc pourquoi la France continue de se penser comme un monde après cinquante ans de construction européenne : elle se pense comme un monde, parce qu'elle *est* un monde. Monde divers qui incorpore les mondes voisins, la France est une matrice, qui veut modeler son voisinage. C'est là un syndrome commun à tous les peuples issus d'une synthèse entre des influences diverses, à la source desquelles il leur faut revenir pour achever la réconciliation – les Américains réagissent à leur manière selon des schémas finalement assez comparables.

Le hic, dans le cas de la France, c'est que les voisins de notre pays peuvent à bon droit nous faire remarquer que si notre nation est un monde, et un monde encore qui a su incorporer un peu de leur propre essence, nous n'avons cependant ni le poids, ni même le prestige nécessaire pour imposer notre modèle. De ce hiatus entre la France rêvée, pensée comme un monde matrice par les Français, et la France réelle, vue par les autres européens comme la province d'une fédération égalitaire, vient pour partie le divorce latent entre la France et l'Europe. Divorce lourd de conséquences, car même si la France peut faire sourire, avec son modèle qui n'en est pas un, il n'en reste pas moins qu'il n'y a pas d'Europe sans la France. Et cela, personne n'y peut rien.

*

Europe ou pas, la France comme matrice conserve donc une force d'attraction extraordinaire. Même ceux des Français qui en sont les plus éloignés subissent son influence. Même ceux qui rejettent la vision centraliste françaises restent structurés, jusque dans leur refus, par les schémas mentaux sous-jacents à la nature matricielle du fait national français. Discutez quelques heures avec un Français francophobe : vous comprendrez vite que ce qu'il reproche à la France, c'est de ne pas être égale à elle-même.

Pour comprendre d'où vient cette force d'attraction de l'identité française, et pourquoi, malgré sa faiblesse apparente, elle semble capable de résister à n'importe quel travail de subversion, il nous faudra remonter jusqu'à la construction historique française dans la longue durée, pour en dévoiler la nature. Nous allons y venir.

Mais avant cela, pour nuancer le propos et achever de lui donner chair, nous devons parler de la diversité des Français. Quand on s'éloigne du centre du modèle français, quand on perd de vue monsieur Dupond, on trouve en effet une succession de strates, de plus en plus éloignées de la matrice France. Il s'agit donc de savoir qui est, et qui n'est pas français, puisque la réponse n'est pas évidente.

Après les Français dits « de souche », que nous admettrons porteurs de la francité par hypothèse et sauf exception, viennent d'abord les Français dont un des parents, parfois les deux, sont nés étrangers, mais étrangers dans un pays européen. En règle générale, à quelques exceptions près, ceux-là sont à peu près complètement francisés, et s'ils ne le sont pas, leurs enfants le seront spontanément. La raison en est évidente : si un Corse, un Basque ou un Breton bretonnant peuvent partager la francité avec un Alsacien, on a beau chercher, on ne voit rigoureusement aucun obstacle à ce qu'un immigré italien, espagnol ou arménien devienne français. Du fait de l'extrême diversité de son peuplement, la France ne distingue pas au sein des populations européennes. Pour dire les choses simplement, on est français si l'on est européen par la culture, francophone et ni belge, ni suisse. Point final.

Quant à la question de savoir comment l'on peut être belge, ce n'est pas notre propos…

En second lieu viennent les Français dont un des parents, parfois les deux, sont nés étranger, et étrangers dans un pays non européen. Ici, l'acquisition de la francité semble beaucoup plus problématique. C'est que l'acquisition de l'identité *politique* française suppose en effet l'acquisition préalable de l'identité *culturelle* européenne.

Dans le cas des personnes dont la famille est originaire d'une aire de civilisation n'ayant pas de contentieux historique lourd avec la France ou l'Europe, les asiatiques par exemple, ou encore les sud-américains, l'assimilation pure et simple dans l'ensemble français se fait, ou ne se fait pas, selon une alchimie très complexe dans laquelle les parcours individuels jouent un rôle au moins aussi important que la donne familiale. Cependant, en règle générale, l'assimilation se fera probablement sur le long terme – sauf évidemment si la dislocation de l'ensemble français devait la précéder.

Dans le cas des personnes dont la famille est originaire d'une aire de civilisation ayant un contentieux structurel avec l'Europe, le monde musulman par exemple, ou plus spécifiquement avec les anciennes puissances coloniales, comme l'Afrique Noire, c'est encore plus compliqué. Dans ce cas, des influences franchement antagonistes s'expriment, et le trajet de l'individu dépendra en partie des conditions dans lesquelles s'est effectuée l'insertion dans l'ensemble français du sous-ensemble auquel il se rattache, mais aussi en partie des conditions dans lesquelles s'effectue sa propre insertion d'une part dans l'ensemble français, d'autre part dans son sous-ensemble ethnique d'origine. Il est presque impossible de schématiser des parcours aussi complexes, qui engendrent souvent des personnalités schizophrènes – vulgairement, on dit de ces gens qu'ils ont « le cul entre deux chaises ». Dans la mesure où les intéressés eux-mêmes n'arrivent pas à faire le tri de leurs sentiments, on voit mal comment un tiers pourrait y parvenir.

Quoiqu'il en soit, dans ce cas de figure, il n'est possible ni de refuser la francité aux intéressés, ni de présupposer qu'ils l'ont acceptée en eux. Nous sommes dans une zone floue, à la limite du pouvoir d'attraction de l'identité française.

Pour autant, l'origine ethnique n'est pas le facteur déterminant de l'identité nationale – et il s'en faut de beaucoup. Dans les classes supérieures, par exemple, on trouve désormais une proportion non négligeable de « citoyens du monde », c'est-à-dire de personnes ayant, étant donné leur parcours, acquis une authentique dimension « transculturelle ». Aucun jugement de valeur ici : quand il s'agit des personnes, il serait inconvenant de classer entre le « bien » et le « mal ». Nous faisons un constat, voilà tout. Il existe, dans les classes supérieures, une proportion significative d'individus qui sont officiellement français, mais qui en réalité, s'ils devaient se définir, le feraient principalement par leur appartenance de classe, et très secondairement par leur origine française.

Qu'on pense par exemple aux cadres de haut niveau de certaines multinationales : la seule totalité intermédiaire à laquelle ces gens se ramènent, concrètement, c'est la multinationale pour laquelle ils travaillent. En outre, on observera qu'ils changent fréquemment d'employeur, ce qui implique que l'identité, à leurs yeux, est une variable transitoire – en d'autres termes, non seulement ils ont abandonné leur identité française au profit d'une identité structurée par les logiques du capital mondialisé, mais encore ils ont fait muter jusqu'au concept même d'identité.

Encore ces diverses catégories peuvent-elles se combiner. Des individus pluriethniques mais relevant de la classe moyenne enracinée se sentent parfois plus « français », en tout cas plus solidaires des intérêts de la France, que des individus nés français, de parents français, mais qui ont effectué leurs études aux USA et travaillent au Japon pour une société hollandaise ou australienne.

Et avec tout cela, nous n'en avons pas encore terminé de la complexité française ! Il faut aussi parler des Corses, dont personne ne sait s'ils sont d'abord français ou d'abord Corses de France, des Basques, même remarque, voire des Bretons et des Alsaciens…

Infinie complexité française, qui génère une diversité de parcours telle qu'être français est souvent un choix autant qu'une donne. Un cadre supérieur d'origine basque par son père, vietnamienne par sa mère, formé à Londres et qui travaille au Mexique, peut-il être plus français dans son cœur qu'un ouvrier d'usine nommé Dupont, fils de Dupont et Durand, qui n'a jamais mis les pieds hors du pays, mais qui est membre d'une organisation altermondialiste ? – Réponse : oui.

En réalité, la question de la francité, si on la pose dans ces termes théoriques, est tout simplement insoluble. Les quelques éléments de réflexion fournis ci-dessus suffisent à démontrer l'interaction inextricable entre déterminants ethniques, sociaux, familiaux, voire régionaux. Pour commencer à répondre à la question, il faut donc la transformer.

Plutôt que de nous demander qui est ou n'est pas français, demandons-nous qui resterait en France, si rester en France devenait difficile, voire dangereux. Imaginons par exemple que la France soit ruinée. Plus de sécurité sociale, plus d'assurance chômage. Une vie dure, une vie pauvre. Pour faire bonne mesure, ajoutons-y une petite guerre civile larvée. Une vie dangereuse, des attentats…

Vous voyez le tableau ? – Bon, à présent, demandons-nous : qui, dans ce contexte, déciderait de rester en France pour défendre le pays et le relever ? Et qui s'enfuirait vers des cieux plus cléments ?

Répondez à cette question, et vous saurez qui mérite d'être français. Tout le reste, c'est de la littérature.

Qu'il soit donc bien clair que dans cette plaquette, quand je parlerai des « Français », je parlerai précisément de ceux-là. De ceux qui se demandent ce qu'ils peuvent faire pour la France, et pas de ceux qui se demandent ce que la France peut faire pour eux. De ceux qui sont prêts à se dévouer pour ce pays. De ceux qui s'enracinent physiquement dans notre sol, mentalement dans notre culture, parce qu'ils ont décidé qu'ils étaient les leurs. De ceux qui voient dans les Français de jadis leurs ancêtres – filiation spirituelle, et pas nécessairement biologique. Je parlerai de ces Français-là, que j'appelle les « vrais » Français, parce qu'ils méritent d'être appelés tels. Voilà, je dis que ceux-là méritent d'écrire le prochain chapitre de l'Histoire de France, parce que pour commencer, ils s'inscrivent dans cette Histoire.

Quant aux autres, que leur dire ? Je n'ai rien contre eux, mais voilà, ce bouquin ne leur est pas destiné. Il parle d'un pays qui n'est pas le leur.

*

Cela dit, reprenons le fil de l'exposé. Revenons à l'identité de la France.

Pour comprendre l'identité française définie comme un être dynamique, il nous faut nous débarrasser définitivement de l'idée selon laquelle elle serait homogène dans son principe. Elle est en réalité constituée par l'empilement de plusieurs strates, et chacune de ces strates recouvre en outre la collision d'influences diverses. La France est évidemment une *construction*.

Le premier problème est de trouver la plus ancienne des strates constitutives, et ce problème-là pourrait en lui-même faire l'objet d'un livre. Aussi loin qu'on remonte le temps, on ne rencontrera nulle part une borne à partir de laquelle dire : voilà, c'est alors que la France charnelle est née – auparavant elle n'était pas, et ensuite elle fut.

L'école de nos grands-parents prétendait résoudre le problème en remontant aussi loin que l'Histoire d'alors le permettait. Sous la III° République, l'origine de la France se trouvait dans la Gaule, les ancêtres des Français étaient donc les Gaulois.

Sur le plan de la filiation biologique, ce n'est pas faux. Pendant très longtemps, les migrations sont restées un phénomène relativement marginal. Même les grandes invasions du V° siècle n'ont que peu modifié le substrat ethnique français. On estime par exemple qu'au VI° siècle, les effectifs totaux des envahisseurs germaniques ne dépassaient pas dix pourcents de la population autochtone.

Cela étant, la formule « nos ancêtres les Gaulois » est assez simpliste. Il se trouve en effet que sur le plan biologique, les Gaulois eux-mêmes n'étaient pas très gaulois ! – Les Celtes ne passèrent le Rhin que vers le VI° siècle avant JC. Auparavant, le territoire de ce que nous appelons aujourd'hui la France était occupé par des populations diverses, dont la mémoire se perd dans les brumes du passé – des peuples qui n'ont pour nous pas de noms.

Voilà la différence entre la France et l'Allemagne : les Allemands connaissent les noms des peuples dont ils sont issus, nous pas. Il nous est impossible de nous ramener à un passé « originel », « pur », exempt de toute influence étrangère. Dès l'origine, la France fut caractérisée par le métissage, le brassage des populations et des influences culturelles. Elle s'est construite sur un substrat ethnique très ancien, mais innommé. Jamais il ne surgira en France un Hitler pour rétablir une quelconque « pureté » raciale, car il n'est pas de pureté en France, en tout cas dans nos origines. Il est possible bien sûr que certains Français soient racistes. Mais la France, en tant que nation constituée, ne peut pas être raciste sans se renier.

Alors pourquoi la III° République crut-elle nécessaire de chanter « nos ancêtres les Gaulois » ?

Pour répondre à cette question, il faut nous défaire d'une certaine naïveté. L'Histoire officielle est souvent plus affaire de mythes que de réalités. Ce n'était pas pure convention académique, de la part des hommes de la III° république, que de décider arbitrairement que les Gaulois, en somme, étaient les ancêtres des Français. Il s'agissait avant tout d'une opération de propagande.

Examinons cela de plus près.

Les Gaulois présentaient deux avantages pour les républicains du XIX° siècle. Tout d'abord, à travers leur filiation symbolique, on faisait remonter l'identité de l'homme républicain à une date antérieure au baptême de Clovis. Sur le plan des représentations inconscientes ancrées dans l'esprit collectif, la formule rituelle « nos ancêtres les Gaulois » permettait donc à la république maçonnique de se proclamer plus ancienne que la France dont elle était née – une France chrétienne que les bouffeurs de curé radicaux-socialistes ne portaient pas précisément dans leur cœur. Accessoirement, les Gaulois fournissaient aussi un parfait exemple en matière de défaut de centralisation. Leur défaite avait démontré que pour être forte, il fallait que la nation fût unie par un État fort.

On trouve là l'exemple achevé d'un syndrome répété aux grandes étapes de notre histoire. Chaque régime, à tour de rôle, s'est efforcé de réinventer l'identité du pays, pour s'assurer les deux piliers symboliques de la légitimité : d'une part un précédent historique cautionnant le fait accompli, d'autre part la preuve qu'une autorité forte est nécessaire au salut commun.

C'est en effet qu'en France, la question de la légitimité se pose avec plus d'acuité que partout ailleurs dans le monde. Voilà un pays divers, qui est à la fois un isthme entre plusieurs mers et un pont entre plusieurs mondes. Voilà un pays qui incorpore en lui une part des mondes voisins, et qui cependant ne peut pas être divisé entre eux, parce qu'il est un carrefour nécessaire. Comment voulez-vous être légitime à gouverner ce monde-là, qui n'existe semble-t-il que parce que vous en êtes le maître ?

La France est un paradoxe spontané : unie par le cours de ses fleuves, indispensable au centre de l'Europe occidentale, elle est pourtant divisée par sa diversité. Ce pays absolument nécessaire et manifestement impossible ne peut donc que réinventer constamment une identité symbolique garante de sa cohésion. Toute notre histoire est celle d'une invention, qui est aussi l'invention de l'Histoire : la France est un rêve obligé – depuis quinze siècles, nous travaillons à édifier un être collectif qui ne nous a pas été donné, sinon comme Idéal. Être français, c'est d'abord vouloir que la France soit.

Ainsi, l'identité française n'est pas une donne à proprement parler. C'est une construction culturelle, un peu comme l'identité américaine. La différence avec la situation des Américains, c'est que nous ne nous rendons plus compte aujourd'hui du caractère composite de notre être, parce qu'il y a tellement de strates empilées les unes sur les autres que les plus anciennes nous donnent l'impression de correspondre à un fait ethnique. Mais c'est là pure illusion. Fondamentalement, nous sommes tous des métis.

*

En s'efforçant de remodeler l'identité « en superstructure » afin qu'elle redéfinisse apparemment l'identité « en infrastructure », les radicaux-socialistes de la III° république ne firent donc qu'imiter servilement les pratiques du pouvoir monarchique défunt. Dès le commencement, notre identité fut un choix.

Cependant, ce choix obéit à une logique cachée. Voici le secret sous le secret : si la France ressemble aux États-Unis par la diversité des peuples qu'elle a amalgamés, elle évoque plutôt l'Israël biblique par la manière dont elle procéda historiquement pour réaliser cet amalgame. À l'origine, en effet, la France fut une expérience religieuse – et même, pour être précis : une expérience *mystique*.

Par quels mécanismes une expérience mystique peut-elle façonner le réel afin qu'en retour il l'incarne ? Pour répondre à cette question, il faut remonter à la très longue période qui s'étend du baptême de Clovis au triomphe de Philippe Auguste – sept siècles, ni plus ni moins. C'est pendant ces siècles-là que se forgea l'identité en infrastructure qui court encore aujourd'hui dans notre inconscient collectif, soubassement secret de notre cohésion.

Si la France charnelle semble avoir toujours été, la France spirituelle possède en effet, quant à elle, un point de départ métapolitique. La France spirituelle est née au baptême de Clovis par l'évêque Rémi, à la fin du V° siècle. La naissance du royaume franc et catholique créait un être, quelque chose qu'il fallait nommer – la rencontre entre une foi, celle de l'évêque Rémi, et une loi, celle du roi Clovis. Le nom de cet être fut la France, c'est-à-dire *la terre des hommes libres*.

Ce royaume des Francs était au départ une construction des plus fragiles, une lueur à peine discernable dans la tourmente des invasions. Si ce royaume survécut, s'il parvint à s'affermir, puis à se transmuer progressivement en Empire carolingien, c'est parce qu'il était l'émanation directe de l'Église catholique romaine. Tel était le pacte signé à Reims entre un roi barbare et un évêque gallo-romain : « courbe-toi, fier barbare ». C'est-à-dire : « incline-toi » devant le pays que tu as conquis, et en échange, nous te reconnaîtrons roi. « Reçois l'héritage chrétien, » c'est-à-dire la culture de la Méditerranée antique, « et tu cesseras d'être un étranger, tu cesseras d'être l'ennemi du peuple que tu dois défendre. »

Comme tout geste politique de grande portée, ce pacte pouvait être lu à plusieurs niveaux. À un premier niveau de lecture, politique et économique, il s'agissait d'une alliance temporelle entre deux institutions : l'Église catholique romaine d'une part, la hiérarchie tribale et militaire d'une peuplade celto-germanique d'autre part. Cependant, si ce premier niveau de lecture avait été le seul valable, l'alliance n'aurait pas duré des siècles. En soubassement, deux autres niveaux de lecture vinrent conforter le pacte politique.

Premier soubassement : l'alliance purement politique entre les *figures* du prêtre et du guerrier, alliance cimentée par la volonté commune de construire le royaume. Alliance structurante, qui transmuait la nature même des parties : avant l'alliance, le guerrier était un conquérant, il se battait pour sa lignée. Après l'alliance, il combattait pour le peuple dont il avait la charge. Avant l'alliance, le prêtre était enfermé dans son église. Après l'alliance, il avait sa part du pouvoir temporel – une part *désintéressée*. Et ainsi, par l'alliance entre le prêtre et le guerrier, le pouvoir fut *justifié*.

Ce premier soubassement, en lui-même, était déjà robuste. Mais sous lui, autre chose était né, un soubassement dernier, ce qu'il y a tout au fond du projet français – le secret derrière tous les autres secrets, ce qui fait que la France existe. Si la France au berceau survécut, c'est en effet que sa vigueur tenait à ce qu'il y a de plus robuste dans le corps d'un peuple en devenir : une âme.

Le baptême est un geste simple. Un homme se penche, un prêtre lui verse un peu d'eau sur la tête : l'homme se redresse, il est baptisé. Pour qui ne comprend pas ce qu'est la religion, il ne s'agit là que d'un enchaînement de gestes accomplis par les corps dans le monde matériel. Mais pour qui sait ce qu'est la religion, il s'agit de bien autre chose : il s'agit d'une *transfiguration*.

La signification spirituelle du baptême de Clovis est porteuse d'un prolongement métapolitique : le Pouvoir s'est incliné devant le Verbe, et en échange il l'a reçu. La force s'est mise au service d'un Idéal, l'incarnation est accomplie. Derrière la transmutation du prêtre et du guerrier, ce qui était visé en réalité, c'était la régénération de l'Homme. La France, dès l'origine, fut pensée comme la préfiguration du Christ en gloire, incarnation de l'Incréé à travers l'Idéal. La France, nouvel Israël, fut l'Israël chrétien.

*

Restait à consolider l'édifice. Cela prit sept siècles – sept siècles pour incarner le mythe, sept siècles pour que le royaume franc devînt la France. Sept siècles pour que les peuples du royaume franc s'assemblent en peuple français – c'est-à-dire *le peuple de la terre des hommes libres*.

Comment assemble-t-on des peuples épars ?

Qui se ressemble s'assemble, dit la sagesse populaire. Par voie de conséquence, pour assembler les enfants d'un peuple, il convient qu'ils se ressemblent – ou du moins qu'ils se ressemblent entre eux plus qu'ils ne ressemblent aux étrangers. Or, qu'est-ce qui pouvait faire que les Français se ressemblassent entre eux plus qu'aux étrangers, alors que par leurs origines, ils se rattachaient à des cultures diverses, et parfois antagonistes ? Il n'y avait qu'une seule solution : il fallait faire porter aux Français un trait spécifique qui les unirait par-delà leurs différences. Il fallait créer, à partir de l'archétype génératif identitaire, un schéma mental structurant inscrit en profondeur dans la conscience collective.

Un schéma mental partagé unifie les êtres en redessinant le réel perçu par l'esprit collectif : voilà la charpente derrière l'édifice français. Par imprégnation culturelle, il modèle les esprits ; puis, par un choc en retour, les esprits s'étant reconnus mutuellement comme porteurs du même schéma, la propagation virale renforce la conscience que la collectivité a de sa propre existence. Une société ainsi fondée existe indépendamment des nécessités du commerce ou de la coutume, elle se fabrique elle-même en se représentant. En se donnant à voir à ses membres, elle les fait participer de son destin.

En France, pour fabriquer ce schéma structurant et pour le faire partager par les habitants du royaume, il fallut sept siècles. Sept siècles de guerre, certes, mais surtout sept siècles de propagande ininterrompue. Sept siècles qui expliquent pourquoi, jusqu'à très récemment, la France parut s'imposer spontanément comme un « plébiscite de tous les jours ».

L'objet de la propagande franque, du baptême de Clovis au triomphe de Philippe Auguste, fut de convaincre les peuples que la destinée messianique de la France était la matrice symbolique où leurs destins divers se réuniraient nécessairement. Il faut remonter aux textes pour mesurer l'intensité et la constance de ce travail propagandiste…

Déjà, si l'on en croit la légende chantée par les clercs carolingiens, lors du baptême de Clovis, Saint Rémi prêchait : « Apprenez, mon Fils, que le royaume de France est prédestiné par Dieu à la défense de l'Église romaine qui est la seule véritable Église du Christ. Ce royaume sera un jour grand entre tous les royaumes. Et il embrassera les limites de l'empire romain. Et il soumettra tous les peuples à son sceptre. Il durera jusqu'à la fin des temps ! » En réponse, les rois francs placèrent en préambule de leurs lois les mots suivants : « La nation des Francs, illustre, ayant Dieu pour fondateur, forte sous les armes, ferme dans les traités de paix, hardie, agile et rude au combat, est depuis peu convertie à la foi catholique, libre d'hérésie. Elle était encore sous une croyance barbare. Mais avec l'inspiration de Dieu, elle recherchait la clé de la science, selon la nature de ses qualités, désirant la justice, gardant la piété. »

L'expérience carolingienne, qui prolongea cette fondation mérovingienne, fut un immense effort, poursuivi sur plus d'un siècle, pour faire advenir la prédiction de Saint Rémi et mériter les louanges inscrites au préambule de la loi salique. L'empereur Charlemagne était voué à prendre place sur le trône du roi David, dans la céleste Jérusalem – les clercs de son temps l'écrivirent textuellement.

Puis, l'empire se morcela, parce qu'il était devenu trop grand, et parce que tout empire passe. De la fin du IX° siècle à la fin du XI° siècle, ce fut le chaos. Les hommes de l'An Mil attendaient la fin des temps. On aurait pu croire l'archétype génératif identitaire français devenu sans objet : c'eût été une erreur. Cet archétype ne demandait qu'à renaître. Les virus peuvent dormir des années, puis réapparaître, du jour au lendemain. C'est une de leurs grandes forces.

Au demeurant, la forme même de la France, unie par ses fleuves, carrefour nécessaire, exigeait que le mythe réapparût, tôt ou tard. Sous une autre forme, si besoin était. Il fallait bien que la France s'inventât, puisqu'elle ne pouvait pas ne pas être.

Et parce que la nécessité finit toujours par rencontrer le hasard, le mythe réapparut effectivement. L'occasion lui en fut donnée par les croisades, quand une deuxième fois, l'Église catholique prêta vie à sa fille aînée. Urbain II prêche aux Français, en 1095, au concile de Clermont : « Ô fils de Dieu ! Après avoir promis à Dieu de maintenir la paix dans votre pays et d'aider fidèlement l'Église à conserver ses droits, et en tenant cette promesse plus vigoureusement que d'ordinaire, vous qui venez de profiter de la correction que Dieu vous envoie, vous allez pouvoir recevoir votre récompense en appliquant votre vaillance à une autre tâche. Il importe que sans tarder, vous vous portiez au secours de vos frères qui habitent les pays d'orient. »

« Dieu le veut ! », répond la foule. La France, nation impossible mais indispensable, se redonne à elle-même en décidant, en toute simplicité, qu'elle existera pour accomplir le dessein de Dieu. Selon les points de vue, on trouvera cela grotesque ou sublime. Peu importe, ce qui compte, c'est le résultat. Et en l'occurrence, le résultat fut gigantesque.

Le siècle qui suivit, et qui conduisit la France au règne de Philippe Auguste, vit le mythe se réincarner autour d'un nouveau centre : Paris. Tout le douzième siècle fut consacré à faire de cette bourgade le noyau crédible d'une grande puissance à construire. Ce siècle, sans doute le plus grand de l'histoire de France, fut en tout cas le plus décisif. La construction de la basilique de Saint-Denis couronna une extraordinaire opération de propagande, par laquelle la lignée capétienne, au départ héritière uniquement de la moitié occidentale de l'ancienne Francie, s'appropriait la totalité de la mission messianique confiée à Clovis six siècles plus tôt.

On peut bien sûr voir dans cette convergence à Paris de personnalités de valeur, au douzième siècle, un simple hasard heureux. Après tout, Louis VI aurait pu ne jamais rencontrer Suger. Louis VII, homme de grand cœur mais de peu d'esprit, aurait très bien pu ne pas obéir aux clercs inspirés qui l'entouraient. Et Philippe Auguste, le fils qu'Aliénor d'Aquitaine n'avait pas eu, aurait alors très bien pu ne pas voir le jour, et donc ne pas vouer à la reine d'Angleterre cette haine surnaturelle qui fit tant pour sa victoire. Alors l'empire naissant de Richard Cœur de lion aurait peut-être pu vivre quelques décennies de plus, ou bien l'Empire germanique se serait imposé quelques temps.

Cependant, en l'occurrence et comme toujours quand on regarde l'Histoire sur la longue durée, on s'aperçoit que le hasard ne fit que venir à la rencontre de la nécessité. Si, de l'empire romain germanique et du royaume de France, c'est le second qui finalement hérita de la dimension proprement métapolitique de l'héritage franc, c'est parce qu'il fallait qu'il la revendique. La dimension purement politique était suffisante pour l'Empire allemand, uni par le sang de ses peuples – en Italie, l'Empereur devait de toute manière faire face au Pape. Seule la France, métisse par essence, unitaire malgré tout, devait réclamer la part métapolitique de l'héritage – parce que c'était à elle, et à elle seule, que cette part était indispensable.

De la même manière, il suffit de regarder une carte d'Europe pour se rendre compte que si l'Angleterre peut dominer la mer, elle n'est pas géographiquement prédestinée à devenir le centre d'une construction continentale. La France, au contraire, par la force de sa géographie et l'histoire de son peuplement, *devait* se penser comme la matrice de l'Europe occidentale – c'était sa vocation historique.

Ainsi, si Suger n'avait pas vécu, la basilique de Saint-Denis se trouverait peut-être, disons, à Orléans. Et si Philippe Auguste n'était pas né, le roi de France aurait peut-être été un Plantagenêt, pour finir. Mais au bout du compte, par la force des choses, la France aurait fini par se constituer, un peu plus tôt, un peu plus tard, mais schématiquement telle que sept siècles l'ont finalement fabriquée, de Clovis à Saint-Louis.

Encore une fois, regardez une carte d'Europe, et vous comprendrez pourquoi la France est la France. C'est aussi simple que cela.

*

Une fois la France faite, une nouvelle histoire commença. Dès le treizième siècle, l'expérience capétienne dépassa le cadre fixé par la destinée manifeste de l'espace français. Un centralisme excessif se développa – l'Église catholique, alors en crise, y contribua fortement. En 1239, le pape Grégoire IX écrivit au roi de France : « Dieu, auquel obéissent les légions célestes, ayant établi ici-bas des royaumes différents, suivant la diversité des langues et des climats, a conféré à un grand nombre de gouvernements des missions spéciales pour l'accomplissement de Ses desseins. Et comme autrefois Il préféra la tribu de Juda à celles des autres fils de Jacob et comme Il la gratifia de bénédictions spéciales, ainsi Il choisit la France, de préférence à toutes les autres nations de la terre, pour la protection de la foi catholique et pour la défense de la liberté religieuse. Pour ce motif, la France est le Royaume de Dieu même, les ennemis de la France sont les ennemis du Christ. »

À partir de présupposés aussi simplificateurs, tout devenait possible – y compris le fanatisme le plus obtus. Quelques décennies plus tard, le roi Philippe le Bel, le véritable inventeur du centralisme administratif français, poussa le raisonnement jusqu'à faire construire aux portes de Paris une réplique de la cathédrale de Boulogne – ville où, jusque-là, les chevaliers faisaient bénir leur épée avant de partir en croisade. C'est de cette initiative surréaliste que vient notre Boulogne-Billancourt, aux portes de Paris – une vraie fausse Boulogne, inventée par le pouvoir central comme un pays miniature, assez fidèle pour abuser le peuple, mais assez petit pour que l'administration le domine entièrement. Voilà définie, très exactement, la formule de notre identité en superstructure.

Cette identité-là, construite par le pouvoir, est le retournement de l'identité en infrastructure qui irrigue en profondeur l'âme de notre nation. Elle est née de l'archétype génératif identitaire français, mais à la manière dont une perversion peut naître d'un appétit vigoureux. Les Français avaient jadis la certitude d'appartenir à une nation voulue par Dieu, nécessaire à l'Histoire du monde – et pour irrationnelle que soit cette croyance, pour grotesque qu'en soient les manifestations les plus exubérantes, elle fut longtemps incontournable. Voilà donc nécessairement la force que tout pouvoir, en France, s'efforça de capter pour la canaliser. Comment résister à semblable tentation ? – S'emparer de la francité, c'était tout simplement mettre la main sur le cœur battant du monde européen.

Toute la seconde histoire de notre pays, une fois la mission de la France établie, s'organisa donc autour d'une longue lutte toujours recommencée entre des oligarchies prédatrices et l'aspiration du peuple à la souveraineté vraie, c'est-à-dire souveraineté de l'âme sur elle-même. Une fois le mythe incarné, la question devait nécessairement être de savoir *qui* l'incarnerait : telle ou telle oligarchie, ou bien la *nation*.

Cette configuration nouvelle, la nation d'une part, l'oligarchie d'autre part, mit plusieurs siècles à se dessiner parfaitement. En l'occurrence, le travail métapolitique propre à la pensée française consista précisément à cartographier le processus par lequel l'espace social était lui-même cartographié – la reprise réflexive des instruments de la réflexion politique est le leitmotiv de la pensée française, de Montaigne à Rousseau en passant par Montesquieu.

Tout d'abord, les oligarchies furent surtout en guerre contre elles-mêmes. La dispute opposa en premier lieu des lignées à d'autres lignées – la guerre de Cent Ans ne fut une guerre franco-anglaise que si on la regarde de notre point de vue contemporain ; pour les hommes d'alors, cette guerre-là opposait des rois de France londoniens à des rois de France parisiens. Plus tard, la querelle opposa des intérêts régionaux à d'autres intérêts régionaux – le duel entre les Bourguignons et les Armagnacs renvoyait, en arrière-plan, à l'hésitation séculaire de la France entre ses origines latines et germaniques. Il arriva aussi que la querelle recoupe un affrontement de classes, comme par exemple en 1789, mais aussi déjà lors de la rébellion d'Etienne Marcel, au XIV° siècle, ou encore au XVII° siècle, lorsque la noblesse de robe prit l'ascendant sur la noblesse d'épée.

Cependant, luttes des lignées, lutte des régions, lutte des classes, il ne s'agissait là que d'épiphénomènes. Dans la mesure où la France, monde matrice, avait dans l'esprit des Français vocation à modeler le monde lui-même, la querelle ne pouvait en dernière analyse opposer que deux visions du monde. C'est bien en fonction de cet enjeu-là, la question tout simplement de savoir quel cours l'humanité occidentale devait suivre, que se joua le jeu politique français, de Saint-Louis à François Mitterrand, presque sans discontinuer.

Ainsi, en France, les forces en présence dans le champ politique ne peuvent pas se concevoir autrement que comme les manifestations temporaires de principes métapolitiques permanents. Spécificité qui étonne nos voisins, mais qui finalement s'explique très facilement, quand on se souvient de notre Histoire longue.

*

Sans nous résigner à une vision hégélienne étroite, nous devons admettre que l'instrument par lequel cette dialectique centrale devait se révéler fut bel et bien l'État. C'est en réinventant le modèle romain que la France construisit le champ dialectique où s'affronteraient les véritables forces agissantes sur le plan de l'Histoire longue : oligarchie d'une part, nation d'autre part.

En France, une fois le centralisme parisien établi, une longue suite d'acteurs recréa progressivement le monstre superbe, la machine d'État. Des légistes du XIV° siècle aux énarques d'aujourd'hui, voici une constante dans la seconde Histoire de France : l'existence d'une caste plus ou moins fermée de serviteurs de l'État, qui vivent par et pour lui, et souvent le confisquent – d'où, par réaction, de violentes secousses révolutionnaires.

Le mouvement fut initié dès le Moyen Âge. On remarquera qu'il commença par une revendication religieuse : l'exigence, par Philippe le Bel, d'une indépendance spirituelle à l'égard de la papauté. Cette revendication religieuse servait bien entendu surtout à fonder d'autres revendications, politiques et financières celles-là. Mais il importe tout de même de noter cette dimension religieuse du phénomène étatique français. Elle dessine en filigrane les véritables forces en présence dans l'âme française, elle dit la véritable nature des camps qui s'opposent, depuis sept siècles. Deux êtres puissants planent en surplomb de l'Histoire de France ; la partie que nous jouons dans le champ métapolitique est aussi le reflet terrestre d'un combat spirituel.

C'est donc bien à l'aune des enjeux spirituels qu'il faut mesurer le plus important de nos mythes nationaux : Jeanne d'Arc. Au risque de paraître iconoclaste, confessons que La Pucelle, en proclamant de sa propre autorité que Dieu était du côté du roi de France, s'inscrivit dans une conception du catholicisme pour le moins originale. On l'a oublié depuis, mais à l'époque, elle fut assez logiquement condamnée pour hérésie par l'Église de Rome.

D'autant plus logiquement, d'ailleurs, que les vraies conséquences de son aventure ne furent pas celles qu'enseignent nos manuels d'Histoire. On peut penser que l'artillerie fit plus pour la victoire française que le sacre de Charles VII à Reims. En revanche, on remarquera que la « pragmatique sanction » de Bourges, établissant l'autonomie de l'Église de France, fut prononcée moins d'une décennie après ce même sacre. Comme cette autonomie justifiait l'État comme une entité métapolitique, et comme cette justification rendait pensable l'émergence de la souveraineté nationale, on comprend mieux de quoi, en réalité, il fut question dans cette Histoire de France que, trop souvent, nous lisons comme une succession de péripéties.

Cet investissement du champ métapolitique par la machine d'État française est à l'origine du caractère cyclique particulièrement prononcé de l'Histoire de France – des phases de déclin très profond suivant immanquablement les périodes d'expansion, souvent très rapides parce que rigoureusement planifiées. En effet, en établissant l'autonomie spirituelle de la machine d'État française, la caste des légistes et ses successeurs ont engendré un syndrome étonnant, spécifique à notre pays : notre identité « en superstructure » ne se construit pas seulement « par-dessus » notre identité « en infrastructure ». Elle se bâtit aussi en cannibalisant l'identité sous-jacente, avant de retomber vers elle, lui fournissant ainsi les moyens de se réinventer. C'est un double mécanisme de prédation : au fur et à mesure que le centralisme triomphe, pour se construire il est obligé de dévorer les éléments mêmes qui ont au départ fondé sa légitimité – de sorte qu'arrive le moment où tout s'écroule faute de substance à consumer. Puis tout recommence.

De cycle en cycle, de siècle en siècle, sur sa base nourricière la France a ainsi greffé une dimension mortifère, qui alimente un processus dialectique parfois violent. Il s'agit d'un second archétype génératif, retournement parfait du premier. C'est la part d'ombre de l'héritage français – des cages de Louis XI aux arrestations arbitraires de Richelieu, de la persécution des protestants aux exécutions de masse de 1793 et 1794, l'Histoire de France est parcourue de violences étatiques.

Vue sous l'angle de ce mouvement multiséculaire, la révolution de 1789 ne fut en somme qu'un coup de balancier exceptionnellement violent. L'aristocratie émasculée par Versailles transmit, contrainte et forcée, le témoin à la bourgeoisie en pleine ascension. La franc-maçonnerie remplaça l'Église catholique : voilà bien de quoi il s'est agi, pour finir. Talleyrand ne fut qu'un énième avatar de Richelieu. Une oligarchie avait chassé l'autre.

Bien sûr, on fit croire au peuple qu'on le rendait souverain. On prétendit que l'Idéal pouvait naître de l'opinion générale, au lieu qu'il procède de l'Incréé. Rousseau fut appelé à la rescousse de Montesquieu pour que le remplacement de l'aristocratie par la bourgeoisie se fît sous le couvert d'une révolution démocratique, fausse refondation du projet spirituel français sur des bases nouvelles. Mais tout cela n'était que mensonges. En 1789, il ne s'est *rien* passé, sinon une péripétie de plus. Après cette date, comme avant cette date, la mécanique propre à notre âme schizophrène s'est déployée de la même manière.

Comprenons bien ceci : il y a deux identités en nous. La première, sous-jacente à la seconde, remonte jusqu'au baptême de Clovis, et c'est la matrice chrétienne de la civilisation européenne. Quant à la seconde, elle est construite par une prédation sans cesse répétée de la première, et fondamentalement, elle est une aliénation – par l'État royal avant 1789, par la soi-disant république dite française, après cette date. Du fait de la collision de nos deux identités, l'une libératrice et l'autre aliénante, la France renégocie depuis des siècles l'articulation entre le champ politique et le champ métapolitique.

Notre pays est, par nature, voué à réinventer constamment l'essence du politique – voilà son essence propre, construite par une interrogation sur l'essence elle-même. La France est un outil dialectique offert par la géographie à l'Histoire.

CHAPITRE II - L'EUROMONDIALISME

En fait sinon officiellement, le mondialisme est désormais l'idéologie dominante de l'espace occidental. Dans la mesure où cet espace se confond très largement avec un empire américain, il n'est pas interdit d'y voir une tentative de la puissance dominante pour modeler le monde entier à son image. Les États-Unis sont en effet LE pays qui a inventé le mondialisme multiculturel et communautarisant – et qui l'a testé selon toutes les variantes possibles, ou peu s'en faut.

Cette explication de l'emprise idéologique mondialiste présente toutes les apparences de la logique. Après tout, les dirigeants américains connaissent parfaitement le tendon d'Achille de leur empire, à savoir le caractère composite de sa base biologique et culturelle. On peut donc penser qu'ils ne sont pas fâchés de voir des puissances rivales copier leur modèle, et donc importer ses faiblesses. D'où le mondialisme américanomorphe, cheval de Troie de l'Amérique.

Cette interprétation est très fréquente dans les milieux extrémistes de gauche ou de droite, tous américanophobes jusqu'à la pathologie. Elle a évidemment le mérite de désigner un coupable bien identifié, ce qui est rassurant. Malheureusement, sans nier que la théorie en question recouvre une certaine réalité, le simple examen des faits démontre qu'elle ne suffit pas à expliquer la dynamique du mondialisme.

Ce sont bel et bien les dirigeants occidentaux dans leur ensemble, y compris les dirigeants européens, qui ont promu le projet mondialiste dans toutes ses dimensions. L'immigration massive qui a fracturé le substrat ethnique et culturel européen a été organisé par les dirigeants européens eux-mêmes, avec d'ailleurs le soutien d'une large partie de l'opinion – conditionnée, il est vrai, par des médias aux ordres. Le démantèlement des barrières douanières entre des zones caractérisées par des conditions sociales et monétaires tout à fait incompatibles a été, lui aussi, consenti librement par les européens. Personne ne nous a contraint à cette aberration.

*

Pour quelles raisons les classes dirigeantes européennes ont-elles donc éprouvé le besoin de déstabiliser le socle de leur propre puissance ?

On connaît tout d'abord les motivations officielles : elles sont si belles que je ne résiste pas au plaisir de les rappeler…

Voyez-vous, si nos dirigeants ont promu l'immigrationnisme forcené, le multiculturalisme tous azimuts et toutes ces joyeusetés qui nous valent aujourd'hui la communautarisation accélérée de pans entiers de notre société en faillite ; s'ils ont légalisé l'avortement, contribuant ainsi à faire baisser le taux de natalité des populations « de souche », et ce comme par hasard au moment précis où, avec les lois sur le regroupement familial, nous ouvrions nos portes aux immigrants venus d'Afrique ; s'ils ont consenti à une organisation mondiale du commerce qui rendit possible la mise en concurrence sauvage des mains d'œuvre, et donc la re-paupérisation des classes populaires occidentales ; bref, si nos dirigeants ont pratiquement suicidé les peuples dont ils avaient la responsabilité, c'est uniquement…

Ouvrez les guillemets, et savourons :

« Par amour de la différence, pour favoriser l'émergence d'une nouvelle compréhension entre les peuples grâce à un avenir transculturel d'où les identités meurtrières auront été chassées, et pour ouvrir enfin une ère de paix, d'amour et de tolérance universelle. »

Voilà, voilà.

*

Bon, à présent que nous avons bien ri, parlons sérieusement. Les motivations des mondialistes sont assez évidentes. Et elles n'ont pas grand-chose à voir avec les raisons officielles de leur démarche.

Nous allons essayer d'y voir plus clair, mais tout d'abord, il nous faut faire une concession de méthode. Le format de cette plaquette impose en effet un choix. Si nous devions analyser le mondialisme dans toutes ses dimensions, à l'échelle planétaire, il nous faudrait parler du libre-échange, du développement planifié de la soi-disant « world culture », de bien d'autres dynamiques en cours et enfin, *last but not least*, de l'immigration de masse vers les pays développés. Or, il n'est pas possible, dans une courte plaquette, d'aborder en profondeur tous les aspects d'un phénomène aussi complexe. C'est pourquoi nous allons nous concentrer d'abord sur la problématique principale, à savoir l'immigration de masse, tout particulièrement en France. Gardons donc en tête que nous ne traitons là qu'un aspect du problème – aspect central, et révélateur sans doute des dynamiques d'ensemble, mais qui n'est malgré tout *qu'un* des aspects du problème.

L'immigration en France, donc…

Et d'abord, un rappel historique.

Dans les années 60 et 70, l'immigration extra-européenne fut pilotée dans une logique purement économique, ou peu s'en faut. La France vivait alors ses « trente glorieuses », il s'agissait donc de faire tourner à plein régime une économie en expansion, boostée par le baby-boom, dopée par un keynésianisme prudent. Dans les usines d'automobiles et sur les chantiers de construction, on manquait de main d'œuvre. C'est pourquoi le patronat entreprit d'importer du prolétaire bon marché – le prolétariat français, plein emploi aidant, avait une fâcheuse tendance à exiger des salaires de plus en plus élevés et des cadences de moins en moins rapides. Si les tensions restèrent à l'époque relativement faibles entre ce prolétariat immigré et le prolétariat autochtone, c'est uniquement parce qu'il y avait malgré tout du travail pour tout le monde.

En somme, à cette époque-là, le pacte social reposait sur un consensus réel. Les travailleurs « de souche » n'avaient pas clairement conscience du fait que le rapport de force leur aurait été encore plus favorable si les « arabes » n'avaient pas été là. Par rapport aux standards de la génération précédente, ces travailleurs s'étaient, de toute manière, considérablement enrichis.

Puis vint l'année 1974. En France, comme partout en Europe, c'est à ce moment-là que l'immigration changea de nature. Avec les lois sur le regroupement familial, une immigration de peuplement prolongea l'immigration de travail – et ce au moment précis où l'expansion économique ralentissait.

L'affaire fut vendue comme une entreprise humanitaire. Il s'agissait d'éviter à « nos » arabes de rester en France des années sans voir leur famille. Mais comme la misère affective imposée à leurs employés n'avait jusque-là jamais dérangé les grands patrons, on peut sans risque supputer qu'il existait d'autres raisons – des raisons moins avouables.

Ici, trois explications sont possibles, trois explications qui d'ailleurs ne s'excluent pas mutuellement.

Première explication : il s'agissait d'un calcul économique de court terme, dont les conséquences politiques à long terme ne furent pas anticipées. Voyons l'affaire comme elle a dû se présenter sur le moment : le patronat veut réviser le partage des surplus de productivité à son avantage. Cela passe par l'organisation d'un certain niveau de chômage – la peur du chômage freine les revendications salariales. D'où l'accroissement planifié de l'immigration.

Cette explication tient jusqu'en 1983, mais pas après. Après 1983, les réactions électorales dans la population française « de souche » sont telles que le pouvoir ne peut pas ne pas savoir qu'en maintenant une immigration élevée, il risque des troubles civils. Il faut donc, à partir de cette date, qu'il existe une volonté politique délibérée de casser la cohésion nationale.

D'où la deuxième explication : il s'agit bien d'un calcul politique délibéré, visant à casser l'échine de la classe ouvrière, de manière à pouvoir, selon l'adage bien connu, « engager la moitié des pauvres pour combattre l'autre moitié ». Calcul politique, donc, mais poursuivant une finalité économique : pour morceler les classes laborieuses, et ainsi rendre impossible et même impensable l'utopie socialiste, on a suscité une guerre civile rampante, prétexte à diversions.

Certains éléments de détail laissent penser que cette deuxième explication est crédible, en particulier le fait qu'à travers le rap, largement toléré, voire financé par les médias dominants, les oligarchies « fabriquent » un sous-prolétariat raciste au sein des populations immigrés – soit précisément la masse de manœuvre permettant d'engager la moitié des pauvres pour combattre l'autre moitié. Même constat concernant l'organisation systématique des communautarismes : la classe dirigeante française, depuis les années 90, fait tout pour consolider les solidarités ethniques, qui justement nuisent au développement d'une conscience de classe chez les prolétaires.

Cette deuxième explication tient jusqu'en 2001.

Cependant, à partir de cette date, il devient très dangereux pour l'oligarchie de maintenir un flux d'immigrants provenant de l'aire arabo-islamique – le « choc des civilisations » a commencé, et l'Europe sait désormais quels risques elle court, à l'heure où les États-Unis instrumentalisent l'islamisme pour justifier une politique impérialiste pure et dure. À l'aune de semblable danger, que pèsent les stratégies de classe ?

Or, il semble malgré tout que les oligarchies européistes persistent dans leur immigrationnisme – en témoignent les récentes régularisations massives consenties dans l'espace Schengen, en Espagne ou en Italie, régularisations que les élites françaises n'ont pas dénoncées. Il faut bien qu'un objectif politique majeur soit poursuivi, puisque l'immigrationnisme des classes dirigeantes ne faiblit pas, alors que leurs intérêts de court terme devraient l'en détourner.

Quel peut être cet objectif dernier ? On en arrive inévitablement à la troisième explication : il existe, en plusieurs endroits différents, des centres de décision occultes, coordonnés selon toute vraisemblance, dont l'objectif est d'effacer peu à peu toutes les nations pour rendre possible l'édification d'un véritable empire mondial – ou en tout cas un empire de l'hémisphère occidental. Il s'agit dès lors, en dernière analyse, d'un projet purement politique, dont l'économie n'est nullement la finalité, mais au contraire l'instrument.

Cette troisième explication prête à sourire, comme toute théorie du complot. Cependant, le simple examen des équations du siècle démontre qu'il ne serait pas surprenant qu'un tel projet existât.

*

Au XXI° siècle, le monde va devenir incroyablement petit. À moins d'imaginer une régression technologique radicale, on communiquera bientôt presque aussi facilement entre les antipodes qu'entre deux villages voisins. En fait, si l'on veut bien considérer qu'une très grande partie des biens économiques vont être dématérialisés, il faut même admettre que dans une optique monétariste, l'espace matériel n'est tout simplement plus le champ sur lequel se répartissent prioritairement les activités humaines. D'autres champs, le niveau d'acquisition technologique en particulier, s'avèrent désormais bien plus structurants.

Par ailleurs, on sait qu'il sera probablement impossible d'inscrire l'humanité entière dans cette planète unifiée. En 2050, il y aura dix milliards d'êtres humains. Pour des raisons écologiques, il semble peu probable qu'ils vivent tous à la manière des occidentaux d'aujourd'hui – a fortiori à la manière des classes supérieures occidentales. Même à supposer que l'on évite une crise énergétique une fois dépassé le pic d'extraction des hydrocarbures, vers 2010 d'après certains, de toute manière, les risques écologiques semblent excessifs. Depuis cinquante ans, la planète vit dans l'espérance d'un alignement progressif de l'humanité sur les standards de consommation occidentaux. Cet objectif risque de s'avérer inatteignable.

Dans ces conditions, on subodore déjà bien des choses, concernant le XXI° siècle à construire :

- la probable, et sans doute souhaitable, convergence de l'humanité vers un niveau de vie plus harmonieux, moins déséquilibré en tout cas entre pays riches et pays pauvres, ne pourra se faire que par un abaissement du niveau de consommation énergétique et de l'empreinte écologique des peuples occidentaux ;

- dans ces conditions, le maintien d'un haut niveau de vie pour les classes dirigeantes et supérieures des pays occidentaux passera probablement par une très forte accentuation de l'écart les séparant des classes inférieures, ce qui suppose d'une part la destruction progressive des classes moyennes supérieures, d'autre part le basculement des classes moyennes inférieures vers le niveau de vie des classes populaires des pays phares du tiers-monde ;

- entre 2010 et 2030, c'est-à-dire entre le pic d'extraction des hydrocarbures et le début de la stabilisation démographique du tiers-monde, il faut s'attendre à des crises internationales très graves, qui exigeront certainement une intervention aussi coordonnée que possible de la part des puissances dominantes.

A la lumière de ces évolutions prévisibles, on voit bien que derrière la politique de déstructuration systématique des peuples occidentaux, il y probablement la volonté de constituer une gouvernance mondiale. Tout plaide en faveur de cette hypothèse :

- mélanger les immigrés venus du tiers-monde et les classes populaires des pays occidentaux est encore le meilleur moyen de préparer leur convergence, ce qui permet à l'oligarchie de se réserver les avantages d'un niveau de vie élevé ;

- cette oligarchie préservée, se définissant par une identité mondialisée, serait à même de coordonner une politique planétaire de gestion, et si possible de prévention des crises.

Lorsqu'une politique rencontre à la fois la nécessité historique et les intérêts bien compris des classes dirigeantes, faut-il s'étonner qu'elle soit suivie ?

Faut-il d'ailleurs s'en offusquer ?

*

En somme, les classes dirigeantes ne sont pas peuplées d'individus malfaisants. Le projet qui les anime n'est pas conçu pour nuire aux peuples. Il n'y a pas de « complot mondial » à proprement parler, et d'ailleurs il n'est pas du tout nécessaire qu'il y en ait un pour expliquer les évènements de ces trente dernières années. C'est par un glissement progressif et imperceptible que le projet démocratique occidental s'est transmué en une mécanique mondialiste liberticide.

Les hypothèses avancées précédemment ne sont pas mutuellement exclusives. Elles dessinent au contraire un continuum : de la volonté de maximiser le profit, finalité assignée au politique dans les démocraties de marché, à la nécessité de préserver une structure sociale verrouillant le pouvoir financier, et de là vers la négation de tout ce qui n'entre pas dans ce schéma prédéfini. C'est un processus historique tout à fait classique, et qui ne doit pas nous surprendre : exactement comme le socialisme se fit criminel pour éliminer une société civile rétive au schéma théorique que les socialistes croyaient devoir appliquer, le mondialisme américanomorphe est devenu destructeur par son propre mouvement, sans que ses promoteurs l'aient décidé.

C'est parce qu'elles pressentent non sans raison la nécessité d'un gouvernement mondial pour conserver le contrôle d'un monde de plus en plus dangereux que les classes dirigeantes élaborent patiemment un schéma de convergence globale. Leur projet renvoie donc à un objectif parfaitement légitime. Il est très clair que de nombreuses raisons militent effectivement pour un gouvernement mondial coordonné.

Le problème n'est pas là.

Le problème, c'est : *quel* gouvernement ?

Pour les classes dirigeantes occidentales, préparer l'émergence d'un gouvernement mondial est un défi immense. À vrai dire, ce défi est même tout à fait disproportionné par rapport aux capacités desdites classes dirigeantes.

Depuis un demi-siècle, en Occident, on assiste à un basculement progressif du rapport de force entre les institutions politiques et les institutions financières. Désormais, le pouvoir est autant entre les mains de ceux qui maîtrisent les marchés que de ceux qui dirigent les peuples. Il en résulte que dans les processus de décision, l'économie financiarisée interfère constamment avec le politique, et finit même par lui commander en fait, sinon en droit.

Les dirigeants nationaux et supranationaux qui ont en charge de piloter l'harmonisation des processus de gouvernement à l'échelle de l'hémisphère occidental sont en réalité des nains politiques. Ils n'ont tout simplement pas les épaules nécessaires pour porter un projet d'ampleur mondiale. Si l'on retrace leur carrière, on trouvera presque toujours derrière eux un ou plusieurs grands groupes financiers, qui les ont faits, et qui par conséquent les commandent.

C'est pourquoi nos dirigeants politiques n'ont jamais su penser la mise en place du gouvernement mondial autrement que comme la mise en place du gouvernement mondial *de l'argent*. Les exemples de cette incapacité à subordonner l'économique au politique sont si nombreux qu'on ne sait plus lequel choisir. On relèvera donc le plus criant : la banque centrale européenne a très officiellement pour objectif de défendre l'Euro d'abord, la santé économique du continent ensuite ! – Dès lors, faut-il s'étonner que la sous-évaluation du Yuan, à l'origine du mouvement de délocalisation des activités industrielles, n'ait jamais été sérieusement remise en cause ? La banque centrale européenne pilote l'Euro essentiellement en fonction des intérêts des investisseurs européens en Chine – c'est-à-dire en fonction des intérêts des grandes et très grandes entreprises. Quant à la santé économique des peuples européens, c'est pour la banque centrale une question *secondaire*.

En somme, tout se passe comme si la « version » du mondialisme retenue par les classes dirigeantes européennes avait été choisie principalement en fonction des intérêts des classes dirigeantes elles-mêmes, et secondairement en fonction de sa viabilité réelle du point de vue des peuples. Dans ces conditions, le reproche qu'on peut adresser à nos classes dirigeantes n'est pas d'avoir tenté de mettre en place un gouvernement mondial, *c'est de ne pas s'être donné les moyens de réussir*.

La nécessité de gérer la mondialisation selon une approche elle-même mondialisée coule de source, mais cette nécessité n'a été en pratique que le prétexte trouvé pour entreprendre une politique de confiscation des libertés démocratiques. Cette politique fut assez habilement déguisée en coopération internationale, mais en réalité, elle a été mise au service du capital mondialisé. Loin de préparer l'émergence d'une conscience politique à l'échelle de l'humanité, le mondialisme repose sur la négation implicite du fait politique. Là se trouve l'origine de la crise à l'échelle de l'hémisphère occidental – et donc, entre autres, en France.

*

Dans ces conditions, ce mondialisme, règne du capital mondialisé, ne recouvre pas une démarche cohérente. C'est une nébuleuse, collision de deux projets : l'un officiel et parfaitement légitime, à savoir la mise en place d'une politique coordonnée à l'échelle mondiale, politique indispensable dans le siècle qui vient ; l'autre officieux et parfaitement illégitime, à savoir la captation de cette politique coordonnée par une hyperclasse cosmopolite entièrement dévouée au capital mondialisé.

Cette collision cataclysmique a entraîné nombre de conséquences néfastes. Tout d'abord, les peuples constatent chaque jour plus clairement que les fruits de la mondialisation sont captés par l'hyperclasse, tandis que la mise en concurrence des mains d'œuvre pèse sur les classes populaires. La conception que l'hyperclasse se fait de la mondialisation est bien évidemment inacceptable par les masses.

Ce clivage entre prolétariat et hyperclasse réactive à toute vitesse les grilles de lecture marxistes-léninistes les plus dures. La lutte des classes est de retour. En l'occurrence, on peut dire que la mondialisation « instrumentalisée » par l'hyperclasse est en train de fabriquer son antithèse, d'où un risque de paralysie du processus de coordination mondiale – le retentissant « non » au référendum français sur le Traité Constitutionnel Européen, au printemps 2005, en a été le signe avant-coureur.

Ensuite et surtout, pour rendre incontournable la solution de gouvernement mondial qu'elles souhaitent privilégier, à savoir le gouvernement des marchés, les oligarchies ont, un peu partout dans le monde, travailler à déconstruire *toutes* les autres solutions potentielles. Partout, le mondialisme s'est appliqué à défaire les modèles intégrateurs reposant sur une dynamique extérieure à la démocratie « de marché ». Il s'agit, en tous lieux, de faire en sorte que ne subsiste, seule alternative au chaos généralisé, que la loi du capital mondialisé – dont le service est ainsi érigé en finalité autorégulée de toute activité humaine.

Depuis les années 50, outre-Atlantique, « l'Étatsunie », version américaine du mondialisme, se construit par exemple comme une Amérique de substitution, fondée exclusivement sur l'alliance des médias et du big business. Cette fiction s'est progressivement substituée à l'Amérique réelle, celle des Américains – d'où des tensions perceptibles, désormais, entre la population et le gouvernement fédéral. Cette « Étatsunie » mondialiste est par calcul favorable à l'immigration latino. Messianique mais irréligieuse, elle est antichrétienne par essence. Elle s'oppose donc souterrainement à l'Amérique profonde. Il n'est d'ailleurs pas absurde de voir, dans le néo-conservatisme des bushistes, une tentative pour réconcilier artificiellement le big business, maître de l'Étatsunie, avec l'Amérique profonde, sans laquelle au fond rien n'est possible.

Depuis les années 70, ce syndrome s'est transporté en Europe, mais pour des raisons évidentes, il se manifeste sous une forme plus immédiate. La partie se joue en effet sur le vieux continent entre des forces identifiées par tous les acteurs, et dont les manifestations respectives ne sauraient être confondues. Il y a d'une part le mondialisme, et d'autre part des nations dominées qui ne peuvent identifier leurs intérêts à ceux de l'Imperium globalisé. C'est l'avantage paradoxal d'une puissance moyenne comme la France : en face du mondialisme, la petite France est plus consciente d'elle-même que la puissante Amérique.

La crise française trouve de toute évidence une de ses causes dans cette confrontation brutale entre conscience nationale et mondialisme. Le projet gaullien de « l'Europe des peuples » a été remisé au placard. On lui a substitué un projet différent, et même au fond parfaitement antagoniste : l'Europe comme zone de libre-échange, doublée éventuellement d'une organisation politique croupion chargée, en substance, de confisquer leur souveraineté aux États-nations – et cela, bien entendu, non pour la confier à une authentique démocratie continentale, mais plutôt à une coalition des oligarchies nationales.

On comprend mieux, à l'aune de cette analyse, pourquoi les classes dirigeantes ont décidé de tuer la France, pourquoi sa disparition est programmée, et pourquoi cette disparition est effectivement nécessaire au bon déroulement du projet mondialiste. C'est que la France, « mini-mondialisme » réussi, fondé sur l'assimilation des individus dans une société ignorant les communautés, propose un modèle alternatif au mondialisme voulu par les oligarchies. Pour les serviteurs de l'argent-roi, la France doit crever, précisément parce qu'elle est la matrice potentielle d'une Europe des peuples, d'une Europe démocratique, d'une alternative européenne au règne du capital mondialisé. La France est très précisément ce dont les classes dirigeantes du continent ne veulent pas. Elle est la matrice d'une Europe dont la naissance rendrait impossible la captation du gouvernement mondial par les puissances de l'argent.

*

Toute la politique suivie depuis trente ans par nos classes dirigeantes s'explique par cette volonté de détruire les nations en général, et la France en premier lieu. Nos maîtres veulent nous faire entrer, bon gré mal gré, dans une construction mondialiste régie par les puissances d'argent : tout le reste n'est que belles paroles.

Conclusion : l'immigration extra-européenne a été favorisée *parce que* sa croissance anarchique déstabilise le pays. Semblable instabilité ne peut en effet que fragiliser cette France, dont le mondialisme justement ne veut pas.

Autre exemple : les délocalisations. Il est évident qu'elles finissent par limiter considérablement l'indépendance des nations. La spécialisation économique, voulue et théorisée par les mondialistes, rend l'autarcie impraticable – *et c'est bien le but recherché*. Indépendamment même de la question sensible des industries de souveraineté, voici un constat valable pour à peu près tous les secteurs économiques : même des biens de consommation courante aussi anodins que les chaussures, les vêtements ou les interrupteurs, par exemple, pourraient un jour nous manquer si la Chine, devenue l'atelier du monde, cessait d'exporter. Résultat : nous voilà otages du libre-échange. Sans nous en rendre compte, nous avons obéré notre liberté d'action politique, tout simplement parce que nous avons désappris à produire ce qui nous est nécessaire. Désormais, les seuls acteurs à maîtriser les chaînes de production de manière intégrée et complète sont les multinationales. En conséquence, les États-nations subissent l'histoire économique, ils ne la font plus.

Appelons les choses par leur nom : nous avons affaire à un mouvement de confiscation des libertés démocratiques à la faveur de la mondialisation. Il s'agit de créer des conditions telles que le choix laissé aux peuples se réduit à une alternative : ou bien la soumission à l'ordre du capital mondialisé, tel qu'il s'incarne dans les institutions supranationales, ou bien le chaos.

Apparemment, personne ne s'est demandé, parmi les grands esprits qui ont programmé cette manipulation, ce qui se passerait si les peuples choisissaient le chaos.

Eh bien, on aurait peut-être dû se poser la question.

*

Allons-nous assister dans les prochaines décennies à un effondrement soudain du modèle mondialiste promu par les classes dirigeantes ? – Ce n'est pas certain, il serait même risqué d'en estimer la probabilité. Mais c'est en tout cas possible.

Le tendon d'Achille du mondialisme, c'est le multiculturalisme. Parce qu'ils ont besoin de nier les nations pour s'imposer, les financiers mondialistes sont en effet contraints de s'allier aux idéologues multiculturalistes. Or, le modèle socioculturel promu par ces idéologues est structurellement incohérent.

La construction multiculturaliste est extrêmement fragile. Tôt ou tard, une de ses fissures risque de s'ouvrir en fracture béante. Il est possible bien sûr que la plupart des fissures de l'édifice ne s'ouvrent jamais d'elles-mêmes – c'est même très probable. Mais il est également très probable qu'au moins une fissure parmi les autres, un jour ou l'autre, finira par s'ouvrir béante. Or, ce jour-là, par contrecoup, toutes les autres fissures de l'édifice s'ouvriront à leur tour – selon une logique qui rappellera à peu près l'écroulement d'un château de cartes.

Du fait des failles du multiculturalisme, la construction mondialiste est à la fois beaucoup trop haute, beaucoup trop audacieuse et surtout, elle est appuyée sur des fondements théoriques on ne peut plus discutables. Faire un pari sur la rationalité humaine, c'est presque toujours semer les germes d'une catastrophe à venir – l'expérience l'a maintes fois démontré.

L'être humain, pour les adeptes du multiculturalisme globalisant, est une pâte modelable. C'est un *homo economicus*. Il suffit donc de satisfaire les exigences de la rationalité matérielle pour qu'il adhère au projet qu'on lui propose – la « conscience de soi », « l'esprit en soi », ne sont pas le noyau de son humanité.

Cette conception de l'homme est évidemment biaisée. L'être humain, tel que le multiculturalisme le perçoit, est principalement un être rationnel, et secondairement un être affectif, spirituel et instinctif. L'*homo multiculturalis* est le clone de l'*homo sovieticus*. Au fond, sous les apparences d'une adhésion à la *société ouverte*, le multiculturalisme recouvre surtout le recyclage boiteux du matérialisme dialectique, la lutte des classes en moins.

Or, le matérialisme dialectique ne dit pas la totalité de l'humain. La rationalité est chez l'homme une construction. Elle ne peut s'épanouir qu'une fois l'affectivité repue, la spiritualité contentée, l'instinct apaisé. Voilà très exactement l'erreur qui valut à l'URSS de terminer dans les poubelles de l'Histoire – une erreur que les mondialistes multiculturels répètent, *mutatis mutandis :* croire que l'homme est une table rase, une pâte que le pouvoir peut modeler à sa convenance.

Concrètement, dans le cas de l'idéologie multiculturaliste, il s'agit de nier les donnes ethniques et religieuses, mais aussi culturelles, voire sexuelles. Or, cette négation des donnes implique nécessairement une dénégation du réel, car le réel, précisément, est *fait* de donnes.

Bien sûr, tout n'est pas faux dans le raisonnement multiculturaliste. Une société est faite par les individus avant de l'être par des groupes constitués, c'est vrai. La « race » est une notion fausse, c'est vrai aussi – l'humanité est diverse, mais assurément point du tout séparée en « races » absolument distinctes. Mais si tout n'est pas le Faux dans le multiculturalisme, il y manque quand même beaucoup du Vrai.

Si les individus font la société, ils sont eux-mêmes modelés par le sous-groupe au sein duquel ils évoluent. Si la « race » est une notion fausse, le sang, lui, est une réalité palpable. Si la culture est un objet dynamique, cette dynamique est elle-même conditionnée.

Les êtres qui partagent un patrimoine proche ont une fâcheuse tendance à se regrouper spontanément. Il s'agit là de mécanismes bien connus, dans lesquels le racisme idéologique ne joue rigoureusement aucun rôle. Au sein des sociétés multiethniques, on constate que dans chaque domaine où trouve à s'exercer la compétition humaine, chaque groupe ethnique se regroupe spontanément soit vers le bas, soit vers le haut. C'est que chaque patrimoine ethnique bénéficie statistiquement d'avantages concurrentiels. L'idéologie multiculturaliste peut bien nier les donnes, elles n'en produisent pas moins leurs effets ! Par le jeu des affinités spontanées, les individus du même groupe ethnique ont ainsi tendance à converger vers le même domaine de compétence, au point d'y devenir hégémoniques dans certains cas. Une société multiculturelle est donc toujours une société éclatée. Le communautarisme est la conséquence inéluctable du multiculturalisme.

En France, c'est ce que nous observons aujourd'hui dans le sport de haut niveau – jusqu'au stade pathologique. L'équipe de France de football, par exemple, a tendance à devenir une chasse gardée des Noirs – leurs qualités physiques font d'eux d'excellents footballeurs, et plus ils sont nombreux en équipe de France, plus il est difficile à un Blanc de s'intégrer dans un groupe dominé par les Noirs. *Mutatis mutandis*, des mécanismes comparables font que les juifs monopolisent une partie de l'industrie du spectacle. À un niveau plus prosaïque, on pourra remarquer que les asiatiques, riches d'une culture qui valorise fortement le travail et l'épargne, trustent le commerce de proximité dans certaines banlieues peuplées aux trois quarts de Noirs.

Ce phénomène de regroupement communautaire spontané par spécialisation prédéterminée explique que les sociétés multiraciales soient immanquablement multiracistes. En effet, les divers groupes d'une société multiraciale ne peuvent accepter de se trouver de manière trop systématique infériorisés sur un sujet quelconque – et pourtant c'est en permanence ce qui se produit. Cette dissonance entre les promesses d'égalité et le réel, *divers et donc forcément inégalitaire*, finit par créer une frustration générale.

Ces réalités sont désagréables, mais elles n'en sont pas moins des réalités. Pour l'avoir oublié, la pensée multiculturaliste s'est condamnée à édifier une société structurellement en guerre contre elle-même.

*

Jusqu'à un certain point, bien sûr, cette guerre de tous contre tous peut être récupérée par le système – comme il est dit précédemment, les luttes interethniques constituent un dérivatif à la lutte des classes. Cependant, cette stratégie ne peut fonctionner que *jusqu'à un certain point*. Et comme les « fissures » ouvertes dans la construction sociale par le multiculturalisme peuvent à tout moment s'ouvrir en fracture béante, ce *point-limite* peut être dépassé – à tout moment.

Il s'agit donc d'une affaire de dosage.

Pour bien cerner le problème, prenons un exemple.

Imaginons par exemple que dans quelques années, il faille démanteler le système d'assurance sociale français. Dieu sait que ce démantèlement va s'avérer explosif. Un conflit de classe très violent surgira à cette occasion. À tort ou à raison, les classes moyennes inférieures françaises sont très attachées à ce qu'il est convenu d'appeler le modèle social de leur pays. L'oligarchie mondialiste, de son côté, va probablement tout faire pour démanteler ce modèle – qui, s'il devait se propager à l'espace continental européen, exigerait une remise en cause du partage des surplus de productivité en faveur du travail et au détriment du capital.

Si la France était encore homogène ethniquement, cet affrontement de classe serait frontal. Le parti communiste français représenterait encore plus ou moins un quart de l'électorat. Dans ces conditions, à l'heure où les exigences du marché et de la monnaie unique rendront indispensables la remise en cause du soi-disant « modèle social » français, on ne voit pas très bien comment la classe dirigeante pourrait débloquer la situation.

Mais la France n'est plus homogène ethniquement. Dès lors, plusieurs mécanismes induits par le caractère multiculturel de la nouvelle société française vont faciliter la réforme : la captation du vote populaire par le mouvement national, tout d'abord, qui assèche les gisements de voix des partis marxistes, mais aussi, et surtout, la mobilisation des populations immigrées exclues contre les bénéficiaires du système préexistant, mobilisation recoupant très largement les antagonismes ethniques. Voilà un fait que les syndicalistes français devraient considérer avec plus d'attention : lorsque la classe moyenne française proteste contre une loi qui rapproche sa condition de celle des classes inférieures du tiers-monde, elle s'oppose évidemment à une politique poursuivie par l'oligarchie capitaliste. Cependant, au-delà de cette opposition visible et directe, une autre opposition se profile, indirecte et invisible : celle qui verra s'affronter, autour d'une ligne de clivage renouvelée, le prolétariat déqualifié et déraciné des banlieues d'une part, la classe moyenne autochtone d'autre part.

Tout le discours du néo-libéralisme contemporain s'articule d'ailleurs désormais autour de cette opposition renouvelée entre sous-prolétariat et classe moyenne. C'est très frappant : alors que la presse dite de gauche met en avant l'affrontement des classes moyennes et du capital mondialisé, la presse dite de droite souligne de plus en plus volontiers l'opposition entre « insiders », salariés statufiés inclus dans les systèmes protecteurs issus de la social-démocratie, et « outsiders », prolétaires d'importation ne bénéficiant pas des mêmes droits acquis.

Encore la mise en place progressive de cette nouvelle grille de lecture va-t-elle de pair avec la construction dans l'espace social des infrastructures effectives qui permettront, le jour venu, de mobiliser les « outsiders » des cités de banlieue contre les « insiders » des résidences périurbaines – et ce pour le plus grand avantage des véritables bénéficiaires du système, à savoir les membres fort peu nombreux de la nomenklatura, habitants des centres-villes riches. Les attaques de manifestations regroupant pour l'essentiel des membres de la classe moyenne inférieure par le sous-prolétariat des banlieues parisiennes se sont multipliées depuis quelques années, et cela donne un avant-goût des phénomènes auxquels nous assisterons bientôt.

L'exemple français montre donc très bien comment un certain niveau de conflictualité civile est souhaitable pour les classes dirigeantes. La faillite de l'utopie multiraciale est bien sûr en partie une faillite programmée. À ce stade, les seuls que cette faillite dérange sont les quelques benêts assez naïfs pour avoir cru au discours officiel.

Cependant, toute stratégie du « diviser pour régner » est dangereuse, surtout quand elle s'inscrit dans un cadre général par nature très instable. Le problème est en effet de maintenir le niveau de conflictualité dans les limites du raisonnable. À force de vouloir jouer sur les oppositions interethniques au sein du corps social pour le fragmenter et le fragiliser, l'oligarchie risque de déclencher des mécanismes autoalimentés qui échapperont très vite à son contrôle.

Lors des attaques de manifestations de gauche par les casseurs de banlieue, en mars 2006, la chance a voulu qu'il n'y ait pas de morts, peu de blessés. Mais on peut très bien imaginer des scénarios de dérapage. Nous pouvons un jour nous retrouver avec des dizaines de morts, lors d'émeutes par exemple qui tourneraient à l'affrontement armé. Tout se jouerait alors sur la solidité des garde-fous qui, en période de crise paroxystique, permettent d'éviter la dislocation complète du tissu social.

Mais le multiculturalisme est-il capable de préserver ces garde-fous ? – Cette question nous amène aux donnes fondamentales omises par le multiculturalisme, et aux raisons pour lesquels son instrumentalisation par le mondialisme financier nous conduit peut-être à un *accident systémique absolu*.

*

Comme nous l'avons illustré au chapitre I, à travers l'exemple français, ce qui charpente secrètement une société, c'est l'existence d'un schéma structurant partagé, déployé à partir d'un archétype génératif fondateur. C'est de cette identité partagée que les individus et les groupes, par-delà leur inéluctable diversité, tirent la force de construire des garde-fous – ces garde-fous, précisément, qui, en période de crise paroxystique, permettent d'éviter la dislocation complète du tissu social. Or, le multiculturalisme, par essence, *ne peut pas* créer une identité réellement structurante. Ce type d'identité repose en effet sur une logique d'indifférenciation par différenciation partagée, *soit très précisément ce que le multiculturalisme nie.*

Une identité profonde, c'est une identité à laquelle les êtres tiennent parce qu'elle les structure par un ensemble de donnes. Comment le multiculturalisme pourrait-il secréter cet ensemble de *donnes*, lui qui s'évertue à délégitimer toutes les donnes ?

Les identités factices que le multiculturalisme tolère sont de l'ordre des mouvements de mode, tout au plus. On ne s'y accroche qu'aussi longtemps qu'on y a intérêt, et en outre on les affiche plus facilement qu'on les intériorise. Voici un point crucial : la construction d'une identité profonde passe par un certain nombre d'étapes qui, toutes, sont radicalement inacceptables pour les idéologues multiculturalistes. Pour construire une identité profonde, il faut en effet *du temps*, une *nécessité historique* et une *dimension spirituelle*.

Le *temps*, pour commencer : quand une identité relève du mouvement de mode, elle n'est pas plus vieille que ceux qui s'en réclament. Elle vient d'eux, eux ne viennent pas d'elle. Semblable identité est par nature du domaine de la superstructure. Elle n'appartient pas à une infrastructure qui se trouverait à la source de l'esprit collectif. Faute d'ancienneté, cette identité factice est donc nécessairement perçue comme un outil qu'on utilise, pas comme une cause que l'on doit servir. À l'inverse, une identité très ancienne a fait les êtres qui se réclament d'elle. Elle est de l'ordre des causes, pas de l'ordre des conséquences. Et c'est pourquoi on peut la servir. Comment le multiculturalisme pourrait-il tolérer que le temps secrète une *donne* ? – Il ne tolère que les identités transitoires.

La *nécessité historique*, ensuite : une identité ancienne et structurante inscrit les êtres dans une aventure collective qui les dépasse et les justifie. Elle permet symboliquement de franchir les barrières de la mort. En devenant ce qu'il est à travers l'archétype génératif profond dont il est porteur, l'être individuel s'inscrit dans une histoire collective. Quand il meurt, ce ne sont pas les portes du néant qui s'ouvrent devant lui, mais au contraire celle d'une *totalité* qu'il n'a jamais cessé de servir. Comment l'idéologie multiculturelle pourrait-elle s'accommoder de ces conceptions, elle pour qui rien ne doit être sacré – sinon, peut-être, les caprices de l'individu ? Comment d'ailleurs la logique du tout économique, qui se cache derrière l'entreprise de déracinement multiculturaliste, pourrait-elle tolérer qu'on définisse ainsi un ensemble de valeurs échappant radicalement à toute *équivalence* ? La simple inscription d'un être dans l'histoire humaine, par-delà la conscience qu'il a de lui-même, le délivre de l'aliénation consumériste, puisqu'elle lui enseigne que la liberté vraie procède du renoncement à soi. C'est pourquoi le multiculturalisme, par essence, *ne peut pas* tolérer la profondeur historique.

La *dimension spirituelle*, enfin : c'est elle qui fonde la mémoire longue, condition de l'ancienneté et de la nécessité historique perçues. Le ritualisme est indispensable, mais il n'est pas suffisant. On peut construire tous les rituels qu'on voudra autour par exemple des clubs de supporters, il n'en restera pas moins qu'à l'instant où le championnat de football s'arrêterait définitivement, ces clubs cesseraient d'être – tout simplement parce que leur source se trouve dans le *spectacle* lui-même. À l'inverse, une identité structurante ne ressort pas du spectacle. Son ritualisme ne reproduit pas un *simulacre*, mais un *sacrifice*, un *pèlerinage* – la traversée du Sinaï, pour l'Israël biblique ; les croisades, pour la France de jadis. C'est précisément ce qui lui donne de la valeur.

Le sacrifice traduit un abandon du monde. Il est une école du renoncement, donc de la liberté vraie. Le sacrifice détruit le Créé pour l'offrir symboliquement à l'Incréé. C'est justement parce qu'il n'y a pas de finalité matérielle à un pèlerinage qu'un pèlerinage réussi est le meilleur placement métapolitique qui soit. Le pèlerinage enseigne aux hommes qu'ils vivent par-delà la mort s'ils combattent pour l'Idéal. Ainsi, le pèlerinage amorce la dynamique métapolitique d'où jaillissent successivement l'élan spirituel, la conscience d'une nécessité historique, et enfin la mémoire longue.

Semblable démarche est *impossible* dans un univers résolument multiculturel. Le multiculturalisme, qui ne voit dans le fait social que l'expression d'un contrat d'adhésion, ne peut par définition pas fonder une identité structurante. Si vous partez du principe que tout ce qui différencie les êtres au nom de l'essence est intolérable, vous ne pouvez plus non plus les faire communier au nom de l'essence. Et donc vous vous obligez à ne plus construire la société que comme une *machine*.

*

Or, à partir du moment où vous avez réduit la société à la somme des fonctions qu'elle assume, le moindre accident peut s'avérer fatal. L'inconvénient d'une approche mécaniste de la construction sociale, en effet, *c'est qu'une machine peut tomber en panne*. Et qu'elle ne se répare pas toute seule.

Une société fondée sur l'artifice cesse de respirer à la manière d'un organisme biologique. Il faut la gérer, l'administrer, lui impulser constamment une énergie que, par elle-même, elle ne peut plus secréter. C'est pourquoi une société de ce genre est bien plus fragile qu'une société traditionnelle, appuyée sur un ensemble de structures informelles, souples et réactives.

Aux États-Unis, pays doté d'un archétype génératif en vigoureuse croissance et relativement compatible avec les aspects les moins rebutants du multiculturalisme, cette transformation de la nation en société et de la société en entreprise ne pose pas, à ce stade, de problèmes insurmontables – un jour les

Américains se réveilleront, mais pour l'instant, l'Amérique ne se rend pas compte qu'elle meurt. Il en va tout autrement en Europe, vieux monde doté d'archétypes génératifs vieillis, pour ne pas dire sclérosés – et monde confronté encore très directement à la croissance explosive de l'archétype génératif islamiste. Aussi, sur notre continent, le multiculturalisme promet-il de s'avérer très vite ingérable.

Or, c'est en France, épicentre du cataclysme, que le choc est le plus rude, *parce qu'en France, la mécanique mortifère du mondialisme entre en collision avec une autre machine de mort* – celle que nous avons analysé précédemment : le centralisme cannibale.

Collision terrifiante, puisque les deux aliénations s'exaspèrent mutuellement...

L'aliénation centraliste repose en effet sur une base que l'aliénation mondialiste s'applique justement à décomposer, de sorte que le déploiement d'une machine de mort révèle implacablement le caractère mortifère de l'autre machine.

Le centralisme à la Française s'organise historiquement par la confiscation de la figure royale. Comme nous l'avons vu, ce mécanisme de confiscation sous-tend toute l'Histoire de France depuis des siècles. Sous des formes infiniment diverses, c'est au fond toujours le même schéma qui se déploie : une idée-force s'impose – nationalisme, émancipation politique, progrès social, puis une caste survient qui s'empare de cette idée et prétend l'incarner. L'idée-force, en l'occurrence, joue donc le rôle de substitut à l'Idéal, substitut dont la fonction secrète est d'être confisqué. L'aliénation centraliste repose précisément sur la confiscation du centre par ceux chargés de le garder.

A l'inverse, le processus d'aliénation sous-jacent au mondialisme économique repose quant à lui sur des mécanismes qui tous concourent *à affaiblir le centre unificateur*. Idéologie d'inspiration anglo-saxonne, le mondialisme américanomorphe est d'abord une machine à assurer le pouvoir des marchands sur les producteurs. Or, ce qui permet la domination du marchand, c'est précisément l'absence de centre – s'il n'y a pas de centralisme, il n'y a pas de planification, et s'il n'y a pas de planification, il n'y a qu'un seul instrument de régulation, à savoir le marché.

Aussi le mondialisme d'inspiration anglo-saxonne sape-t-il les fondements du centralisme à la Française, puisqu'il nie qu'une idée-force doive se trouver au centre de la construction sociale, si bien que le centralisme n'a plus d'idée-force à confisquer. En conséquence, le contexte est propice à la négation de la négation. Non seulement le mondialisme repose sur une mécanique multiculturaliste négatrice du Vrai, non seulement le centralisme parisien repose sur une mécanique oligarchique également négatrice du Vrai, mais encore ces deux négations se contredisent.

Un heurt se produit entre deux schémas opposés, et la secousse est ressentie sur tous les plans de l'espace social. L'État français est aujourd'hui menacé d'implosion par l'emprise croissante des marchés sur les leviers de l'action économique, et cette menace économique rejaillit sur tous les plans. La possibilité ouverte aux détenteurs du capital d'arbitrer entre les lieux de production court-circuite de manière décisive les possibilités d'action des oligarchies politiques, mais aussi syndicales – de plus en plus réduites à des actions de retardement sans portée réelle. Même les représentations artistiques et les instruments de la propagande vibrent du heurt entre centralisme à la Française et mondialisme anglo-saxon. La dérisoire querelle dite de l'exception culturelle nous a d'ailleurs fourni une illustration assez comique de la panique des « castes » installées par le bloc institutionnel français.

En somme, ce qui fait de la France le révélateur nécessaire de la crise, c'est qu'il y a chez nous conflit entre deux aliénations incompatibles. Ailleurs en Europe, le conflit oppose peu ou prou les forces aliénantes et les masses aliénées, ou menacées de l'être – et comme le rapport de forces est très favorable au Capital, il n'y a pas de conflit ouvert, plutôt une guérilla. Chez nous, en revanche, l'affaire est plus complexe. En amont du conflit entre l'hyperclasse mondialisée et les classes moyennes locales, en amont aussi du conflit entre classes moyennes autochtones et prolétariat d'importation, un autre conflit intervient, qui divise l'oligarchie contre elle-même : le heurt entre d'une part une aliénation centralisatrice reposant sur la confiscation de l'État par les élites nationales, et d'autre part une aliénation décentralisatrice reposant sur le démantèlement de l'État.

Toute la question est de savoir si l'oligarchie française, à la fois étatiste et mondialiste, saura surmonter cette contradiction interne. Ce qui nous amène à l'Europe – ou plus exactement : à l'euromondialisme.

*

Il importe, à ce point de notre exposé, de dire exactement de quoi nous parlons. Nous ne parlons pas ici de l'Europe réelle. Nous parlons de ce qui se trouve à Bruxelles, et qui se fait appeler « l'Europe ».

Au vrai, ce qui se trouve à Bruxelles n'a en effet qu'un rapport assez lointain avec l'Europe réelle. L'Europe réelle possède une histoire complexe, riche d'influences diverses mais qui a fabriqué un substrat identitaire relativement cohérent. Longtemps unifiée par le christianisme, l'Europe, depuis qu'elle a cessé de se confondre avec la chrétienté, est vivifiée pour l'essentiel par la réactivation du projet philosophique grec. Elle possède une identité propre, synthèse sélective et nourricière des identités nationales. Les peuples européens ont depuis longtemps pris conscience de cette communauté de destin.

Ce qui se trouve aujourd'hui à Bruxelles dit qu'il représente la forme moderne de cette conscience. Mais nous voyons bien au jour le jour qu'il n'en est rien. Exemple ô combien révélateur : Bruxelles prétend « intégrer la Turquie en Europe ». C'est évidemment un non-sens : la Turquie est un grand pays, c'est aussi un pont entre l'Europe et l'Asie, entre l'Occident et le monde musulman. Mais enfin voilà : on pourra tourner le problème dans tous les sens, pour les neuf dixièmes, la Turquie n'est pas en Europe – tant sur le plan culturel que sur le plan géographique. Par conséquent, à supposer qu'on « intègre la Turquie en

Europe », à moins d'avoir préalablement européanisé la Turquie, « l'Europe » devrait aussitôt être rebaptisée – l'Euroturquie[2], peut-être[3] ?

Quelle est donc cette étrange « Euroturquie » ? Quel est cet espace en devenir qui se greffe sur le destin européen pour définir autre chose – quelque chose de plus vaste ?

Cette « Europe » de Bruxelles n'est évidemment pas l'Europe réelle. L'exemple turc doit nous mettre la puce à l'oreille. Il s'agit de tout autre chose, de quelque chose qui veut manifestement modifier les paradigmes mêmes de la pensée européenne.

Ecoutons monsieur Barroso, président de la commission européenne : « Dire non à la Turquie aurait, je crois, un coût énorme. Ce serait décourager tous ceux et toutes celles qui, en Turquie, veulent une Turquie *moderne, européenne et pleinement démocratique.* »

Quand on sait ce que les mots « moderne » et « démocratique » signifient dans la bouche d'un apparatchik mondialiste, on se doute que « européen », en l'occurrence, ne veut pas dire européen...

Resituons l'affaire turque dans le cadre général du projet mondialiste. L'objectif de Bruxelles n'est-il pas de mêler l'identité musulmane et l'identité judéo-chrétienne pour détruire et l'une, et l'autre ? Comme nous l'avons vu, il s'agit désormais, pour une hyperclasse mondialisée ne maîtrisant que l'argent comme levier de puissance, de faire en sorte que l'argent devienne l'unique critère de la vérité politique, l'unique formulation de l'utilité économique, mais aussi culturelle et spirituelle. Or, pour réduire l'utilité à l'accomplissement de la rationalité financière, il faut précisément que soient déclarées caduques toutes les autres valeurs, et en particulier les valeurs spirituelles.

À mon humble avis, les eurocrates se moquent bien de l'héritage spirituel chrétien, et ils se moquent tout autant de l'héritage spirituel musulman. Aux yeux

---

[2] Note 2013 : L'Histoire a suivi ici un cours que je n'avais pas envisagé en 2006, à savoir que l'Allemagne, peut-être échaudée par l'échec de son modèle « Multikulti » (le multiculturalisme), a choisi de réorienter son influence en Turquie dans le sens d'une grande politique d'inspiration anglo-saxonne, en vue du remodelage du Moyen Orient.
Ankara, finalement, a donc été jugée plus utile comme tête de pont mondialiste *hors* d'Europe. Pour l'instant du moins, et sans doute principalement pour une raison conjoncturelle : le remodelage du Moyen Orient autour de l'influence turque permettrait l'exportation du gaz naturel du Golfe et d'Asie Centrale par des voies entièrement sous contrôle occidental. Et visiblement, importer ce gaz naturel est, aux yeux des dirigeants du système Europe/USA, plus important qu'importer de la main d'œuvre bon marché turcophone – d'autant plus que celle-ci s'avère à l'usage peu adaptée aux sociétés occidentales.
[3] Note 2020 : nous avons eu confirmation entre 2013 et 2016 que c'était bien pour insérer la Turquie dans la géopolitique otanienne que l'UE avait renoncé à la faire « entrer en Europe ». Le comique de l'histoire aura voulu qu'en fin de compte, cette démarche échoue, ce qui fait que la Turquie n'est ni entrée en Europe, ni inscrite dans la géostratégie pilotée par les États-Unis. C'est ce qu'on appelle un fiasco.

de ces technocrates, la Trinité des chrétiens et le Dieu unique des musulmans sont de toute manière une seule et même entité – une entité qu'ils détestent instinctivement, parce qu'elle marque les bornes de leur pouvoir temporel.

À mon humble avis, Bruxelles est le contraire de l'Europe réelle. À l'image de la défunte Union Soviétique, l'Europe de Bruxelles, telle qu'elle s'est constituée jusqu'ici, n'annonce pas la naissance d'une conscience politique européenne, mais au contraire l'abolition du principe fondateur de toute conscience politique, à savoir bien sûr le principe de souveraineté.

Ce qui se trouve à Bruxelles, jusqu'à nouvel ordre, c'est donc la part de notre héritage qui ne s'inscrit pas dans les paradigmes fondateurs de l'archétype génératif de la France, et donc de l'Europe occidentale. Ce qui se trouve à Bruxelles, c'est la part luciférienne de l'héritage français. C'est, à l'état pur, cette identité en superstructure qui, la France étant désormais trop petite pour se confronter au mondialisme, rêve de fabriquer une Europe artificielle – exactement comme jadis, à force de centralisme, la monarchie absolue, puis la république jacobine, créèrent une France artificielle pour mieux vampiriser la France réelle.

*

Bruxelles est en réalité le point de convergence du centralisme à la Française et du mondialisme américanomorphe. L'Europe de Bruxelles est l'instrument par lequel le centralisme parisien, administratif et idéologique, cherche à infiltrer l'hyperclasse mondialisée et prédatrice pour se perpétuer, malgré l'implosion du monde français réel. C'est une chambre d'arbitrage, une instance de négociation entre deux aliénations contraires. Bruxelles, immense machine à fabriquer de la paperasserie, instrument des lobbys contre les peuples, est le lieu symbolique où l'idolâtrie de l'État rencontre le fétichisme de la marchandise.

Le problème des euromondialistes, c'est qu'entre les deux systèmes oligarchiques qu'ils cherchent à concilier, il n'y a rien de commun, à part le fait d'être oligarchiques. Ce qui réunit les diverses mouvances bruxelloises, c'est donc nécessairement le pouvoir pour le pouvoir. Rien d'autre ne peut les faire collaborer. Seule la volonté de voir le monde obéir à un esprit désincarné rapproche oligarques étatiques et oligarques capitalistes. Seul le refus d'admettre l'existence de nécessités logiques antérieures aux décisions du Prince permet de réunir ceux pour qui le pouvoir résulte d'abord du règlement, et ceux pour qui il prend sa source dans l'argent. Pour les uns, comme pour les autres, il s'agit de maximiser le pouvoir du discours, et donc le champ d'action du discours du pouvoir. Bruxelles est, par nature, vouée à étendre sans cesse le territoire du nihilisme.

Qu'on me comprenne bien : je n'accuse personne. Les promoteurs de cette entreprise absurde n'ont généralement pas conscience des mécanismes d'aliénation qu'ils enclenchent. D'où vient cette machine à broyer les peuples, à détruire les nations, cette formidable mécanique de renversement des priorités naturelles du politique ? C'est un système, doté de sa logique propre, et qui agit en grande partie sous l'effet de sa vitesse acquise. Ce système s'est doté d'une volonté propre, incarnée dans une technocratie. Cependant, on aurait tort de blâmer les eurocrates en tant que personnes : pour la plupart, ils sont probablement persuadés de servir une bonne cause.

Au demeurant, la dérive technocratique de l'euromondialisme est tolérée par les pouvoirs nationaux parce qu'au fond, elle les arrange. Le défi lancé au pouvoir par la société civile est en effet bien plus difficile à relever dans l'Europe d'aujourd'hui qu'il ne l'était jadis, ou qu'il l'est encore en Afrique ou en Chine. D'où précisément l'extraordinaire complexité des mécanismes du pouvoir en Europe : la machine d'État se rend ingérable pour mieux échapper à la critique, voilà bien souvent le fond de l'affaire.

En ce sens, la dérive de l'Europe bruxelloise traduit souvent la volonté des oligarchies nationales de confisquer la souveraineté en douceur. À d'autres époques, en d'autres lieux, confronté à une société rétive, le pouvoir aurait supprimé la démocratie. Le choix, cette fois, a été différent : la démocratie est conservée, mais elle est vidée de sa substance.

*

En somme, l'euromondialisme est un néant. Il n'existe que par le pouvoir qu'il revendique. La nature profondément nihiliste de ce monstre supranational fait d'ailleurs que les élites qui se réclament de lui finissent inévitablement par se confondre avec le néant – c'est la malédiction des européistes : en s'inscrivant dans la dynamique bruxelloise, ils deviennent faussement ce qu'au départ, ils étaient vraiment.

Prenez la gauche institutionnelle française, par exemple. À présent qu'elle s'est franchement convertie à l'européisme, elle a si parfaitement trahi son héritage qu'elle se retrouve en pratique dépouillée de tout contenu politique. Elle ne s'autorise plus, de son ancienne idéologie, que la très faible part qui n'est pas absolument incompatible avec le règne du capital mondialisé. La gauche institutionnelle française, jadis l'une des plus virulentes du monde, est finalement devenue un *gadget* – un hochet que le Capital agite sous le nez du peuple.

Quelques exemples…

D'abord, le dévoiement du modèle social.

L'instrument volontariste du progrès s'est peu à peu réduit à un empilement de rentes de situation. Un véritable discours réformateur devrait logiquement défendre les avantages acquis fondés sur l'utilité commune, et remettre en cause les avantages qui ne le sont pas. Or, ce n'est plus du tout de cela qu'il s'agit ! La gauche officielle soutient la politique mondialiste bruxelloise, en toutes circonstances. Résultat : cette gauche en faillite, pour préserver une base électorale, en est réduite à défendre quelques clientèles captives – c'est-à-dire, essentiellement, les fonctionnaires.

En fait, le système n'a laissé que la défense des conservatismes à la gauche, sachant que tôt ou tard, à force justement de conservatisme, celle-ci réussira à disqualifier totalement l'ensemble de la sphère publique – ce qui justifiera alors une privatisation générale, objectif évident de l'oligarchie mondialiste. L'État capitaliste accepte, sur une ou deux décennies, de payer des hordes de sert-à-rien fonctionnaires, afin que, à l'heure de la faillite, les liquidateurs puissent privatiser à bon droit. Stratégie de pourrissement, qui donne l'impression au peuple d'être défendu, alors même qu'on prépare son asservissement.

Deuxième exemple : le discours « antiraciste ».

Un authentique discours de progrès consisterait à se poser pour commencer la question de *l'origine* du racisme. Il faut se demander ce qui désunit les hommes, et à l'inverse susciter ce qui les unit. On verra alors, dans l'amour de la patrie, le dernier rempart du peuple contre la division.

Or, d'amour de la patrie, pour des raisons évidentes, les mondialistes ne veulent pas entendre parler. On préfère le bourrage de crâne…

Sans effet, bien sûr. Il ne sert absolument à rien de lancer régulièrement des opérations de lavage de cerveau, « campagnes contre le racisme » à base de spots télévisés, concerts de rock « solidaires », etc. Tout cela est même radicalement contre-productif. En combattant les manifestations du racisme, sans s'attaquer à ses causes, on ne peut qu'exaspérer les réflexes racistes, c'est l'évidence. Martelez les messages propagandistes pendant cinq ans sur la tête d'un peuple, et ce peuple en restera sidéré. Mais répétez l'opération cinq ou dix ans de plus, et le moment arrivera inévitablement où trop de propagande aura tué la propagande – d'où une redoutable exacerbation des haines interethniques. Au vrai, la « gauche » antiraciste fait de plus en plus penser à un chien fou, qui court après sa queue, puis couine quand il l'a mordue.

Troisième exemple : le tiers-mondisme.

Une vraie politique progressiste devrait combattre le néo-colonialisme organisé par le capital mondialisé. Seulement, cela ne peut pas être dit par des européistes, puisque cela n'entre évidemment pas dans le cadre du discours promu aujourd'hui par le système euromondialiste. C'est qu'il faudrait en effet parler de la question des souverainetés nationales, et donc remettre en cause l'organisation mondiale du commerce – et de cela, bien sûr, pour une gauche convertie à l'euromondialisme, il ne saurait être question.

Dévoiement du modèle social, antiracisme d'opérette, tiers-mondisme mondain : ces quelques exemples montrent, je crois, comment l'euromondialisme, en prétendant surmonter une contradiction insurmontable, enferme les classes dirigeantes françaises dans une impasse.

Reste à savoir ce qui se trouve au bout de cette impasse.

CHAPITRE III - LA MACHINE INFERNALE

Sur quoi va déboucher la collision cataclysmique dont nous venons de dépeindre les faits générateurs ? – Comme nous allons le voir tout de suite, cette collision ne peut déboucher que sur une remise en cause radicale du système qui l'a rendue possible.

Confrontée à l'accumulation de contradictions internes que nous venons d'examiner, la classe dirigeante française a jusqu'ici choisi de gouverner par le désordre, afin de dissoudre dans le chaos toutes les forces qui pourraient s'opposer au projet euromondialiste. Le problème, comme on commence à le subodorer, c'est qu'il est très dangereux de dissoudre quand on ne sait pas coaguler. Certains accélérateurs chaotiques échappent en effet très vite à ceux qui croyaient au départ les instrumentaliser.

Voici donc le point faible du système euromondialiste tel qu'il se déploie en France : passé un *certain point*, ce système ne peut plus inverser les logiques dans lesquelles il s'est enfermé. Donc pendant un *certain temps*, ce système peut effectivement fonctionner – le désordre qu'il génère est alors favorable aux classes dirigeantes, dans la mesure où elles en conservent la maîtrise. Cependant, au bout de ce *certain temps*, le chaos devient tel qu'il échappe à tout contrôle, et le désordre se retourne contre ceux qui l'ont suscité. À ce moment-là, pour éviter la catastrophe, il faudrait refaire l'union. Seulement voilà : le système en est incapable, pour toutes les raisons expliquées au chapitre II.

La faillite de l'euromondialisme est désormais prévisible. Et celle de la soi-disant république dite française lui sert de révélateur.

Le multiculturalisme implose – un peu partout en Europe, mais en France plus nettement qu'ailleurs, pour les raisons expliquées précédemment. On mesure chaque jour combien cette idéologie est intrinsèquement contradictoire, qui prône deux impératifs incompatibles : la diversité et le métissage. Comment, en effet, concilier métissage et diversité ? L'aboutissement du métissage, c'est précisément la disparition de la diversité. Qui veut le métissage ne peut vouloir la diversité, et réciproquement.

Victime de ses contradictions internes, l'idéologie multiculturaliste débouche concrètement sur son propre retournement. Loin de construire une fraternité par-delà les différences, le multiculturalisme transforme la société en une juxtaposition de communautés antagonistes. Les Français, toujours plus enfermés dans des groupes étanches cautionnés voire suscités par le pouvoir, constatent finalement que de métissage, il est assez peu question. Voilà l'expérience que vivent depuis deux décennies les Français juifs, pour beaucoup parfaitement assimilés : ils découvrent périodiquement qu'une « communauté » juive est supposée parler en leur nom, et même s'être dotée d'institutions « représentatives ». C'est aussi l'expérience que commencent à vivre à leur tour les Français musulmans, dont l'insertion dans la communauté nationale est désormais régulée par un conseil du culte musulman désigné selon des procédures pour le moins folkloriques.

L'escroquerie achève d'apparaître au grand jour quand les individus sont confrontés à la mutilation de leur patrimoine culturel et spirituel. C'est en effet qu'un véritable métissage est toujours douloureux : il faut bien qu'une mutation survienne en préalable à l'émergence d'un hybride. Pour que s'impose la fusion de deux cultures, certains éléments d'au moins une des deux cultures doivent être oblitérés, c'est l'évidence. Le métissage réel recouvre une prédation douloureuse, à des années lumières de l'utopie benoîte promise par le multiculturalisme de salon.

Par opposition, des cultures privées de leur dimension tragique peuvent fusionner sans douleur, par la magie d'une illusion tenant lieu de réalité, comme dans un rêve qui jamais ne finirait. D'où le caractère absolument régressif du multiculturalisme, qui impose nécessairement de réduire la culture à ses éléments superficiels pour pouvoir la faire entrer dans un modèle fusionnel prétendument universel.

Ainsi, le véritable objet de la propagande multiculturaliste apparaît chaque jour plus nettement. Il s'agit en réalité de réduire toutes les cultures traditionnelles à des *folklores*, afin que les seules valeurs structurantes soient celles offertes par le système lui-même. Derrière le leurre du métissage, ce qui est visé concrètement, c'est donc finalement la destruction de *toutes* les cultures – l'argument du métissage ne sert en l'occurrence qu'à justifier le processus destructeur, voilà ce que les peuples commencent à comprendre.

Cette découverte entraîne le rejet massif de la mécanique multiculturelle. Les banlieues françaises donnent une superbe illustration du phénomène – où l'on voit que les identités construites par le marché sont des identités en trompe l'œil. Ce n'est pas parce que les jeunes Français d'origine nord-africaine achètent des tee-shirts Nike qu'ils s'identifient en profondeur au modèle américain. Il ne faut pas fier aux apparences : sous les tee-shirts Nike, ce sont des cœurs musulmans qui battent.

Entrez dans une friperie sportswear de banlieue. Toutes les fringues en vente renvoient à la culture américaine. Mais… regardez qui tient la friperie : il s'agit d'une association islamique ! Et derrière l'étalage de tee-shirts à la gloire de telle ou telle université américaine, vous remarquerez non sans étonnement une affiche pour le pèlerinage à La Mecque !

Décidément, quelque chose, n'est-ce pas, ne se passe pas comme prévu….

Le système avait pour objectif de mêler les peuples pour leur faire oublier leur identité. Mais à force de dissoudre, il semble pour finir susciter des réactions d'exaspération. Pour prendre une image, les identités profondes se reconstituent spontanément autour d'un noyau dur, solidifié précisément par les heurts répétés avec un environnement chaotique instable – une identité déstabilisée est toujours une identité revendicative. Le problème est structurel : l'acide qui ronge les identités profondes échoue à les anéantir complètement. Il ne parvient qu'à les dépouiller progressivement de leur sclérose, et les rend pour finir bien plus redoutables qu'elles ne l'étaient initialement.

En fait, il semble bien que les promoteurs du mondialisme multiculturalistes aient commis une erreur fatale dans leur appréciation du rapport de force entre le pouvoir de subversion du Capital et la capacité de résistance des identités traditionnelles. Le système a cru que le capitalisme pourrait atomiser les identités traditionnelles en quelques décennies comme il a pu déconstruire l'identité européenne en plusieurs siècles. C'était une erreur : les cultures extérieures à l'Occident sont coriaces, et leur résistance réveille désormais celle des européens eux-mêmes.

Le désenchantement est total. Pour l'instant, le système tient encore, mais ses fondements sont constamment sapés par le déploiement de ses conséquences. La soi-disant société prétendument multiculturelle ne tient plus que par le marché. Sa survie dépend entièrement de l'emprise exercée par les valeurs superficielles de l'argent – la consommation pour les classes inférieures, l'enrichissement pour les classes supérieures.

Par conséquent, en cas d'accident économique sérieux, *plus rien* ne s'opposerait à la dislocation complète de la société française.

*

La perspective de cet effondrement systémique complet tétanise la classe dirigeante française. Formée pour administrer une société régie par les logiques du Capital et selon les méthodes du centralisme, cette classe dirigeante, énarchique pour l'essentiel, est totalement inadaptée aux nouveaux enjeux de son action – et elle le pressent. Pour affronter des enjeux authentiquement *politiques*, il faudrait en effet des esprits authentiquement *politiques* – et pas des *gestionnaires* formatés.

Depuis 2002, et l'arrivée du candidat Le Pen au second tour de l'élection présidentielle, et surtout depuis 2005, et le « non » au Traité Constitutionnel Européen, on sent la panique monter au sein du bloc institutionnel français. Entre d'une part les partisans du multiculturalisme pur et dur, généralement de gauche, et les défenseurs d'un multiculturalisme revisité, plus ouvertement communautariste, moins favorable au métissage tous azimuts, la tension devient palpable.

Un embryon de débat émerge même quant à la pertinence du multiculturalisme lui-même, parce que plusieurs des groupes initialement les plus favorables à la mécanique multiculturaliste viennent de comprendre qu'elle risque de se retourner contre eux – en premier lieu : les intellectuels juifs. Il est à cet égard très intéressant d'observer le clivage de plus en plus net entre les milieux juifs de gauche, qui restent dans l'ensemble officiellement très multiculturalistes, et les milieux juifs de droite, ou réputés tels, qui évoluent à toute vitesse sur la question. Ce clivage annonce peut-être en filigrane une explosion du bloc institutionnel.

Voici un cas d'école : c'est au départ un évènement très éloigné de nos préoccupations françaises qui a provoqué la rupture du continuum institutionnel français : la seconde Intifada, en 2000. Nous touchons là à un autre point faible du système euromondialiste : tout échec du processus d'intégration générale en un point du système globalisé se répercute désormais à travers l'ensemble de la structure – la subversion se moque des frontières à l'heure d'Internet et des chaînes satellitaires.

La révolte du peuple palestinien a été reçue comme un signal fort, partout où l'Oumma, la nation islamique, se trouve en confrontation avec d'autres influences. C'était le signe que l'Islam ne s'inclinerait pas devant la domination occidentale, et c'est bien ainsi que le message a été reçu dans les cités de Seine – Saint-Denis. D'où de fortes tensions entre juifs et musulmans, partout en France, à tous les niveaux.

Cet exemple a fait sentir à l'hyperclasse euromondialiste le formidable décalage entre l'ambition de son projet et la réalité de ses moyens. Toute la logique intégrative prônée par les multiculturalistes reposait sur l'idée qu'en mêlant géographiquement les peuples, on les pousserait à se confondre dans un magma. Erreur : au fur et à mesure que les frontières géographiques s'abaissent, d'autres frontières apparaissent, invisibles parce que dématérialisées, qui séparent non plus des territoires géographiques, mais des réseaux d'information constitués en continuums politiques d'un type inédit. La mondialisation peut se retourner contre le mondialisme : très mauvaise nouvelle pour les mondialistes.

Un autre phénomène provoque l'inquiétude des milieux dirigeants : l'extraordinaire persistance du vote Front National. Constat stupéfiant : depuis plus de 20 ans, en France, une portion significative du corps électoral vote pour un parti politique réputé « fasciste, raciste et xénophobe ». Situation inquiétante, mais plus pour les bénéficiaires du système que pour la démocratie réelle ! Pour autant qu'on puisse en juger, l'émergence du FN ne traduit en effet ni un simple vote protestataire au sens strict du terme, ni un vote d'adhésion à proprement parler.

Le FN fonctionne en réalité comme le pôle d'attraction de tous ceux qui refusent la dissolution de la France dans le règne du capital mondialisé – et cela regroupe des gens aussi divers que des monarchistes légitimistes et d'anciens militants communistes, en passant par des libéraux, des nationalistes jacobins et des identitaires régionalistes.

En fait, ce parti hors norme existe parce qu'il fallait bien que ceux qui disent non se regroupent pour peser. Le FN a permis de reconstituer un principe « national » là où le système euromondialiste tente d'enfermer les mécontents dans leurs tribalismes afin d'interdire leur réunion. D'une certaine manière, le Front National sert temporairement de point de ralliement commun d'une part à ceux qui refusent d'abandonner l'identité française en infrastructure, d'autre part à ceux qui s'opposent au mondialisme capitaliste au nom de la lutte des classes – ou pour toute autre raison. C'est logique : les classes dirigeantes ayant organisé le rapprochement de l'identité française en superstructure avec le capitalisme mondialisé, ceux qui s'opposaient à ces deux mécaniques d'aliénation convergent par contrecoup. Le vrai nom du Front National devrait donc être « le front du refus ».

Tout a été essayé pour démanteler cette force d'opposition en devenir : la calomnie, la division favorisée de l'extérieur, l'intimidation morale – voire physique. Résultat : néant. De 1988 à 2002, le socle électoral du Front National est resté numériquement stable – il a même légèrement augmenté. Et il paraît très probable qu'en 2007, on le retrouvera à l'identique – au minimum.

Voilà une situation absolument ubuesque. En effet, de deux choses l'une : ou bien le FN est un parti factieux, et alors il faut l'interdire au nom de la sauvegarde des institutions, ou bien ce n'est pas un parti factieux, et alors son exclusion du jeu démocratique est sans objet. Or, on ne choisit pas entre ces deux solutions. On ne dissipe pas l'aberration, on fait comme si elle n'existait pas.

Dans quel autre pays une situation pareille pourrait-elle perdurer ? – Vous me direz : il y a bien la Belgique et son « Bloc Flamand ». À quoi un esprit médisant pourrait répondre que la Belgique, justement, ce n'est pas un pays, c'est un club de rentiers...

Depuis vingt ans, le système français s'accommode de cette aberration – les dirigeants se sont probablement dit au départ qu'à force d'être méprisés, les électeurs du FN finiraient par se lasser. Or, l'expérience montre que, justement, ils ne se lassent pas ! Le problème est donc peu à peu devenu ingérable. Tôt ou tard, le pouvoir devra choisir entre institutionnaliser le FN ou l'interdire.

Cette perspective paralyse la classe dirigeante. Institutionnaliser le FN, c'est reconnaître l'échec du projet dont elle était porteuse. L'interdire, c'est, outre la question des éventuels troubles civils que susciteraient probablement cette mesure, prendre le risque de le voir resurgir, et cette fois sous une forme *vraiment* dangereuse.

*

Coincé entre des traditions importées, qui décidément ne sont pas solubles dans la modernité occidentale, et le Front National, qui visiblement n'est pas davantage soluble dans la médiacratie, le bloc institutionnel français doit en outre faire face à une véritable avant-guerre civile.

Des zones de sécession potentielle sont en train d'apparaître sur le territoire français. Certaines enclaves en banlieue parisienne ou lyonnaise, ainsi que dans les villes de Roubaix et Marseille, ne sont plus françaises que de nom.

Pour l'instant, le phénomène ne débouche pas sur une expression politique franche parce que cette emprise étrangère se déploie selon un schéma en « peau de léopard ». Il y a peu d'espaces étendus, au sein desquels une population immigrée donnée se trouve franchement dominante dans une logique de continuité territoriale. Font exception dans une certaine mesure Marseille et Roubaix, déjà citées – laboratoires du cataclysme à venir.

Certains faits divers récents ont d'ailleurs démontré que dans ces deux villes la réalité du pouvoir a d'ores et déjà échappé aux partis républicains, ou réputés tels. Un des lycées publics de Roubaix ne sert plus que de la nourriture hallal – et l'on comprend la logique du proviseur de ce lycée, quand on sait que le ministère de l'intérieur français estime à 50.000 le nombre d'enfants scolarisés illégalement dans des écoles coraniques clandestines, sur le territoire de la soi-disant république dite française. À Marseille, il est de notoriété publique que si le calme régna pendant la vague d'émeutes du ramadan 2005, c'est parce que les caïds locaux avaient fait savoir qu'ils ne toléreraient pas de débordements – il ne fallait pas nuire au « business ». Cette mise au pas des quartiers par les gangs était connue des services de police, qui se sont bien gardés d'intervenir, et l'ont même probablement encouragée.

Au fur et à mesure que la cohérence ethnique du pays va disparaître, ce type de situation se multipliera. Tôt ou tard, à une échéance pour l'instant difficile à préciser, des partis ethniques ou confessionnels apparaîtront au niveau local. Lorsque cela se produira, l'architecture structurante des représentations politiques mutera de manière incontrôlable – et les tentatives de la franc-maçonnerie, charpente secrète de la soi-disant république dite française, n'auront que très peu d'effets retardateurs. À moins d'une improbable, et sans doute impraticable interdiction par la loi, les partis islamistes créeront localement une situation *où la politique sera l'affaire des ethnies* – sur le modèle libanais.

Pour l'instant, ce mécanisme d'implosion n'en est qu'à ses débuts. Mais les signes avant-coureurs sont maintenant si clairs, si évidents, que les milieux dirigeants savent en réalité très bien à quoi s'en tenir. Très lentement, le bloc institutionnel réalise qu'il a été victime du syndrome du Titanic : se croire invulnérable, et en conséquence naviguer imprudemment.

*

Résumons.

Parce que le multiculturalisme échoue à structurer une identité profonde, l'euromondialisme est une impasse. L'alliance contre nature du centralisme français et du mondialisme financier a certes affaibli l'ancienne identité française, mais leurs forces coalisées sont incapables de faire naître une identité de substitution. Un accident systémique est donc possible, par exemple à la faveur d'une crise économique. Et parce que la France approche du point où les représentations politiques structurantes pourraient se fractionner, certaines portions du territoire pourraient alors entrer dans une logique de sécession pure et simple. Pour employer une image facile, la France n'est pas seulement un immeuble à la sécurité incendie douteuse, c'est en outre un immeuble menacé d'incendie *et* dont le sous-sol héberge une poudrière.

Encore le système est-il naturellement porté à s'emballer. Plus il va vite, plus il accélère. Quelques illustrations de ce phénomène d'auto-amplification, pour bien comprendre où nous allons.

Le cas de l'antiracisme à l'école, pour commencer. L'idéologie antiraciste est hégémonique au sein de la soi-disant éducation dite nationale. Elle a fait de « l'intégration » des immigrés une finalité en soi, supposée plus importante que toute autre fin. Cette manière d'élever un des objectifs possibles du fait social au rang d'impératif absolu et non négociable débouche mécaniquement sur l'oblitération de toutes les autres préoccupations légitimes. L'instruction publique implose, elle est de moins en moins capable de transmettre réellement des valeurs authentiques et des connaissances utiles, et pour finir, la démarche se retourne contre ses finalités proclamées – les classes populaires ne parviennent plus à former correctement leurs enfants, les tensions sociales s'accentuent, les classes moyennes inférieures s'affolent et, du coup, basculent pour de bon dans le racisme et la xénophobie.

Autre exemple, toujours dans le domaine de l'antiracisme : les démarches visant à interdire toute « discrimination » à l'embauche. Certes, en lançant des opérations de « testing », qui visent à détecter les entreprises privilégiant les critères ethniques dans leurs recrutements, on obtient dans un premier temps une amélioration sensible pour les populations jusque-là victimes de discrimination. Mais très vite, dans un second temps, les groupes et les individus désireux d'éviter de recruter certaines catégories de la population se réorganiseront, si bien qu'au final, on aura renforcé les facteurs objectifs qui conduisent à la discrimination sur des bases ethniques.

Il se trouve en effet que cette discrimination ne repose pas que sur des préjugés de supériorité. Elle renvoie en grande partie à des réflexes de peur. Or, si les employeurs doivent considérer par hypothèse qu'un conflit avec un salarié « de couleur » leur vaudrait une accusation de racisme, leur peur de la différence ne peut qu'en être *renforcée*. C'est ainsi que le « testing » va déboucher, selon toute vraisemblance, sur une augmentation significative des recrutements par réseau, au détriment des offres d'emploi publiques. Et comme les réseaux sont eux-mêmes des machines à verrouiller la société, à contrarier les mobilités horizontales et verticales, l'antiracisme aura finalement contribué à rendre la mixité ethnique encore plus problématique.

Si le pouvoir décide d'aller encore plus loin, par exemple en imposant des quotas par origine ethnique dans les entreprises, il ne fera, là encore, que renforcer les causes du racisme en en combattant les manifestations. D'une part les entreprises, obligées de recruter selon des critères extérieurs à la rationalité économiques, perdront en compétitivité, d'où récession économique, hausse du chômage, et donc renforcement des causes objectives de l'agressivité interethnique – le chômage est une machine à fabriquer de la haine. D'autre part la fixation des quotas deviendra très vite un enjeu politique, donc électoral, et des partis raciaux ou confessionnels feront inévitablement leur apparition, consommant ainsi l'atomisation complète de l'espace social, puis la « racialisation » du sentiment d'appartenance collective.

L'antiracisme n'est qu'un aspect du système de pensée aberrant qui ronge notre pays. C'est toute la société française qui, à force de renvoyer à un schéma, à un programme, et non plus à une dynamique, se met à fonctionner par *autocannibalisation*. L'antiracisme n'est que l'exemple le plus évident du phénomène. Mais on pourrait aussi citer – pure spécificité française – le poids exorbitant de la sphère publique improductive.

La fonction publique est, en France, devenue un idéal. Un sondage récent démontrait par exemple que plus des deux tiers des jeunes Français rêvent de devenir fonctionnaires – situation sans équivalent ailleurs dans le monde. Cette spécificité s'explique pour l'essentiel par les errements d'une classe politique peuplée de hauts fonctionnaires. Cette classe politique fonctionnarisée entend se réserver une clientèle électorale captive en s'attachant la reconnaissance des petits fonctionnaires. De là, le favoritisme parfois obscène dont bénéficient les agents de l'État.

Cette démarche est évidemment absurde. Elle ne peut déboucher que sur un désastre. Au fur et à mesure que la sphère publique enfle, la compétitivité nationale se dégrade. Et plus cette compétitivité se dégrade, plus il devient logique, pour les jeunes salariés, de chercher refuge dans les emplois protégés de la fonction publique – ce qui ne peut que pousser les hauts fonctionnaires au pouvoir à se concilier les bonnes grâces de l'électorat en créant toujours plus d'emplois inutiles, voire contre-productifs.

Cerise sur le gâteau, lorsqu'une société entre dans semblable dynamique d'implosion, les cercles vicieux se renforcent mutuellement, car ils entrent spontanément en résonance. Exemple : de l'antiracisme à l'obésité de la fonction publique, et retour.

Au fur et à mesure que l'antiracisme inquisiteur, à force de terroriser les employeurs, les pousse à privilégier le recrutement par réseau, certaines populations sont de fait exclues des secteurs productifs. Il faut donc compenser leur exclusion par la création d'emplois publics réservés sur des bases ethniques – décision qui, en retour, achève d'ethniciser le fait politique en ethnicisant la fonction publique – d'où, en retour du retour, le renforcement des discriminations à l'embauche.

De telles dérives, qui renforcent les causes des mécanismes dont elles prétendent combattre les conséquences, ne peuvent bien évidemment que s'autoalimenter indéfiniment – ou, plus exactement, jusqu'au point de rupture.

*

Au-delà même des conséquences sociales, culturelles et politiques, que la classe dirigeante française tente de maîtriser malgré tout, la crise de la soi-disant république dite française engendre en outre des pathologies spécifiquement métapolitiques, que pour l'instant nos soi-disant « élites » n'ont absolument pas intégrées dans leurs raisonnements. C'est pourquoi la fuite en avant des classes dirigeantes euromondialistes est non seulement contre-productive, mais même franchement suicidaire. Nos dirigeants médiocres peuvent un jour être surpris par une explosion dont les ressorts leur échapperont fondamentalement, parce qu'ils seront purement métapolitiques. L'explosion décisive trouvera en effet peut-être sa source secrète dans la détresse psychologique des masses, et tirera sa force destructrice de l'émergence cataclysmique d'un nouveau système de pensées – des représentations que l'inconscient collectif cristallisera d'un seul coup, de manière inattendue et largement imprévisible.

La France est aujourd'hui le théâtre de deux courses en avant nihilistes, l'une visible, l'autre invisible. La course en avant visible, c'est celle des classes dirigeantes vers le décadentisme chic. Mais sous cette course en avant visible, un autre drame se joue : l'esprit collectif glisse vers le nihilisme destructeur. La décadence, comme toujours, fait le lit de la barbarie.

Sans tomber dans le prophétisme apocalyptique, on peut voir dans cette double évolution l'annonce d'une nouvelle transmutation des valeurs. Nietzsche, au XIX° siècle, avait très bien perçu comment le « décadent », type dominant de la société occidentale, ouvrait la porte au « nihiliste », d'abord passif, puis actif. Nous vivons aujourd'hui la reprise de ce mécanisme, mais à un niveau supérieur à tout ce que nous avions vu jusqu'ici – nous en sommes au stade ultime de la décadence, de sorte qu'on peut s'attendre à voir surgir le nihilisme *absolu*.

Nous vivons un temps qui se situe au-delà de la mort de Dieu, au-delà même de la fin des idéologies. Nous vivons la mort de l'Homme. La morale, que l'on avait sacralisée en lieu et place de la divinité, implose, et nous en sommes arrivés au point où la prédiction de Zarathoustra s'accomplit : le Dernier Homme, c'est nous, c'est l'humanité européenne des années 2000.

Une deuxième phase de l'implosion européenne va bientôt commencer, et c'est en France qu'elle va probablement se dérouler d'abord : le petit nihilisme passif est sur le point de se retourner en grand nihilisme actif – totalitarisme ou anarchie, selon les circonstances.

*

Essayons de prendre l'exacte mesure de la réalité. Passons derrière le décor de la société de consommation.

Le nihilisme fabriqué par le système ne se cache pas. Il s'étale, partout dans nos rues, tout le monde le voit, et d'ailleurs certains l'admirent parce qu'il leur ressemble. Ce nihilisme visible est passif, il se veut « soft ». Il se traduit pour l'essentiel par le culte de l'argent – c'est-à-dire la confusion plus ou moins délibérée entre le *signe* et ce qu'il est supposé représenter, en l'occurrence la richesse. Un formidable système de leurres s'est développé, qui donne l'illusion que notre société en ruine se porte à merveille, qu'elle déborde d'activité créatrice, et que ses membres s'épanouissent à l'intérieur d'un modèle cohérent et dynamique, dont ils partagent les valeurs.

Cependant, derrière cette façade avenante, la réalité est toute autre : le néant étend son empire sur l'être mental collectif. Seule une minorité de personnalités se différencient encore par l'argent ou les fastes trompeurs du pouvoir, et communient plus ou moins dans une autocélébration obscène. Alliance des oligarchies politiciennes, médiatiques et financières, cette caste recrutée par cooptation truste les instruments de la représentation, au point que les masses, quant à elles, *ne se voient plus exister*.

Résultat : un individu ordinaire, dans notre société sans système de représentation, n'est plus inscrit dans la moindre totalité intermédiaire. Il flotte, libre en apparences – mais, tel le Dernier Homme de Nietzsche, il est généralement bien incapable d'assumer cette liberté.

Ce mécanisme d'inexistence dans l'ordre des représentations vient percuter le déficit de substance entraîné par l'absence complète d'identité structurante. À partir de là, deux réactions sont possibles : la soumission ou la névrose.

Soumission, d'une part, pour la majorité, à des idoles auxquelles la masse s'identifie pour acquérir, à défaut d'une indifférenciation et d'une différenciation réelles devenues l'une et l'autre impossibles, l'illusion tantôt de la différenciation, tantôt de l'indifférenciation. L'illusion en lieu et place de l'être : voilà, en gros, à quoi se résume la « société du spectacle ». Moteur de la démarche : la fête permanente, faux nez du désespoir. Carburant : la consommation.

Névrose, d'autre part, pour une minorité en croissance lente mais régulière, qui refuse la soumission aux idoles. Ces individus-là savent, instinctivement, qu'être réellement, c'est toujours nécessairement s'inscrire dans une destinée, donc aller depuis l'Incréé vers l'Incréé à travers l'Idéal. Pour dire les choses simplement, nous parlons là des êtres qui se souviennent qu'ils vont mourir, et savent donc l'indifférenciation nécessaire à l'accomplissement.

Aussi longtemps que la proportion des soumis excède largement celle des névrosés, le système tourne. À l'inverse, si la proportion des névrosés devenait telle que ceux-ci en viennent à constater de manière évidente qu'ils ont cessé d'être marginaux, leur inévitable convergence déboucherait sur une prise de conscience : dès lors, *ils se révolteraient* – révolte pas nécessairement violente, au demeurant ; la révolte des esprits libres consiste souvent à *inventer une identité structurante*, là où le système s'est efforcé d'installer le néant.

Tout l'enjeu, pour les bénéficiaires du système, est donc d'empêcher cette convergence des révolutionnaires en devenir. D'où l'énorme machine propagandiste mise en place par le système pour promouvoir les instruments de la soumission consentie – ce que nous appelons la publicité va désormais bien au-delà de l'antique « réclame », puisqu'il s'agit au vrai de la *propagande du Capital*, un conditionnement impitoyable qui vise à cautionner subtilement la réduction du monde à un artefact, objet de production en vue de la seule jouissance.

*

Cependant, cette énorme machine propagandiste peut être prise en défaut. Le schéma général que nous venons d'esquisser doit déboucher sur un renversement soudain du système, renversement que les oligarques n'auront vraisemblablement pas du tout anticipé. Par un retournement classique dans l'histoire des régimes politiques finissants, la propagande ne sert en effet plus seulement à dresser des murs d'incompréhension entre les révolutionnaires potentiels, elle est aussi devenue l'écran que les dirigeants interposent entre la réalité est la perception qu'ils en ont. À force de répéter que la publicité était un instrument de libération, nos « fils de pub » ont fini par le croire !

Au vrai, notre classe dirigeante *ne sait plus ce qu'elle fait*. Elle s'imagine réellement défendre la cohésion de la meilleure société possible lorsqu'elle promeut les instruments de la soumission à un système de valeurs sans alternative dialectique. Notre classe dirigeante a *bonne conscience*. Nos énarques et autres « décideurs » éminemment programmés réfléchissent exactement comme les aristocrates de l'Ancien Régime finissant, lesquels ne pouvaient concevoir qu'on leur contestât le pouvoir parce qu'ils s'imaginaient le détenir de plein droit. On sait ce qu'il en est advenu.

Ce qu'il faut bien voir, c'est que nos dirigeants et leurs séides évoluent dans un tout petit monde, qui ne communique que très rarement avec les masses. Notre intelligentsia institutionnelle « bouge » surtout entre la brasserie Lipp et le café de Flore. Même si elles parlent de l'Éducation Nationale avec des trémolos dans la voix, les grandes figures de la gauche institutionnelle envoient leurs enfants à l'école alsacienne, un établissement privé très réputé. En conséquence, lorsqu'elle se félicite de la polysémie propre à la France nouvelle, notre intelligentsia bien-pensante ignore qu'elle *imagine* un sens là où il n'y a plus que l'absurde et le désespoir. Nos politiciens cumulards, pendant ce temps, roulent d'un ministère à l'autre, dans de grosses berlines avec chauffeur. Ces gens-là sont aussi éloignés des banlieues que les courtisans de Versailles pouvaient l'être des faubourgs en 1788.

Là encore, le système est caractérisé par une auto-amplification mécanique. Villepin, l'actuel premier ministre de la soi-disant république dite française, n'est autre que l'ancien secrétaire général de l'Élysée. C'est un homme de dossiers. Il n'a *jamais* affronté le suffrage universel. Son cas est caricatural, mais surtout révélateur. De plus en plus de politiciens du bloc institutionnel, à partir d'un certain niveau, n'ont jamais réellement bataillé dans l'arène politique. La favorite des sondages pour l'élection présidentielle, à l'heure où j'écris, est madame Ségolène Royal. On la présente comme une femme de terrain, mais en réalité, d'où vient-elle ? Réponse : de la « Mitterrandie » parisianiste, et nullement de la province dont elle se réclame.

En somme, ces politiciens-là, les Villepin, les Royal, sont des *héritiers*, et pas des conquérants. Certes, à la différence des aristocrates dépeints par Beaumarchais, ces nouveaux courtisans se sont donnés un peu plus que la peine de naître : ils ont été obligés de faire l'ENA. Cela ne les rend pas plus humains, cela ne les rend pas moins éloignés des préoccupations du peuple – au contraire, ils sont encore plus programmés que des aristocrates de naissance.

C'est pourquoi, s'ils ont compris que leur système est malade, ces dirigeants autistes n'ont en revanche pas encore réalisé à quel point. Ils en sont encore à se cramponner à une V° république en coma dépassé, alors qu'il faudrait tout refonder. Ils n'ont pas du tout pris la mesure des mécanismes qu'ils sont en train d'enclencher. Et ils n'ont aucune idée des conséquences de leur entêtement sur l'âme du peuple dont ils ont la charge.

*

Les peuples ne perdent pas la tête sans raison. Pour qu'un peuple devienne fou, il faut qu'on l'ait rendu fou. Pour que la Russie se donne à Lénine, il avait d'abord fallu que le régime tsariste refusât de tirer les conclusions de la révolution de 1905. Pour que l'Allemagne se donne à Hitler, il avait d'abord fallu les immenses souffrances de 14-18, l'écroulement cataclysmique de l'ordre ancien et puis l'aveuglement des classes dirigeantes issues du désastre. Et de même, qui sait si la Révolution Française aurait été ce qu'elle fut – c'est-à-dire un carnage inutile – si seulement les aristocrates, sentant venir les temps nouveaux, avaient eux-mêmes organisé une abolition négociée des privilèges ?

Pour qu'un peuple devienne fou, il faut qu'on l'ait pendant longtemps méprisé, humilié, nié dans ses droits. Le petit peuple, en général, est bonne pâte parce que, fondamentalement, il est *mou*. La majorité des gens ne demandent qu'une petite vie tranquille, un petit destin paisible leur convient très bien. Peu d'individus sont prêts à prendre les armes pour protéger l'avenir, aussi longtemps que le présent est assuré. Et ceux prêts à prendre les armes pour défendre leur liberté sont encore plus rares.

Tout change lorsque la folie collective s'en mêle. Elle se nourrit de sa propre chair, et une fois qu'elle a dépassé le stade où elle végétait, elle s'étend irrésistiblement. Elle rend l'homme paisible à moitié fou, et le demi fou totalement fanatique. C'est une épidémie souterraine, qui peut rester très longtemps invisible. Elle s'infiltre par tous les interstices de la construction sociale, elle la dévore par en dessous ; à la surface on ne voit rien. Puis, à l'instant décisif, tout s'écroule – exactement comme une maison minée par les termites s'effondre soudain, sans crier gare. Pendant longtemps, on n'a rien vu, on n'a rien entendu, parce que les gens avaient peur, et que les gens qui ont peur se cachent et ne parlent pas. Puis, à un certain moment, la folie est devenue plus forte que la peur, et alors, c'est la révolution.

Voilà ce qu'ont décrit Brecht et Soljenitsyne. Et comme de juste, on ne les a pas écoutés. Aucune leçon n'a été tirée de notre sanglant XX° siècle. Le capitalisme dérégulé du XXI° siècle reprend à son compte les logiques du capitalisme sauvage du XIX° siècle, et les conséquences seront évidemment les mêmes. Le centralisme jacobin décadent répète, presque trait pour trait, la fin calamiteuse de l'Ancien Régime vermoulu, tandis qu'une idéologie multiculturaliste de pacotille copie servilement l'esprit décadentiste de la république de Weimar.

Au fur et à mesure que les classes dirigeantes euromondialistes s'enferment dans leur autisme arrogant, le peuple riposte par son autisme à lui, fait de colère et d'humiliation. Au fur et à mesure que les classes dirigeantes manipulent le délire victimaire pour culpabiliser le peuple et l'empêcher de se révolter, une mutation s'opère dans l'esprit collectif : la haine de soi se transmue peu à peu en haine du monde, et par un retournement dialectique inévitable, elle débouche paradoxalement sur un narcissisme pervers. Ce type de mécanisme dessine un schéma précis, une architecture générale où le retournement de la pulsion de vie en pulsion de mort se retourne à son tour, de sorte que la pulsion de vie jaillit du cœur de la pulsion de mort. Ce retournement du retournement correspond à un syndrome bien connu des historiens : on l'analyse généralement comme un des mécanismes mentaux par lesquels l'idéologie nazie s'est imposée en Allemagne, dans les années 1930.

Phénomène totalement ignoré des commentateurs, et pourtant crucial : à force de vampiriser la substance vitale du peuple, à force d'interdire aux Français ordinaires jusqu'au droit d'être eux-mêmes, la classe dirigeante est en train de faire basculer la population dans la folie. Tous ceux qui n'adhèrent pas à la vulgate officielle sont rejetés dans le néant, et donc, à force d'y être cantonnés, *ils se reconstruisent à partir du néant* – la négation reste non énoncée, elle est donc intériorisée.

Hélas, les méthodes de la sociologie traditionnelle ne permettent pas du tout de mesurer ce phénomène. Seule une approche qualitative permettrait de le détecter.

Les forums de discussion sur Internet sont en revanche un bon moyen d'observer le basculement progressif de l'opinion dans une forme de paranoïa collective construite en miroir, la paranoïa de chaque groupe reflétant celle des groupes rivaux. Assez révélateur de la montée des tensions, voici par exemple un texte pêché sur un forum Internet :

« Nous Français Blancs, étrangers sur notre propre sol, sommes dans la même situation que les juifs de la seconde guerre mondiale. On nous humilie, on nous crache à la gueule, on nous reproche notre histoire, on nous accuse de tous les maux du pays, on nous fout en taule si nous l'ouvrons. Notre identité est menacée, pas celle des extra-européens, eux ils ont toujours leur pays d'origine où retourner, nous si on nous prend notre pays, on n'a plus rien. »

Ce à quoi un autre internaute répond, avec une rare inconscience :

« Chaque année, des milliers d'étrangers sont régularisés. Alors dorénavant, tu feras avec, et si tu n'es pas content, cherche-toi un autre pays. La France ne t'appartient pas ! »

Il est évident que le premier internaute, à la lecture de cette réponse, a conclu que le seul moyen de ne pas se retrouver dans la situation des « juifs de la seconde guerre mondiale » était d'y condamner son vis-à-vis. Or, des échanges comme celui-là, sur les forums Internet, il y en a des milliers chaque jour...

Autre révélateur : les faits divers racistes. Leur accumulation confirme la montée d'une forme de démence collective. Pendant le seul été 2006, on a par exemple pu relever les faits suivants :

- Dans un foyer de jeunes filles en difficultés, à Saint-Quentin, dans l'Aisne, une jeune femme blanche est torturée par un groupe de femmes non blanches l'accusant d'avoir proféré des propos « racistes ». Ses tortionnaires la rouent de coups, lui infligent des coupures à l'aide divers instruments, puis, après avoir dessiné une croix gammée sur son tee-shirt accompagnée de la légende « Je suis raciste », considèrent sérieusement la possibilité de l'exhiber dans les rues de la ville.

- À Paris, rue des rosiers, un groupe suprématiste noir, qui se fait appeler « la tribu Ka », défile en force. Ses membres, tout de noir vêtus, interpellent les habitants de ce quartier juif, expliquant qu'ils veulent « s'expliquer » avec la ligue de défense juive – une milice ultrasioniste coupable d'après eux d'avoir lynché un Noir en marge d'une manifestation « antiraciste ».

- En Haute-Savoie, un conseiller municipal Front National est poignardé par un « jeune » d'origine ethnique non précisée. Motif de l'agression : ce conseiller municipal avait soutenu une commerçante qui s'offusquait de ce que le « jeune » urinât contre sa devanture. Le « jeune » avouera s'en être pris à sa victime également du fait de son engagement politique.

- À Compiègne, dans l'Oise, un tireur fou attaque les personnes de race noire, pour des motivations expressément racistes. On notera au passage que cet acte isolé présente la particularité d'avoir été extrêmement violent – dans le cas du racisme des Blancs contre les autres groupes ethniques, le passage à l'acte, longtemps inhibé par le discours dominant, semble devoir s'effectuer avec une violence soudaine et imprévisible.

Et tout cela, en deux petits mois d'été...

Encore ces faits divers médiatisés ne sont-ils que la partie émergée de l'iceberg. Nous savons très bien que, parmi les centaines de crimes et délits commis chaque jour, en France, par une personne d'une origine ethnique donnée à l'encontre d'une personne d'une autre origine ethnique, la motivation raciste joue dans une proportion non négligeable des cas, à des degrés divers. Bien sûr, il ne s'agit pour l'instant que des initiatives stupides de racistes sans doctrine, mus principalement par la souffrance morale de ceux qui n'ont pas d'identité. Cependant, ces faits divers en eux-mêmes peu significatifs finissent par dessiner les contours d'une formidable catastrophe à venir.

Non seulement la France est un immeuble menacé d'incendie, non seulement cet immeuble héberge dans son sous-sol une véritable poudrière, mais en outre certains habitants sont devenus fous, et ils *rêvent* de mettre le feu !

CHAPITRE IV - QUE FAIRE ?

Nous marchons vers la catastrophe. Pour toutes les raisons que nous venons d'examiner, la question n'est même plus de savoir si le système actuel va perdurer. Un système fondé sur l'autocannibalisation ne peut bien évidemment que s'écrouler, en fin de comptes. La question est de savoir d'une part quand ce système va s'écrouler, et d'autre part si cet écroulement prendra la forme d'une implosion molle ou bien s'il s'agira d'une explosion cataclysmique.

Arrivé à ce point du raisonnement, il est tentant de couper là. Après tout, l'essentiel est acquis : nous allons vers le chaos, mais ce chaos peut être salvateur. Les forces en présence ne s'organisent pas nécessairement selon le schéma chaotique du tous contre tous. Il existe un schéma alternatif, qui est porteur de sens, et c'est bien sûr l'opposition entre l'hyperclasse et le peuple. Sur le plan politique, il y a des dizaines, voire des centaines de camps, qui se disputent un nombre incalculable de portions de territoire. Cependant, sur le plan métapolitique, c'est-à-dire lorsqu'on pose le problème non de la cartographie mais de la manière de cartographier, il n'y a plus que deux camps : le pouvoir d'un côté, la révolution de l'autre. Soyons franc, c'est là que je voulais en venir.

Toutefois, cette plaquette ne serait pas complète si je n'essayais pas de répondre à la question décisive : que faire ?

*

Pour décider de ce qu'il convient de faire, il faudrait d'abord élaborer un ou plusieurs scénarios de référence à l'horizon d'une ou deux décennies. Malheureusement, il est beaucoup trop tôt pour édifier un scénario quelconque. Trop de variables sont encore indéterminées.

On ne sait pas encore lequel des deux versants du bloc institutionnel français, fausse gauche ou fausse droite, va imploser en premier[4]. On ne sait pas non plus si le recul de l'Occident dans le monde sera lent ou rapide[5]. Et nous ne savons pas davantage comment va évoluer le monde musulman[6]. Enfin, et peut-être surtout, on ne sait pas non plus comment le système économique mondial va encaisser le pic d'extraction des hydrocarbures, prévu par certains pour le début de la prochaine décennie, annoncé par d'autres pour beaucoup plus tard[7].

---

[4] Note 2020 : apparemment, les deux à peu près en même temps. Mais elles peuvent encore rebondir, sous une forme mutante.

[5] Note 2020: rapide !

[6] Note 2020: on ne sait pas encore. L'échec des Frères Musulmans après leur foudroyant succès des printemps arabes rend l'avenir incertain, du Maroc au Pakistan.

[7] Note 2020 : avec le gaz et le pétrole de schiste, il semble que le choc ait été différé d'une à deux décennies. Avec les taux zéro des banques centrales, c'est une des deux raisons

Tout cela fait beaucoup d'incertitudes. Beaucoup trop pour édifier un scénario de référence crédible. D'autant que le système mondial, *dans sa globalité*, peut craquer avant sa variante française...[8]

Logiquement, on devrait commencer à y voir plus clair vers 2015, car les incertitudes que nous venons de lister seront en partie dissipées, à cette date. Malheureusement, il est possible que 2015 soit aussi la date de l'accident systémique décisif, de sorte que nous risquons de ne pouvoir édifier un scénario prospectif valable qu'à peu près au moment où ledit scénario commencera à se réaliser.

À défaut de construire un scénario, on peut cependant circonscrire l'univers des possibles. Il s'agit alors simplement de lister les principaux évènements susceptibles de survenir, d'évaluer leurs probabilités de survenue et de cartographier leurs implications potentielles. L'exercice est prospectif, pas prédictif.

Deux questions pour structurer l'exercice : quel sera le tempo des évolutions ? Quelles seront les réactions spontanées des acteurs du système ?

*

Pour ce qui concerne la question du tempo, voici ma thèse : la catastrophe française surviendra *au plus tôt* une fois que le soi-disant « modèle social » français aura implosé – mais elle arrivera en revanche très rapidement, une fois le « modèle social » à terre. La catastrophe n'arrivera pas *avant* l'implosion sociale, parce qu'aussi longtemps que l'État pourra acheter des clientèles électorales, la classe dirigeante usera de cet artifice pour maintenir son emprise[9]. Mais la catastrophe arrivera très vite une fois le « modèle social » démantelé, car notre société déstructurée ne tient plus, en réalité, que par la fausse magie de l'assistanat généralisé.

Notre première tâche est donc de situer une date clef : quand serons-nous en faillite ? – Question simple, mais réponse complexe... Si l'on sait à coup sûr que son actuel schéma de financement conduit la soi-disant république dite française à la faillite, il n'est pas aisé de dire *quand* cette faillite surviendra.

Les chiffres dont nous disposons ne sont pas fiables. L'endettement public avoué est de 1.200 milliards d'euros – à peu près les deux tiers du produit intérieur brut annuel. Mais ce chiffre est fortement sous-évalué. Il n'inclut pas les engagements hors bilan – le financement des retraites des fonctionnaires, en particulier.

---

pour lesquelles le premier accident majeur a été retardé au-delà de 2020, même si sa survenue prochaine est de plus en plus criante.

[8] Note 2020 : c'est aujourd'hui le plus probable. Dans « Céfran », j'avais surévalué l'importance de la France dans la dynamique globale. Elle n'est plus qu'une province périphérique, c'est de plus en plus évident.

[9] Note 2020 : évaluation pour l'instant vérifiée.

Il y a un effet de ciseau très marqué entre d'une part la dégradation du rapport entre actifs et inactifs, et d'autre part les obligations imposées par la concurrence internationale dérégulée. Le système des retraites par répartition ne peut pas survivre aux chocs simultanés du vieillissement et de la mondialisation. Il va donc voler en éclat, si bien que les retraites des baby-boomers devront être payés autrement que par prélèvement sur les coûts du travail. Dans le cas des fonctionnaires au moins, il faudra que l'État mette la main à la poche.

Dans ces conditions, à combien estimer la dette publique réelle ?

En théorie, d'après les experts, si l'on intégrait la totalité des engagements hors bilan dans les comptes publics, la dette publique française oscillerait autour de 170% du produit intérieur brut. Admettons cette hypothèse. Cela veut dire que les engagements hors bilan avoisinent 100% du produit intérieur brut – le reste de la dette étant déjà comptabilisé dans les comptes officiels. Admettons encore que, grâce à un pilotage fin, l'État parvienne à diviser par deux la dette qu'il règlera effectivement au titre des retraites – ce qui suppose qu'on puisse, dans les années qui viennent, laisser filer l'inflation ou au contraire augmenter les impôts, ou encore retarder l'âge de départ à la retraite de manière très significative. Mais admettons, pour les besoins de l'exercice.

Même en retenant ces hypothèses ô combien optimistes, on arrive à la conclusion que la dette publique réelle est d'ores et déjà égale à au moins 120% du produit intérieur brut. Comme par ailleurs elle croît du niveau du déficit budgétaire, soit en réalité plus de 3% par an, on peut conclure qu'elle sera d'environ 140% du PIB actuel vers 2010 et de 170% du PIB actuel en 2020[10]. Reste, pour l'effacer, à espérer soit une croissance accélérée, fort peu probable, soit une forte inflation, en théorie impossible, la Banque Centrale Européenne faisant blocage.

Encore ce raisonnement simpliste fait-il l'impasse sur l'effet « boule de neige » propre à tout endettement excessif. La progression de notre dette sera en fait plus rapide que le cumul de nos déficits hors service de la dette – le déficit total va en effet se creuser mécaniquement, parce que les intérêts de la dette pèseront de plus en plus lourd[11].

Dans ces conditions, les organismes de cotation des risques vont forcément finir par dégrader la « note » de la soi-disant république dite française[12]. Les spécialistes estiment d'ailleurs qu'une première dégradation pourrait intervenir dès 2008, si le président élu en 2007 ne prend pas le taureau par les cornes. Si la note française était dégradée, le trésor public devrait offrir un rendement plus

---

[10] Note 2020 : même si l'évaluation est devenue encore plus difficile du fait d'une créativité comptable croissante, c'est à peu près là que nous en sommes, selon toute probabilité.
[11] Note 2020 : à l'échelle globale, la solution à ce problème a consisté à mettre en place un système de taux zéro, voire de taux négatifs. Cette aberration économique n'avait pas été anticipée en 2007, lors de la rédaction de « Céfran ». Visiblement, à l'époque, je sous-évaluais l'entêtement et la capacité de coordination interne des oligarchies occidentales.
[12] Note 2020 : cela s'est fait, mais n'a pratiquement pas eu d'impact.

attractif – ce qui gonflerait encore les intérêts. Il s'agit d'une spirale d'endettement. C'est le mécanisme qui a conduit l'Argentine à la faillite.

A quelle date, dans ces conditions, l'État devra-t-il renoncer au maintien du modèle social ? – La réponse n'est pas évidente, parce que tout dépendra des choix politiques. Seule certitude, il faudra tôt ou tard soit faire des coupes claires dans les dépenses, soit recourir à une fiscalité confiscatoire.

Il est probable que le choix sera, dans un premier temps, le recours à l'impôt. Pour un État providence, c'est évidemment la tentation[13].

Cependant, l'impôt est une fausse solution. En théorie, certes, les Français sont aujourd'hui des gens riches. Leur patrimoine total est estimé à environ 7.000 milliards d'euros, leur dette à 1.000 milliards d'euros, ce qui laisse un actif net de l'ordre de 6.000 milliards d'euros. On pourrait donc penser qu'il y a là largement de quoi financer la dette publique.

Erreur ! Le patrimoine des Français est en effet constitué de biens mobiliers et immobiliers dont la valeur actuelle correspond à une fin de cycle haussier. Si l'État recourrait à une fiscalité confiscatoire, la valeur des biens diminuerait très rapidement, précisément parce que leur rendement serait amputé du poids de la fiscalité. Ainsi, selon un mécanisme très classique, notre État en faillite verrait l'argent fuir devant lui au fur et à mesure qu'il tenterait de se l'approprier.[14]

Alors que va-t-il se passer ?

Le plus probable est à mon avis une tentative de relance légèrement utopique après les élections de 2007[15], comme une fuite en avant, le coup d'audace du risque-tout. Ensuite, après l'échec probable de cette opération volontariste, les finances publiques seront si dégradées que d'une part la zone euro explosera, ou du moins sera fortement réaménagée, d'autre part la soi-disant

---

[13] Note 2020 : d'où la politique de Hollande au début de son mandat.

[14] Note 2020: c'est ce qui s'est passé sous Hollande, mais sous une forme paradoxale. Seul le marché immobilier de province a baissé. Paris et quelques hypercentres de métropole ont tenu le choc. En rédigeant « Céfran », je sous-évaluais la capacité de l'hyperclasse à se refermer sur elle-même, pour se dispenser temporairement des conséquences négatives de sa politique.

[15] Note 2013 : à l'époque, je pensais que le Parti Socialiste avait de bonnes chances de gagner les élections présidentielles de 2007. L'élection de Nicolas Sarkozy a été pour moi une complète surprise, car, au-delà du caractère inquiétant de la candidature de Ségolène Royal, il me paraissait absurde que le peuple français vote pour quelqu'un qui voulait introduire les subprimes en France et aligner la politique étrangère de notre pays sur celle, désastreuse, des *neocons* américains. J'avais oublié que la plupart des gens ont un niveau d'information trop bas pour décider sainement au moment de voter.
En conséquence, les évolutions que j'envisageais pour 2010 ont en partie glissé jusqu'en 2015, la crise économique globale ayant en outre fourni à Nicolas Sarkozy un terrain propice à une gestion relativement laxiste, mais dans un cadre libéral. C'est aussi là un paradoxe que je n'avais pas envisagé : que la chute du système de la dette puisse le conserver en quelque sorte temporairement, en justifiant une nouvelle fuite en avant.

république dite française sera, en fait sinon officiellement, placée sous tutelle internationale[16].

Voici ce qui risque d'arriver : un matin, vous vous lèverez, vous allumerez la radio, et vous apprendrez que la France est sortie de l'Euro dans la nuit, qu'une monnaie provisoire est lancée, et que vous n'avez plus le droit de retirer à la banque qu'un certain montant par mois. Bienvenue en Argentine, il vous reste les yeux pour pleurer.

Ceci nous amène, je crois, à une révision déchirante du sacro-saint « modèle social français » dès le début de la prochaine décennie, ce qui ferait des élections prévues en 2012 une échéance crédible pour le grand chambardement.

Cependant, ce scénario n'a rien d'assuré. Il est aussi possible qu'un gouvernement prudent bénéficiant d'une conjoncture porteuse parvienne à différer le collapsus jusqu'à la deuxième moitié de la prochaine décennie. Mais pas au-delà, car à cette date, la dette approchera un niveau manifestement intolérable.[17]

*

Pour la commodité du raisonnement, admettons que nous avons fixé les deux dates qui encadrent le déclenchement de la crise à venir : 2010 au plus tôt, 2020 au plus tard[18]. Comment cette crise se déroulera-t-elle ? Quelles seront les réactions des acteurs ?

Le FMI ne gèrera pas la France en faillite comme il a géré l'Argentine en faillite. D'une façon ou d'une autre, les autorités s'efforceront de ménager une transition à la France en échange des réformes de structures. C'est le seul scénario crédible. L'autre hypothèse, à savoir la purge libérale directe débouchant sur une implosion complète, serait porteuse d'un risque inacceptable : faire disjoncter l'ensemble du système financier international, au sein duquel la France joue un rôle bien plus important que celui joué par l'Argentine marginale en 2000, ou même par la Russie isolée des années 1990. Même les monétaristes du FMI n'oseront pas prendre le risque d'une France en dépôt de bilan.

Cependant, même si la transition est relativement douce, en France, c'en sera fini du clientélisme qui, pour l'instant, permet au bloc institutionnel de maintenir son emprise malgré un discrédit croissant. En quelques années, on assistera donc à l'effondrement de pans entiers de l'identité en superstructure construite par le centralisme français. Des millions de gens, dont la vie ne tient

---

[16] Note 2020 : c'est l'étape suivante, mais nous n'en sommes pas encore là en mars 2020.
[17] Note 2020: si les taux d'intérêt n'avaient pas été ramenés à zéro, c'est ce qui se serait passé. En ramenant les taux à zéro, les banques centrales ont offert au système quelques années de répit.
[18] Note 2020: compter sans doute une décennie de plus, pour la "petite" crise franco-européenne.

plus que par les subsides de l'État, auront l'impression que le sol disparaît littéralement sous leurs pieds. Retraités, fonctionnaires, assistés en tous genres : gare à vous ![19]

En conséquence, toutes les tensions perceptibles aujourd'hui dans le corps social vont s'accroître jusqu'au point de rupture. Les engrenages du totalitarisme, tels que nous venons de les analyser, se mettront à tourner de plus en plus vite.

Ne nous faisons pas d'illusion : dans un premier temps, l'oligarchie choisira d'accélérer sa fuite en avant. Ses réactions face aux évènements récents – rejet du traité constitutionnel européen, crise des banlieues – ont clairement démontré que notre classe dirigeante est incapable de se remettre en cause. Elle a totalement oublié que l'Histoire est tragique. Lorsque les faits le lui rappelleront, elle choisira de ne pas les écouter.[20]

À l'horizon 2010-2015, les tendances actuelles seront donc accentuées à l'extrême. Nous traverserons probablement une période très dure, avec pour le moins une tentation totalitaire[21]. Et puis, finalement, tôt ou tard et pour toutes les raisons que nous avons évoquées précédemment, ce sera l'écroulement…

C'est là que l'avenir se décidera. En quelques années, peut-être en quelques mois, la physionomie du prochain siècle sera fixée – en France et, par contrecoup, en Europe. L'arène politique verra alors des affrontements bien plus violents que tout ce à quoi notre démocratie policée nous avait habitués. Comme des ressorts très longtemps comprimés se détendront d'un seul coup, nous verrons sortir plus d'un diable de sa boîte.[22]

Ici se pose une question cruciale : en France, l'État a-t-il les moyens de maîtriser une insurrection ? – Ce n'est pas certain. L'armée française est techniquement compétente, mais elle numériquement faible. De nombreux signes, discrets mais bien réels, laissent en outre penser que les relations ne sont pas au beau fixe entre la « grande muette » et le pouvoir politique. La sensibilité du poste de chef d'état-major de l'armée de terre est à cet égard révélatrice des inquiétudes de la classe dirigeante.

Les forces de l'ordre sont, de leur côté, très efficaces – elles l'ont démontré lors des émeutes de novembre 2005, remarquablement maîtrisées. Mais là encore, les effectifs seront bien maigres face à une insurrection de grande ampleur. En novembre 2005, les capacités opérationnelles de la police et de la gendarmerie ont été saturées, alors que moins de la moitié des cités dites sensibles avaient bougé. Alors imaginez ce qui se passerait, si demain toutes les banlieues ethniques entraient en rébellion ouverte !

---

[19] Note 2020 : nous y sommes quasiment, mais pas encore tout à fait. La « Loi Retraites » n'est qu'un zakouski. Le morceau de bravoure reste à venir !

[20] Note 2020 : sur ce plan, Macron a dépassé toutes mes attentes !

[21] Note 2020 : vraiment toutes mes attentes !

[22] Note 2020 : le Diable n'est pas encore sorti de sa boîte, mais on voit le couvercle vibrer !

Il est aussi possible que la crise provienne d'une insurrection non violente des Français ordinaires[23]. À mon avis, l'appareil d'État français ne saurait pas répondre correctement à une crise de légitimité ouverte – un des accidents systémiques possibles est une grève de l'impôt, déclenchée par exemple après la dissolution autoritaire du Front National. Dans un tel cas de figure, quelle serait la réaction du pouvoir ? – On voit mal avec quelles troupes le bloc institutionnel pourrait aujourd'hui affronter une résistance passive décidée.

Alors soyons clair : au premier accident sérieux, toute la boutique sera par terre en 48 heures chrono.

Cela dit, comment réagiront les acteurs étrangers, une fois le chaos installé en France ?

La réaction de l'oligarchie européiste dépendra beaucoup de l'écho que les évènements français trouveront au-delà de nos frontières. Si ces évènements n'éveillent pas de répliques, alors Bruxelles se sentira les coudées franches, et tentera sans doute d'agir sur Paris, afin d'organiser le dénouement de la crise dans un sens convenant aux euromondialistes. Si, en revanche, notre crise se communique à nos voisins, alors Bruxelles sera sur la défensive, et c'est une stratégie de mise en quarantaine qui sera suivie – on voit bien, là, que la priorité stratégique des subversifs français, de quelle obédience qu'il se réclame, doit être de trouver des partenaires étrangers capables d'embrayer sur la banqueroute de la soi-disant république dite française pour enclencher le processus de mise en faillite de l'union dite européenne. Soyons certains que ces subversifs y travaillent assidûment.

Cependant, au-delà de l'Europe occidentale, trois acteurs vont tenter de peser sur notre destinée, bien conscients qu'ils sont qu'elle modèle en partie la leur. Il s'agit des États-Unis, de la Russie et du monde musulman. En dernière analyse, c'est la réaction de ces acteurs-là qui va structurer les conditions dans lesquelles la crise française sera dénouée.

L'Amérique, fille aînée du protestantisme, regardera sans doute avec amusement la chute de la France, fille aînée de l'Église – mais aussi avec inquiétude, car qui sait ce qui pourrait naître à la place de cette vieille France décrépite ? L'Amérique appuiera sans doute Bruxelles, pour limiter les facteurs d'incertitude. Mais surtout, Washington cherchera à faire surgir des forces diverses et opposées – les USA n'hésiteront pas à soutenir officiellement les néo-conservateurs français, tout en appuyant en sous-main des mouvances islamistes infiltrées[24]. C'est ainsi que l'empire américain procède, partout dans le monde, et c'est tout à fait naturel : c'est la politique la plus logique de la part d'une puissance dominante. Quand on règne, il faut diviser.

La Russie, jadis colosse au berceau, aujourd'hui puissance en lambeaux, sera certainement la grande alliée stratégique des nationalistes français. Une

---

[23] Note 2020 : les gilets jaunes en sont, je crois, la préfiguration.

[24] Note 2020 : ce qu'ils font, en effet, même si c'est avec moins de cohérence que prévu. Entretemps, Trump a été élu, et l'Amérique s'est elle-même divisée.

France désarrimée du bloc atlantique, en tout cas capable de paralyser toute construction européenne d'inspiration mondialiste : voilà qui conviendrait sans doute très bien à Moscou. C'est pourquoi il n'est pas douteux qu'en cas de crise grave en France, la Russie interviendra, au moins indirectement.

Cependant, c'est surtout la réaction du monde musulman qui déterminera le cours des choses en France. Réaction qui ne sera évidemment pas univoque – le « monde musulman », voilà un concept bien artificiel : en pratique, il n'existe aucune unité de la volonté dans l'Oumma.

Certaines composantes de l'ensemble arabo-musulman prôneront le jihad, réclameront franchement qu'une partie voire la totalité du territoire français soit proclamée terre d'islam. Cela ne peut pas ne pas arriver – d'ailleurs, les prêches de certains imams fondamentalistes démontrent que la revendication est pratiquement déjà effective. Ne manque plus que l'action directe, terroriste ou insurrectionnelle – cela viendra, n'en doutons pas.

Cependant, l'ampleur du phénomène ne peut pas être connue à ce stade. S'il ne s'agit que de quelques milliers d'excités, ils feront beaucoup de dégâts, mais leur action n'aura que peu de portée politique.[25] En revanche, s'il s'avère qu'une véritable volonté de conquête existe, et qu'elle est portée par des forces, étatiques ou non, qui ont les moyens de leurs ambitions, alors un évènement inouï est envisageable : une guerre civile sur le territoire *le plus nucléarisé de la planète.*

*

Dans ces conditions, on peut penser que dès la crise ouverte, les principaux acteurs français et étrangers se positionneront principalement dans une optique de maîtrise des risques. Quand on songe au chaos absolu qui menace la France, et quand on se souvient que notre pays compte des dizaines de sites nucléaires sensibles, on imagine la panique de nos voisins si la situation, en France, échappait pour de bon à tout contrôle ![26]

Ce constat est lourd de conséquences : il implique que la communauté internationale ne jouera pas avec la France le jeu qu'elle a joué avec la Yougoslavie. Le risque est beaucoup trop grand, et il est non maîtrisable : par conséquent, les puissances ne permettront pas qu'il soit avéré.

Assisterons-nous à une intervention étrangère directe et coordonnée ? – Je n'y crois pas. D'abord, on imagine mal une coordination sérieuse entre des acteurs dont les intérêts divergent fondamentalement. Ensuite, soyons pragmatiques : si la coalition américaine n'est pas capable de stabiliser l'Irak, un pays de vingt millions d'habitants où il n'y avait pas l'ombre d'une arme de

---

[25] À ce stade, c'est le scénario qui semble se dessiner, même si la Turquie et l'Algérie peuvent changer la donne.

[26] Note 2020 : des années après la rédaction de « Céfran », j'ai eu confirmation, par des sources internes aux renseignements de plusieurs pays voisins, qu'effectivement, ces inquiétudes existent.

destruction massive, comment l'Amérique et ses alliés pourraient-ils stabiliser la France, un pays trois fois plus peuplé, doté d'armements stratégiques, et dont la dislocation provoquerait en outre des répliques sismiques partout à travers l'Europe ?

Les puissances exigeront donc de la France qu'elle résolve sa crise pacifiquement. Il n'y a pas d'autre issue. Nous pouvons donc nous attendre à des évènements surprenants. Une certaine période commence, qui s'ouvrira en 2007 avec des échéances électorales structurantes et s'achèvera au moment où la soi-disant république dite française sera officiellement en faillite. Cette période va constituer un « nœud » historique central – le moment le plus important de l'Histoire de France depuis très, très longtemps.

A mon humble avis, l'oligarchie issue de la soi-disant république dite française, dépassée par la masse de contradictions internes qu'elle a générées, sera contrainte, bon gré mal gré, de s'incliner de nouvelles forces montantes, seules capables de reconstruire l'être collectif français. C'est la seule sortie de crise possible – et comme les puissances exigeront une sortie de crise, eh bien, cela se fera – que cela plaise ou non aux oligarques français.

Il s'agit donc de savoir ce que seront ces forces montantes. Voilà l'enjeu.[27]

*

Ce qui rend la situation particulièrement intéressante, c'est qu'à l'instant où la crise sera ouverte, des évolutions longtemps impossibles vont soudain devenir possibles – précisément parce qu'à l'instant décisif, la nécessité *doit* devenir possible.

L'Histoire de France enseigne que dans une situation de tension extrême, lorsque l'identité en superstructure implose, le corps national est traversé par une convulsion énorme, qui bouleverse intégralement son architecture. Pour faire un parallèle avec la biologie, on pourrait comparer cet étrange phénomène politique français à ce que les généticiens appellent une « saltation mutationnelle » : lorsque la dérive d'un génome est devenue telle que l'architecture d'ensemble est instable, des segments chromosomiques non signifiants deviennent brutalement signifiants, tandis d'autres segments, jusque-là signifiants, cessent soudain de l'être. C'est, paraît-il, ainsi qu'une espèce ancienne donne naissance à une espèce nouvelle. C'est aussi ainsi que la France, périodiquement, change de peau, à la manière d'un serpent.[28]

C'est là une pure spécificité française, conséquence de notre schizophrénie. Lorsque notre identité en superstructure est en faillite, nous ne nous replions pas, comme un peuple normal, sur des bases tribales – que nous n'avons pas, de toute manière. Nous réactivons notre identité métapolitique en infrastructure, nous la

---

[27] Note 2020 : a posteriori, en relisant ce passage, j'interprète La République en Marche comme une tentative pour recycler cette dynamique en fabriquant un faux renouveau.
[28] Note 2020 : on sent cette évolution sur le point de se déclencher, à l'heure où j'écris. Le mouvement des gilets jaunes, par exemple, illustre bien cette mécanique naissante.

redécouvrons. C'est ce qui s'est produit à l'époque de Jeanne d'Arc, puis à la fin des guerres de religion, puis à nouveau, en 1789. C'est ce qui doit se produire bientôt, une fois de plus.

*

Résumons-nous. Nous savons deux choses concernant les années à venir : d'abord, nous savons que les puissances, compte tenu des risques formidables que l'implosion française fait courir à l'ensemble de l'Europe, vont ouvrir la porte à une refondation de la France ; et nous savons d'autre part que des évolutions jusque-là impossibles vont soudain devenir possibles, conformément aux spécificités de notre identité nationale.

Alors que faire ? – Eh bien, préparer la renaissance, puisqu'elle va survenir. Ce qui veut dire, d'abord, *nous* y préparer.

C'est maintenant qu'il faut jeter les bases de la France à venir. Lorsque les évènements se précipiteront, une fois que le cadre socio-économique tracé par la soi-disant république dite française aura implosé, tout ira très vite. Il sera trop tard, alors, pour refonder le sens. Ou bien nous serons en mesure d'accompagner la « saltation mutationnelle » de l'identité française, et alors la France renaîtra. Ou bien nous nous laisserons porter par les évènements, et alors Dieu sait ce qui sortira de la crise française – tout est possible et, pour toutes les raisons précédemment évoquées, on peut craindre le pire.

Il faudra, le moment venu, avoir réuni les éléments fondateurs d'un sens renouvelé. Il faut donc que nous ayons travaillé sur le fond *avant* le déclenchement de la crise. C'est-à-dire : dès maintenant, dans les années qui viennent.

Voilà ce que nous devons faire dans l'immédiat : refonder le sens, préparer *en nous* la mutation qui vient. En nous, et donc *entre* nous.

Comment la France peut-elle muter ? Comment *doit*-elle muter ?

Tout mon propos, depuis le début de cette petite plaquette, aura été de vous faire partager ma compréhension du fait national français. À mon humble avis, la France n'est pas l'être univoque que nous imaginons trop souvent, par facilité. La France n'est pas une réalité statique, logée à un certain niveau de la cartographie générale du fait humain. Elle est au contraire un enchaînement, elle est un *projet*, elle est un *destin*. La France n'est ni à proprement parler l'archétype génératif métapolitique créé par le baptême de Clovis, ni le schéma structurant issue de l'expérimentation multiséculaire parisienne, ni la réalité charnelle, sociale et économique, des provinces et des terroirs, ni la lutte multiséculaire de la souveraineté populaire balbutiante contre les oligarchies prédatrices. La France est tout cela *à la fois*, c'est-à-dire qu'elle est, fondamentalement, le lien qui se constitue entre ces réalités économiques, politiques et métapolitiques. Au vrai, la France est un *défi spirituel* – et c'est justement parce que nous avons cessé de relever ce défi que la France se défait.

Faire renaître la France, à l'heure exacte où elle constatera à la fois l'imminence et l'impossibilité de sa mort, ce sera donc lancer à nouveau ce défi nécessaire : « refais-toi, puisque tu ne peux pas mourir ». Si ce défi est accepté, alors, avec une rapidité surprenante, tout ce qui concourrait à la dislocation de notre nation, concourra soudain à la refaire. Tout ce qui nous divisait se retournera pour nous unifier – précisément parce que nous verrons, à nouveau, la construction de notre destin collectif comme un défi à relever.

C'est cela, nous préparer à la mutation : réapprendre le défi. Comprendre à nouveau un principe de volonté, que des oligarchies médiocres s'appliquent à corrompre depuis des décennies, mais qui vit, toujours, sous-jacent, quelque part, au fond de notre âme collective. Nous, Français qui avons vu la France retournée par ses maîtres, devons la retourner une deuxième fois, pour lui redonner vie. Nous devons nous redécouvrir.

Ceux qui nous méprisent, les voyous ethniques, les communautaristes bornés, sont tous à la solde des oligarchies prédatrices. Ils nous appellent des « céfrans » - des « sales Français », ou des « pauvres crétins de Français », si vous préférez. Ces gens nous méprisent parce que nous les laissons se loger, tels des parasites, à l'intérieur de la vaste construction nationale que nos ancêtres ont édifiée, à force de courage et d'abnégation. Ces sangsues s'engraissent à nos dépens, forts seulement de la patience que nous leur témoignons, et ils confondent notre patience avec de la lâcheté.

À nous de leur montrer, à présent, ce qu'est un *Céfran*. Il est temps de relever la tête.

Ils croient, tous, nos ennemis, que le *Céfran* est défini par l'État. Ils croient, tous, que le *Céfran* n'est un citoyen que parce que l'État lui a accordé la citoyenneté. Ils croient, tous, que la France se confond avec l'identité en superstructure que l'oligarchie a construite en surplomb du peuple. C'est pourquoi ils s'imaginent, ayant colonisé l'État, s'être définitivement assurés de notre soumission.

Ils rêvent. Et leur réveil sera très, très douloureux.

Nous allons retourner notre identité en superstructure, exactement comme on retourne un gant en le retirant, l'intérieur à l'extérieur. Soudain, nous laisserons respirer notre identité profonde, abandonnant derrière nous notre vieille peau si usée.

Alors, une fois de plus, la France renaîtra.

*

Pesons nos responsabilités. Il s'agira bientôt de savoir si nous sommes dignes de notre héritage, car la France n'est décidément pas un pays ordinaire. La France, ce n'est pas la Flandre. Notez que c'est très bien, d'être flamand – on se doute que je n'ai rien contre les Flamands. Simplement, on n'est pas français comme on est flamand.

Nous, Français, avons reçu en héritage à la fois beaucoup plus et beaucoup moins que notre territoire, la mémoire de notre tribu et le sang de nos ancêtres. Notre territoire a sans cesse varié, nos tribus ne forment une nation que parce que nous en avons décidé ainsi, et notre sang est si mêlé qu'il est absurde de chercher à en connaître la source. L'héritage que nous avons reçu est autre, il est spirituel : *nous sommes le peuple qui a subordonné l'arbitraire à l'Idéal*. C'est là que se trouve la racine de notre être collectif, c'est de là que procède depuis toujours l'inéluctable reformation de cet être.

Il y a quinze siècles, à Reims, un évêque qui parlait une langue qui n'est pas la nôtre baptisa un roi barbare, qui lui non plus ne parlait pas notre langue. Presque rien ne nous unit à la mémoire de ce geste, mais ce presque rien est énorme : *nous sommes les gardiens de son sens caché.* L'histoire nous a confié la responsabilité d'un souvenir : *le souvenir du jour où le pouvoir s'est incliné devant l'Idéal.*

Toute notre histoire, étendue maintenant sur quinze siècles, n'est qu'un immense travail pour que le pouvoir admette qu'il doit servir l'Idéal, et que seul ce service peut fonder la légitimité politique. Ce fut une guerre formidable, qui s'est livrée plus souvent à l'intérieur des cœurs que sur les champs de bataille. Elle prit tant de formes, et si diverses, que ceux qui la livrèrent ignorèrent souvent qu'ils la livraient. Et pourtant, tous, ils l'ont faite : ce qui, par-delà les siècles, unit les croisés aux soldats de l'An Deux, et les compagnons de Jeanne d'Arc à ceux de la Libération, c'est la certitude qu'ils avaient d'être dans leur bon droit, parce qu'ils se battaient *non pour la puissance, mais pour l'Idéal.*

On comprend là de quoi il s'agira bientôt en France. Il faut savoir pourquoi nous combattons. Osons dire qu'il y a un bien, et qu'il y a un mal. Nommons l'ennemi.

Je dis que c'est pour tuer le souvenir de sa naissance que les mondialistes veulent aujourd'hui détruire la France. J'accuse ces mondialistes, ennemis de la France, d'être les continuateurs parfois inconscients des projets totalitaires du XX° siècle. Je dis que c'est parce que la francité définit une conscience politique fondatrice de la souveraineté populaire que ces oligarques veulent la tuer. Je dis cela, et je crois que je viens de prouver que j'ai de bonnes raisons de le dire.

Dans ces conditions, faire renaître la France, bien sûr, ce sera réapprendre à combattre la tyrannie renaissante. Faire renaître la France, ce sera refuser à nouveau de nous incliner devant un pouvoir qui ne s'est pas, lui, d'abord incliné devant
l'Idéal.

Faire renaître la France, ce sera, une fois encore, nous *rebeller.*[29]

---

[29] Note 2020 : 13 ans après la rédaction de cette conclusion, je suis partagé. D'un côté, les faits montrent qu'une minorité réagit effectivement. D'autre autre côté, la majorité reste amorphe.

Entre des cohortes de baby-boomers uniquement soucieux de conserver le petit confort dans lequel ils ont vécu (après eux le déluge), et des masses de jeunes idiots lobotomisés par la télé-réalité (génération Y) et les réseaux sociaux (génération Z), ma génération elle-même, la génération X, m'apparaît divisée entre post-boomers (les baby-boomers en pire) et pré-Millenials (la génération Y en plus vieux). Où sont les refondateurs, dans tout cela ? On les cherche un peu.

On dirait bien que le chaos sera la seule conclusion, et le totalitarisme la seule issue. Si l'esprit de la France doit renaître, ce qui semble se produire au sein de minorités conscientes, il prendra la forme de réseaux minoritaires, s'organisant pour survivre au milieu de masses crétinisées.

Je ne suis pas optimiste. Quant à la grande rébellion libératrice, elle m'apparaît désormais comme quasiment impossible. C'est fichu : en inventant un faux capitalisme des taux zéro, les oligarchies auront prolongé le système assez longtemps pour qu'il ait le temps de tout démolir ou presque, avant de s'effondrer à son tour.

DE LA SOUVERAINETÉ

En relisant, en 2013...

*R*édigé en 2007 pour l'essentiel, publié en 2008, « De la souveraineté » n'est pas entièrement de moi, loin de là. Ce texte construit comme une succession d'étapes, et non de chapitres, a été élaboré, sur un atelier en ligne, comme on parcourt une randonnée de groupe, en parallèle à la construction collective d'un roman d'anticipation politique : « Eurocalypse ». C'est un travail collectif, dont je ne peux revendiquer entièrement que la mise en forme.*

Il est difficile de rédiger un livre à plusieurs mains. D'où les faiblesses de « De la souveraineté », en particulier une certaine tendance à imputer les évolutions analysées, présentes ou futures, regrettables ou au contraire désirées, à des acteurs non définis, mais présupposés existants et capables en sus d'une parfaite unité de la volonté. La réflexion sur l'intelligence émergente construite par le cerveau collectif des classes supérieures est déjà présente en filigrane, mais elle reste nimbée d'un halo de mysticisme, qui vient opportunément masquer son imprécision. Sous cet angle, a posteriori, le texte me paraît faible.

Un grand point positif toutefois : j'ai dans « De la souveraineté » édifié un scénario de référence que je ne corrigerais en rien six ans plus tard, à savoir l'effondrement en deux temps (voir chapitre 10). Et j'en ai déduit une ligne d'action elle aussi toujours valable à mes yeux : chercher à constituer une « fraction » – on trouvera dans l'ouvrage la définition que je donne à ce terme.

D'où d'ailleurs mon parcours ultérieur, qui m'a amené à fréquenter divers mouvements, sans trop me soucier de leur positionnement politique et idéologique. En réalité, d'un mouvement à l'autre, je n'ai fait qu'une chose : proposer la stratégie de la « contre-société », avec plus ou moins de succès. À mes yeux, peu importait au fond pour quelle raison tel ou tel groupe en viendrait à créer une « fraction » dans le continuum social. Les hommes changent, les discours sont oubliés, et les idées en elles-mêmes n'ont qu'un pouvoir de conditionnement très limité ; mais une fois que des structures collectives sont incubées, elles restent en place, et créent le substrat sur lequel les idées peuvent, en s'incarnant, régénérer en retour ce substrat même, qui a permis leur reformulation actualisée. Jusqu'au moment où, de régénération en régénération, un être collectif surgit et s'autonomise.

Sous cet angle, on peut dire que « De la souveraineté » est le cahier des charges que je me suis imposé, et que, dans la mesure du possible, je m'applique à mettre en pratique, depuis, pour enclencher le mouvement qui entraînera le moment venu des hommes meilleurs que moi – comme un humble tourbillon de poussière, en parcourant le désert, appelle à lui la nuée.

REMERCIEMENTS

Merci aux contributeurs de l'atelier « De la souveraineté » :
Antoine Justesaint
Jean-René Balbuzard
L'abbé Mickey
Le Zélote
Marc Hetti
Roubachof.

Merci également à Express, à Emmanuel et au Chevalier Masqué.

Merci au Scriptomaniak en chef pour la V.0 du site scriptoblog.com

PREMIÈRE PARTIE - COMPRENDRE

ÉTAPE 0 - NOVEMBRE 2005

C e livre est né un soir de novembre 2005. Je crois que c'était le 6 novembre, mais je n'en suis pas certain. C'était peut-être le 5 ou le 7.

Avec un ami, nous avions mangé dans une brasserie. À la sortie du restaurant, nous nous sommes dit au revoir. J'avais rendez-vous avec quelqu'un, j'étais pressé. J'ai marché sans rien remarquer pendant quelques minutes. Puis j'ai levé la tête : le ciel nocturne avait pris une teinte orangée.

Je n'ai pas été surpris. Je savais qu'il y avait des émeutes dans les banlieues, depuis une semaine. Ces nuits-là, le gymnase de Noisy-le-Grand fut incendié. Je l'ai vu brûler.

Je suis arrivé à un rond-point. Des cars et des voitures de police étaient garés sur le terre-plein, sur les trottoirs. Il y avait des uniformes partout. Je suis passé derrière un cordon d'hommes casqués. Au loin, des ombres couraient. Je me suis arrêté pour regarder. J'ai vu un homme faire un geste du bras, et j'ai compris qu'il venait de lancer quelque chose. Je n'avais pas l'impression d'être en danger. Les émeutiers étaient loin, et puis entre eux et moi, il y avait un mur de boucliers.

Une femme flic m'a dit : « Circulez, monsieur. »

Je suis reparti, j'ai marché plus vite. Je ne pensais à rien de précis. Cette scène était inattendue, très éloignée de mon quotidien. Mon cerveau n'était pour ainsi dire pas prêt à l'analyser. Pas à chaud.

Ensuite, en marchant, plusieurs idées me sont venues à l'esprit. Aucune n'était agréable.

En somme, si le cordon de police n'avait pas été déployé devant moi, je me serais retrouvé face aux émeutiers. Si cela s'était produit, je n'aurais absolument pas su quoi faire. Rien dans mon expérience passée ne m'a préparé à affronter ce genre de situation. J'ai été élevé dans la détestation de la violence physique, comme tous les gens normaux.

Donc, pour me contraindre, le pouvoir n'aurait à l'avenir plus besoin de m'intimider directement. Il lui suffirait de ne pas me protéger pour m'avoir brisé, mécaniquement, sans lever le petit doigt. Incapable de me défendre par moi-même, j'étais désormais l'otage de ceux dont ma défense dépendait.

Dès lors, je n'étais plus le citoyen libre d'un pays libre. J'étais un esclave.

Cette vérité amère, je la pressentais depuis longtemps, bien sûr. Mais alors seulement, elle m'apparut dans sa terrifiante nudité.

En m'éloignant de l'émeute, je m'aperçus que j'étais en sueur. Je n'avais pas peur, mais j'étais profondément secoué. Disons : comme un homme qu'on a réveillé en sursaut.

Soudain, je compris que, pour la première fois de ma vie, j'allais m'intéresser à la politique.

*

La semaine d'après, le Front National organisait une manifestation, place du Palais Royal, à Paris. Je crois que c'était le 14 novembre. Je ne voyais pas très bien à quoi servait cette manifestation, mais c'était pour moi l'occasion de rencontrer des gens.

Je n'ai jamais été membre du FN, ni même envisagé d'y adhérer. J'ai utilisé parfois le bulletin FN, comme beaucoup de Français, pour dire ce que je pensais de la politique absurde suivie par notre classe dirigeante. Mais je n'ai jamais cru au FN. Ce parti me paraissait incohérent, dépourvu d'une vraie doctrine, et puis il a un passé trop lourd, des liens compromettants, toute une longue histoire assez peu claire.

Je ne suis pas allé à cette manifestation pour soutenir le FN, mais pour rencontrer des gens avec qui discuter, et peut-être agir. J'ai profité de l'occasion pour contacter quelques connaissances que je savais réceptives, et nous nous retrouvâmes à Paris. Tout est parti de là.

Je ne me souviens plus très bien du déroulement exact de la soirée. L'affaire remonte à deux ans, et mes souvenirs sont flous. Ce qui est sûr, c'est que nous étions trois à la fin, dans un bistrot près de la place du Palais Royal.

Nous avons discuté de ce qui venait de se passer dans le pays. Nous sommes tombés d'accord pour dire que c'était grave. Nous sommes aussi tombés d'accord pour dire qu'il n'était plus possible de ne pas agir. Jusque-là, même sceptiques sur les vertus du multiculturalisme, nous pouvions encore espérer le maintien de la paix civile. À présent, tout était changé : nous venions d'avoir un avant-goût de la conclusion de l'affaire, et franchement, cet avant-goût n'était pas rassurant.

Il fallait faire quelque chose. Mais quoi au juste ? Nous n'en savions rien.

Quelqu'un a dit : « La première chose à faire, c'est de décider ensemble de ce qu'il faut faire. Et pour cela, il faut comprendre ce qui se passe, le comprendre *vraiment*. Comprendre d'abord. Agir ensuite. »

Nous sommes tout de suite tombés d'accord là-dessus, et nous avons décidé de monter un groupe de réflexion. De là, le site Internet « scriptoblog ».

*

Par la suite, le groupe s'est étoffé. Au début, nous n'étions que trois. À l'heure où j'écris, en décembre 2007, nous sommes dix. Des gens sont arrivés sur notre site, par hasard le plus souvent. La plupart se sont contentés de lire, quelques-uns ont réagi. Nous avons rencontré certains d'entre eux. Parfois, nous leur avons proposé de se joindre formellement au groupe de réflexion, et en général, ils ont accepté.

Nous n'avons pas fait de plan. Nous n'avons défini aucune méthode. Nous nous sommes contentés d'ouvrir un site accessible au public, avec un système d'ateliers. Nous n'avons rien caché parce que nous n'avions rien à cacher.

Parce que nous pensons que la question n'était pas que politique, nous avons choisi de poser le problème de manière très générale. Nous avons parlé de littérature. D'art. D'esthétique. D'humour même. Nous pensons que la question politique n'est que la conséquence des questions artistiques, esthétiques, philosophiques.

Nous avons doté le site d'une petite librairie en ligne, parce que nous savions que nous aurions un jour des textes à publier – des textes longs et un peu casse-bonbons, le genre qu'on lit mieux sur le papier. C'est important, l'intendance. Elle n'a qu'à suivre, certes, mais encore faut-il qu'elle suive.

Chacun d'entre nous a travaillé sur les ateliers qu'il voulait. Comme certains ont du temps libre et d'autres pas, tout le monde n'a pas écrit autant. Comme j'écris vite à défaut d'écrire bien, j'ai écrit beaucoup. Je reste éternellement débiteur des contributeurs de mon atelier. Travailler avec eux fut une expérience magnifique, indépendamment même de l'intérêt de nos échanges. Savoir que quelqu'un, quelque part, a passé deux heures à relire attentivement un brouillon médiocre, forcément médiocre puisqu'il s'agissait d'un brouillon ; savoir que ce quelqu'un est prêt à refaire le même investissement encore et encore, de brouillon en brouillon, jusqu'à ce que la version définitive soit bouclée ; et savoir que ce quelqu'un fait tout cela uniquement parce qu'il partage vos pensées ! Cela, c'est merveilleux.

Le groupe est divers aujourd'hui, mais ça ne pose pas de problèmes à ce stade. Il y a un membre du Bloc Identitaire et un ancien sympathisant de Lutte Ouvrière, un chevènementiste orphelin de la République et un vétéran du Front National, un Juif religieux et un républicain athée. L'espace mental collectif qui s'est construit au sein de notre groupe est le résultat d'une démarche collective entre ces gens très différents les uns des autres. Personne n'a été exclu, personne ne s'est exclu.

Nous nous sommes réunis pour décider de ce qu'il fallait faire, et nous commençons à pouvoir répondre à cette question. C'est moi qui signe cet ouvrage parce que j'ai tenu la plume sur l'atelier. Mais quelque chose nous unit désormais, et c'est cela, l'important.[30]

Étape 1 - La catastrophe

---

[30] Note 2020 : aujourd'hui, j'en ai beaucoup appris, par l'expérience, sur la faisabilité d'une animation de groupes autonomes. Ce que m'a appris cette expérience, c'est que cela fonctionne très bien tant qu'on est peu nombreux (une dizaine au maximum). Dès qu'on est plus de dix, ça ne fonctionne que très difficilement. Pourquoi ? Tout simplement parce que des structures autonomes n'ont pas de police. Or, à plus de dix, il faut une police, parce qu'à plus de dix, on est à peu près sûr, statistiquement, qu'il y aura dans le lot au moins une personne atteinte d'un trouble de la personnalité ou du comportement – une personne, donc, à *policer*.

Au départ, nous ne savions qu'une chose, à savoir que nous ne comprenions pas ce qui s'était passé. En cet automne 2005, nous avions soudain réalisé que nous avions cessé d'être des hommes libres. Mais nous ne comprenions pas du tout *pourquoi* nous en étions là. Nous éprouvions un vague sentiment d'injustice teinté d'un soupçon de paranoïa. Nous avions été victimes d'une escroquerie, ce n'était pas possible autrement.

Pour démonter l'arnaque, nous avons réfléchi à ce qui avait changé, par rapport à l'époque où nous étions libres. Nous avons regardé le grand passé de notre nation, nous l'avons comparé à notre pitoyable présent.

Nous nous sommes dit : qu'est-ce qui a changé ? Qu'est-ce qui a changé au point de transformer notre pays jadis craint et respecté en une puissance moyenne sur le déclin ? Qu'est-ce qui a changé au point que nous nous laissions humilier sur notre sol ?

Nous nous sommes posé cette question.

Et nous avons été obligés de répondre, avec un petit rictus de dépit : *nous*.

C'est nous qui avons changé.

En mal.

Notre peuple est devenu une nation de lemmings, bons à se suicider. Voilà ce qui a changé.

Pourquoi cette chute ?

Nous avons réfléchi sur cette question. Nous nous sommes observés nous-mêmes. Et, à force de réfléchir, à force d'observer, bien que nous ne soyons pas très malins, nous avons tout de même fini par comprendre deux ou trois petites choses intéressantes.

*

La première chose que nous avons comprise, c'est que nous sommes misérables. C'est là que nous vîmes affleurer la racine de notre faiblesse, au premier coup d'œil.

Bien sûr, nous sommes riches de biens matériels. Nous croulons littéralement sous la bouffe, les fringues et les gadgets en tout genre.

Et cependant, nous sommes misérables.

Plus misérables que nos ancêtres ne l'ont jamais été.

Prenez nos arrière-grands-parents. Rude époque que la leur. En 1890, en France, l'espérance de vie à la naissance était de 50 ans, contre 75 aujourd'hui. À parité de pouvoir d'achat sur les biens de consommation courante, le revenu moyen était bien inférieur à notre salaire minimum. Les gens bossaient dur pour gagner trois fifrelins.

Quelques illustrations. En 1890, un ouvrier travaillait deux heures pour s'acheter une entrecôte, trois quarts d'heure pour une bouteille de mauvais vin de table, une demi-heure pour un journal de quatre pages. Le litre de lait coûtait une heure de peine. Aux trois quarts, le bol alimentaire était constitué de pain et de patates. Les paysans marchaient en sabots pour économiser leurs souliers.

Comparez tout cela avec les normes contemporaines. En ce temps-là, *gagner sa vie*, cela voulait dire exactement ce que cela veut dire. Nos arrière-grands-parents étaient pauvres.

Pauvres en objets, en tout cas.

Parce que pour le reste, ils étaient riches de quelque chose que nous n'avons plus.

Regardez les photographies des années 1890, les photographies d'avant la catastrophe. Dans la paysannerie, les hommes ont le visage sec mais souriant. Dans la classe ouvrière, les photos de groupe, nombreuses, révèlent une solidarité quasiment palpable.

Ce sont ces gens-là, ouvriers et paysans, qui firent les gros bataillons de la Grande Guerre. Question à mille balles : pourquoi ces *très* pauvres donnèrent-ils leur vie à une patrie qui les nourrissait si chichement ? Où trouvèrent-ils le courage d'affronter l'armée allemande et sa formidable puissance, ces souffreteux, alors que nos contemporains bodybuildés ne sont même plus foutus de regarder en face quelques marioles armés de cocktails incendiaires ?

La réponse, on la trouve sur ces photographies du temps jadis. Elle s'appelle dignité, conscience et revendication de la dignité. Le pauvre de 1890 avait le ventre creux mais le dos droit. Il ne pouvait pas vivre comme les riches, mais il savait mourir comme eux. Il était riche de tout ce qu'il n'avait pas, riche des avantages spirituels de la non-possession, riche du peu de valeur qu'il accordait à la vie d'ici-bas.

Il était tout sauf *misérable*.

Même constat ou presque chez les bourgeois. En 1890, en France, les revenus du capital étaient stables mais faibles. Du trois pour cent par an : voilà ce qu'espérait le rentier. Il fallait plusieurs vies pour construire un patrimoine. La mobilité sociale était lente. Dans le nord industriel et minier, un fils de mineur pouvait devenir porion, un fils de porion pouvait travailler dans les bureaux, un fils d'employé de bureau pouvait devenir ingénieur – mais on ne sautait pas d'étape, jamais. Une famille montait lentement, degré par degré. Le principe d'ascension sociale accélérée, espoir des trente glorieuses, était impensable. On ne sautait les marches qu'à la descente.

Si l'on s'en tient aux données objectives, le niveau de vie d'un bon bourgeois du début du XX° siècle était à peine équivalent à celui de notre *lower middle class* contemporaine. En 1910 encore, l'automobile était à peu près inenvisageable pour qui n'appartenait pas à la haute bourgeoisie. L'électroménager n'existait pas. On se chauffait au charbon, au bois, mais surtout *à l'économie*.

Marcel Pagnol décrit comment, au début du XX° siècle, dans la toute petite bourgeoisie marseillaise, le train de vie du ménage dépend largement du travail domestique. Quand on part en vacances, c'est à pieds, à trois lieues de chez soi. Une décennie plus tard, le monde de Céline n'est guère différent : chez les tout petits bourgeois de 1920, on n'a que le confort qu'on se donne – et on ne s'en donne pas beaucoup. Même dans la moyenne bourgeoisie, on vit chichement. L'univers de Montherlant est esthétisé, certes, mais c'est encore l'esthétique de la rareté. La profusion des objets de consommation qui caractérise notre mode de vie contemporain était inimaginable pour nos arrière-grands-parents.

Et pourtant, quand le bourgeois de ce temps-là posait chez le photographe, il se montrait fier. Fierté déplacée parfois, naïve toujours, mais touchante, humaine – réconfortante surtout. Le bourgeois de 1890 était fier de la petite place qu'il occupait dans la société. Fier d'occuper cette place-là dans cette société-là. Fier de vivre une *belle époque*.

Le bourgeois du temps jadis avait quelque chose à défendre, on ne peut pas lui retirer ça. Par rapport à nous, c'est une différence. Il était riche de sa confiance en l'avenir, le gaillard. Il s'en *sentait* riche, d'ailleurs.

Ça venait d'où, cette confiance ? Cette sensation de richesse ? Il faut croire que les choses n'avaient pas la même valeur à l'époque, pour qu'on se fût contenté de si peu, même chez les bourgeois.

La valeur, c'est subjectif. Petit rappel… On parle de valeur d'usage pour qualifier l'intérêt qu'une chose présente effectivement, et de valeur d'échange pour qualifier le prix de cette chose sur le marché. On admet, parce que c'est ce qu'enseigne l'observation, que la valeur d'usage traduit généralement la couverture des besoins, alors que la valeur d'échange relève plutôt de l'économie du désir. On en arrive donc à la conclusion sommaire que la valeur d'usage est, en quelque sorte, la « vraie » valeur des choses.

Tout le problème est de savoir comment l'on *évalue* cette valeur-là. À quoi la rapporter *au juste* ? Comment définir les *besoins* de l'être humain ? La distinction entre les désirs et les besoins est largement conventionnelle. J'ai besoin de ce que j'ai pris l'habitude d'obtenir sans avoir à le désirer, donc mon désir conditionne mes besoins. J'ai besoin de ce qui est à mes yeux nécessaire à qui mène une vie *normale*. Donc tout dépend de la *norme*.

De la question de la valeur, on passe très vite à celle du besoin normatif. Comment définir le besoin normatif, à une époque donnée, dans une classe sociale donnée ?

Dans ses souvenirs d'enfance, Pagnol raconte comment, pour rallier la maison de campagne familiale, il faut traverser une propriété. Il s'agit donc d'obtenir un droit de passage, et ce droit de passage, on l'obtient. Cette historiette sans prétention illustre très bien la structuration sous-jacente du besoin normatif : la norme en matière de besoin, c'est ce qui garantit la possibilité de satisfaire l'appétit de consommation *en toute indépendance*. Le besoin lié à un désir renvoie aux conditions permettant d'échapper à l'hétéronomie induite par ce désir.

Si je suis un tout petit bourgeois marseillais de 1900, mon *désir* est de prendre mes vacances à trois lieues de chez moi, donc j'ai *besoin* de faire ce chemin-là : trois lieues, pas plus. En revanche, si j'appartiens à la classe moyenne occidentale contemporaine, mon *désir* est de prendre mes vacances à Bali, donc j'ai *besoin* de faire dix mille kilomètres en avion. Dans les deux cas, j'ai besoin des biens et facilités qui me délivrent de l'hétéronomie radicale où mon désir m'a enfermé. Si je possède ces biens et facilités, alors je suis libre. Si je ne les possède pas, alors je suis dans la dépendance de qui peut m'en refuser la jouissance.

Donc, une fois franchi le seuil très bas des besoins physiologiques essentiels, 2500 calories par jour, un toit et quelques fringues, ce sont les désirs qui structurent les besoins. Donc la pauvreté objective et le sentiment de pauvreté sont deux choses très différentes. On peut être très pauvre sans se sentir *misérable*. On peut être très riche et, malgré tout, *misérable*. La famille du petit Pagnol est pauvre au regard de nos normes contemporaines, mais elle n'est pas misérable, parce qu'elle peut couvrir en toute autonomie les besoins qui garantissent la satisfaction de ses désirs. Inversement, le cadre moyen occidental contemporain est riche dans l'absolu, et néanmoins *misérable* s'il ne peut s'offrir un voyage à Bali.

Le petit bourgeois Céline ne raconte que le tout début de cet enfermement mental mortifère, quand il décrit l'état de misère psychologique extrême où sombre le peuple après la Grande Guerre. Dans « Mort à crédit », le toubib parle de ses patients qui veulent qu'on mesure tout, la pression artérielle « et puis la connerie ». Dans une famille, l'enfant est malade, le père se lamente de n'avoir pas de quoi payer son vin. Il boit du cidre, « au bol, ça fait pisser ». Tout le roman est empreint de cette atmosphère sinistre. Ça sent les envies qu'on ne se passe pas, qu'on ne cerne même plus. C'est la misère, à l'état pur.

Pour des raisons parfaitement symétriques, le grand bourgeois Montherlant moque cruellement l'esprit des Robert Macaire du XX° siècle. L'esthétique de la rareté imprègne entièrement son œuvre, toute consacrée à la *possession de soi-même*. Elle veut dire : voyez, je suis capable de maintenir le niveau de mes désirs loin sous ma capacité à couvrir mes besoins, donc je suis libre. Dans un très beau texte de maturité, « Comme les Hindous », il écrit : « Je ne parviens pas à comprendre le pourquoi de cette multitude de crimes et d'horreurs qui depuis l'aube du monde ont pour cause le seul argent, car je ne parviens pas à comprendre ce que les hommes font de tout l'argent qu'ils reçoivent, sachant ce que coûte une vie délicieuse, nourrie de toutes les voluptés, et un peu généreuse de surcroît, et sachant que ça ne va pas si loin. »

Merci Pagnol, merci Céline, merci Montherlant. Grâce à vous, le mystère se dissipe. Au regard des normes subjectives du temps, les choses étaient bon marché jadis. Tout est relatif : pour nous qui vivons l'abondance obligatoire, pour nous qui tirons la moitié de nos 3000 calories quotidiennes de produits animaux, pauvre serait le bol alimentaire au trois-quarts végétal des classes populaires de 1900. Mais pour les paysans de ce temps-là, qui se souvenaient encore des 1800 calories par jour de leurs grands-parents, disposer de 2500 calories quotidiennes constituait en soi un grand motif de *satisfaction*.

Derrière ce très prosaïque constat, une notion cruciale, qui est l'opposé véritable de l'aliénation et qui n'a rien à voir avec la richesse matérielle. Cette notion, c'est la *souveraineté personnelle*, au vrai sens du terme – c'est-à-dire la possession de soi qu'autorise seule la détention des instruments par lesquels le sujet dépasse l'hétéronomie induite par son désir. Les Français de jadis possédaient ces instruments, parce qu'ils désiraient peu. De là leur *liberté d'esprit*.

De cette liberté d'esprit, bien sûr, une disponibilité, donc une *capacité d'action*. En ce temps-là, les gens avaient le temps de penser à la politique. Le temps de penser à la guerre. Le temps de se révolter quand on leur *manquait*. Le temps de réfléchir plus loin que le bout de leur nez aussi. Le temps d'être *forts*, en somme.

Aujourd'hui, tout est changé. Je regardais les rues, pendant la manif du Front National, en novembre 2005. Des tas de types passaient, l'air préoccupé. Peu s'arrêtaient pour voir de quoi il s'agissait. Leur pays venait de brûler, des manifestants se réunissaient pour dénoncer la politique qui avait conduit à ce désastre, et eux, pendant ce temps-là, ils couraient après la vie en la lançant devant eux, comme un enfant qui poursuit un cerceau, comme un chien qui joue avec une balle.

Cours Médor, cours. Surtout, ne t'arrête pas. Tu as les traites à payer, pour ta télé coins carrés.

Pauvres Français, pauvres couillons. Des hamsters qui font tourner une roue dans leur cage, et qui s'imaginent qu'ils font avancer leurs affaires.

Pauvres, vraiment. Très pauvres Français.

Misérables.

*

La deuxième chose que nous avons comprise, c'est qu'en plus d'être misérables, nous sommes désorganisés. Au sens de : qui avait une organisation, et qui ne l'a plus. Il n'y a pas que les individus qui ont changé, depuis cent ans. Les groupements aussi ont été transformés.

Jadis, l'organisation du peuple partait des souverainetés locales. Pour se faire une idée de ce que signifiaient concrètement ces souverainetés, on pourra lire Barjavel ou Giono. On y trouvera la description d'une économie frugale et presque autarcique, celle de la Haute Provence au début du siècle dernier. Là, dans une campagne pauvre mais autosuffisante, résidaient les fondements d'une souveraineté concrète.

En ce temps-là, les paysans prenaient leur porte-monnaie une fois par mois, quand ils allaient faire des emplettes au bourg. Marcel Aymé raconte, dans « La Vouivre », quelle expédition c'était. Il faut lire son récit, qui en dit long sur les rapports entre la ville et la campagne, au temps jadis. Pour l'essentiel, les hommes de la terre vivaient en autarcie. De là leur liberté : ils ne dépendaient de personne. Le bourg avait besoin d'eux. Eux n'avaient pas besoin du bourg. De là, bien sûr, leur parfaite indépendance à l'égard de la *bourgeoisie*.

On se représente mal aujourd'hui ce que cette indépendance impliquait en fait de souveraineté populaire *réelle*. Le paysan, homme libre parce qu'autonome, est désormais une espèce en voie de disparition. Des agriculteurs, il en reste moins d'un million en France, et ceux qui restent sont de plus en plus asservis à la machine, dépendants des subventions, fonctionnarisés bientôt. Eux aussi, ils sont désormais tenus en dépendance.

En 1890, ils étaient autonomes, donc forts. Ils représentaient à peu près la moitié de la population active. C'était eux, d'abord, la force du peuple. Ils ne dépendaient que de leurs bras, ils connaissaient les artisans qui fabriquaient leurs outils. La France de 1890 était vivante d'une manière que nous avons du mal à imaginer. Elle était irriguée par un sang riche et généreux. À la liberté du paysan, autonome sur sa terre, répondait la capacité d'autarcie du village, appuyé sur ses artisans. En 1890, une bonne moitié des revenus résultaient de l'exploitation des entreprises individuelles, paysannes ou artisanales. Quand le maire d'une petite ville française réunissait son conseil municipal, il avait devant lui une communauté largement responsable de son destin, et parfaitement *consciente* de cette responsabilité.

Comparez avec la situation contemporaine. Les Français d'aujourd'hui dépendent pour les quatre cinquièmes de revenus qui les placent en dépendance d'institutions lointaines sur lesquelles ils n'ont guère de moyens de contrôle. Salaires versés par les grandes entreprises ou les administrations, prestations sociales dispensées par la puissance publique, profits tributaires des aléas imprévisibles du marché mondialisé : voilà de quoi nous vivons. Quand un maire réunit aujourd'hui son conseil municipal, ce qu'il a devant lui, c'est un syndicat d'assistés pleurnichards, de patrons sans marge de manœuvre et de salariés parfaitement dépossédés.

Voilà où nous en sommes. Comment s'étonner qu'un peuple à ce point dépossédé soit un peuple lâche ? Où voudriez-vous que les Français trouvent le courage de défendre un monde où ils n'ont plus que le droit de passer, les malheureux ?

*

Il faut parler aussi de la souveraineté nationale, parce qu'elle est la clef de voûte de l'ensemble. La souveraineté se perd de haut en bas, c'est prouvé. Si la nation n'est pas souveraine, alors aucune souveraineté infra n'est possible. Cela tombe sous le sens. Essayez de former une commune libre sous un régime d'occupation, et vous verrez ce qui vous arrivera.

Cette souveraineté nationale n'était pas un vain mot, au XIX° siècle – au temps où il aurait été impensable que la République tolérât des émeutes sur son sol. En ce temps-là, si l'individu détenait les instruments par lesquels il dépassait l'hétéronomie induite par ses désirs, si la commune possédait les leviers qui garantissaient son autarcie, la nation disposait des moyens de la *puissance*. L'État national tenait son rôle, qui est de garantir que force reste au droit.

Cette capacité à faire respecter le droit, la nation de 1890 la devait surtout à la cohérence du cadre national avec le niveau d'intégration du capitalisme d'alors. Le capital au XIX° siècle était *national*. En 1890, le commerce mondial était en volume à beaucoup moins important qu'il ne l'est aujourd'hui. Les investissements à l'étranger jouaient un rôle marginal dans la formation du capital productif. Un pays comme la France, avant la Première Guerre Mondiale, ne dépendait en rien de l'épargne étrangère. Parmi les grandes nations du XX° siècle naissant, seule la Russie se trouvait en dépendance à l'égard du capital mondialisé. Financer l'outil de production par l'appel à l'investissement étranger était, il y a cent ans, le propre des pays *colonisés*.

On remarquera avec intérêt que c'est aujourd'hui la situation qui prévaut sur toute la planète, Japon excepté (une économie dépendante non de l'investissement, mais des marchés étrangers). Si un homme d'État de 1890 revenait parmi nous, il serait obligé de constater que la terre entière est devenue une immense colonie – la colonie d'un empire inédit, l'empire du capital *apatride*. Nous vivons la domination universelle d'un Empire dont le centre n'est nulle part et la périphérie partout.

Cette situation est entièrement nouvelle. La haute bourgeoisie française maîtrisait son destin, jadis. Exactement comme le paysan mangeait le pain fait par le boulanger de son village avec le blé de son champ, l'industriel gérait son usine dans le cadre des lois et règlements promus par « son » État national. Et quand je dis « son » État, ce n'est pas qu'une façon de parler. L'intégration des élites politiques et capitalistes était si poussée que les mêmes hommes présidaient parfois aux conseils d'administration de l'industrie et aux commissions du parlement.

De cette adéquation entre les superstructures de l'État bourgeois et l'infrastructure économique bourgeoise, il résulta longtemps une économie prudente. Plutôt que la croissance à tout prix, l'Europe jusqu'à 1890 recherchait l'équilibre des comptes publics et le développement autofinancé. Le principe de spécialisation des zones de production, moteur de la croissance presque aussi important que le progrès technologique, trouvait alors un contrepoids utile dans le conservatisme raisonnable des bourgeoisies nationales, encore relativement enracinées.

Balayé, tout cela. Nous sommes faibles parce que même notre haute bourgeoisie est *misérable*. Ne vous faites pas d'illusion, les prolos : les patrons que vous connaissez jouent les cadors, ils roulent des mécaniques pour vous impressionner. Mais en réalité, ils sont à peu près aussi asservis que vous. N'en tirez pas gloriole : c'est terrifiant, parce que ça veut dire qu'il est inutile de construire un rapport de forces. De toute façon, les élites nationales n'ont plus rien à négocier. Il n'est d'ailleurs même pas certain que quelqu'un, quelque part, ait encore une marge de manœuvre. La machine se pilote toute seule.

Un seul exemple : les grandes firmes constitutives de l'indice phare de la place de Paris, le CAC40, sont possédées à plus de 50% par des investisseurs étrangers, et elles effectuent l'essentiel de leur activité hors de France. Quand on parle de ces entreprises en disant qu'elles sont « françaises », on parle de quelque chose qui n'existe plus. Ce n'est même pas que les puissances d'argent méprisent notre République, c'est tout simplement qu'elles ont oublié jusqu'à son existence.

Si l'État n'a pas réagi avec rigueur, en novembre 2005, c'est donc d'abord parce qu'il n'a plus *les moyens* de la rigueur. La France, comme État donc comme nation, n'a plus qu'à faire le gros dos, laisser passer l'orage, plier toujours pour ne pas rompre. Nous sommes dépassés, complètement dépassés. Si nous nous étions avisés de réagir avec force, nous aurions pris le risque d'être brisés nets par les forces du *marché*.

*

L'effacement complet de la *souveraineté concrète* : voilà de quoi il s'agit. En novembre 2005, quand la France a vu cramer ses banlieues, sans que le peuple bouge, sans que l'État fasse le ménage, ce qui était caché est apparu, voilà tout. D'un seul coup, nous avons réalisé que nous n'étions plus qu'une bande de pauvres types obsédés par la consommation, incapables de s'en sortir si le système craque, regroupés par hasard sur un territoire trop étroit et dépendants du Grand Tout anonyme pour ne pas sombrer corps et âme.

Nous sommes *morts*.

Et si nous avions levé le nez que nous gardions dans le guidon, nous l'aurions compris depuis longtemps.

Notre XX° siècle européen aura vu l'échec absolu du socialisme scientifique comme instrument de dépassement du capitalisme, mais aussi la parfaite vérification du marxisme comme instrument d'analyse du capitalisme. Tout ce que Marx avait dit au sujet de la manière dont le communisme libèrerait l'humanité en surmontant le capitalisme, tout cela s'est avéré faux, archi-faux. Mais tout ce que Marx avait dit au sujet de la manière dont le capitalisme alièncrait l'humanité radicalement, tout cela s'est avéré vrai, archi-vrai.

Voilà le score. Le réel. Sans fioritures. C'est un *désastre* absolu.

Étape 2 - De la souveraineté

Après avoir compris ce qui avait changé en nous, nous avons voulu cerner les conséquences, grossièrement pour commencer.

Prendre l'exacte mesure de ce réel dont la nature venait de nous apparaître.

Savoir l'effet que ça fait d'être des esclaves.

Il nous fallait comprendre en quoi la perte de souveraineté économique engendre mécaniquement la perte de *toute* liberté. Il fallait comprendre au sens hégélien du terme – c'est-à-dire ressentir, intérioriser pleinement – cet impensé central de l'époque : *nous sommes devenus esclaves*. Nous avions décidé de regarder les choses en face, et nous voulions aller jusqu'au bout de notre projet. Nous voulions ressentir notre aliénation, la ressentir vraiment. Nous voulions pour ainsi dire voir les marques des fers à nos pieds.

Il fallait pour cela effectuer un véritable travail sur nous-mêmes, parce que si nous sommes colonisés, nous continuons à vivre comme des citoyens libres. Nos pays sont les protectorats d'un empire invisible et universel : l'empire du capital mondialisé. Mais parce que cet empire n'a pas de centre, nous ne le voyons pas agir. Nous vivons dans une apparence de liberté. L'esclavage où nous sommes tombés est imperceptible, parce que la force de nos maîtres reste dissimulée. Notre prison a des murs transparents, qui reculent juste assez pour que nous ne les touchions jamais – en temps normal, du moins. Nous sommes prisonniers, mais libres à l'intérieur de notre enfermement.

Pour faire ce travail sur nous-mêmes, pour prendre la mesure du désastre, il fallait partir du politique. Nous pouvions bien sûr réfléchir sur le désastre ordinaire de nos vies saccagées, mais cela ne permettait pas *vraiment* de prendre *conscience*. C'est quand on élève la question au niveau politique que les réalités apparaissent en pleine lumière. Seule la politique pouvait nous *réveiller*.

*

Nous avons choisi de réfléchir à la France, puisque c'est notre pays, et sachant qu'à peu de choses près, son exemple vaut pour toutes les nations européennes. La France a perdu l'essentiel de sa souveraineté, voilà ce qu'il nous fallait *comprendre*.

Cette perte de souveraineté, on ne la voit pas, on ne la perçoit pas, parce qu'un peuple ne connaît sa souveraineté qu'à l'heure du péril, et parce que l'heure du péril n'est pas encore venue. Mais quand cette heure viendra, on le verra : nous sommes esclaves. C'est donc, a contrario, en réfléchissant aux périls qui nous menaçaient que nous pouvions *ressentir* la perte de souveraineté, en peser le poids *exact*.

Partons de l'enseignement de Carl Schmitt : être souverain, disait-il, c'est pouvoir prendre des décisions exceptionnelles lorsque les circonstances sont exceptionnelles. Pouvoir agir selon ses choix propres dans des circonstances normales ne démontre rien, sinon qu'on se coule spontanément dans le système défini par les autorités supérieures. Ce n'est que dans les circonstances exceptionnelles qu'un corps politique mesure son degré de souveraineté effective.

Est souverain, nous dit Carl Schmitt, celui qui décide dans la situation exceptionnelle, parce que c'est dans la situation exceptionnelle qu'on vérifie si la puissance d'une république est permanente, étendue et garantie par une force supérieure. Tout le reste n'est qu'illusion et belles paroles.

À l'aune de ce critère, la France a perdu les instruments de la souveraineté, même dans le sens le plus limitatif du terme. Nous ne le voyons pas, parce que nous sommes entretenus dans la routine rassurante des élections, mais nous n'élisons plus que des mandataires sans pouvoir.

Essayons d'imaginer ce qui se passera, à l'heure des décisions exceptionnelles, qu'il faudrait prendre, et qu'on ne prendra pas.

La souveraineté la plus limitée consiste pour un État en l'affirmation dans ces frontières d'un monopole effectif de la violence légitime. Eh bien, même dans ces matières limitatives, la République Française n'est plus souveraine.

Sur le plan de la sécurité, la République Française ne maîtrise plus aujourd'hui les instruments fondateurs de la souveraineté limitée. Aussi longtemps qu'aucune crise majeure ne surviendra, les Français ne s'en rendront pas compte. Mais lorsqu'une crise surviendra, il apparaîtra très vite que la France n'est plus souveraine.

Les États-Unis (peut-être), la Russie ou la Chine (sûrement) sont des puissances souveraines, parce que si ces États étaient confrontés à une situation exceptionnelle, ils sauraient prendre des mesures exceptionnelles. Par exemple, si la guerre civile menaçait les États-Unis, la Russie ou la Chine, le gouvernement de ces puissances serait en mesure de proclamer et de faire respecter la loi martiale. La République Française, par opposition, n'a plus cette capacité.

Pourquoi ? Parce que :

- les effectifs des forces de l'ordre avoisinent, réservistes compris, 250.000 personnels. Mais les effectifs réellement à disposition en situation de guérilla urbaine généralisée sur le territoire ne dépasseraient pas 150.000 hommes entraînés et disponibles ;

- même si les chiffres officiels minorent la réalité, environ deux millions de personnes vivent aujourd'hui dans des zones de non droit, des zones où la police n'intervient plus qu'avec un dispositif de couverture lourd. Par ailleurs, cinq millions de nos concitoyens vivent dans des zones périurbaines en déshérence ;

- dans ces conditions, le maintien de l'ordre ne pourrait être assuré, en cas de situation insurrectionnelle dans les banlieues françaises, que par l'usage immédiat de moyens militaires lourds.

Or, la République Française ne pourrait pas recourir à ces moyens sans obtenir l'accord préalable des autres États européens, et même de certains États extra-européens. Cela parce que :

- les traités européens imposent le respect de la charte européenne des droits de l'Homme, et il n'est pas certain du tout que les autorités européennes considèreraient la loi martiale compatible avec cette charte ;

- le droit d'ingérence, cautionné par la diplomatie française à plusieurs reprises dans les dernières décennies, légitimerait une éventuelle intervention étrangère dans l'hypothèse d'une opposition forte, de la part des États-Unis ou d'une majorité d'États européens ;

- la défense du territoire français, dans l'hypothèse d'une opposition forte de la part des autres États européens ou des États-Unis, ne serait pas garantie militairement de manière durable, l'armée française ayant largement cessé de pouvoir maintenir sa disponibilité opérationnelle en toute autonomie. L'aviation légère de l'armée de terre fait entretenir ses matériels en partie à l'étranger, les munitions de calibre OTAN utilisées par l'armée française sont souvent fabriquées en Israël, etc.

C'est là, en nous projetant dans une situation d'exception, que nous avons pris la mesure de notre perte de souveraineté. L'Europe, depuis 90 ans, est en remodelage ethnique incessant, alors qui sait ? La crise yougoslave préfigure peut-être notre avenir. Le tronçonnage de cet État fut organisé par des puissances extérieures désireuses de créer un ordre qui leur serait favorable. Il ne serait historiquement pas aberrant qu'un tel remodelage ethnique soit un jour imposé à la France.

Des scénarios plausibles peuvent nous y conduire à moyen terme. Par exemple, en cas de heurts interethniques sur le sol français, les pays arabes pourraient faire pression sur les grandes puissances, Chine et USA en tête. Un embargo pétrolier, et la messe serait dite. L'Europe, inexistante sur le plan politique, serait bien forcée d'acquiescer. La partition de la France n'est pas aussi « science-fictionnelle » qu'on pourrait le penser à première lecture.

Des heurts interethniques sont désormais faciles à susciter sur notre territoire. Ainsi, en nous représentant de quelle manière les réseaux mondialistes pourraient décider d'en finir avec la France, si notre peuple devait une fois de plus se dresser contre la dictature des marchés, là, on prend la *vraie* mesure de ce qu'implique concrètement la perte de souveraineté.

Représentez-vous la France tronçonnée après une guerre civile interethnique provoquée de l'extérieur. Transposez dans notre pays les images atroces de l'ex-Yougoslavie. Imaginez les larmes de souffrance, de peur et de haine versées par les réfugiés victimes de l'épuration ethnique des uns par les autres, ou des autres par les uns. Là, vous prenez la mesure *exacte* du réel.

En cela, la vision politique est irremplaçable, car elle énonce le tragique de l'Histoire. Tant que nous parlions de la souveraineté et de l'aliénation en évoquant, à la manière des romanciers français intimistes, le désastre générationnel absolu que constitue le baby-boom vieillissant ; tant que nous parlions de l'aliénation des travailleurs en nous remémorant toutes les raisons qui rendent vaines les luttes sociales dans une économie totalement mondialisée ; tant que nous ne posions pas le problème en termes strictement politiques, nous ne parvenions pas à prendre l'exacte mesure de la *tragédie*.

À présent, c'est fait. Nous avons posé le problème en termes vraiment politiques, et nous avons pris sa mesure : nous sommes esclaves, parce que si nous refusons de nous soumettre, nous crèverons sans remède. C'est aussi simple que ça. Nous sommes condamnés à acheter le droit de survivre au prix du déshonneur permanent. Baisser la tête, toujours : voilà désormais notre lot.

Étape 3 - Le renoncement

À ce point du débat, nous commencions déjà à y voir plus clair. Nous avions compris ce qui avait changé en nous. Nous nous savions misérables, désorganisés, dépassés – faibles à l'extrême. Et nous savions que la conséquence de cet état de fait, c'était tout simplement notre inexistence radicale sur la scène de l'histoire, notre non être *politique* intégral.

Ce que nous n'arrivions pas à comprendre, c'est comment nous en étions arrivés là ? Où étaient les responsabilités ? Où avions-nous fait fausse route ?

Nous avons réfléchi, et nous sommes arrivés à une conclusion à ce sujet.

Une conclusion déroutante.

Nous sommes devenus esclaves volontairement, et pourtant sans l'avoir décidé. Nous l'avons fait exprès sans le faire exprès.

Pour reprendre un oxymore devenu fameux, le drame s'est joué « à l'insu de notre plein gré » - sans notre accord, mais sans notre désaccord.

Voici pourquoi.

*

La destruction de la France comme État souverain a été rendue possible par une longue suite de capitulations successives. Aucune de ces capitulations n'a marqué une solution de continuité franche avec la situation précédente. Mais l'accumulation des petites reculades et des renoncements spectaculaires a fini par démanteler un à un tous les fondements de notre souveraineté nationale.

Cette perte de souveraineté progressive résulte en partie d'une trahison. Les classes dirigeantes françaises ont cédé du terrain, parfois parce qu'elles le voulaient bien, d'autres fois parce qu'elles n'avaient pas le choix, mais le plus souvent parce qu'elles y avaient *intérêt*.

Au commencement du second XX° siècle, pour la France, il y eut bien sûr le projet européen. Ce projet a été adopté par la classe dirigeante française dans la foulée de l'affaire de Suez, quand il devint évident que nous n'étions plus de force sur la scène mondiale. Les Anglais se transformèrent en colonie de leur ancienne colonie, et nous, nous nous réconciliâmes avec les Allemands pour faire pièce à l'Amérique – pensions-nous.

Le problème, c'est qu'en investissant sur la construction européenne, la France s'engageait dans un projet en grande partie piloté par les réseaux d'influence américains. Peu à peu, le rêve gaullien d'un « Europe des peuples » céda donc la place à l'euromondialisme – l'Union Européenne comme région de l'Organisation Mondiale du Commerce, étrange proto-État sans frontières, sans identité, sans unité de la volonté. Cela s'est fait tout seul, par le simple jeu des rapports de force entre un mondialisme américanomorphe en expansion constante et une petite France en déclin constant.

Sur cette toile de fond, la classe dirigeante français a conduit sa barque avec une certaine habileté en ce qui concerne ses intérêts propres – car c'est eux qu'elle a défendus, bien plus et bien mieux que la patrie française dont elle avait théoriquement la charge. Fondamentalement oligarchique, méritocratie républicaine ou pas, notre classe dirigeante est formée par l'alliance instable des réseaux du capital, des grands corps de l'État, des organisations syndicales et politiques. On sait que pendant toute la période, elle entretint des liens avec le Milieu, cela donne une idée exacte de sa nature profonde. Sa trahison était patente.

Notre classe dirigeante a été, à partir des années 80, placée devant une tentation qu'elle fut incapable de repousser. Un simple constat : le rapport de revenus entre un inspecteur des finances et un ouvrier d'usine avoisinait dans les années 70 un ratio d'un à vingt. Le rapport de revenus entre un énarque devenu dirigeant d'une très grande entreprise privée et un ouvrier d'usine est d'un à mille. Comment s'étonner que l'énarchie ait organisé la dissolution du système étatique dont elle était issue ? Elle avait beaucoup à gagner dans l'affaire. Un syndic de faillite véreux gagne plus d'argent qu'un chef d'entreprise honnête.

Le mécanisme de cette dissolution fut le suivant :

- Lorsqu'un abandon de souveraineté contrariait le maintien de la domination exercée dans l'espace français par les oligarchies en place, cet abandon de souveraineté ne fut consenti qu'en dernier ressort. C'est pourquoi notre république, dépouillée désormais des instruments de la souveraineté limitée, défend encore une partie des instruments de la souveraineté étendue – par exemple le monopole étatique des jeux de hasard.

- En revanche, dès qu'un abandon de souveraineté pouvait être négocié avec les puissances montantes du marché tout en garantissant le pouvoir des oligarchies à l'intérieur de l'espace français, cet abandon fut consenti. Bel exemple : la Banque Centrale Européenne, institution qui a confisqué la souveraineté financière de la nation, confiscation admise par les autorités françaises à la seule condition que l'oligarchie républicaine « place » quelques-uns de ses hommes au plus haut niveau de la nouvelle institution. But du jeu : garantir l'intégration des élites « républicaines » dans les classes dirigeantes euromondialistes.

Il y a bien eu trahison de la patrie par la république bourgeoise. C'est certain.

*

C'est certain, mais cela n'explique pas tout. Les peuples, en général, ont sur la durée les gouvernements qu'ils méritent. Cette élite corrompue est issue, en partie, d'un système méritocratique qui l'a effectivement extraite du corps de la nation. Ces dirigeants qui conduisaient le peuple français à l'abîme, ce même peuple les a réélus régulièrement, d'élection en élection, tantôt de gauche, tantôt de droite, mais toujours traîtres à la patrie. Comment ? Pourquoi ?

Question : notre peuple serait-il devenu fou ?

Réponse : fou, non. Mais paresseux, oui.

Le mécanisme de confiscation politique s'est appuyé sur une subtile mécanique de dépossession mentale collective et individuelle. Il exista jadis un continuum de la souveraineté, mais il existe aussi désormais un continuum de la perte de souveraineté, un continuum qui relie l'inconscience populaire à la disparition du principe politique.

Pour commencer, il faut se souvenir que l'entreprise de confiscation fut conduite par une succession d'artifices juridiques et comptables invisibles au profane. Fonctionnant comme un système de cliquets, qui fait glisser insensiblement la situation générale des acteurs les uns par rapport aux autres sans retour en arrière possible, la dépossession s'est faite très lentement, selon un processus cumulatif. Le peuple est resté endormi, parce que rien n'est venu le réveiller. En fait sinon en droit, étant donné le niveau d'intégration de l'économie mondialisée, les transferts de souveraineté consentis aux instances supranationales sont définitifs, mais on aura continué jusqu'au bout à parler de délégation de souveraineté, comme si le retour en arrière était possible. À aucun moment, on n'a dit aux Français : voilà, vous allez perdre la maîtrise de votre destin.

C'est tout doucement que nous nous sommes habitués, collectivement, à vivre dans un monde sur lequel nous n'avons plus prise en tant que peuple. On nous a vendu quelques bobards bien ficelés, et nous les avons avalés tout ronds. On nous a dit que la construction européenne permettrait une souveraineté démocratique à l'échelle continentale, et parce que dans un premier temps, cela semblait fonctionner, nous nous sommes laissé faire.

Cependant, le continuum de la perte de souveraineté remonte encore plus haut, en amont même de l'inconscience politique. Notre passivité ne s'explique pas seulement par les ruses du système. Elle trouve aussi son origine dans une perte de souveraineté mentale, au niveau individuel. Nous avons perdu l'habitude de réfléchir. Nous dormons éveillés. De là, peut-être, la facilité avec laquelle on nous a grugés.

Revenons à la soi-disant souveraineté populaire dans la construction européenne. Il n'est pas très difficile de comprendre pourquoi c'est une escroquerie. Il n'y a pas de souveraineté européenne réelle. L'Europe de Bruxelles ne possède pas l'unité de la volonté qui seule permet de caractériser un gouvernement effectif, et sans gouvernement effectif, on ne voit pas très bien comment il pourrait y avoir une souveraineté. Quand vous réunissez des entités dont les intérêts sont constamment contradictoires, vous obtenez une pétaudière ingérable. Cela tombe sous le sens : pourquoi ne l'avons-nous pas vu plus tôt ?

Le parlement de Strasbourg est une plaisanterie. Les vraies décisions sont prises à Bruxelles, sur la base des rapports de la commission. Le pouvoir appartient à une superstructure faussement fédérale, en réalité centralisatrice et bureaucratique. Sur le plan du contrôle démocratique, la superstructure étatsunienne de Washington est *moins* étouffante que son homologue européenne. L'Union Européenne est une nouvelle Union Soviétique, c'est de plus en plus évident. Pourquoi ne l'avons-nous pas vu plus tôt ?

Les arguments relatifs aux limitations de la souveraineté nationale française s'appliquent à l'Europe dans son ensemble. Sur le plan militaire, par exemple, l'Europe est largement dépendante des armées et des complexes militaro-industriels des États extra-européens membres de l'OTAN. En fait, sur ce plan, l'Europe n'additionne que ses faiblesses. C'est évident. Pourquoi ne l'avons-nous pas vu plus tôt ?

L'Europe est inadaptée économiquement et politiquement impuissante. Elle ne se définit plus que comme une fausse nation de la paix, terre d'accueil ouverte à l'immigration débridée. Notre France à la souveraineté perdue et notre Europe à la souveraineté impossible sont quasiment isomorphes. C'est évident. Pourquoi ne l'avons-nous pas vu plus tôt ?

Nous avons réfléchi à cette question. Et à force de réfléchir, nous sommes arrivés à une conclusion. Une conclusion de bon sens.

Quand les gens ne voient pas ce qu'ils ont sous les yeux, c'est généralement parce qu'ils ne veulent pas le voir.

Et dans notre cas, c'est bien de cela qu'il s'agit.

*

La succession d'abdications qui caractérise l'homme européen depuis cinquante ans trouve sa source dans un refus de la vie. Si notre peuple se laisse si facilement endormir, c'est parce qu'il ne veut plus s'éveiller. Et s'il ne veut plus s'éveiller, c'est parce qu'il ne veut plus vivre.

Pourquoi ? Paradoxalement parce que nous ne savons plus mourir en tant qu'individus. Vivre collectivement, vivre en tant que peuple, c'est aussi accepter de mourir en tant qu'individus. Voilà ce qu'en profondeur, nos contemporains refusent, et voilà pourquoi ils se laissent aller, comme des chiens crevés emportés par le torrent d'une Histoire qui les dépasse. Si l'on va au fond des choses, c'est là que se trouve la racine du mal dont nous crevons, c'est de là que procède la dynamique du renoncement. Si nous renonçons à penser notre souveraineté, c'est d'abord parce que nous avons renoncé à vivre, à combattre, *à tuer* et à *être tués.*

Depuis l'épouvantable massacre de 14-18, l'Europe se meurt. Elle s'est d'abord donnée aux nihilismes exterminateurs, avec le nazisme, le fascisme et le bolchevisme. Puis, définitivement épuisée, horrifiée par les excès de violence où son *satanisme* l'avait entraînée, elle a basculé par contrecoup dans une molle idéologie de la paix à tout prix.

La paix, la paix, la paix ! Voilà la seule chose à laquelle les européens aspirent.

Eh bien la paix, c'est dans les cimetières qu'on la trouve.

Dans l'esprit du temps, il ne s'agit plus que de ne pas souffrir. L'européen exténué de l'an 2000 ne rêve plus que d'un long sommeil réparateur, un doux rêve qui jamais ne cesse. L'époque est au *cocooning.* Discutez avec un jeune Français de l'an 2007, parlez-lui d'aventure, de périls à surmonter pour s'endurcir : il fuira comme si vous l'aviez menacé des pires sévices. Demandez-lui ce qui le fait rêver : il vous répondra qu'il veut un petit boulot pépère, fonctionnaire si possible, et puis une petite femme avec qui faire le ménage, dans le respect de la parité.

Comment voulez-vous exister politiquement quand vous n'avez plus de *couilles* ? Si les Français n'ont pas réagi, s'ils ont laissé leurs élites les trahir, c'est parce qu'ils avaient *envie* d'être trahis. Vivre libre, vivre en citoyen véritable d'une cité véritable, cela *coûte.* Depuis Aristote, on sait que le propre de l'homme libre est de préférer la mort à l'esclavage. Le prix de la liberté, c'est l'esprit de *sacrifice.*

La Grande Guerre a tué cet esprit salvateur en nos peuples exténués, voilà l'origine historique de notre abdication. Lorsqu'ils revinrent de l'épouvantable tuerie, nos ancêtres firent le bilan. Ils s'aperçurent qu'en somme, ils s'étaient fait tuer par millions pour préserver non leur patrie, mais plutôt les bénéfices de leurs exploiteurs. Paysans catholiques enterrés vivants pour défendre la République irréligieuse des francs-maçons radsocs ; ouvriers socialistes mitraillés dans les barbelés pour que tournent les usines de leurs patrons ; tous pauvres ou demi pauvres, morts pour les riches et leurs richesses. La confiscation de la patrie par la bourgeoisie avait rendu absurde le patriotisme, sans lequel il n'est pas de fierté vraie pour les humbles. Et sans patrie, sans fierté, la liberté n'est plus qu'un fardeau.

Alors, l'architecture du renoncement ? Elle a des fondations solides. La trahison des élites, la disparition de la conscience politique dans les masses, tout cela est du domaine des symptômes.

La cause du mal est plus profonde : si nous avons renoncé à notre souveraineté, c'est parce que nous ne *voulions* plus être libres.

Voilà pourquoi nous nous sommes fait déposséder : parce que nous nous sommes laissé faire.

Étape 4 - La liberté

Cette conclusion, que nous ne voulions plus être libres, nous avons mis longtemps à l'accepter. Ça ne paraissait pas coller avec ce que nous pouvions voir autour de nous. Après tout, jamais peut-être dans l'histoire les gens n'ont été aussi libres – en apparences, du moins.

Pour essayer de comprendre comment on pouvait à la fois être complètement libre et complètement esclave, libre dans les petites choses et esclave dans les grandes, nous avons beaucoup creusé la notion de liberté. Il fallait nous mettre d'accord là-dessus : qu'est-ce que la liberté ?

Après avoir pas mal tâtonné, nous avons mis le doigt sur le point crucial, et tout est devenu beaucoup plus clair.

*

Il est très difficile de définir exactement la liberté.

Cela pour deux raisons :

- Être libre veut dire, avant tout, ne pas être sous une dépendance non consentie envers autrui. Le problème, c'est : qu'est-ce qu'une dépendance non consentie ? La vérification de la liberté dans le concret, dans l'action, suppose d'abord une définition du libre arbitre, de la liberté d'esprit. Untel, qui se croit libre parce qu'il consent une dépendance, ne se rend peut-être pas compte que cette dépendance lui a été inculquée, qu'il ne l'a jamais examinée sereinement, et que s'il la consent, c'est en fait parce qu'il a profondément intégré le fait qu'il y était contraint.

- Être libre veut dire, ensuite, pouvoir agir selon sa propre détermination. Mais dans quelle mesure une détermination est-elle « propre » à un individu, ou à un groupe constitué ? Untel, qui croit agir selon sa détermination propre, est en réalité déterminé préalablement à son insu. L'univers des possibles, au sein duquel il choisit nécessairement, a été borné arbitrairement.

Donc la liberté est toujours une notion relative :

- relative à la conception que l'on se fait du libre arbitre, à une certaine époque et dans un certain milieu ;

- relative à la conception que l'on se fait des prédéterminations que les autorités peuvent légitimement imposer aux individus et groupements.

La liberté n'est pas dans le concret un absolu. On n'est pas « libre ou pas libre ». On est « plus ou moins » libre, et ce « plus » et ce « moins » sont nécessairement appréciés au regard de critères subjectifs. Le rêve anarchisant de la liberté comme absolu ne peut déboucher sur rien, sauf sur la négation de toutes les libertés concrètes, nécessairement relatives. L'Histoire l'a maintes fois démontré.

Cependant, si la liberté comme idéal est toujours un concept relatif, il existe selon le sens commun un noyau incompressible à la liberté humaine – un noyau qui a, lui, valeur d'absolu non négociable, non susceptible de remise en cause légitime : c'est la liberté qu'à chaque homme d'assurer sa subsistance et, au besoin, de défendre sa vie par les armes. Par extension, le même droit s'applique aux groupements : chaque groupe a le droit de se défendre, de préserver les instruments de sa survie et de garantir leur maintien dans la durée.

Cette liberté-là est absolue, parce que si elle est niée, alors toutes les autres libertés sont caduques. Quelles que soient les libertés qui vous seront accordées par ailleurs, si pour commencer vous n'avez pas la liberté de défendre votre vie et de préserver les instruments de votre subsistance, alors ces libertés diverses sont sans valeur, puisqu'elles peuvent à tout moment être annulées par votre annihilation.

Pour cette raison, l'enjeu premier de toute action politique consciente est toujours, nécessairement, de préserver cette liberté-là, et de la reconquérir lorsqu'elle a été perdue. Un individu ou un groupe qui ne sont plus en mesure de garantir les instruments de leur propre survie n'ont pas à se soucier de préserver des libertés secondaires, fussent-elles aussi essentielles que le droit de libre expression ou le droit de libre association. Ou plutôt : s'ils revendiquent ces libertés secondaires, ce sera nécessairement d'abord pour reconquérir cette première liberté de pouvoir se préserver eux-mêmes. Cela tombe sous le sens.

La situation des Français est précisément qu'ils ont perdu cette liberté première : pouvoir se défendre contre l'agresseur, pouvoir défendre les instruments de leur propre survie.

Les Français ont aujourd'hui perdu la liberté d'assurer leur sauvegarde face aux aléas de l'économie mondialisée. C'est le lot commun de toutes les populations du monde, direz-vous. À quoi je répondrai : et alors ? Faut-il accepter l'esclavage sous prétexte qu'on vit dans un monde d'esclaves ?

Les Français ont aussi perdu la liberté d'assurer leur sauvegarde face à leurs ennemis, quels qu'ils soient. Nous ne sommes plus libres de nous armer, face à des gens qui s'arment contre nous – et dont l'État tolère parfois qu'ils s'arment contre nous, comme on le voit dans les banlieues.

C'est cette liberté-là que les Français ont perdu, quand ils en ont perdu le goût d'abord, l'habitude ensuite, la possibilité pour finir. De là ce paradoxe : bien sûr, nous avons l'impression d'être libres ! Mais nous ne sommes libres que de nous promener à l'intérieur de notre prison. Nous avons gardé les libertés secondaires, relatives, annexes. Mais la racine de toute liberté, nous l'avons perdue.

Voilà ce que nous avons fini par comprendre : ces Français misérables, désorganisés, faibles à l'extrême, ces Français inexistants sur la scène de l'histoire, ces Français qui ont perdu jusqu'au goût de la liberté, ils ne peuvent pas savoir qu'on leur a ôté ce goût. Tout occupés à faire durer un système dont ils sont à la fois les otages et les protégés, nos compatriotes ont fini par se prendre de passion pour leur enfermement. Toutes les libertés que nous nous donnons ne sont là que pour prolonger une situation où, fondamentalement, la liberté vraie est devenue impossible.

Voilà pourquoi nous nous sommes laissé faire : parce que nous ne savions plus qu'on pouvait résister.

Étape 5 - Le mondialisme néolibéral

Parvenu à ce stade de la réflexion, notre petit groupe y voyait de plus en plus clair. Le mécanisme par lequel notre peuple avait été réduit à l'esclavage nous apparaissait maintenant à peu près nettement. Il restait à l'analyser en détail, bien sûr, mais dans les grandes lignes, on voyait de quoi il s'agissait.

Ce qui nous occupa ensuite, c'était la question de savoir comment les maîtres du système voient le problème, *de leur point de vue.*

Cette lente implosion de toutes les bases de la liberté vraie, le pouvoir mondialiste l'a encouragée. S'il y a des millions d'immigrés aujourd'hui en Europe, et si ces immigrés n'ont pas été assimilés, c'est en grande partie parce que le pouvoir euromondialiste l'a voulu. Si les États nations ont perdu le contrôle d'une bonne partie de leurs industries de souveraineté, c'est parce que le pouvoir euromondialiste l'a toléré.

Mais quel est ce pouvoir euromondialiste ? Quelle est la nature du mondialisme ? Quelle est son essence ? Quel est son *projet* ? Qui est notre *ennemi* ?

*

Ce qui est déroutant, dans notre système occidental contemporain, c'est l'invisibilité du pouvoir de coercition. On pressent qu'il agit partout, mais on ne le *voit* agir nulle part. À croire qu'il est *transparent.*

Sous le régime soviétique, l'ensemble des médias était mis sous contrôle par le pouvoir. Tout devait être dans la ligne du Parti, et cette ligne renvoyait à une idéologie explicite, le matérialisme dialectique, ou « diamat ». À peu de choses près, c'est la même logique d'alignement systématique sur une idéologie « djouché » qui prévaut encore aujourd'hui en Corée du Nord. La plupart des dictatures fonctionnent plus ou moins sur ce modèle. Parfois, dans le passé, l'idéologie fut assez floue – c'était le cas, par exemple, dans l'Allemagne nazie ou l'Italie fasciste, incapables de se doter d'un corpus doctrinaire sérieux. Mais toujours, dans les dictatures, *il y a* une idéologie derrière la ligne générale.

Notre démocratie libérale est en apparence bien éloignée de ce modèle. Il n'y a officiellement aucune idéologie derrière les pouvoirs en place en Occident. Ces pouvoirs n'ont pas d'autre ligne générale qu'un pragmatisme teinté de bienveillance.

Comment se fait-il alors que dans ce système dénué d'idéologie et de ligne générale, on observe un alignement à peu près parfait des médias dominants ? Politiciens, artistes, médiatiques de tous poils, sportifs à qui l'on tend le micro, chefs d'entreprise : à part quelques *ringards* vite déconsidérés, ils disent *tous* à peu près la même chose. C'est à croire qu'une idéologie non dite sous-tend secrètement l'ensemble de nos mécanismes sociaux, économiques, informationnels, politiques, tous apparemment spontanés, et pourtant tous visiblement coordonnés. Quel est ce prodige ?

Théoriquement, le système politique sous lequel nous vivons est la démocratie libérale dite « avancée ». Ce régime résulte visiblement de l'adaptation de la sphère politique à la « modernité » – individualisme, capitalisme, esprit bourgeois. Ce système politique trouve son origine dans la théorie du philosophe anglais Hobbes, selon laquelle le pouvoir est légitimé par un contrat qui fonde la personne artificielle du Souverain, contrat qui doit établir une autorité protectrice et non une domination arbitraire. Cette vision du politique implique qu'aucune doctrine ne doit constituer le fondement de la Cité. Par la sacralisation du contrat, prolongée par Montesquieu, critiquée mais implicitement cautionnée par Rousseau, la conception libérale fait du politique une superstructure produite par les seuls liens sociaux et économiques, indépendamment de toute religion ou idéologie.

Cette conception libérale est en apparences de nature à maximiser la sphère d'autonomie des individus et des groupes intermédiaires, puisqu'elle les pousse au développement de leurs capacités propres. En théorie, le libéralisme tant politique qu'économique devrait donc engendrer une extrême diversité de points de vue, un foisonnement d'opinions, une *ère des cent-fleurs* indéfiniment prolongée.

Comment se fait-il alors que nous éprouvions, devant le déploiement de notre système officiellement libéral, une impression de plus en plus nette d'alignement général sur un ensemble de conceptions obligées ? Quelle est cette étrange idéologie non dite, parce que non sue ?

Se pourrait-il que *l'absence d'idéologie constitue en soi une idéologie* ?

Ou bien notre système n'est-il, en réalité, plus libéral que de nom ?

*

Le néolibéralisme n'est pas un libéralisme, même s'il est né du libéralisme. Le libre-échange mondialisé contemporain s'oppose *de facto* à l'économie de marché, même s'il en procède initialement.

Le néolibéralisme mondialisé n'est pas un libéralisme, parce que les libéralismes fonctionnent à la manière des hommes qui les font vivre, alors que le libéralisme mondialisé fonctionne à la manière d'une machine, *homicide dans son principe*. Le néolibéralisme mondialisé n'est pas un néolibéralisme, *c'est un post-socialisme*. Il n'est pas seulement mondialisé, il est *global* – au sens de total, c'est-à-dire totalitaire.

Le phénomène connu aujourd'hui sous le terme générique de mondialisation n'est pas une mondialisation. C'est le déploiement du mondialisme néolibéral comme idéologie. Cette idéologie nous reste invisible parce qu'à la différence de ses devancières nazie ou bolchevique, elle ne procède pas de la négation de l'individu, mais au contraire de son idolâtrie. Pour autant, c'est bel et bien un système idéologique quasi-totalitaire qui se déploie sous nos yeux, et les racines de ce système sont tout à fait comparables à celles du nazisme ou du bolchevisme.

La force de cette idéologie, c'est qu'elle est portée par la dynamique spontanée de la modernité capitaliste. À la différence du nazisme et du bolchevisme, qui avaient besoin d'opérer une action pour agir effectivement, l'idéologie mondialiste néolibérale peut se contenter de ne pas opérer d'action, cela lui suffit pour agir. C'est en garantissant la continuation du laisser-faire que les adeptes de ce système idéologique triomphent : de là leur invisibilité.

Par exemple, pour préserver une véritable concurrence « libre et non faussée » entre les acteurs économiques, il faudrait que les facteurs de production soient positionnés dans un cadre règlementaire et monétaire homogène sur leur zone de libre circulation. Une partie de la théorie libérale l'enseigne d'ailleurs.

Donc, une gestion solide et équitable de la mondialisation supposerait que soient remplis deux postulats : d'abord la régulation des passerelles permettant l'échange entre des zones économiques rapprochées soudain par le progrès des transports et des communications, ensuite la convergence progressive et négociée de ces zones économiques vers une économie planétaire unifiée.

Ce n'est pas du tout ce qui est fait. La « mondialisation » néolibérale repose au contraire explicitement sur la « dérégulation », laquelle facilite l'échange *déséquilibré* entre des zones économiques diverses, sans homogénéisation du cadre règlementaire et monétaire. Mécaniquement, cette mise en concurrence non régulée débouche donc sur la destruction de tous les cadres règlementaires et monétaires, partout dans le monde.

La démarche ne vise évidemment pas une économie planétaire unifiée dans la négociation. Elle débouche *de facto* sur une économie planétaire unifiée *par l'alignement forcé sur un certain modèle économique*, celui qui est le plus favorable au facteur de production qui circule le mieux, et peut donc arbitrer le plus facilement entre les zones économiques et les cadres règlementaires et monétaires mis en concurrence. Nommément : le *capital*.

En organisant la concurrence non règlementée au sein du facteur capital d'une part, au sein du facteur travail d'autre part, la mondialisation néolibérale libère mécaniquement les dynamiques spontanées du capitalisme, et ce faisant, elle organise la suprématie absolue du facteur capital. L'absence d'idéologie politique engendre le triomphe de la surclasse mondialisée, et donc l'absence d'idéologie politique constitue une idéologie politique : celle qui veut que la grande bourgeoisie mondialisée impose ses valeurs, sa domination, son mode de production. La sacralisation du contrat à l'échelle mondiale débouche, ipso facto, sur la dictature d'une classe sociale : la surclasse mondialisée. Le vide idéologique politique entraîne mécaniquement le triomphe de la seule idéologie purement économique. *L'absence d'idéologie constitue une idéologie.*

La mondialisation néolibérale aboutit concrètement à la constitution d'ensembles non étatiques, compagnies multinationales et fonds d'investissement apatrides, capables de fonctionner de manière cohérente à l'échelle mondiale, selon des chaînes logistiques complexes. Dans le même temps, on assiste à la spécialisation économique accrue des zones autrefois autonomes, et qui cessent de l'être du fait justement de leur spécialisation. Zone de production industrielle : la Chine, façade océanique, et l'Asie orientale en générale. Zone de production intellectuelle : l'Europe, le Japon et les USA, l'Inde aussi désormais. Zone de production agricole, de biocarburants en particulier : l'Amérique du sud. Zone de « production » de main d'œuvre adaptée aux tâches subalternes : l'Afrique et le tiers-monde en général. Seule autonome, désormais, la Russie – d'où les relations conflictuelles que le Kremlin entretient nécessairement avec les mondialistes, soit dit en passant.

La mondialisation néolibérale est concrètement une machine à déplacer le cœur de la souveraineté économique. Désormais, les États nations ne sont plus à même de dévulnérabiliser leur économie de subsistance, alors que les multinationales, elles, sont capables d'intégrer de très complexes chaînes logistiques. La mondialisation néolibérale obtient, par le simple jeu des dynamiques capitalistes spontanées, exactement le même résultat que celui poursuivi par le Gosplan soviétique, qui spécialisait délibérément les républiques socialistes – pour les contraindre à l'intégration et leur interdire toute tentation sécessionniste. Le néolibéralisme fonctionne, en fait sinon délibérément, comme un post-socialisme : il construit l'empire du capital mondialisé – un empire polycentrique, bientôt dénué de centre même, mais un *empire* tout de même.

On a changé la nature du monde. Économiquement parlant, la mondialisation néolibérale est un taylorisme à l'échelle planétaire. « Une tâche élémentaire par individu », disait Taylor, pour que chaque individu ne fasse que ce qu'il fait le mieux. « Une tâche élémentaire par pays », ajoutent les mondialistes néolibéraux. Bienvenue dans le monde des fourmis. Est-ce que c'est un projet *libéral*, ça ?

La force de ce système est de se donner pour un mécanisme spontané, alors qu'il ne s'agit en fait que de laisser délibérément jouer des rapports de force que l'on a préalablement laissé s'instituer : voilà l'escroquerie. C'est un mécanisme en trois temps : d'abord laisser certains acteurs acquérir la taille critique, qui leur permet de monopoliser systématiquement les flux à forte valeur ajoutée ; ensuite décréter qu'une concurrence « libre et non faussée » doit être instituée, situation qui profite bien sûr mécaniquement aux acteurs ayant acquis la taille critique nécessaire pour capter les flux à forte valeur ajoutée ; enfin constater que ces acteurs sont devenus structurants et en déduire qu'il n'est plus possible de remettre en cause leur prééminence sans provoquer l'effondrement général du système.

Le résultat : l'émergence d'oligopoles de plus en plus puissants, de plus en plus intégrés. Pour finir, la concurrence dérégulée débouche mécaniquement sur la disparition de toute concurrence, et les oligopoles tout puissants sont en situation de dicter leur loi. Ce que nous voyons se mettre en place ressemble à un capitalisme d'État, parce que c'est un *étatisme du capital.*

*

Ce n'est pas par hasard que notre *étatisme du capital* en construction rappelle de plus en plus clairement l'ancien capitalisme d'État des puissances socialistes. Fondamentalement, ses dynamiques sont les mêmes, et quoique de manière inconsciente, *ses ressorts profonds reproduisent ceux des totalitarismes défunts.*

Comme dans les régimes totalitaires du XX° siècle, l'effet concret du mondialisme néolibéral est de permettre à une fraction de l'humanité d'imposer

DE LA SOUVERAINETÉ

à l'ensemble des hommes sa vision du futur, sous prétexte que cette vision serait « la meilleure ». Il s'agit d'une tentative pour capter le devenir humain, et pour imposer à l'homme d'aujourd'hui un certain modèle d'homme futur. Et on remarquera que, dans le mondialisme néolibéral comme dans les idéologies du XX° siècle, ce modèle humain est fondamentalement dual : d'un côté une élite, de l'autre côté une masse *indifférenciée*.

Dans le système nazi : d'un côté une élite sélectionnée sur une base raciale, les « aryens », tous modelés sur un « type » unique et supposé dominant, le « nordique », et de l'autre côté un « animal-masse » de type inférieur, que le « conducteur », le « Führer », doit dominer. Versant officiel de l'idéologie : assurer le triomphe de la véritable « race des seigneurs », par opposition à la fausse élite que constituerait le « peuple élu », c'est-à-dire les Juifs. Versant officieux : il s'agissait d'une combinaison explosive de pathologies sociales mais aussi *mentales*, associées à l'homosexualité active (le rapport entre le « conducteur » et « l'animal-masse ») et passive (le rapport entre les nazis et leur modèle sublimé, le « nordique »), le tout renvoyant à un *narcissisme* individuel et clanique déguisé en idéal politique national. Il s'agit donc d'une *perversion* de l'idéal allemand.

Dans le système soviétique : d'un côté une élite sélectionnée sur sa conformité idéologique, les membres du parti, tous modelés sur un « type » unique et supposé « d'avant-garde », le « bon communiste », et de l'autre côté un « prolétariat » mobilisable, que l'appareil du parti, « l'avant-garde révolutionnaire », devait guider vers le communisme à travers le socialisme réel – sans lui demander son avis, cela va de soi. Versant officiel de l'idéologie : assurer d'abord la dictature du prolétariat, nouveau « peuple élu », ensuite construire les « lendemains qui chantent » avec l'abolition de toute forme de contrainte, de toute forme d'aliénation, pour une humanité enfin libérée, apaisée, révélée à elle-même. Versant officieux : il s'agissait d'une combinaison explosive de crise sociale et, là encore, de pathologies *mentales*. Une pathologie juive, tout d'abord, qui correspondait à une forme de mégalomanie : le Juif qui a renié l'Éternel mais ne peut renoncer au messianisme s'invente un messianisme de substitution, un messianisme non religieux, avec le prolétariat comme peuple élu, le parti bolchevik comme clergé et le Progrès comme Dieu. Une pathologie russe, ensuite, qui correspondait plutôt à une forme de masochisme : le chrétien qui a perdu la foi, mais veut conserver les formes exaltantes du mysticisme slave, s'invente une mystique doloriste de substitution, en l'occurrence la passion révolutionnaire. L'ensemble formé par la conjonction de ces deux pathologies collectives, l'une juive et l'autre russe, se combina avec des pathologies mentales individuelles, souvent renforcées par la perversion sexuelle - par exemple le sadisme chez Beria. On retrouve là aussi une expression déguisée du narcissisme pervers.

Le mondialisme néolibéral obéit aux mêmes schémas pathologiques. Même s'il n'explicite pas le caractère dual de son objectif, ce caractère dual est bien là. Il est parfaitement défini, très tranché, peut-être plus que dans le soviétisme, au même niveau à peu près que dans le nazisme : d'un côté les détenteurs du capital, c'est-à-dire les investisseurs, de l'autre côté ceux qui ne détiennent pas le capital, c'est-à-dire les consommateurs surendettés dans les pays développés et les travailleurs sous-payés dans les pays émergents. Versant officiel de l'idéologie : assurer d'abord la convergence progressive de toute l'humanité vers le mode de consommation occidental, défini comme un accomplissement en soi, ensuite construire de nouveaux « lendemains qui chantent », avec la possibilité laissée à tout individu de maximiser sa richesse, définie comme une fin en soi. Versant officieux : il s'agit de l'avènement du narcissisme à l'état pur, érigé en moteur légitime de l'activité humaine, le tout pour le plus grand intérêt de ceux dont le narcissisme débouche sur un accroissement de pouvoir, c'est-à-dire les investisseurs. Revers de la médaille : l'aliénation toujours croissante de ceux dont le narcissisme ne débouche que sur l'accentuation permanente de leur dette structurelle, c'est-à-dire les consommateurs.

Le mondialisme néolibéral s'inscrit fondamentalement dans les mêmes logiques que les idéologies totalitaires du XX° siècle. Certes, le nazisme et le communisme se voulaient des narcissismes sublimés, alors que le mondialisme néolibéral, déconcertant mélange de niaiserie et de cynisme, justifie *le narcissisme à l'état pur*. Mais à cette nuance près, le mondialisme néolibéral est taillé dans la même étoffe que les totalitarismes du XX° siècle. *C'est la traduction politique d'une dynamique psychopathologique.*

*

Comment l'idéal de paix qui portait initialement l'idée d'un monde uni a-t-il pu se retourner si vite, si complètement, en totalitarisme mortifère ? Voilà la question qui nous a pris le plus de temps, voilà la question que notre groupe de réflexion a eu le plus de mal à envisager dans toute sa complexité. Nous touchions là au cœur du problème, mais aussi à la limite de nos capacités d'investigation.

Il faut se souvenir que le mondialisme est au départ un *véritable* effort de paix. Le problème n'était pas à l'origine dans la somme des déterminations conscientes impulsées par les acteurs, pour la plupart de bonne foi et d'intention respectable. Le problème est apparu progressivement dans la dynamique créée par l'interaction de ces déterminations.

Alors la volonté derrière le mondialisme est-elle délibérée, ou bien résulte-t-elle du poids de ces dynamiques ?

Lorsqu'il est évident qu'une action entraînera un résultat donné, si l'on ne suspend pas cette action, c'est qu'on en accepte le résultat, au moins comme une incidence tolérable. Dans ces conditions, étant donné que la démarche est poursuivie alors que ses résultats deviennent évidents, nous savons à coup sûr que ces résultats sont sinon recherchés, du moins admis par les promoteurs du système. Quels mécanismes conduisent des gens au départ de bonne foi et d'intention louable à reproduire les modes de pensée propres aux totalitarismes du XX° siècle ?

Question : où est la source du mal ?

Réponse : *le profit comme idole.*

Le néolibéralisme tel qu'il se déploie concrètement ne s'appuie sur aucune théorie philosophique explicite, sur aucune tradition instituée. Il poursuit une finalité propre, indépendante de toute prédétermination transcendante – le profit, seule finalité reconnue dans ce système de pensée.

Seulement voilà : le simple fait d'ériger le profit en finalité de l'activité humaine pose, en soi, la clef de voûte d'une idéologie implicite. Cette idéologie implicite, qui se révèle à travers l'absence d'idéologie explicite, c'est le *matérialisme bourgeois*.

Matérialiste, le mondialisme néolibéral l'est en énonçant que la production, source du profit, constitue la finalité sous-jacente de l'activité. Pour un spiritualiste, en effet, l'activité pourrait avoir d'autres finalités – à la limite, la production n'est qu'un prétexte dans une optique spiritualiste. Dire que la production est la seule finalité possible, c'est nier au contraire qu'il existe une sphère spirituelle autonome. Cela, c'est précisément la négation constitutive des idéologies matérialistes.

Bourgeois, le mondialisme néolibéral l'est en énonçant que le système de mesure de la production doit être le profit, c'est-à-dire le revenu de la bourgeoisie, définie comme classe détentrice du capital. Enoncer que le profit mesure l'efficience de la production, c'est énoncer que le détenteur du capital, donc le bourgeois, est fondé à maximiser la satisfaction de ses besoins même si elle contrarie hors de mesure la satisfaction des besoins des autres êtres humains, ceux qui ne détiennent pas le capital. C'est donc énoncer qu'une classe sociale, la bourgeoisie, est en situation de dire le droit en fonction prioritairement de ses intérêts propres. On pourra tourner le problème dans tous les sens, c'est bien de cela qu'il s'agit.

À partir de ces constats très simples, on voit en quoi le mondialisme néolibéral partage les prédicats implicites des idéologies totalitaires du XX° siècle. Comme ces idéologies, le matérialisme bourgeois est rigoureusement *moniste* dans sa vision théorique de l'essence, mais il débouche dans la pratique sur un *dualisme* absolu.

Moniste dans la théorie, le mondialisme néolibéral l'est parce qu'il est matérialiste. Il l'est même à l'extrême, puisqu'en poussant la perspective matérialiste jusqu'à l'unification du monde, il prétend constituer une forme de totalité dans la matière. En l'occurrence, le monisme originel du matérialisme se trouve poussé jusqu'à ses conséquences extrêmes par le caractère mondialiste du projet néolibéral.

Dualiste dans la pratique, le mondialisme néolibéral l'est parce qu'il est bourgeois. À partir du moment où la détention du capital autorise à dire le droit, le corps des citoyens se trouve de facto scindé en deux groupes. La théorie de Hobbes est retournée contre sa pure expression : le système théorique où le pouvoir est légitimé par le droit débouche sur un système pratique où le droit sert à légitimer le rapport de forces. Les bénéficiaires du système s'appliquent à dissimuler cet état de fait en affirmant que la distinction entre détenteurs du capital et non détenteurs du capital renvoie à un processus opératoire réversible, qui ne compromet pas l'unicité du fait humain dans son essence, mais nous savons tous que c'est une vue de l'esprit. La probabilité pour un prolétaire de se hisser jusqu'à la condition bourgeoise est presque nulle dans nos sociétés. Donc en pratique sinon en théorie, il y a bien dualisme de l'essence humaine dans le système néolibéral.

Cette coexistence entre un monisme matérialiste absolu dans le discours et un dualisme de l'essence humaine dans la pratique est un héritage du monothéisme judéo-chrétien. Mais c'est un héritage déformé, perverti. Et cet héritage explique l'isomorphie du néolibéralisme avec les régimes bolchevik et nazi. Il fournit la clef de la formule de pensée caractéristique des systèmes totalitaires : d'une part l'affirmation que l'homme n'existe que dans le monde matériel ; d'autre part l'affirmation corollaire que la sélection entre les élus et les damnés doit se faire dans ce monde : elle ne peut pas ne pas se faire, car sans elle la vie n'aurait aucun sens, et elle doit se faire dans ce monde, puisqu'il n'y en a pas d'autre. Au fond, le totalitarisme, c'est ce qui reste du monothéisme quand Dieu est mort.

Ce que nous avons là, c'est très exactement la formule constitutive des cultes idolâtriques sacrificiels. Exactement comme le nazisme, idolâtrie du Surhomme, sacrifia des millions de prétendus sous-hommes à son idole ; exactement comme le bolchevisme, idolâtrie de l'Égalité, sacrifia des millions de « koulaks » à son idole ; exactement de la même manière, donc, le néolibéralisme est l'idolâtrie du Profit, du Veau d'or, et il est tout à fait prêt à sacrifier l'humanité elle-même à son idole, s'il le faut.

*

Le parallélisme avec les formes religieuses peut même être prolongé par l'étude des milieux placés au centre de la démarche mondialiste néolibérale, à savoir l'élite puritaine nord-américaine et la haute finance juive – ou, si l'on préfère, « pharisienne », les Juifs ordinaires ne devant pas être confondus avec ces milieux-là. Le tout constitue une nébuleuse très complexe, plus ou moins clairement liée à ce que l'on appelle parfois les milieux « chrétiens sionistes », plus ou moins structurée par des réseaux maçonniques qui, en Amérique du Nord, ne sont pas irréligieux.

L'auteur de ces lignes est protestant, il a des origines juives, et c'est donc sans parti pris qu'il le dit : derrière le mondialisme néolibéral, il semble bien qu'on puisse discerner, entre autres forces occultes, certains dévoiements de la spiritualité protestante par les milieux puritains, dévoiements qui se combinent de manière complexe avec les stratégies propres à la très haute bourgeoisie pharisienne.

Le néolibéralisme s'appuie sur les travaux des économistes monétaristes regroupés derrière Milton Friedman, une école de Chicago constituée au départ par des intellectuels américains, influencés par les doctrines de la *London School of Economics*, et qu'inspira aussi très curieusement la lointaine école médiévale dite de Salamanque, préfiguration catholique de Hobbes. L'appareil d'État étatsunien sponsorisa cette école universitaire pour qu'elle théorise l'indépendance des banques centrales, et donc l'autonomisation du pouvoir financier. Il est difficile de ne pas voir là une passerelle entre théorie économique et pensée religieuse.

Au reste, il n'y a rien d'étonnant à cette interpénétration du religieux et de l'idéologie néolibérale. Toutes les idéologies totalitaires sont, de par leur nature même, des millénarismes religieux. Énoncer que les « lendemains qui chantent » sont possibles dans ce monde, c'est admettre qu'avant la Fin des Temps, il y aura un temps où le Royaume sera réalisé sur terre.

Or, le millénarisme est justement la théorie qui, depuis le XVII° siècle, anime certaines sectes religieuses puritaines – en particulier les mouvances dites « chrétiennes sionistes », mais pas seulement. Ces mouvances, qui ne regroupent qu'une *partie* des protestants nord-américains, sont *très* bien implantées au niveau de la classe dirigeante pharisiano-puritaine. Selon ces sectes, le retour des Juifs en Palestine précèdera leur conversion au christianisme, après quoi le Royaume sera réalisé sous la direction d'une élite terrestre.

Il s'agit là clairement d'une erreur – d'une *hérésie* si l'on préfère. Cette hérésie n'a que de lointains rapports avec le protestantisme authentique – religion du Salut par la Foi et de la Foi par la Grâce, donc religion personnelle dans laquelle par excellence l'Élection incombe à Dieu et le Mal ne peut être expulsé du monde. Sans entrer dans des détails qui ne sont pas indispensables ici, cette hérésie résulte directement du dévoiement de l'éthique calviniste par une partie de la haute bourgeoisie anglaise – l'accumulation du capital productif comme opportunité de la justification devenant, dans la logique perverse de certains puritains, l'argent comme signe de l'Élection. De là le besoin de réaliser dans le monde la promesse de l'Écriture, donc l'obsession hygiéniste d'un monde tendant vers la perfection.

Il y convergence entre le mondialisme néolibéral, matérialisme bourgeois érigé en idéologie quasi-totalitaire, et le millénarisme « sioniste chrétien », pathologie pharisiano-puritaine particulièrement virulente. Et cette convergence dessine une architecture générale très inquiétante. Il est impossible de se prononcer fermement sur le degré exact de réalisation de cette convergence entre les deux tendances lourdes au sein des classes dirigeantes nord-américaines. Mais il est certain qu'un tropisme existe en ce sens, et ce constat est en lui-même affolant.

L'isomorphie est frappante avec les mécanismes qui ont conduit aux catastrophes du XX° siècle.

La volonté de faire le Bien aux hommes jusqu'à réaliser le Royaume peut à tout moment se retourner en machine mortifère, parce qu'elle repose sur un prédicat fallacieux : le prédicat que l'homme, créature rationnelle, peut atteindre à la satisfaction du désir autrement qu'en niant le désir de l'Autre. Erreur absolue : de Saint Augustin à René Girard en passant par les sobres constats de Montaigne sur sa tumultueuse époque, de Shakespeare à Soljenitsyne aussi, les observateurs attentifs de la créature humaine ont presque tous conclu à l'existence en la bestiole d'un potentiel de désir illimité, et nécessairement illimité, *puisque reposant sur la volonté d'appropriation mimétique de l'Autre.*

Tout millénarisme, qui veut le Bien absolu dans ce monde, est condamné à déboucher sur la reproduction de l'Enfer, parce que seule l'existence de l'Enfer dans ce monde y rend pensable la présence du Royaume. À moins de consentir à une autolimitation permanente, l'Homme est condamné à un désir mimétique sans cesse renouvelé. Donc remettre en cause le principe d'autolimitation, c'est justifier par avance l'exploitation indéfinie des dominés.

En suggérant la possibilité d'un avenir imaginaire de croissance économique illimitée et de paix absolue, le millénarisme matérialiste bourgeois nous prépare un futur réel de misère indéfinie et de guerre permanente. Le Profit comme idole risque d'être aussi insatiable que l'Égalité ou le Surhomme ne le furent, en leur temps. Les structures mentales des classes dirigeantes du mondialisme néolibéral sont bel et bien de nature à les faire basculer dans les logiques homicides.

Si cette analyse est juste et si nos classes dirigeantes vont jusqu'au bout de leur projet, la mécanique inégalitaire qui se déploie progressivement par le jeu de la mondialisation néolibérale se prolongera indéfiniment. Parallèlement, la destruction de la nature sera une nécessité quasiment mécanique. Il faudra toujours plus de tout dans un système toujours plus inégalitaire, pour que la misère contraste toujours plus avec la richesse. Il faudra aussi un renforcement indéfini des logiques d'intégration, pour que l'aliénation absolue des dominés reproduise symboliquement la condition des damnés, et cela, afin que la possession du capital reproduise symétriquement la condition des élus. Le monde vers lequel nous entraîne le mondialisme néolibéral *est une préfiguration de l'Enfer.*

Si le lecteur n'en croit rien, qu'il se remémore ces deux dernières décennies, *hors d'Europe occidentale.* Qu'il relise les conclusions de notre groupe de travail, mais cette fois en gardant en mémoire ce qui est arrivé depuis vingt ans aux Irakiens, aux Serbes ou, dans un genre moins militaire, à la classe moyenne argentine.

Il serait temps d'ôter les œillères que nous avons soigneusement resserrées depuis vingt ans : ces choses *peuvent* arriver en France.

La destruction de notre souveraineté n'est peut-être que le premier acte d'une *tragédie.*

Étape 6 - La France

Nous commencions à avoir une vision globale de la situation. D'un côté nous autres Français, faibles parce que misérables, désorganisés et dépassés. Et en face, fonçant sur nous à pleine allure, une immense machine totalitaire en gestation, un nouveau nazisme étendu à l'échelle du globe, une mécanique à broyer les peuples.

Le tableau n'avait rien de rassurant, mais voilà, c'était comme ça. Autant être au courant.

Nous aurions bien aimé pouvoir penser que cette chose qui fonce sur nous va faire un crochet au dernier moment.

Mais nous sommes arrivés à la conclusion qu'elle n'en fera rien.

*

La France constitue un obstacle majeur au déploiement du projet mondialiste. Ce n'est pas seulement que notre pays soit important géographiquement, qu'il ait des armements stratégiques ou un siège permanent au conseil de sécurité de l'ONU. Il y a quelque chose, dans l'esprit de la France, qui est radicalement contraire à l'esprit du mondialisme néolibéral.

Le projet national français est incompatible avec les valeurs qui sous-tendent le projet mondialiste néolibéral. Le projet français est caractérisé par plusieurs traits distinctifs antilibéraux, le plus important étant certainement le *légitimisme.*

La tradition française exige que le pouvoir démontre sa légitimité. Ce qui donne sa cohérence à l'Histoire de notre pays, du baptême de Clovis à la formulation par Rousseau du Contrat Social, c'est cette idée que le pouvoir, quel qu'il soit, doit démontrer sa légitimité *au regard des exigences imposées par un idéal.* Or, cette idée est incompatible avec le néolibéralisme, parce que pour commencer, elle est incompatible avec le libéralisme.

Donc l'exception française existe. Elle n'a rien à voir avec les niaiseries pathétiques de notre caste cultureuse, bien sûr. La spécificité de notre pays, c'est une certaine conception du pouvoir. Il y a des pays où le pouvoir n'est fondamentalement qu'une question de rapport de forces. Ce n'est pas le cas en France. Le bonapartisme ne pouvait être qu'un moment dans notre tradition, une faille très temporaire entre deux principes de légitimité – légitimité chrétienne jusqu'à Louis XVI, légitimité démocratique ensuite.

Cette exigence de légitimité caractéristique de l'esprit public français heurte le mondialisme. Elle le dénonce pour ce qu'il est, à savoir une trahison du véritable projet occidental.

Aucun principe supérieur n'anime le millénarisme puritain. Spontanément relativiste, il n'est pas grec car il dit que le Beau peut être le Laid si le marché le dit, il n'est pas latin car il dit que le Juste peut être l'Injuste si le marché le dit, il n'est pas juif car il dit que l'Homme peut se faire Dieu si le marché rend le monde parfait. Ce qui n'est ni grec, ni latin, ni juif, ne peut pas être français.

L'économisme néolibéral traduit une régression de la pensée. Il se détourne de l'Homme pour garantir la croissance d'un principe extérieur à l'Homme, qui est le capital mondialisé comme signe de la domination. Cette inhumanité fondamentale heurte l'esprit français dans toutes ses strates. En récusant tout principe structurant autre que le libre jeu des rapports de force, le néolibéralisme prétend rendre caduc le projet de régulation des concurrences par la Loi.

La greffe néolibérale ne peut pas prendre en France. Pas aussi facilement qu'ailleurs, en tout cas.

*

Les libéraux authentiques se sont résignés jusqu'ici à la nature antilibérale du projet français. La contrainte brutale est par définition aux antipodes des méthodes admises par les vrais libéraux, qui peuvent errer, évidemment, mais sont généralement respectables.

Les néolibéraux mondialistes n'auront pas les mêmes scrupules. Comme il a été dit précédemment, ces gens-là ne sont libéraux qu'en paroles. Ce sont les héritiers directs des apparatchiks des anciens régimes totalitaires. C'est pourquoi, confrontés à l'opposition viscérale que les Français manifestent à l'égard du modèle néolibéral, les néolibéraux vont tôt ou tard céder à la tentation autoritariste.

Nous ne nous faisons pas d'illusion : la mise au pas autoritaire sera l'issue logique de l'opposition entre France et mondialisme néolibéral. L'idéal français, légitimiste, donc centraliste, donc assimilationniste, exige que les individus soient subordonnés au collectif, mais aussi qu'ils soient égaux dans cette subordination. Les forces transnationales qui promeuvent le mondialisme néolibéral ne peuvent que refuser ce modèle, fondamentalement incompatible avec leur schéma de société à deux vitesses. Le heurt est inéluctable.[31]

Dans les plans des mondialistes néolibéraux, la France doit disparaître. Avec elle, ce qui sera détruit, c'est la conception de la Nation comme creuset d'une humanité réconciliée, l'âme collective comme projet et l'égalité politique des citoyens par-delà leurs différences. L'égalité politique inscrite dans le fait national français n'a pas sa place dans le projet mondialiste d'une humanité à deux vitesses.

Les idéologues mondialistes néolibéraux veulent un monde unifié, parce qu'ils ont besoin de *dominer* un monde unifié. Sur le chemin de leur domination, il y a la France.

Et donc sur leur chemin, il y a notre peuple – faible, misérable, désorganisé, dépassé. Être français va devenir très dangereux, parce qu'il est dangereux d'être faible, quand on est sur le chemin des forts.[32]

Étape 7 - Les choses

Restait à situer dans ce schéma général le rôle des banlieues, l'immigration, et ce mur de bouclier derrière lequel, en novembre 2005, des types comme moi se sont soudain éveillés à la politique.

Elle devait bien s'emboîter quelque part dans le schéma général que nous avions dessiné, cette réalité qui sentait le chiffon imbibé d'essence, le gaz lacrymogène et le pneu brûlé. La question, c'était : comment connecter le schéma général précédemment décrit et la bombe à retardement qui fait tic-tac dans nos riantes banlieues ?

---

[31] Note 2020 : d'où Macron
[32] Note 2020 : ainsi que l'ont compris les gilets jaunes éborgnés…

A priori, la réponse n'avait rien d'évident. Les Français sont misérables, désorganisés et dépassés, donc faibles. Le mondialisme néolibéral traduit les dynamiques spontanées d'un capitalisme triomphant, globalisé dans tous les sens du terme, donc il est fort.

Si encore le peuple français témoignait d'un reliquat de volonté de puissance, on comprendrait que le mondialisme, qui est fort, se méfie de la France, qui est faible. Mais de volonté de puissance, au pays des bobos couillemollisés qui rêvent de paix, de paix et encore de paix, il n'est évidemment pas question. Le « Non » populaire au référendum sur le Traité Constitutionnel Européen, en mai 2005, ne traduisait que les craintes des salariés sur leur petit pouvoir d'achat chéri. Le « Non » politique était minoritaire au sein du « Non ».

Il y a quelque chose qu'on ne comprend pas, là : si la France est morte, et à notre avis elle l'est pratiquement en tant qu'État, en tant que puissance, alors pourquoi la tuer ? Fusiller un cadavre en voie de décomposition ne présente pas un grand intérêt sur le plan pratique. Or, les mondialistes sont gens éminemment pratiques.

Pourquoi a-t-il fallu que le pouvoir mondialiste mette le peuple français sous pression ? C'est contreproductif, c'est de l'énergie gaspillée. L'air de rien, ça finit par coûter cher, ces banlieues.

Ça coûte cher, et puis c'est dangereux. Il y a toujours le risque d'un *véritable* dérapage.

Décidément, il fallait étudier attentivement le phénomène mondialiste. Nous avons donc décidé de regarder de plus près le Moloch néolibéral. De le regarder non plus comme une idéologie, cette fois, mais plutôt comme un *système*.

*

Le système néolibéral, parce qu'il traduit une idéologie matérialiste, ce sont d'abord des *choses*. C'est l'économie matérielle qui sous-tend le néolibéralisme, donc c'est par elle qu'il faut commencer son étude.

Le capitalisme est porté par une dynamique obligée dans laquelle la volonté des acteurs ne joue pratiquement aucun rôle : le progrès technologique tourné vers la production pousse à la substitution du capital au travail, d'où la complexification des chaînes logistiques, d'où l'intégration croissante des acteurs, d'où leur hétéronomie croissante, d'où des déséquilibres structurels dans la circulation de la répartition de la plus-value, d'où la concentration de la richesse, d'où l'accroissement indéfini du capital spéculatif, d'où l'accroissement parallèle de l'activité pour maintenir le taux de profit, d'où la dilatation de l'univers consumériste et donc de la production, d'où le progrès technologique utilisé en vue de la production, d'où la substitution du capital au travail, etc. Cette dynamique cyclique et hélicoïdale, dans laquelle les volontés conscientes ne jouent pratiquement aucun rôle, fut parfaitement décrite par Karl Marx, en son temps. Et si le marxisme a échoué dans le socialisme scientifique, sa critique du capitalisme est vérifiée expérimentalement depuis belle lurette.

Cependant, il est instructif d'étudier ce cycle sous un angle renouvelé. Il faut comprendre comment il se déroulera, une fois parvenu au terme de son évolution. Dans le néolibéralisme, en effet, le capitalisme approche du point où le prolongement de ses dynamiques fera muter leur nature.

Commençons par le commencement. Le progrès technologique tourné vers la production pousse à la substitution du capital au travail. C'est le fait générateur du système économique capitaliste, donc de l'infrastructure du mondialisme néolibéral en tant qu'idéologie matérialiste. Rien de nouveau sous le soleil, donc.

Rien de nouveau sous le soleil, sauf que…

Sauf que nous approchons du moment où la substitution aura été achevée. Le capitalisme vu comme prédation du travail par le capital est à la veille de son triomphe, donc de sa mort : à l'instant où le travail aura été entièrement dévoré par le capital, *celui-ci n'aura plus rien à dévorer.*

Au train où vont les choses, on voit poindre à l'horizon technologique le moment où les usines fonctionneront pratiquement sans main d'œuvre. On estime qu'avant la fin du XXI° siècle, il suffira de 5% de l'humanité pour assurer le fonctionnement optimal d'une économie robotisée capable de se développer indéfiniment.

Cette situation est nouvelle. La dynamique du capitalisme se poursuit, mais parce qu'elle approche de sa conclusion, elle mute. Le problème n'est plus, comme à l'époque de Marx, de confisquer la plus-value du travail, parce que le facteur travail est pratiquement devenu négligeable. Cela, cette problématique de la plus-value, c'est ce qui subsiste temporairement dans les industries de main d'œuvre, donc dans les pays émergents. À terme, une fois le processus de robotisation achevé, il n'y aura presque plus de plus-value du travail à confisquer par le capital. La plus-value sera entièrement engendrée par le facteur capital, avec une minuscule classe moyenne productive, qui sera chargée de faire tourner la machine.

Dans la dialectique matérialiste, le capital est la force souveraine, parce que dans la dialectique matérialiste, c'est la matière qui triomphe de l'esprit. Le vainqueur final de la course en avant capitaliste, ce sera le travail chosifié, le travail mort, le *capital.*

Cependant, la victoire du capital est toujours sujette à remise en cause, parce qu'il en sortira un système tellement sophistiqué que son maintien exigera des soins constants. La substitution du capital au travail, lorsqu'elle aura été poussée à son point extrême, entraînera en effet une incroyable complexification des chaînes logistiques. C'est là un phénomène inéluctable. Plus un processus repose sur le capital, plus il est technologiquement avancé, et plus il fait intervenir de ressources, de compétences, d'acteurs.

Prenez, par exemple, le délicieux poulet rôti aux hormones que vous achèterez peut-être, ce soir, en passant à l'hypermarché du coin. Pour que ce poulet rôti atterrisse dans votre assiette, il aura fallu : que des entreprises spécialisées construisent un élevage industriel, que l'éleveur ait recours aux produits de l'industrie pharmaceutique, que le poulet soit tué et préparé industriellement, ce qui suppose l'utilisation d'un matériel spécifique, qui a lui-même été fabriqué par des dizaines de spécialistes. Ce satané poulet, une fois tué et préparé, doit encore être ensaché, chargé à bord d'un camion frigorifique, stocké dans un entrepôt frigorifique, rechargé à bord d'un autre camion. Tout cela a demandé du pétrole, de l'acier, du plastique. Pour que vous mangiez ce succulent poulet aux hormones plus shooté qu'un gagnant du Tour de France en haut de l'Alpe d'Huez, il a fallu mobiliser la chimie, la sidérurgie, l'industrie pétrolière, le minéralier qui amena à l'usine sur l'eau le minerai de fer mauritanien, etc. Pour que vous mangiez du poulet rôti, il a fallu qu'un ingénieur fasse forer un puits de pétrole à l'autre bout du monde ! Il a fallu qu'un capitaine de minéralier ex-soviétique conduise son rafiot à bon port. Il a fallu qu'un chauffeur bulgare employé au noir conduise un camion fabriqué dans une usine allemande, doté de pneus fabriqués en Roumanie sous brevet français, qu'on a montés sur des roues sous-traitées pour partie à un fabricant suédois par un bureau d'études basé en Hollande.

Incroyable complexité de nos modes de production totalement intégrés : des centaines d'opérations élémentaires ont été nécessaires pour que vous mangiez un malheureux poulet. Chaque opération a été rationalisée au maximum, bien sûr, d'où le prix très raisonnable du poulet et donc le poids des protéines animales dans votre bol alimentaire. Mais le coût de cette rationalité, c'est une incroyable complexité.

Dès lors, la complexité des modes de production engendrés par le progrès technologique mis au service de la rationalité économique matérialiste implique une immense *vulnérabilité*. Le mode de production totalement intégré est très puissant, très efficace et très efficient dans une optique de maximisation des capacités de production en situation de fonctionnement optimal, mais il entraîne aussi une très grande fragilité des processus. Plus un processus est intégré, plus il est complexe, plus il met en œuvre de facteurs de production distincts, plus la probabilité augmente qu'un de ces facteurs de production vienne à faire défaut.

C'est là que les Athéniens s'atteignent.

La complexification des chaînes logistiques induit l'intégration croissante des acteurs. Donc, du fait de la vulnérabilité soulignée précédemment, les modes de production totalement intégrés à l'échelle mondiale seront porteurs d'un phénomène de globalisation du système qui ira très au-delà de l'économie stricto sensu. Les logiques économiques induites par le mondialisme néolibéral doivent nécessairement contaminer l'ensemble des activités humaines, y compris la sphère culturelle.

Voici pourquoi.

Un système aussi vulnérable ne peut pas se connaître d'alternative, parce qu'il a besoin que tous concourent à le maintenir, en toutes circonstances. Le mécanisme de prédation des économies traditionnelles par l'économie technologiquement avancée ne renvoie pas seulement à l'appétit de profit. Il est aussi, pour l'économie technologiquement avancée, un besoin impérieux, indépendant des vices privés des acteurs.

Revenons à notre exemple tragicomique : le poulet rôti aux hormones. C'est formidable d'avoir du poulet tous les jours dans le frigo. Mais ça peut s'arrêter du jour au lendemain… Que le puits de pétrole du bout du monde soit confisqué par un prédicateur barbu, que le capitaine du minéralier ex-soviétique ait mal cuvé sa vodka et plante sa poubelle flottante sur les récifs, que le chauffeur bulgare claque la porte pour cultiver des raves dans les plaines du Danube, que les Roumains, les Suédois ou les Hollandais fassent un coup de Jarnac, et hop ! Fini poulet ! Vous voilà à la diète.

Donc le système doit imposer ses logiques à l'ensemble du corps social, dans *tous* les domaines. Un système qui dépend cruellement de ses acteurs va nécessairement, par sa dynamique spontanée, les faire dépendre de lui. Au maximum, à tous les niveaux.

Tenir en dépendance ceux qui le tiennent en leur dépendance : voilà la formule par laquelle le système se défend. La construction de la souveraineté de la personne artificielle systémique suppose la minimisation du niveau de souveraineté de tous ceux qui font fonctionner cette machine dotée d'une volonté propre. Le système tenu en dépendance extrême par sa propre structure cherche spontanément à englober *l'ensemble* des activités connexes à son propre fonctionnement, donc pour finir l'ensemble des activités humaines.

Pour être sûr que le puits de pétrole ne sera pas confisqué, on s'arrangera pour que le prédicateur barbu n'ait pas de capacités de raffinage, et même on essaiera de s'emparer de sa *religion*. Pour être sûr que le minéralier ex-soviétique arrivera à bon port, on l'équipera d'un système de navigation permettant de le pister minute par minute, on paiera des gens pour *surveiller* la position du rafiot, et puis des gens pour surveiller les surveillants. Pour être sûr que le chauffeur bulgare ne retournera pas cultiver des raves dans son delta, on lui confisquera son *passeport*, on s'assurera un monopole sur les *semences* de raves et, tant qu'à faire, on s'arrangera pour que les raves soient si bon marché que plus personne ne voudra les cultiver. On s'assurera que les ouvriers suédois aient constamment la tête occupée par un flux de *divertissement*, comme ça ils n'auront pas l'idée saugrenue de lire des livres subversifs, de développer une conscience de classe et donc de faire grève. On s'arrangera aussi pour que les ingénieurs hollandais aient constamment de nouveaux « défis *technologiques* » à « relever » - ça les empêchera de réfléchir, et donc d'écrire les livres subversifs que les ouvriers suédois ne doivent surtout pas lire.

Ainsi, en atteignant à l'utopie concrète d'un monde totalement unifié géographiquement, le système économique technologiquement avancé est mécaniquement entraîné vers une logique d'intégration nécessaire *du monde entier*, non seulement géographiquement et économiquement, mais aussi par la réduction de toutes les strates de l'activité humaine aux seules logiques néolibérales. Ce système poursuivant désormais la vision fantasmatique d'une unification économique absolue glisse sous son propre poids vers la négation de tout ce qui n'est pas lui, parce qu'il lui faut compenser sa vulnérabilité *absolue* par une intégration *absolue*.

Le phénomène dans sa dynamique n'a rien de nouveau, il y a belle lurette que, de Karl Marx à Jean Baudrillard, en passant par Max Weber et Guy Debord, on a écrit sur le caractère spontanément totalisant du capitalisme. Mais ce phénomène très ancien change de nature : maintenant qu'il veut réellement, immédiatement, l'unification du monde, le capitalisme devenu néolibéralisme ne se contente plus de repousser devant lui l'économie traditionnelle, sous toutes ces formes et à tous les niveaux de l'activité humaine. Il n'a plus nulle part où repousser ce qui n'est pas lui, donc il veut tout absorber.

Entièrement. *Corps et âme.*

*

Résumons. Voici les trois spécificités du néolibéralisme vu comme un système poussant les dynamiques de capitalisme jusqu'à leur point de retournement critique :

Nous allons vers un monde où le capital aura presque totalement expulsé le facteur travail dans la constitution de la plus-value, de sorte qu'il suffira peut-être de 5% de la population pour faire tourner l'outil de production.

Cependant, ce capital triomphant restera extrêmement vulnérable, parce que la complexité de ses processus rend délicat leur maintien.

Dans ces conditions, pour compenser sa dépendance à l'égard des acteurs des processus de production, le capital doit impérativement tenir ces acteurs dans une dépendance symétrique. Pour tenir les acteurs en dépendance, il doit contaminer jusqu'à leur mode de pensée, afin de leur ôter la possibilité d'une sphère d'autonomie, aussi minime soit-elle.

Ces spécificités du néolibéralisme vu comme un système permettent d'esquisser le schéma cible que ses promoteurs ont nécessairement en tête concernant la structure de classe de la société future :

En haut de la structure sociale, une hyperclasse mondialisée secrétée par le capital comme forme dématérialisée d'un principe de domination structuré par les relations dans l'économie matérielle. Cette hyperclasse mondialisée aura atteint au niveau de concentration absolue de la richesse, puisque les déséquilibres dans les échanges financiers auront eux-mêmes été poussés au dernier stade matériellement possible. Cette hyperclasse ne représentera qu'une très faible part de la population mondiale, tout au plus quelques millions d'individus, et sans doute moins. Elle se réservera la charge de décider du destin de l'humanité, celle-ci devenant en quelque sorte un instrument entre les mains de cette minorité d'*élus*. Il est possible que cette hyperclasse soit constituée par les milieux pharisano-puritains semble-t-il à l'origine de la démarche néolibérale, mais cela paraît peu probable. Même si le facteur religieux et le facteur économique s'interpénètrent encore à ce stade du processus, à plus long terme, la dynamique spontanée du système devrait assurer la prééminence de l'économique, donc ériger l'argent en unique critère de définition des *élus*. L'hyperclasse mondialisée regroupera sans doute l'ensemble des castes dominantes et prédatrices issues des diverses cultures du monde, unies dans la même soif inextinguible de domination.

En bas de la structure sociale, une immense masse amorphe, totalement dominée, réduite à une hétéronomie radicale, prisonnière d'un monde devenu pour elle un artefact sur lequel elle n'aura aucune prise. Pour faire tenir tranquille cette masse d'individus devenus inutiles, on lui procurera sans cesse de nouvelles distractions. Le modèle général vers lequel on cherchera à faire converger cette classe dominée sera celui de la consommation régressive. L'intérêt, du point de vue de l'hyperclasse mondialisée, sera double : d'abord prolonger indéfiniment l'extension de l'activité pour garantir le développement indéfini du capital spéculatif, ensuite entretenir les dominés dans une logique de passivité en les enfermant dans la spectacularisation du monde. Étant donné les prévisibles problèmes écologiques à moyen terme, il est probable que le modèle de consommation qui sera promu fera la part belle au virtuel. Pour libérer un espace de différenciation à la catégorie intermédiaire, les dominés seront en outre vraisemblablement restreint à une consommation sur le modèle *low cost*.

Entre l'hyperclasse mondialisée et la masse dominée, même lorsque le système sera parvenu au degré maximum de substitution du capital au travail, il faudra une main d'œuvre, sans doute hautement qualifiée, pour faire fonctionner l'appareil de production robotisé et poursuivre le développement technologique. Cette main d'œuvre hautement qualifiée ne représentera qu'une faible proportion de l'humanité, peut-être 5%, mais ces 5% vont poser un problème structurel au système, parce qu'ils interdiront la réalisation du monde parfaitement dual rêvé par les idéologues néolibéraux. Comme il faudra bien consentir à cette catégorie un certain degré de contrôle sur l'appareil productif, faute de quoi elle ne pourrait pas l'entretenir valablement, il ne sera pas possible de l'enfermer dans un processus de spectacularisation aussi débilitant que celui infligé à la masse des dominés. C'est pourquoi *d'autres méthodes de contrôle* seront utilisées contre cette catégorie intermédiaire, face à laquelle le système sera très vulnérable.

Et les banlieues françaises, dans tout ça ?

On y arrive. Patience.

*

Le contrôle exercé sur les catégories intermédiaires reposera nécessairement dans l'architecture sociale cible du néolibéralisme sur leur réduction à l'état d'artefact. Puisque ces catégories intermédiaires ne pourront pas être cantonnées dans la passivité, puisqu'elles auront donc un rôle à jouer dans la machine de production capitaliste, et puisque le dualisme fondamental du système de pensée néolibéral va exiger que cet appareil de production soit entre les mains de l'hyperclasse mondialisée et uniquement entre ses mains à elle, alors il faudra que les catégories intermédiaires *deviennent elles-mêmes de simples rouages de l'appareil productif.*

Le système, vulnérable parce que complexe, mais surpuissant puisque atteignant à la totalisation du monde matériel, exigera d'intégrer ces catégories intermédiaires dans ses processus. Il faudra donc leur nier la possibilité d'une détermination autonome, et cela de manière radicale. C'est le seul moyen, pour la machine néolibérale, de fonctionner en cible conformément au fantasme pharisiano-puritain de la domination absolue. Il faudra que les couches intermédiaires soient niées dans leur essence, puisqu'il sera impossible de les enfermer dans la passivité propre aux couches dominées.

C'est pourquoi les promoteurs du mondialisme néolibéral doivent s'assurer que dans ces catégories intermédiaires, il ne subsistera aucune identité structurante capable de fonder une détermination autonome. Il faut que les couches intermédiaires se transforment en mécaniques opératives pour qu'on puisse les autoriser à exercer une fonction au sein de l'appareil productif. Toute dimension spéculative doit être expulsée de la formule de pensée des membres de la catégorie intermédiaire. Donc tout enracinement, toute inscription identitaire dans un champ de réflexion extérieur à la rationalité économique doivent être proscrits.

En conséquence, c'est un véritable lavage de cerveau que subiront les membres de la catégorie intermédiaire. Nous en observons aujourd'hui les prodromes, et ce n'est pas ragoûtant. Le type humain généré par le système néolibéral au niveau des catégories intermédiaires est caractérisé par l'absence presque complète de substance spirituelle, l'obsession consumériste du demi-luxe en vue de se démarquer des dominés condamnés au *low cost*, et bien sûr en corollaire l'angoisse permanente de se voir rejeté dans la catégorie des dominés.

On remarquera au passage un détail révélateur : ce type humain extrêmement médiocre ne peut concevoir la possibilité d'une justification par le développement du capital productif au moyen de l'épargne. Faute de dimension spirituelle et du fait de l'obsession consumériste, le cadre moyen lobotomisé standard est parfaitement incapable de percevoir la dimension spirituelle de sa condition de producteur. Il n'est pas anodin que le néolibéralisme, système pharisiano-puritain, débouche sur cette impossibilité de l'éthique protestante. Il n'est pas anodin qu'un système procédant en grande partie des catégories fondatrices du protestantisme interdise la pratique du protestantisme. Cette négation du religieux par sa confiscation dit quelque chose sur le système néolibéral. Elle permet de comprendre la nature exacte de ce système, et la manière dont il secrète une forme de volonté autonome à partir d'une architecture émergente : le système est fait par l'alliance spontanée des hommes qui veulent se réserver la conscience, *et donc la détruire partout hors d'eux-mêmes.*

*

Pour fabriquer cet homme sans dimension spéculative, pour vider les catégories intermédiaires de toute spiritualité, de tout conscience politique, culturelle ou identitaire, le système néolibéral a besoin de créer un effet de *sidération.* Comme il n'est pas possible d'utiliser sur la classe moyenne les techniques de lobotomisation pure et simple qu'on réserve aux masses dominées, la destruction de la conscience doit paradoxalement s'appuyer sur la coopération plus ou moins forcée des individus victimes du processus.

Les membres des catégories intermédiaires sont nécessairement des individus éduqués. Ils ont eu accès au niveau de connaissance nécessaire à la maîtrise de l'appareil productif. Même s'il s'agit principalement de connaissances techniques, leur acquisition a nécessité au préalable celle d'un niveau général suffisant pour qu'un embryon de conscience politique et culturelle supérieure se forme dans les esprits en question. Comment le système peut-il obliger ces gens-là à renoncer volontairement à ce niveau de conscience ?

Réponse : par la *peur*. Voilà à quoi servent les banlieues françaises : à faire peur à la classe moyenne. Voilà pourquoi ces banlieues ont été fabriquées. Voilà pourquoi, depuis trente ans, rien n'est fait pour remédier à la catastrophe des cités ghettos. Voilà pourquoi, depuis trente ans, on a fabriqué une véritable bombe géopolitique, susceptible, si elle explose, de déstabiliser l'Europe entière.

Ce soir de novembre 2005 où une femme flic, quelque part aux abords de Noisy-le-Grand, m'a lancé : « Circulez, monsieur », c'est tout un système qui s'est adressé à tout un type d'homme. Ce soir-là, sans le savoir, cette brave femme m'a dit la véritable nature du monde que nos maîtres nous préparent : un monde où le seul droit des hommes ordinaires, ce sera de *circuler*.

Ce « circulez, monsieur », il voulait dire, en réalité : « Regarde, petit Français, tu ne dois ta sécurité qu'à la protection du système. Prends la mesure de ta vulnérabilité. Alors sois gentil, fais ce qu'on te dit, coule-toi dans le moule. Sois un rouage, sois un élément d'ajustement. Ton identité n'existe pas. Tu n'as pas à développer de point de vue personnel. Ne t'arrête pas pour regarder, analyser, comprendre. Cours, circule, bouge. Ne prends pas *racine*. »

Étape 8 - Les idées

Donc la question était mal posée. Il ne s'agit pas de savoir pourquoi les dirigeants du système néolibéral mondialiste veulent tuer un État national français déjà raide mort, parce qu'en réalité, ce n'est pas du tout ça qu'ils veulent. Ils savent parfaitement qu'elle est déjà morte, la France comme État, donc ils ne veulent pas la tuer.

Ce que les mondialistes veulent tuer, ce n'est pas la France en tant qu'État national. Ce qu'ils veulent tuer, c'est la *francité*.

Les Français peuvent être misérables, désorganisés, dépassés, ils restent français – et cela, cela seul, suffit à les rendre insupportables à un pouvoir qui doit détruire toute essence, toute identité, toute substance humaine. Par nature, le système doit broyer les peuples – surtout les peuples avancés, au sein desquels il recrute les couches moyennes. Non seulement il faut que la France disparaisse comme réalité, mais encore il faut qu'elle meure comme *idée*.

Les banlieues ont été fabriquées pour cela. L'immigration a été utilisée, depuis trente ans, en vue de cela : détruire la francité, anéantir le principe identitaire dans le peuple de France. L'immigration a été *volontairement* gérée en dépit du bon sens. Ce n'est pas parce qu'il est mal utilisé que l'argent public ne favorise pas l'assimilation des immigrés, c'est parce qu'il est utilisé *contre* cette assimilation. Ce n'est pas parce qu'elle *échoue* à démanteler le communautarisme que la classe dirigeante fait imploser la conception française du citoyen, c'est parce qu'elle *promeut* le communautarisme. L'anéantissement de la conscience politique à l'intérieur de l'homme français n'est pas un plan absurde visant à détruire une France qui n'existe déjà plus, c'est le but *en soi*.

Quand nous avons compris cela, nous avons eu l'impression qu'une porte longtemps restée secrète venait soudain de s'ouvrir sous nos yeux ébahis. Nous l'avons franchie, cette porte, et derrière, nous avons pu contempler le fonctionnement intime du mondialisme néolibéral, nous avons pour ainsi dire vu fonctionner ses organes internes. Nous avons vu émerger une réalité artificielle, construite par le simple jeu des acteurs, et pourtant dotée d'une logique autonome – et même, oui, d'une sorte de *volonté* autonome.

Ce que nous avons vu, c'est la destruction de l'âme humaine par un principe contraire à l'humanité.

*

Transformer la masse dominée en machine à jouir dans la soumission symbolique, et pour cela l'enfermer dans un modèle consumériste centré sur le virtuel et le *low cost*. Transformer parallèlement les couches moyennes en machine à jouir dans la participation à la domination, et pour cela les enfermer dans un modèle consumériste centré sur l'acquisition des signes extérieurs de richesse. Voilà les deux objectifs principaux poursuivis par le mondialisme néolibéral comme système, s'agissant des structures mentales au sein des classes dominées et intermédiaires. La réalisation de cet objectif implique une déformation de l'espace mental individuel et collectif des dominés, la construction d'un ensemble de conditionnements contraires aux structures mentales naturelles de l'homme naturel, pris dans une lignée, inscrit dans une filiation biologique, territoriale et spirituelle, enraciné dans une *tradition*.

C'est pourquoi le système néolibéral s'applique à détruire toutes les traditions, et pour cela démantèle les structures archétypiques fondatrices de toute filiation, et en particulier des filiations spirituelles. Le système sédentarise les nomades et nomadise les sédentaires. Il aime les Français à l'étranger et les étrangers en France. Il veut des juifs bouddhistes et des musulmans laïques. Il faut que les hommes soient des femmes et les femmes des hommes. La France doit devenir un hexagone peuplé de gens venus de partout et n'allant nulle part en particulier. L'Europe n'est plus la terre des hommes blancs, et d'ailleurs parler de race blanche est en soi suspect. L'Église catholique française n'a accès aux médias que quand elle défend l'immigration sauvage. Les Églises protestantes sont supposées avoir « progressé » quand elles admettent des pasteurs gays, donc incapables d'illustrer le mariage chrétien, lieu par excellence de la filiation.

Les seuls à pouvoir conserver quelques vestiges de leur culture ancestrale sont les groupes dont la taille réduite et le faible niveau technologique garantissent qu'ils ne peuvent sortir de l'hétéronomie. Les immigrés déracinés sont priés d'exhiber leur folklore, parce que la réduction de la culture au folklore permet de voiler la destruction méthodique de toute filiation culturelle. Même les très modestes Corses sont priés de se métisser. Je vous prédis qu'un jour, du train où nous allons, il deviendra obligatoire de se faire refaire le visage tous les deux ans. Comme ça, on évitera que les individus ne développent un sentiment de filiation à l'égard de leur propre passé.[33]

L'objectif est de faire en sorte qu'aucun cadre de structure mentale solide ne perdure. L'individu doit se sentir étranger partout, afin qu'il se raccroche à la totalité marchande partout. La citoyenneté, le système entend la réserver aux membres de l'hyperclasse. Donc il va faire en sorte que la terre entière ne soit plus peuplée que d'*indigènes du mondialisme.*

Ce conditionnement qui permet d'enfermer un individu dans l'obsession de la consommation repose d'abord sur un mécanisme de dépossession. Il faut détruire l'unité de pensée qui autorise la conscience, car la conscience est l'ennemie principale de la pulsion consumériste. Il faut que l'individu, identifié à la totalité par la force d'un continuum marchand indissoluble, suive et même précède la totalité non marchande dans son anéantissement programmé. Il faut que la Cité terrestre existe sans projet transcendant, donc il faut que l'esprit se forme par la stase de la marchandise. Aucun autre projet ne doit émerger de lui. L'esprit humain doit devenir un simple reflet du flot médiatique. L'immutabilité de l'être doit rester imperceptible aux dominés, la classe intermédiaire ne doit pouvoir s'en approcher qu'en s'inscrivant dans le processus de domination, en s'en faisant l'auxiliaire. Un camp de concentration mental à l'échelle du globe est en voie de construction, les barbelés qui le délimiteront seront plantés à l'intérieur des esprits.

*

Pour construire ce camp de concentration mental, le mondialisme néolibéral est en train de détruire l'Europe. Ou plutôt : de détruire les *européens.*

La culture des peuples européens est organisée principalement en vue de la construction du corps en vue du principe de force et de la soumission du principe de force à l'esprit. Cette structure trifonctionnelle fait obstacle à l'accomplissement du projet mondialiste néolibéral. Un homme qui met son corps au service du principe de force n'a pas besoin de *consommer.* Son objectif est dans l'économie corporelle la maximisation du capital de force, donc son objectif dans l'économie sociale sera la maximisation du capital productif. Une femme qui met son corps au service du principe de force n'a pas davantage besoin de consommer. Son objectif est dans l'économie corporelle la reproduction du capital de force, donc son objectif dans l'économie sociale sera la reproduction du capital productif. Un homme ou une femme qui ont mis leur corps au service du principe de force ont cessé d'être dans la posture du consommateur passif et dominé, pour qui il s'agit de jouir du monde. Ils se sont mis dans la posture mentale du conquérant, qui veut s'emparer du monde pour se libérer de l'hétéronomie. En cela, ils deviennent les adversaires spontanés de

---

[33] Note 2020 : on n'en est pas encore là, mais le fait est qu'avec l'explosion des tatouages, des piercings, du maquillage pour homme et de la chirurgie esthétique, on y court !

l'hyperclasse mondialiste, laquelle entend se réserver la détention du capital comme signe de la possession du monde.

Dans le monde supérieur des idées se répète le même schéma. Un homme qui met sa force au service de l'esprit s'interdit la facilité par laquelle le fort fait de sa force un instrument de jouissance, donc un objet de consommation. Son objectif est la défense de l'esprit, qui est une récompense en elle-même. Une femme qui met son corps au service de l'esprit éduque ses enfants, elle ne perd pas son temps à prolonger le jeu de la séduction au-delà de ce qui est nécessaire à la fertilité. Un homme ou une femme qui ont mis leur force au service de l'esprit ont cessé d'être dans la posture du consommateur actif typique des classes intermédiaires néolibérales, pour qui il s'agit de jouir de la force en participant de la domination. Cet homme et cette femme se sont mis dans la posture mentale du non-attachement, qui veut profiter de l'hétéronomie matérielle pour acquérir la parfaite possession de soi. En cela, ils deviennent les adversaires spontanés de l'hyperclasse mondialiste, laquelle entend se réserver les catégories fondatrices de la conscience.

Historiquement, ces structures mentales ont été encadrées par l'importation du schéma monothéiste sémitique. Ce schéma construit la conscience selon des modalités complémentaires : il s'agit chez les sémites de connaître l'être non par la soumission du corps à la force et de la force à l'esprit, mais par la victoire directe de l'esprit sur la matière par la répudiation des idoles. Cette conception, solide mais moins dynamique que la nôtre, a fondé le judaïsme, et elle nourrit l'islam.

Ce cadre sémitique posé sur nos structures indo-européennes a engendré une civilisation originale, appuyée sur les acquis du miracle grec, que nous appelons judéo-chrétienne mais que nous pourrions très bien appeler judéo-hellénique. Cette civilisation possède une spiritualité particulièrement riche, nourrie des deux influences qu'elle a synthétisées. L'expression de la synthèse s'est faite à travers la figure du Dieu fait homme, offert en rachat des péchés par Son Père, figure du retour *critique* de l'esprit vers la chair dans l'incarnation. De ce fait, notre conception de la personne humaine comme sujet de la justification nous distingue et des Hébreux et des Grecs, parce qu'elle résulte de la synthèse disjonctive de leurs pensées respective. Cette idée originale est la clef de voûte du système de pensée occidental classique. Par elle, le corps soumis à la force et la force mise au service de l'esprit trouvent leur accomplissement dans la conscience par les hommes charnels de leur participation à l'éternité.

Les personnes inscrites dans ce schéma mental sont délivrées radicalement de l'exigence de domination *même sous l'angle de la participation à la force*. Un être qui prend conscience de l'éternité ignore jusqu'à l'attachement que le fort trop fier éprouve pour les démonstrations de puissance. Il s'oublie totalement, son orgueil est mort et son cœur est délivré des pulsions par lesquels les mauvais conseillers manipulent les âmes faibles.

C'est cette tradition, la plus élevée que l'humanité ait élaborée parce que c'est celle qui a synthétisé les influences les plus diverses, c'est cette tradition que le mondialisme doit détruire en Europe, et donc en France. D'abord parce que, comme nous l'avons dit, le mondialisme néolibéral comme système doit pour se déployer détruire toutes les traditions. Ensuite parce que celle-là est la plus forte, la plus haute, la plus *noble* – donc la plus susceptible de bloquer la mécanique d'asservissement mental néolibérale, la plus capable de faire survivre une vie spirituelle au sein des couches moyennes, la plus à même d'empêcher leur réduction à une pure dimension opérative.

Et le peuple central de cette tradition honnie par les néolibéraux, depuis 1945 et la mort de l'Allemagne, c'est le nôtre. La francité est le cœur de la conscience européenne.

Voilà pourquoi le système veut nous détruire.

Nous, les Français. Nous en premier. Nous plus particulièrement.

*

Pour opérer cette destruction, le système mondialiste néolibéral a exercé depuis trente ans une forme de volonté artificielle, à travers les diverses superstructures étatiques, culturelles et financières qu'il conditionne en amont par sa logique propre. Cette forme de volonté artificielle est difficile à cerner, car elle ne renvoie pas à un complot, mais plutôt à une structure de coordination capable de secréter un principe de finalité autonome.

C'est ce principe de finalité autonome qui a présidé à l'apparente rationalité des décisions. Nous sommes arrivés à cette conclusion par l'étude des instances décisionnelles du mondialisme néolibéral – groupe de Bilderberg, cercles fabiens, école de Chicago, en France l'inspection des finances, en Angleterre la *London School of Economics*, etc. Ces instances ne fonctionnent pas sur la base d'une détermination autonome de leur ordre du jour et d'un périmètre organisationnel stable. Il s'agit d'un système émergent secrété par l'argent. D'abord tenus en marge, les acteurs annexes sont progressivement intégrés. C'est l'esprit du mondialisme néolibéral, l'existentialisme dual secrété par le monisme matérialiste, c'est cet esprit qui conduit la danse, en fabriquant des acteurs qui le construisent en pensée sans comprendre qu'ils sont en réalité construits par lui en amont.

À mon avis, c'est par un mécanisme spontané, par exemple, que l'oligarchie mondialiste néolibérale se trouve en harmonie avec les tendances les plus régressives de la culture des ghettos. Il n'y a pas eu à proprement parler de prise de décision, au sein des milieux pharisiano-puritains nord-américains, pour encourager le retour des populations noires vers l'animisme et le totémisme, spiritualités simples et très belles dans le cadre naturel africain, mais qui dégénèrent, dans la jungle urbaine des ghettos, en culte infantilisant de la consommation ostentatoire.

Il n'y a pas de prise de décision, mais il y a un tropisme.

Imaginons par exemple un diplômé d'une grande université de la Côte Est, un grand bourgeois issu de la plus pure tradition puritaine. En cirant minutieusement ses deux paires de chaussures anglaises, qu'il conservera toute sa vie ou presque, ce personnage emblématique pense aux noirs des ghettos qui éprouvent le besoin de changer tous les jours de Nike blanches, et en y pensant, il éprouve le *ravissement* de celui qui voit, dans sa domination sur l'économie matérielle, le signe tangible d'une élection dans l'économie spirituelle. Ce même personnage, plus tard, dans une réunion préparatoire du Bilderberg Group par exemple, plaidera bien sûr pour le développement d'un modèle communautaire favorisant l'enfermement des populations immigrées dans les structures mentales africaines. Il n'aura pas forcément conscience des raisons *véritables* de son propre plaidoyer. Il est tout à fait possible qu'il ait très sincèrement l'impression de se montrer *tolérant* au moment où il ne recherche que la sensation de « *rapture* » – de *ravissement*.

Dans un genre plus démonstratif, on peut aussi imaginer un courtier de Wall Street, disons un employé de Citigroup issu d'une famille de « Big Jews ». Ce personnage-là éprouve sans doute le même type de contentement enfantin quand il pense aux Nike des Noirs des ghettos – mais lui, c'est devant une armoire à chaussures remplie à ras bord qu'il se masturbe intellectuellement...

C'est probablement le même type de tropisme inconscient qui poussa la classe dirigeante française, ces trente dernières années, à fabriquer nos belles banlieues ethniques. Quand ces banlieues, en novembre 2005, ont explosé au visage de leurs concepteurs, ceux-ci furent probablement atterrés. Ils se sont empressés de récupérer cette explosion, bien sûr, parce que ces gens-là retombent toujours sur leurs pattes, mais ils furent atterrés.

Ceux qui n'ont pas de substance haïssent nécessairement ceux qui ont une substance. C'est la soif de domination qui anime les membres de l'hyperclasse mondialisée, et donc en France les anciennes élites d'État en voie d'intégration dans cette hyperclasse. Cette soif de domination se nourrit de la haine envers les êtres nobles, si faible soit la part de noblesse qu'ils portent en eux, parce que cette part de noblesse, même infime, dénonce l'usurpation des membres de l'hyperclasse. Le souffle de l'esprit est insupportable à ceux qu'il a désertés – qu'ils soient protestants dévoyés, juifs dévoyés, catholiques dévoyés, francs-maçons dévoyés, peu importe : c'est toujours la même *misère* qui les pousse à agir comme ils le font.

Lorsqu'une ancienne ministre socialiste déclare, en parlant des populations des banlieues, qu'elle se sent plus à l'aise parmi ces populations que parmi les Français « de souche », il ne faut pas y voir une provocation. Elle ne fait qu'avouer ce que ses pairs taisent : elle se sent à l'aise parmi les *indigènes du mondialisme* parce que ces gens, déracinés et précarisés, la cautionnent dans le sentiment de domination néocoloniale qu'éprouvent les membres de l'hyperclasse.

Mettez-vous à la place d'un technocrate. Où se sent-il le plus justifié dans son sentiment de domination ? En banlieue ou dans les villages de la France profonde ? La réponse coule de source : c'est en banlieue qu'un énarque domine le mieux. Dans la France profonde, il existe une essence, un être qui échappe à la programmation par la machine productiviste et consumériste technocratique.

Dans les villages français, il y a des églises, et Dieu n'est pas créé par les catégories économiques. Les structures religieuses sont parfois récupérées par le pouvoir. Mais ces structures, en elles-mêmes, appartiennent à une infrastructure non économique, purement spirituelle, donc négatrice du matérialisme. Si Marx revenait parmi nous, il serait obligé de constater que la télévision est devenue l'opium du peuple et que la religion est notre dernier grand môle de résistance collective.

Dans les banlieues en revanche, il n'y a pas ou peu de lieux de culte, et quand il y en a, ils sont confondus dans l'architecture rationaliste, déshumanisée. Dans les banlieues, tout le monde est rangé bien sagement dans sa petite case de la matrice technocratique – même Dieu. Le système matérialiste surplombe tout, rien ne le surplombe.

Voilà pourquoi les banlieues ont été fabriquées. Il s'agit d'un univers secrété d'abord par le capitalisme national français, ensuite et surtout par le mécanisme d'intégration de ce capitalisme dans le système néolibéral mondialiste. Cet univers est entièrement dédié à la logique opérative du système auquel il doit fournir une *base biologique*. Cet univers a été conçu dès l'origine pour se substituer à notre univers à nous, à la France telle que nous continuons à la rêver, même après sa mort.

Cette substitution pure et simple, « ôte-toi de là que je m'y mette », voilà ce qui a commencé en novembre 2005.

Étape 9 - Le programme

Nous commencions à comprendre ce qui nous était arrivé, en novembre 2005. Le mécanisme de l'asservissement, nous l'avions décodé. Les raisons du renoncement, nous les avions cernées. Les motivations des maîtres, nous les connaissions.

Restait à savoir ce qui sortirait de tout cela. Restait à comprendre exactement le rôle des banlieues dans la convergence de notre réalité sociale vers le système cible du mondialisme néolibéral. Restait à saisir la nature exacte du phénomène entr'aperçu en novembre 2005.

Au-delà des mobiles du criminel, nous voulions analyser son *modus operandi*.

*

Balayons la structure sociale pour comprendre ses dynamiques.

La banlieue pauvre est le lieu de relégation de la masse des dominés, condamnés au modèle consumériste régressif. Quand on me parle des banlieues, j'imagine par exemple une caissière d'hypermarché qui rentre chez elle après une journée de travail, s'affale devant la télé pour ne surtout pas rater son feuilleton à l'eau de rose, celui qui parle d'une vie où les hommes ne s'en vont pas, s'endort devant la télé et rêve d'un tapis de caisse sur lequel défileraient inlassablement les mêmes produits, dans un flux ininterrompu et hypnotique, jusqu'à créer une stase mentale parfaite. La banlieue est le lieu où les individus sont enfermés dans une hétéronomie si radicale que pour retrouver une *identité*, ils sont condamnés à s'approprier symboliquement les *marques* de leur propre aliénation. La banlieue, c'est l'endroit où les gens s'interdisent la conscience pour s'éviter la souffrance.

Cette stase est entretenue par l'instrument médiatique avec une efficacité sans cesse croissante. Le système néolibéral en voie de formation n'aura jamais de vrais problèmes avec la masse des dominés, avec la foule ordinaire parquée dans les banlieues. Entièrement verrouillé par les puissances d'argent, le système médiatique vit désormais en symbiose parfaite avec le système politico-économique. Un individu qui n'écoute que les radios *main stream*, passe ses soirées devant la *Star Academy* et ne lit que Télérama n'a absolument *aucune* chance d'atteindre le niveau de conscience qui permet d'opérer une reprise réflexive de son insertion dans les processus sociaux.

La plupart des dominés ont désormais intégré les logiques fondatrices de leur aliénation. Ils la trouvent normale. À la limite, on peut penser qu'ils en voudront à quiconque tentera de les arracher à l'hétéronomie, parce qu'elle est devenue partie intégrante de leur être. Obéir à leur chef de bureau ou d'atelier leur évite de réfléchir, chose qu'ils ne savent plus faire du tout.

A vue de nez, en région parisienne, à peu près 50% de la population adulte relève actuellement de ces dynamiques d'aliénation extrême. Cette énorme masse de population a vocation à sortir progressivement du cycle de la production, au fur et à mesure que le progrès technologique expulsera le facteur travail de la formation de la plus-value. Cette expulsion entraînera donc le glissement de ce prolétariat précarisé vers les catégories inférieures.

Dans ces catégories inférieures, on trouve principalement deux groupes de taille significative : le sous-prolétariat vivant d'une économie parallèle, les individus que le langage du temps appelle les « racailles », et la catégorie en expansion de ceux que nous pourrions appeler les « chômistes ». C'est une catégorie nouvelle dans nos sociétés, quelque chose que l'on n'avait pas vu depuis l'Empire Romain : une plèbe *totalement* ignorante de la dignité du travail et se complaisant plus ou moins dans un surprenant mélange de dépression chronique, de spectacularisation ludique et d'assistanat infantilisant. Ces deux groupes sont relativement poreux l'un à l'autre, ce qui fait que leur mesure est difficile. Disons que l'ensemble, sous-prolétariat » racaille » et plèbe « chômiste » confondus, doit représenter un quart de la population, en région parisienne – les « chômistes » étant probablement bien plus nombreux que les « racailles ».

Le paradoxe de ces deux groupes, c'est qu'ils concilient une hétéronomie radicale dans l'ordre de la production avec une autonomie tout aussi radicale dans l'ordre de la consommation, qu'ils pratiquent assidûment dans le cadre d'une économie de pillage. Il en découle une mentalité intrinsèquement contradictoire, mais qui entre en isomorphie presque parfaite avec le matérialisme bourgeois. Hétéronomes dans l'économie productive, les membres de ces groupes se coulent sans heurt dans les structures de la domination bourgeoise. Autonomes dans l'économie de pillage, ils sont enfermés dans la perspective matérialiste. Cette isomorphie inconsciente entre leur mentalité et les prédicats sous-jacents au matérialisme bourgeois explique qu'en dépit des troubles que provoquent ces groupes, ils bénéficient d'une grande mansuétude de la part de la justice d'État et des subsides bienveillants de l'appareil économique néolibéral.

Sans le savoir, le « racaille » est le dominé idéal rêvé par ses maîtres. Sans le savoir, le « chômiste » est un « racaille » que le système fait profiter d'une économie de pillage encadrée. À mon avis, le « chômiste » est le type humain vers lequel le système veut faire converger la masse dominée, mais ce point fait débat au sein de notre groupe. Certains d'entre nous pensent que le « racaille », souvent immigré, sera utilisé, à un certain moment du processus, pour terroriser la classe moyenne, souvent indigène, et que pour cette raison, c'est son modèle de pillage anarchisant que le système va encourager. Ce débat n'est pas tranché. L'avenir dira qui avait raison.

Au-dessus de la masse dominée se trouve la classe moyenne. Elle représente actuellement près du quart de la population, et devra sans doute converger à terme vers 5%. Dans les décennies qui viennent, si le modèle néolibéral est appliqué intégralement, il faudra donc diviser ses effectifs par cinq, ou à peu près.

Cela suppose qu'un cinquième de la population fasse la douloureuse expérience d'un double déclassement : déclassement d'abord depuis la classe moyenne vers le prolétariat, déclassement additionnel ensuite, dans le cadre de la chute générale du prolétariat vers la plèbe. Ce double déclassement représentera, pour ce cinquième de la population, une chute vertigineuse, depuis les frontières de la classe supérieures jusqu'aux tréfonds de la structure sociale. C'est l'ajustement principal que le néolibéralisme va imposer à la structure sociale des pays européens. Cet ajustement heurtera particulièrement l'esprit petit-bourgeois caractéristique des couches moyennes françaises[34].

*

En synthèse, le système néolibéral doit donc pour se déployer gérer deux mouvements principaux : d'une part la dégénérescence progressive de la masse dominée vers le modèle du « chômiste », et peut-être du « racaille », c'est-à-dire la transformation du prolétariat en plèbe ou en sous-prolétariat ; d'autre part la réduction drastique des effectifs de la classe moyenne.

La gestion de ces mouvements commence en France. Elle est effectuée par une succession d'ajustements minimes, mais nombreux. Ces ajustements résultent de la création d'un contexte qui rend chaque décision acceptable dans le cadre prétendument démocratique, tout en garantissant que la somme des décisions débouchera sur l'ajustement global nécessaire, à long terme.

---

[34] Note 2020 : le mouvement existe, mais il est beaucoup plus lent que ce que j'avais imaginé il y a douze ans, et surtout il n'est perceptible que dans la France dite « périphérique ». Il y a là une problématique, petite bourgeoisie des métropoles contre petite bourgeoisie des campagnes et petites villes. Je suis largement passé à côté en écrivant « De la souveraineté ». Mea culpa.

L'oligarchie néolibérale applique la technique du voleur chinois : faire glisser l'objet convoité insensiblement, millimètre par millimètre, jusqu'à ce qu'on puisse le faire disparaître parce que le boutiquier en a oublié l'existence. Mais c'est aussi autre chose : c'est un peu la technique d'un voleur chinois qui, à chaque fois qu'il fait glisser l'objet, se persuaderait lui-même *que l'objet est effectivement à lui.* Voilà comment procède l'hyperclasse pour organiser la société duale dont elle rêve *inconsciemment* : sans vraiment se diriger, en se laissant tout simplement glisser, mais aussi en s'arrangeant pour que la ligne de plus forte pente conduise là où au fond, il s'agit d'aller depuis le début.

La création du contexte est garantie par l'établissement progressif des structures les plus favorables à la captation des flux à valeur ajoutée par les multinationales. C'est à cela que sert l'alignement progressif de l'Union Européenne sur les règles générales de l'Organisation Mondiale du Commerce. Le prix Nobel d'économie Maurice Allais a très bien montré comment ces règles entraînent mécaniquement une croissance massive du chômage, une réduction drastique des effectifs de l'industrie et une réduction très marquée de la croissance. Il a régulièrement tiré la sonnette d'alarme à ce propos.

Ce n'est pas faire insulte à ce grand esprit d'observer que malgré son immense sagacité, un petit détail lui a dirait-on échappé : à savoir que ces effets négatifs du mondialisme ne sont pas des à-côtés déplorables du projet néolibéral, mais bien, comme nous l'avons montré précédemment, *le projet en lui-même.* Pour cette raison, il est relativement inutile d'en appeler à la classe dirigeante euromondialiste, et les appels de Maurice Allais n'ont *aucune* chance d'être entendus !

Sur cette toile de fond macro-économique, l'hyperclasse mondialisée instrumentalise l'immigration-invasion de l'Europe riche et faible par les masses misérables venues d'Afrique et d'Asie. En même temps que par l'ouverture des frontières au commerce l'hyperclasse a mis en concurrence les mains d'œuvre sur l'ensemble des activités industrielles, on ouvre également les frontières aux mains d'œuvre elles-mêmes. Il s'agit de placer le capital en position d'arbitrer le facteur travail, sur les activités de service comme sur les activités industrielles.

On remarquera au passage que la construction de cette toile de fond n'a jamais été fondamentalement dénoncée par les soi-disant « forces de gauche », héritières de l'utopie bolchevik défunte. Ce détail en dit long, je crois, sur la nature du néolibéralisme : *dis-moi à qui tu plais, je te dirais qui tu es.* Tout en affectant de dénoncer les effets de la mécanique néolibérale, les trotskistes n'ont eu de cesse d'en favoriser le déploiement effectif. Si l'on met à part le petit courant lambertiste, les trotskistes ne se sont *jamais* opposés à *l'immigrationisme*, pourtant une stratégie classique du capital. Ils ont affecté de défendre une autre mondialisation, qu'ils savent utopiques, mais n'ont *jamais* plaidé pour le protectionnisme, qu'ils savent possible et nécessaire. Dans la mécanique de convergence des classes populaires occidentales vers le niveau de vie des classes populaires du tiers-monde, les héritiers de Trotski ont affecté de ne voir que l'élévation du niveau de vie des pauvres des pays pauvres, sans *jamais* consentir à se pencher réellement sur les causes de l'abaissement du niveau de vie des pauvres des pays riches.

Dans ces conditions, il est très intéressant de remarquer que la base sociologique des soi-disant « forces de gauche » est constituée pour l'essentiel par le bas des classes supérieures. Cela en dit long, très long, sur la nature du néolibéralisme et sur sa convergence spontanée avec certaines tendances égalitaristes. *Égaliser les dominés entre eux, c'est assurer la domination absolue de l'élite.* Ce mécanisme d'*inégalité par l'égalitarisme* n'a *jamais* été dénoncé par les trotskistes. Voilà décidément qui devrait nous mettre la puce à l'oreille.

Une fois la toile de fond construite, le système néolibéral se déploie par l'application mécanique d'une rationalité enfermée dans son contexte. C'est un programme, méthodique et rationnel, qui a été suivi jusqu'à son terme, déjà, dans des pays comme les USA et l'Angleterre.

Ce programme est le suivant.

La première étape, c'est le basculement d'une partie du prolétariat vers la plèbe, les classes moyennes restant au départ relativement épargnées – sans doute parce qu'on a besoin d'elles pour faire tourner la machine économique. Ce basculement déclenche un net renforcement des tensions entre la fraction du prolétariat qui est tombée dans la plèbe et les institutions, au sens large. Cette tension se cristallise évidemment là où les facteurs ethniques viennent s'ajouter aux facteurs sociaux. Des troubles éclatent, sans qu'il soit possible de distinguer clairement leurs causes. On parle de ressentiments interethniques, de désespérance sociale et d'effondrement culturel des populations déracinées : tout cela est vrai, tout cela se combine.

Cette première étape est achevée en Amérique depuis vingt ans. En France, nous en sommes aujourd'hui à la fin de la période préparatoire. Le syndrome commence à apparaître au grand jour, et ce soir de novembre 2005 où j'ai vu roussir le ciel francilien, ce que j'ai vu, c'est sans doute *le tout début de la suite.*

La suite, c'est la montée des périls. Le basculement du prolétariat vers la plèbe engendre des troubles urbains, ce qui met la société sous tension. Les logiques de la domination sont ainsi intégrées de manière inconsciente par les couches moyennes, qui sentent leur sécurité menacée et appellent de leurs vœux une reprise en main autoritaire. C'est exactement ce que j'ai ressenti, en novembre 2005, quand j'ai pris conscience du fait que je ne devais ma sécurité qu'à l'existence d'un cordon de police.

Une fois la couche moyenne mise sous tension, le système passe à la deuxième étape. À présent, il s'agit de faire progressivement basculer une partie des couches moyennes vers le prolétariat. Cette deuxième étape chevauche la première chronologiquement mais progresse toujours « un pas en arrière ». Le système monte en charge progressivement dans la lutte contre les classes moyennes, toujours avec un temps de retard par rapport à la guerre de classe déclenchée contre le prolétariat. Le pouvoir maintient ainsi un niveau de tension sociale entre le prolétariat et les classes moyennes qui reste supérieur au niveau de tension sociale existant entre les classes moyennes et l'hyperclasse. Cela interdit toute union des classes moyennes et du prolétariat contre l'hyperclasse.

Cette attaque contre les classes moyennes n'est pas conduite aussi frontalement que l'attaque contre le prolétariat. Comme il a été expliqué précédemment, l'hyperclasse aura toujours besoin de conserver un volant de travailleurs productifs hautement qualifiés, de 5% à peu près. Il faut donc veiller à ne pas dresser ces gens-là contre le système.

La méthode suivie contre les couches moyennes consiste généralement à faire glisser les strates les moins productives vers le prolétariat, et de là vers la plèbe. Pour cela, le système idéologique dominant conditionne les esprits à s'inscrire dans une logique opérative enfermée dans le contexte, afin d'amener les strates à se situer constamment les unes par rapport aux autres en regard d'un objectif général de maximisation du profit. Il est très difficile pour les intéressés de comprendre leur enfermement, parce que des passerelles sont ménagées vers les abords de l'hyperclasse, afin de laisser croire à la possibilité d'un mouvement de promotion au moment même où l'on fait descendre l'échelle générale des responsabilités.

On pourrait représenter cette technique d'ingénierie sociale par une image amusante : imaginez des hamsters qu'on ferait grimper sur des échelles parallèles verticales, échelles qu'on aurait fixées sur une planche verticale glissant progressivement vers le bas. Chaque hamster a l'impression de monter par rapport aux autres hamsters allant moins vite que lui, mais en réalité tous les hamsters descendent, plus ou moins vite évidemment. De là le syndrome « cours Médor, cours », dont je fus témoin le 14 novembre 2005, place du Palais Royal, à Paris.

Une fois les deux premières étapes engagées sans retour en arrière possible, l'hyperclasse a les coudées franches pour passer à la troisième et dernière étape : la consolidation de la domination dans le cadre d'un consensus artificiel. Le niveau de tension sociale atteint dans les zones de relégation garantit au pouvoir la possibilité de présenter le raidissement de la répression comme une nécessité – par ce mécanisme, les USA sont passés du laxisme irresponsable des *seventies* à un système judiciaire et carcéral extrêmement brutal, une sorte de goulag néolibéral. De là, via l'instrumentalisation de la menace terroriste, l'appareil d'État américain est allé désormais jusqu'à suspendre une partie des garanties constitutionnelles, ce qui pose la question affolante de savoir si l'Amérique est encore un État de droit.

Dans un contexte aussi fascisant, il est bien sûr très facile de faire intérioriser l'idéologie de la domination par la classe moyenne. Pour reprendre l'image amusante des hamsters grimpant le long de la planche qui descend, le bas de la planche commence maintenant à glisser dans une eau saumâtre. Du coup, la panique gagne les hamsters, persuadés que c'est l'eau qui monte et pas la planche qui descend. Cette panique conduit à un accroissement significatif de la brutalité dans *tous* les rapports sociaux, et en particulier entre les membres de la classe moyenne. Les hamsters se mordent entre eux.[35]

---

[35] Note 2020 : un phénomène parfaitement observable pendant la décennie 2010, comme pourra vous le confirmer n'importe quel employé de bureau parisien doté d'un minimum de sens de l'observation.

Le prolétariat ayant basculé massivement du côté de la plèbe, un niveau de violence considérable imprègne les basses classes de la société. Cette violence de la plèbe se tourne principalement contre la plèbe elle-même. La classe moyenne mime ces comportements à sa manière – la compétition au service de la performance économique remplaçant l'affrontement physique direct comme expression de la brutalité. Le but de la démarche est atteint : la classe moyenne est devenue la collaboratrice zélée de sa propre aliénation, ce qui garantit sa fidélité.

Cette division générale des classes inférieures et moyennes contre elles-mêmes garantit la domination de l'hyperclasse. Il ne reste plus qu'à briser les dernières résistances. On emploie pour cela divers procédés d'intimidation et de manipulation, depuis la grève provoquée jusqu'à l'instrumentalisation du sous-prolétariat contre la classe moyenne. La société duale est réalisée : d'un côté la masse des aliénés, qui inclut 95% de plébéiens sans conscience et 5% de travailleurs entièrement mobilisés par la compétition au service du système, et de l'autre côté, une minuscule élite, en situation de domination absolue, qui monopolise les catégories de la critique, de la conscience et de l'autonomie.

Voilà, si l'on se fie à l'expérience américaine, l'avenir qui nous est réservé, et voilà pourquoi les émeutes vont continuer, et s'étendre, et devenir de plus en plus violentes. Voilà pourquoi l'émeute va pour ainsi dire devenir un mode de vie dans les basses classes de notre société : parce que l'émeute, c'est l'instant où le petit bourgeois se réfugie derrière les flics, c'est l'instant où il intériorise les logiques de la domination.

L'émeute est une *méthode de police*.[36]

Étape 10 - L'avenir

À présent, nous savions où nous en étions. Les évènements de novembre 2005, sur le moment incompréhensibles, avaient désormais une signification claire. Nous savions pourquoi ces émeutes avaient eu lieu, nous savions pourquoi le pouvoir avait laissé se créer les conditions qui les avaient rendues possibles, nous savions comment il avait procédé et nous savions aussi que le schéma en question allait se répéter, jusqu'à devenir structurel.

Restait un point en débat : qu'allait-il sortir de tout cela ?

De toute évidence, il va se passer *quelque chose*. Le système actuel ne peut pas perdurer à l'identique encore très longtemps.

Nous allons entrer, sans doute à partir de la prochaine décennie, dans une période de turbulences fortes au niveau mondial. Le fonctionnement actuel de la

---

[36] Note 2020 : à telle enseigne qu'en 2018-2019, on peut objectivement constater que le Ministère de l'Intérieur s'est appliqué à transformer les manifestations en émeutes, avec l'aide parfois bénévole de multiples agents provocateurs.

mondialisation n'est pas viable. Les USA ne peuvent pas continuer éternellement à financer leur consommation par la planche à billets. L'Europe ne peut pas continuer indéfiniment à se désindustrialiser. L'Afrique ne peut pas continuer à faire exploser ses bidonvilles au rythme de sa croissance démographique exponentielle. Le sous-continent indien est supposé héberger dans trente ans un milliard d'hommes de plus, alors que le Bengladesh risque de se retrouver sous l'océan. La Russie ne fait plus d'enfants, ce qui posera le problème de la Sibérie, en voie de dé-russification. Seule la Chine est actuellement sur une tendance à peu près saine, mais sa croissance risque justement de provoquer un basculement du centre de gravité de l'économie monde.

Dans ce contexte d'instabilité générale croissante, il semble de plus en plus clair que le plan mondialiste va consister à faire porter le réajustement Orient/Occident sur l'Europe. C'est à dire que le repartage des ressources en faveur de l'Asie serait fait sur le dos des européens, épargnant donc l'Amérique, cœur du mondialisme. Par ailleurs, l'ONU semble, si l'on en croit ses prises de position officielles, planifier la substitution de population en Europe pour régler le problème de la démographie africaine, voire indienne. Traduction : dans le « grand jeu » qui s'annonce, il va falloir qu'une variable de l'équation soit modifiée pour rééquilibrer l'économie monde, et cette variable risque fort d'être notre *vie* à nous, en Europe.

Si ce calcul général est juste, alors la machine néolibérale va broyer les peuples d'Europe impitoyablement, pour les ramener à des conditions de vie proches de celles du tiers-monde. Dans ces conditions, il y a deux scénarios pour l'Europe.

Premier scénario : l'hypothèse *décliniste*. Grâce au progrès technologique, à la généralisation du modèle *low cost*, à l'établissement progressif d'une sorte de dictature *new look*, l'hyperclasse mondialisée parvient à gérer les tensions en Europe et nous nous retrouvons, dans 20 ans, dans la situation actuelle du Brésil – le soleil en moins, l'islam en plus.

Pour les *déclinistes*, le mondialisme néolibéral sera déployé en Europe jusqu'à ses ultimes conséquences. Le projet sera maîtrisé de bout en bout. L'hyperclasse mondialisée sera constituée, sous une forme plus ou moins explicite. Elle contrôlera partout le niveau de tension exact instillé au corps social. En France comme ailleurs, les logiques de la société duale s'imposeront, tout simplement parce qu'elles correspondent très bien à la nature humaine.

Second scénario : l'hypothèse *catastrophiste*. Dans ce scénario, à un certain moment du processus, par hasard, un *accident* survient. Le système perd le contrôle des accélérateurs chaotiques qu'il a suscités. Dès lors, tout est possible.

Pour les *catastrophistes*, il se passe quelque chose qui n'avait pas été prévu par les mondialistes. Et comme la société qu'ils ont mise en place ressemble à une pyramide inversée, structure extrêmement instable, cet accident systémique contamine l'ensemble de la construction. Alors le système dual s'effondre, comme un château de cartes.

Mon opinion personnelle est que l'*accident* aura lieu. J'appartiens à l'école *catastrophiste*. Je pense que les euromondialistes s'imaginent qu'ils contrôleront tout, ou disons qu'ils contrôleront toujours une part suffisamment importante de la structure d'ensemble pour ne pas perdre totalement la maîtrise des processus qu'ils ont enclenchés. Mais je pense tout de même, sans pouvoir le prouver, *intuitivement* disons, que ces gens-là vont avoir un *accident*. Personne ne peut contrôler le monde entier. C'est impossible. Il n'est pas dans la nature du monde qu'un système quelconque règne durablement sur une étendue trop vaste, surtout s'il manque de souplesse. Tôt ou tard, il se passe quelque chose qui n'était pas prévu. Le système néolibéral est un château de cartes. Il ne pourra pas résister à une secousse forte. Il est trop fragile pour tenir sur la durée.

Si j'avais un pari à prendre, ce serait le suivant : d'abord un accroissement régulier des tensions économiques, sociales et ethniques, avec un glissement progressif de la variante euromondialiste du système néolibéral vers une quasi-dictature, étendue sur l'ensemble du continent. Je ne crois pas à un basculement dans la violence totalitaire pure et dure, sur le modèle de l'Allemagne nazie. Mais je crois en revanche à un glissement insensible vers une violence d'État ciblée et graduée. Il est très possible à mes yeux qu'un jour, je me retrouve devant la police politique pour le livre que je suis en train d'écrire. Soit dit en passant, j'en serais ravi : cela prouverait que mon livre a eu un impact.[37]

Après cette période de violence d'État croissante, le système craquera. J'ai exposé dans « Céfran » les détails de l'analyse qui m'amène à cette conclusion. L'examen des tendances lourdes laisse penser que l'effondrement se produira en deux temps : avant le grand chambardement, il y aura d'abord une secousse annonciatrice *en France*, peut-être ailleurs en Europe, secousse que je situe entre 2010 et 2020, ou disons au plus tard 2025[38]. Je pense que cette secousse sera très rude, avec probablement des affrontements, peut-être une véritable guerre civile. Le scénario de partition du pays, évoqué à l'étape 2, n'est pas inenvisageable. En fait, je ne vois pas d'autre méthode pour les USA, s'ils veulent maintenir leur domination, que de susciter des heurts au sein de leurs protectorats européens.

Il est très possible que l'affaire se solde par des millions de morts – et je pèse mes mots. Je sais que cette affirmation est choquante. Mais je maintiens : nous sommes peut-être à la veille d'une catastrophe comparable à la Première Guerre Mondiale. Nous ne pouvons plus faire comme si cette hypothèse était farfelue.

Pourquoi cette catastrophe devrait-elle avoir lieu d'abord en France ? Eh bien, parce que la France semble présenter une intéressante accumulation de facteurs de fragilité – fracture identitaire particulièrement forte, inadaptation du modèle social à la mondialisation néolibérale, inadaptation même de l'esprit national au modèle néolibéral. Cela dit, il faut reconnaître que désormais, la Grande-Bretagne peut précéder la France dans le chaos, sans même que cela ait été véritablement programmé. L'Histoire peut accélérer à l'improviste.

[37] Note 2020 : pour l'instant, c'est raté. Mais je ne désespère pas. Laissez-moi le temps d'en écrire d'autres, et des pires…
[38] Note 2020 : il me reste 5 ans pour avoir eu raison sur la date !

Il est impossible de dire ce qui sortirait de cette crise annonciatrice, mais je pense qu'elle marquerait un premier tournant, soit vers l'accentuation de la violence d'État à l'échelle continentale, avec peut-être une véritable dictature fasciste, soit vers la constitution d'une résistance solide à l'entreprise euromondialiste, soit les deux à la fois. Un enjeu important serait précisément, dans ce scénario, la définition par l'espace français des instruments de la dissidence, à la faveur d'une crise française ou européenne.

Ensuite, je pense que le système connaîtra une stase momentanée. Puis, si mon analyse est juste, il s'effondrera, lorsque le contrechoc de la crise se propagera, sans doute à la faveur des prévisibles déferlements migratoires que les pyramides des âges prévisionnelles de pays comme le Nigeria ou le Pakistan laissent augurer à l'horizon d'une génération. Cet effondrement général, j'aurais tendance à le situer 10 à 20 ans après la crise française, disons entre 2030 et 2050.[39]

À mes yeux, des équations économiques, démographiques et psychologiques rendent cet effondrement inéluctable. Comment voudriez-vous que l'Europe reste l'Europe, alors qu'en 2040, elle risque d'avoir été littéralement submergée par l'Afrique ? Les Africains ignorent l'individu, ils ne peuvent pas entrer dans les logiques qui sous-tendent le néolibéralisme. Leur victoire démographique sonnera potentiellement le glas de la domination bourgeoise sous sa forme actuelle. En outre, le mondialisme néolibéral, tel que nous venons de l'analyser, va produire une énorme dépression collective, un écroulement de tous les systèmes d'appartenance et de représentation des européens.

Ce système absurde va engendrer des types humains extraordinairement fragiles et perturbés.[40] Il n'est pas naturel de détruire le sentiment de filiation. Il n'est pas naturel d'enfermer les individus dans des logiques duales. Économiquement, le système reposera sur la croissance indéfinie du niveau d'endettement des classes moyennes et de la plèbe, jusqu'au point de rupture – donc rupture il y aura, plus ou moins brutale. Il me paraît impossible qu'aucun accident imprévisible ne vienne tôt ou tard perturber le fonctionnement de cette mécanique extraordinairement fragile, contradictoire et complexe.

Ça va craquer. Pour moi, c'est couru d'avance.

Mais évidemment, je peux me tromper.

*

---

[39] Note 2020 : beaucoup de gens ne saisissent pas ce propos. Ces gens ont l'air de penser que « l'effondrement » est nécessairement une chose qui se produit d'un coup, partout. Mais ça ne fonctionne pas comme ça. Il faut sortir de cette mystique collapsologique bizarre. Dans la réalité, l'effondrement d'un système complexe se déroule le plus souvent par spasmes successifs.

[40] Note 2020 : en 2008, en écrivant cela, l'auteur n'avait pas encore rencontré une entière génération d'adolescents déstructurés par les réseaux sociaux. S'il fallait réécrire ce passage aujourd'hui, nous insisterions davantage sur cet aspect de la question.

Une autre école existe au sein de notre groupe de travail : c'est l'école *décliniste*. Partant du principe que demain, ce sera aujourd'hui en pire et rien d'autre, les *déclinistes* estiment que le système va dégrader le fonctionnement de la société européenne jusqu'à parvenir au point de tension sociale idéal du point de vue de l'hyperclasse, puis stabiliser la tension à ce niveau.

Je crois, quant à moi, que cette stabilisation sera impossible en pratique. Comme je l'ai expliqué précédemment, nous sommes arrivés à la conclusion que la logique mondialiste néolibérale est auto-amplificatrice. Il faut tirer la conclusion de cette conclusion : puisque le système inégalitaire et dualiste s'inscrit dans une logique auto-amplificatrice, alors il n'y aura pas de fin à la montée des inégalités, la fracture entre les deux termes du dualisme social néolibéral sera indéfiniment élargie, jusqu'au moment où la condition faite aux dominés deviendra tout simplement *inhumaine*, jusqu'au moment où la révolte deviendra *inéluctable*.

Cependant, puisque le consensus n'existait pas au sein du groupe, nous avons aussi examiné l'hypothèse *décliniste*. Voyons où elle mène.

Le sous-entendu de cette hypothèse, c'est que, puisque le système néolibéral mondialiste est poussé naturellement à exiger des peuples une soumission absolue, et puisque ce système va s'avérer viable, alors la capacité de soumission de la population s'avèrera tout aussi absolue que l'exigence du système. Le système va lentement rendre illégales ou impossibles les actions de résistance à la double entreprise de déclassement des quatre cinquièmes de la classe moyenne vers le prolétariat et de convergence du prolétariat vers la plèbe. Le peuple se soumettra dans toutes ses strates, reculant lentement mais constamment, témoignant d'une capacité d'avachissement à peu près illimitée.

Pour briser le prolétariat, la classe dirigeante laissera se produire le mouvement de délocalisation, obligeant les travailleurs européens à aligner leur niveau d'exigence sociale sur celui de pays comme la Chine ou l'Inde. Dans les secteurs où la délocalisation est par nature difficile, le patronat aura de plus en plus recours à une main d'œuvre immigrée plus ou moins illégale, peu exigeante et très précaire. Si cela ne suffit pas à briser toute tentative de résistance, la loi rendra la grève illégale, sans doute en prenant prétexte de dérapages soigneusement organisés par des agents provocateurs. Les travailleurs cesseront de faire grève pour ne pas tomber dans l'illégalité, d'autant plus que, prenant prétexte des exactions commises par le sous-prolétariat, le pouvoir aura considérablement durci la répression policière. Peu à peu, les 95% de prolétaires s'accoutumeront au fait de ne plus avoir de travail, ou de n'avoir qu'un travail extrêmement précaire, et de croupir dans une misère atténuée par un assistanat humiliant. Ce recul social jamais vu dans un pays comme la France sera rendu plus ou moins supportable par la généralisation du modèle de la consommation *low cost* et le recours à la fuite dans les mondes virtuels, le *no life* devenant si j'ose dire un *mode de vie*. Désespérés au point de ne plus comprendre la signification réelle du mot « espoir », les dominés auront intégré définitivement l'idée qu'il n'y a pas d'alternative au matérialisme bourgeois, dont ils sont les damnés.

Il faut se représenter les tendances actuelles poussées à l'extrême, pour comprendre l'immense misère qui attend les masses à l'horizon de deux décennies. Imaginons le plébéien de 2030. Appelons-le Kevin, par exemple.

Kevin vit seul, il est gros de mauvaise graisse. En ce moment, il est assis devant un repas transgénique industriel au rabais. Il n'a plus d'amis parce qu'il ne sort presque plus de chez lui. Pas de boulot, pas de famille – sa mère l'a élevé seule, et il ne la supporte plus, elle l'étouffe. En ce moment, notre Kevin, descendant des guerriers de Clovis, se dépêche de manger pour retourner jouer à un jeu vidéo hypnotique. Notre valeureux arrière arrière petit-fils d'un poilu de 14 s'empiffre devant la télévision, comme on l'imagine. Une animatrice virtuelle fabriquée en studio lui vante toute une ribambelle de produits *low cost*, voyages au rabais, fringues de marque pour pauvres faites pour n'être portées qu'une fois, etc. Dans l'appartement d'à côté, il y a une famille de Noirs venus tout droit d'Afrique. Ils font un boucan d'enfer. Cependant, notre glorieux héritier des compagnons de Jeanne d'Arc n'ose rien dire : des voisins blancs se sont fait tuer par les Africains le mois dernier, et la police n'a rien fait. Sans compter qu'on vous sucre l'aide sociale si vous êtes mal noté du comité de quartier... Et bien entendu, le même problème existe pour les Noirs qui n'osent plus parler aux Jaunes, lesquels ferment leur gueule devant les Algériens, lesquels ont la trouille des Sud-Américains, lesquels ne veulent pas d'ennui avec les Blancs, et ainsi de suite...

D'un geste las, Kevin le Gaulois monte le son de sa téloche. Il finit ses patates transgéniques et son steak de cloneviande graisseuse pendant qu'on « l'informe » des résultats de la Star Academy. Puis, essayant de ne pas repenser à ses ancêtres tombés à Valmy ou ailleurs pour qu'il reste maître de son destin, il retourne mollement jouer à son jeu vidéo débile. Là, enfin, miséricorde de la providence, il arrêtera de souffrir.

Et encore, j'aurais pu prendre un exemple pire...

Sur la toile de fond sinistre tissée par cette abjecte soumission des masses, l'hyperclasse prendra soin de laisser subsister de petites poches de rébellion aisément manipulables, dont le rôle sera d'effrayer la classe moyenne, de la mettre sous pression pour qu'elle aide à son propre asservissement. Cette classe moyenne numériquement réduite, terrorisée par les exactions du sous-prolétariat, s'enfermera dans de véritables ghettos sécurisés et n'aura bientôt plus d'autre vision du monde que celle formatée par les médias dominants. Les membres des couches moyennes vivront dans un relatif sentiment de sécurité, teinté d'une peur panique à l'idée de perdre leur statut social et de se trouver relégués du mauvais côté de la barrière de vigiles, là où sévit le sous-prolétariat.

Le plus grand danger résiduel pour l'hyperclasse se situera au niveau du sommet des couches supérieures, c'est pourquoi le système sera organisé principalement pour contrôler ces 1 à 2% de spécialistes de haut niveau qui maîtriseront le capital *technologique*, et qui pourraient donc contester la primauté des détenteurs du capital *financier*. Le système placera ces couches sensibles dans une situation telle qu'elles n'auront aucune possibilité de prendre conscience de leur force. Les individus appartenant à cette strate de la population seront élevés dans le culte de la compétition, qui sera sacralisée par un darwinisme social quasi-religieux. De cette manière, ils seront enfermés dans l'individualisme. On laissera espérer aux membres de cette strate leur intégration dans les rangs de l'hyperclasse, mais à de très rares exceptions près, on s'arrangera pour faire buter les individus en question sur un plafond de verre.

Pour que ce mécanisme reste invisible, on empêchera la transmission de la mémoire au sein de cette classe sensible. On renouvellera régulièrement cette couche de la population en limitant sa natalité, et même en interdisant par le conditionnement médiatique jusqu'à la constitution de noyaux familiaux. On aura intérêt à placer des célibataires et des homosexuels à haut niveau de responsabilité, ainsi qu'un grand nombre de femmes carriéristes, dont on entretiendra la frustration délibérément, pour qu'elles se jettent dans le travail *à corps perdu*. Tous ces gens seront mobilisés par leur carrière et feront peu d'enfants – alors que des hommes hétérosexuels insérés dans l'institution familiale transmettraient leur ambition sociale à des enfants élevés par des épouses au foyer, chose que l'hyperclasse veut absolument éviter.

On s'arrangera aussi pour que les frais de scolarité dans les universités prestigieuses soient très élevés par rapport aux moyens des familles de cette classe sociale, tout en restant dérisoires par rapport aux revenus de l'hyperclasse. Ainsi, le sommet de la classe moyenne aura du mal à se maintenir d'une génération à l'autre, sauf à faire le choix de l'enfant unique.[41]

Cette catégorie de la population aura l'illusion d'avoir des vies bien plus intéressantes que celles des plébéiens, mais à bien y réfléchir, la misère spirituelle, culturelle et politique de la classe moyenne risque d'être encore pire que celle des masses ouvertement dominées. Une soumission non sue, parce qu'elle est toujours pressentie, fait plus mal qu'une soumission sue, reconnue, assumée.

Au travail, cette couche sociale moyenne sera radicalement aliénée. Même si son niveau d'acquisition technologique lui permet de comprendre un segment de la production, la complexité des chaînes logistiques construites par un système entièrement mondialisé sera telle qu'aucun individu, même le meilleur spécialiste de son domaine, ne pourra prétendre les connaître vraiment. Le capital se sera presque totalement émancipé de la tutelle humaine, il aura acquis sa volonté propre, qu'il imposera à tous, même aux techniciens, *même aux technocrates*.

Dans cette catégorie radicalement aliénée, on trouvera par exemple Ryan, monsieur l'encravaté, membre de la classe moyenne supérieure, qui affecte cinquante heures par semaine, au boulot, les apparences de la rationalité la plus stricte alors qu'il ne comprend même plus ce qu'il fait, en réalité. Ce même Ryan, le soir venu, se paiera les services d'une prostituée, afin de décompresser. Pourquoi pas un cyborg sexuel, aussi ? Dans les fantasmes délirants de certains

---

[41] D'où la bulle des prêts étudiants aux États-Unis, et, plus modestement, l'explosion des frais de scolarité dans les écoles de commerce françaises.

néolibéraux fous furieux, la réduction du monde à la marchandise pourrait aller jusqu'à la fabrication de jouets sexuels vivants.

Juste un cran au-dessous, on rencontrera Pamela, madame la flippée, classe moyenne, qui bosse soixante heures par semaine pour une boîte qu'elle affecte de vénérer. Puis qui, la nuit, se réveille en larmes, dans son pieu désert, parce qu'elle a rêvé d'enfants.

Encore un cran au-dessous, voici Bobby, monsieur le col blanc, membre de la classe moyenne précarisée, qui donne trente-cinq heures par semaine, au boulot, l'impression de se soumettre entièrement à un règlement rigoureux dicté par les exigences de la compétitivité économique. Puis qui, le soir venu, rentre chez lui et fantasme, tout seul en se masturbant devant un film porno, sur des scénarios où il violerait sauvagement sa chef de service. À moins qu'il n'ait été décoincé par son collègue, Ricky, l'explosé intégral genre fils de pub ou bête de mode, celui qui le soir venu, file dans un *back room*, afin d'évacuer son stress.

Ces hommes et ces femmes de la classe moyenne, après avoir intériorisé les logiques sous-jacentes au mondialisme néolibéral tel qu'il va se déployer effectivement, seront sans filiation, sans conscience au-delà de l'immédiateté. Le matérialisme bourgeois est un matérialisme pur et dur – même pas dialectique, aurais-je envie de dire. Ce mode de pensée froidement matérialiste ne peut que provoquer un terrible désastre humain, parce que l'hégémonie matérialiste détruit la possibilité de la transcendance, donc celle de l'amour – l'Union Soviétique est morte de cela, et pourtant son idéologie était en réalité bien moins mortifère que le néolibéralisme.

On ne peut pas aimer quand on ne vit que pour et par la matière, parce que l'amour commence avec la conscience de l'Autre, et la conscience de l'Autre n'est possible que dans un espace mental commun, donc autonomisé par rapport à l'espace matériel où les corps se distinguent. Un esprit matérialiste est enfermé dans le corps. Il peut ressentir la présence physique du corps de l'Autre, mais pas la présence mentale de l'Autre lui-même, en tant que personne. Il y a un moment où, si vous ne savez pas qu'il existe un Être au-delà de l'étant, vous ne pouvez pas aimer. *La racine de l'amour est coupée.* Donc, si vous cherchez à aller vers l'autre, ce sera obligatoirement pour le *dominer*, pour lui imposer votre être matériel. De là, le désir illimité, la souveraineté impossible, la dépossession de soi et, pour finir, la misère *absolue*.

Misère absolue, d'ailleurs, qui culminera au sein même de l'hyperclasse. Imaginez un Ken bronzé au sourire satisfait ou une ex-Barbie siliconée de quarante berges, voici les dominants qui vivent soixante-dix heures par semaine l'exaltation d'une carrière où s'épanouit leur narcissisme délirant. Ceux-là s'imaginent s'être réservé les catégories fondatrices de la conscience, mais ils se trompent. À l'heure dernière, quand tout est joué, ils entendront la vraie voix de la conscience, enfin réveillée, qui leur dira : « Et maintenant, que te reste-t-il, pauvre pomme ? »

*

Cette catastrophe, c'est l'hypothèse *décliniste*. Donc l'hypothèse en principe la moins pessimiste conduit à un désastre parfait. Le *catastrophisme* nous annonce la guerre et peut-être la mort des corps, mais le *déclinisme* nous annonce la paix des cimetières et sans aucun doute la mort des âmes.

À la réflexion, l'hypothèse *décliniste*, en théorie la moins pessimiste, me paraît la plus terrifiante. Je préfère encore la catastrophe. C'est peut-être pour ça que je suis catastrophiste, d'ailleurs. Un besoin inconscient de me rassurer : voilà peut-être ce que j'appelle mon *intuition*.

SECONDE PARTIE – AGIR

Étape 11 - Que faire ?

À ce stade, notre petit groupe s'était donné un cadre de réflexion solide. Nous savions où nous en étions[42].

Nous autres Français, nous sommes faibles, désorganisés, dépassés. Cet affaiblissement est tel que notre vieille maison, la France, n'est plus capable de nous protéger, parce qu'elle n'est plus souveraine.

D'ailleurs, au fond, nous n'avons tout simplement plus *envie* d'être souverains. Nos compatriotes ont renoncé à la liberté vraie, comme on dépose un fardeau trop lourd, n'en conservant que les à-côtés plaisants. Les Français se disent « citoyens », mais c'est un mensonge. Par définition, des esclaves ne sont pas des citoyens.

En face de nous, si faibles, il y a le mondialisme néolibéral, si fort. Cette école de pensée en apparences pragmatique recouvre en réalité une idéologie totalitaire en gestation. Accomplissement intégral du matérialisme bourgeois en expansion, cette idéologie va mécaniquement déboucher sur la constitution d'une société à deux vitesses, organisée par la domination absolue du facteur capital, et donc de ceux qui le détiennent. Cette domination arbitraire heurte l'idéal légitimiste français, et c'est pourquoi la destruction définitive de la France, et même de la francité, est à l'agenda des mondialistes.

Cette destruction est en train de commencer : voilà ce qui s'est passé en novembre 2005. Les dynamiques enclenchées par le système soi-disant républicain, en voie d'intégration dans l'hyperclasse mondialisée, sont plus ou moins contrôlées. Mais contrôlées ou non, elles vont déboucher concrètement sur le remplacement de la France authentique par une France artificielle : la banlieue. Cette substitution d'une société à une autre, qui recoupe en partie la substitution d'une population à une autre, vise à fabriquer une masse dominée parfaitement aliénée, soubassement d'une construction sociale où la classe moyenne, très réduite, sera privée des bases de la conscience politique. Voilà de quoi il s'agit.

---

[42] Note 2013 : il y a une maladresse stylistique dans les chapitres 11 à 13 : j'emploie le pronom « nous » sans avoir défini qui est ce « nous ». Maladresse d'autant plus gênante que « nous » ne désigne pas ici constamment le même groupe : ici il s'agit des corédacteurs de « De la souveraineté », là des dissidents au sens large, d'autres fois de ceux qui, dans l'avenir, s'inspireront librement des suggestions tactiques incluses dans ce livre.
Se reporter au chapitre 14, qui clarifie cet aspect des choses.

Il est encore trop tôt pour savoir si ce processus pourra être conduit à son terme par l'oligarchie néolibérale euromondialiste, ou s'il va au contraire lui échapper en cours de route. Mais ce qui est certain, c'est que dans un cas comme dans l'autre, l'avenir est sombre. Voire *très* sombre.

*

Tout cela n'était pas bien gai, mais au moins, nous savions où nous en étions. Notre groupe de travail avait établi le diagnostic, restait à déterminer le traitement.

Ce traitement, étant donné la gravité du mal, serait forcément un traitement de choc.

Nous avons essayé de voir clair en nous. Nous sommes arrivés à la conclusion que nous ne pouvions *que* nous rebeller. Dans notre situation, la rébellion n'est pas un choix, c'est une *nécessité*. Ni l'hypothèse *décliniste*, ni l'hypothèse *catastrophiste* ne nous offrent un avenir digne de ce nom.

Dans l'hypothèse *décliniste*, nous sommes voués à mourir spirituellement, quoi qu'il advienne. Eh bien, nous nous révolterons, parce que cette effarante galerie de portraits, Kevin, Ryan, Pamela, Bobby, Ricky, Ken et Barbie, nous ne voulons pas y prendre place. Non merci. La perspective de participer à cette bouffonnerie sinistre nous glace d'effroi. Indépendamment même du caractère déprimant d'une société où la seule ambition qui nous resterait, ce serait de gagner notre place du bon côté de la barrière de vigiles, il y a dans cette *mort de l'âme* quelque chose qui nous révulse. Il y a parmi nous des chrétiens, un païen, un libre penseur revendiqué, un Juif, un agnostique, un athée, mais nous avons *tous* un point commun : nous ne croyons pas que la vie humaine soit enfermée sur elle-même, nous ne croyons pas qu'il faille la consacrer à satisfaire des désirs que l'on exacerbe indéfiniment. Nous ne pensons pas que la prise de conscience de l'humanité par elle-même passe par son unification dans une médiocrité sans nom. Non merci, décidément, ça ne nous tente pas. Ce sera sans nous, messieurs les mondialistes.

Dans l'hypothèse *catastrophiste*, c'est encore plus simple. Là, de deux choses l'une : ou bien nous nous sommes préparés au désastre, et nous survivrons, ou bien nous ne nous y sommes pas préparés, et nous avons de très forte chance de crever la gueule ouverte, découpés à la machette comme le premier Tutsi venu. Si le système craque en France et plus tard en Europe, il y aura probablement une guerre civile, peut-être sociale, certainement raciale, et l'enjeu, ce sera tout simplement de *survivre*.

La brutalité de ce constat est telle que la plupart de nos contemporains décident de faire comme si l'hypothèse *catastrophiste* était impensable, mais cette politique de l'autruche est absurde. Les européens en voie d'extinction refusent de voir la réalité en face, ils sont atteints du syndrome du Titanic : le navire étant réputé insubmersible, on ne se préoccupe pas des canots de sauvetage. Encore pendant le naufrage, quand le Titanic sombra, certains passagers continuèrent à penser que le navire ne coulerait pas. L'orchestre joua jusqu'au dernier moment, et le Titanic a chaviré sur un air de fête...

Certains sont sensibles à la poésie de ce tableau romantique. Eh bien, pas nous. Ce qu'il est advenu de ces gens, c'est ce qu'il advient toujours des inconscients : ils meurent, tout bonnement. Nous n'avons pour notre part aucune envie de suivre ces malheureux dans les abysses obscurs de l'imbécillité suicidaire.

Quelle que soit l'hypothèse vérifiée, *décliniste* ou *catastrophiste*, nous devons nous rebeller. Si c'est l'hypothèse *décliniste* qui est vérifiée, alors nous devons nous rebeller pour nous mettre à l'écart du déploiement d'un système dont nous récusons les finalités. Et si c'est l'hypothèse *catastrophiste* qui est vérifiée, alors nous devons nous rebeller pour nous mettre à l'écart d'un système dont la chute écrasera tous ceux qui auront eu la mauvaise idée de camper sous lui. Donc, dans les *deux* cas, nous devons nous mettre à l'écart – ne serait-ce que pour *survivre*.

Ainsi est née l'idée que ce qu'il fallait faire, c'était nous séparer du modèle dominant. Il faut créer une césure, creuser un fossé, dresser un rempart qui nous placera en retrait de l'environnement secrété soit par le mondialisme néolibéral, soit par sa chute cataclysmique. L'idée de rébellion s'est imposée devant le constat que, triomphant ou en échec, *de toute manière*, le mondialisme néolibéral ne peut pas incarner notre avenir.

*

Après cette petite mise au clair avec nous-mêmes, nous nous sommes posé la question de la faisabilité. Pouvons-nous nous rebeller ? Avons-nous les moyens de construire un rapport de forces ? Nous, si faibles, face à ce système, si fort ?

Une première réponse nous est venue, instinctivement, comme un cri du cœur : *de toute manière*, il faut essayer.

Voilà quelque chose que nous partageons tous, en dépit de nos différences, quelque chose qui nous unit absolument : la conviction que nous n'avons pas le droit de baisser les bras. Personnellement, je formule ce sentiment puissant en termes religieux : je dis que ce n'est pas à Dieu de m'aider à rester libre, c'est à moi de rester libre pour Le servir. D'autres, dans notre groupe, disent les choses différemment, parce qu'ils ne sont pas croyants. Mais chacun à sa manière, tout le monde dit la même chose : *nous n'avons pas le droit de ne pas essayer*. À la limite, livrer cette bataille et la perdre, ce ne serait pas grave : tant que le souvenir du combat se perpétuera, le combat pourra reprendre, toujours, et la machine n'aura pas triomphé de l'homme. Mais renoncer à combattre, s'agenouiller : cela, ce serait terrible. Ce serait un *déshonneur*.

Il y a quelque chose de très puissant, de ce côté-là, du côté de *l'honneur*. Quelque chose de très puissant, et aussi de très confus. J'ai essayé d'analyser ce sentiment si difficile à formuler : je suis arrivé à la conclusion que c'est ce sentiment qui nous met à part. Ou bien un homme veut servir quelque chose au-delà de lui-même, et il ne peut plus adhérer aux prédicats du néolibéralisme, parce que le matérialisme bourgeois n'a rien à proposer au-delà du narcissisme.

Ou bien l'homme ne comprend pas qu'il doit *servir*, et il est mûr pour adhérer au système qui est en train de se déployer sous nos yeux.

Ce qui nous unit, dans notre petit groupe de *dissidents*, et nous coupe d'emblée des *conformistes*, c'est ce sentiment de *l'honneur*, indéfinissable et pourtant évident. Nous voulons servir quelque chose de plus grand que nous-mêmes.

Pourquoi voulons-nous servir ? Nous ne le savons pas, mais ce que nous savons, c'est que nous le voulons. L'honneur nous commande.

Cela, cela seul, suffit en soi à nous retrancher et de la masse dominée, et de la minorité dominante. Nous ne sommes ni une extrémité, ni l'autre extrémité de l'axe de la domination. Nous sommes le troisième point du triangle, le point qui fait que le triangle existe. Je ne peux pas dire les choses plus clairement[43].

*

Au-delà de cette réaction instinctive, de ce cri du cœur, la question de la faisabilité nous a amené à réfléchir à la nature exacte de notre projet. Il fallait faire le tri entre ce que nous pouvons faire, et ce que nous ne pouvons pas faire.

Il est évident qu'il est tout à fait inutile de chercher à bloquer frontalement le déploiement du mondialisme néolibéral, donc inutile de *sauver la France*. Tout à fait inutile de chercher à sauver ce pays en tant qu'État national, en tout cas. L'affrontement système contre système, nationalisme contre mondialisme, étatisme contre libéralisme, cela ne mène nulle part.

D'abord on ne voit pas très bien pourquoi il faudrait sauver un cadavre en voie de décomposition. Si quelqu'un trouve que l'avatar républicain et bourgeois de l'idée française présente encore le moindre intérêt historique, qu'il se fasse connaître, ses arguments ne manqueront pas de nous intéresser.

Ensuite, de toute manière, entrer dans une logique de confrontation directe avec le Moloch mondialiste serait suicidaire, pour ne pas dire grotesque. Le concept ne peut que faire sourire – un peu comme l'idée d'écraser un éléphant avec un chasse-mouche, si vous voulez. Selon toute probabilité, si des patriotes français se plaçaient sur le chemin de la machine mondialiste avec l'espoir fou de l'arrêter par leurs propres forces, cette machine les écraserait sans même décélérer. C'est à peine si les passagers du Léviathan pourraient se rendre compte de quelque chose.

Tout en réfléchissant à sa démarche propre, notre petit groupe de réflexion étudia bien sûr avec beaucoup de sympathie les dissidents qui défendent pied à pied les acquis démocratiques concrets du peuple de France – une société un peu plus douce pour les humbles, une instruction publique digne de ce nom, etc. Mais nous sommes sans illusion sur le résultat final de leurs actions. Ils nous font gagner un temps précieux, mais à long terme, leur combat est perdu d'avance. La

---

[43] Note 2020 : on se calme, les conspis !

machine mondialiste est irrésistible. Le programme exposé à l'étape 9 sera appliqué *in extenso*, nous ne nous faisons pas d'illusion sur ce point.

Il n'est pour nous pas question de s'opposer au mondialisme néolibéral au nom de la défense de l'État national, sauf ponctuellement, pour des raisons tactiques. Non que la cause soit mauvaise, mais tout simplement parce qu'elle est perdue d'avance. Et nous, ce qui nous intéresse, ce n'est pas de perdre une bataille pour le passé, mais de gagner une bataille pour l'avenir. Si nous devons défendre l'État national bourgeois en voie de démantèlement, ce sera uniquement parce que cette défense paralyse temporairement le déploiement des instances nécessaires au projet mondialiste et néolibéral.

Une autre raison nous pousse encore à ne pas défendre la France comme État national : c'est l'état de la *nation*. C'est qu'il n'y a pas que l'État qui soit mal en point, chez nous. Le peuple, ça ne va pas mieux.

Ce qui fait le plus mal, dans la période actuelle, c'est de constater qu'une forte proportion de la population *applaudit* à son propre asservissement. C'est quelque chose de terrible à voir, quelque chose qu'un homme de cœur ne peut pas contempler sans dégoût, sans colère, sans *honte*. Mais c'est aussi, hélas, quelque chose d'évident, quelque chose qu'on ne peut pas nier : l'aliénation radicale qui accompagne le projet mondialiste néolibéral *plaît* à une grande partie de la population, parce qu'elle dessine un avenir tout à fait conforme au niveau général du peuple français tel qu'il est aujourd'hui défini par l'acquisition administrative de la nationalité française.

Un peuple *administratif* qui, il faut bien le dire, *ne ressemble plus à rien*.

L'étude des audiences télévisuelles en France indique que plus une émission est stupide, plus elle flatte les pulsions narcissiques, *plus son audience est forte*. Le temps est loin où la télévision française voulait élever le niveau. Il reste bien Arte, mais comparez son audience à celle de TF1 : vous allez voir, c'est instructif. La seule singularité qui reste à la France, sur le plan culturel, par rapport aux autres nations européennes, c'est que chez nous, ce qui plaît le plus, ce n'est pas l'érotisme standardisé, comme en Angleterre par exemple, c'est le sentimentalisme pleurnichard et nunuche. Voilà pour la mère des arts et des lettres, devenue paradis des midinettes.

Quand Jean-Paul II a autorisé la publication de « Mémoire et identité », recueil d'entretiens où il parlait des peuples d'Europe et de la menace identitaire qui pèse sur eux, la sortie de cet ouvrage essentiel fut éclipsée par la promotion énorme offerte au « Da Vinci Code », thriller mystico-guignolesque à deux balles. Il s'est trouvé, dans notre pays, pourtant catholique à ce qu'il paraît, une nette majorité de gens pour préférer cette niaiserie à la réflexion du Saint Père. C'est que la France est devenue antichrétienne, et même antireligieuse. Je me souviendrai toujours de la réaction offusquée de mes collègues, un jour que je citai un verset du Coran, pendant le repas, à la cantine. Il y eut un silence gêné. « La religion, » me dit gravement une belle figure d'employé de bureau métrosexuel, « c'est *dangereux*. » Un simple verset du Coran suffisait à le faire trembler, le biquet. Voilà pour la fille aînée de l'Église, devenue pays des Derniers Hommes.

La vieille France républicaine va encore plus mal que son double catholique, qu'elle a longtemps combattu et auquel elle ne survivra pas. Vous avez remarqué comment on se gargarise chez nous du mot de « citoyen » ? On en a même fait un adjectif. On parle de « démarche citoyenne », de « banquet citoyen », de « geste citoyen », etc. À votre avis, ça cache quoi, cette obsession ? Eh bien, ça cache que la communautarisation du pays est bien avancée. On aura beau *citoyenner* tous azimuts, une bonne partie de la population du pays, je n'ose dire « française », s'en fiche à peu près complètement, de la République. Chez les musulmans, c'est l'imam qui fait régner la paix. Chez les Africains, les autorités coutumières se mettent en place. Les Chinois restent entre eux, les Indiens aussi. L'ancienne conception du creuset républicain ne signifie plus rien. Une bonne partie de la population du pays n'a plus conscience de la République. Une partie non négligeable la déteste même, ressentiment postcolonial oblige. Même chez les Français dits « de souche », la majorité n'est attachée à la République que parce qu'elle verse les allocations. Voilà pour la patrie des Droits de l'Homme, réduite à un guichet de sécurité sociale.

Que reste-t-il à défendre, pour ceux qui aiment la France ? Il reste un idéal, une culture et un souvenir. Ce n'est pas rien. C'est même beaucoup. Mais il ne reste plus de peuple à défendre, plus de peuple qui en vaille la peine, en tout cas. La France charnelle est morte, ou à peu près.

Seule la France rurale, la France profonde, est encore française et digne de l'être. Elle est très minoritaire. Pour le reste, rien d'intéressant. Des hordes de midinettes des deux sexes, si j'ose dire. Des matérialistes apeurés par la simple existence des valeurs spirituelles. Une masse de gens qui majoritairement n'en ont, pour dire les choses simplement, rien à faire de la France, et dont beaucoup traitent leur propre pays comme une vache à lait.

Quand je vois des nationalistes français qui parlent de défendre leur peuple, j'ai toujours envie de leur demander : mais *quel* peuple ? Quel peuple défendez-vous ? Hé, les gars, réveil ! Vous allez risquer votre peau pour sauver la mise aux bobos, aux midinettes lobotomisées, aux énarques et aux migrants économiques, tous ces gens qui n'ont rien à faire de la France. Vous allez risquer votre peau pour défendre des gens qui passent leur temps à se gausser de vous, à vous traiter de fachos, etc.

Beau projet, en vérité.

Beau projet pour jouer les dindons de la farce, surtout.

Ce sera sans nous, les gars.

Ce n'est pas *notre* peuple, ce peuple-là, ce peuple que vous appelez encore français, et qui n'est plus *rien*.

Notre peuple, notre peuple *à nous*, c'est *autre chose*.

*

Fondamentalement, ce que nous voulons, c'est recouvrer notre *souveraineté*. Or, et c'est là que notre idée *fractionnaire* prend sa source, s'il n'y a plus de peuple français, il ne peut pas y avoir de souveraineté pour nous, parce que nous sommes français et parce que seuls les peuples peuvent être souverains.

Conclusion : puisqu'il faut un peuple français pour construire une souveraineté française et puisqu'il n'y a plus de peuple français, alors c'est qu'*il faut en refaire un*. Il faut refaire un peuple français pour que nous puissions redevenir souverains, nous autres Français d'après la France.

Puisque la France est morte et puisqu'il faut qu'elle vive pour que nous vivions, c'est donc que nous devons la faire renaître. Voilà donc la forme que doit nécessairement prendre notre rébellion : nous devons construire la base d'un *nouveau peuple français*.

Cette conclusion nous a estomaqués, lorsque nous l'avons tirée. Soyons lucide, il y a quelque chose d'incroyablement présomptueux à décréter la naissance nécessaire d'un nouveau peuple dans un opuscule médiocre écrit à la va-vite par un individu peu talentueux, sur un atelier littéraire alimenté par une dizaine de contributeurs à tout casser. La démarche a quelque chose de surréaliste, et le groupe s'est trouvé bien embarrassé par sa propre conclusion, une fois qu'il l'eut tirée.

D'un autre côté, nous n'y sommes pour rien si la simple logique nous amène à cette conclusion. Qu'est-ce que nous y pouvons, si le peuple français est mort ? Ce n'est à coup sûr pas nous qui l'avons tué. Nous n'avons pas demandé à être des Français d'après la fin de la France. À coup sûr, nous préférerions que la vieille maison fût toujours debout. Est-ce de notre faute, si le simple examen des réalités, combiné avec la logique la plus élémentaire, nous amène à une conclusion qui, selon les points de vue, sera perçue comme grotesque, ou bien comme scandaleuse ?

Comment nous autres, minables cloportes, oserions-nous fonder un nouveau peuple ? Qui sommes-nous, pour oser porter un projet pareil ?

Mais d'un autre côté, comment pourrions-nous ne pas fonder un nouveau peuple, si notre peuple est mort et si nous voulons, nous, continuer à vivre ?

La première chose à faire, une fois parvenus à ce stade de la réflexion, c'était de se demander si nous étions *légitimes*.

Étape 12 - De quel droit ?

Nous n'avons pas réfléchi très longtemps sur cette question de la légitimité, parce qu'il nous est apparu très vite que oui, bien sûr, nous étions légitimes.

Voici pourquoi.

*

Fonder un nouveau peuple est un acte exceptionnel, même à l'échelle du temps historique, mais c'est une exception qui s'est déjà produite par le passé, à intervalles réguliers. Les peuples naissent, vivent et meurent. C'est la loi de la vie : tout ce qui naît, meurt. La mort crée la vie, la vie crée la mort, elles ne sont l'une et l'autre que les deux faces d'une même pièce. C'est vrai pour les individus, et c'est vrai pour les peuples. Un jour, une *fraction* émerge d'un peuple mourant pour faire survivre l'âme de ce peuple dans un nouvel avatar, et ce nouvel avatar forme un nouveau peuple. Ainsi va le monde.

Que le peuple français meure après quinze siècles d'existence, c'est dans l'ordre des choses. D'autres peuples plus grands sont morts plus jeunes, et la terre ne s'est pas arrêtée de tourner pour autant. L'important est qu'à travers de nouveaux peuples, l'héritage culturel soit préservé. Les Hébreux, les Athéniens, les Romains ne sont plus que des noms dans les livres d'Histoire, mais l'idée qui faisait vivre ces peuples s'est incarnée dans de nouveaux avatars. La disparition du monothéisme hébraïque, de la philosophie athénienne, du droit romain : voilà qui aurait été grave. Mais rien de tout cela n'a disparu. Tout cela vit *en nous*.

Le peuple français fut longtemps chargé par l'Histoire de porter le flambeau de la civilisation. Eh bien, c'est fini. Notre vieux peuple n'est plus qu'un agrégat d'individus et de groupes schizophrènes, une société sous psychotropes, une nation dépressive préoccupée principalement de se cacher son aliénation radicale, faute d'oser la combattre.

RIP la France, voilà, c'est tout.

Dans ces conditions, en fondant un nouveau peuple, nous, Français d'après la France, ne faisons que poursuivre notre tâche. Nous reprenons le flambeau, c'est tout. Nous sommes porteurs d'un idéal et nous devons assurer l'avenir de cet idéal. Le devoir qui est le nôtre, transmettre l'idéal français, nous confère le droit de poser un acte historique : la création d'un nouveau peuple pour porter cet idéal.

Voilà le fondement de notre légitimité.

Nous avons dressé la liste des objections possibles à cette thèse. Nous n'en avons trouvé que trois :

- Nous pourrions peut-être nous joindre à un autre peuple, au lieu d'en fonder un nouveau.

- Nous pourrions peut-être tenter de redonner vie au vieux peuple français mourant, au lieu d'en fonder un nouveau.

- Nous ne sommes peut-être pas dignes de l'héritage que nous revendiquons.

*

La réfutation de la première objection est facile.

Il n'y a *aucun* peuple auquel nous joindre. La catastrophe induite par l'avènement totalitaire du matérialisme bourgeois dans le mondialisme néolibéral est par nature *planétaire*. La mécanique d'anéantissement de l'âme humaine analysée précédemment se déroule à peu près de la même manière partout dans le monde blanc, et elle semble devoir aplanir de la même manière le monde jaune – en témoigne l'état cataclysmique des jeunesses nipponnes ou sud-coréennes, aussi parfaitement lobotomisées que la jeunesse française.

Vous vous souvenez de Kevin, Ryan, Pamela, Bobby et Ricky ? Eh bien, ces types humains extrêmement médiocres seront transposables un jour partout sur le globe – en tout cas partout où le développement économique aura permis la constitution de la société duale. L'infrastructure économique du XXI° siècle marchand, combinée avec l'idéologie implicite qui sous-tend la dynamique mondialiste : voilà qui écrasera l'homme, partout, toujours, *implacablement*.

Il n'y a nulle part où se réfugier.

En Europe, l'espoir de voir la souveraineté s'incarner dans une union continentale s'effondre inexorablement, au rythme où les citoyens vérifient que l'addition des faiblesses ne saurait créer la force.

Tous les peuples européens sont faibles. À quelques détails près, toute l'Europe est engagée sur la même pente déclinante que la France. Dans l'ensemble, nos voisins se portent mieux économiquement, mais encore plus mal que nous démographiquement, ce qui est bien plus grave à long terme. En pratique, l'Allemagne est menacée de disparition démographique pure et simple, étant donné l'indice de fécondité extrêmement bas des femmes allemandes. Même chose pour l'Italie et l'Espagne. Sur le plan spirituel, tout ce que nous avons dit sur l'homme français s'applique trait pour trait à l'homme européen en général, avec quelques nuances locales. Exit la vieille Europe telle que nous la connaissions. Elle n'est pas notre avenir, parce qu'elle n'a pas d'avenir.

Outre Atlantique, les USA n'ont repris que la dimension politique et économique du projet de civilisation européen. Ils sont passés à côté de la dimension spirituelle, ou plutôt : ils l'ont laissé filer entre leurs doigts.

Il y eut certes une Amérique libre, que tous les peuples du monde aimèrent, mais cette Amérique libre est morte. Elle est morte quelque part entre le Vietnam et l'Irak, entre le libéralisme libertaire des clintoniens et le libéralisme sécuritaire des néo-conservateurs, entre le désappointement annoncé par le génial « *Easy Rider* » et le terrifiant « *Fahrenheit 911* » bushiste.

L'Amérique était à l'origine un rêve, c'est désormais un cauchemar. L'Amérique, c'était à l'origine un pays fondé par des puritains au nom de l'éthique protestante, et c'est désormais un pays qui s'endette sans vergogne pour consommer sans raison. L'Amérique, c'était à l'origine *la* grande démocratie, et c'est désormais un étrange totalitarisme néo-matriarcal, télévisuel et marchand.

Que reste-t-il de l'Amérique ? Le type humain fabriqué en série par le programme *étatsunien* n'a plus grand-chose à voir avec le pionnier libre et responsable supposé s'épanouir dans la grande démocratie américaine. L'Américain moyen est un tout petit bonhomme matérialiste. Il a, certes, infiniment plus de *tripes* que son congénère européen. Mais il n'en est pas moins tout petit, tout petit dans sa tête. Compte tenu de la puissance phénoménale du système médiatique *étatsunien*, le John Doe américain est même encore mieux lobotomisé que le Pierre Martin franchouillard, ce qui n'est pas peu dire.

On dira : il y a la résistance de l'Amérique profonde, restée religieuse, donc consciente. Certes, cette résistance existe. Mais elle est peu à peu brisée par la machine à décerveler. Ce n'est qu'un combat d'arrière-garde, une action de retardement, facilement récupérée par le système. Il ne faut pas se laisser abuser par les apparences : l'Amérique est morte en tant que projet. Le principe de souveraineté populaire est confisqué là-bas, tout comme il l'est ici. « *Feudal America* », tel est le mot d'ordre.

Jadis, le rêve américain consistait à monter aussi haut qu'on le pouvait, à force de courage et d'esprit d'entreprise. La société duale a brisé ce rêve. À présent, sauf pour une petite minorité de *winners*, il s'agit de surnager, un point c'est tout.

Les hamsters, vous vous souvenez ? Les hamsters qui grimpent le long de la planche qui descend ? Eh bien, là-bas aussi, en Amérique, ils grimpent, les hamsters. Et là-bas aussi, la planche descend. Même motif, même punition.

Si nous pensions différemment, nous serions déjà à Québec en train d'apprendre l'Anglais à nos enfants. Seulement voilà, nous avons notre opinion sur l'Amérique. Nous pensons qu'elle est *fichue*.

*

La Russie, c'est autre chose. C'est de ce côté-là, certainement, qu'il nous faudra chercher refuge, si l'hypothèse *catastrophiste* est vérifiée en Europe de l'Ouest, et si la situation devient intenable pour les Blancs. Un conseil : si vous êtes d'origine européenne, étant donné la dérive totalitaire de l'actuel antiracisme, apprenez le Russe à vos enfants, ce sera peut-être un jour la seule langue parlée dans un pays où les Blancs auront encore le droit de vivre leur vie. Et puis, il n'y a qu'un seul pays au monde qui peut faire face au mondialisme néolibéral, et c'est la Russie. Pourquoi ? Parce qu'elle est *autosuffisante*. Totalement. Elle est la seule au monde à être dans ce cas.

Cependant, pour que nous en venions là, pour que nous devenions russes, il faudrait qu'il ne reste plus *aucune* possibilité de sauvegarder notre héritage *à nous*. Il se trouve en effet que les Russes ont leur héritage *à eux*. Et si cet héritage est étroitement apparenté au nôtre, ce n'est pas le nôtre.

Si nous définissons l'Occident comme la civilisation qui a mis l'accomplissement de la personne humaine au cœur de son projet, c'est-à-dire la civilisation qui a reconnu *la dignité de l'homme individuel*, alors la Russie, chrétienne mais pas humaniste, ne fait pas partie de l'Occident. L'individu n'est pas considéré, en Russie, comme une entité pertinente sur le plan de la réflexion politique. Le travail d'émancipation du politique à l'égard du religieux n'a pas été achevé en Russie.

Ajoutez à cela qu'il ne faut pas surestimer la capacité de résistance de l'âme russe. Si elle est à même de conserver sa souveraineté économique, la Russie n'a en revanche, pas davantage que l'Europe ou les USA, préservé le principe de souveraineté spirituelle au sens où nous l'avons défini précédemment. L'homme russe a été amoché par le système communiste – moins que l'homme occidental par le matérialisme bourgeois, mais amoché quand même. Les Russes sont devenus matérialistes à leur manière. La vie en Russie est presque aussi vaine qu'en Europe.

Alors, devenir russe pour au moins devenir *quelque chose*, quand l'Occident devient *rien* ? – On y viendra peut-être un jour, mais nous n'en sommes pas encore là.

« Alors, quoi, il n'y a nulle part où aller ? », demande le Français d'après la France, quand il comprend que ni en Europe, ni en Amérique, ni en Russie, il ne peut trouver son destin.

« Eh bien, non, il n'y a nulle part où aller, » répond l'Histoire, goguenarde.

Voilà notre situation, à nous autres, Français d'après la France : chez nous, nous ne sommes plus souverains. Ailleurs, nous ne sommes pas chez nous, et même si nous allions jusqu'à nous joindre aux autres peuples, de toute manière nous ne serions toujours pas souverains. Pourquoi ? Parce que plus personne n'est souverain, nulle part. Le *statut de la citoyenneté* est réservé à l'hyperclasse mondialisée. Pour le reste, la planète est peuplée d'*indigènes du mondialisme*.

Nous n'avons aucun peuple auquel nous joindre, *parce que tous les peuples meurent*.

*

Faut-il alors tenter de redonner vie au peuple français, à ce vieux peuple qui est encore *administrativement* le nôtre ? On peut essayer, bien sûr. Mais si on essaye, on va très vite retomber sur les logiques *fractionnaires*, comme par une fatalité.

Les européens sont arrivés à un degré d'avachissement, d'aboulie et de perte de conscience qui eût été inimaginable il y a un siècle. Il n'existe plus *aucune* conscience politique chez une grande partie de nos concitoyens. Si l'on excepte le sursaut en trompe l'œil du référendum de mai 2005, l'analyse des résultats électoraux de ces dernières années confirme que les Français ne votent plus qu'en fonction de leurs petits intérêts mesquins.

Nous vivons le triomphe de ce que Marc Bloch appelait *la logique des petits sous*, traduction dans le champ politique de l'effondrement mental décrit par Montherlant comme *la morale de midinette*. Ce triomphe est d'ailleurs si complet que Bloch n'aurait même pas pu cauchemarder ce que nous vivons. Objectivement, la population française est en train de devenir déconcertante à force de médiocrité assumée, revendiquée presque. Il reste en France une minorité de citoyens conscients, qui votent en fonction de l'intérêt général et au regard des enjeux réels. Mais cette minorité s'amenuise d'années en années.

Lobotomisés par le système médiatique, déresponsabilisés par un assistanat injuste et malsain, souhaitant la concurrence à leurs voisins producteurs et ses effets bénéfiques pour eux-mêmes en tant que consommateurs, mal instruits par une Éducation Nationale transformée en garderie, gavés de prêt à penser antiraciste par l'intelligentsia la plus caporalisée de la planète, les Français sont majoritairement des imbéciles programmés. C'est pathétique, et même dramatique quand on se souvient qu'il y a seulement quatre générations, le peuple français était, objectivement, un des peuples les plus intéressants, les plus courageux et les plus instruits de la planète. Mais c'est comme ça.

Malgré le prêt-à-penser généreux qui habille la vulgate officielle de notre très pathétique ripoublique, le « citoyen » français de l'an 2007 est généralement un jouisseur égoïste, médiocre, détestable pour tout dire. Il se préoccupe principalement du maintien de ses revenus. Il est si parfaitement, si

profondément aliéné qu'il ne peut même plus comprendre ce que signifie le mot
« aliénation » – raison pour laquelle il n'a pas conscience d'être aliéné, bien
entendu. Ne pas avoir réellement prise sur sa propre vie est normal à ses yeux.

Nos compatriotes deviennent des pions, et ils trouvent ça très bien. Comme
il est dit précédemment, l'effondrement moral induit par l'idéologie
consumériste est *plébiscité* par le peuple. Cet effondrement rencontre tout à fait
les attentes secrètes de la majorité des gens. Soyons lucide : cette mécanique
duale, ce programme proprement satanique qui fait tomber l'âme des masses
vers le bestial et confisque les fonctions intellectuelles supérieures par un
ensemble de mécanismes désincarnés, eh bien ce programme fonctionne *parce
qu'il correspond aux attentes de la majorité :* Seule une minorité d'hommes veut
assumer la liberté, toujours, partout.

Les peuples ne peuvent être libres qu'à travers leur *élite*, et c'est l'élite qui,
en retour, libère le peuple en lui offrant protection et conscience. C'est pourquoi,
une fois qu'un peuple a cessé de pouvoir secréter une *élite*, il est impossible de
le libérer. Ou plutôt : pour le libérer, il faut d'abord secréter une *élite* coupée de
ce peuple, distincte, dotée d'une substance propre, sans lien direct avec celle du
peuple. Et cette démarche, bien sûr, donnera *forcément* naissance à un *nouveau*
peuple. En d'autres termes, libérer un peuple, une fois qu'il a perdu son élite,
c'est nécessairement le faire muter. Libérer un peuple d'esclave, c'est *forcément*
fonder un nouveau peuple.

Il faut regarder les choses en face : la seule chose qui fait tenir debout le
peuple français, pour l'instant, c'est l'empilement de ses lâchetés. Ce peuple
dévirilisé acceptera n'importe quelle humiliation, n'importe quelle avanie
pourvu qu'on lui conserve sa petite paix médiocre. C'est pourquoi il est tout à
fait inutile d'aller lui parler de courage, de responsabilité, de liberté, de
souveraineté : ce n'est pas ce qu'il veut. Ce qu'il veut, c'est la paix – la paix à
tout prix, comme à Munich, en 1938. Si une élite émergeait, faisait renaître le
goût de la conquête, *c'est le peuple qui la rejetterait* – l'obligeant à fonder
quelque chose de neuf.

Le peuple français veut la paix au point de renoncer à lui-même. Une raison
du trouble identitaire français, c'est qu'une majorité de la population cherche *à
n'être plus rien*, pour éviter d'avoir des ennemis. Certes, on ne peut pas être rien,
c'est impossible. Mais enfin on s'arrange constamment pour être le moins
possible. Le peuple français commet un crime étrange, jamais vu peut-être dans
l'histoire : *un autogénocide culturel.*

J'ai entendu, de mes oreilles, des cadres français, dans une entreprise
française, rire du fait que leur langue serait bientôt morte et se féliciter que le
« management des ressources humaines » recrutât prioritairement des cadres
anglophones. À ce degré d'ethnomasochisme assumé, on ne sait plus s'il faut
rire ou s'il faut pleurer.

Les Français sont les plus gros consommateurs de psychotropes dans le
monde. Il est douloureux de n'être rien, de n'aspirer à rien, de n'espérer plus
qu'une chose : l'absence de conflit. Une société qui repose uniquement sur la
paix maintenue bon an mal an entre ses membres est une non-société. Ultime
effet pervers de la société multiculturelle : la non-nation est devenue la nation

idéale, la non-identité est la seule identité tolérée. Le résultat est terrifiant : plus personne n'ose *être*. Pour se remplir un minimum, tout ce beau monde se réfugie dans des identités gadgets – le tatouage maori, les fringues à la mode, etc.

Comment redonner souffle à cette invraisemblable *ligue des autistes* ?

Du simple fait qu'il aurait retrouvé une substance, un Français que nous aurions tiré de ce néant serait de facto devenu sécessionniste, *fractionnaire*. Il ne serait plus à sa place dans ce peuple-là, puisqu'il aurait une substance, alors que ce peuple-là, justement c'est le peuple du néant.

Dans « Le meilleur des mondes », Huxley met en scène la tentative poignante d'un « alpha » révolté qui tente de libérer les « epsilons ». Bien sûr, ceux-ci sont à deux doigts de le lyncher. Pourquoi ? Parce que cet « alpha » révolté leur demande quelque chose qui *est contraire à leur nature*. S'il s'était trouvé dans le lot un « epsilon » pour comprendre le sens du mot « liberté », *il aurait cessé d'être un « epsilon »*.

Le seul service qu'on puisse rendre au peuple français « administratif », désormais, c'est de l'abandonner à son sort. Les Français d'après la France sont aujourd'hui, par rapport à leurs compatriotes *néantisés*, un peu dans la situation des musulmans avant l'Hégire. Minoritaires, persécutés, incapables de se faire comprendre d'une majorité vivant dans le conformisme, les partisans de Mahomet décidèrent de quitter la ville.

C'est la seule chose que nous pouvons faire, nous aussi : quitter la ville des idolâtres. Partir. Emmener avec nous ceux qui voudront se joindre à nous.

Quant à la ville, nous ne pouvons plus la sauver.

Il faudrait pour cela qu'elle se quitte elle-même, et c'est évidemment impossible.

*

Reste la vraie question : en sommes-nous dignes ? Sommes-nous dignes de reprendre le flambeau ? Sommes-nous dignes de fonder *quelque chose* ?

Réponse : on est *toujours* digne de *servir*, tant qu'on n'oblige pas les autres à le faire.

Si nous disions que nous allons imposer quelque chose à quelqu'un, la question se poserait en termes différents. Il s'agirait alors non seulement de servir notre cause, mais de contraindre les autres à la servir aussi.

Nous n'envisageons rien de tel.

Il y a en France des gens qui prétendent opposer au mondialisme néolibéral un autre mondialisme. Ceux-là ne refusent pas le concept de mondialisme, c'est-à-dire l'idée selon laquelle l'unité de l'humanité devrait être traduite économiquement et politiquement, faute sans doute d'être comprise spirituellement. Ces gens sont la réplique sismique du mondialisme néolibéral. Fondamentalement, les représentations structurantes qui sous-tendent la pensée altermondialiste sont identiques aux représentations structurantes qui sous-tendent la pensée mondialiste néolibérale. Il s'agit, dans un cas comme dans l'autre, d'affirmer la possibilité d'une *solution*, valable en tous lieux, en tout temps et pour tous les hommes.

Ces mondialistes » alter » ne défendent *pas* le peuple français, ni la France en tant qu'idée historique incarnée, et encore moins la possibilité d'un peuple rené. Ils défendent plus ou moins ce qu'ils appellent le modèle social européen, mais c'est dans une optique mondialiste. Ce qu'ils veulent, c'est l'extension de la social-démocratie européenne à l'ensemble de la planète.

Ces gens-là ne sont pas du côté de la souveraineté des communautés charnelles, ils sont du côté de la négation de cette souveraineté au nom d'un Bien supposé universel. Fondamentalement, ces gens-là sont des universalistes pathologiques, très proches en réalité de leurs adversaires mondialistes.

Nous n'avons *rien à voir* avec ces types-là, et c'est pourquoi nous sommes dignes du service que nous revendiquons : on est toujours digne de *servir* sans contraindre autrui. Nous prenons *nos* risques, dans le cadre de *notre* projet, en vue de *notre* destin. Nous n'empêchons pas les autres de faire comme ils l'entendent, nous n'affirmons pas que *notre* incarnation de l'héritage commun doive s'imposer comme *l'unique* incarnation. Nous ne revendiquons que le droit d'être nous-mêmes, et donc le devoir de construire la personne artificielle de notre souverain. Nous revendiquons le droit de ne pas nous trouver otages d'une conception qui n'est pas nôtre. Nous ne revendiquons en revanche absolument pas le droit d'imposer notre conception aux autres groupements, ni celui de détruire la personne artificielle de leur souverain.

À la différence des matérialistes, néolibéraux ou socialistes, nous n'avons pas *besoin* de l'unification économique et politique du monde, parce que nous espérons l'unité de l'Etre au-delà du monde, ou bien nous avons renoncé à la percevoir. Nous savons qu'ici-bas, toute vérité est relative. Nous voulons des frontières justement pour qu'à l'intérieur de nos frontières, nos vérités relatives puissent avoir valeur d'absolu, dans le cadre lui-même relatif d'une loi écrite, édictée par le *souverain*. Fondamentalement, nous sommes des *différentialistes modérés*.

De notre attitude différentialiste, la légitimité de notre revendication. De la modération de notre pensée, notre *bon droit*.

*

De ce *bon droit*, je ne trouve pas de meilleure illustration qu'une anecdote personnelle.

Ce devait être en 1998. Un soir, je dînais avec une jeune femme dont j'étais assez amoureux. Nous avons discuté de choses et d'autres. J'allais avoir trente ans, c'est l'âge où dans nos sociétés on songe à se marier, à faire des enfants.

En écoutant cette jeune femme, peu à peu, j'ai ressenti un véritable malaise. Ce n'était pas qu'elle fût particulièrement niaise. Mais elle était si *conforme*, si terriblement *conforme* à l'esprit du temps.

Je me suis demandé ce qui se passerait si je l'épousais. Je savais qu'au début, tout irait bien. Elle était amoureuse de moi. Mais cela, l'amour, l'amour charnel, ça ne dure pas. En général, un couple fonctionne sur la base de l'attirance physique deux ans, parfois un peu plus. Il paraît que c'est biologique. Je veux bien le croire.

Mais après ? Qu'est-ce qui se passe, après ?

Je me suis vu père de famille. Avec, disons, deux enfants. J'ai senti, je ne sais pas pourquoi, que ça se terminerait par un divorce. Comme *un mariage sur deux*, désormais, en région parisienne.

Mes gamins seraient probablement élevés par mon ex-femme. En général, ce sont les mères qui reçoivent la garde des enfants. La parité, l'égalité des sexes, tout ça, ce sont des mots. La loi organise aujourd'hui l'alignement des femmes sur les hommes dans l'ordre social, ce qui permet aux mères célibataires d'élever leur progéniture en ne dépendant « que » du pouvoir patronal. Simultanément, la loi refuse l'égalité aux hommes dans le rapport à l'enfant, ce qui est logique puisqu'en l'occurrence, l'égalité serait un non-sens.

Moralité : la loi organise une société matriarcale. Quand on a un peu réfléchi à la nature du système en cours de déploiement, on comprend aisément pourquoi : parce que les immatures font de bons consommateurs, et parce que les mères fusionnelles font des enfants immatures.

Moralité de la moralité : si j'épousais cette femme, il était très probable que je condamne mes enfants à subir une mère possessive. Une mère qui, en outre, et c'était évident, leur transmettrait des valeurs basses, *conformes*. Ses valeurs à elle, tout simplement, donc les valeurs du *système*.

C'est qu'elle n'avait rien d'autre à leur transmettre. Je m'étais rendu compte qu'elle n'avait lu pratiquement aucun des livres qui m'ont rendu vivant. Ni Montaigne, ni Hegel, ni Chateaubriand, ni Marx, ni Nietzsche. Même pas les romanciers, même pas Balzac, Zola, Proust ou Céline. Même pas Molière, même pas Shakespeare. Même pas la Bible, pour tout dire.

Elle ne lisait que deux livres par an, généralement des niaiseries à forte promotion, BHL, ce genre de choses. Autant dire qu'elle ne lisait *rien*.

J'ai imaginé mes enfants confiés à cette *nunuche*. Elle les élèverait dans l'idéologie du matérialisme bourgeois, ferait d'eux des soumis avides de domination, inévitablement. Pour masquer le tout, un peu de moraline, bien sûr. Ne pas penser à mal pour ne pas faire le mal. Être contre le racisme et pour la tolérance, etc. Pour le Bien contre le Mal. Marcher dans les clous. Ne pas se demander pourquoi on a une lutte antifasciste de retard. Inutile de dire qu'à l'école, les bambins auraient droit au même son de cloche. Je voyais le désastre comme si j'y étais. Faire des enfants, aujourd'hui, c'est offrir du protoplasme à la machine.

Le coup de grâce, c'est quand elle m'a dit : « La religion fabrique les guerres. Il faudrait interdire les religions. » C'est là que j'ai compris que jamais, jamais je ne prendrais le risque de construire ma vie avec cette *meuf*.

Pourquoi je vous raconte cette anecdote ? Eh bien, parce que notre projet fractionnaire, pour moi, ça consiste tout simplement à construire un cadre où, enfin, un homme puisse épouser une femme avec une espérance raisonnable de fonder une *vraie* famille, insérée dans une *vraie* communauté. Nous voulons une société où un homme pourra transmettre de *vraies* valeurs à ses enfants, c'est tout. Il n'y a rien de plus simple que cela, rien de plus modeste, rien de plus *naturel*.

Quand nous aurons lancé le mouvement, quand il aura pris de l'ampleur, voilà le test qui me permettra de savoir si je peux, ou pas, faire confiance à une femme. Je lui demanderai si elle est d'accord pour fonder une famille *fractionnaire*, avec des enfants qui seront élevés dans une école *fractionnaire* – une véritable école pour une véritable *éducation*, qui transmettra *nos* valeurs, et pas les valeurs du système. Si une femme dit oui à cela, alors nous aurons ensemble un *avenir*. Un avenir qui aura été rendu possible par l'établissement d'une *fraction*, distincte du reste d'une construction sociale qui n'offre plus aucun avenir aux *hommes véritables*. Un avenir, donc, qui sans l'existence de cette *fraction* restera toujours impossible.

Étape 13 - Au nom de quoi ?

Nous commencions à savoir où nous allions. Nous avions analysé notre situation. Cette analyse nous avait amenés à la conclusion que nous devions refonder les bases de notre souveraineté. Nous savions qu'il nous fallait pour cela constituer une *fraction*, émergeant du peuple français moribond pour donner naissance à un nouveau peuple. Cette entreprise fractionnaire, nous la savions légitime.

Notre « que faire » prenait forme. Restait à dire au nom de quoi nous constituerions cette fraction, embryon d'un peuple nouveau. Qu'est-ce qui devait faire la *substance* de ce peuple en devenir ?

*

Il faut distinguer, ici, selon qu'on s'inscrit dans l'hypothèse *catastrophiste* ou dans l'hypothèse *décliniste*.

Dans l'hypothèse *catastrophiste*, la substance du peuple à construire pourrait très bien n'être que biologique. Dans cette hypothèse, en effet, s'unir en vue de la défense constituerait, pour les indigènes européens de la France, une condition *sine qua non* de la survie. À partir de là, le fondement de l'union est immédiat : c'est la *logique tribale,* l'instinct collectif de survie biologique. Beaucoup de groupements humains, et parfois de grands peuples, se sont constitués sur cette seule base.

Le risque existe que les apprentis sorciers mondialistes soient dépassés par les forces qu'ils ont suscitées. L'énorme puissance militaire associée à la technologie contemporaine est d'une efficacité redoutable dans un conflit classique, mais elle est visiblement inopérante dans un conflit asymétrique. Par exemple : l'armée américaine a pu torcher les troupes de Saddam Hussein à deux reprises, sans problème. Mais une fois à Bagdad, cette formidable machine de guerre technologique s'est tout juste montrée capable de sécuriser les zones gouvernementales. Quant à garantir la sécurité de la population, il n'en a jamais été question. Un bombardier furtif, ça ne sert pas à grand-chose pour contrer une foule d'émeutiers ou intercepter des tueurs à gages. Le paradoxe des conflits asymétriques contemporains, c'est que le camp technologique est indestructible quand on attaque son cœur, mais inefficace dès qu'on combat dans sa périphérie.

Dans ces conditions, on tremble à l'idée de ce qui se passerait en France, en cas de crise économique majeure suivie d'une période de troubles civils sérieux. Si les cordons de police cèdent, on risque d'assister à des scènes de pillage, avec à la clef des affrontements interethniques.

Dans les banlieues vit une majorité de braves gens, bien sûr. Mais au milieu de ces millions de braves gens, il y a une minorité de quelques centaines de milliers d'allogènes animés par une formidable haine anti-française. Les textes des groupes de Rap les plus durs sont édifiants sur ces questions. Certains promettent l'extermination à la race blanche. Je les crois sincères, et décidés à passer aux actes, si l'opportunité leur en est donnée.

Il est très clair qu'en cas de détérioration brutale des conditions économiques, scénario probable en France dans la prochaine décennie, cette haine obsessionnelle ne pourrait qu'aller croissante. À la rupture des cordons de police, le bilan ne serait alors plus de 20.000 voitures brûlées, comme en novembre 2005, mais de *200.000* voitures brûlées... *avec leurs conducteurs dedans* !

Le plus inquiétant, c'est qu'en face du déferlement de ces nouvelles hordes, les populations civilisées sont singulièrement désarmées. Dans le cadre de la stratégie de violence indirecte encouragée discrètement par le système, en aucun cas les citoyens ne sont poussés à s'armer eux-mêmes, encore moins à prendre en main leur sécurité. Les Français des années 2000 ont été majoritairement éduqués dans le *culte* de la non-violence – culte qui les privera de leur sécurité, si un jour la sécurité ne peut être garantie que par l'aptitude à riposter.

Ne seront plus en sécurité ce jour-là que ceux suffisamment riches pour s'acheter une protection, ou capable d'assurer eux-mêmes leur défense. Un individu éduqué dans le culte du *dialogue* comme unique moyen de se faire respecter n'a aucune chance de survie, si l'État disparaît. Voilà une vérité que nos contemporains risquent de redécouvrir prochainement, pour leur plus grand malheur.

Donc, en face de la violence raciste antifrançaise qui grandit dans les zones de relégation ethnique, violence que le système encourage discrètement à ce stade parce qu'il espère l'utiliser, il serait naturel, il serait sain qu'une réaction vitale se développât dans le peuple, en tout cas dans la *fraction* du peuple qui veut survivre à la crise.

Encore faut-il que cette réaction soit collective. Si jamais les cordons de police cèdent, nous serons tous, autant que nous sommes, confrontés à la violence qui émane des zones de non droit. Si nous allons au combat séparément, en individuel, nous serons balayés. Dans un combat individuel, les civilisés n'ont aucune chance contre les barbares, parce que la barbarie prépare les êtres à la violence, alors que la civilisation les en éloigne. C'est peut-être triste, mais c'est comme ça : *man to man*, ce sont les barbares qui gagnent.

C'est pourquoi, face à la barbarie montante, les civilisés doivent s'unir. Il faut constituer une *phalange*. La phalange est la réponse logique faite par les civilisés aux barbares, c'est la tactique défensive de ceux qui n'ont pas l'habitude de la violence contre ceux qui en ont l'habitude. La phalange permet de combattre en groupe, elle permet aux civilisés de profiter à plein de leur grande capacité d'organisation, qui compense leur dérisoire capacité de violence individuelle.

Alors, sachant que l'ancien peuple français dégénéré est désormais incapable de constituer une phalange, une *fraction* du peuple français *devra* s'ériger en nouveau peuple, à l'heure du péril, pour constituer sa propre phalange – et ainsi survivre, coûte que coûte. La liberté, la souveraineté, la civilisation même, toute cela n'est pas qu'une affaire de conscience, de spiritualité, de culture. C'est parfois aussi bête, aussi brutal, aussi prosaïque qu'un mur de boucliers dressé contre le déferlement d'une horde barbare. En novembre 2005, j'en ai fait l'expérience *physique*.

Quand on lit certains textes « commis » par des groupes de rappeurs antifrançais, on arrive à la conclusion que la seule attitude raisonnable, pour les Français d'après la France, est de s'unir en une phalange, disciplinée, structurée et préparée pour les combats qui viendront très probablement. Sans cette phalange des hommes libres, les Français d'après la France seront à la merci de leurs ennemis, obligés de quémander la protection des uns pour échapper à la haine des autres, le jour probable où notre État *national et transnational à la fois* s'écroulera sous le poids de ses gigantesques contradictions internes.

Les Français d'après la France ont le *droit* de constituer cette phalange, parce qu'on a toujours le droit de se défendre. Comme il est dit précédemment, c'est là le noyau incompressible de la liberté, la seule liberté qui n'est *jamais négociable* : la liberté de défendre sa peau.

Dans le calme, dans le respect des lois de la République tant que ces lois existent, mais avec méthode et détermination, il nous faut désormais nous armer et nous organiser. À ce prix seulement, nous pourrons dire demain à un pouvoir oppressif : « Je n'ai pas besoin de toi pour ma protection ». À ce prix seulement, nous serons capables demain de nous protéger, dans l'hypothèse pas du tout farfelue où le pouvoir serait débordé par les accélérateurs chaotiques qu'il a imprudemment suscités.

*

Dans l'hypothèse *décliniste*, le fondement du peuple à construire est moins immédiat. Il n'a pas la visibilité symbolique d'un mur de boucliers hérissé de lances et surmonté par les casques hoplitiques.

Il s'agit, dans cette hypothèse, de répondre à un défi fondamentalement *spirituel*, le défi lancé par la machine mondialiste néolibérale à tous les peuples de la terre, défi qu'on pourrait résumer ainsi : « *prouvez que vous méritez de rester humains* ».

Comme nous l'avions compris dès l'étape 8, il est dans la nature du mondialisme néolibéral de nier toutes les traditions, parce que toute tradition authentique est spirituelle, et toute spiritualité authentique a pour effet de délivrer les hommes de l'impératif de consommation. À partir de ce constat, notre groupe de réflexion convergea très vite, malgré la grande diversité idéologique des participants. Étant donné que ce qui nous a rassemblés, c'est le refus de l'idéologie mondialiste néolibérale, et étant donné que ce que le mondialisme néolibéral veut détruire, c'est la tradition, alors il faut croire que ce qui nous unit, c'est précisément cela : la *tradition*.

Nous refusons de nous inscrire dans les logiques du matérialisme bourgeois, système selon lequel la domination n'aurait pas d'autre justification à trouver que la richesse, signe de sa possibilité *matérielle* pour le *bourgeois*. Nous refusons de nous inscrire dans ce système de pensée, parce que nous entendons rester fidèle à la *tradition européenne*. Y compris, d'ailleurs, à la tradition européenne de la bourgeoisie, *qui a sa noblesse*.

Cette tradition européenne enseigne que la domination n'est justifiée que par la consécration *de la force à l'esprit* et *du corps à la force*. Elle dit que cette double consécration nourrit un esprit qui, en retour, spécificité de notre pensée, *s'incarne* dans l'homme, *y compris dans l'homme individuel*, et le *justifie* pour salaire de la peine qu'il a prise à faire vivre l'esprit. Serviteur de l'esprit, homme de guerre, ou même humble producteur sans lequel rien ne serait possible : l'homme européen toujours recherche la *justification* à la place où le destin l'a *rangé*. Il cherche, avec les moyens qui sont les siens, la joie tranquille que donne à l'homme bon la certitude raisonnable d'avoir fait ce qu'il avait à faire en ce monde. C'est cela, notre conception du *bonheur* – et cela n'a rien à voir avec ce que le système néolibéral nous propose.

Cette tradition européenne interdit la domination des bourgeois, classe sociale supérieure au sein de l'ordre des producteurs, mais qui ne peut se justifier qu'en développant le capital *productif* nécessaire à la *construction de la force*. En cela, la tradition européenne est radicalement incompatible avec le néolibéralisme, triomphe de l'esprit de lucre sur l'éthique bourgeoise authentique, qui est une éthique de *l'épargne* et du *travail*. Adhérer à cette tradition européenne nous place donc *de facto* en situation de sécessionnisme.

Autre facteur de rupture, notre tradition européenne interdit la constitution d'une bureaucratie dominante, parce qu'elle implique le gouvernement des guerriers sur les corps. Le bureaucrate, figure du bourgeois maître de la machine d'État, ne peut exister dans la tradition européenne *que comme subalterne du guerrier*.

Dans la tradition européenne à laquelle nous nous rattachons, le publicitaire, quant à lui, ne peut pas exister *du tout*. Dans notre tradition, les modèles de la consommation hédoniste sont sans objet. L'âme européenne est nourrie par des valeurs *élevées*, l'homme et la femme européens n'ont pas *besoin* d'exalter leurs désirs.

Cette tradition, c'est ce que nous sommes, c'est notre nature. C'est ce qui fait que nous existons. Ce n'est pas *négociable*.

C'est au nom de cette tradition, que nous allons de toute manière créer une fraction. Parce que même si l'hypothèse *catastrophiste* n'est pas vérifiée, dans l'hypothèse *décliniste*, la préservation de notre être propre *exige* le maintien de cette tradition *trifonctionnelle*. Et ce maintien sera évidemment impossible dans la société *duale* fabriquée par le mondialisme néolibéral.

Étape 14 - Par quels moyens ?

À ce stade de la réflexion, notre groupe de travail avait pratiquement atteint ses objectifs. Comprendre ? C'était fait. Agir ? Nous avions répondu à la question centrale : « *que faire ?* ».

Restait à parler du *comment*. Là, nous entrions dans un domaine qui nous dépassait.

Il est évident que ce projet, fonder une fraction qui donnerait naissance à un nouveau peuple, ce n'est pas nous, nous seuls, qui allons le conduire. Nous pouvons apporter le concept, peut-être amorcer une démarche de concrétisation, à titre de test, pour entraîner d'autres hommes, meilleurs et plus forts que nous, dans une entreprise à leur mesure *à eux*. C'est le maximum que nous puissions faire. Quant à mener cette entreprise de bout en bout, il ne faut pas y songer. Pas avec nos moyens *à nous*. D'autres acteurs, qui jouent à un autre niveau, devront à un certain moment reprendre ce projet à leur compte. Il s'agit d'abord de définir une doctrine, ensuite de constituer une franc-maçonnerie capable de fournir les cadres indispensables à la conduite du projet, et enfin, quand l'Histoire aura accouché de la nécessité, il s'agira de fonder un peuple nouveau, *régénéré*. C'est un projet immense, qui va bien au-delà des capacités de conceptualisation d'un groupe restreint comme le nôtre.

Nous nous sommes donc bornés, pour l'instant, à esquisser les très grandes lignes d'un plan d'action qui reste, cela va sans dire, tout à fait révisable. Il s'agit d'un travail préparatoire à d'autres ateliers, que nous conduirons dans les années qui viennent.

*

Le schéma général qui nous paraît le plus prometteur, c'est le *retournement* des manipulations du système *contre le système*. Il faut prendre appui sur le chaos généré par le mondialisme néolibéral pour construire une alternative au modèle mondialiste et néolibéral. Nous devons favoriser le *vice* à l'intérieur de la société non fractionnaire pour que la contre-société fractionnaire émerge mécaniquement, comme un refuge *nécessaire* pour les *vertueux*.

Par exemple, nous devons favoriser l'effacement de la France au sein de l'espace institutionnel. Nous devons non seulement accepter que le pouvoir euromondialiste se présente comme républicain, mais même l'y encourager. Plus il se voudra *républicain*, moins il se revendiquera *français*. Nous devons encourager le pouvoir euromondialiste dans sa tendance spontanée à dénigrer la francité, afin qu'abandonnant la francité pour une identité républicaine sans substance, il nous laisse la garde de la France comme *idée*.

Depuis trente ans, les patriotes français s'acharnent à défendre la France devant les élites. Ils ont tort : nous avons intérêt à ce que les élites mondialistes néolibérale proclament franchement leur désintérêt pour la France, l'idéal serait même qu'elle fût mise *hors la loi*.

Depuis trente ans, d'une manière générale, les patriotes français s'acharnent à guérir le système de ses vices. Ils ont tort : c'est notre intérêt que le système soit le pire possible, parce que pire sera la société non fractionnaire, plus vite les hommes véritables convergeront vers la contre-société fractionnaire. *Pire ça sera, mieux ça sera* : tel est le mot d'ordre.

Déjà au XIX° siècle, Netchaïev avait fourni aux révolutionnaires russes le concept tactique qui devait assurer leur triomphe : soutenir au sein de l'oligarchie tsariste les hommes les plus vils et les plus médiocres, et combattre, au sein de cette oligarchie, les réformistes sincères et compétents. Nous devons appliquer la même tactique envers l'hyperclasse mondialisée. Pire elle sera, mieux ça vaudra de notre point de vue. Il faut qu'à l'intérieur du bloc institutionnel, il ne subsiste que le vice, la bêtise, l'arrogance et l'avidité.

Nous devons pousser l'hyperclasse mondialisée à révéler sa nature, c'est-à-dire *la royauté de Sodome*. Quand ce sera fait, les Justes seront *obligés* de la fuir, et donc ils viendront *chez nous*. La quantité de souffrance et de malheur engendrée par cette politique du pire devra bien sûr être minimisée dans la mesure du possible, mais la sensiblerie n'est pas de mise : nous combattons une idéologie qui porte en germe la destruction du principe d'humanité, donc *la fin justifie les moyens*. De toute manière, si nous perdons, il n'y aura plus d'humanité. Donc il faut vaincre, *à n'importe quel prix*.

Il est nécessaire que la société non fractionnaire apparaisse enfin franchement comme la Babylone de l'Apocalypse, parce qu'il faut que d'un côté apparaisse ce pôle du vice, pour que de l'autre côté, naisse le pôle de la vertu. Pour toutes les raisons expliquées précédemment, en France par exemple, cette *épuration éthique* de la base biologique française constitue un préalable indispensable à notre renaissance. On ne fait pas d'omelette sans casser des œufs.

*

Ce pôle de la vertu, nous devrons l'organiser en profitant de la nature du système mondialiste néolibéral. Nous allons implanter l'embryon de notre contre-société dans la matrice nourricière formée par la société que nous voulons détruire. Toute l'astuce sera de fonctionner en symbiose le temps de grandir, et de n'entrer en confrontation qu'une fois devenus grands.

Le système privilégiera le communautarisme pour briser les nations, donc nous devons organiser notre communautarisme *à nous*. Le système privilégiera l'entreprise de réseau pour enfermer les masses dans l'hétéronomie, donc nous devons créer nos entreprises de réseau *à nous*.

Le premier retournement que nous devons opérer, c'est l'instrumentalisation du communautarisme. Nous devons nous lover à l'intérieur du nid communautariste. Ainsi, le système nous couvera en couvant les *siens*.

Le précepte sous-jacent à la communautarisation des sociétés occidentales est le fameux « dissoudre et recoaguler » maçonnique. Jusqu'ici, les adversaires de ce processus de communautarisation ont commis l'erreur de vouloir s'opposer au « dissoudre ». Cela ne pouvait les mener nulle part : le système a des capacités de « dissolution » pratiquement infinies. La bonne stratégie est au contraire de favoriser au maximum le « dissoudre », tout en interdisant complètement le « recoaguler ». Là, le système est piégé.

Notre communautarisme déploiera les mêmes stratégies que les communautarismes classiques, mais avec des potentialités nettement plus étendues. Là où les communautarismes classiques visent principalement à s'installer dans une stratégie de parasitisme et de prolifération cancéreuse à l'intérieur de l'organisme national contaminé, notre communautarisme prendra appui sur le parasitisme et la prolifération cancéreuse pour, au-delà des avantages communautaires de court terme, se placer en situation de construire en cible un contre système autonome[44].

Notre communautarisme sera progressivement construit par une succession de mesures de défense rendues nécessaires par l'agression opérée contre les nôtres par le système euromondialiste. C'est le système mortifère qui va pousser le corps social à secréter notre contre-société, un peu comme un germe pousse le corps à fabriquer des anticorps. C'est donc prioritairement là où le système va nous agresser que nous édifierons les murs destinés à retrancher notre contre-société.

Ces secteurs principaux de l'agression euromondialiste seront probablement ceux qui définissent le mieux la souveraineté : à savoir la sécurité, condition *sine qua non* de la souveraineté dans l'espace matériel, et l'éducation, condition *sine qua non* de la souveraineté dans l'espace culturel. Dans ces deux domaines au moins, il nous faudra, pour jeter les bases d'une contre-société autonome, reprendre les leviers grâce auxquels le pouvoir confisque la souveraineté. C'est difficile, mais pas infaisable.

La construction d'un communautarisme sécuritaire devra suivre le démantèlement des fonctions étatiques régaliennes par l'ordre néolibéral. Ce démantèlement sera conduit par l'hyperclasse sous couvert de privilégier la prévention, l'écoute et le dialogue, mais l'objectif réel sera bien entendu de

---

[44] Note 2020 : en pratique, cette démarche semble se heurter à un obstacle non détecté en 2008. Cela ne va tout simplement pas encore assez mal pour que les Français d'après la France commencent sérieusement à s'organiser collectivement. Pour l'instant, pour la grande majorité d'entre eux, s'inscrire totalement dans le système reste plus profitable que s'en émanciper partiellement. Notre problème, c'est tout simplement que trop de Français d'après la France arrivent encore à vivre décemment dans le cadre du système. Nous ne sommes pas assez pauvres pour redécouvrir la nécessité d'une solidarité construite par le bas. Donc, si nos potentialités sont plus grandes que celles de la plupart des autres communautarismes, notre capacité à les concrétiser est pour l'instant plus faible.

Un problème secondaire est qu'il est de toute façon difficile de ne s'émanciper que partiellement tout en allant vers une démarche collective. Une émancipation partielle laisse subsister, dans les réseaux de l'individu, des attaches qu'il doit suivre à l'intérieur du système, et qui vont l'éloigner de celles qu'il peut construire dans un cadre séparatiste. Mais au fond, ce n'est qu'un à-côté de la cause de fond de nos difficultés à nous communautariser : tout simplement, ça ne va pas encore assez mal.

promouvoir le modèle du « racaille » dans le cadre de la convergence de notre société vers la structure cible du néolibéralisme. La gauche « morale » continuera encore longtemps à jouer les idiots utiles de l'anarcho-capitalisme, et le fonctionnement de la justice va donc continuer à se dégrader. En France, une grande partie des peines de prison ne sont jamais purgées, même des criminels dangereux sont laissés en liberté. Ce phénomène va s'accentuer pendant un certain temps, puis un raidissement sécuritaire aura lieu, dans le cadre d'une privatisation de la sûreté. Aux États-Unis, c'est ce qui s'est passé ces vingt dernières années. Polices privées tous azimuts. Même le système carcéral est en voie de privatisation.

Dans un tel système, le corps des citoyens ne dispose plus d'aucune souveraineté politique réelle, dans la mesure où il se trouve dépendant d'acteurs privés pour sa propre sauvegarde. Sachant que leur survie dépend d'une barrière de vigiles rétribués et organisés par telle ou telle société commerciale, les citoyens ne peuvent plus qu'accepter les mesures exigées par la direction de ladite société commerciale. Cela s'appelle une *féodalité*.

On commence à voir s'esquisser ce type de fonctionnement dans certaines villes privées du Sud de la France, où de riches retraités doivent leur quiétude à des hordes de vigiles, généralement issus des populations immigrées, nouveaux barbares fédérés et retournés contre leurs frères de race. Dans ces villes privées, le vote se porte sans surprise vers les édiles qui ont rendu possible la construction de la barrière de vigiles. Bienvenue dans un monde sans lois, donc sans liberté.

Notre stratégie, dans le domaine sécuritaire, sera de nous mettre en situation de capter ce raidissement sécuritaire en montant nos propres structures de sécurité privée. De cette manière, le mouvement de privatisation de la sûreté deviendra pour nous une *opportunité* au lieu de n'être qu'une menace.

Une *garde fractionnaire* doit être constituée, doublée probablement d'une *veille* chargée des fonctions de renseignement. Cette garde et cette veille devront être organisées progressivement à travers un réseau touffu de sociétés de gardiennage, de vigiles, d'enquêteurs privés, etc. À première vue, il ne s'agira que d'un mouvement général d'adaptation aux exigences du marché. Mais en profondeur, il s'agira de l'infiltration du modèle néolibéral par une mouvance structurée, capable de préserver son unité dans un environnement entièrement atomisé. Au fur et à mesure que les forces du marché vont démanteler l'État national préexistant, nous fabriquerons ainsi les instruments de notre État à nous[45].

En dépit de leur remarquable niveau de compétence, il est probable que les forces de l'ordre, en France, seront tôt ou tard franchement débordées par la

---

[45] Note 2020 : il y avait clairement une grande naïveté à croire ce mouvement possible dans des termes aussi tranchés. En 2007-2008, je n'avais pas encore commencé à réfléchir sérieusement aux techniques déployées par la structure de contrôle profonde, et en particulier les stratégies de la tension. Sur ce point, j'ai beaucoup évolué par la suite. Lire à ce sujet « Triangulation », publié en 2015. Conseil aux jeunes excités : j'ai été vous, je me suis trompé, laissez-moi vous détromper.

situation quasi-insurrectionnelle de certaines zones de relégation ethnique. Ainsi, des circonstances finiront par survenir où l'existence de la *garde fractionnaire* pourra être officialisée sous la simple pression des évènements. Rappelons au passage que les émeutes de novembre 2005 ont provoqué plusieurs morts violentes parmi les populations innocentes et 200 blessés chez les forces de l'ordre. Quand les morts civils se chiffreront par centaines, les esprits seront mûrs pour que la *garde fractionnaire* sécurise certaines zones européennes. Quand les forces de l'ordre auront perdu des dizaines de tués sans avoir le droit de riposter, il deviendra très difficile au pouvoir de les garder sous contrôle. Dans l'hypothèse *catastrophiste*, l'histoire pourrait bien accélérer d'un seul coup, de manière stupéfiante pour ceux qui ne s'y seront pas préparés. N'en parlons pas trop, mais pensons-y beaucoup.

Par ailleurs, le processus de démolition méthodique de l'Éducation Nationale va se poursuivre, jusqu'à transformer l'école publique en garderie pour enfants pauvres, méthodiquement décervelés. L'anéantissement progressif de l'autorité du maître dans l'instruction publique trouvera son aboutissement dans une pédagogie molle visant à faire de l'élève un « auto-apprenant » – manière polie de dire qu'on veut des enfants qui ne savent rien, n'ont jamais appris à se concentrer et ne risquent donc pas d'opérer une reprise réflexive de leur insertion dans les processus sociaux, une fois devenus adultes. L'enfermement des enfants des classes populaires et moyennes inférieures dans un mode de pensée régressif sera constamment renforcé, prélude à leur enfermement dans le mode de consommation régressif.

Après la crise financière prévisible des années 2010, l'issue sera bien sûr la privatisation générale de l'école. Un État ruiné n'a en effet pas les moyens d'investir dans l'école, et l'Éducation Nationale française est un monstre budgétivore. Le capital mondialisé est tout prêt à investir dans l'éducation, à condition d'en faire un secteur commercialement rentable. L'affaire va donc se solder vers une évolution à l'Américaine, avec pour les pauvres des écoles garderies aux murs tapissés d'affiches publicitaires, la véritable instruction étant réservée aux enfants de l'hyperclasse, devenue hypercaste. C'est là une évolution inéluctable : le modèle dual va infecter toutes les strates de la construction sociale, donc il va infecter l'instruction publique.[46]

Confrontés à ce désastre, les parents vont tenter de s'organiser – surtout dans les couches moyennes en voie de déclassement, qui seront particulièrement affectées. La réaction du pouvoir sera probablement de retirer *de facto* les enfants aux familles. Cela ne se fera pas par un embrigadement totalitaire sur le modèle soviétique ou nazi. Le pouvoir a « progressé », depuis le XX° siècle, dans l'art de manipuler les gamins. On cherchera à casser le cadre familial, pour commencer, ce qui est encore le meilleur moyen de garantir que l'éducation des

---

[46] Note 2020 : c'est à peu près ce qui semble se passer, mais on n'assiste pas encore à la privatisation généralisée. On aboutit plutôt un monstre étatique et budgétivore, progressivement transformé en naufrage conceptuel au rabais. La privatisation reste à venir – s'il reste quelque chose à privatiser dans quelques années.

enfants dépende entièrement du système. On s'arrangera aussi pour que les mères de famille n'aient pas les acquis culturels nécessaires pour opérer la transmission. Dans le programme de la gauche institutionnelle française figure la scolarisation obligatoire à deux ans.

Nul être isolé ne résistera longtemps à cette entreprise de lobotomisation générale des classes dominées. Le capitalisme est une machine à subvertir invincible. Aussi longtemps qu'elle n'est pas confrontée à une machine supérieure en force, en détermination et en élan, la société marchande broie le vivant qu'elle trouve sur son chemin. Elle est *biocidaire* par nature, mécaniquement, donc irrésistiblement. Elle a détruit la figure paternelle après l'avoir récupérée, elle détruira la figure maternelle aussi sûrement.

Peu à peu, les familles confrontées au désastre devront admettre que la résistance isolée est inutile à moyen terme. Momentanément, ici ou là, des individus déterminés sauront préserver leurs enfants. Mais ces enfants le pourront-ils à leur tour, une génération plus tard ? Et leurs enfants à eux ?

Les familles encore solides sont aujourd'hui à l'image de ces fortins qui tenaient encore, une fois l'essentiel des lignes emportées, lors des grandes batailles de la Seconde Guerre Mondiale. Tôt ou tard, ces fortins tombaient, faute de munition, et les manuels d'instruction des troupes d'assaut précisaient qu'il valait mieux ne pas s'en occuper, avancer en les contournant. Chaque famille solide constitue un fortin, qui tient momentanément contre le système. Mais faute d'être relié à un réseau défensif structuré, ce fortin est appelé à tomber tôt ou tard, raison pour laquelle l'attaquant le contourne, se contentant pour l'instant d'isoler les poches de résistance. Tout fortin tombera, s'il n'est pas relié à une ligne de défense cohérente.

La prise de conscience de l'impossibilité d'une transmission durable du patrimoine culturel va donc inévitablement entraîner dans certaines strates de la société un besoin de s'inscrire dans des structures de coordination éducative indépendantes. C'est là que notre mouvance fractionnaire aura un rôle à jouer. En organisant une filière de *référents* capables d'assurer la fonction éducative de manière sérieuse, cette mouvance se positionnera comme un support social de la filiation venant en remplacement des anciennes structures démantelées par le néolibéralisme.

Représentons-nous la France dans quelques années, une fois qu'on sera passé aux choses sérieuses. Du fait de son endettement excessif, le pays aura été mis sous tutelle ; des « réformes de structure », imposées par le FMI, auront détruit le droit du travail, privatisé la plupart des services publics. Dépendant entièrement des multinationales pour assurer le bon fonctionnement de son économie intégrée dans les chaînes logistiques transnationales, dépendant de plus en plus du capital mondialisé pour assurer sa sécurité même, le peuple français s'est soumis, bon gré, mal gré. La police ne sécurise plus guère que les centres-villes riches. Dans les banlieues, les gens sont la proie des gangs de voyous ethniques. L'Éducation Nationale s'est muée en réseau de centre d'endoctrinement mondialiste et néolibéral.

La vie de nos compatriotes se rapprochera progressivement des conditions rencontrées par la classe moyenne déchue dans un pays comme l'Argentine au pire moment de la crise des années 2000. À ce moment-là, si les structures de base ont été construites pour un communautarisme sécuritaire et éducatif fractionnaire, ce communautarisme n'aura pas de mal à apparaître, aux yeux de beaucoup, comme un refuge contre la barbarie absolue d'un système mortifère et liberticide. C'est pourquoi, même si cela demande au départ un travail préparatoire obscur, même si cela implique de prendre du recul par rapport à la tradition étatiste qui est la nôtre, la constitution des structures de ce communautarisme fractionnaire est tactiquement *incontournable*.

*

Parallèlement à l'infiltration du modèle communautariste, notre mouvance fractionnaire en devenir aura soin de retourner contre le système son culte de l'entreprise *privée*.

Le plus grand point faible du système mondialiste néolibéral, c'est qu'il est obligé pour se déployer de maintenir la fiction de son libéralisme. Reconnaître que le néolibéralisme mondialisé est la forme contemporaine du bolchevisme, reconnaître que dans un système où le marché s'est émancipé de l'État, la dictature des marchés correspond à un fascisme d'un type nouveau, l'hyperclasse mondialisée ne le peut. Si elle reconnaissait cela, si elle admettait publiquement sa nature, l'hyperclasse imploserait.

Dans ces conditions, le système qui se veut libéral devra forcément accepter que des acteurs d'un type nouveau s'emparent du principe de concurrence libre et non faussée pour établir des réseaux de production et de distribution d'un type nouveau. Un système qui a le culte de la concurrence devra accepter d'être lui-même mis en concurrence – et s'il refuse, alors il deviendra beaucoup plus facile de le dénoncer pour ce qu'il est, ce qui constituerait en soi une grande victoire.

Pour enfoncer un coin douloureux entre la réalité quasi-totalitaire du néolibéralisme pratique et la fiction libérale du mondialisme rêvé, la mouvance fractionnaire devra, parallèlement à la *garde*, à la *veille* et à la filière des *référents*, se doter d'une filière des *intendants*. Le rôle de cette filière sera de garantir progressivement les bases productives de la fraction en voie de constitution, jusqu'à pouvoir fonctionner en autarcie parfaite, comme un corps économique particulier greffé sur le corps social commun.

On construira un réseau d'entreprises de réseau, organisées non en vue du profit mais en vue de l'édification de la force, elle-même mise au service de l'esprit. Il s'agit d'insérer notre tradition à l'intérieur du système néolibéral, pour le dévorer de l'intérieur.[47] Notre réseau d'entreprises, méthodiquement

---

[47] Note 2020 : le problème, ici, est que le mécanisme contraire peut se produire à tout moment. Les catégories du néolibéralisme, et en particulier le culte du profit pour le profit, ont infiltré les cerveaux. Résultat : avant de pouvoir construire un réseau d'entreprises privées dédiées à la dévulnérabilisation des bases logistiques d'un mouvement séparatiste, il faut dépolluer les cerveaux – et cela exige beaucoup plus qu'un

développé grâce à des instances de coordination sous-jacentes, parasitera systématiquement le fonctionnement de l'économie de marché, la vampirisant par osmose, très progressivement.

La clef de la démarche résidera dans notre aptitude à faire *muter* la *théorie de la valeur*. Nous devons développer une esthétique de la rareté, de la conscience et de la possession de soi, par laquelle les fractionnaires échapperont à l'aliénation consumériste, donc à l'hétéronomie. Puis nous devons insérer dans le tissu économique global des entreprises proposant des biens et service orientés vers la satisfaction de cette esthétique. La crise européenne prévisible va nous y aider.

Quelques exemples pour mieux comprendre de quoi il s'agit.

Avec la libéralisation des réseaux électricité et gaz, on va probablement assister en France au même genre de plaisanterie qu'en Argentine ou en Californie, il y a quelques années. En Argentine, après une première crise au début des années 90, la plupart de ces services furent entièrement privatisés. Les compagnies multinationales qui avaient pris le contrôle de ces réseaux les ont gérés dans une logique de rentabilité à court terme. Le résultat ne s'est pas fait attendre. Dans une bonne partie de la mégapole de Buenos Aires, l'eau dite potable ne l'était manifestement plus en l'an 2000. Les stations d'épurations ? Entretenues à la va-vite. Les canalisations ? N'en parlons pas. Résultat des courses : forte progression des maladies infectieuses. L'Argentine, il y a cinquante ans un des pays les plus riches du monde, est aujourd'hui traversées de pandémies dignes du tiers-monde le plus retardataire. En Californie, à la même époque, la société la plus avancée de la planète eut droit à une panne de courant monstrueuse, à cause des aberrations induites par le mode de gestion entièrement privé.

Ce type de « bugs » pourrait arriver en Europe à partir du moment où les États ruinés auront été obligés de se retirer complètement des missions de service public, ce qui sera probablement le cas à partir de 2015, ou à peu près[48]. Dès lors, on voit que la *théorie de la valeur*, sur ces biens, va *muter*. Au lieu d'être appréciées dans le cadre d'un *réseau* fiabilisé par des *consommateurs*, eau et électricité seront évaluées sous l'angle de la *capacité d'autarcie* de *producteurs* aptes à se couper d'un réseau global *défaillant*.

Dans ces conditions, le marché va basculer vers la fourniture non plus de raccordement au réseau, mais de solutions clef en main de production *autonome*. La valeur des produits « eau » et « électricité » ne sera plus définie par la valeur des biens de consommation eux-mêmes, mais par celle des équipements de production assurant l'autonomie des groupes et des individus consommateurs. De là deux conséquences lourdes : d'une part réappropriation par les

---

simple esthétique de la rareté, c'est pratiquement un travail d'auto-rééducation collective que nous devons conduire.

C'est l'étape manquée dans « De la souveraineté ». Lire « Crise économique ou crise du sens ? », à la fin du présent recueil, pour un début de réflexion sur cette question.

[48] Note 2020 : comme expliqué précédemment, la projection était trop rapprochée.

groupements de petite taille d'une partie de la chaîne de valeur, d'autre part réévaluation de la formule de calcul sous-jacente à la valeur. De plus en plus, celle-ci ne sera plus déterminée par l'hypothèse médiane de production quand tout va bien, mais par la capacité de l'outil à satisfaire les besoins en situation de crise. Cette mutation de la valeur dans une optique sécuritaire, inévitable dans une situation d'insécurité générale sur les approvisionnements, est porteuse d'une mutation en contrechoc de toutes nos mentalités.

Autre exemple : la probable implosion des finances publiques va entraîner une réduction sensible de ce qu'il est convenu d'appeler les « minima sociaux ». Si le système implose financièrement, tout l'édifice de la protection sociale sera par terre. Plus d'aide au logement, plus de sécurité sociale, plus d'assurance-chômage publique, plus de prise en charge des accidents du travail. Ça va faire mal.

Ce scénario catastrophe peut apparaître comme de la science-fiction aux Français ordinaires, qui semblent croire que les avantages sociaux arrachés par leurs ancêtres sont dus au peuple de toute éternité. Mais c'est tout simplement la condition dans laquelle sont tenus les travailleurs des pays émergents. Et c'est l'objectif poursuivi par les mondialistes néolibéraux de ramener le monde entier à cette condition misérable. Ils veulent l'alignement de toutes les classes populaires du monde sur le même niveau de vie, c'est ce qu'ils appellent « partager les fruits de la croissance mondiale ». Sous-entendu : entre pauvres des pays riches et très pauvres des pays pauvres, les riches n'ayant bien entendu rien à partager avec personne, dans le système de pensée mondialiste néolibéral.

Cette disparition complète des « filets de protection » tendus jadis par l'État providence peut faciliter la mutation de la valeur dans nos sociétés. Il en résultera un accroissement violent de l'insécurité économique des individus et des groupements de petite taille. Cet accroissement touchera particulièrement les couches moyennes en voie de déclassement.

À la faveur de l'insécurité ainsi créée, une mouvance fractionnaire organisée pourrait par exemple proposer des solutions clefs en main d'autarcie, dans le cadre de communautés à la fois sécurisées par la garde fractionnaire et stabilisées économiquement par la filière des intendants. Pour l'instant, ce type de communautés autarciques est impensable, parce que le niveau de consommation garanti par les minima sociaux suffit à entretenir nos compatriotes dans un confort médiocre, mais reposant. Mais si demain perdre son boulot veut dire crever de faim, la perception de la question changera du tout au tout. Un homme qui a eu faim attache beaucoup d'importance au fait d'avoir une terre à cultiver.

Ces deux exemples suffisent à faire comprendre la nature des mécanismes qui pourraient s'enclencher, dans quelques années, à la faveur d'une régression brutale dans le niveau de consommation des européens. La filière des intendants devra progressivement constituer un *contre système économique*, un réseau d'entreprises dirigées par des membres de la mouvance fractionnaire, ayant les fractionnaires comme principaux clients, mais vendant également hors de la contre-société fractionnaire. Ce *contre système* devra proposer des biens dont la nature sera en décalage avec l'idéologie implicite du système consumériste : des biens dont la fonction sera d'assurer l'autonomie potentielle de leurs détenteurs – fringues solides qu'on conserve toute sa vie, équipements domestiques robustes assurant le bon fonctionnement d'une habitation coupée des réseaux, armes d'autodéfense, etc.[49]

L'organisation de ce contre système autonome sera sans doute conduite dans le cadre du *marché*, qui reste de très loin le meilleur instrument de régulation économique toutes choses égales par ailleurs, à la seule condition que son fonctionnement soit régulé et encadré. Dans cette optique, le développement d'associations de consommateurs affiliées est une étape indispensable. Ces associations de consommateurs ne fonctionneront pas comme les associations de consommateurs normales, qui s'insèrent dans le système capitaliste et tentent de le réguler. Ces associations de consommateurs liées au contre système travailleront en collaboration avec des entreprises elles-mêmes affiliées au contre système pour orienter progressivement le pouvoir d'achat des fractionnaires vers les ressources de production maîtrisées par la mouvance fractionnaire.[50]

Par exemple, des contrats d'approvisionnement stables pourraient être définis entre les producteurs locaux et les consommateurs, garantis ainsi dans l'existence d'une source de proximité. Le point clé, dans la structuration du contre système, résidera dans l'étude de dispositifs contractuels adaptés, qui traduiront sur le plan de la micro-économie un principe de dévulnérabilisation légitime.

La principale question est l'isolement du contre système. Dans l'hypothèse *décliniste*, cet isolement sera nécessairement très progressif. On peut penser qu'il faudra au moins trois décennies pour qu'un pan du système global s'autonomise. La méthode la plus efficace pour garantir cet isolement est le déploiement progressif d'un système de normes conformes aux valeurs du contre système, normes qui ne pourront pas être respectées par le système dominant. Par exemple, on pourra décréter que les membres affiliés au contre système ont désormais vocation à ne porter que des vêtements garantis par une certaine instance, afin d'éviter toute production et consommation inutiles. L'argument écologique sera très utile pour justifier ce genre de rupture entre le contre système et le système.

Dans l'hypothèse *catastrophiste*, l'isolement du contre système pourrait évidemment être beaucoup plus rapide. On comprend pourquoi.

---

[49] Note 2020 : on assiste clairement à un début de mouvement en ce sens. La surprise est que cela ne vient pas tant des milieux politisés que d'une somme d'initiatives individuelles, où l'engagement politique ne joue pas ou très peu. En fait, il s'avère de plus en plus clairement que si les militants peuvent parler de la remise en cause concrète de l'hétéronomie, ils sont assez peu capables de la mener à bien en pratique. Ceux qui le font, ne sont pas ceux qui en parlent.

[50] Note 2020 : il est sans doute regrettable que cette suggestion n'ait rencontré aucun écho…

En tout état de cause, une esthétique devra être développée, pour entraîner progressivement les fractionnaires dans un espace mental collectif coupé du flux de l'immédiateté et de la jouissance programmée. C'est ainsi qu'un univers distinct de l'univers consumériste émergera progressivement, dans l'espace matériel *et* dans l'espace culturel, chaque espace s'appuyant sur l'autre. C'est là un travail très complexe, sans lequel la souveraineté personnelle ne pourra jamais être reconstruite, ni d'ailleurs la souveraineté des groupements de petite taille. La définition de ce travail à la fois économique et esthétique mériterait, à elle seule, un ouvrage complet, tant la question est complexe.

*

Cette notion de *contre système* a fait débat entre nous, parce qu'elle dit quelque chose d'assez désagréable concernant le projet fractionnaire. Elle dit que ce projet ne peut poursuivre comme finalité de reconstruire une souveraineté *idéale*.

Il faut être clair sur ce point : on ne peut opposer au système néolibéral en voie de déploiement qu'un contre système, c'est à dire qu'on ne peut lutter contre une mécanique d'aliénation qu'en lui opposant une aliénation *moindre*. Toute autre voie est vouée à la pure spéculation, ce qui n'est pas notre choix : nous nous voulons *opératifs*.

Il faut un contre système[51], qu'on pourrait définir comme l'ensemble des forces émanant directement de la volonté générale du peuple, aussi directement que possible, et visant à construire une coalition de bas en haut pour faire pièce au système, qui agit de haut en bas dans la structure sociale.

Voilà, à très gros traits, par quels *moyens* nous devrons agir. Fondamentalement, nous sommes dans la situation des Pères Pèlerins du XVII° siècle – mais il n'y a plus d'Amérique à découvrir. Il nous faut construire progressivement notre Amérique à nous, *à l'intérieur du système* que nous voulons fuir.

Nous allons nous développer comme un *embryon*. Que nous le voulions ou non, notre matrice sera le système que nous combattons.

Étape 15 - De quelle manière ?

---

[51] Note 2020 : c'est pour l'essentiel sur ce point qu'à ce stade, le projet achoppe. Il y a d'un côté des militants, qui pensent le contre système mais ne semblent pas très doués pour construire ses bases matérielles. Et il y a d'un autre côté des individus pleins d'initiative, capables d'agir concrètement, mais qui ne pensent pas la dynamique collective. La rencontre des deux types d'homme reste à organiser.

L'ampleur du projet est monstrueuse, surtout si on la rapporte aux médiocres moyens de la dissidence française. De quelle manière un projet pareil pourrait-il être conduit ? À priori, l'entreprise est parfaitement irréaliste.

C'est pourquoi le groupe voulut, en conclusion des travaux, poser la question de la tactique, ou plutôt de l'ensemble de tactiques qui permettraient concrètement de faire avancer la stratégie définie à l'étape précédente.

Notre conclusion est que contrairement aux apparences, le projet fractionnaire n'est pas irréaliste. Il est extrêmement ambitieux. Il sera évidemment conduit, le moment venu, par des gens dotés de capacités bien supérieures aux nôtres, et dans un cadre bien plus large que celui que nous pouvons construire par nos seules forces. Mais, pour dire les choses simplement, c'est jouable.

A une condition : *la jouer fine.*

*

Il est hors de doute que le projet fractionnaire, s'il prend de l'ampleur, va violemment heurter le système euromondialiste. Ce projet, en effet, transgresse le dogme le plus sacré du mondialisme néolibéral, à savoir le relativisme culturel sur lequel la domination purement économique peut prospérer.

Se mettre à part au nom d'une éthique spécifique et constituer un sous-système économique autonome, c'est, selon la vulgate mondialiste, commettre un véritable *crime contre l'esprit.* C'est sous-entendre que l'économie procède fondamentalement du politique, et que le politique procède d'un projet humain, éthique et philosophique. C'est nier que l'infrastructure économique doive conduire la superstructure politique et culturelle. C'est formuler un jugement de valeur, et en déduire la légitimité d'un travail normatif en amont de la définition de la société par le libre jeu du marché. Bref, c'est nier que la société soit un outil de production, et l'homme le produit de son fonctionnement. C'est dire, contre l'hétéronomie fondatrice de l'économisme, que la société est le produit de l'homme et l'homme le produit du processus de socialisation par lequel ses valeurs sont structurées.

Par nature, un projet fractionnaire, en créant une distinction entre les êtres humains indépendamment du jeu du marché, propose un système de différenciation concurrent de celui promu par l'économisme. En cela, *par nature,* il sera vu par ses adeptes, à juste titre, comme nécessairement ennemi du système, et il sera très rapidement perçu comme tel également par ceux qui servent le système.

Très concrètement, la mouvance fractionnaire heurtera le dogme sous-jacent au système néolibéral en cela que son développement impliquera, très vite, l'affirmation d'un système d'interdits et de préconisations imposé aux membres de la mouvance, et donc négateur de leur droit, présupposé par le système, à agir conformément à leurs désirs et suppositions. Il est très clair, par exemple, qu'une mouvance fractionnaire aurait naturellement vocation à règlementer en interne les modalités de contractualisation entre ses membres, et même entre ses membres et des personnes extérieures à la mouvance. Ce simple fait, surtout quand il concernera les contrats structurants de l'ordre social, tels que le mariage, suffira probablement à provoquer l'activation immédiate des défenses immunitaires du système.

La question est donc : comment l'*embryon* fractionnaire pourra-t-il *survivre* dans l'*utérus* du monstre néolibéral, alors que ce monstre va activer *toutes* ses défenses immunitaires pour faire crever cet hôte indésirable ?

*

Ouvrez un manuel d'échecs. En général, il y a une petite rubrique « conseils ». C'est là qu'on vous dit ce qu'il faut, et ce qu'il ne faut pas faire.

Voici tout d'abord un conseil fort utile pour un joueur assez minable dans mon genre : « Quand vous jouez contre un adversaire plus fort que vous, *faites simple.* »

Si un joueur capable de voir à quatre coups se retrouve devant un joueur capable de voir à cinq coups, le joueur qui voit à quatre coups est pratiquement certain de se faire plumer, sauf si, par hasard, son adversaire, présumé plus fort, commet une erreur. Moralité, quand vous êtes mauvais, vous apprenez bien votre théorie, vous vous y tenez strictement, et vous ne finassez pas. Une solide position défensive, bien verrouillée, avec des points faibles peu nombreux, bien identifiés, et faciles à couvrir. Ce n'est pas un jeu génial, c'est même un peu ennuyeux, mais c'est efficace : si vous tenez sur votre défense sans imagination indéfiniment, le petit génie d'en face, obligé de faire le jeu, finira bien par commettre une erreur.

Ce n'est pas du beau jeu ? On s'en fout. La première loi, aux échecs comme dans la vie, c'est : *vaincre*. Il n'y a qu'aux Jeux Olympiques qu'on peut se permettre de perdre.

Comme le mondialisme est très fort, et comme les Français d'après la France sont très faibles, nous allons faire comme c'est écrit dans le manuel. Tous nos mouvements seront calculés pour assurer une position stable, que nous pourrons tenir indéfiniment. Il ne s'agit pas pour nous d'attaquer la position adverse. Nous ne sommes pas assez forts pour ça. Notre stratégie sera défensive.

Nous nous organiserons méthodiquement pour tenir indéfiniment, sans tenter le moindre coup d'éclat, et nous attendrons l'erreur de l'énorme machine qui nous fait face. Puis, une fois cette erreur commise, nous l'exploiterons à fond. Voilà notre ligne générale.

Une fois cette stratégie adoptée, certains des préceptes fondamentaux du jeu d'échecs restent valables, d'autres doivent être adaptés. Par exemple celui-ci : « contrôlez le carré central ». Ce précepte ne vaut plus pour un joueur qui a décidé de s'en tenir à un attentisme prudent. Les cases centrales sont précieuses pour qui veut conduire le jeu. Pour qui se contente de s'arc-bouter sur une position défensive, ces cases, rayonnantes mais exposées, sont des pièges sans valeur. Qu'est-ce qu'on en ferait, si on les occupait ? Rien.

Les cases centrales, sur notre échiquier politique, sont : le système médiatique, l'appareil d'État, la superstructure économique mondialisée. L'objectif, dans le cadre de notre stratégie attentiste, doit être de verrouiller les lignes d'attaque partant de ces cases, sans pour autant chercher à prendre le contrôle des cases elles-mêmes.

*

Concernant le système médiatique : il est impossible de s'en rendre maître, si l'on ne dispose pas d'une puissance financière supérieure à celle de l'adversaire. Donc, nous n'essaierons même pas d'y poser les pieds. De toute manière, les grands médias sont entre les mains du capital mondialisé. À partir de là, il n'y a rien à en attendre, pour des gens comme nous. Nous sommes des dissidents, alors il ne faut pas espérer que la Pravda va faire notre publicité.

En revanche, on peut bloquer les axes d'attaques à partir de la case centrale « système médiatique ». Comment ? En se donnant les moyens de contourner les stratégies déployées par le système médiatique, en particulier le boycott et le lynchage.

Pour contrer le boycott, il faut se doter de ses propres outils de diffusion, organisés en réseau. Il est donc indispensable que la fraction formée par les Français d'après la France se dote de son propre système médiatique, autonome, coupé du système médiatique principal, capable de rayonner vers les Français d'après la France, afin que ceux-ci ne puissent pas se trouver isolés, coupés les uns des autres. Sur le chemin qui mène à la case « boycott médiatique » depuis la case centrale « système médiatique », il faut poser le pion « réseau médiatique autonome ».

Pour contrer le lynchage médiatique, en revanche, il faut sortir du jeu médiatique. En effet, sous l'angle de la puissance de feu communicationnel, le système médiatique institutionnel est invincible. Même si nous avons un système médiatique autonome capable de toucher les Français d'après la France, ce système autonome ne pourra pas se faire entendre du grand public. Il ne pourra pas lutter contre un système médiatique institutionnel capable de sidérer l'opinion grâce aux énormes moyens dont il dispose.

Aux échecs, quand on ne peut pas contrer la menace représentée par une pièce, on cloue cette pièce. C'est-à-dire qu'on fait en sorte que l'adversaire ne puisse plus la bouger, sauf à laisser ouvert un axe d'attaque potentiellement mortelle. En l'occurrence, pour « clouer » la pièce « lynchage médiatique », il faut employer le clouage « stratégie de la tension ». Ce clouage permet de retourner le lynchage médiatique contre sa finalité. Par exemple, pour un groupe diffamé, il s'agira de prendre appui sur un lynchage médiatique pour, arguant de la crainte d'ailleurs légitime que le lynchage médiatique ne dégénère en lynchage pur et simple, justifier l'organisation d'un groupe paramilitaire de défense. Excusez-moi si je m'arme, mais vous avez appelé au meurtre contre moi, alors je suis bien obligé de me défendre.[52]

---

[52] Note 2020 : en 2008, je n'avais pas suffisamment réfléchi aux stratégies de la tension. Je suis aujourd'hui arrivé à la conclusion qu'il est impossible de contrer ce type de

Comme la stratégie du pouvoir est de désarmer la population, cette utilisation des attaques portées par le système médiatique permet de les retourner contre leur promoteur. À partir du moment où nous nous serons mis en situation de jouer cette stratégie de la tension, le système médiatique ne pourra plus déclencher de lynchage, parce que tout lynchage servirait au contraire nos intérêts.

Évidemment, on ne peut pas pratiquer cette stratégie de la tension sans avoir satisfait un certain nombre de conditions préalables. Il faut que le pion « stratégie de la tension » s'insère dans un réseau de pions cohérent, où il est fortement soutenu. Nous y reviendrons.

*

L'appareil d'État est aujourd'hui pratiquement entièrement tombé aux mains des mondialistes néolibéraux, même s'ils maintiennent la fiction d'une opposition gauche/droite au sein du bloc institutionnel. Toute tentative pour s'emparer de cette case centrale est vouée à l'échec :

- Les appareils des grands partis politiques sont verrouillés par des réseaux d'influence eux-mêmes inféodés au capital, en particulier, en France, la franc-maçonnerie régulière et irrégulière, l'énarchie. Toute tentative pour infiltrer ces partis échouera toujours au-delà des rangs inférieurs, le « centre » du parti restant l'apanage des membres des réseaux d'influence.

- La fonction publique est elle aussi verrouillée par des réseaux d'influence - il est vrai moins inféodés au capital, mais malgré tout prisonniers du système piloté, en dernière analyse, par les grands partis politiques.

Dans ces conditions, faute de pouvoir conquérir la case « appareil d'État » elle-même, il faut chercher à bloquer les axes d'attaque qui en partent. Comment ? En évitant *à tout prix* l'affrontement direct.

Il y a des gamins, dans les milieux anarchistes, qui s'imaginent qu'ils vont renverser le pouvoir néolibéral par l'action directe. Ce sont évidemment des mômeries. Compte tenu des évolutions technologiques, le pouvoir a aujourd'hui des instruments de contrôle sans commune mesure avec ses devanciers. Toute stratégie de lutte clandestine est vouée à l'échec dans les pays développés. Compte tenu de ses capacités d'écoute, pistage sur Internet, infiltration des sites sensibles, surveillance téléphonique, espionnage, compte tenu également de ses capacités de réaction en cas de mouvement insurrectionnel structuré, le pouvoir est *invulnérable*.

---

stratégie en prenant appui dessus dans une perspective sécuritaire, parce que les capacités de la structure de contrôle officieuse lui permettront toujours de retourner une telle situation en sa faveur. La seule stratégie possible est de prendre l'opinion à témoin – ce qui veut dire qu'en pratique, en face d'un pouvoir décidé à utiliser la stratégie de la tension, les dissidents sont à ce stade en situation défavorable dans l'absolu. C'est en partie ce qui explique la situation de blocage actuel.

Certes, comme nous l'avons vu, il serait incapable de protéger la population dans le cadre d'affrontements interethniques à basse intensité. En revanche, protéger les lieux de décision serait l'enfance de l'art, même en cas d'attaque massive et déterminée par une rébellion organisée. Le levier technologique est devenu tellement important que dans n'importe quelle situation d'affrontement direct, les troupes gouvernementales ayant développé un haut niveau d'acquisition technologique pulvériseraient n'importe quel adversaire n'ayant pas développé un niveau d'acquisition technologique comparable. En 1917, les troupes improvisées par la révolution bolchevik pouvaient faire face aux professionnels de l'armée blanche, parce qu'à deux contre un, la supériorité numérique compensait le moindre niveau d'acquisition technologique. Aujourd'hui, même à cent contre un, des troupes improvisées auraient très peu de chances de venir à bout d'une unité professionnelle équipée selon les standards des armées occidentales. La messe est dite, toute stratégie directe est vouée à l'échec.

Le terrorisme est bien sûr une erreur encore pire. Il ne sert qu'à cautionner la dérive sécuritaire du pouvoir, à tel point d'ailleurs qu'on peut légitimement penser que, dans bien des cas, il est encouragé, voire suscité en sous-main par le pouvoir lui-même. Et puis de toute manière, le terrorisme pose un problème moral insurmontable pour tout honnête homme.

On ne se fiera pas davantage aux stratégies électoralistes. Le Front National ou le Parti Communiste Français[53] sont des leurres. Le premier est condamné à ne jamais gouverner. Le second a fini en parti croupion, annexe du Parti Socialiste. Il est plus ou moins chargé de garder « à gauche » une fraction de l'électorat ouvrier susceptible de basculer dans le populisme droitard. Quant aux mouvances trotskistes, on a vu précédemment ce qu'il fallait en penser. Seul le Parti des Travailleurs a une ligne cohérente, mais aux dernières nouvelles, son seul vrai succès aura été de promouvoir la carrière de Lionel Jospin, l'homme qui a privatisé France Télécom.

Ces partis politiques ne peuvent que freiner les évolutions du système. Cela ne parle pas franchement en faveur de leur stratégie. À la limite, on peut même se demander s'il ne vaudrait pas mieux qu'ils disparaissent, de sorte qu'il n'existe plus aucun dispositif d'alerte dans le cadre des procédures maîtrisées par le bloc institutionnel, situation qui serait favorable à une dérive susceptible de s'achever par un « accident » majeur.

Pour bloquer les lignes d'attaques partant de la case centrale « système politique », il faut réfléchir hors des sentiers battus et privilégier les stratégies indirectes.

Aux échecs, lorsqu'on ne peut pas bloquer directement une menace, lorsqu'un clouage est difficile, on change la donne : on propose un échange de pièces, et on attend. En l'occurrence, l'échange à proposer au joueur mondialiste,

---

[53] Note 2013 : en 2007, le Front de Gauche n'avait pas encore été fondé.

c'est : j'accepte que tu me détruises, mais je fais en sorte qu'en me détruisant, tu détruises aussi ton propre système de valeurs.

Le grand point fort de l'idéologie néolibérale est aussi son grand point faible : il s'agit d'un totalitarisme *inconscient*. À la différence de leurs devanciers staliniens ou hitlériens, les totalitaires néolibéraux *ne savent pas* qu'ils sont totalitaires, et s'ils s'en doutent parfois, ils savent en revanche qu'ils seraient incapables d'assumer le caractère totalitaire de leur démarche, si ce caractère venait à apparaître franchement. Dans une très large mesure, le combat qui commence va se jouer dans leurs cerveaux, autant sinon plus que dans les nôtres.

À partir de là, la stratégie qui permet de bloquer la ligne d'attaque partant de la case « appareil d'État » coule de source : il faut agir au maximum dans le sens d'un démantèlement futur du système, tout en se plaçant constamment à la limite des actions que le système tolère dans l'immédiat, et donc *sans jamais transgresser la loi*. Le projet fractionnaire doit être farouchement légaliste, parce que c'est le légalisme, aujourd'hui, qui constitue la meilleure voie vers la subversion – et de loin.

Cela étant, il ne reste qu'à attendre. De deux choses l'une : ou bien le système cesse de respecter sa propre loi, alors il n'y a plus d'État de droit, alors le caractère totalitaire du système est avéré, alors il a trahi ses propres valeurs, puisqu'il se veut antitotalitaire. Ou bien le système continue de respecter sa loi, et alors on peut légalement travailler à créer les conditions qui rendent possible son démantèlement futur.

Par exemple, cette brèche dans le système mondialiste néolibéral : comme ce système énonce que la liberté d'entreprise est garantie, alors il doit aussi respecter la liberté d'une entreprise dont la finalité serait de démanteler progressivement les structures de domination organisées par le capitalisme mondialisé. Voilà comment il faut prendre à revers l'idéologie néolibérale, retourner la machine de guerre antihumaine en faveur de l'humain.

Même gambit piégé, concernant le communautarisme. Au fur et à mesure que l'État néolibéral va communautariser la population pour en faciliter le contrôle, sur le modèle de ce qui s'est fait aux USA, des possibilités vont apparaître pour les Français d'après la France de définir leur propre communautarisme – un communautarisme original, et qui va prendre le système à revers, en lui contestant la « marque » France.

L'instrumentalisation subversive du communautarisme va permettre de contester le pouvoir de la machine mondialiste néolibérale en s'appuyant sur les préceptes de cette machine elle-même. Organisés en communauté, les Français d'après la France traqueront les avancées du communautarisme pour les réclamer à leur tour, mais au nom d'un héritage français différent par nature de tous les autres héritages communautaires, puisque non distinct en principe de l'héritage réclamé par la république euromondialiste.

Seule une stratégie complexe d'échanges consentis, de gambits proposés, permettra au joueur faible de verrouiller les axes d'attaque partant de la case centrale « appareil d'État ». Stratégie de longue haleine, faite d'une succession de fuites simulées, d'attaques « hit and run », de pièges et de leurres. Stratégie qui demandera de la patience et des nerfs solides. Stratégie qui exigera aussi, souvent, de savoir consentir des replis tactiques pour éviter de subir une défaite franche. Mais stratégie gagnante à long terme.

On n'attaque pas l'État de face, jamais. Il faut procéder autrement. Il faut obliger ce monstre lourdaud à danser, dans l'espoir qu'il se fasse à lui-même un croc-en-jambe. C'est le seul moyen de le faire tomber.

Ce qui nous attend, c'est une guerre d'usure, conduite dans le cadre d'une stratégie indirecte, où il faudra savoir rester immobile pendant de longues périodes, attendre le moment propice pour prendre à revers le système. Les exemples donnés ci-dessus, éducation et communautarisme, ne sont que des exemples. Dans tous les domaines, il faudra faire preuve d'imagination, surprendre le joueur le plus fort en profitant du fait que, tout occupé à élaborer une stratégie d'ensemble, il a négligé un point de détail. Toute stratégie directe serait en revanche suicidaire.

*

Parmi les cases centrales de l'échiquier, la case « capitalisme mondialisée » est, paradoxalement, celle qui posera le moins problème, bien qu'elle soit en théorie la plus centrale. En effet, si les grandes entreprises mondialisées sont toutes puissantes contre les États, elles sont en revanche sans prises sur des acteurs autonomes, organisés pour faire face à une situation d'autarcie forcée.

Il est évidemment hors de question, pour les Français d'après la France, de mettre la main sur la direction, même locale, des grandes entreprises mondialisées. Les fonctions de direction, dans ces entreprises, sont verrouillées par des réseaux d'influence divers, mais qui, d'une manière générale, assurent la conformité idéologique des membres de la nomenklatura néolibérale. Ces réseaux sont principalement structurés autour des grands fonds d'investissement, Carlyle Group par exemple, lesquels sont étroitement contrôlés, en dernière analyse, par un tout petit nombre de très grands investisseurs, les « 200 familles du mondialisme », si l'on veut bien nous passer un raccourci simplificateur. À partir de là, on voit mal comment la case centrale « grandes entreprises mondialisées » pourrait être contestée par qui que ce soit. Le capital définit une classe très homogène à l'échelle mondiale, à tous points de vue.

En revanche, bloquer les axes qui partent de cette case « grand capital », cela n'est pas très compliqué. Il suffit de se donner les moyens de se passer des produits fournis par les grandes entreprises mondialisées.

Cela n'implique même pas de s'en passer en temps normal. On peut très bien, dans des circonstances normales, continuer à consommer les produits fournis par ces grandes entreprises. En soi, ce n'est pas dramatique. C'est évidemment à éviter, puisqu'il vaut mieux ne pas contribuer à la bonne santé financière de ces grandes entreprises mondialisées, mais ce n'est pas dramatique.

En revanche, ce qui est dramatique, c'est d'être dépendant des grandes entreprises. Comme on l'a vu précédemment, à partir du moment où un acteur est dépendant d'acteurs qui ne sont pas eux-mêmes dépendants de lui, cet acteur tombé en dépendance ne peut plus jouir de sa pleine souveraineté. Voilà ce qu'il faut refuser.

Aujourd'hui, les États ne peuvent plus reprendre leur souveraineté. Ils s'inscrivent dans un certain contexte idéologique, qui leur assigne des finalités telles qu'ils sont entrés en situation de dépendance insurmontable envers les marchés financiers. Endettés, incapables de continuer à rembourser leur dette si la croissance faiblit, incapables de continuer à faire fonctionner le système économique si les marchés leur retirent leur appui, les États nationaux européens ne sont plus souverains, et ne sont pas non plus en situation de reconquérir leur souveraineté.

Paradoxalement, des entités communautaires organisées en réseau seraient bien plus à même de s'émanciper de la puissance des marchés, non parce qu'elles ont plus de force intrinsèque que les États, mais parce qu'elles sont libres de s'assigner des finalités qui ne renvoient pas obligatoirement à l'appui des puissances d'argent. Par rapport au système économique mondialisé, ces entités peuvent en effet développer des stratégies originales, absolument interdites aux États : des stratégies de parasitisme, voire de prolifération cancéreuse.

Parasitisme : il est toujours intéressant d'avoir un pied à l'intérieur et un pied à l'extérieur du système. À la différence des États, dont l'objectif est de faire fonctionner un système global, une entité communautaire peut développer des stratégies de pur parasitisme, se nourrissant du système pour construire un organisme autonome, logé à l'intérieur de la structure sociale, exactement comme un parasite squatte le corps de son hôte.

C'est cette stratégie qu'il faut privilégier. Si l'on choisit la rupture franche, les fractionnaires seront pénalisés dans leur vie quotidienne. Si l'on choisit une rupture partielle, en revanche, ils pourront jouer sur les deux tableaux. Imitons les Juifs, maîtres en communautarisme appliqué, qui peuvent à la fois participer au système économique général quand ça les arrange, et se réserver des secteurs fermés quand c'est préférable de leur point de vue. Une entité communautaire peut se constituer progressivement un ensemble de marchés captifs informels. Exemple amusant, c'est d'ailleurs exactement ce qui se passe avec la viande hallal ou les plats cuisinés kasher. Le principe pourrait être élargi en s'appuyant sur des associations de consommateurs *ad hoc*, comme nous l'avons dit à l'étape précédente.

Prolifération cancéreuse : une fois que le parasite s'est logé dans le corps de son hôte, il peut « retourner » progressivement certaines cellules de l'organisme parasité, pour les intégrer à l'organisme parasitaire.

Et en l'occurrence, ce mécanisme sera favorisé par l'évolution prévisible du système.

Étant donné sa dynamique spontanée, le système néolibéral mondialisé va expulser de plus en plus d'individus, selon des critères de moins en moins compréhensibles par les intéressés eux-mêmes. La nature même de ce système, dual par essence, va l'orienter constamment dans le sens du renforcement des injustices, des arbitraires, de la violence sociale et économique. Une fois enclenchée la mécanique de négation de l'égalité ontologique entre les hommes, cette mécanique s'emballe immanquablement, toute l'Histoire est là pour nous le prouver.

Dans ces conditions, il y aura de plus en plus d'individus rejetés par le système du « mauvais côté de la barrière de vigiles », donc de plus en plus d'individus susceptibles d'être recrutés par un organisme parasitaire logé au sein du système.

Prenez par exemple un jeune cadre dynamique, tout juste marié, heureux en ménage, relativement heureux au boulot. Pour l'instant, il est en lisière du type dominant promu par le système, et il espère se couler parfaitement dans ce type dominant pour jouir des avantages matériels associés. Si vous allez aujourd'hui lui proposer d'entrer dans un réseau communautaire d'entraide et de défense, par opposition à la société dite française en général, à son économie et à sa police, il ne comprendra même pas de quoi vous parlez, et il ne vous écoutera pas. Mais laissez mijoter quelques années, le temps d'un divorce et d'un licenciement. Repassez le voir quand il aura été obligé d'accepter un boulot au rabais, quand sa femme lui aura refusé son droit de visite parce qu'il ne pouvait plus payer la pension alimentaire. À présent, ce jeune homme, vieilli, s'est coulé par la force des choses dans le type dominé, créé par le système en contrepoids obligé à son type dominant. À ce moment-là, parlez d'un autre monde, d'une autre société, d'une société parallèle où les hommes ont les moyens de s'organiser en vue de l'avenir, dans la responsabilité et la solidarité. Vous allez voir : à ce moment-là, le gars vous écoutera.

Des trajets comme celui que je viens d'évoquer, dans la décennie qui vient et qui verra très probablement une catastrophe sociale, il y en aura beaucoup, en France. Toujours plus d'inadaptés, de rebus, de personnes qui n'auront pas trouvé leur place dans la machine : voilà le programme. Le système emporté par son élan élèvera sans cesse son exigence en termes de conformité sociale. Attendez que le libre-échangisme ait achevé de détruire le tissu industriel, attendez que le féminisme à l'américaine ait envahi la société française, attendez que la dislocation de tout lien social ait fait s'élever le taux de criminalité jusqu'à des statistiques colombiennes, et vous verrez : salariés pressés comme des citrons, hommes *pogromés* par leurs compagnes hystériques, victimes de violences urbaines, les recrues se bousculeront à l'entrée du contre système en prolifération.

*

Évidemment, tout cela ne se fera pas en un jour. Jouer la défensive, c'est une affaire de patience. Et c'est là qu'il va falloir nous montrer forts.

Il y a quelque chose, dans le tempérament français, dont il faudra que les Français d'après la France se débarrassent une bonne fois pour toutes : la nonchalance et l'inconstance propres au caractère gaulois. Il y a toujours, chez les Français, cette idée étrange qu'on va charger dans le tas et que ça règlera le problème. Historiquement, il est arrivé que cette méthode « bourrin » donne de bons résultats. Il y a eu Bouvines, bien sûr. Mais en général, notre côté « pantalon rouge - gants blancs » nous a coûté très cher. De Crécy aux offensives de 1915, notre histoire militaire est pleine de moments de bravoure tout simplement *très cons*.

Les rares fois où la fougue gauloise a remporté des batailles, ce fut parce qu'avant de laisser s'exprimer cette fougue légendaire, des dirigeants avisés lui avaient longuement préparé le terrain. C'est la Realpolitik froidement cynique de Philippe Auguste qui a permis la victoire de Bouvines.

Quand on laisse parler la fougue gauloise sans lui avoir préparé le terrain, ça se termine immanquablement par une catastrophe. Le mépris stupide des chevaliers français pour la piétaille anglaise, si efficace, l'imbécillité criminelle de l'État-major français de 1914, qui contrastait tellement avec la préparation méthodique d'une guerre moderne par son homologue allemand : les Français ont ce défaut qu'ils veulent des résultats rapides et que la défaite les décourage. Le travail les rebute. C'est un peuple versatile, qui veut la liberté, mais supporte mal les efforts nécessaires pour la conquérir.

Eh bien, il va falloir que ça change.

La stratégie qui sera la nôtre dans la décennie, peut-être dans les deux, voire dans les trois décennies qui viennent, sera défensive et méthodique, sans panache et sans beaux gestes. Cette stratégie va consister à laisser délibérément l'ennemi occuper le carré central, et à s'installer dans une position défensive solide, soigneusement réparée à chaque fois qu'un assaut l'aura entamée. Cette stratégie va consister à fabriquer un réseau de pions prudemment calculé, puis à le faire avancer pas à pas, par une pression lente mais continue, là où ce sera possible, sans se presser, en exploitant chaque erreur de l'adversaire – obligé de faire le jeu, alors que sa supériorité n'est pas encore décisive. Cette stratégie sans panache sera, pour la fraction du peuple français qui émergera de lui afin d'incarner son nouvel avatar, une formidable école, une forge où sera martelée la lame la plus acérée. Et c'est très bien comme ça.

C'est un très long chemin qui s'ouvre devant nous, un très long chemin à travers le désert. Tout au bout de ce chemin, il y a une terre promise. Mais il faudra arriver au bout du chemin pour poser le pied sur cette terre promise, sur cette terre de souveraineté retrouvée, et tout le monde n'arrivera pas au bout du chemin. À chaque étape, ceux qui ne sont pas dignes d'atteindre la terre promise seront mis à l'épreuve, et peu à peu, ils succomberont. Il y aura beaucoup d'échecs, beaucoup d'amertume. Dans un premier temps, il sera très, très difficile de recruter des âmes fortes, prêtes à se joindre à un projet ambitieux – beaucoup, beaucoup trop ambitieux même, pour qui regarde les rapports de force et ne se pose pas la question des dynamiques à long terme.

Il va falloir travailler longtemps dans l'obscurité, constater jour après jour que nous avançons sans recevoir la récompense de nos efforts, observer autour de nous les dupes du système et constater que, dans un premier temps du moins, il n'y aura finalement guère de différence entre eux et nous. Nous serons constamment confrontés aux jérémiades des flemmards, des inconstants, de tous ceux qui s'imaginent qu'on peut construire une souveraineté à coups de bonnes intentions, sans souffrance, sans effort, sans renoncement.

C'est très bien comme ça. Nous avons besoin de nous nettoyer. Comme je le disais précédemment, la base biologique du peuple français a besoin d'une sérieuse *épuration éthique*.

Étape 16 - Éléments pour un manifeste fractionnaire

Nous ne sommes pas dupes. Voilà ce qu'il va bien falloir dire à nos maîtres, tôt ou tard. Nous savons ce qui se passe, et nous savons quel avenir on nous prépare.

Nous savons que le modèle mondialiste néolibéral qui est en train de se déployer sous nos yeux présente, sous une forme radicalement renouvelée, tous les traits distinctifs des idéologies totalitaires du XX° siècle. Nous avons compris qu'on veut nous imposer un modèle dual, visant à dernière analyse à créer un animal-masse asservi, pour le bénéfice d'une classe dirigeante amorale. Nous avons compris pourquoi le système mondialiste a organisé une immigration de masse vers nos pays : c'est pour aligner progressivement les pauvres des pays riches sur le niveau de vie des pauvres des pays pauvres. Et nous avons compris pourquoi la mondialisation a été organisée dans le cadre d'un libre-échangisme favorable au rendement maximal des capitaux : pour la même raison. Et nous avons compris également pourquoi le pouvoir nous incite à aimer la paix plus que tout : c'est parce qu'ainsi, nous l'aimerons plus que la liberté. Nous avons perdu notre souveraineté. Tout conspire à nous faire consentir à cette perte.

Nous n'y consentirons pas. Cette souveraineté perdue, nous voulons la reconquérir. Nous voulons la reconquérir, parce que nous savons très bien ce qu'il adviendra, si nous ne sommes pas maîtres de nos destinées.

Nous savons très bien à quelles abominations un système dual conduit. Nous avons en mémoire les précédents. Nous savons que par sa propre dynamique, sans qu'aucune volonté maléfique n'y préside, ce système sera homicide dans son principe. Nous savons que le dualisme social préfigure et engendre le crime d'État. Nous savons que c'est la personne humaine qui est en danger. Nous savons très bien ce qu'il advient des hommes, quand un principe désincarné prétend s'ériger en finalité du politique, en lieu et place de l'homme charnel.

Nous savons qu'en face de ce système, le cadre national ne nous protègera pas. La France, notre patrie, n'est plus un pays souverain, parce que plus aucun pays n'est souverain. Nous savons que nous ne sommes plus maîtres de notre destin, parce que plus aucun peuple n'est maître de son destin. C'est pourquoi nous appelons à une révolution copernicienne des rapports sociaux : nous voulons construire un contre système, dont la cohérence interne reposera sur une exigence de souveraineté maximale des échelons les plus déconcentrés. Voilà ce qu'est notre projet.

Nous savons que nos libertés individuelles ne sont plus qu'illusions, parce que notre souveraineté collective est morte. Nous savons que la trahison des élites a été possible parce que le peuple s'est montré lâche, et donc nous savons que le peuple fait partie du problème, pas de la solution. Nous sommes sans illusion sur nos contemporains : nous savons que dans leur immense majorité, ils aiment se soumettre.

Pour autant et bien que la France, en tant qu'État nation, soit incapable de nous défendre, nous savons aussi que c'est dans son âme que réside la forteresse où nous devons nous retrancher. Nous savons que l'âme de notre peuple refusera toujours de s'incliner devant un pouvoir qui, pour commencer, ne se sera pas, lui, incliné devant le principe d'humanité. Nous nous souvenons que la France fut, historiquement, le point de départ de l'Occident, et nous prenons la mesure de nos responsabilités.

Alors, constatant que le système néolibéral mondialiste est homicide dans son principe, constatant que l'âme de la France est la forteresse qui nous protégera de cette force mortifère, et sachant pertinemment que cette âme n'est plus incarnée par le peuple français tel qu'il est désormais, nous en venons à l'inéluctable conclusion que nous devons offrir un nouvel avatar à cette âme.

Nous savons que nous ne pourrons pas combattre sans avoir, pour nous unir, un souffle partagé, et nous savons que nous devons combattre, car en défendant ce que nous sommes, nous érigeons une digue contre le nihilisme. C'est pourquoi, en parfaite connaissance de cause, nous espérons en une fraction du peuple, appelée à se détacher progressivement du peuple, pour survivre au peuple à l'heure décisive. Et nous voulons encore que cette fraction soit suffisamment nombreuse pour pouvoir assurer sa sauvegarde par ses propres forces, et suffisamment déterminée pour affronter les périls à venir. Disons les choses avec franchise : nous revendiquons une saine volonté de puissance.

Nous pensons possible que la France connaisse une crise majeure, sans doute dans le courant de la prochaine décennie, du fait des contradictions internes insurmontables où s'est enfermée sa classe dirigeante. Il est encore trop tôt pour dire exactement quelle forme prendra cette crise, mais il semble d'ores et déjà acquis que si elle éclate, elle sera très grave. Cette perspective nous place, nous, Français d'après la France, en situation de construire une résistance aux dérives que connaîtra ultérieurement le système mondialiste dans son ensemble. La crise française va ouvrir une fenêtre de tir aux dissidents, une fenêtre de tir qui n'existera sans doute pas avant longtemps, ailleurs dans le monde.

Deux scénarios sont envisageables. Ou bien nous vivrons une dégradation progressive, qui amènera d'abord une implosion économique sur le modèle argentin, ensuite l'émergence d'une société violente sur le modèle colombien. Ou bien, à un certain moment de ce processus, un accident systémique insurmontable surviendra, qui fera très vite basculer le pays vers une situation libanaise ou yougoslave. Dans les deux cas, notre survie tant individuelle que collective est menacée : cette menace justifie notre constitution en fraction. Elle est *l'occasion* de nous organiser. La prochaine fois que nous marcherons derrière un mur de boucliers, *c'est nous qui tiendrons les boucliers*.

Il s'agira d'élaborer une pensée vivante, pas d'appliquer un programme. Fondamentalement, notre démarche consiste à refuser un monde sans lois, le monde que nos maîtres nous préparent. Nous voulons préserver notre liberté, ce qui veut dire que non seulement nous voulons pouvoir déterminer notre action, mais aussi que nous voulons pouvoir en prévoir les conséquences. Nous voulons vivre sous des lois écrites et humaines, qui nous diront que pour tel acte, l'homme obtient telle conséquence légale.

Nous savons que l'on ne peut fonder une loi que sur un ensemble de valeurs communes, donc sur une vision du monde partagée. Mais nous voulons que notre vision du monde soit dynamique, vivante, qu'elle soit élaborée progressivement. Nous ne sommes pas en train de construire une identité fermée. Nous sommes en train de construire une identité forte, donc ouverte.

Nous voulons que la connaissance de notre responsabilité envers les hommes futurs nous permette de dépasser les limites de l'individualisme occidental. Nous voulons revenir aux sources de l'Occident, mais par une voie nouvelle, adaptée aux conditions spécifiques de l'ère technologique.

Nous voulons vivre dans la vérité. Contre la fausse culture promue par le marché, nous reconstruirons la culture traditionnelle, celle de la vérité. Qu'on ne s'y trompe pas : à la différence des marxistes et des autres matérialistes, nous ne récusons pas seulement la méthode par laquelle le capitalisme prétend réaliser l'homme dans le monde matériel. C'est la finalité même du mondialisme néolibéral que nous contestons. Nous nions que le but de la vie soit de rendre la vie plaisante. Nous voulons que la vie rende *la mort* plaisante. Nous nions que l'homme puisse être réalisé pleinement dans le monde matériel, nous récusons les fondements mêmes de toute l'idéologie dominante. Nous sommes de *véritables* européens, et nous en sommes fiers.

Nous avons parfaitement conscience des rapports de force. Nous savons que toute tentative de subversion directe de notre part déboucherait sur un échec. C'est pourquoi nous ne contesterons absolument pas à l'État le monopole de la violence légale, aussi longtemps qu'il sera en mesure de l'assumer. Nous comptons nous organiser dans le strict respect de la légalité, jusqu'au moment où la légalité elle-même disparaîtra, parce que le système sera entré en crise ouverte. Notre propos est de nous préparer à l'effondrement de l'État français, effondrement que nous ne favoriserons pas, mais que nous estimons tout simplement très probable, étant donné la dynamique du système.

En aucun cas nous n'agirons contre l'État, même si nous savons très bien ce qu'est son essence secrète. Mais dans la mesure où les lois de la soi-disant république dite française le permettent, nous nous préparerons pacifiquement à l'hypothèse d'une situation où, précisément, ces lois seraient devenues inapplicables. Notre stratégie va consister à nous organiser pour faire face à une crise systémique, puis à laisser les tendances lourdes du système s'exprimer dans un sens spontanément favorable à la survenue de cette crise systémique.

Nous voulons nous organiser par un travail conduit sur la durée, pas à pas, méthodiquement mais en exploitant les opportunités ponctuelles. Nous allons structurer progressivement un contre système médiatique nous permettant de nous couper totalement du flux informationnel et culturel émis par les émetteurs inféodés au système. Nous allons structurer progressivement un contre système éducatif permettant de transmettre notre vision du monde à nos enfants. Nous allons progressivement organiser un contre système de sûreté pour nous protéger des mercenaires du mondialisme.

Nous allons progressivement nous doter de l'ensemble des institutions tolérées par le système dans le cadre communautaire. Nous allons retourner l'arme du communautarisme, évidemment instrumentalisé par le système en vue de dissoudre les groupements humains capables de s'opposer au mondialisme. Nous allons utiliser le communautarisme pour organiser la communauté de ceux qui, refusant le communautarisme régressif, veulent se fédérer autour d'un idéal. Du communautarisme, nous allons faire une doctrine politiquement dynamique, et ainsi, nous prendrons à revers le système.

D'une manière générale, nous n'envisageons aucun comportement agressif. Notre démarche est strictement défensive. Sur le plan pratique et à court et moyen terme, notre propos est de garantir notre propre sécurité. En aucun cas notre démarche ne recouvrira un projet de conquête ou d'agression. En particulier, notre démarche se situe dans le cadre français. Elle concerne tous les Français, sans distinction raciale, religieuse ou sociale, mais uniquement les Français. Il est possible que cette démarche, ultérieurement, soit imitée par des mouvements fractionnaires à l'étranger. Si c'est le cas, nous nous coordonnerons avec ces mouvements sans chercher à les contrôler.

Nous avons parfaitement conscience du caractère planétaire de la lutte à mener. Si nous agissons localement, c'est parce que nous avons d'abord pensé mondialement. Ce qui commence en France, c'est à nos yeux le combat de l'âme fondatrice de la civilisation européenne contre les forces qui tentent d'anéantir cette âme. D'une certaine manière et pour reprendre une formule célèbre, cette bataille sera la mère d'une autre bataille, bien plus importante : la bataille des peuples contre le mondialisme, partout.

Nous savons que selon toute probabilité, notre génération ne verra que le tout début de cette lutte-là. Nous savons que nous allons passer l'essentiel de notre vie à creuser les fondations d'un édifice que d'autres, après nous, pourront seuls construire, quand le temps aura fait son œuvre. C'est une tâche ingrate que la nôtre, et qui ne nous sera sans doute pas remboursée dans cette vie, mais peu nous importe. Comme il a été dit précédemment, c'est pour nous la mort qui marque le terme, c'est pour elle que nous vivons. Nous voulons qu'à l'heure dernière, quand tout sera dit, nous puissions revendiquer la seule certitude qui vaille : à ceux qui voulaient nous asservir, nous aurons refusé notre consentement. Savoir qu'il en sera ainsi suffit à rétribuer nos peines.

Si vous voulez vivre, vous nous rejoindrez.

Et sinon : bon suicide.

LA QUESTION RACIALE

En relisant, en 2013...

*R*édigé en 2008, « *La question raciale* » *est un texte écrit en réaction. En réaction à quoi ? Aux questions pertinentes que soulevait un ami, contributeur sur* « *De la souveraineté* », *mais aussi membre du Bloc Identitaire.*

Il s'agissait de décoder une situation générale dans laquelle il est devenu très difficile de poser, *tout simplement* poser *la question raciale. Il fallait reconstituer les bases conceptuelles permettant d'énoncer correctement les enjeux du débat.*

A posteriori, le résultat me paraît satisfaisant sur le plan intellectuel – mais nul, tout à fait nul, sur le plan de l'impact concret. Je n'ai pas grand-chose à ajouter à ce que je disais en 2008, et rien à en retirer. Mais je suis bien forcé de constater que mon propos est resté tout à fait inaudible, en tout cas dans les cercles où j'aurais voulu qu'il ne le restât point.

Chou blanc, si j'ose dire.

J'ai d'ailleurs pu vérifier récemment que j'étais largement incompris, lors d'un passage sur Radio Courtoisie. Après une petite heure d'émission sur « *la* » *question, on me transmit les messages des auditeurs. Parmi eux, cette perle, révélatrice de la tonalité générale :* « *Dois-je remettre mon étoile jaune ?* »

Et bien entendu, le lendemain, sur Internet, un anonyme diffusait une caricature de moi en officier de Tsahal...

C'est ainsi : celui qui n'est ni antisémite, ni sioniste, et assez stupide encore pour le dire et le revendiquer, finira caricaturé en sioniste par les antisémites, et en antisémite par les sionistes. Et personne, n'est-ce pas, n'y changera jamais rien.

REMERCIEMENTS

Merci à mes premiers lecteurs,
Jean-Marc, Marc, Le Zélote

1. ACTUALITÉ DU PROPOS

Pourquoi parler de la question raciale ?

Parce que cette question se pose, aujourd'hui, en France.

La France n'est plus racialement homogène. Il est donc devenu impossible d'ignorer la question raciale. La réflexion politique dans une société multiraciale doit considérer la question des données biologiques. C'est désormais une étape incontournable pour préserver ce qui nous est cher : le principe d'humanité, tel qu'il s'incarne concrètement, dans le monde où nous vivons, dans notre pays. D'aucuns prétendront qu'il faut au contraire l'ignorer, afin de faciliter son dépassement : erreur, ignorer le réel ne l'a jamais empêché de se venger.

Hypothèse : admettons que dans les prochaines décennies, à la suite d'une crise violente, l'État-nation français disparaisse. Alors, il faudrait redéfinir le peuple français – ou les peuples héritiers de la France, s'il y en a plusieurs. La question sera posée : faut-il que ce ou ces peuples français refondé(s) soi(en)t racialement homogène(s) ? Question d'une infinie brutalité, certes – mais qui se posera.

Comment, dans ces conditions, parler de la race ?

Je ne m'interdis a priori aucune hypothèse. Pas de tabou : les certitudes bêlantes du « politiquement correct », cela ne m'intéresse pas. Mon propos n'est pas de cautionner les sentiments racistes – qui ne sont pas les miens. Mais mon propos n'est pas davantage de condamner ces sentiments – ce qui ne servirait à rien. Je veux parler des réalités. Si je suis amené parfois à évoquer la question des sentiments, ce sera uniquement lorsque ceux-ci ont eu historiquement des conséquences concrètes. Mon propos est froid. Je veux parler du racialisme, et de l'antiracialisme, sans a priori.

J'emploierai ici le terme de racialisme dans le sens où l'entendent les Américains, lorsqu'ils parlent du « racialism » : l'hypothèse que la race constitue un facteur essentiel de la constitution des peuples. Dans cette optique, j'admettrai l'emploi du mot « race », avec quelques restrictions, détaillées plus loin. J'instruirai l'affaire à charge contre le racialisme, mais aussi à décharge. Mon propos est de réfléchir en fonction des éléments portés à ma connaissance. Je veux me faire une idée aussi juste que possible quant au degré de pertinence de l'argumentaire racialiste. Voilà l'enjeu : savoir ce qui est vrai, et ce qui est faux. Il est possible que le vrai déplaise : peu m'importe.

De cette d'objectivité, la nécessité d'un travail préalable de mise en perspective. Avant toutes choses, dépassionnons le débat. Ensuite, nous pourrons aborder sereinement la question, dans toute sa complexité.

Il s'agira d'abord de dire d'où l'on parle, afin de pouvoir parler sans craindre d'être mal entendu. J'examinerai l'œuvre des principaux théoriciens du racialisme et des principaux opposants de cette doctrine, et l'on verra en effet que leur travail à tous, honnête ou pas, fut en tout cas toujours dépendant des conditions socioculturelles de leur réflexion.

On peut à mon avis classer sommairement ces penseurs en quatre catégories, réparties sur deux axes : racialiste (qui croit à l'existence de différences raciales fortement structurante du fait social) / antiracialiste (qui n'y croit pas), et modéré (qui exclut l'action directe pour modifier l'état des choses) / extrémiste (qui est prêt à l'action directe, quitte à bousculer les équilibres anciens).

Ce qui donnera, dans le fil de l'exposé :

Premièrement, la position racialiste modérée (Gobineau), modérée au sens de « moins extrémiste que d'autres », position qui, comme je vais le montrer, prend généralement sa source dans une anthropologie différentialiste, inégalitaire et pragmatique, selon laquelle la finalité de l'humain réside dans le maintien d'une élite.

Deuxièmement, la position racialiste extrémiste (Houston Chamberlain). Cette conception prend sa source dans une anthropologie différentialiste, inégalitaire et volontariste, selon laquelle la finalité de l'humain réside dans l'amélioration de l'élite.

Troisièmement, la position antiracialiste modérée (Auguste Comte). Cette conception prend sa source dans une anthropologie universaliste et pragmatique, pas nécessairement égalitaire, selon laquelle la finalité de l'humain réside dans la réalisation de leurs potentialités par les masses.

Quatrièmement la position antiracialiste extrémiste (Lyssenko). Cette conception prend sa source dans une anthropologie universaliste, égalitaire et volontariste, selon laquelle la finalité de l'humain réside dans l'accroissement pratiquement indéfini d'un niveau moyen que l'éducation et l'action sur la base biologique doivent rendre possible.

J'entends montrer d'où viennent ces quatre conceptions, c'est-à-dire dans quelles conditions socio-historiques elles se sont formées, et pour quelles raisons. L'exigence d'objectivité m'amènera à adopter un point de vue de stricte neutralité. Je considèrerai ces points de vue séparément, en référence aux conditions socioculturelles qui ont accompagné leurs expressions respectives. Je ne prendrai pas partie sur le bien-fondé de telle ou telle vision du monde, mon propos n'est pas là. Il s'agira uniquement de montrer de quels sentiments ces opinions sont les façades.

Alors, une fois le paysage idéologique mis en perspective, la question aura été dépassionnée. Savoir pourquoi on pense ce qu'on pense, c'est souvent pouvoir changer d'avis. Alors, et alors seulement, il sera temps de parler sur le fond.

Je me risquerai à résumer ce que j'ai compris des ouvrages de vulgarisation scientifique tombés entre mes mains – que le lecteur me pardonne : ce sera le point de vue d'un profane, armé de son seul bon sens. Je m'arrêterai plus particulièrement aux enseignements de quatre disciplines : la physiologie comparée, l'étude des mécanismes de l'anthropogenèse, l'étude des mécanismes évolutionnaires, et enfin la sociologie ethnique. De là, j'essaierai de dégager une synthèse des connaissances sur la question du racialisme, et d'en déduire une position de bon sens.

En conclusion, j'esquisserai quelques perspectives, en fonction de ce qui aura été dit précédemment, quant à la situation française et européenne à court, moyen et long terme, au regard en particulier des évolutions de paradigme induites par le progrès technologique. Si le lecteur est assez patient pour me suivre jusqu'à cette conclusion, sans doute comprendra-t-il, alors, pourquoi j'ai pris, dès l'abord, tant de précautions.

2. LE RACIALISME MODÉRÉ

Pendant des millénaires, la race fut considérée comme un fait *évidemment* structurant du fait social. On ne doutait pas qu'elle fût une réalité d'évidence, on ne doutait pas davantage que cette réalité dût être placée au centre du fait politique. La race, « radix » en latin, radical « rod » des langues indo-européennes, d'où le russe « Rodinia », patrie, ou encore le français « racine » – la race, élément *central* du fait politique dans la conception traditionnelle.

Pendant toute l'Antiquité et jusqu'au XIII° siècle en Europe de l'Ouest, la race fut dans l'ordre social un élément plus crucial que le contrat, et même que le contrat de mariage – jusqu'à l'émergence de l'individu comme unité sociale signifiante, les époux restaient, toute leur vie, moins proches l'un de l'autre que frères et sœurs devaient l'être, selon les mœurs du temps. Sauf le cas particulier de l'adoption, la famille antique et médiévale était *biologique* – et ce ciment *biologique* tenait tout l'édifice *social*. La famille d'alors était construite par le *sang*, pas par l'amour, encore moins par le désir. Ainsi, dans la constitution des liens sociaux, pour les hommes d'avant la modernité, le sang primait tout – même la religion devait s'incliner devant sa prégnance.

Ce constat vaut pour toutes les civilisations antiques et médiévales. Même les Romains, les plus universalistes des Anciens, sont profondément racialistes dans leur conception des hiérarchies sociales. Même après que leur universalisme les a conduits à accorder la citoyenneté à tous les hommes libres de leur empire, ils continuent à situer les hommes dans des *lignées*, afin de leur assigner une *place*. Quand ils veulent les élever au-delà de leur ascendance, il faut qu'ils les intègrent d'abord symboliquement dans une lignée elle-même supérieure, par l'artifice de l'adoption.

Le racisme de l'Ancien Testament ne posait apparemment *aucun* problème aux lecteurs antiques et médiévaux. Aucun malaise chez les Juifs antiques, devant le livre des Nombres qui dit : « Quand le tabernacle partira, les Lévites le démonteront ; quand le tabernacle campera, les Lévites le dresseront ; et l'étranger qui en approchera sera puni de mort. » (I, 51) Ou encore : « Qu'aucun étranger à la race d'Aaron ne s'approche pour offrir du parfum devant l'Éternel. » (XVI, 40). Ou encore : « Vous chasserez devant vous tous les habitants du pays car c'est à vous que je le donne à titre de possession. Si vous ne dépossédez pas à votre profit tous les habitants, ceux que vous aurez épargnés seront comme des épines dans vos yeux et vous harcèleront sur le territoire que vous occuperez » (XXXV, 53-55)

Aucun malaise non plus chez les chrétiens médiévaux, qui lisent dans le Deutéronome : « Tu pourras tirer un intérêt de l'étranger, mais tu n'en tireras point de ton frère, » (XXIII, 20) Ou encore : « La honte est à ses enfants, race fausse et perverse. » (Deutéronome XXXII, 5)

Au Moyen Âge, on chantait les Psaumes, si spirituels, où l'on trouve : « Toi, Éternel ! Tu les garderas, Tu les préserveras de cette race à jamais. » (XII, 8).

Hors du cadre biblique, on trouverait d'innombrables illustrations de ce racialisme antique, assez peu compatible, il faut bien l'avouer, avec nos conceptions modernes relatives au « vivre ensemble ».

Cependant, pas de conclusion hâtive : le racialisme d'alors n'était pas forcément de même *nature* que notre racialisme contemporain. Il s'insérait en effet dans un mode de pensée tellement éloigné du nôtre que nous commettrions peut-être une erreur en projetant sur lui nos représentations contemporaines.

*

Dans le monde antique et médiéval, peut-être à l'exception de l'Athènes démocratique, *l'individu n'existait pas au regard de l'ordre social*. Or, c'est seulement à l'aune des conceptions individualistes contemporaines que le racialisme prend la signification que nous lui donnons aujourd'hui : un système de différenciation *concurrent* de l'ordre économique et social spontané, structuré par les individus en interaction. Et donc, dans un monde où l'individu n'existait pas, le racialisme fut d'abord *un système d'organisation de la tolérance*. Placé au centre de la structure sociale, il n'était pas nécessairement belligène – au contraire : il fonctionnait en pratique comme un juge de paix.

Nous avons du mal aujourd'hui à comprendre ce mode de pensée défunt, parce que nous vivons un temps où certaines équations paraissent axiomatiques, qui ne le sont que dans le cadre moderne de l'individualisme triomphant. Mais, si nous voulons mettre en perspective notre rapport contemporain à la question raciale, il nous faut précisément sortir du cadre qui circonscrit désormais notre pensée. Prenez par exemple cette idée que la justice présuppose l'égalité des individus en droits et en devoirs : conception qui est la nôtre en France peu ou prou depuis 1789, et qui s'est imposée progressivement dans tout l'Occident depuis deux siècles. Disons-le tout net : cette conception n'aurait tout simplement eu *aucun* sens dans les sociétés traditionnelles – pour la bonne et simple raison que le sujet même des droits et des devoirs individuels, dans ces sociétés, était considéré comme inexistant au regard de l'ordre social. Exemple paroxystique : pendant toute l'antiquité et la plus grande partie du Moyen Âge, partout dans la Chrétienté, personne ne trouvait scandaleux qu'un fils de serf naquit serf. C'est plutôt l'idée contraire qui eût semblé absurde aux hommes d'alors, en Europe en tout cas (dans le monde musulman, à l'époque en avance, il en allait différemment dans certains cas).

Jusqu'au XIII° siècle occidental et à quelques parenthèses historiques près, l'individu fut un non-être social. Il résultait de cette conception un univers mental si différent du nôtre que nous peinons à nous le représenter. On peut encore en observer des survivances en Inde, mais cela ne nous avance guère : perdus sans remède sont en général les Occidentaux que les exigences du commerce confrontent au système de castes hindou.

Si nous essayons cependant de comprendre, nous devons tout d'abord observer que les cultures antiques et médiévales, si l'on met à part l'épisode athénien, furent *toutes* aristocratiques de facto. Jusqu'à une date finalement assez récente à l'échelle du temps historique, la question du régime n'a jamais opposé que les diverses formes d'aristocratie envisageables :

- L'aristocratie héréditaire, par exemple l'ordre médiéval en Europe, ou bien la République romaine des patriciens ;
- Puis l'aristocratie du mérite, généralement structurée par des mécanismes de cooptation encagés dans un système de castes, comme l'Empire Romain à partir de Trajan ou encore l'État royal français au terme de son évolution ;
- Et enfin l'aristocratie de la richesse, ou ploutocratie, forme dégénérée du principe aristocratique, par exemple la Venise médiévale ou encore la République romaine entrée en décadence.

Ce qu'il faut bien comprendre, c'est que toutes ces aristocraties furent profondément *racialistes*, mais pas nécessairement *racistes* au sens où nous entendons ce qualificatif aujourd'hui. À contrario, il est intéressant de noter que l'expérience démocratique athénienne fournit l'un des très rares exemples antiques d'une pensée racialiste classificatrice comparable, par sa logique hiérarchisante et essentialiste, aux modes de pensée adoptés par les racialistes modernes.

L'aristocratie héréditaire au sens strict débouchait en pratique sur un racialisme familial, qui séparait les lignées à l'intérieur des peuples, *mais pas nécessairement les peuples entre eux*. Ainsi, au XII° siècle, en France, le terme de race signifiait *lignage*. On parlait de la race des Capétiens, on ne parlait pas de la race blanche. Quand on parlait de la race franque, c'était pour décrire l'ensemble des familles nobles qui se rattachaient à l'arbre carolingien, et elles seules. La notion de « race française » n'existait absolument pas, et les idées de « race nordique », « race latine », étaient pratiquement inconnues. Le principe de hiérarchisation distinguait alors entre ceux supposés avoir hérité des vertus d'un sang précis, et ceux qui n'étaient pas issus d'un lignage prestigieux. Une princesse étrangère mariée à un roi franc donnait naissance à des enfants de race franque, *parce que nobles*.

La passion de classifier, qui caractérise notre racialisme moderne, était inexistante dans les systèmes aristocratiques du sang. Le racialisme conservateur aristocratique des origines était empirique, familial et spontané, il n'avait nul besoin d'un prisme idéologique fort pour structurer une vision cohérente de l'ordre social.

Il en découle un paradoxe instructif : alors que les aristocraties du sang sont en théorie les régimes les plus farouchement racialistes, ils débouchèrent en pratique sur des systèmes sociaux très variablement racistes. Si l'on prend l'exemple des Juifs, longtemps la seule population exotique présente au sein des populations européennes, les pogroms médiévaux eurent un arrière-plan religieux ou économique, mais la question raciale resta très secondaire. Un Juif converti, aussi longtemps que sa conversion ne faisait pas de doute, était vu comme un chrétien à part entière – et cette conception non essentialiste ne fut remise en cause qu'à la Renaissance. L'intolérance médiévale était principalement religieuse, et très secondairement raciale.

Mais à bien y réfléchir, il n'y a nul paradoxe : en s'appropriant le principe de hiérarchisation par le sang, l'aristocratisme de l'hérédité *interdisait les sentiments racistes au peuple*. Nous touchons là à une première conclusion : le lien entre racialisme et racisme s'est historiquement avéré *dynamique*, et donc nullement *automatique*. Ce lien obéit à des mécanismes *complexes*. Il peut arriver qu'une forme précise du racialisme théorique agisse comme un antidote face à une forme précise du racisme pratique. Retenons bien cette conclusion : elle nous resservira.

Passons à présent à l'étude des méritocraties de castes. Elles ont engendré des attitudes *plus tranchées* quant à la question raciale. *Moins* ouvertement racialiste que l'aristocratie du sang, l'aristocratie du mérite définit en effet des structures mentales *plus aptes à engendrer le racisme de masse*.

Dans une méritocratie, en effet, ce n'est pas le lignage qui définit les hiérarchies, mais la compétition entre pairs. La question raciale devient donc : *qui est le pair de qui ?* Qui a le droit d'entrer en compétition avec qui ? – Question lourde de conséquences, et qui ouvre, précisément, la porte au *système des castes*.

Ainsi, parce qu'elle renvoie à un principe d'égalité entre lignages au sein de l'aristocratie, la méritocratie génère mécaniquement un principe de hiérarchisation raciale *étendue*. D'un moindre racialisme pragmatique découle en pratique la possibilité d'un plus grand racialisme classificateur. Exemple illustrissime : la constitution de l'antique Sparte, qui distinguait trois groupes ethniques dans le corps de la Cité – l'aristocratie guerrière spartiate, les hommes libres des cités soumises proches, et enfin les ilotes, descendants des communautés submergées par l'invasion dorienne. Dans ce type de système, l'étanchéité raciale des groupes supérieurs permet d'organiser la mise en concurrence des lignages *au sein de ces groupes*, mise en concurrence *limitée* qui serait impensable dans le cadre d'une structure sociale ouverte. Le lien entre racialisme théorique et racisme pratique confirme encore ici son caractère paradoxal : un racialisme idéologique *moindre* débouche sur la nécessaire invention d'un racisme *systématique*. Nous avons besoin de classifier, *si nous devons égaliser à l'intérieur de chaque catégorie*.

Cependant, là encore, gardons-nous des conclusions hâtives. Que le racialisme de castes ait débouché sur la constitution de systèmes intrinsèquement *racistes*, nul ne saurait le contester. Et que les sociétés de castes aient été inégalitaires, donc contraires à nos conceptions modernes, c'est certain. Il est moins certain, en revanche, qu'elles aient généré un racisme *identique* au nôtre dans son essence.

Là encore, pour comprendre le fonctionnement de ces sociétés de castes traditionnelles, il faut nous débarrasser des conceptions occidentales contemporaines, « un homme une voix », « égaux en droits et en devoirs », etc. Dans l'Antiquité et sans doute pendant le Haut Moyen Âge, tout cela n'avait *aucun* sens. Ce qu'il faut bien comprendre, c'est donc que les sociétés de castes traditionnelles organisèrent non l'égalité des individus en droits et en devoirs, mais la *répartition symétrique des fonctions entre les lignages*. Aux nobles, aux kshatrias hindous, aux Spartiates, le pouvoir et la richesse… mais aussi l'impôt du sang. En ce sens, le « racisme » des sociétés de castes est un instrument de *l'équité*.

Tout est là : quand, aux Thermopyles, il apparut que l'armée était perdue, Léonidas renvoya vers l'arrière les hommes libres et les ilotes. Seuls restèrent, pour couvrir la retraite et mourir sur place, les 300 Spartiates de la légende. La morale de l'histoire est limpide : ils avaient dominé, à eux d'acquitter le prix de leur domination. Et ce prix, c'était la preuve, qu'ils devaient donner sur le champ de bataille, d'une domination *intérieure*, domination de l'homme conscient sur la créature charnelle, de la volonté sur la faiblesse, du sens du devoir sur la peur de la mort – clef de voûte spirituelle d'un système anthropologique *cohérent*, appuyé sur une forte résonance entre les structures mentales individuelles et la structure sociale collective. Là s'esquisse un système à nos yeux presque indéchiffrable, mais que nous pourrions résumer ainsi : le renforcement du Surmoi collectif par l'isomorphie entre la mystique et la structure sociale.

De cette cohérence psychosociologique, sans doute, l'attachement que des esprits libres, même issus des classes intermédiaires, ont pu démontrer parfois envers de tels systèmes. Ainsi Gandhi, fils de marchand, voulut certes améliorer le statut des intouchables, mais pour le reste, il ne contesta jamais le système de castes caractéristique du monde indien. Il savait trop bien que dans ce type de système, un racialisme structuré vient encadrer un racisme inéluctable eu égard à l'état de la société considérée. Le racialisme de caste engendre certes un monde inégalitaire, mais ce monde n'est nullement absurde, nullement invivable.

Que se passe-t-il, à présent, si ce racialisme conservateur des castes cesse d'encadrer le racisme ? Comment maintenir la paix sociale quand l'isomorphie structurante est rompue, qui garantissait la cohérence du Surmoi partagé ?

C'est précisément la question que l'Europe dut résoudre, progressivement, à partir de la fin du Moyen Âge. Et rétrospectivement, *la ploutocratie apparaît comme un antidote au racisme*, après que l'émergence de l'individu comme entité signifiante eut rendu le racialisme de caste injustifiable.

Reprenons l'histoire sur la longue période. À travers une transition chaotique, du XIII° au XVII° siècle, la société occidentale est devenue bourgeoise, donc matérialiste, donc déjà *partiellement* individualiste – qui dit matérialisme dit déjà potentiellement prédominance du Moi individuel, et effacement du Surmoi, construit alors collectivement par des êtres directement socialisés. Cependant, problème : dans cette société matérialiste et individualiste, les logiques sous-jacentes aux systèmes de castes continuent à produire leurs effets. Le principe d'égalité entre dominants exige toujours l'infériorisation des dominés, *et donc il faut trouver un marqueur de la domination qui soit compatible avec l'individualisme bourgeois*.

Ce marqueur, et voilà le fait historique central de notre époque, ce fut l'argent – le *Capital, alternative à la domination par le Sang*. Il y eut bien quelques tentatives vers un système de type chinois, un système des examens (la méritocratie républicaine), mais cela ne fonctionna jamais vraiment : le poids de l'argent, dans une société devenue individualiste, s'est toujours avéré décisif.

Au terme de cette longue évolution, disons à partir de la révolution anglaise du XVII° siècle, l'Europe fut principalement *bourgeoise*, et donc elle sélectionna ses élites par *l'argent*. Historiquement, le mécanisme est limpide. Une aristocratie du sang se transforme progressivement en méritocratie *hermétique*, donc elle structure un système de castes, d'où sa fermeture à la classe moyenne. Cette classe moyenne, empêchée d'accéder au cursus des dominants, se rattrape par le commerce et l'usure, finit par s'approprier l'essentiel du Capital et force les portes de l'État au nom du pouvoir de l'argent. C'est par ce processus qu'à Rome, la classe des chevaliers finit par triompher des grandes familles patriciennes, et c'est par ce processus encore que la bourgeoisie triomphante imposa le pouvoir capitaliste en Europe occidentale, quinze siècles plus tard. Et derrière cette histoire visible, il en est une autre, plus difficile à déceler : *l'effacement du Sang devant le pouvoir du Capital, comme marqueur de la filiation symbolique des dominants.*

De là notre constat central, point de départ de tout l'exposé qui suit : si la société de classe capitaliste est un remède à la rigidité de la société de caste aristocratique, *alors la domination des riches sur les pauvres est un substitut historique à la domination des lignées aristocratiques sur les groupes raciaux inférieurisés.* Dès lors, il apparaît que le racialisme est un objet complexe, qui doit être saisi à toute époque *en lien avec l'infrastructure socio-économique qui le conditionne.* Le racialisme occidental contemporain, logiquement, doit donc être situé dans le cadre général de nos sociétés dominées par la *bourgeoisie*.

Ce racialisme contemporain, caractérisé par la classification essentialiste des groupes raciaux, est né en même temps que l'idée universaliste sécularisée, à la fin du XVIII° siècle. Le naturaliste allemand Friedrich Blumenbach, dans son ouvrage « De l'unité du genre humain et de ses variétés », fut à notre connaissance le premier à plaquer les méthodes scientifiques de la biologie naissante sur la question humaine[54]. C'est lui, en particulier, qui inventa la notion de « caucasiens » pour décrire la race blanche (dans laquelle, intuition remarquable, il choisit d'inclure les Indiens blancs et les nord-africains).

On remarquera que cette catégorisation, qui isole les Blancs par opposition aux non blancs, est contemporaine de la Révolution Française. C'est donc au moment où la France proclame un idéal d'égalité qu'un Allemand conçoit la notion de race *blanche unifiée*, par opposition au monde non blanc. En somme, avec Blumenbach, tout se passe comme si l'idéal égalitaire français avait été interprété comme *l'extension de la supériorité de castes à l'ensemble des Blancs* – extension qui, dans une logique germanique fondamentalement aristocratique et différentialiste, *imposait* qu'une catégorie inférieure fût identifiée pour recréer des castes dominées. Sous cet angle, le racialisme contemporain apparaît comme un sous-produit paradoxal de l'idéal démocratique.

---

[54] Note 2013 : on pourrait aussi évoquer Voltaire, quelques décennies plus tôt, dont certains écrits annoncent la manie classificatoire et l'obsession hiérarchisante raciste. Et même, bien avant, Maïmonide, qui dans un monde juif alors en avance culturelle, anticipe déjà en partie cette logique. Mais le *moment* historique où la « science » rencontre les intérêts des classes dominantes sur la question raciale, c'est à mon avis Blumenbach.

La catégorisation, toutefois, n'implique mécaniquement l'affirmation d'une supériorité ontologique. Comme on le verra plus loin, la perspective essentialiste d'un Blumenbach donna également naissance à un antiracialisme positiviste, qui voulut gérer les différences dans une perspective universaliste. Pour que la catégorisation raciale débouche sur le racialisme contemporain au sens où nous l'avons défini, il a fallu qu'à un certain moment, le besoin de reconstruire un esprit aristocratique et différentialiste dans un univers égalitaire postrévolutionnaire trouve une expression idéologique *explicite*.

En Amérique, cette expression explicite fut concrétisée, au cours du XIX° siècle, par les théoriciens de la supériorité blanche – qui fleurirent nombreux dans les États confédérés. Mais en Europe, il appartint à un Français de formuler cette revendication de supériorité, comme s'il fallait qu'un esprit d'inégalité vienne chez nous faire contrepoids à la tradition égalitariste de 1789.

*

Ce fondateur français de l'école raciste européenne s'appelait Gobineau – Joseph Arthur, comte de Gobineau. Ce bonhomme assez brouillon serait sans doute largement tombé dans l'oubli s'il n'avait rédigé, au début du Second Empire, un « Essai sur l'inégalité des races humaines » – le travail passablement désorganisé d'un *rêveur*, dont l'impact fut considérable.

Gobineau était un conservateur pessimiste, persuadé de vivre au XIX° siècle le commencement de la fin de la civilisation européenne. Conscient que le déclin est l'ordre des choses puisque tout empire doit tomber, il raisonnait en précurseur d'Oswald Spengler. Cependant, alors que Spengler mit le fait culturel au centre du raisonnement, Gobineau choisit de privilégier la question raciale.

Aux yeux du comte de Gobineau, les civilisations ne périssent pas par « le luxe, la mollesse, la mauvaise administration, la corruption des mœurs, le fanatisme ». À ses yeux, ce sont là les *symptômes* de la décadence, pas la décadence elle-même. La cause du mal, estimait-il, est la *dégénérescence du sang*, c'est-à-dire l'affaiblissement de la base biologique du projet culturel. Et cet affaiblissement de la base biologique, le comte de Gobineau l'attribuait au « mélange des principes ethniques », qui selon lui dissout progressivement l'élite créatrice dans une masse de moindre aptitude culturelle.

Pour saisir en un éclair la motivation inconsciente de ce racialisme conservateur, il faut se concentrer sur le point essentiel : il y a dans le discours de Gobineau un élément fondamentalement irrationnel, qui est au cœur de sa doctrine et qui révèle les non-dits et les non sus de cette doctrine. Cet élément irrationnel, c'est le rôle attribué à ceux que Gobineau appelle les « Arians », c'est-à-dire les Aryens.

Gobineau affirma que c'est d'eux que sont venus initialement les germes de *toute* civilisation authentique, et c'est inversement par leur dissolution dans les peuples dominés qu'il expliquait la perte progressive des aptitudes culturelles supérieures. S'il affirmait en termes grossiers la supériorité qualitative des Blancs sur les Jaunes et des Jaunes sur les Noirs, Gobineau graduait donc également au sein des peuples blancs, selon la part de sang aryen qu'ils portent en eux.

D'où vient cette théorie ?

Il est évident pour le lecteur objectif que nous n'avons pas là le travail sérieux d'un historien impartial. Gobineau voudrait nous faire croire que la civilisation chinoise est le résultat d'une « colonie ariane, venue de l'Inde », qui « apporta les lumières sociales ». Pure spéculation. Les premiers foyers de civilisation chinois sont antérieurs aux civilisations aryennes de l'Inde. L'influence hindoue sur la Chine fut réelle, mais largement postérieure à la naissance de la civilisation chinoise. Des influences aryennes sont *peut-être* venues directement de l'Asie Centrale, avant l'invasion de l'Inde par les Aryens, mais on serait bien en peine de prouver que ces influences ont créé la civilisation chinoise. En l'occurrence, nous ne savons *rien*, et Gobineau ne prouve *rien*.

Semblablement, le bonhomme nous déclare sans sourciller que la civilisation égyptienne a été fondée par une colonie aryenne venue d'Inde. Et cela, d'où le sort-il ? La civilisation égyptienne est *bien antérieure* à l'invasion de l'Inde par les Aryens, bien antérieure même au surgissement des populations indo-européenne sur la scène de l'Histoire. Quand les Hyksos sont arrivés sur les bords du Nil, la pyramide de Kheops avait déjà plus de mille ans. La langue égyptienne ne se rattache pas à la famille indo-européenne, et la plupart des Pharaons étaient vraisemblablement des Berbères. Donc, concernant l'Égypte, Gobineau fait plus qu'avancer des faits sans preuve : il énonce carrément des contrevérités.

Idem, l'origine aryenne attribuée à l'Assyrie, pourtant sémite. Non content de décréter que les Juifs sont d'origine assyrienne, monsieur le comte nous explique très sérieusement qu'ils ont « dû leur intelligence sociale à ces grandes invasions blanches auxquelles on peut conserver le nom de descendants de Cham et de Sem ». En d'autres termes : ce qu'il y a de bon chez les Juifs, c'est ce qui leur est venu de l'aryanité.

Conclusion de ce qu'il faut bien appeler de poétiques élucubrations : « Point de civilisation véritable chez les nations européennes, quand les rameaux arians n'ont pas dominé. »

Pourquoi ce tissu de suppositions gratuites et de contrevérités manifestes ? Pourquoi cette obsession « ariane » ? Qu'est-ce que cela cache ?

*

Il faut examiner Gobineau sans passion. Le grand public voit en lui un personnage néfaste et important, parce qu'il lui attribue l'invention du racisme doctrinaire. Eh bien, le grand public a tort : Gobineau en lui-même eut fort peu d'importance. Si le bonhomme n'avait pas existé, ceux qui affectèrent de le prendre au sérieux l'auraient probablement inventé, voilà tout.

Pour comprendre vraiment Gobineau, il faut le situer dans son contexte. Né en 1816, mort en 1882, Gobineau est le contemporain presque parfait de Karl Marx (1818-1883), et cette coïncidence n'en est pas une. Marx et Gobineau expriment en fait les deux réactions possibles, pour des hommes confrontés au même phénomène fondateur de l'époque capitaliste : la mutation des formes de la domination, désormais *purement économique*. Gobineau, issu de l'ancienne élite aristocratique, choisit *d'essentialiser* le processus dont il ressentait obscurément la perte, à savoir la justification spirituelle de la domination par l'antique tradition aryenne – au vrai sens du terme, c'est-à-dire au sens hindou (construction du Surmoi aristocratique). Marx, lui, choisit symétriquement de constater *l'illégitimité* de la domination bourgeoise.

Encore une fois, les opinions ne sont généralement que la façade des sentiments. En racialisant le processus de domination aristocratique dont il était un des derniers héritiers, le comte de Gobineau voulait dire, inconsciemment : après nous, après les lions, après les guerriers aryens, il n'y aura que des hyènes capitalistes, des chacals bourgeois, c'est-à-dire des *dominateurs sans noblesse*. Ici, qu'on me permette une référence cinématographique. Pour comprendre l'univers mental du comte de Gobineau, il suffit de visionner le chef d'œuvre de Visconti : « Le Guépard ». Tout y est.

Voilà pourquoi, même s'il ne parle pas de la question sociale dans son œuvre, Gobineau ne peut masquer tout à fait qu'elle est l'arrière-plan évidemment explicatif de sa démarche. L'étonnante accumulation d'étymologie fantaisiste et d'archéologie douteuse, qui lui permet de conclure à l'omniprésence de la « race » aryenne, derrière la civilisation occidentale, est d'abord un lien poétique, par lequel Gobineau se rattache symboliquement à une époque où la domination était fondée sur une *éthique* aristocratique et exigeante. L'aristocrate pressent que le règne des marchands va succéder à celui des brahmanes, des prêtres, et il sait que cela signifie la fin de son monde : voilà le fond de *l'affaire Gobineau*.

Arthur de Gobineau est d'abord un écrivain romantique. Il est de la génération d'après celle d'Alfred de Vigny : telle est sa vraie filiation. Derrière la masse impressionnante d'approximations qui cautionne « L'essai sur l'inégalité », on discerne la souffrance morale d'un aristocrate devenu bourgeois par la puissante emprise de son époque balzacienne. Gobineau était le fils d'un hobereau légitimiste capitaine dans l'armée et d'une mère créole qui finit mal : de là sa subjectivité. Il avait sous les yeux l'infinie médiocrité des classes dirigeantes issues de la bourgeoisie, entièrement dévouées à une domination matérielle sans fondement spirituel. Il n'est pas très difficile de deviner l'itinéraire par lequel, mêlant son expérience familiale à l'étude de son contexte social, il en vint à élaborer une théorie raciste par un mécanisme de surcompensation : le comte de Gobineau aurait pu pardonner aux bourgeois de remplacer les aristocrates d'Ancien Régime, mais il ne pouvait pas leur pardonner *de ne pas s'en montrer dignes*. Son racialisme fut une planche de salut, qui lui permettait de ne pas voir l'insupportable faillite spirituelle de son monde. Il fallait que ce désastre eût une cause qui exonérât les hommes comme lui de toute responsabilité : cette cause, il décida que ce serait la dégénérescence du sang.

Je crois que derrière le cas légèrement pathologique du comte de Gobineau, on discerne assez facilement les *ressorts* de l'obsession racialiste conservatrice, telle qu'elle s'est déployée dans la culture occidentale de 1850 à nos jours. Le racialisme conservateur européen est une fusée à deux étages : le premier étage, c'est la classification de Blumenbach, l'esprit scientifique mis au service du différentialisme ; le deuxième étage, c'est la récupération de cette classification dans une perspective politique structurée par la *nostalgie antimoderne*.

*

Parenthèse qui a son importance, je voudrais ici, sans prendre la défense d'une construction idéologique que je pense absurde, souligner en quoi cette erreur racialiste est malgré tout l'indice d'une certaine *vitalité résiduelle*. La nostalgie antimoderne traduit en effet un réflexe bien compréhensible de survie spirituelle.

Bien évidemment, la race aryenne, telle qu'elle fut imaginée par Gobineau, est pour l'essentiel une lubie. Il suffit de comparer les Brahmanes de l'Inde avec les Européens pour constater qu'ethniquement, les Brahmanes sont assez éloignés des Européens. Nehru, aux yeux des colonisateurs britanniques, était à peu de choses près un métèque comme les autres.

En revanche, l'aryanité spirituelle *existe*. Il suffit d'ouvrir la Baghavad Gîta en se souvenant de l'Illiade, ou de réciter la Chanson de Roland en repensant à l'Anabase, pour constater l'unité spirituelle du monde indo-européen. La dimension raciale du phénomène indo-européen paraît incertaine, mais sa dimension culturelle est évidente.

On remarquera aussi qu'au-delà même du domaine indo-européen, d'autres civilisations se sont approchées de cette aryanité *spirituelle*. Le Bushido ressemble à la Baghavad Gîta, et pourtant, il n'a pas été construit par des hommes de race blanche. Le christianisme a largement repris des éléments de la mystique aryenne, sans doute importés de Perse jusque dans le monde juif, et pourtant son fondateur était un sémite, qui s'entoura de sémites élevés dans la religion de Moïse.

D'où la question : puisque la race n'est pas en cause, alors quel est donc le point commun entre les Aryens (les vrais) de la Baghavad Gîta, les Achéens de l'Iliade, les Francs de la Chanson de Roland, les Doriens de l'Anabase, et même au-delà, les Japonais du Bushido et les Hébreux de l'Ancien Testament ?

Réponse : le *patriarcat*, c'est-à-dire la famille hiérarchisée par le père, l'éducation rigoureuse dans l'exigence personnelle qui en découle, et donc la rupture symbolique avec la mère – et, corollaire de ce modèle anthropologique rigoriste, une survalorisation des fonctions associées à la figure paternelle, c'est-à-dire le guerrier et le prêtre. L'aryanité réelle existe donc bel et bien, mais elle n'a que peu de choses à voir avec les fantaisies de Gobineau. Sur le plan ethnique, elle ne décrit que des populations perses et indiennes assez éloignées des Européens. C'est sur le plan *spirituel* qu'elle est présente sur toute l'aire indo-européenne, à travers une mystique très élevée, fondamentalement aristocratique et guerrière, commune aux Kshatrias hindous, aux héros d'Homère, aux Spartiates de Léonidas et aux nobles chevaliers de l'Europe médiévale.

Gobineau ne voulut pas voir l'effondrement de cette mystique patriarcale, et il refusa de constater qu'elle n'était plus vivante, au temps de la domination bourgeoise – porteuse d'une grave crise de la virilité. Voilà pourquoi il racialisa une question qui, au vrai, était spirituelle, sociale et anthropologique – et si la réponse qu'il donna à la crise est absurde, en revanche sa volonté de *donner* une réponse est tout à fait *saine*.

« Les contacts matériels, choses éphémères qui vont et viennent, apprend à les supporter, » dit la Baghavad Gîta. « L'homme que ces choses ne troublent ni n'affligent, ô Cœur de lion entre les hommes, l'homme ferme et sage qui demeure égal dans le plaisir et la douleur, celui-là se rend digne de l'immortalité, » poursuit le plus beau texte de la tradition indienne. Puis viennent les versets décisifs, qui résument la formule de pensée aryenne : « Ce qui réellement existe ne peut cesser d'exister ; ce qui est non existant ne peut commencer d'exister. La fin de cette opposition d'être et de non être a été perçue par ceux qui voient les vérités essentielles. Sache-le, impérissable, ce par quoi tout ce monde est étendu. Qui peut tuer l'esprit immortel ? Les corps limités ont une fin, mais ce qui possède et emploie le corps est infini, illimitable, éternel, indestructible. » – Le guerrier aryen, le Kshatria, est supérieur aux autres hommes *parce qu'il sait que la vie n'est qu'une illusion* : telle est la vraie nature de l'aryanité, spirituelle avant d'être raciale, profondément ancrée dans une tradition virile, rigoureuse et exigeante, compréhensible seulement dans l'univers mental structuré par le patriarcat.

Et surtout : profondément ancrée dans la conscience que ce qui existe au regard de la longue durée, ce n'est pas l'individu, *c'est la race*.

Il faut se représenter Gobineau dans son milieu, si l'on veut comprendre son racisme : racialiser la question de l'aryanité était pour lui un moyen *de ne pas voir* qu'il l'avait trahie spirituellement. En réalité, inconsciemment, il cherchait à inverser les causes : au lieu que ce fût la disparition de la mystique aryenne qui avait rendu possible l'abolition de la conscience raciale, il voulut croire que la disparition de cette conscience avait causé l'abolition de la mystique.

Gobineau écrivit son essai fameux sous la monarchie de Juillet et le Second Empire naissant, à l'instant historique où la bourgeoisie triomphait définitivement de l'ancienne aristocratie. Ainsi, lui, Gobineau, l'héritier lointain des kshatrias et des Spartiates, le fils de hobereaux d'Ancien Régime, devait avancer désormais dans une société modelée par la bourgeoisie – par les banquiers Rothschild, par son excellence Eugène Rougon et par l'immense cohorte des Robert Macaire préoccupés uniquement des affaires matérielles. Dans ce monde-là – monde matérialiste modelé par la suprématie des valeurs bourgeoises, monde tourné vers la maximisation du profit, l'optimisation du confort et la compétition économique plus que militaire – dans ce monde-là, la spiritualité aryenne n'avait plus sa place, parce qu'aucune spiritualité ne peut être, dans un monde qui nie jusqu'à la possibilité des finalités spirituelles.

Gobineau souffrit d'être né dans ce monde étranger à ses représentations structurantes propres. Il en souffrit terriblement, sans doute. On sait que jeune, il eut quelques accès de mythomanie, allant jusqu'à se prétendre « condottiere » d'une principauté imaginaire. Son racialisme conservateur fut l'instant où, implosant sous le choc de la modernité capitaliste, un très ancien système de pensée, profondément inégalitaire mais spirituellement justifié, se transmua en une rationalité biologique artificielle. Voilà mise à jour la racine du racialisme contemporain : il est la transmutation forcée d'une crise au départ *extérieure* à la question raciale – crise de l'architecture trifonctionnelle des sociétés indo-européennes, et sous cette crise, plus profondément, crise du modèle anthropologique patriarcal. Cette crise, inexprimable car insurmontable, investit artificiellement un domaine où elle pouvait être traduite en termes dicibles : le domaine biologique, le domaine racial. Fondamentalement, un racialiste conservateur est un honnête homme qui se trompe de débat. Fondamentalement, la guerre des races sert d'exutoire à l'ingérable guerre des classes, qui elle-même recouvre secrètement une insupportable guerre des sexes, des modèles familiaux et des représentations structurantes.

Retenons bien ce principe : *la question raciale est réelle, mais généralement, ceux qui la posent le font pour dire, dans les termes qu'elle autorise, d'autres questions restées indicibles.*

3. LE RACIALISME EXTRÉMISTE

Au-delà du racialisme modéré d'un Gobineau, le XX° siècle nous a enseigné la possibilité d'un autre type de racialisme, un racialisme *extrémiste*. Au-delà de la posture nostalgique d'un aristocrate d'Ancien Régime vivant sous la domination bourgeoise, le XX° siècle nous a révélé le tropisme criminel des bourgeois à prétention aristocratique.

Comment parler de cette dérive extrémiste ?

Chamberlain. Voilà l'homme qui va nous servir de fil rouge pour analyser ce tropisme, pour décortiquer la machine idéologique du racialisme extrémiste.

Issu de la haute bourgeoisie britannique, Houston Stewart Chamberlain naquit en 1855 et mourut en 1927. Il avait l'âge d'être le fils de Gobineau, et d'une manière perverse, il en fut effectivement le descendant idéologique. Destiné au départ à une carrière militaire, il dut y renoncer pour raisons de santé. Dès lors, kshatria manqué, retombé par la force des choses dans la caste des marchands, il s'en évada par un mysticisme confus et mouvant. Il naquit anglais, mourut allemand, écrivit un peu en Français, se passionna pour la culture allemande, épousa la fille du compositeur Richard Wagner et finit par devenir l'un des maîtres à penser du pangermanisme. On pourrait le décrire comme un sous-produit idéologique de l'Empire britannique, vecteur inconscient de la propagation en Europe continentale de l'idéologie de la domination impérialiste développée à Londres et pour les intérêts de Londres. Adolf Hitler suivit son enterrement.

Voilà pour le portrait. Passons aux thèses du personnage.

Chamberlain soutenait que la race aryenne, si chère à Gobineau, était l'ancêtre de toutes les classes dirigeantes d'Europe – ce qui est impossible à démontrer mais n'est nullement absurde. Il ajoutait qu'elle subsistait à l'état pur en Allemagne – ce qui, en revanche, paraît très peu probable : la pénétration indo-européenne en Europe remonte au minimum à 150 générations, et aucun système de castes n'a encadré les croisements interethniques pendant la plus grande partie de cet immense intervalle de temps. Les aristocrates allemands ressemblent plus aux paysans allemands qu'aux aristocrates hindous, en tout cas sur le plan physique.

Sur le plan littéraire, le style de Chamberlain est loin de valoir celui de Gobineau. Souvent il manque de rigueur et d'élégance. Cependant, comme à Gobineau, il faut lui reconnaître des éclairs de lucidité visionnaires – par exemple lorsqu'il discerne l'influence aryenne dans le christianisme.

Pour le reste…

Dans son œuvre principale, « La Genèse du XIX° siècle », Chamberlain énonça que « nul ne saurait nier que les Européens septentrionaux soient devenus les supports de l'histoire universelle ». À son époque, effectivement, c'était vrai : nul ne pouvait nier qu'à la fin du XIX° siècle, les Nord-européens et leurs cousins Nord-américains eussent été « les supports de l'histoire universelle ».

Le problème est que, partant de ce constat en son temps parfaitement justifié, le bonhomme se lança dans une entreprise pour le moins acrobatique :

nous convaincre que ce *fait acquis* était la révélation au grand jour du facteur explicatif secret de *tout* le progrès de la civilisation, depuis *toujours*. Pour Chamberlain, en effet, l'influence des « Teutons » sur les sociétés humaines était à l'origine de la civilisation – du Gobineau teutonisé, en somme.

Cette volonté d'essentialisation de la domination sociopolitique nord-européenne obligea le gaillard à adopter un mode de raisonnement assez comique, qu'on pourrait résumer ainsi : si quelqu'un fait quelque chose de bien, c'est qu'il agit comme un « Teuton », donc c'est qu'il est « teuton », donc son action prouve que les « Teutons » font le Bien. Le même raisonnement, inversé, vaut d'ailleurs terme à terme pour les « non Teutons » qui sont supposés faire le Mal parce qu'ils ne sont pas teutons, et ne pas être teutons puisqu'ils font le Mal.

Cette *boucle logique* permit au sieur Chamberlain d'atteindre un niveau d'autojustification tout à fait intéressant sous l'angle de l'étude des phénomènes psychopathologiques. Dans les diatribes haineuses qui parsèment son ouvrage maître, il écrivit que les retards du progrès dans la civilisation sont dus aux « gens du chaos » – c'est-à-dire toute l'humanité « non teutonne ». Embarrassé quand l'esprit teuton lui-même est manifestement enrichi par les influences extérieures au monde germanique, il décréta que ces influences étaient en réalité le fait de « Teutons » émigrés au sein des populations « non teutonnes », ou de « non Teutons » « teutonisés » par les influences « teutonnes » dont ils s'étaient nourris.

Par exemple, lorsque le bonhomme analyse la démarche de Luther – un « Teuton » par excellence, en effet. Chamberlain souligne que le « Hier stehe ich » de Luther à Worms signifiait d'abord qu'une lecture typiquement aryenne de l'accomplissement, par la Foi et non par les œuvres, *par le non-attachement donc*, était opposée à une vision catholique alors en grand trouble doctrinaire. Seulement, problème : cette vision aryenne, qui si l'on va au fond des choses traduit dans l'univers mental chrétien les versets décisifs de la Baghavad Gîta, cette vision aryenne, donc, Luther la retrouva *sous la plume d'un Juif* – Paul, auteur de l'épitre aux Romains, source principale de la réforme luthérienne. Une idée aryenne est donc parvenue au Teuton Luther par l'intermédiaire du Juif Saint-Paul. C'est en transitant par la judéité raciale que l'aryanité spirituelle s'est perpétuée. Eh bien, qu'à cela ne tienne ! Pour concilier cette réalité métisse avec ses conceptions racialistes, Chamberlain décida froidement que Paul n'était pas juif.

Sous-entendu : puisqu'il était aryen.

CQFD. Défense de rire…

Ce délire autojustificateur rappelle les plus mauvaises pages de Gobineau. Cependant, il y a deux différences majeures entre Gobineau et Chamberlain. La première différence, c'est *la haine*. La deuxième, c'est *le culte du progrès*. Et ces deux différences, bien sûr, sont *étroitement liées*.

Il n'y a pas de haine chez Gobineau. Il croit à l'inégalité des races, il formule cette théorie dans des termes qui peuvent aujourd'hui choquer, mais il ne prétend pas que l'inégalité justifie la violence. Fondamentalement, Gobineau est porteur d'un racisme de *séparation* – peut-être d'un racisme de domination, mais alors d'une domination protectrice – une domination aryenne, en somme. S'il fallait circonscrire le camp de ses disciples, on aurait probablement la surprise d'y trouver potentiellement le très fréquentable Claude Lévi-Strauss – dont la théorie de l'Histoire cumulative peut apparaître, par certains côtés, comme un lointain écho du différentialisme de Gobineau.

Par opposition, il y a de la haine chez Chamberlain. Et cette haine ne surgit pas par hasard. Elle arrive presque systématiquement, dans le cours du texte, quand Chamberlain décrit le « retard » imposé à la marche du « progrès » par les « gens du chaos ». La haine de Chamberlain résulte très clairement d'une conviction irrationnelle, mais forcenée, que sans les « gens du chaos », l'humanité « teutonne » aurait déjà atteint à des niveaux supérieurs.

Ce culte du progrès est central dans l'œuvre de Chamberlain, et il donne la clef de sa psychopathologie. Chamberlain fait remonter la naissance du monde « teuton » constitué en tant que tel au XIII° siècle – c'est-à-dire, comme par hasard, au moment où la bourgeoisie émerge en tant que classe. Ce que Chamberlain appelle la naissance du monde teuton est donc tout simplement ce que Marx appelle la naissance de la bourgeoisie – pouvoir des villes, émergence de la commune, droit communal contre droit seigneurial. Conclusion : chez Houston Chamberlain, la racialisation du fait accompli historique permet de justifier spirituellement la domination exercée par la bourgeoisie au nom d'une *mystique du progrès*.

Là encore, comme chez Gobineau, la question raciale sert à dire une réponse indicible, que l'on veut apporter à une autre question. Mais en l'occurrence, avec Chamberlain, il s'agit de justifier la domination bourgeoise, sans le dire.

Fait révélateur : Chamberlain, qui idolâtre le progrès, déteste cependant un de ses principaux théoriciens, Charles Darwin. Pourquoi ? Parce que Darwin *interdit l'essentialisme sur les catégories de la domination*. Le darwinisme, en énonçant que la compétition fabrique la hiérarchie, rend en effet impossible la « racialisation » de la domination capitaliste.

Voilà le fond de l'affaire : derrière l'étrange assemblage de vérités déformées et de contrevérités assumées, ce que nous trouvons chez Houston Chamberlain, c'est une entreprise d'essentialisation des racines de la domination bourgeoise, telle qu'elle se déploie au XIX° siècle dans le monde germanique. Chamberlain aime le progrès parce que le progrès a temporairement consacré la domination du groupe auquel il se rattache, à savoir la haute bourgeoisie nord-européenne. Mais il déteste Darwin parce que Darwin, en énonçant que la sélection des plus aptes produit l'évolution, interdit l'essentialisation du principe de domination. La thèse de Darwin implique d'une part que la domination exercée par les nord-européens ne traduit pas la supériorité ontologique des Teutons, mais un simple rapport de forces, et d'autre part qu'un autre rapport de forces pourrait impliquer une autre hiérarchisation des races.

Et rien de tout cela, bien sûr, ne peut convenir à Chamberlain.

*

Je pense utile, à ce stade de la réflexion, d'ouvrir une longue parenthèse sur un aspect précis de la question raciale : la question antisémite. Ce n'est pas qu'on puisse résumer toute l'affaire au rapport juif/non juif, évidemment. Mais en revanche, il m'apparaît que cette question-là, la question antisémite, est paroxystique – et qu'elle peut donc, par son côté paroxystique, révéler ce qu'il y a, d'une manière générale, *sous* la question raciale.

L'essentialisme de la domination bourgeoise chez Chamberlain permet de remonter aux racines de l'antisémitisme qui s'est déchaîné sous le régime nazi. On a bien sûr aussi fait remonter cet antisémitisme aux élucubrations pseudo-scientifiques de Vacher de Lapouge, et l'on a eu raison. Cependant, la source Vacher de Lapouge n'a alimenté qu'un courant très annexe du national-socialisme, un courant plébéien qui n'a jamais été dominant dans le parti nazi. C'est la source Chamberlain qui définit la filiation principale de l'antisémitisme nazi[55]. Remontons, donc, à cette source.

Pour Chamberlain, le judaïsme, qu'il perçoit intégralement comme un racialisme, définit un essentialisme concurrent du sien. Ce que Chamberlain reproche aux Juifs, ce n'est pas d'être ethnodifférentialistes : lui aussi, il l'est. Ce que Chamberlain reproche aux Juifs, ce n'est pas d'être élitistes : lui aussi, il l'est. Ce que Chamberlain reproche aux Juifs, ce n'est pas d'être racialistes : lui aussi, il l'est. Non, ce que Chamberlain reproche aux Juifs, c'est d'être ethnodifférentialistes au nom d'une ethnicité qui n'est pas la sienne, élitiste au nom d'une élite concurrente de celle à laquelle il se rattache, racialistes au nom d'une race non aryenne.

Et une fois de plus, nous allons là mettre à jour l'instrumentalisation de la question raciale pour répondre à une question qu'on n'ose pas poser…

La prédication antisémite de Chamberlain prit place à un moment précis de l'Histoire, un moment où la haute bourgeoisie juive nord-américaine et la haute bourgeoisie protestante nord-américaine concluaient un condominium sur l'immense potentiel de développement américain : aux « Big Jews » la finance, qu'ils domineraient par les grandes banques d'affaires, coalisées derrière la Federal Reserve, et aux puritains l'appareil d'État, qu'ils maîtriseraient par les réseaux initiatiques – via l'université de Yale, en particulier. Ce condominium judéo-chrétien organisait un pôle de puissance considérable, qui pouvait remettre en cause la domination jusque-là incontestée de la haute bourgeoisie européenne.

Dès lors, on comprend pourquoi les élucubrations plus que douteuses du sieur Houston Stewart Chamberlain trouvèrent un accueil enthousiaste dans les milieux dirigeants allemands : c'est que ces élucubrations s'inséraient très facilement dans la réaction néo-féodale de Guillaume II. On comprend aussi pourquoi ces élucubrations furent au contraire assez mal reçues par la haute bourgeoisie américaine : Theodore Roosevelt attaqua très violemment « La genèse du XIX° siècle ».

---

[55] Note 2013 : à partir de la Nuit des Longs Couteaux, en tout cas.

Chamberlain, avec sa triple confusion, entre principe d'élection spirituelle et domination raciale, entre aryanité et germanité, entre avènement de la bourgeoisie et progrès scientifique, fournissait clef en main aux élites allemandes un mode de pensée structuré, ou en tout cas se donnant pour tel – et un mode de pensée que, précisément, les élites allemandes pouvaient opposer à la coalition judéo-protestante nord-américaine. D'où l'influence du bonhomme : il arriva au bon moment. Son offre idéologique rencontrait un marché porteur. La pensée de Chamberlain définissait un principe d'élection sécularisée aryano-chrétien et racialiste, construit en miroir au principe d'élection judéo-chrétien en voie de sécularisation.

Dans ses écrits, Chamberlain ne cache pas cette actualité de la question juive. Il la souligne même :

« Si j'avais écrit cent ans plus tôt, » avoue-t-il, « il est peu probable que je me fusse avisé de consacrer un chapitre spécial à l'avènement des Juifs dans l'histoire européenne. Sans doute, la part qu'ils ont prise à la formation du christianisme en lui infusant un esprit particulier, tout à fait étranger au génie aryen, eût mérite considération, ainsi que leur rôle économique dans tous les siècles chrétiens. Mais il eût suffi de mentionner ces choses occasionnellement ; trop d'insistance eût paru disproportionnée. Cependant, un grand changement s'est produit depuis : les Juifs jouent en Europe, et partout où atteint l'effort européen, un autre rôle aujourd'hui qu'il y a cent ans. »

Le bonhomme ne dissimule pas non plus que c'est l'habileté des Juifs qu'il craint, parce qu'elle lui paraît fonder un racialisme encore plus rigoureux que le sien : « Jamais le verbiage humanitaire (auquel ils ne se sont associés qu'autant qu'ils y trouvaient avantage) ne leur a fait oublier un seul instant la sainteté des lois physiques, » dit-il en parlant d'eux. « Sachons reconnaître avec quelle maîtrise ils utilisent la LOI DU SANG pour répandre leur domination : la souche principale reste sans tache, pas une goutte de sang étranger ne s'y infuse — ne lit-on pas dans la Thora : 'Le bâtard n'entrera point dans la maison de Iahveh, même sa dixième génération n'y entrera point' ? Mais en même temps des milliers de rameaux secondaires sont détachés du tronc, qui servent à imprégner de sang juif les Indo-Européens. »

Ces citations dessinent en contre-jour l'architecture du racialisme extrémiste et révolutionnaire d'un Chamberlain : une doctrine qui veut remplacer un peuple élu par un autre peuple élu, parce qu'elle repose sur l'essentialisme d'une domination que l'on sait infondée dans l'esprit, et que l'on veut donc nécessairement justifiée par la race. Donc une doctrine qui, pour construire ce nouveau peuple élu, pour le construire sur une base raciale, a besoin d'éliminer ou de marginaliser tout concurrent racial au principe d'élection.

La prédication de Chamberlain percuta une Allemagne qui, au tournant du XX° siècle, ne se portait pas aussi bien qu'elle le croyait. En 1900, l'esprit prussien était entré depuis deux décennies dans une crise très profonde – une crise qui allait s'avérer fatale.

Cet esprit prussien est assez difficile à cerner. Ce fut une tentative toujours recommencée, jamais tout à fait achevée, pour concilier deux héritages l'un et l'autre exigeants : d'une part la tradition des chevaliers teutoniques, conquérants et bâtisseurs de la Prusse proprement dite, très représentatifs de la surreprésentation de la fonction guerrière dans le monde germanique ; et d'autre part la tradition des bourgeois du Brandebourg, socle de la moitié occidentale du royaume. Pour accroître encore cette instabilité de l'univers mental prussien, son hésitation pluriséculaire fut perpétuellement relancée par la confrontation régulière de sa monarchie avec l'autre grand projet politique européen : la France.

Potsdam, le petit Versailles prussien, a constamment oscillé entre deux tentations : recréer l'esprit teutonique, c'est à dire retrouver la mystique aristocratique aryenne dans une de ces incarnations les plus brutales, ou au contraire se replier sur la base anthropologique fondamentale du royaume, c'est à dire un peuple principalement protestant, mû donc par l'éthique protestante, syncrétisme pragmatique du monothéisme juif et des conceptions aryennes relatives à la caste des marchands. Entre le catholicisme conquérant teinté de paganisme inavoué des Teutoniques, une bonne religion pour les guerriers, et le calvinisme austère des bourgeois d'Allemagne du Nord, une bonne religion pour les bourgeois, la Prusse a hésité sans cesse. Tentée d'abord de mêler son héritage aryen avec l'imitation du modèle esthétisant français, elle bascule ensuite brutalement vers une sorte de post calvinisme militariste antifrançais dans son esprit, tentative pour concilier l'éthique protestante et le souvenir teutonique. Sous Frédéric-Guillaume, le Roi Sergent, Berlin devient ainsi la ville où les bourgeois marchent au pas des militaires.

Puis vient Frédéric II, qui ramène son pays vers l'esthétisme aristocratique. Mais après Iéna, traumatisée par sa défaite, la nation prussienne importe les conceptions systématiques du modèle français révolutionnaire, pour les transposer dans son génie propre. En découle le renouveau de son militarisme, mis désormais au service d'un étrange État aristocratique bourgeois, à la fois radicalement aristocratique et radicalement bourgeois. C'est ce modèle pragmatique mais incohérent qui perdure finalement cahin-caha jusqu'en 1914, cette fois à l'échelle de l'Allemagne entière, et qui s'affaiblit progressivement sous les coups conjugués du centre catholique et de la social-démocratie – en partie juive, on le remarquera au passage, parce que ce n'est pas sans importance pour l'affaire dont nous nous occupons ici.

Voilà donc l'Allemagne que Houston Chamberlain rencontre, à la fin du XIX° siècle. Et c'est à ce monde-là, toujours hésitant entre son Est militariste et son Ouest bourgeois, qu'il vient proposer clef en main un instrument de mise en cohérence des dominations conjointes de la caste militaire orientale et de la bourgeoisie capitaliste rhénane. De là aussi, bien sûr la fortune de l'olibrius. Chamberlain arrivait au bon moment non seulement parce que son antisémitisme permettait à l'élite allemande de prendre position contre la haute-bourgeoisie américaine montante, mais aussi parce que, de manière plus profonde, sa crise personnelle entrait en résonance avec celle de l'Allemagne. Chamberlain, le kshatrya manqué, parlait à la fois aux marchands de la Ruhr et aux junkers prussiens.

Sans entrer plus avant dans les détails du processus, sans décomposer en particulier la dérive complexes de la franc-maçonnerie irrégulière allemande vers la société Thulé, et de là vers le parti nazi, ce qu'il faut retenir de l'insertion des idées de Chamberlain en Allemagne, c'est en somme que son racialisme s'est transformé en racisme pratique en se combinant avec un ensemble de problématiques complexes, interagissant de manière largement invisible pour les contemporains du phénomène, et selon un schéma général d'emballement des conséquences au-delà des prolongements prévisibles des causes. À nouveau, on constatera simplement que le racialisme sert de vecteur à des problématiques qui, en réalité, ne sont pas raciales, mais sociales et sociétales.

Et ce que nous commençons à pressentir, c'est que cette vectorisation peut aussi servir de cristallisation.

*

Reprenons le fil de l'Histoire. Après la Première Guerre Mondiale, le racialisme de Chamberlain, transformé en doctrine prométhéenne par la Société Thulé[56], se transmua en parti politique constitué, à la faveur du traumatisme insensé qu'avait représenté 14-18 pour l'Allemagne, toutes classes confondues. Puis, après la crise de 1929, dans un pays où les classes supérieures s'affolaient devant la montée des communistes, les nazis reçurent des classes supérieures l'appui qui leur faisait défaut jusque-là et, conquérant l'électorat issu de la classe moyenne, ils parvinrent au pouvoir.

La suite est connue. Elle a coûté à l'Europe environ 35 millions de morts.

Faut-il relier cette page d'Histoire avec l'œuvre de Houston Chamberlain ? – À mon avis, oui.

On éprouve un sentiment de décalage déconcertant entre le caractère dérisoire des élucubrations du personnage et l'immensité des souffrances provoquées par le régime nazi. Il est difficile d'admettre un lien de causalité entre un fait générateur si médiocre et des conséquences historiques si tragiques. Pourtant, ce lien de causalité ne peut pas être nié. Des millions de gens sont morts parce que Houston Chamberlain a écrit ce qu'il a écrit, et parce que les fantaisistes de la Société Thulé ont récupéré ses idées.

Comment ce lien impossible est-il devenu possible ?

C'est là qu'il nous faut saisir exactement en quoi la question raciale peut servir non seulement à dire les questions indicibles, mais aussi à amener les réponses inavouables.

Il saute aux yeux, quand on observe les dirigeants allemands de l'époque, qu'ils n'étaient majoritairement pas conformes du tout au modèle racial qu'ils entendaient promouvoir. Hitler avait un type alpin, typiquement autrichien. Il est probable qu'il avait des origines juives, même si cela n'est pas prouvé. Himmler

---

[56] Note 2013 : c'est qu'entretemps, le protestantisme s'est effacé en Allemagne du Nord, et le darwinisme l'a remplacé comme cadre idéologique principal du différentialisme hiérarchisant. D'où la reformulation pro-Darwin des idées de Chamberlain. Dès qu'il s'agit de construire une idéologie, on sait tordre les éléments constitutifs jusqu'à ce qu'ils s'emboîtent, lentement, imperceptiblement.

aussi présentait plutôt un type alpin, avec une visible résurgence asiatique, ce qui arrive parfois en Allemagne, là où le sang magyar s'est largement répandu. Quant à Goebbels le boiteux et Goering l'obèse, leur niveau physique les rangeait à proximité de la catégorie des inaptes, que leur propre théorie condamnait à la stérilisation. Parmi les dignitaires nazis, seul Heydrich présentait les caractéristiques généralement associées au type nordique – mais, ironie de l'Histoire, il était probablement quart-juif.

Cette incohérence n'est pas limitée aux hautes sphères, et elle n'est pas que raciale. Il y a dans le système nazi une distance anthropologique exceptionnelle entre le modèle théorique promu par l'idéologie officielle et la réalité produite par son application. Le modèle théorique du parfait nazi était un guerrier grand, blond, fort, courageux et généreux. Mais le nazi fanatique qui dirigea l'Allemagne à partir de 1933 n'était très souvent qu'un « Beamter », un fonctionnaire, un employé – exactement tout ce que les véritables aristocrates ont toujours détesté.

Cette distance anthropologique formidable entre le nazi fantasmé et le nazi réel dit quelque chose sur la nature de l'irrationnalité hitlérienne. Ce qu'elle dit, c'est que les nazis étaient majoritairement des spécimens humains de deuxième ou de troisième zone, qui cherchèrent à confisquer à leur profit le principe de noblesse à la faveur d'une usurpation habile. Médiocres physiquement à la manière des employés de bureau, médiocres intellectuellement à la manière des sous-fifres caporalisés, médiocres moralement à la manière des petits bourgeois avides : voilà le vrai portrait des membres du NSDAP – pas tous, évidemment, mais beaucoup d'entre eux. D'une certaine manière, la véritable race inférieure, c'était eux. Si l'on met à part les Waffen SS, brutaux mais braves, les nazis étaient presque l'inversion parfaite de l'antique noblesse à laquelle ils prétendaient s'élever.

Voilà de quoi il s'agit. Nous nous approchons maintenant des racines secrètes du racialisme extrémiste – et, au-delà, de l'ensemble des doctrines extrémistes en matière raciale.

Proclamer que le peuple allemand, une fois purifié du « bacille juif » serait la « race des seigneurs », c'était pour le petit bourgeois allemand, conscient de sa médiocrité et secrètement désireux de s'élever jusqu'à l'idéal aristocratique de l'ancienne élite, un moyen de ne pas voir la distance qui le séparait de cet idéal. Creuser un gouffre entre le peuple allemand et les races dites inférieures, c'était égaliser symboliquement les Allemands, tous les Allemands.

Fondamentalement, un racialiste extrémiste est un homme malhonnête, qui ment non seulement pour dissimuler les réponses aux questions qu'il n'ose formuler, mais encore pour déplacer de manière invisible le centre de gravité du débat. Fondamentalement, la guerre des races est, pour un racialiste extrémiste, un moyen de ne pas voir qu'il est, dans la guerre des classes, du côté le moins justifiable – du côté de la domination sans noblesse. Il s'agit de décréter « bon » un camp, en essentialisant la perversion du camp adverse.

Et c'est donc aussi, et peut-être surtout, un moyen de *définir* les camps.

Retenons bien cette conclusion, elle aussi nous resservira : l'extrémisme sur la question raciale est un moyen de tracer les lignes.

*

Après cette douloureuse plongée dans les eaux troubles de la démence racialiste, le lecteur bien-pensant pense sans doute qu'il en a fini avec le Mal. À présent, nous allons parler de l'antiracialisme, et donc, n'est-ce pas, nous sommes supposés regagner les territoires du Bien.

Voilà sans doute ce que pense le lecteur bien-pensant.

Eh bien, ma foi, le lecteur bien-pensant risque d'être bigrement déçu.

Les propos de table d'Hitler nous sont en partie connus[57]. Ils sont intéressants non seulement parce qu'ils nous montrent un petit-bourgeois médiocre et mégalomane, ce qui est instructif en soi, mais aussi parce qu'ils nous confirment que ce bonhomme croyait réellement à la dimension prophétique de son avènement. Hitler était persuadé que la Création n'était pas terminée, et que l'Homme devait muter pour donner naissance au Surhomme.

Il semble qu'il n'entendait pas là le surhomme nietzschéen, l'homme qui peut assumer la liberté, mais bien plutôt une nouvelle espèce d'homme. Hitler parlait du dépérissement de l'ancienne espèce humaine pour évoquer le peuple allemand, que cependant il prétendait défendre. Il disait que l'avenir verrait la dislocation de l'humanité, sa coupure en deux. En privé, il parlait de l'opposition entre d'un côté « l'Homme-Dieu » et de l'autre « l'Animal-Masse ». Et il semble bien que dans son esprit, le peuple allemand était très majoritairement du côté de « l'Animal-Masse » – le dessus du panier au sein de « l'Animal-Masse », certes, mais rien d'autre finalement qu'une bourgeoisie médiocre chargée de surveiller le troupeau slave.

Alors se pose la question de savoir si les motivations sous-jacentes du racialisme nazi, tel que nous venons de l'analyser, sont restées inconscientes, ou bien si, au contraire, à partir d'un certain niveau dans la hiérarchie du parti, elles ont été tout à fait conscientes. La solution finale de la question juive et le massacre de millions de slaves n'étaient peut-être pas seulement, pour les nazis, un moyen d'éliminer une élite concurrente et d'écraser une masse dominée. C'était aussi, et peut-être c'était surtout, un moyen d'aplanir le peuple allemand lui-même. L'objectif secret de la destruction de la race juive était donc peut-être, d'une certaine manière, « antiraciste » – au sens de « qui veut égaliser un substrat biologique ».

Et si le racialisme extrémiste pouvait se retourner, selon le point de vue, en antiracialisme extrémiste ? – Exactement comme on retourne un gant, l'envers à l'endroit ?

Intéressante question, je trouve.

Parlons de l'antiracialisme, à présent.

---

[57] Note 2013 : nous admettons ici la véracité des récits de Hermann Rauschning.

4. L'ANTIRACIALISME MODÉRÉ

L'antiracialisme est beaucoup plus difficile à analyser que le racialisme, parce que les antiracialistes n'ont pas besoin de dire qu'ils sont antiracialistes pour l'être. Le racialisme n'est jamais une idéologie non sue, parce qu'elle ne peut pas rester non dite. Il y a toujours un moment où, pour affirmer sa doctrine, un racialiste est obligé de prononcer le mot « race ». Par opposition, un antiracialiste peut parfaitement développer son discours sans jamais prononcer ce mot. À la limite, c'est justement en ne le prononçant pas qu'il pose les bases de son antiracialisme. L'antiracialisme, non dit, est souvent une idéologie non sue.

Exemple emblématique : le « Discours sur l'origine et les fondements de l'inégalité parmi les hommes », texte à juste titre célébrissime de Jean-Jacques Rousseau.

Ce discours, commence par la phrase suivante : « C'est de l'homme que j'ai à parler, et la question que j'examine m'apprend que je vais parler à des hommes, car on n'en propose point de semblable quand on craint d'honorer la vérité. » Par cette simple phrase, sans jamais prononcer le mot « race », Rousseau vient de poser une véritable pétition de principe antiracialiste. Comment ? Tout simplement en énonçant qu'il allait défendre « la cause de l'humanité », ce qui implique que l'humanité est une, et suffisamment homogène encore pour n'être qu'une seule cause à défendre. Sans jamais écrire le mot « race », Jean-Jacques vient de nous dire que la race, au sens d'ethnie, ne peut vraiment constituer une cause autonome, séparée de la cause humaine dans son ensemble.

C'est tout simplement le point de départ de l'antiracialisme. MAIS l'affirmation universaliste de Rousseau s'est passée de mots. On peut bien sûr être d'accord avec cette affirmation, mais on peut aussi ne pas être d'accord. Or, comme le prédicat n'est pas discuté, celui qui n'est pas d'accord se trouve d'emblée enfermé dans un paradigme qui n'est pas le sien. D'où, bien sûr, la difficulté d'opérer une critique de l'antiracialisme, idéologie sous-jacente qui peut rester indéfiniment cachée.

D'une manière générale, le « Discours sur l'origine de l'inégalité » est très éclairant sur ces implicites de l'antiracialisme : arrêtons-nous-y quelques instants.

Rousseau présente l'homme comme un animal sans instincts, donc libre d'imiter ceux des autres animaux. C'est vrai, en ce sens qu'une partie de l'homme est au-delà de l'instinct. Mais c'est faux, en cela qu'une partie de l'homme est instinctive. Aussi l'homme de Rousseau, l'homme des antiracialistes, est-il très largement une abstraction. Quand Rousseau parle de l'homme, il parle de ce qui est spécifiquement humain dans l'homme, et uniquement de cela. Il y a donc, derrière le discours rousseauiste, une vision du monde, une vision de l'homme, et par conséquent une idéologie implicite non sue. Ce discours n'est pas neutre, il porte en lui-même une certaine représentation de l'humain.

Rousseau n'ignore pas le corps, bien sûr. Mais il y a dans son discours, toujours, cette idée que dans le domaine de l'esprit, quand on parle du cerveau, l'homme n'est qu'humain. Ce qui en l'homme est bestial ne devrait en quelque sorte pas y être, voilà le sous-entendu de Jean-Jacques. Ne nous y trompons pas : il y a une téléologie implicite derrière ce discours. Rousseau dit en substance que l'homme, par sa nature, est destiné au Bien. C'est une négation de la Chute.

D'où, si l'on admet la lecture classique de Rousseau – c'est-à-dire si l'on admet qu'il faut lire ce qui est écrit, et rien que cela – on pourra bel et bien le caractériser par la conviction, qu'on jugera sans doute naïve, que l'homme est naturellement bon[58] – et que, donc, s'il est mauvais, c'est parce que la civilisation l'a corrompu. Ainsi, ayant nié la part de bestialité consubstantielle à l'humanité, Rousseau en vient à nier que l'hominisation résulte d'une construction sociale : il présuppose que l'humanité au-delà de la bête existe à l'état de nature. L'homme rousseauiste ne porte en lui rien de la bête, et tout de lui-même. Pour Rousseau, les passions forment la raison, et la raison est innée en l'humaine créature. Il est persuadé que la maxime implicite qui régente la vie dans l'état de nature est : « fais ton bien en faisant à autrui le moins de mal qu'il est possible ».

Là se trouve la faille dans la pensée rousseauiste, et par extension, nous le verrons, dans toute la construction antiraciste. Cette maxime, qu'on doit agir dans son intérêt propre mais avec souci de l'économie générale, n'est pas la maxime qui régit les rapports entre les hommes, dans l'état de nature comme dans la civilisation. Les travaux des ethnologues ont d'ailleurs, depuis Jean-Jacques Rousseau, établi de façon très claire que les groupements primitifs sont constamment confrontés au risque de débordement de leur propre violence, à la fois à l'intérieur de chaque groupement et entre les divers groupements. Une grande partie de la vie des primitifs est occupée par la régulation de la violence irrationnelle. La réalité de la vie primitive est très, très éloignée des élucubrations philanthropiques de Jean-Jacques, le philosophe au grand cœur. Dans ce monde, le conflit est le père de l'Etre, donc le conflit entre les hommes est le père de l'être humain. Une société sans conflit, *cela n'existe pas*.

Voilà ce que Rousseau affecte de ne pas voir, alors que cela crève les yeux. Et voilà pourquoi il place, dans l'introduction de son essai, cette phrase extraordinaire : « Commençons donc par écarter tous les faits, car ils ne touchent point à la question. »

Ça cache quoi, cette volonté de ne pas voir les faits ?

*

---

[58] Note 2013 : non pas, évidemment, au sens où voudraient l'entendre les adversaires malhonnêtes de Jean-Jacques, mais en cela que Rousseau refuse, fondamentalement bien qu'inconsciemment, la doctrine du Péché originel.

Tout comme le discours racialiste, le discours antiracialiste moderne prend naissance au moment où l'ancien ordre aristocratique se défait, quand la bourgeoisie devient la classe dominante.

Auparavant, les fondements idéologiques de l'antiracialisme étaient impensables. De la chute de l'empire romain jusqu'au XIII° siècle environ, dans la chrétienté, l'idée de paix perpétuelle n'existait pas. L'ordre du monde était la guerre. L'existence de lignées diverses, le caractère structurant du fait biologique dans l'ordre social, donc la compétition entre les lignées, tout cela était considéré par tout le monde comme allant de soi. Les conceptions philosophiques de l'Europe médiévale n'avaient rien à voir avec l'idée rousseauiste d'un état de nature pacifique. La Chute avait eu lieu, et seul Dieu pouvait en délivrer les hommes. Dans l'immédiat, il ne s'agissait que d'encadrer l'affrontement des races, au sens médiéval du terme, et il eût paru tout simplement absurde d'en nier l'inéluctabilité.

Cet encadrement du conflit prit trois formes successives, chaque forme venant compléter la précédente sans l'annuler : d'abord la paix de Dieu, puis la guerre juste, et enfin la croisade. La paix de Dieu, introduite en Occident à partir du XI° siècle, consista à proscrire la guerre pendant les périodes dédiées à la religion. C'était une manière de limiter les ravages de la violence. La guerre juste, doctrine élaborée progressivement pendant le Moyen Âge, était définie comme une guerre qui inflige un mal permettant d'éviter un mal plus grand. C'était la guerre que le monarque chrétien avait le droit de faire contre les autres monarques chrétiens. Enfin, la croisade consista à récupérer le surplus de violence que la paix de Dieu et la guerre juste avaient généré, pour diriger ce surplus vers l'extérieur de la chrétienté.

À aucun moment, donc, il ne fut question de rendre impossible la compétition entre les lignées ou la guerre entre les peuples. Il ne s'agissait que d'encadrer, de canaliser, de rentabiliser même cette inéluctable violence.

Mais à partir du XIII° siècle, une autre manière de voir surgit progressivement. Cette autre conception, c'est le Droit comme instrument de régulation des rapports entre les hommes – un droit universel pour réguler *tous* les rapports entre *tous* les hommes.

Tout d'abord, le droit de guerre privée est progressivement démantelé par le Roi de France. Désormais, seuls les États sont habilités à faire la guerre. Ensuite, le développement économique de l'Occident, l'évolution des mentalités, l'émergence de la bourgeoisie comme classe dominante secrétée par le capital, donc indépendamment en principe de la donne biologique : tout conspire à ce que le système d'encadrement et d'organisation des conflits à l'intérieur de la société soit progressivement déconnecté du fait racial. L'individu émerge comme entité pertinente de la construction sociale, la lignée s'efface, voici venir un monde où la disparition du cadre racialiste sous-jacent au conflit devient pensable.

Seulement voilà : l'Histoire va très vite montrer que cet effacement produit un effet paradoxal. En théorie, la société du Droit, telle qu'elle émerge progressivement entre le XIII° et le XVII° siècle, rend possible la paix perpétuelle qu'une société clanique, appuyée sur les liens du sang, ne pouvait concevoir. Mais en pratique, cette société du Droit entraîne aussi une guerre potentiellement bien plus violente que l'antique affrontement sporadique des lignées et des races.

Les États, construits comme des superstructures relativement indépendantes de la donne biologique, se montrent aussi belliqueux que les anciennes mouvances féodales. À partir du XIV° siècle, la religion devient de plus en plus clairement le réceptacle de cette violence sécrétée par les nouvelles structures économiques et politiques. Le concept de croisade évolue, dès l'affaire albigeoise au XIII° siècle. Il s'agit de moins en moins d'un pèlerinage en armes, et de plus en plus d'une entreprise de conquête et de domination.

Les terribles guerres de religion, qui dévastent l'Europe au XVI° et XVII° siècle, vont achever de prouver que la violence non seulement n'est pas éradiquée par la remise en cause de l'antique cadre de pensée racialiste, mais qu'elle se trouve au contraire décuplée. La société féodale était extrêmement violente, certes, mais à toute petite échelle. Avec la réapparition des très grands systèmes fédérateurs, désormais déconnectés du cadre racial, l'affrontement prend une dimension nouvelle. Le principe de la guerre sort du cadre biologique des lignages pour envahir l'ensemble des systèmes économiques, politiques et religieux.

Or, ces mécanismes paradoxaux s'enclenchent alors que l'argent devient la force principale des sociétés occidentales. La bourgeoisie supplante très lentement, mais irrésistiblement, l'ancienne aristocratie guerrière. Il s'agit dès lors de savoir comment cette nouvelle classe dominante, en position d'exercer le pouvoir dès la fin du XVI° siècle, va utiliser son influence pour reconstruire la paix dans le cadre complexe des très grands systèmes fédérateurs déconnectés du fait racial.

Ce qui nous ramène à Rousseau. Il y aura en effet deux réponses à la question du « comment la paix ? » : d'une part la sacralisation du Droit, avec Hobbes et ses disciples, et d'autre part la religion de l'humanité, avec un précurseur, Rousseau, et un fondateur officiel, Auguste Comte.

Ces deux réponses n'existeraient pas l'une sans l'autre, elles sont les deux faces nécessaires de la même pièce. Historiquement, la sacralisation du Droit traduit une certaine renonciation à l'idée religieuse, tandis que la religion de l'humanité se construit en réaction à la sacralisation du Droit, pour reconstruire une religiosité dans un monde dénué de spiritualité.

La sacralisation du Droit est directement liée à la dissolution du lien qui rendait le conflit limité dans les sociétés traditionnelles, à savoir l'existence de solidarités biologiques fortes et structurantes. L'homme désincarné qui succombe à la violence politico-religieuse dans l'Europe de Hobbes vit dans un univers où tout le monde est, déjà, l'ennemi de tout le monde. Certes, l'univers des individus est encore en formation, mais il apparaît, déjà, comme celui de la guerre de tous contre tous.

Hobbes et ses disciples ne se sont pas rendus compte sur le moment du lien entre la dissolution du cadre de pensée racialiste et le risque avéré de cette guerre de tous contre tous. Mais a posteriori, quand on reprend l'évolution historique sur la très longue période, ce lien apparaît très clairement. En dissolvant les solidarités claniques et tribales, la société des individus en voie de formation, entièrement structurée par l'argent, ne dissout pas le conflit : elle le libère, elle le laisse se répandre à travers l'ensemble de l'édifice social, sans rien pour le borner. L'homme sans famille, sans race, sans lignée, est un solitaire absolu. Et c'est un *loup* solitaire.

En réaction à ce désastre, surtout dans le monde protestant, une anthropologie fondamentalement pessimiste s'impose progressivement, à partir du XVII° siècle. L'homme vu par Hobbes est une créature livrée au vice, parce que le vice est sa nature. Adam Smith conçoit donc la meilleure société possible comme une société qui rentabilise en quelque sorte cette nature fondamentalement vicieuse de l'être humain. Il faut que les vices privés fondent les vertus publiques, car l'homme n'est capable que de vice. La méthode s'impose, qui veut une société construite par le contrat, où il ne s'agit plus que de renégocier en permanence les rapports de force, pour que le conflit soit maintenu constamment à un niveau tel que ne puissent s'accumuler les tensions ingérables qui provoquèrent les grandes catastrophes du XVI° siècle.

Cette pensée *libérale* est la traduction idéale de la domination bourgeoise dans une société où le cadre racialiste a été dissout, qui encadrait auparavant le conflit. Elle organise la canalisation des conflits sans qu'aucune finalité eschatologique ne préside à l'ordre social. C'est une adaptation bourgeoise du mécanisme de la guerre juste par lequel l'Occident médiéval encadrait le conflit – la concurrence « libre et non faussée » des libéraux est à une société de classe organisée par l'argent ce que la « guerre juste » des clercs médiévaux était à une société de castes structurée par les liens féodaux. Son caractère d'impératif absolu renvoie implicitement à la quasi-disparition des deux autres méthodes de régulation de la violence : plus de « paix de Dieu » dans une société matérialiste, puisque cette société-là ne peut admettre que les exigences du monde matériel soient mises de côté ; et presque plus de « croisade », puisqu'il n'y a plus de lieu de pèlerinage.

Or, et c'est là que nous allons déboucher sur la question de l'antiracialisme, cette vision politique si bien adaptée à la domination bourgeoise n'est acceptable que dans le cadre d'une anthropologie *désespérée*. Si l'homme de Rousseau est un être tout humain, exempt de bestialité, l'homme de Hobbes est au fond un être tout bestial, dont l'humanité ne peut être obligée que par le rapport de forces. L'homme de Hobbes, et plus encore celui d'Adam Smith, ne peuvent se *justifier*.

Pour qui connaît ne serait-ce qu'un tout petit peu de ce qui fait les religions européennes, il est évident que seules les structures mentales protestantes rendent pensables cette anthropologie résolument pessimiste. Et donc, fort logiquement, la société du contrat s'est imposée d'abord, progressivement, dans l'ensemble du monde européen protestant, avec quelques nuances. En Angleterre, et surtout dans l'Amérique puritaine, elle prit la forme du libéralisme pur. En Allemagne, l'esprit luthérien, plus soucieux d'unité, mit la relation à l'État au centre du mécanisme contractuel. L'aboutissement de la démarche fut le projet de paix perpétuelle formalisé à la fin du XVIII° siècle par Emmanuel Kant, projet qui préconisait explicitement que la compétition soit restreinte à la sphère économique.

La conception allemande, raisonnablement pessimiste, reste à la rigueur supportable à l'esprit catholique, pour qui l'homme doit participer à sa propre rédemption. La conception anglo-saxonne, en revanche, était radicalement inadaptable dans l'univers catholique. C'est pourquoi, au fur et à mesure que s'imposait la société du contrat, rayonnant depuis son centre de gravité anglo-saxon vers l'ensemble de l'Occident, les sociétés étrangères à l'influence puritaine durent trouver des contrepoids idéologiques. Il fallait bien, pour des gens qui ne se croient pas prédestinés, qu'il existât une voie vers la justification, sinon méritée, au moins accessible.

Ce contrepoids, ce fut la religion de l'Humanité.

*

Au numéro 5 de la rue Payenne, dans le IIIe arrondissement, à Paris, se trouve un lieu que peu de Parisiens connaissent, et qui pourtant vaut le détour. Il s'agit de la chapelle de l'Humanité, seul temple en France d'une religion à la fois tout à fait anecdotique par son influence ouverte, et absolument centrale par son action indirecte. Cette religion, le positivisme, a en effet imprégné notre classe dirigeante bourgeoise depuis l'implosion terminale de la catholicité sous les coups conjugués de l'argent et du matérialisme, au XIX° siècle. Ce n'est donc pas un mince paradoxe que ce lieu, le seul qui puisse prétendre au rôle de centre spirituel du pouvoir républicain, soit depuis un siècle resté à peu près parfaitement ignoré de l'écrasante majorité des républicains !

Cette chapelle est, pour qui la regarde avec l'œil blasé de l'ethnologue, l'expression d'un culte déconcertant, mélange inachevé d'idolâtrie de la figure féminine et maternelle, d'exaltation panthéiste et de foi naïve dans le progrès technologique. Un musulman reculera devant la partie de la chapelle dédiée à Héloïse, et récitera peut-être le verset fameux de la cinquante-troisième sourate : « Ceux qui ne croient pas en la vie future donnent aux anges des noms de femmes ». Un catholique s'amusera de ce paganisme à la poésie desséchée, qu'un véritable païen considèrerait d'ailleurs sans doute avec horreur. Un juif ou un protestant souriront en constatant comment, dans la République des bouffeurs de curé, les progrès de la science jouèrent finalement un rôle très proche de celui assigné aux miracles par la doctrine catholique. D'une manière générale, le visiteur s'étonnera de ce que la civilisation la plus avancée technologiquement ait dés-évolué, pour ce qui concernait les représentations mystiques et ésotériques, jusqu'à revenir aux stades primitifs de la pensée religieuse. Car la chapelle de l'humanité, c'est une église catholique, mais Jésus en moins et le culte du Progrès en plus.

Cette étrange chapelle catholique décatholicisée a été construite il y a cent ans par l'Église positiviste du Brésil – pays où la pensée du Français Auguste Comte a joué un rôle central, au point que la devise « Ordre et Progrès », inscrite sur le drapeau brésilien, est une adaptation de celle de ce philosophe. La religion de l'Humanité, en effet, c'est lui, Auguste Comte, qui l'a développée, au début du XIX° siècle.

Comte partit d'une idée de son maître Saint-Simon, qui s'était donné pour mission de concevoir une relève laïque aux prêtres catholiques. Pour Saint-Simon, contemporain de Hegel, la pensée religieuse devait être remplacée par la philosophie de l'histoire, et l'idée de Dieu par la loi de Newton. Panthéisme naïf consistant à nier la métaphysique sans penser son dépassement, ce matérialisme enfermé sur lui-même frappa Comte comme une révélation.

Pourquoi cette doctrine a-t-elle séduit le jeune Auguste Comte ? Sans doute parce que, lorsqu'il rencontra Saint-Simon, ce jeune homme de dix-neuf ans était une âme mystique en quête de vérité révélée, en un temps qui, déjà, proclamait la mort de Dieu. Saint-Simon, pour le jeune Auguste Comte, proposait tout simplement une mystique de rechange au catholicisme.

Comte était un être fragile amoureux des choses élevées. Dans le monde bourgeois froidement matérialiste, le monde de Hobbes et d'Adam Smith, un monde où les guerriers, les kshatrias, étaient mis au service des bourgeois, ce brahmane par nature ne pouvait trouver sa place. Cette place, il décida donc qu'il allait la faire en inventant une nouvelle manière d'être un brahmane. Il décida d'être un brahmane qui servirait les bourgeois, un brahmane dont la tâche serait de reconstruire une téléologie adaptée à l'ordre créé par le triomphe du matérialisme bourgeois. Constatant que la dynamique naturelle de la société européenne avait été inversée quant aux rapports entre deux ordres, les guerriers servant les producteurs au lieu que les producteurs servissent les guerriers, Comte entreprit d'inverser également le rapport entre producteurs et prêtres : désormais, les prêtres chanteraient la gloire des producteurs.

En quoi consiste la doctrine positiviste qui rend possible cette inversion des ordres ? Sans entrer dans des détails inutiles ici, disons qu'il s'agit au fond d'une tentative pour recréer le culte de la Déesse Raison cher à Robespierre, mais dans un cadre politique modéré, embourgeoisé. Ignorant à peu près complètement les questions métaphysiques et la recherche des causes premières, Comte élabora un système fragile mais assez convaincant – système qui, en reprenant les méthodes des sciences expérimentales, conduisait à une téléologie spontanée, apparemment donnée par la nature même du fait humain.

Comte était obligé de croire en l'avènement du Bien dans ce monde, puisqu'il n'admettait pas la possibilité d'un monde au-delà. Ayant tué la métaphysique, il fit descendre l'espérance métaphysique dans le monde tangible. À cet égard, on trouvera dans le culte idolâtrique qu'il vouera, sur ses vieux jours, à la femme aimée, l'annonce de la contemporaine emprise de la romance.

En somme, il est tout à fait évident, pour qui lit Comte avec un peu de recul, que sa pensée traduit une dégénérescence du catholicisme en universalisme matérialiste. Par-là, son œuvre est une bonne introduction à l'idéologie des classes dirigeantes françaises depuis l'avènement de la République.

*

Quel rapport avec l'antiracialisme ? Quel rapport avec Jean-Jacques Rousseau, qui ne voulait pas voir les faits ? Quel rapport avec l'interpénétration latente du racialisme et de l'antiracialisme ? – J'y viens.

Auguste Comte poussa le catholicisme inconscient jusqu'à rédiger un catéchisme positiviste calqué sur les manuels jésuites. Ce catéchisme du catholique déchristianisé commence par une prophétie enflammée : « Au nom du passé et de l'avenir, les serviteurs théoriques et les serviteurs pratiques de l'HUMANITE viennent prendre dignement la direction générale des affaires terrestres, pour construire enfin la vraie providence, morale, intellectuelle, et matérielle ; en excluant irrévocablement de la suprématie politique tous les divers esclaves de Dieu, catholiques, protestants, ou déistes, comme étant à la fois arriérés et perturbateurs. » Plus loin, on trouve ces mots : « Nous venons donc ouvertement délivrer l'Occident d'une démocratie anarchique et d'une aristocratie rétrograde, pour constituer, autant que possible, une vraie sociocratie, qui fasse sagement concourir à la commune régénération toutes les forces humaines, toujours appliquées chacune suivant sa nature. »

En lisant ces citations d'Auguste Comte, le lecteur attentif a peut-être froncé les sourcils. Tout cela lui rappelle quelque chose, mais quoi ?...

Petit exercice amusant. Que le lecteur reprenne les citations de Comte juste au-dessus, et qu'il remplace simplement « HUMANITE » par « PEUPLE ALLEMAND », « esclaves de Dieu » par « Juifs », « Occident » par « Allemagne », « sociocratie » par « État raciste », « forces humaines » par « forces nationales ».

« Au nom du passé et de l'avenir, les serviteurs théoriques et les serviteurs pratiques du PEUPLE ALLEMAND viennent prendre dignement la direction générale des affaires terrestres, pour construire enfin la vraie providence, morale, intellectuelle, et matérielle ; en excluant irrévocablement de la suprématie politique tous les Juifs, comme étant à la fois arriérés et perturbateurs. […] Nous venons donc ouvertement délivrer l'Allemagne d'une démocratie anarchique et d'une aristocratie rétrograde, pour constituer, autant que possible, un vrai État raciste, qui fasse sagement concourir à la commune régénération toutes les forces nationales, toujours appliquées chacune suivant sa nature. »

Amusant, non ?

Eh non, le lecteur n'a pas la berlue : les structures mentales qui sous-tendent le positivisme, religion sécularisée de l'humanité unie, antiracialisme chimiquement pur, sont celles qui sous-tendaient le nazisme, religion sécularisée de l'aryanité raciale fantasmée, racialisme chimiquement pur. Le lecteur n'a pas la berlue : les structures mentales qui sous-tendent l'antiracialisme sont exactement celles qui sous-tendent le racialisme. Ce sont les mêmes structures, mais dans un cadre différent.

Il est temps de dissiper l'équivoque antiracialiste. L'antiracialisme contemporain s'oppose en apparences au racialisme. Comme le racialisme est, nous l'avons vu précédemment, une forme idéologique de la domination destinée à cautionner le règne de la bourgeoisie, classe issue de la possession du capital, on s'imagine que l'antiracialisme est une idéologie visant à contester les structures de la domination. Erreur : l'antiracialisme est aussi une forme idéologique de la domination bourgeoise. Simplement, au lieu d'essentialiser cette domination au nom de l'ethnie, il l'essentialise au nom de l'humanité définie comme une abstraction. *L'antiracialisme, d'une certaine manière, c'est par nature le racialisme adapté au mondialisme.*

L'antiracialisme n'est pas du tout le contraire du racialisme : c'est son extension à l'humanité dans son ensemble, saisie comme une totalité abstraite séparée des groupes ethniques particuliers. L'antiracialisme est, au choix, ou bien le racialisme des métis qui se proclameraient « non-race » supérieure à toutes les races non métissées, ou bien le racialisme au nom d'une humanité parfaite fantasmée, présupposée supérieure à toutes les ethnies effectivement existantes sur le globe. L'antiracialisme est le racialisme des humanistes. Avec l'antiracialisme, un certain humanisme est un racisme. C'est le racisme au nom d'une humanité parfaite à construire, dirigée contre l'humanité imparfaite, telle qu'elle est.

Ainsi, exactement comme chez les racialistes, la question raciale est, pour les antiracialistes, un instrument destiné à rendre dicibles les réponses que l'on ose apporter à des questions autres.

Cette conclusion est si décalée par rapport aux idées reçues que le lecteur a certainement du mal à l'accepter. Quoi ? L'antiracialisme, c'est-à-dire l'affirmation qu'il n'existe aucune race au sein de l'humanité, serait le racialisme d'une race imaginaire, les humains « parfaits », contre toutes les races existantes, donc imparfaites ? Quoi, l'antiracialisme serait le racialisme des métis, ou bien le racialisme de ceux qui prétendent tendre vers la perfection ? Quoi, les ressorts psychosociologiques du racialisme seraient ceux des régimes politiques ouvertement racistes, nazisme inclus ?

Allons, un petit coup de main, alors, pour aider ce brave lecteur à faire sa révolution copernicienne. Regardons ce qui s'est passé concrètement, depuis 150 ans, lorsque les disciples d'Auguste Comte ont été en mesure d'appliquer son programme.

Exemple : l'Algérie française.

*

Le positivisme était l'idéologie de la III° République française. Cette idéologie ne fut jamais officiellement admise comme telle, mais en pratique, elle régna sans partage.

Cette III° République positiviste eut beaucoup à s'occuper des races. En Afrique du Nord, en Afrique Noire et en Indochine, la France fut confrontée à la question raciale. Comment les héritiers d'Auguste Comte ont-ils dirigé ces territoires ? Comment ont-ils « constitué une vraie sociocratie » dans leur empire ?

En Afrique Noire, la politique républicaine fut incohérente ; en Indochine, elle dut se déployer sur une toile de fond complexe, et il serait malaisé de faire là le tri entre ce qui vint de la France républicaine et ce qui résultait des conditions locales.

L'Algérie, donc.

En Algérie, c'est clair et net : quand la III° République prit l'affaire en main, la société algérienne avait été aplanie par quarante années de présence française. Le régime républicain trouvait là une société de castes particulièrement brutale, dans laquelle une haute bourgeoisie, formée par les « grands » colons, était radicalement prééminente.

Cette société avait été construite par la monarchie de Juillet, dès les années 1840. Elle avait été confirmée par le Troisième Empire. Or, la Troisième République la renforça. La domination paisible et la colonisation rapide de l'Algérie étaient vues par les capitalistes français comme le plus grand intérêt qu'ils avaient à défendre, et c'est pourquoi, de régime en régime, cet intérêt fut défendu sans discontinuer. Et l'on remarquera, à ce propos, que l'homme qui défendit cette position le plus énergiquement, sous la monarchie de Juillet, n'était autre qu'Alexis de Tocqueville. Et l'on relèvera, comme un signe du destin, que cet homme-là, Tocqueville, théoricien de la démocratie en Amérique, fit en quelque sorte le lien entre deux hommes qu'il réfuta l'un et l'autre, mais qu'il fréquenta aussi l'un et l'autre : Comte et Gobineau.

En pratique, l'apport de la III° République à la politique algérienne se borna à mettre l'idéologie positiviste au service d'une entreprise coloniale de spoliation et d'exploitation éhontées. Rien d'étonnant, d'ailleurs. Pour comprendre cette récupération idéologique instantanée, il suffit de se remettre en contexte : nous sommes à la fin du XIX° siècle. L'Angleterre est triomphante. Elle règne sur le quart du monde, directement ou indirectement. Elle a concentré entre ses mains pratiquement la moitié de l'économie mondiale. Le problème des milieux dirigeants français, c'est donc que le capitalisme anglais prend radicalement le pas sur le capitalisme français. La France a perdu la suprématie mondiale. D'où ce constat : si l'humanité doit être unifiée, ce qui est l'exigence du positivisme, elle pourrait l'être par quelqu'un d'autre que par les classes dirigeantes françaises. Les « serviteurs théoriques et les serviteurs pratiques de l'HUMANITÉ » qui doivent « prendre dignement la direction générale des affaires terrestres » risquent fort d'être anglo-saxons – on ne sait pas encore s'il s'agira des banquiers de la City londonienne ou des francs-maçons nord-américains héritiers de l'Élection puritaine, mais visiblement, l'Anglais est en train de prendre le pas sur le Français. Dans cette optique, et comme, au-delà des nobles déclarations sur l'humanité fraternelle de demain, il s'agit bien sûr de savoir qui aura l'honneur de « prendre dignement la direction générale des affaires terrestres », il est crucial, à la fin du XIX° siècle, que la France propose un modèle alternatif de mondialisation capitaliste. Ce modèle, ce sera l'empire colonial version III° République.

C'est ainsi que la religion de l'humanité va s'avérer, sous la III° République française, tout à fait compatible avec l'idéologie de la domination matérialiste. Au XIX° siècle, il s'agit encore de concilier l'exigence d'une unification rationnelle de l'humanité avec le constat de la supériorité européenne, qu'on ne croit pas momentanée. La solution « positiviste » coule donc de source : on va définir le modèle de l'humanité future à partir du type européen, et évaluer tous les groupes ethniques en fonction de leur degré de proximité avec ce modèle supposé. Ainsi, au nom de l'universalisme, on aura cautionné un différencialisme hiérarchisant pur et dur, très proche de celui développé, deux générations plus tard, par les racialistes nazis. Dans le cadre de l'impérialisme, l'universalisme s'est spontanément transformé en différencialisme de domination au nom d'un universel arbitraire.

Ces stratégies se mettent en place en Algérie, dès le début de la III° République. Elles sont typiques du racisme paternaliste. Elles consistent tout d'abord à organiser une hiérarchie, par laquelle on oppose une classe moyenne racialisée, les petits colons, à une masse aliénée, les « indigènes ». On notera au passage que les Juifs obtiennent à cette occasion le statut de la citoyenneté, et que beaucoup de petits colons sont d'origine non française, mais aussi non indigène : on retrouve là le principe de proximité anthropologique. La hiérarchie construite par la III° République élève en effet dans la structure sociale ceux dont le modèle anthropologique se rapproche du modèle français.

L'universalisme français fonctionne en Algérie comme une justification du différencialisme hiérarchisant, et donc l'antiracialisme s'efface devant le racialisme, inéluctablement. C'est d'ailleurs à cette époque que la Société d'anthropologie de Paris s'efforce de quantifier les différences raciales de façon objective, et cela n'est pas un hasard.

En somme, l'antiracialisme positiviste français en Algérie a débouché, en pratique, sur des structures comparables à la société de castes imaginée par les nazis pour l'exploitation rationnelle des populations slaves de l'Ostraum – société qu'ils n'eurent pas le temps de mettre en place, mais que Hitler envisageait de calquer sur le modèle colonial britannique en Inde. L'obsession classificatrice et hiérarchisante des racialistes nazis devait plus tard s'organiser autour du présupposé de la supériorité a priori de leur groupe ethnique, mais dès le XIX° siècle, l'antiracialisme universaliste français avait débouché en pratique sur la même obsession, au nom de la nécessaire convergence de tous les hommes vers un « modèle » unique.

Elle est belle, la patrie des Droits de l'homme !

*

Reconnaissons cependant que le positivisme de Comte n'a pas eu que des mauvais côtés. La mécanique d'asservissement mise en place par les antiracialistes en Algérie était infiniment moins cruelle que celle qui se déployait, à la même époque, contre les Indiens des plaines, en Amérique. En Algérie, la France inventa l'école à trois vitesses : pour les grands colons, les lycées prestigieux, qui formaient les futurs « serviteurs de l'Humanité », c'est à dire la haute bourgeoisie ; pour les petits colons, l'école publique, qui formait « l'homme de demain », « arraché » à la superstition, c'est-à-dire à la religion ; et pour les indigènes, une version dégradée de l'école publique, qui ne transmettait qu'un savoir purement utilitaire, destiné à une main d'œuvre qu'on voulait docile et productive. Cette construction des structures mentales les plus à mêmes de cautionner la domination bourgeoise est évidemment ignoble. Mais il faut reconnaître que par rapport au racisme dont les bourgeois nord-américains faisaient preuve, à la même époque dans les grandes plaines, la domination française fut très humaine.

Quelque chose, donc, sauva Comte et ses disciples.

Ce quelque chose, ce qui fait qu'ils n'oublièrent jamais totalement les exigences de l'humanité, c'est la dernière phrase du préambule au catéchisme positiviste : « ... une vraie sociocratie, » dit Comte, « qui fasse sagement concourir à la commune régénération toutes les forces humaines, toujours appliquées chacune suivant sa nature. »

« Toujours appliquées chacune suivant sa nature » : Comte pose une limite à son raisonnement. Il admet, dans son obsession perfectionniste, un principe de modération. C'est ce qui le sauve.

Et ce qui ne sauvera pas les antiracialistes extrémistes.

5. L'ANTIRACIALISME EXTRÉMISTE

Quand le principe de modération disparaît, l'antiracialisme, devenu extrémiste, donc révolutionnaire, se révèle aussi destructeur que le racialisme extrémiste.

Pour bien comprendre ce paradoxe, je crois qu'il nous faut d'abord revenir à Jean-Jacques Rousseau, et à cet « essai sur l'origine de l'inégalité » qui a structuré le messianisme révolutionnaire en profondeur, depuis deux siècles.

Après avoir vanté un bon sauvage qui n'existe que dans son imagination, Jean-Jacques nous explique comment la société a corrompu ledit sauvage, et comment donc il convient que la société soit redressée afin que l'homme corrompu soit régénéré. Voici donc l'homme unifié, l'homme total, vers lequel les antiracialistes veulent inconsciemment ramener toutes les races, en les niant dans leur spécificité.

Une logique prétotalitaire qui, comme celle des racialistes extrémistes, trouve sa source cachée dans la réalité des rapports de classes…

Dans un passage fameux, Rousseau commence à nous donner la clef de cette régénérescence par l'ensauvagement : « Le premier qui, ayant enclos un terrain, s'avisa de dire : Ceci est à moi, et trouva des gens assez simples pour le croire, fut le vrai fondateur de la société civile. Que de crimes, de guerres, de meurtres, que de misères et d'horreurs n'eût point épargnés au genre humain celui qui, arrachant les pieux ou comblant le fossé, eût crié à ses semblables : Gardez-vous d'écouter cet imposteur. Vous êtes perdus, si vous oubliez que les fruits sont à tous, et que la terre n'est à personne. »

Traduction : Rousseau dénonce le processus de la domination capitaliste, dont il ignore le nom mais dont il perçoit le concept agissant. C'est de cette domination qu'il voit surgir le principe d'une inégalité mortifère, d'une inégalité qui porte en germe le déploiement des logiques homicides.

Dans un second passage tout aussi fameux, Rousseau indique le moment où, d'après lui, cette première chute en a entraîné une autre : « Tant que les hommes se contentèrent de leur cabane rustique, tant qu'ils se bornèrent à coudre leurs habits de peaux avec des épines ou des arrêtes, à se parer de plumes et de coquillages, à se peindre le corps de diverses couleurs, à perfectionner et à embellir leurs arcs et leurs flèches, à tailler avec des pierres tranchantes quelques canots de pêcheur ou quelques grossiers instruments de musique, en un mot tant qu'ils ne s'appliquèrent qu'à des ouvrages qu'un seul pouvait faire, et qu'à des arts qui n'avaient pas besoin du concours de plusieurs mains, ils vécurent libres, sains, bons et heureux autant qu'ils pouvaient l'être par leur nature, et continuèrent à jouir entre eux des douceurs d'un commerce indépendant : mais dès l'instant qu'un homme eut besoin du secours d'un autre ; dès qu'on s'aperçut qu'il était utile à un seul d'avoir des provisions pour deux, l'égalité disparut, la propriété s'introduisit, le travail devint nécessaire et les vastes forêts se changèrent en des campagnes riantes qu'il fallut arroser à la sueur des hommes, et dans lesquelles on vit bientôt l'esclavage et la misère germer et croître avec les moissons. »

Le style est superbe. Un peu ampoulé, mais superbe. Comme toujours chez Rousseau.

Le problème, c'est que si la forme est magnifique, le fond est nul. Tout ce raisonnement est faux.

Pour commencer, Jean-Jacques s'exagère beaucoup la possibilité d'une vie sauvage totalement ignorante de l'hétéronomie et de l'aliénation. L'homme est un animal social, et tous les animaux sociaux organisent des hiérarchies entre dominants et dominés. L'observation des hardes de loups ou des bandes de gorilles est riche d'enseignements sous ce rapport : l'inégalité des conditions dans les sociétés animales est structurée par le rapport de force, sans que la propriété n'intervienne à aucun moment comme facteur de domination. La propriété n'est *pas* l'origine de l'inégalité.

D'autre part, Rousseau passe à côté du caractère dialectique de la propriété privée considérée sous l'angle de l'autonomie des individus et des groupements de petite taille. Les sociétés primitives, qui ignorent la propriété privée, sont pourtant très hiérarchisées. Les Incas, une des rares sociétés à avoir approché le socialisme théorique dans le réel, vivaient sous un despotisme rigoureux et particulièrement inégalitaire. La propriété privée n'est pas forcément à l'origine de la subordination de l'homme à l'homme, elle est parfois au contraire ce qui vient limiter cette subordination.

En fait, tout dépend de la nature de la propriété privée : le développement du capital productif en vue de la redistribution de la richesse par le jeu de la charité et de l'échange équilibré justifie la propriété privée, empêche ses débordements, alors que le capital purement spéculatif est un instrument de l'exploitation et le signe de la domination. Rousseau, assez ignorant des réalités économiques, « écartons tous les faits », passe complètement à côté de cette distinction cruciale.

Ce n'est pas tout. Le raisonnement de Rousseau pêche encore par l'ignorance complète du fait démographique. Rousseau se trompe du tout au tout lorsqu'il imagine que l'industrie précéda l'agriculture, qu'il pense avoir été inventée pour nourrir les ouvriers. Il ne comprend pas que la démographie n'est pas la cause, mais la conséquence des capacités de production agricole. Cette ignorance des questions démographiques fait que Jean-Jacques, tout à sa rêverie de promeneur solitaire, prône le retour à l'état de nature et ce faisant, il souhaite sans même s'en rendre compte la division par cent de la population humaine. Fondamentalement, le refus de considérer la compétition comme signe de la vitalité implique là, très clairement, une doctrine *involutive*.

Sans tomber dans la polémique politicienne, mais tout simplement pour faire émerger les racines de l'antiracialisme contemporain, il faut bien dire, ici, que Jean-Jacques Rousseau est sur ce plan assez représentatif de ce qu'on pourrait décrire comme la bêtise de gauche. Voilà comment Rousseau, qui n'a rappelons-le jamais travaillé la terre, et ne s'est jamais fixé dans un état, voilà comment il imagine le monde régénéré qu'il appelle de ses vœux : un monde où les fruits poussent pour tout le monde, si bien que personne en particulier ne doit prendre soin des vergers – donc un monde où la propriété devient sans objet, qui encadrerait la production. Cette vision du monde est à peu près celle d'un gamin de dix, douze ans, qui pille une serre sans comprendre qu'il nuit au paysan. Un homme normal abandonne définitivement cette formule de pensée la première fois qu'il rentre chez lui, le soir, après une journée de travail, épuisé. Seulement voilà, Rousseau n'est probablement jamais rentré chez lui le soir, épuisé, après une journée de travail – rappelons qu'il vécut comme gigolo une bonne partie de sa vie.

D'où sa vision du monde extraordinairement simpliste. C'est le paradoxe du bonhomme d'avoir été à la fois génial et très niais. Ce n'est pas qu'il manquait de cervelle, c'est qu'il avait beaucoup trop de cœur pour ce qu'il avait de tripes – c'est là, d'ailleurs, un syndrome fréquent chez ses héritiers – et particulièrement chez ces héritiers les plus antiracialistes. Rousseau ne comprenait pas, semble-t-il, la nécessité du moindre mal. Ce devait être un homme très bon, qui n'avait pas idée de la cruauté native de l'homme ordinaire. Il fut indiscutablement l'un des plus grands prosateurs de langue française, et il fut tout aussi indiscutablement le fondateur d'une école de pensée régressive à l'extrême.

Au risque de me répéter, je veux souligner cette conclusion : par nature, l'idée rousseauiste traduit un désir d'involution. Etant donné que l'inégalité est ce qui permet la compétition, et la compétition ce qui permet de rehausser constamment le niveau de référence sur tous les étalons possibles de l'évolution, qui dit refus de l'inégalité dit refus de l'évolution. Or ce désir d'involution, propre à la pensée rousseauiste, est par nature destructeur de l'humain, en tout cas destructeur de tout ce que l'humain peut construire au-delà de la naturalité, de la primitivité. Ce qu'il y a là, tout au fond de la pensée du gentil Jean-Jacques, c'est donc une pulsion de mort, à l'état pur.

Cependant, allons au-delà de la réprobation – après tout, Rousseau a aussi écrit des vérités. Il s'agit d'opérer une critique. D'où vient cette pulsion de mort ? Que traduit-elle en profondeur ? Pourquoi un homme bon, comme Jean-Jacques, et un esprit intelligent, Rousseau, met-il soudain sa plume au service d'une idée mauvaise, l'égalité comme idole, et stupide, la propriété comme figure démoniaque ?

La réponse à cette question décisive, c'est Rousseau qui nous la donne, à la fin de son « essai sur l'inégalité ».

Au fond, Rousseau lui-même n'est pas dupe de l'escroquerie intellectuelle que recouvre potentiellement son double mouvement de diabolisation de l'inégalité abstraite et de quasi-déification de la condition naturelle, supposée égalitaire. Il sent confusément que la porte de sortie n'est pas dans le retour à une condition naturelle devenue impossible, une fois l'évolution humaine accomplie. Aussi écrit-il :

« Le genre humain, avili et désolé, ne pouvant plus retourner sur ses pas ni renoncer aux acquisitions malheureuses qu'il avait faites et ne travaillant qu'à sa honte, par l'abus des facultés qui l'honorent, se mit lui-même à la veille de sa ruine. [...] On raccommodait sans cesse, au lieu qu'il eût fallu commencer par nettoyer l'aire et écarter tous les vieux matériaux, comme le fit Lycurgue à Sparte.

« [...] Il est donc incontestable que c'est la maxime fondamentale de tout le droit politique que les peuples se sont donné des chefs pour défendre leur liberté et non pour les asservir.

« [...] Quant à l'autorité paternelle dont plusieurs ont fait dériver le gouvernement absolu et toute la société, sans recourir aux preuves contraires de Locke et de Sidney, il suffit de remarquer que rien au monde n'est plus éloigné de l'esprit féroce du despotisme que la douceur de cette autorité qui regarde plus à l'avantage de celui qui obéit qu'à l'utilité de celui qui commande.

« [...] Ce système odieux est bien éloigné d'être même aujourd'hui celui des sages et bons monarques, et surtout des rois de France, comme on peut le voir en divers endroits de leurs édits et en particulier dans le passage suivant d'un écrit célèbre, publié en 1667, au nom et par les ordres de Louis XIV : Qu'on ne dise donc point que le souverain ne soit pas sujet aux lois de son État, puisque la proposition contraire est une vérité du droit des gens que la flatterie a quelquefois attaquée, mais que les bons princes ont toujours défendu comme une vérité tutélaire de leurs États. Combien est-il plus légitime de dire avec le sage Platon que la parfaite félicité d'un royaume est qu'un prince soit obéi de ses sujets, que le prince obéisse à la loi, et que la loi soit droite et toujours dirigée au bien public.

« [...] Pufendorf dit que, tout de même qu'on transfère son bien à autrui par des conventions et des contrats, on peut aussi se dépouiller de sa liberté en faveur de quelqu'un. C'est là, ce me semble, un fort mauvais raisonnement ; car premièrement, le bien que j'aliène me devient une chose tout à fait étrangère et dont l'abus m'est indifférent, mais il m'importe qu'on n'abuse point de ma liberté, et je ne puis, sans me rendre coupable du mal qu'on me forcera de faire, m'exposer à devenir l'instrument du crime. »

Ces quelques citations éparses, tirées de la conclusion de « l'essai sur l'inégalité », suffisent, je crois, à dépeindre un paysage mental qui est très proche, au fond, de celui par lequel j'ai commencé cet exposé – à savoir celui de Gobineau. Certes, les conclusions de l'aventure intellectuelle des deux hommes furent diamétralement opposées, les mythes qu'ils inventèrent pour illustrer leur sensibilité respective sont sans rapport l'un avec l'autre, parce que la sensibilité de l'un était sans rapport avec celle de l'autre. Mais comme Gobineau, Rousseau, pour être compris, doit être situé dans le cadre d'une nostalgie non sue, qui n'est pas la nostalgie d'un état naturel où la domination serait inexistante, mais bien la nostalgie d'un état de la société où la domination serait justifiée.

Rousseau ne le voyait pas, et ses contemporains ne le virent pas davantage, mais pour nous, qui le lisons avec deux siècles de recul, et qui avons en tête ce qu'ont été, par la suite, les pensées de ses héritiers – Comte, qui ne voulut que parfaire le projet rousseauiste, et d'une manière générale la gauche politique, qui s'inscrivit dans la continuation de ce projet – et pour nous qui avons aussi en tête ce qu'ont été les discours et les motivations des adversaires de la pensée rousseauiste – Gobineau, Chamberlain – pour nous donc, qui avons en tête l'histoire des deux siècles qui suivirent, c'est l'évidence : sans le savoir, Jean-Jacques Rousseau était mû, lorsqu'il parlait avec nostalgie d'un état naturel qui n'a jamais existé, par une autre nostalgie, qu'il n'osait pas s'avouer, et qui était la nostalgie du temps où la structure sociale trifonctionnelle indo-européenne était encore intacte en Occident.

Cela apparaît très clairement dans les citations précédentes. Le genre humain est « avili et désolé » par une Chute qui n'est pas consubstantielle à l'être manifesté, dans la pensée de Rousseau, mais provient d'un éloignement d'avec l'état de nature. Cet « avilissement », cette « désolation » est pour Rousseau la manifestation d'un principe de domination qui, à la différence du gouvernement des « sages et bons monarques », n'est pas conforme à une autorité paternelle.

Ce que révèle en creux le discours rousseauiste, c'est, tout à fait comme le discours de Gobineau, la crise du principe d'autorité dans un système de pensée devenu matérialiste, et sous-jacent à cette crise psychosociologique, la crise latente du modèle anthropologique patriarcal, garant du principe de filiation, fondement de l'humanité dans l'homme.

D'où la clef de voûte du discours rousseauiste : le refus, parfaitement légitime, de la marchandisation du principe d'humanité – « il m'importe qu'on n'abuse point de ma liberté, et je ne puis, sans me rendre coupable du mal qu'on me forcera de faire, m'exposer à devenir l'instrument du crime. » Mais, et c'est là le fond du problème pour pratiquement tous les antiracialistes, au lieu de comprendre que dans ces conditions, il fallait admettre en l'homme l'existence de quelque chose qui n'est pas « marchandisable » parce que ce n'est pas « matérialisable », donc au lieu de comprendre qu'il fallait poser, sur la domination économique, un principe de domination politique lui-même appuyé sur un principe de domination spirituelle – au lieu de comprendre donc qu'il fallait revenir à la structure trifonctionnelle des sociétés indo-européennes – les disciples de Rousseau choisirent de lancer la fuite en avant vers l'égalité – une égalité abstraite, par nature inatteignable. C'est pourquoi, à maints égards, a posteriori, Rousseau apparaît comme un homme qui fuit devant Hobbes, mais qui l'emporte malgré lui toujours plus avant, parce qu'il raisonne au fond de la même manière que l'homme qu'il fuit : c'est-à-dire comme un bourgeois.

Alors, quelle conclusion sur Rousseau ?

Eh bien, au terme de ce rapide tour d'horizon, cela paraît très clair : les ressorts inconscients du culte de l'égalité par les antiracialistes recoupent très exactement les structures qui ont comprimé progressivement, puis laissé se détendre, les ressorts inconscients de la sacralisation du principe d'inégalité par les racialistes. Fondamentalement, le racialisme et l'antiracialisme modernes ne sont que les deux manifestations en apparences opposées, en réalité parfaitement complémentaires, du même processus de dénégation : le refus, par des hommes devenus matérialistes et individualistes, d'admettre que les incohérences dans lesquels ils se débattent ne résultent pas de la nature du monde – qui est dialectique, mais pas incohérent. Fondamentalement, l'incohérence insupportable à l'esprit matérialiste provient du regard que les matérialistes individualistes portent sur le monde humain. Or, cela, ils ne veulent pas l'admettre – et c'est pourquoi, ne pouvant refaire leur regard sur l'homme, ils veulent refaire l'homme.

Un différencialiste, généralement protestant devenu matérialiste, qui ne se résigne pas à la perte du principe d'élection : voilà le racialiste. Un universaliste, généralement catholique devenu matérialiste, qui ne se résigne pas à la perte de l'espérance messianique : voilà l'antiracialiste. L'un et l'autre sont dans l'erreur, et dans la même erreur. Ce qui les sépare, c'est leur point de départ. Ce qui les réunit, c'est leur destination.

*

Malgré tout, depuis que la bourgeoise est devenue la classe dominante en Occident, elle a conduit sa barque avec une certaine prudence. L'esprit bourgeois n'est pas encadré par un principe de domination spirituelle qui viendrait légitimer la domination sociale, certes, et en cela, il restera toujours un esprit de médiocrité. Mais c'est une médiocrité raisonnable, une médiocrité précautionneuse. Il y a, dans l'esprit bourgeois, une pondération naturelle qui limite les ravages que pourrait causer une conception purement matérialiste du monde, livrée à elle-même.

Quand ce n'est pas la bourgeoisie, mais une autre classe sociale qui s'approprie le capital, la situation est bien pire qu'avec la bourgeoisie. La nomenklatura soviétique organisa par exemple l'exploitation de la paysannerie selon des modalités extrêmement violentes. L'accumulation primitive du capital, conduite en Occident sur plus d'un siècle à travers l'extorsion de la plus-value par la bourgeoisie, fut concentrée, en Russie soviétique, sur à peine deux décennies. C'est probablement la plus grande violence qu'un régime quelconque ait jamais infligé à une société. La Russie et l'Ukraine ne s'en sont toujours pas remises, trois quarts de siècle après les faits. Même l'exploitation économique de l'Inde conquise par les Britanniques, à la fin du XVIII° siècle, n'atteignit pas au paroxysme de violence rencontré en Union Soviétique, dans les années 1930.

C'est précisément le caractère extrême de l'affaire ukrainienne qui m'amène à la choisir pour illustrer le retournement de l'antiracialisme révolutionnaire en racisme exterminateur. J'ai hésité avant d'opter pour l'Ukraine. On aurait pu aussi parler de l'extermination des Indiens d'Amérique du Nord – une manifestation de l'antiracialisme révolutionnaire situé dans le cadre particulier du différencialisme américain, la négation de l'humanité du Peau-rouge facilitant l'assimilation des immigrants européens – « si tu es différent de la différence, alors c'est que tu es le même ». On aurait pu également parler de l'épouvantable génocide arménien de 1915-1916 – la destruction d'un groupe ethnique au nom de l'universalité proclamée du groupe dominant sur son sol. Et il faudrait bien sûr parler du Rwanda, un véritable cas d'école en matière d'antiracialisme exterminateur. Mais puisqu'il faut bien faire un choix, nous allons parler de l'Ukraine.

Le processus par lequel l'antiracialisme soviétique se retourna en racisme anti-ukrainien est particulièrement marqué. Personne n'avait jusque-là poussé l'antiracialisme à un degré aussi élevé que les bolcheviks. Et cependant peu de régimes, avant les années 30, avaient en temps de paix poussé la logique exterminatrice à un niveau comparable à celui déployé par l'appareil du parti bolchevik et la police politique soviétique. Certes, avant l'Holodomor, c'est-à-dire l'extermination par la faim de 3 à 8 millions de paysans ukrainiens au début des années 1930, il y avait déjà eu au moins deux précédents, dans l'Empire Britannique : l'exploitation criminelle de la paysannerie indienne à la fin du XVIII° siècle, et la grande famine en Irlande. Cependant, l'Holodomor constitua un phénomène exceptionnel par son ampleur et par son caractère ciblé. Ce fut en effet un crime de masse sélectif – et en cela, il est particulièrement éclairant sur la nature de l'antiracialisme criminel.

Dans le cas de l'Holodomor, l'extermination fut pratiquée sur la base d'un croisement entre logique de classe et logique de race. Origine de classe : koulak. Nationalité : ukrainienne. Verdict : la mort. Ce phénomène, qu'on ne peut pas à proprement qualifier de génocide, mériterait qu'on invente un terme pour le décrire. « Génoclassisside », peut-être – extermination ciblée d'une classe sociale au sein d'un peuple donné.

*

Il faut d'abord rappeler les faits, et les mettre en perspectives.

L'Holodomor a consisté en l'extermination systématique d'une partie de la population ukrainienne au moyen d'une famine artificiellement provoquée, en 1932 et 1933, par une politique de confiscation systématique des denrées alimentaires. Ces denrées furent transportées en Russie ou vendues en Europe. Les ventes financèrent le premier plan quinquennal. Il est impossible d'établir avec certitude si la famine fut l'objectif et l'aspect économique le moyen, ou si nous devons considérer la famine comme un « à côté » d'une politique économique générale – un « à côté » d'ailleurs regardé par le pouvoir soviétique comme un bénéfice annexe.

Quoi qu'il en soit, l'Holodomor survient quand l'Union Soviétique entreprend son industrialisation à marche forcée. L'Ukraine est, à ce moment précis de l'Histoire, une source de financement indispensable pour le pouvoir soviétique. Il faut donc briser les reins au nationalisme ukrainien, car Moscou doit absolument s'assurer un contrôle sans faille sur cette marche méridionale riche, grenier à blé de la Russie depuis des siècles.

La cible était la paysannerie ukrainienne dans sa partie compétente. La collectivisation fut l'instrument de la destruction méthodique de cette classe, au sein de ce peuple. En enfermant le paysan dans le kolkhoze, l'État le déshérita radicalement. Privé de sa terre, ce paysan fut contraint de travailler sous le knout.

Bien sûr, les résultats ne se firent pas attendre. Comme les paysans qualifiés étaient persécutés et les incapables promus, les rendements s'effondrèrent. Simultanément, l'État procéda à des prélèvements insupportables sur les récoltes, pour financer l'industrialisation. Ensuite, afin d'empêcher la population rurale de fuir les campagnes transformées en enfer terrestre, le pouvoir soviétique mit en place un système de passeports intérieurs, et le piège se referma.

Ce piège renvoyait à une logique implacable. En aplanissant la paysannerie ukrainienne soi-disant pour favoriser l'égalité des conditions, les maîtres du système détruisirent la fraction de la population qui, par son niveau d'éducation et de conscience, aurait pu contester la domination de la nouvelle bourgeoisie communiste, la Nomenklatura. Ainsi, l'égalité imposée entre le bas et le milieu de la structure sociale fut l'instrument d'une inégalité radicale entre le haut et le bas de cette structure.

En d'autres termes, l'antiracialisme, vecteur de réponses qu'on n'ose formuler, est, exactement comme le racialisme, un moyen également de formuler les questions elles-mêmes. L'antiracialisme, comme le racialisme, permet de tracer les lignes.

La destruction de la propriété privée, en supprimant les catégories intermédiaires, rendit possible une inégalité radicale, plus prononcée encore que celle de l'époque tsariste. Voilà, en quelques phrases, à quoi renvoie concrètement le projet antiracialiste extrémiste – et l'on voit bien ici à quel point, fondamentalement, il correspond aux mêmes logiques que le racialisme extrémiste, tel qu'Hitler pouvait en privé le confesser dans toute sa dimension prométhéenne.

Projet antiracialiste, soulignons-le, qui ne fait que traduire la supériorité implicite d'une humanité refondée. Les historiens de l'Holodomor sont parfois dupes du caractère « grand-russe » de la démarche soviétique. Je crois qu'ils n'ont pas bien regardé. Certes, ce projet s'inscrivait dans le prolongement d'une politique de russification poursuivie par le pouvoir russe depuis des générations. Mais en l'occurrence, quand on étudie les motivations des criminels, on voit qu'il ne s'agissait pas à proprement parler de russifier l'Ukraine. C'est un effet d'optique qui donne cette impression : en effet, à l'heure même où il cassait les reins de la nation ukrainienne, le pouvoir soviétique travaillait aussi à détruire les traditions de la Sainte Russie. Ce n'est pas vers le modèle russe que le pouvoir soviétique entendait faire converger une Ukraine à l'échine brisée, mais vers un modèle purement soviétique, vers une humanité régénérée – tout à fait selon la formule esquissée par Rousseau deux siècles plus tôt. Ce n'est donc pas par racisme, mais par antiracisme, au sens de « qui veut détruire toute distinction raciale », que l'Holodomor fut justifié dans l'esprit de ses concepteurs.

Certes, comme la démarche soviétique imposait de faire progressivement converger toute la population vers le même modèle, et comme il était évident que ce modèle serait en quelque sorte obtenu par la moyenne pondérée des modèles nationaux préexistants, le groupe majoritaire, les Russes, constituait par la force des choses le prototype de l'homo sovieticus fantasmé par un système qui avait besoin de refaire l'homme pour le dominer. C'est pourquoi les Russes eurent moins de « chemin » à faire pour passer de leur identité « passéiste » à une identité « régénérée », purement soviétique. Et c'est pourquoi il n'était pas nécessaire de les « casser » aussi fortement que les autres. Mais à cette nuance près, le pouvoir soviétique leur appliqua les mêmes méthodes qu'aux peuples dominés.

C'est quand on comprend ces mécanismes qu'on voit à quel point l'opinion se trompe, qui imagine l'antiracialisme en antidote au racialisme. Loin d'être le contraire du racialisme, l'antiracialisme en est l'apothéose, le point de départ non su et la conclusion logique. En réalité, ce n'est pas le racialisme qui inclut l'antiracialisme, mais l'antiracialisme qui inclut le racialisme.

L'idéologie génératrice des grands massacres du XX° siècle *n'est pas* le racisme.

C'est l'antiracisme.

*

Même si le format de ce court essai nous interdit d'entrer plus avant dans l'analyse des processus qui ont conduit de l'antiracialisme soviétique à l'Holodomor, je crois que le schéma général est assez clair.

Cependant, il est intéressant (et distrayant), pour conclure sur la dialectique réversible « racialisme / antiracialisme », d'examiner le cas pathologique le plus extraordinaire en la matière : le sieur Trofim Denissovitch Lyssenko, théoricien « scientifique » central du régime stalinien. Par ce personnage, nous allons revenir à Rousseau, et mieux illustrer comment la pensée de Rousseau est à la racine des mécanismes exterminateurs que nous venons d'analyser, et pourquoi cette pensée apparemment juste et noble est en réalité profondément criminogène.

Agronome doué pour la mise en pratique des théories préexistantes, Lyssenko formula, à la fin des années 20, une théorie génétique parfaitement fantaisiste, mais qui collait si bien à l'esprit volontariste des premières décennies soviétiques qu'elle lui valut un immense prestige – au pays des plans quinquennaux en trompe l'œil, une théorie scientifique… en trompe l'œil.

Taxant la génétique mendélienne d'esprit « réactionnaire », affirmant qu'elle relevait de la « science bourgeoise », Lyssenko prétendit qu'il était possible de modifier les caractéristiques génétiques d'une plante très rapidement, en agissant sur son environnement – comme si le vivant était malléable, presque à volonté, grâce à la transmission des caractères acquis. Nommé à la tête de l'Académie des sciences agronomiques en 1938, ce plaisantin imposa pendant près de trois décennies des méthodes parfaitement absurdes à une agriculture soviétique qui n'avait pas besoin de cela pour péricliter.

Ce qui est très frappant, dans la carrière de cet olibrius, c'est que dès que le pouvoir lui eut retiré sa protection, après Khrouchtchev, il tomba. On lui demanda : « Vous dites qu'un caractère biologique acquis se transmet à la descendance ; alors comment expliquez-vous que les femmes naissent vierges, alors que leurs mères ne l'étaient plus au moment de leur conception ? » Lyssenko fut incapable de répondre, et on le cassa. Cette anecdote plaisante prouve bien qu'au fond, personne n'était dupe. Sinon, il aurait fallu plus d'une simple question provocatrice pour que la théorie lyssenkiste, vérité révélée de la veille, fût rejetée du jour au lendemain.

Comment alors expliquer que cette théorie manifestement fausse, à laquelle personne au fond ne croyait vraiment, ait pu pendant trois décennies tenir lieu de vérité scientifique incontestable dans un pays certes un peu retardataire, mais tout de même entré, par ses élites, de plein pied dans la modernité ? – La réponse est simple : parce qu'il fallait rendre impensable la distinction entre l'essence et l'existence.

La génétique de Mendel enseigne que les caractères sont héréditaires, et ne peuvent être modifiés qu'après une longue, très longue dérive génétique. En d'autres termes, la génétique de Mendel enseigne que l'homme est l'homme, et que sa nature ne peut pas être changée – ou alors à la marge. La génétique de Mendel enseigne donc que l'homme ne peut pas *devenir* l'homme régénéré voulu par le système soviétique. Voilà pourquoi cette génétique-là devait être niée.

L'homme, par nature, est inscrit dans sa lignée. Il n'est pas une pâte malléable que l'environnement et le système politique peuvent façonner, il ne se pense pas comme tel. Il est une donne, en fonction de laquelle tout le reste doit s'ordonner. Par nature, il se veut inégal, puisqu'il se veut supérieur – s'il cessait de se vouloir supérieur, il cesserait de s'accomplir comme projet. L'homme est une donne biologique, incontournable, qui se projette au-delà de lui-même, mais en toute liberté, donc parfois avec cruauté, avec violence, avec injustice. La Chute a eu lieu, l'homme n'est pas un pur esprit : voilà ce que les disciples de Rousseau ne peuvent admettre.

Cette réalité que l'homme, dans sa chair, est une donne incontestable, le système soviétique non plus ne pouvait pas l'admettre. De là, le lyssenkisme : l'affirmation délirante que ce qui n'est pas possible doit l'être. Et donc, de là, mécaniquement, la décision de détruire ce qui est – pour que, le réel ayant été anéanti, un être nouveau surgisse de la table rase.

La destruction systématique de la race, et en particulier de la fraction de la race qui est porteuse d'avenir : voilà qui participe de cette logique d'anéantissement. Le chemin de l'Enfer est pavé de bonnes intentions, comme toujours : vouloir l'homme idéal, c'est forcément nier l'homme réel. Vouloir refaire l'homme, c'est nier que son essence préexiste.

Derrière le déni de la Chute par Rousseau, il y a le refus que le Verbe, qui est parfait, se soit incarné dans la chair, qui est l'imperfection même. C'est ce refus qui rend nécessaire la destruction des races aux yeux des matérialistes idéalistes universalistes – et la destruction de toutes les races sauf la leur, aux yeux des matérialistes idéalistes différencialistes. À cette aune, l'amour désincarné de Rousseau, finalement, n'est jamais que le déguisement de la haine incarnée.

L'antiracisme est un racisme.

6. PHYSIOLOGIE COMPARÉE

En somme, il n'existe aucune supériorité intrinsèque du mode de raisonnement antiracialiste. L'antiracialisme, en pratique, est aussi meurtrier que le racialisme, et aussi peu capable d'organiser la coexistence des groupes humains. Les catégories racialisme / antiracialisme apparaissent presque comme parfaitement réversibles. Concrètement, c'est l'opposition entre conservatisme et modération d'une part, révolution et excès d'autre part, qui semble structurer les attitudes devant la question raciale, bien plus que la trompeuse dialectique racialisme / antiracialisme.

C'est donc sans a priori que nous devons aborder la question raciale pour en parler, à présent, sur le fond. Nous ne sommes ni racialistes, ni antiracialistes. Nous sommes réalistes, nous sommes pragmatiques, et la seule pétition de principe que nous posons, c'est la nécessité de la modération : dès que nous penserons une chose, nous nous demanderons si le contraire est vrai.

Nous entrons maintenant dans le vif du sujet : oui, ou non, les races existent-elles ? Oui, ou non, les races sont-elles inégales ? Oui, ou non, cette inégalité, si inégalité il y a, est-elle un facteur décisif dans la construction de l'économique, du politique et du culturel ? En d'autres termes : nous savons que les logiques racialiste et antiracialiste du XX° siècle sont de fausses logiques. Mais il reste à savoir si, sans admettre qu'elle fonde une logique, la race, en tant que donne, indépendamment de la fausse logique politique qu'on déduirait d'elle, est une réalité ou un fantasme. Voilà la question qu'il nous faut maintenant trancher.

*

Cette question est très difficile à traiter. Elle est extraordinairement passionnelle. Les racialistes, tout à leur volonté d'essentialiser la domination, et les antiracialistes, tout à leur volonté de nier toute essence pour justifier une domination existentielle, ont les uns comme les autres tout fait pour rendre le débat impossible – et cela depuis plus d'un siècle. Entre racialistes et antiracialistes, on se jette au visage des épithètes calomnieuses, on s'inflige des demi-vérités scientifiques plus ou moins manipulées, et on n'avance pas d'un pouce.

Pour commencer, ceux qui parlent de ces questions, très souvent, ne définissent pas les termes qu'ils emploient. Certains antiracialistes nous expliquent que « les races n'existent pas ». Ils veulent dire par là que la dérive génétique au sein de l'espèce humaine est trop faible pour que les métissages soient impossibles : c'est évidemment jouer sur les mots. Tout le monde sait que les métissages sont possibles, et donc, quand on parle de « races » au sein de l'espèce humaine, on ne veut pas dire « sous-espèces en voie de différentiation définitive par dérive génétique », on veut dire « type ethnique ». Quand on parle de la « race blanche », on ne parle pas d'une espèce d'hommes distincte qui ne saurait se métisser avec la « race noire », mais de l'ensemble des gens présentant de manière dominante les caractéristiques ethniques traditionnellement observées chez les peuples européens (peau blanche, yeux non bridés, cheveux non crépus).

Qu'il soit donc entendu que quand nous parlerons de « race », ici, il faudra entendre : « type ethnique » – principalement : Blancs, Jaunes, Noirs, et secondairement leurs subdivisions, si tant est qu'elles soient significatives. Et qu'il soit bien compris que nous ne voyons pas ces groupes comme absolument étanches les uns aux autres : ce sont des ensembles protoplasmiques organisés autour d'un « type central », dotés de périphéries métisses, et qui sur à peu près n'importe quel paramètre peuvent se recouvrir en partie, à la manière de deux courbes de Gauss ayant plus ou moins la même variance, mais pas la même moyenne.

Au-delà du concept de race, il nous faut aussi border celui d'égalité. Du côté des racialistes, en effet, c'est plutôt en manipulant le concept d'inégalité qu'on dore la pilule au contradicteur. Certains racialistes doctrinaires prennent appui sur des observations partielles du niveau de performance par groupe ethnique dans un certain contexte, au regard d'une certaine tâche et mesurée d'une certaine manière, pour sauter à des conclusions hâtives quant à la supposée « inégalité des races ». En l'occurrence, l'escroquerie consiste à faire croire que l'égalité, et donc l'inégalité, sont des notions valables dans l'absolu. Par exemple, on constatera que selon un test de quotient intellectuel élaboré par des Blancs pour mesurer les aptitudes intellectuelles utiles dans une société majoritairement blanche, les Noirs obtiennent statistiquement des résultats inférieurs aux Blancs. On prétendra en déduire que « les Noirs sont moins intelligents que les Blancs », ce qui implique qu'on ignore : d'une part que des facteurs extérieurs à la question raciale ont pu jouer, en particulier les traditions familiales et le niveau social ; d'autre part qu'en tout état de cause, la manière de mesurer l'intelligence n'est pas unique. Dire que l'intelligence doit être mesurée au regard des critères définis par la société blanche, c'est dire que la forme d'intelligence des Blancs doit prévaloir dans l'absolu. Concrètement, c'est refuser aux Noirs le droit d'avoir leur *façon de penser*.

Qu'il soit donc bien entendu que quand il s'agira ici d'égalité ou d'inégalité, ce sera toujours l'égalité ou l'inégalité par rapport à quelque chose, selon un certain instrument de mesure et dans un certain contexte. Par exemple, si nous observons que les résultats scolaires des Jaunes sont légèrement supérieurs à ceux des Blancs toutes choses égales par ailleurs, et que les résultats des Blancs sont sensiblement supérieurs à ceux des Noirs toutes choses égales par ailleurs, nous n'en déduirons pas que « les Jaunes sont supérieurs aux Blancs qui sont supérieurs aux Noirs », mais que par rapport aux exigences académiques contemporaines, si l'on en croit la performance scolaire comme instrument de mesure et dans le contexte socioculturel créé par l'interaction des dynamiques sociales et familiales, les Jaunes présentent des résultats supérieurs à ceux des Blancs, qui présentent eux-mêmes des résultats supérieurs à ceux des Noirs. Nous n'en déduirons rien sur « l'intelligence des races », mais nous constaterons simplement le réel tel qu'il est, selon un certain instrument de mesure et dans un certain contexte.

*

Ce point de méthode précisé, parlons du réel.

Il y a tout d'abord l'évidence : la diversité des types raciaux saute aux yeux. Il suffit de regarder l'homme jaune moyen, l'homme blanc moyen et l'homme noir moyen pour se rendre compte que ces trois types d'hommes sont profondément différents, et que cela va plus loin que la couleur de peau. La forme du squelette est légèrement différente. La taille moyenne, dans les mêmes conditions d'alimentation, est également corrélée à l'appartenance raciale.

Que peut-on déduire, au-delà de ce constat d'évidence, et en ne s'appuyant que sur l'expérience de l'observateur de bonne foi ? – Eh bien, ma foi, pas grand-chose. J'habite dans un quartier très multiracial. J'observe qu'il existe un recoupement très net entre certains lieux, certaines activités, certaines attitudes et les groupes raciaux. Par exemple, à deux pas de chez moi, il y a une école d'ingénieurs très réputée : la population qui fréquente cette école est majoritairement blanche, secondairement jaune – les Noirs sont très peu nombreux. Est-ce que cela prouve que les Noirs font de mauvais étudiants en science, du fait de leur héritage racial ? – Non, cela ne prouve rien. Il est très possible qu'un critère numéro trois explique la corrélation entre les deux premiers critères, sans qu'aucun lien de causalité n'existe entre type racial et présence dans l'école d'ingénieur. Par exemple, il est possible que les Noirs ne bénéficient majoritairement pas de traditions culturelles organisant des familles structurées, capables de « pousser » les enfants à l'école. Ainsi, il y a bien corrélation entre type racial et résultat scolaire, mais cette corrélation ne traduit pas nécessairement un lien de causalité : un phénomène culturel, statistiquement recoupé au type racial, engendre la sous-performance scolaire. Dès lors, en tant qu'observateur de bonne foi, je ne peux pas trancher sur la question proprement raciale.

Alors que peut-on dire ?

Des scientifiques ont travaillé sur cette question. Leurs travaux, pour des raisons essentiellement politiques, ont fait l'objet de débats houleux. Il est souvent difficile de faire le tri entre le parti pris et l'argumentation fondée. Mais on peut toujours, en tant qu'observateur de bonne foi, citer les arguments des uns et des autres. À partir de là, on commencera à y voir plus clair.

Nous admettrons que la charge de la preuve incombe aux racialistes. Par hypothèse, a priori, les races sont égales sur tous les critères, et c'est aux racialistes de démontrer le contraire. Voilà notre méthode.

*

Le travail sérieux n'a pu commencer, en matière de description de la diversité raciale, qu'avec le développement de la biologie. De l'étude des groupes sanguins, puis surtout, des progrès de la recherche en génétique et de l'étude des variants de l'ADN, il est ressorti les enseignements suivants :

- Il existe une séparation très nette entre les Noirs subsahariens et l'ensemble des autres populations,
- Il existe une séparation un peu moins nette entre les Blancs européens et les Jaunes est-asiatiques,
- Il existe une séparation mineure entre Jaunes est-asiatiques et Amérindiens,
- Il n'existe pas de séparations très nettes au sein des grandes masses de population à l'intérieur des ensembles précités, même si certains sous-ensembles de faible effectif présentent quelques caractéristiques spécifiques marquées (les Basques en Europe de l'Ouest, par exemple).

Bien entendu, cela n'empêche pas que les patrimoines génétiques individuels soient, à l'intérieur de ces ensembles raciaux, extrêmement divers. Si l'on admet que la distance génétique est quantifiable selon les instruments disponibles, alors la distance génétique interindividuelle maximale à l'intérieur d'un groupe racial donné est supérieure à la distance génétique observée entre les grands groupes raciaux.

Les patrimoines collectifs par sous-ensemble au sein des ensembles précités (peuple coréen versus peuple chinois, peuple français versus peuple italien) sont statistiquement très proches. La distance intergénétique entre les caucasiens européens et les caucasiens extra-européen est environ 15 fois plus faible que la distance intergénétique entre Blancs et noirs, si l'on en croit les études récentes effectuées sur 120 allèles au sein du génome des populations concernées.

Conclusion : la classification la plus significative amène à distinguer race blanche, race jaune, race noire et, à la rigueur, race rouge. Il est évidemment possible en théorie d'opérer des distinctions plus fines, mais celles-ci sont beaucoup moins significatives que les distinctions précitées.

Cette distance génétique raciale entraîne-t-elle une distance physiologique vraiment significative entre les groupes raciaux ? – À cette question, il n'existe pas de réponse scientifique faisant consensus. Je me contenterai donc de citer les arguments des partisans de l'hypothèse racialiste, et les arguments des adversaires de cette thèse, puis de dire ce que j'en déduis, en toute honnêteté.

En appui au racialisme, on peut par exemple citer le chercheur canadien J. Philippe Rushton, professeur de psychologie dans une université de l'Ontario – un scientifique respecté par une partie de ses pairs, décrié par d'autres, mais en tout cas quelqu'un qui avance des résultats chiffrés. Partons de ses travaux. Voyons quelles critiques ils ont soulevé de la part des antiracialistes.

Dans « Race, évolution et comportement », Rushton affirme les points suivants.

Point 1 : La capacité crânienne moyenne des Jaunes serait de 1364 cm3, celle des Blancs serait de 1347 cm3, celle des Noirs serait de 1267 cm3. Il en découle d'après Rushton des écarts comparables pour ce qui concerne le nombre de neurones dans le cerveau. De là viendrait, toujours d'après Rushton, une partie de l'écart observé entre Noirs, Blancs et Jaunes aux tests de QI dans les pays développés (Jaunes : 106 ; Blancs : 100 ; Noirs : 85). Rushton fait remarquer, à l'appui de sa thèse, qu'un écart significatif existerait d'après lui si l'on mesure les résultats aux tests de QI pour des enfants de race noire, jaune ou blanche, élevés dans des foyers blancs de la classe moyenne. L'explication raciale semble donc la bonne, nous dit-il, l'explication socioculturelle ne venant qu'en second lieu.

À cette thèse de Rushton, ses détracteurs ont répondu que ses méthodes statistiques étaient biaisées, et donc ses résultats non significatifs. Albert Jacquard, par exemple, a produit des éléments qui semblent infirmer les théories de Rushton.

Il n'y a, pour moi, aucun moyen de savoir qui a raison. Il existe des arguments de poids pour réfuter le travail de Rushton, en particulier le fait qu'il a probablement sous-évalué l'impact du niveau socioculturel et des modèles anthropologiques dominants au sein des groupes raciaux étudiés – cf. par exemple les travaux du sociologue Emmanuel Todd, que nous n'aurons pas le temps d'étudier ici, mais qui fournissent un arsenal important pour réfuter l'argumentaire de Rushton, en établissant que des facteurs extérieurs à la question raciale peuvent avoir fortement biaisé les résultats de ce chercheur. Nous laisserons donc le point en suspens, et fidèle à notre méthode, qui impute la charge de la preuve aux racialistes, nous présumerons qu'il n'y a pas d'écart physiologique significatif quant au potentiel intellectuel par grande race.

Au reste, saurions-nous seulement définir la notion de potentiel intellectuel ?...

Point 2 : Le taux de naissance de « faux jumeaux » serait d'après Rushton de 4 pour 1000 chez les Jaunes, de 8 pour 1000 chez les Blancs, de 16 pour 1000 chez les Noirs. Rushton affirme également que les bébés noirs naissent plus tôt que les bébés blancs ou jaunes. Il dit constater que le développement physique de l'enfant noir est plus rapide que celui de l'enfant blanc ou jaune. Il croit voir en tout ceci une indication de la « stratégie de survie » spécifique développée par les diverses populations du globe. Il oppose en effet les stratégies de survie collective consistant à faire beaucoup d'enfants, et à s'en occuper peu, aux stratégies consistant à faire peu d'enfants, et à s'en occuper beaucoup. Il estime que les Noirs, dont les enfants sont plus vite mûrs que ceux des Blancs et des Jaunes, ont fait le « choix » biologique de la reproduction en masse d'enfants dont ils s'occupent peu, alors que les Jaunes ont fait le choix inverse – les Blancs faisant un choix intermédiaire, plus proche des Jaunes que des Noirs.

À cette thèse de Rushton, ses détracteurs ont répondu que les écarts statistiques observés ne permettent pas le parallèle qu'il fait entre méthode de survie différentielle selon les espèces et méthode de survie différentielle selon les races au sein de l'espèce humaine. Les écarts statistiques observés par Rushton peuvent avoir, d'après ses détracteurs, des causes autres que purement biologiques. Les spécificités des sociétés subsahariennes que Rushton impute à la race pourraient être liées à des spécificités géographiques sans lien avec la donne raciale (cf. par exemple Jared Diamond, « De l'inégalité parmi les sociétés »).

Il m'est impossible de trancher le débat : je n'ai tout simplement pas le niveau scientifique requis. Nous en resterons donc là sur ce point. Je pense que la vision de Rushton est en la matière simpliste, et qu'elle fait trop de place à la biologie et pas assez à la sociologie (en témoigne l'explosion démographique de la Chine au XX° siècle, ou celle de l'Europe au XIX° siècle). Mais je n'ai pas l'arsenal scientifique qui permettrait de trancher sérieusement.

Bref : la charge de la preuve incombait aux racialistes, et la « preuve » fournie n'est pas conclusive : nous admettrons donc que le modèle anthropologique constitue une variable clairement distincte de la question raciale, et potentiellement prééminente.

Point 3 : Rushton estime que les stratégies de survie collective des Noirs, des Blancs et des Jaunes, ont induit des physiologies nettement distinctes. Plus les races ont choisi une stratégie de survie reposant sur de nombreux enfants, plus la maturité sexuelle est rapide, plus les rapports sexuels sont fréquents. Dans ces conditions, chez les Noirs, le taux d'hormone sexuelle dans le sang est légèrement plus élevé que chez les Blancs, qui ont eux-mêmes un taux très légèrement plus élevé que celui des Jaunes. Il en découle de très significatives différences de tempérament, de performance sportive, de mode de vie – de mode de pensée, même.

Or, à cette thèse de Rushton, ses détracteurs n'ont pas fourni de réponse convaincante – à mon avis du moins. Rushton avance que le taux de testostérone est supérieur chez l'homme noir à ce qu'il est chez l'homme blanc, et à cette thèse-là, ses détracteurs n'ont pu opposer que des observations très partielles, voire anecdotiques. En toute honnêteté et sous réserve d'éléments contraires à venir, j'admets donc l'idée que oui, les races blanches, jaunes et noirs sont statistiquement caractérisées par un taux d'hormone différent, et par une maturité plus ou moins rapide des enfants. J'ignore si ces différences de tempérament sont dues à des stratégies de survie collective différentielles, mais j'admets que ces différences de tempérament existent, ce qui implique que l'appartenance raciale joue un rôle non négligeable dans la nature de l'homme – dans ce qui fait son être, dans sa complexion.

Nous admettrons donc que si le modèle anthropologique constitue une variable distincte de la question raciale, cette variable n'est pas pour autant totalement indépendante de cette question.

En résumé :

- Je ne valide pas la thèse selon laquelle les Noirs seraient dotés de capacités cérébrales inférieures à celles des Blancs, eux-mêmes dotés de capacités inférieures à celle des Jaunes.

- Je ne valide pas la thèse selon laquelle les populations noires seraient caractérisées biologiquement par des stratégies de survie collective via la croissance démographique anarchique, et les populations jaunes par des stratégies inverses.

- Je valide en revanche la thèse selon laquelle les grands groupes raciaux, Noirs, Jaunes, Blancs, sont caractérisés statistiquement par de significatives différences de tempérament, différences induites principalement par un dosage hormonal sensiblement différent, lequel entraîne des divergences importantes en termes de vitesse de maturation, de mode de vie et de comportement individuel et collectif.

Tout le raisonnement qui suit reposera sur ce socle. Voilà nos hypothèses de base : si elles sont justes, alors le reste du raisonnement doit l'être. S'il s'avère scientifiquement, par la suite, qu'elles sont fausses, alors le reste du raisonnement devra être reconsidéré.

Or, que déduire de ces hypothèses ?

Eh bien, avant toute chose, que si l'appartenance raciale n'est probablement pas le facteur principal du fait culturel, politique, et économique, pour autant c'est un facteur non négligeable a priori. C'est-à-dire que les racialistes « ultra » ont tort d'affirmer, à l'emporte-pièce, que Noirs, ou les Jaunes, sont incapables de s'élever au niveau de civilisation des Blancs (et d'ailleurs, les Jaunes sont déjà en train de démontrer le contraire), mais que les antiracialistes « ultra » ont de leur côté également tort, quand ils nient que les sociétés multiraciales soient fortement conditionnées par leur dimension multiraciale. Le fait racial est doute gênant, il est même humiliant, dans la mesure où il nous rappelle à notre part d'animalité. Mais tout gênant qu'il soit, tout humiliant qu'il soit, il est.

Et à partir de là, on ne peut pas faire comme s'il n'était pas.

*

À ce point de l'exposé, je voudrais introduire un concept essentiel. Il s'agit de la notion de « Paideia » – « Éducation », en Grec.

En Grèce, à l'époque où s'est formée ce qui devait devenir la civilisation européenne, la formation du citoyen supposait une relative communauté de structures entre la Cité et l'homme qui devait la faire vivre. Sans cette isomorphie, l'harmonie au sein de la Cité paraissait aux anciens Grecs impossible, ou du moins fortement compromise.

Je pense que les Grecs avaient raison.

L'homme, à de très rares exceptions près, ne peut manipuler que les idées, les concepts, par lesquels il a lui-même été d'abord modelé. Il y a certes des exceptions. Il existe des élites capables de penser par elles-mêmes, c'est-à-dire de se doter d'un arsenal conceptuel autonome. Mais ce ne sont là que des exceptions. Si l'on veut que le citoyen pense la Cité dans les termes où elle se pense elle-même, politiquement et culturellement, alors il faut que le citoyen se pense lui-même dans les mêmes termes. L'homme ordinaire ne produit pas de concept, il ne fait que réutiliser les armes conceptuelles fournies par son milieu. Et son homéostasie mentale n'est garantie que par l'existence d'un équipement conceptuel adapté à son milieu.

On voit dès lors poindre la question centrale des sociétés multiraciales : si vraiment, entre les races, il y a des différences de tempérament significatives, alors ces différences entraînent des différences dans l'équipement conceptuel nécessaire au maintien de l'homéostasie mentale.

Dans ces conditions, à l'intérieur d'une société multiraciale associant par exemple Jaunes et Noirs, la « Paideia » est rendue plus difficile par le caractère multiracial de la société. Ou bien le modèle dominant est celui des Jaunes, donc il n'y a pas d'isomorphie entre les structures mentales individuelles des Noirs et les structures mentales sous-jacentes à l'espace social. Ou bien c'est le modèle des Noirs qui est dominant, et alors les Jaunes sont constamment en décalage.

Conclusion : la société multiraciale est éclatée. Elle tourne spontanément à la juxtaposition de sociétés distinctes, qui se mélangent plus ou moins, mais avec de grandes difficultés. Par nature, indépendamment même de leur héritage culturel, Blancs, Noirs et Jaunes sont poussés à se regrouper, parce qu'ils entrent individuellement et collectivement en isomorphie avec des modèles distincts. Seul un métissage généralisé, éliminant progressivement toutes les différences pour faire converger la société dans son ensemble vers un type central, pourrait apaiser la société dite multiraciale. Le problème, c'est que si ce métissage généralisé a lieu, alors la société n'est plus multiraciale : elle est devenue la société d'une race, la race des métis.

Conclusion de la conclusion : l'idéologie antiraciste contemporaine est structurellement incohérente. Elle prétend défendre la diversité, mais en pratique, elle établit un modèle de société qui débouchera soit sur le refus de la différence à travers le communautarisme fermé, soit sur l'abolition de toute diversité dans un métissage généralisé.

Il y a, n'est-ce pas, un bug dans le programme.

7. L'ANTHROPOGENÈSE

Admettons que l'affaire est entendue : la race existe, et elle est un facteur non négligeable du fait social. Reste à mesurer ce facteur. La race constitue-t-elle un élément marginal dans la constitution de la « Paideia », dans l'élaboration de l'individu d'une part, de la société d'autre part ? Ou bien est-elle un élément central du processus d'hominisation ?

Pour répondre à cette question, il faut d'abord rappeler ce qu'est ce processus d'hominisation, en quoi il consiste. Commençons par dire ce qu'est l'homme – ce qu'est l'être que doit constituer, unifier, pacifier, le processus d'hominisation par la « Paideia ».

Parlons, donc, du cerveau humain.

Le biologiste Gerald Edelman le décrit comme l'objet le plus complexe de l'univers. Le néocortex humain compte au moins 10 milliards de neurones. Ces neurones communiquent entre eux pour établir des connexions, et chaque connexion constitue en elle-même un élément de la « métacartographie » du néocortex. Il y a environ un million de milliards de ces connexions avérées dans la « métacartographie », mais en théorie, comme chacun de nos milliards de neurones peut établir une connexion avec chacun de nos milliards de neurones, le nombre total de connexion dans notre cerveau est pratiquement infini : il est supérieur au nombre total de particules positives dans l'univers. Ainsi, par sa capacité à construire une métacartographie à partir de la matière, notre cerveau est, dans cette métacartographie, plus complexe que l'univers matériel tout entier. N'importe quel homme que vous croisez dans la rue, à votre travail, en allant au match de foot, porte à l'intérieur de sa tête un monde mental virtuel plus grand que l'univers. Peu importe que cet homme soit blanc, noir ou jaune. Peu importe qu'il ait, comme le prétend Rushton, 13.185 millions, 13.665 millions, ou 13.767 millions de neurones : de toute manière, le nombre de connexions neuronales, qui définit la métacartographie mentale de cet homme, est infini. Par nature, le néocortex définit un espace d'indétermination *non quantifiable*.

Ce néocortex infini est essentiellement en relation avec lui-même. La plus grande partie des connexions neuronales relient des neurones du néocortex à d'autres neurones du néocortex. Seule une minorité des liaisons impliquent des neurones liés aux systèmes corporels externes au cerveau. On appelle les neurones situés sur ces liaisons pivots des transducteurs sensoriels. Ces transducteurs sensoriels ne représentent qu'une part très marginale de l'activité cérébrale au niveau du néocortex. Pour l'essentiel, un esprit humain est un système spéculatif autonome. Ses relations avec l'univers opératifs sont évidemment structurantes, mais elles ne représentent qu'une part très marginale de son activité. En cela, l'homme est absolument distinct du reste de la Création connue. Il est le seul être à notre connaissance capable de secréter un espace d'indétermination autonome à l'égard du reste de l'univers. C'est en cela qu'il est, effectivement, fait à l'image de Dieu.

Comment s'organise la relation entre cet espace d'indétermination, infini et autonome, et l'espace universel ?

Fermez les yeux. Posez les mains sur vos paupières. Appuyez fortement. Surprise : ce que vous voyez n'est pas noir. Des formes géométriques apparaissent. Ce sont des losanges, des carrés, des cercles lumineux. D'où vient cette lumière, d'où viennent ces formes ? – Votre cerveau, stimulé par l'absence paradoxale de stimulus visuel alors que le nerf optique est sollicité par la pression de vos mains, a projeté sur l'écran noir de vos paupières les formes géométriques théoriques en fonction desquelles, sans que vous en soyez conscient, il analyse en permanence le réel que vos yeux lui montrent.

Cette petite expérience prouve qu'en réalité, le monde que vous voyez n'est pas à proprement parler le monde réel. Ce que vous voyez est la traduction géométrique du monde réel dans une bibliothèque de formes mémorisées. Votre cerveau est un monde mental autonome, qui renégocie en permanence son interface avec le monde réel pour se mettre en cohérence avec lui. Vous ne raisonnez jamais sur des réalités, vous ne raisonnez que sur l'interprétation que votre néocortex a faite des informations transmises par les transducteurs sensoriels. Le monde dans lequel votre cerveau évolue n'est pas celui dans lequel votre corps évolue – ou plus exactement, c'est le même monde, mais il n'est pas inscrit dans le même niveau de lecture.

L'homme est unitaire en cela qu'il est par nature un pont entre deux niveaux de lecture de l'univers. Donc, si ce pont est brisé, l'homme cesse d'être. *Et la « Paideia » a précisément pour rôle de constituer ce pont. Et cela suppose une architecture cérébrale cohérente.*

Sous le néocortex se trouve le cerveau limbique, et sous celui-ci, le cerveau reptilien, siège des instincts en général, et de l'instinct de conservation en particulier. Ce cerveau est la source des comportements primitifs qui répondent à nos besoins fondamentaux. C'est en lui que sont ancrés très profondément les réflexes qui, dans les situations d'urgence ou perçues comme telles, engendrent des réactions quasi-automatiques, très difficiles à contrôler par le néocortex.

Faites une expérience : allumez une bougie. Approchez votre main de la flamme. Essayez de placer volontairement votre main dans le feu. Si vous y parvenez, bravo. Essayez maintenant de maintenir la main dans le feu, une fois que la chaleur commence à se faire sentir – au bout de quelques dixièmes de secondes. Sauf si vous avez suivi un entraînement spécifique, c'est pratiquement impossible. Votre main refusera de vous obéir, parce que le cerveau reptilien intercepte les ordres du néocortex. Il oppose, à l'instruction consciente envoyée par votre cerveau supérieur, un arc réflexe de sauvegarde.

Alors souvenons-nous bien de ceci : même s'il n'est au fond qu'un vieux machin démodé, en cas de conflit, *c'est le cerveau reptilien qui a le dernier mot contre le néocortex.*

Ce cerveau reptilien est organisé pour assurer la sauvegarde de l'individu et de l'espèce. Ses comportements sont figés. Il n'apprend pas au cours de l'existence, ou très peu, car sa mémoire est très courte. Sur le plan du mode de fonctionnement, il est presque assimilable à une mécanique. Une mécanique extraordinairement compliquée, certes, mais une mécanique tout de même –

c'est-à-dire un système programmé. Ce programme commande l'agressivité, le souci du territoire et de sa défense. Les arcs réflexes qu'il peut activer dans le cadre de ces fonctions sont très peu susceptibles de reprise réflexive par le néocortex. Et comme nous venons de le voir, sauf dans le cas très particulier des individus possédant des aptitudes exceptionnelles, et ayant en outre suivi une formation très longue et très poussée, ces réflexes potentiellement violents sont impossibles à éradiquer.

Même si votre néocortex est la part de vous qui est consciente d'elle-même, c'est votre cerveau reptilien qui prend les commandes quand ça l'arrange, quand il le décide. Contre Rousseau, il faut l'admettre : L'homme est animal avant d'être humain. Il ne peut se permettre d'être humain qu'aussi longtemps que l'animal, en lui, le laisse s'humaniser.

De ce fait, et cela, aussi longtemps qu'il y aura des hommes dotés d'un cerveau reptilien, quel que soit le niveau de développement atteint par les fonctions néocorticales individuelles et leur prolongement culturel collectif, il y aura des guerres, des révolutions, des violences politiques, crapuleuses, pseudo-religieuses et interethniques. Le mythe juif du Messie et de l'avènement du Royaume n'est, précisément, qu'un mythe : il est irréalisable dans le réel, sauf à changer la nature même de l'homme.

Entre le cerveau reptilien et le néocortex, il y a le système limbique. C'est le centre des pulsions et des émotions.

L'ensemble des réactions que nous appelons en langage courant des émotions sont regroupées par les cogniticiens sous les termes assez peu poétiques de processus d'anticipation réactionnelle. Ce sont des mécanismes par lesquels le cerveau limbique adapte le corps en vue d'anticiper les réactions du cerveau reptilien. Par exemple, l'accélération du rythme cardiaque éprouvé par un homme jeune devant une femme sexuellement attirante ne traduit pas une émotion poétique élevée, mais plutôt une préparation du corps à l'ordre qui risque fort d'émaner du cerveau reptilien, à savoir l'activation des fonctions sexuelles. Le système limbique, en l'occurrence, a utilisé sa mémoire longue pour anticiper sur les réactions du cerveau reptilien, lui-même quasiment sans mémoire.

L'ensemble des réactions que nous appelons en langage courant des fantasmes recouvre le même schéma, mais appliqué cette fois par le néocortex au système limbique. Le cerveau limbique, en agissant de manière répétée sur le corps, pousse le néocortex à développer des schémas répétitifs permettant d'intégrer les anticipations réactionnelles dans son propre fonctionnement. Par exemple, l'obsession sexuelle fantasmatique consciente éprouvée par un homme jeune à l'égard d'un certain type de femme sexuellement attirante traduit de la part du néocortex une anticipation sur l'anticipation réactionnelle par le système limbique. La pulsion qui résultera de ce fantasme, en présence d'une femme présentant le type considéré, résulte donc d'une interaction complexe entre les trois niveaux du cerveau.

À la différence des arcs réflexes inscrits dans le cerveau reptilien, dont l'activation automatique ne fait l'objet d'aucune « concertation » entre les diverses couches de notre architecture cérébrale, l'ensemble des mécanismes émotions/fantasmes/pulsions fait l'objet d'une « renégociation » permanente entre notre néocortex et notre système limbique. Il en découle, fait important pour notre étude, que même si le néocortex est pour l'essentiel en connexion avec lui-même, son fonctionnement est constamment influencé indirectement par le système limbique, parce qu'il fonctionne de facto comme la « mémoire » des couches inférieures du cerveau.

En conclusion, l'homme n'est pas une créature purement rationnelle, et il ne peut pas l'être – d'autant moins que la capacité de son néocortex à cartographier les réactions engendrées par le système limbique est inférieure à la capacité du système limbique à désorganiser le fonctionnement du néocortex. Par exemple, un homme jeune qui sait qu'il éprouve une pulsion sexuelle forte envers un type de femme donné ne peut pas s'empêcher d'éprouver cette pulsion, même s'il sait qu'elle ne recoupe pas de sa part un processus décisionnel parfaitement maîtrisé.

Si l'on met à part l'hypothèse des saints, aucun homme n'est parfaitement maître de lui-même.

*

Ce point acquis, revenons au concept de « Paideia ».

L'objet de la « Paideia » est de donner aux futurs citoyens un enseignement formel en harmonie avec ce qu'enseigne la Cité de façon informelle. Cette cohérence entre le formel et l'informel dans le domaine social et politique favorise la cohérence interne de l'esprit des citoyens. L'homme formé dans une « Paideia » sans faille possède l'unité de son être. Son néocortex, tel qu'il a été progressivement nourri par les concepts et les raisonnements formels transmis par ses maîtres, entre en résonance spontanée avec son système limbique, tel qu'il a été accoutumé à anticiper les réactions du cerveau reptilien dans le cadre d'un système informel mais omniprésent de représentations mentales et de valeurs esthétiques.

À partir de ce constat, on peut commencer, sinon à mesurer quantitativement, ce qui n'aurait guère de sens, du moins à esquisser qualitativement le lien entre la question raciale et le fait social.

On peut tout d'abord remarquer que l'éducation purement formelle de l'individu, ainsi que l'ensemble des lois et règlements purement formels qui régissent la Cité, seront logiquement peu impactés par la question raciale. Sur le plan des fonctions supérieures régies par le néocortex, quoi qu'en dise Rushton, il n'y a pas a priori de différence majeure entre Blancs, Noirs et Jaunes. Il est possible que des différences mineures existent, mais elles ne peuvent pas jouer de manière très significative. Comme nous l'avons vu, l'espace d'indétermination constitué par le néocortex humain est pratiquement infini. Cela veut dire que nous sommes sans doute en partie déterminés biologiquement quant au nombre de nos neurones, mais pas du tout quant à l'utilisation que nous en ferons, et donc pas du tout quant à la métacartographie que nous élaborerons progressivement, durant toute notre vie, en multipliant les cartes neuronales, potentiellement à l'infini. Dans ces conditions, compte tenu du niveau de complexité assez faible des lois et règlements qu'un individu ordinaire doit connaître pour évoluer dans une société avancée, la question de l'apprentissage de ces lois et règlements formels ne se pose pas, ou très peu, en termes raciaux – parce qu'elle ne se pose pas, ou très peu, en termes physiologiques.

En revanche, pour tout ce qui concerne l'enseignement informel de la Cité, la question raciale peut effectivement se poser. Il est clair en effet que si, comme nous l'avons admis en hypothèse de référence, il existe des différences significatives entre les races en termes de dosage hormonal, alors les relations entre le cerveau reptilien, le système limbique et le néocortex ne seront pas optimisées par le même type d'enseignement informel selon qu'on aura affaire à des Noirs, à des Blancs ou à des Jaunes. Il faudra des enseignements informels différents, pour des races différentes.

A l'appui de cette thèse, on constatera une tendance spontanée des Noirs, des Blancs et des Jaunes, à adopter systématiquement des schémas esthétiques fondateurs typés, des schémas éducationnels typés, des schémas de coutume typés. L'éducation des enfants noirs repose sur des schémas d'extériorisation des états intérieurs par l'activité physique, et les schémas de coutume privilégient des valeurs d'altruisme sans calcul et de générosité spontanée (et même encore aujourd'hui, chez les Noirs américains, c'est dans l'ensemble le cas). Les Jaunes sont caractérisés partout sur terre par des schémas opposés : dans l'ensemble, leurs schémas éducationnels sont fondés sur la mise sous contrôle du corps par l'esprit ; dans l'ensemble, leurs schémas de coutume privilégient l'individualisme calculateur, contrebalancé par une discipline sociale et familiale extrêmement rigoureuse et ne laissant presque aucune place au spontanéisme exubérant des Noirs (et même encore aujourd'hui, il suffit d'avoir sympathisé avec une famille de Français d'origine vietnamienne pour vérifier que le modèle éducationnel français, plutôt libéral, n'a pas franchi les portes de la maison). Les Blancs, dans l'ensemble, sont plus proches des Jaunes que des Noirs – et force est, soit dit en passant, de constater que ces schémas paraissent logiques, au vu des hypothèses retenues concernant la physiologie des trois grandes races : il est naturel qu'une race dotée d'un tempérament particulièrement explosif éduque ses enfants en les laissant extérioriser leur explosivité, il est naturel qu'une race dotée d'un tempérament inverse propose un schéma éducationnel inverse.

Pour des raisons idéologiques, les antiracistes refusent d'aborder ce débat : ils ont tort. Il faudrait au contraire aborder cette question sereinement. Il est vital pour un pays devenu multiracial, comme la France, de penser sa multiracialité dans les termes qui permettront de la gérer au mieux. Faute de quoi, le déclin de ce pays multiracial sanctionnera tôt ou tard l'échec du projet antiraciste. S'est-on jamais demandé si l'échec scolaire important, chez les jeunes hommes noirs, ne venait pas de leur tempérament spécifique à la puberté, tempérament qui n'est pas forcément adapté au rythme des études tel que nous l'avons optimisé pour notre société majoritairement blanche ?

Par aveuglement idéologique, les antiracistes doctrinaires refusent complètement de poser la question des spécificités raciales : ils risquent de le payer très cher. Loin de jeter les bases d'un antiracisme effectif, la destruction de la « Paideia » occidentale, destruction qu'ils sont en train d'organiser, risque plutôt de fabriquer des racistes à la chaîne.

C'est en effet qu'un individu qui n'a pas construit son unité propre, faute d'avoir pu intégrer une unité culturelle et esthétique structurante, sera nécessairement dominé par son système limbique, donc fondamentalement par le cerveau reptilien qui conditionne le système limbique. Lorsque le néocortex ne peut pas s'appuyer sur un ensemble de réflexes culturellement suscités par l'insertion de l'individu dans un schéma esthétique structurant, il est soumis au système limbique, et ne peut renégocier en position de force l'unité de la pensée face aux pulsions violentes qui remontent, instinct de survie oblige, du cerveau reptilien. Résultat : au fur et à mesure que la capacité de la société multiraciale à fabriquer des schémas esthétiques communs diminue, le racisme des individus augmente mécaniquement – car le cerveau reptilien, comme nous allons maintenant le voir, est par nature spontanément raciste.

Ainsi, le refus de *poser* la question raciale risque, pour finir, de fabriquer des racistes à la chaîne.

8. L'ÉVOLUTION

Voici le chapitre le plus délicat de ce petit essai. Il me faut parler de l'évolution et des stratégies évolutionnaires que les individus et les groupes développent consciemment et inconsciemment. Et si tout le sujet de cet essai, la question de la race, est brûlant, ce cœur du débat est, quant à lui, incandescent.

Le lecteur comprendra donc certainement pourquoi, avant d'aborder cette question-là, je veux encore une fois mettre au clair mes motivations. Je veux qu'il soit bien compris que je tire toutes les conclusions de ce que j'ai dit précédemment quant au néocortex humain : j'ai dit qu'il était infini. Cela implique que chaque homme, qu'il soit noir, blanc ou jaune, est en lui-même une image du Créateur. Chaque homme, indépendamment de sa race, constitue une espace d'indétermination autonome et complet. Chaque homme porte en lui l'intégralité du principe d'humanité. Il existe, entre tous les hommes, un principe d'égalité ontologique absolu, qui provient justement du fait que l'infini n'étant pas mesurable par nous, il serait absurde de prétendre hiérarchiser les hommes dans l'absolu.

Je veux que cela soit bien compris, car je vais maintenant parler de ce qui, en l'homme, n'est pas qu'humain, c'est-à-dire ce qui est la Bête. Et comme on va le voir, si chaque homme est infini par les possibilités de sa conscience, tous les hommes sont également réunis par la brutalité des rapports de domination et de compétition – rapports qui, nécessairement, hiérarchisent les êtres humains au regard des corps, dans le monde matériel.

Et rapports qui imposent leurs logiques, et logiques qui ne sont pas celles de l'esprit.

*

On ne sait pas encore aujourd'hui avec certitude si l'homme moderne s'est développé à partir d'un rameau unique, issu très probablement du sud de l'Afrique, ou si des métissages se sont produits entre des formes diverses pour aboutir à la présente diversité. Certains anthropologues pensent que des croisements ont eu lieu entre l'homo sapiens sapiens et l'homme de Neandertal en Europe, et d'autres croisements avec des descendants de l'homo erectus en Chine. Toutes ces théories sont contestées, parce qu'au fond, on n'a pas de certitude[59].

Quoi qu'il en soit, origine unique ramifiant uniquement par le jeu de la sélection naturelle différenciée ou impact des métissages entre formes successives, l'humanité s'est progressivement diversifiée, et pratiquement plus

---

[59] Note 2013 : rappelons que le texte date de 2008. On sait aujourd'hui avec certitude qu'il y a bien eu croisement.

personne ne conteste que l'un au moins des paramètres de cette diversification soit l'ensemble des mécanismes que, dans un souci de simplification, nous allons ici regrouper sous le terme de « dérive génétique globale ».

À chaque génération, de minuscules « erreurs » sont commises lors de la duplication des codes génétiques. Nos chromosomes comprennent trois milliards de nucléotides, et la probabilité d'erreur de transcription pour un nucléotide donné est estimée à une chance sur deux cents millions. La transmission du patrimoine génétique des parents à l'enfant ne se déroule donc presque jamais parfaitement. Quelques millionièmes du code génétique sont « manqués à la copie ». Au lieu recopier un code donné, la nature a recopié un code très légèrement différent.

En général, ces micromutations ne sont pas viables. Le code fabriqué par erreur ne « signifie » rien, c'est-à-dire qu'il ne permet pas à l'organisme de construire quelque chose. Dans ces conditions, le corps « considère » en quelque sorte que le fragment erroné est « non signifiant », et les gènes « manqués » retombent dans l'ADN inactif, dit « égoïste », qui constitue l'essentiel de nos chromosomes – il s'agit de fragments qui ne servent a priori à rien, sauf à transmettre du matériau génétique qui pourra servir à d'autres générations, plus tard.

Parfois, c'est le contraire : c'est en recopiant des fragments d'ADN inactif que la nature, par erreur, a fabriqué une séquence de codage signifiante, qui va permettre au corps de créer quelque chose. Ainsi, de génération en génération, le périmètre de l'ADN signifiant et celui de l'ADN égoïste évoluent, très lentement – il faut des milliers de générations pour qu'un changement important soit observable.

Lorsqu'une micromutation active se produit, il y a deux possibilités : ou bien l'individu en cause en tire un avantage, ou bien pas. S'il en tire un avantage, sa probabilité de survie est légèrement plus forte que s'il n'avait pas présenté cette mutation. Si au contraire cette mutation est pénalisante, l'individu ne survit pas, et donc il ne peut pas transmettre ses gènes. La nature fait donc évoluer les espèces d'erreur en erreur, la sélection naturelle se chargeant de ne conserver que les erreurs bénéfiques.

Que se passe-t-il alors quand, au sein d'une même espèce, deux isolats se sont créés, étanches l'un à l'autre et évoluant dans des milieux significativement différents ? – Eh bien, comme les milieux sont différents, les qualités exigées pour la survie sont également différentes, donc les micromutations « conservées » dans le patrimoine génétique par le jeu de la sélection naturelle ne sont pas les mêmes. Comme l'écrit Luca Cavalli-Sforza, directeur du programme de recherche sur la diversité du génome humain : « La mutation propose, la sélection dispose ». Progressivement, les patrimoines génétiques de deux isolats soumis à des sélections divergentes dans des milieux différents dérivent dans des directions opposées.

Cette lente dérive fait évoluer le génome jusqu'au point où les fragments signifiants et non signifiants de l'ADN sont complètement différents d'un isolat à l'autre. Dès lors, les deux isolats ne peuvent plus se combiner : d'une seule espèce sont nées deux espèces distinctes.

Depuis son apparition il y a trois millions d'années, l'espèce humaine dans sa totalité a dérivé très lentement sur le plan génétique, comme n'importe quelle autre espèce. Cette évolution a été pour l'essentiel déterminée entièrement par le milieu naturel, car la technologie a pendant longtemps assez peu joué dans les processus d'adaptation de l'être humain. L'arc n'a été inventé qu'il y a 20.000 ans, la roue il y a 10.000 ans. Pendant 99% de son évolution en tant que rameau de l'ordre des primates, et pendant 90% de son existence propre en tant qu'espèce, ce que nous appelons le genre humain n'a été sélectionné que par l'interaction brute entre son milieu et ses capacités physiques directes, sans que l'outil ne joue un rôle significatif dans les processus d'adaptation. À l'échelle de l'évolution, l'homme n'a échappé aux mécanismes de la dérive génétique naturelle que depuis très, très peu de temps. C'est ainsi que des isolats périphériques ont probablement donné naissance aux trois grandes races que nous connaissons aujourd'hui sur le globe – quatre, si l'on considère que les Rouges constituent une race distincte des Jaunes.

Toujours selon Luigi Luca Cavalli-Sforza, professeur émérite à l'université de Stanford et une des autorités les plus reconnues en la matière, la rupture entre Noirs d'une part, Blancs et Jaunes d'autre part, remonterait à 100.000 ans environ – cela veut dire 5000 générations, ce qui est très peu à l'échelle de l'évolution. La rupture entre Blancs et Jaunes daterait d'environ 40.000 ans, ce qui représente une dérive génétique différentielle encore plus faible. La rupture entre Rouges et Jaunes n'a que quinze millénaires, ce qui veut dire que la distance biologique est négligeable[60]. Toujours selon le même chercheur, les Blancs et les Jaunes sont issus par mutation d'une population humaine originelle qui avait probablement la peau sombre. La peau blanche, ou brune claire, est le résultat d'une mutation avantageuse, qui permet aux populations vivant dans des zones faiblement ensoleillées de synthétiser la vitamine D, leur peau filtrant peu la lumière. Par opposition, les populations septentrionales se nourrissant de beaucoup de poissons, donc dont le bol alimentaire apporte directement la vitamine D, ont conservé une peau plutôt sombre – ainsi certains Eskimos.

Selon Cavalli-Sforza, la dérive génétique est restée trop limitée pour que des espèces différentes émergent. Les grandes races partagent entre elles la quasi-totalité de leur patrimoine génétique. La distance entre l'homme jaune, l'homme blanc et l'homme noir est, sur le plan génétique, infime par rapport à celle nécessaire pour séparer des espèces. Cette thèse est, c'est à noter, contestée par une partie des généticiens, selon lesquels des facteurs de différenciation ont été omis par Cavalli-Sforza, mais nous nous appuierons néanmoins sur les travaux de ce dernier, dans la mesure où ils font autorité auprès de l'essentiel de la communauté scientifique.

Si l'on admet l'hypothèse Cavalli-Sforza, la dérive génétique n'a donc fait, au sein de l'espèce humaine, qu'une part très faible du travail nécessaire pour

---

[60] Note 2013 : présentation un peu simpliste. Mais il serait fastidieux d'entrer dans le détail des migrations humaines, cela n'apporterait rien au propos.

rendre les « races » étanches les unes aux autres. Il n'y a presque pas de différences qualitatives entre les génomes des trois grandes races. Il existe de significatives différences quantitatives – par exemple, les gènes caractéristiques de la peau noire sont évidemment beaucoup plus présents et actifs chez les Noirs que chez les Blancs. Mais ces différences quantitatives n'impliquent pas de différences qualitatives importantes dans la structure du génome : le périmètre de l'ADN « égoïste », « non signifiant », est le même ou pratiquement dans les trois grandes races. L'espèce humaine est unitaire. Les races existent comme des « réalités statistiques », mais elles n'ont presque pas de substance distincte sur le fond. Ce sont des courbes de Gauss décalées, certes, mais qui restent inscrites dans le même espace.

Malgré tout, la dérive génétique existe, et elle a conditionné l'ensemble de nos instincts, profondément gravés en nous par des centaines de millénaires de lutte pour la vie.

Or, comme je vais maintenant essayer de l'expliquer aussi posément que possible, cela implique que si la race n'existe que fort peu sur le plan objectif, elle est une donnée psychologique extrêmement structurante.

*

Comme le reste de notre corps, notre cerveau tel qu'il est constitué aujourd'hui est le résultat de cette dérive génétique. Les individus présentant les micromutations qui permettaient d'optimiser le comportement par l'amélioration des fonctions cérébrales ont survécu plus souvent que les autres, et ont donc pu transmettre leurs gènes plus souvent : de là, par exemple, l'augmentation de la taille du cerveau humain.

Cette évolution générale a évidemment aussi joué sur notre cerveau reptilien. La nature n'a pas « décidé » d'implanter dans nos cerveaux reptiliens les arcs réflexes qui permettaient d'optimiser le comportement des individus et des groupes en vue de bénéficier des atouts maximum en termes de dérive génétique : ce n'est pas comme cela que ça fonctionne. Il se trouve simplement que statistiquement, à chaque génération, ce sont les individus et les groupes qui présentaient ces arcs réflexes au plus haut point qui ont survécu le plus souvent, si bien que nos cerveaux reptiliens ont reçu à chaque fois un héritage optimisé de ce point de vue.

Il est donc intéressant de regarder comment la nature, par la force des choses, a configuré nos cerveaux pour réagir à la dérive génétique. C'est-à-dire qu'il faut se demander comment la dérive génétique a impacté nos cerveaux pour que nos cerveaux optimisent la dérive génétique en retour.

En effet, ce conditionnement de nos cerveaux reptiliens par dix mille générations de chasseurs cueilleurs obligés de survivre dans des conditions de précarité extrême perdure encore aujourd'hui, quand bien même nous appartiendrions aux classes les plus aisées des cultures les plus riches et les plus raffinées. Les caractéristiques issues de la dérive génétique persistent longtemps après que les conditions ont cessé qui les avaient imposées : si les Vietnamiens ou les Indonésiens ont les yeux bridés, c'est parce que leurs ancêtres sont venus d'Asie septentrionales il y a plusieurs milliers d'années, après avoir subi sur une très longue période de sélection naturelle correspondant à un climat froid – l'œil bridé est un instrument de défense contre le froid. Comme la sélection naturelle par le froid a joué sur ces asiatiques méridionaux pendant une période bien plus longue que celle pendant laquelle ils ont été exposés à la sélection naturelle par le chaud, ils ont conservé les yeux bridés, qui ne servent plus à rien dans leur « nouvel » habitat.

Ce qui est vrai de la forme des paupières l'est aussi très largement du cerveau reptilien, qui, à la différence du néocortex, est pour l'essentiel génétiquement hérité. Notre cerveau reptilien est optimisé pour nous faire fonctionner à l'âge de pierre. Et il faudra encore des milliers de générations pour que cela change.

Quelles sont les conditions dans lesquels se sont formés ces instincts de l'âge de pierre, profondément enfouis au cœur de notre cerveau reptilien ?

Si l'on en juge par les modes de vie des chasseurs-cueilleurs dont les cultures survivent encore, pygmées ou aborigènes, les sociétés primitives ignoraient totalement les systèmes fédérateurs, sauf de très petite taille. En général, les chasseurs-cueilleurs vivent en chefferies de 20 personnes environ. Lorsque ces bandes se regroupent en tribus, l'effectif de ces tribus ne dépasse pas les 500 personnes.

C'est donc pour fonctionner correctement au sein de groupes humains de très petite taille que notre cerveau reptilien a été optimisé progressivement par une évolution étalée sur dix mille générations. Notre néocortex peut évidemment apprendre les lois positives construites pour faire fonctionner les très grands systèmes fédérateurs contemporains, mais notre cerveau reptilien est quant à lui optimisé pour nous faire fonctionner dans un système fédérateur restreint, et comme il est pour l'essentiel une donne, sauf à le domestiquer par une « Paideia » soigneusement conduite, il nous fera fonctionner comme si nous vivions toujours dans ce type de système restreint.

C'est là que les Athéniens s'atteignent.

Quels sont les qualités et les défauts, les vertus et les vices, qui sont nécessaires à un groupement humain éclaté en une multitude de microsystèmes autonomes ? – Ce sont les instincts de la meute, ce sont les instincts tribaux.

L'être humain est inséré, dès sa naissance, dans un réseau de comportements sociaux qui interagissent avec les réflexes mécaniquement induits par la configuration de son cerveau reptilien. En l'occurrence, il serait très difficile de faire la part exacte de ce qui procède de la biologie, de ce qui procède de la culture informelle des microsociétés, et de ce qui procède de l'interaction entre biologie et culture. Mais ce qui est très clair, c'est que l'être humain n'est pas un pur esprit. Même quand il s'imagine qu'il pense de manière parfaitement rationnelle, un homme est toujours placé plus ou moins franchement sous le commandement en dernier ressort de son cerveau reptilien – et ce cerveau-là est organisé pour gérer l'insertion de l'individu dans un *très petit* système fédérateur.

Dès sa naissance, l'enfant humain a besoin de contact avec d'autres hommes. C'est un besoin inné. Un enfant privé de contact avec d'autres êtres humains, et en particulier avec sa mère, ne se développe pas normalement. Notre équilibre affectif ne peut pas être construit si nous ne sommes pas, dans les premiers mois de notre vie, régulièrement touchés par nos semblables humains. En conséquence, plus tard, l'adulte fera toujours une distinction instinctive entre ceux qui l'ont « touché » dans sa petite enfance et les autres – soit sur le plan pratique, soit sur le plan symbolique. Le « clan », d'un côté, le reste des hommes, de l'autre côté. C'est obligatoire : dans la mesure où nos instincts sociaux se développent toujours dans un cercle restreint appuyé sur une réalité corporelle, nous prenons l'habitude d'opposer inconsciemment ceux qui se trouvent dans ce cercle et ceux qui ne s'y trouvent pas. Aussi sophistiqués que soient les modes d'institution imaginaire de la société, ils ne peuvent agir que sur le néocortex et ses liens avec le système limbique. En profondeur, dans ce cerveau reptilien qui toujours, en situation d'urgence, préempte la décision, *ce sont les solidarités claniques qui l'emportent.*

Ces solidarités claniques produites mécaniquement par l'interaction de la donne biologique et du conditionnement social de proximité se combinent elles-mêmes avec un certain nombre de réflexes de compétition sexuelle qui renvoient quant à eux directement aux stratégies de gestion de la dérive génétique globale. Nous sommes optimisés pour que notre code génétique, autant que faire se peut, soit amélioré d'une génération sur l'autre sous l'angle de la lutte pour la vie. C'est-à-dire que par un ensemble de mécanismes instinctifs sans doute en grande partie innés, notre cerveau reptilien et notre système limbique nous orientent systématiquement dans le sens d'un comportement qui va optimiser la probabilité pour que notre code génétique s'intègre dans une dérive génétique globale porteuse. Nous allons chercher, inconsciemment, à combiner notre patrimoine génétique avec un patrimoine incluant le plus grand nombre possible de micromutations avantageuses.

Ainsi, l'examen des comportements animaux démontre que chez les mammifères supérieurs, d'une manière générale, les mâles s'affrontent même en l'absence de femelles à conquérir. Il existe un comportement instinctif de compétition entre les mâles, dont l'objectif du point de vue de l'individu est la conquête latente des femelles. Comportement dont la finalité du point de vue de l'espèce, finalité non sue mais construite par des milliers de générations de sélection naturelle, est de faire porter prioritairement sur les mâles le poids de la sélection naturelle, afin d'améliorer le capital génétique en permanence, sans restreindre la base biologique – qui dépend du nombre de femelles vivantes, et pas ou peu du nombre de mâles.

Résultat : le mâle est programmé pour risquer sa vie, et comme il est programmé pour optimiser sa dérive génétique et celle de son clan, *il est programmé pour tuer ceux qui n'appartiennent pas à son clan.*

Comme le patrimoine génétique des membres du même clan est plus proche que celui de ces membres avec des étrangers, une forme de solidarité préférentielle a été intégrée dans la sphère instinctuelle, en particulier chez les mâles, pour « gérer » cet instinct du tueur.

C'est que l'humanité éclatée en microsociété était confrontée à trois défis :

- Comment éviter les affrontements destructeurs à l'intérieur des microsociétés claniques tout en conservant un certain niveau de compétition interne pour éliminer de la fonction reproductrice les individus porteurs de dérives génétiques non viables ?

- Comment éviter la corruption du sang par une endogamie génératrice de mutations non viables ?

- Comment optimiser les affrontements entre microsociétés claniques tout en garantissant que par le jeu de la compétition, les microsociétés soient poussées à aller de l'avant ?

La meilleure démarche pour répondre simultanément à tous ces défis, c'est le développement de stratégies de confrontation symbolique à l'intérieur des clans – d'où l'instinct du jeu comme simulacre de combat chez les mammifères supérieurs, instinct qui perdure encore dans une certaine mesure chez les enfants humains, surtout les garçons ; stratégie de confrontation symbolique à l'intérieur des clans qui s'accompagne d'une solidarité active entre mâles du même clan pour s'approprier les femelles d'autres clans, avec éventuellement des affrontements violents de clans à clans, pour sélectionner le meilleur sang. En d'autres termes, nous sommes programmés pour optimiser la propagation de notre code génétique, ou à défaut de codes génétiques proches du nôtre.

Tout cela, bien sûr, n'est qu'un aspect de l'humanité – la culture humaine, la civilisation, et l'ensemble de l'institution imaginaire de la société par nos néocortex travaillant ensemble visent précisément à trouver d'autres modes de régulation sociale. Il n'en reste pas moins que ces instincts, solidarité préférentielle clanique, tendance à vouloir éliminer prioritairement les mâles porteurs d'un patrimoine génétique éloigné, ces instincts sont très profondément ancrés en nous, au cœur de notre cerveau reptilien. Et cela, nul n'y peut rien.

Qu'en déduire ? – Eh bien tout simplement que si la distance génétique objective entre les grandes races est relativement faible, la distance subjective, ressentie par les individus et transcrite mécaniquement par le jeu des instincts dans les relations sociales, sera quant à elle toujours une distance énorme. Même si l'écart génétique entre Blancs, Jaunes et Noirs est infime, cet écart sera mécaniquement perçu comme énorme, dans la mesure où il est nettement plus prononcé que celui qui sépare n'importe quel autre groupe de n'importe quel autre groupe.

Il faut que les hommes se divisent pour se sélectionner : c'est comme ça. Donc il faut bien comprendre ceci : *l'homme est raciste par nature*. Lorsqu'il parvient à s'élever au-dessus du racisme, c'est parce qu'il a développé une institution imaginaire du fait social qui lui permet de surmonter les institutions spontanées que sont les solidarités claniques sur une base raciale. Il n'y a vraiment que chez Rousseau que la passion forme la raison. Dans la réalité, la passion naturelle obéit aux lois de la nature, et la nature assure le progrès par la sélection, donc par le combat.

Dans ces conditions, on peut dire qu'en pratique, quel que soit le travail de propagande, ou de formation, ou d'éducation, entrepris par un pouvoir se réclamant de l'antiracisme, toute société multiraciale sera constamment menacée par la montée des racismes concurrents – et plus la société sera multiraciale, plus les races qui la composent formeront des groupes manifestement distincts, plus cette société sera raciste.

Encore une fois, je ne parle là ni de ce que je souhaite, ni de ce qu'indiquent les réalités scientifiques, qui nous disent que la distance génétique réelle entre les races est assez faible. Je parle de l'homme qui est, pas de l'homme que je voudrais. Je parle de la distance entre les races telle qu'elle est perçue par l'homme simple, pas telle qu'elle est en réalité, aux yeux des hommes de science.

La question raciale est forcément, toujours, centrale dans la question sociale. C'est triste, mais c'est ainsi.

Conclusion : toute société multiraciale est multiraciste.

Forcément.

9. RACE ET PERFORMANCE SOCIALE

La conclusion que nous venons de tirer est incorrecte au regard de la doxa contemporaine, et pourtant elle paraît assez évidente en elle-même. Je n'ai, dans les chapitres 6 à 8, fait que rappeler ce que disent les hommes de science – principalement le très contesté Rushton et ses détracteurs, et puis les peu contestables Edelman et Cavalli-Sforza. Et pour arbitrer entre les prises de position parfois contradictoires, je n'ai fait que m'appuyer sur le sens commun, en prenant garde de souligner que mes hypothèses n'étaient, précisément, que des hypothèses.

Ce discours simple, facile à élaborer, dont les fondements sont disponibles dans des ouvrages accessibles au grand public, aboutit à la conclusion que la question raciale existe, qu'elle est importante, centrale sans doute dans la question sociale, et qu'en conséquence, il faut penser la société aussi au regard de la race – quand bien même on estimerait que c'est là un état de choses déplorable, en attendant, c'est l'état des choses.

Donc un discours simple, appuyé sur des éléments bien connus, et à mon humble avis exempt de tout racisme... constitue désormais un sacrilège – énoncer que la race est au centre du fait social, c'est renverser le totem principal de l'antiracisme, proto-idéologie centrale dans l'Occident des années 2000.

Comment se fait-il qu'un discours a priori de simple bon sens passe aujourd'hui pour une intolérable atteinte aux convenances ? – Il y a là une bizarrerie. Se pourrait-il que nous fussions à nouveau confrontés aux dérives idéologiques que j'ai décrites dans les chapitres 2 à 5 ? Se pourrait-il qu'à nouveau, la question raciale serve de paravent à ceux qui veulent biaiser d'autres débats, sociaux et culturels ? Se pourrait-il qu'à nouveau, cette question soit instrumentalisée par des gens qui veulent rendre dicibles des réponses qu'ils n'osent poser, voire créer des questions qui ne se posent pas ?

Essayons de lire la situation présente à la fois au regard de l'Histoire du racialisme, cf. les chapitres 2 à 5, et au regard des enseignements de la biologie, cf. les chapitres 6 à 8. Il est temps de faire une synthèse.

*

Les évolutions en cours quant au peuplement de l'Europe ne sont pas des nouveautés si l'on refuse l'hypothèse retenue précédemment, à savoir l'existence d'une différence significative dans la complexion des trois grandes races. Elles sont en revanche sans précédent historique, si on admet cette hypothèse.

Voici pourquoi.

Ce n'est pas la première fois dans l'Histoire que de grandes vagues de migrations submergent l'Europe. La génétique des populations démontre que l'homme européen résulte de l'empilement de cinq stratifications d'importance inégale, dont quatre correspondent très clairement à des phénomènes migratoires majeurs.

La première strate est fondamentalement liée au développement de l'agriculture. Si l'on étudie les fréquences génétiques des Européens dits de souche, on voit que le premier facteur de recoupement organise une cartographie en couches successives depuis un centre situé dans le Croissant Fertile, au Proche Orient. L'hypothèse privilégiée par les spécialistes est qu'une puissante vague de migration a déferlé sur l'Europe il y a environ 10.000 ans, avec la progression des populations d'agriculteurs, dix fois plus denses au départ que les populations de chasseurs cueilleurs, qu'elles ont submergées. Un certain nombre d'indices indiquent que si nous voulons avoir une idée de ce qu'étaient ces peuples européens préexistants à l'expansion des populations d'agriculteurs venus du Croissant Fertile, il faut nous intéresser au petit peuple basque – peut-être le dernier survivant européen de l'âge de pierre.

Le comte de Gobineau serait bien déçu de l'apprendre, mais c'est ainsi : si l'on admet l'hypothèse classique selon laquelle les aryens sont venus de Russie méridionale il y a 4.000 ans (hypothèse aujourd'hui contestée), les Européens ne sont biologiquement quasiment pas « aryens ». Toujours si l'on admet cette hypothèse, quand les Indo-européens sont arrivés en Europe, ils ont trouvé un paysage génétique déjà bien installé.

Cela dit, les antiracialistes, qui voudraient nous faire croire, à nous autres Blancs, que nous n'avons pas de racines biologiques fortes, sont tout aussi profondément dans l'erreur : notre génétique européenne est principalement fille du mariage déséquilibré entre des populations surgies du Proche Orient dans la foulée de l'agriculture et des populations préexistantes, dont l'origine se perd dans les brumes de la préhistoire. Notre origine européenne remonte en amont des surgissements aryens et sémites – génétiquement, les Européens sont tout simplement *eux-mêmes*.

Une deuxième stratification, superposée à la première et moins déterminante, divise le continent en couches successives du Nord au Sud. Il s'agit probablement des effets de la sélection naturelle selon le type de climat. Il est très difficile de dire dans quelle mesure c'est là l'effet de la sélection naturelle depuis 10.000 ans, ou bien l'effet de la sélection naturelle sur le substrat préexistant à la grande migration des agriculteurs, substrat avec lequel ces migrants se sont métissés. Le sieur Chamberlain, avec ses « nordiques » supposés « aryens », s'est probablement fourvoyé : le type nordique ne recoupe pas l'influence indo-européenne, il traduit un effet de la sélection naturelle sur le substrat antérieur au surgissement indo-européen.

Toujours si l'on admet l'hypothèse classique, c'est une troisième stratification, nettement moins importante sur le plan des conséquences génétiques, qui recoupe probablement l'expansion des indo-européens, peuples dont nous sommes spirituellement les héritiers, mais biologiquement fort éloignés. Cette stratification est organisée à partir d'un foyer situé en Russie du

Sud. Les spécialistes estiment que la migration qui a provoqué cette stratification a dû se produire il y a quatre à cinq millénaires[61].

La quatrième stratification, encore plus marginale, correspond à l'expansion grecque au second millénaire avant Jésus-Christ. Elle est centrée sur la Mer Egée.

Enfin, la cinquième stratification, la seule à renvoyer à des mouvements de populations survenus après l'entrée de l'Europe dans l'Histoire écrite, correspond aux mouvements des peuples nord-européens lors des grandes invasions du V° siècle. Cette stratification, qui préoccupait tant le sieur Houston Chamberlain, eut un impact racial très faible, sauf en Italie. En France, le substrat humain n'a été modifié, sur le plan biologique, que très à la marge.

Arguant de ce long passé de mélange interethnique, les immigrationnistes contemporains expliquent que les phénomènes migratoires qui déferlent sur l'Europe ne sont que la poursuite d'un mouvement général de brassage des populations, mouvement qui dure depuis des millénaires. Ce n'est pas vrai, car, ce qu'il ne faut pas perdre de vue, s'agissant des stratifications que nous venons de citer, c'est qu'elles correspondent à des brassages à l'intérieur de la race blanche. Les migrations qui ont déferlé sur l'Europe depuis 10.000 ans n'ont entraîné que la redistribution du patrimoine génétique commun à l'intérieur du groupe blanc. Il y a eu quelques apports de sang jaune à l'époque des invasions hunniques et mongoles, mais sauf en Russie, Finlande et Hongrie, ce fut un mouvement marginal.

Le phénomène auquel nous sommes confrontés aujourd'hui n'a rien à voir avec ces migrations au sein du monde blanc. Pour trouver trace d'un bouleversement anthropologique comparable à ce que nous vivons depuis quelques décennies, il faudrait sans doute remonter à l'irruption de l'homme de Cro-Magnon en Europe, irruption qui a entraîné la disparition de l'homme de Neandertal. Ce qui se passe en ce moment n'est pas du tout un mécanisme de migration classique, comme l'Histoire en a vu des centaines en Europe. Ce qui commence, c'est la destruction d'un isolat périphérique latent : *la destruction de la race blanche*.

C'est vraiment un phénomène sans précédent à l'époque historique, en Europe du moins. Si les évolutions en cours se poursuivent, nous allons passer d'une humanité organisée fondamentalement en trois isolats périphériques latents – race blanche, race noire, race jaune – à une humanité organisée en deux isolats périphériques latents – race eurafricaine d'une part, centrée sur l'ensemble Europe-Afrique, race eurasienne d'autre part, centrée sur la Russie, l'Inde et la Chine. Le destin racial de l'Amérique ne semble pas, à ce stade, encore décidé.

Le seul équivalent historique qu'on puisse trouver à ce mécanisme est la destruction de l'isolat périphérique latent constitué par la race rouge, il y a cinq

---

[61] Note 2013 : une hypothèse récente ramène l'origine indo-européenne au surgissement des agriculteurs mésopotamien. Mais à ce stade, elle n'est pas confirmée.

siècles, lorsque les Européens conquirent l'Amérique. Pour la première fois depuis que Cortez a posé le pied sur le sol du Mexique, le devenir biologique de l'humanité semble devoir prendre un véritable tournant : voilà ce qui commence en Europe, en ce moment.

Nous assistons littéralement à la disparition de l'homme européen. L'humanité blanche dans sa variante européenne et nord-américaine représentait, en 1900, environ le quart de l'humanité totale – l'ensemble de la race blanche, Inde blanche et monde arabe inclus, représentait quant à lui plus du tiers de l'humanité. Or, en 2050, si les tendances actuelles sont poursuivies, la race blanche dans sa variante européenne ne représentera plus qu'un douzième de l'humanité. La race blanche dans son ensemble, Inde et monde arabe inclus, représentera quant à elle encore un petit quart de l'humanité, mais cela sera dû principalement à l'explosion démographique sidérante du sous-continent indien.

Il est absolument stupéfiant de constater que ce phénomène central de notre époque passe encore aujourd'hui presque inaperçu. On nous parle de la disparition de centaines d'espèces exotiques, et on nous explique, à juste titre d'ailleurs, que la diversité animale est en danger. Mais il existe pendant ce temps une diversité dont la disparition, apparemment, ne préoccupe personne : la diversité biologique humaine. Aussi stupéfiant que cela puisse paraître, la seule ethnie en voie de disparition dont les bonnes consciences occidentales ne déplorent pas le malheur, c'est l'humanité blanche européenne elle-même.

Il y a un mot pour décrire un tel phénomène.

Quand on se laisse mourir sans réagir, cela s'appelle un suicide.

*

Comment expliquer ce suicide ? Comment expliquer que la volonté de vivre ait déserté l'humanité blanche ? D'où vient notre abandon de la volonté vitale, de la volonté de perpétuer la race ?

Je crois que Schopenhauer fut le premier à entrapercevoir la vérité, dès la première moitié du XIX° siècle. Constatant l'échec de l'hégélianisme à refonder le sens hors de la transcendance religieuse proprement dite, observant le déconcertant mélange de volonté de puissance enflée et de médiocrité matérialiste assumée dans lequel sombrait peu à peu l'âme allemande, le philosophe expliquait, dès 1840, que l'âme européenne était entrée dans une phase de transition douloureuse. Le temps prenait fin où la volonté vitale était donnée aux individus par la magie facile d'une vision religieuse naïve – vision par laquelle l'homme ordinaire, jadis, équilibrait le poids de la conscience de soi par la représentation poétique de son appartenance à l'être collectif racial, porte vers l'éternité.

Schopenhauer voyait juste. Dans l'ancien monde, la majorité des hommes n'avait pas accès aux textes écrits. Cette majorité d'illettrés vivait dans la simplicité intellectuelle qui facilite le développement d'un esprit poétique naïf. Entre l'animal, qui n'a pas vraiment conscience de lui-même et se pense donc directement comme la cellule non signifiante d'un arbre évolutionnaire seul significatif, et l'homme éclairé, qui a pris conscience de lui-même au point de prendre conscience aussi de sa propre insignifiance, et donc de l'insignifiance de sa propre mort, l'homme ordinaire était jadis en un juste milieu : il se savait mortel et s'ignorait insignifiant, mais il pouvait encore se prémunir de l'absurde par une vision poétique de l'au-delà.

Aujourd'hui, l'Européen moyen a quitté ce juste milieu. Il s'est avancé vers la position du lettré, qui s'est libéré des visions naïves, mais n'ayant pas l'équipement intellectuel pour assumer cette position de liberté insupportable, il implose spirituellement. Depuis deux siècles, la raison est devenue trop lourde à porter pour l'Européen ordinaire. Il oscille donc entre la folie et le suicide.

C'est de cette crise des systèmes religieux judéo-chrétiens que découle l'affaiblissement de la volonté vitale chez l'homme blanc. L'isolat périphérique racial blanc a, pour des raisons historiques complexes, pris ces derniers siècles une avance culturelle significative sur l'isolat jaune, et une avance incalculable sur l'isolat noir. Or, cette avance culturelle, si elle a ouvert la porte à un formidable progrès technologique, a aussi entraîné une crise intellectuelle sans précédent. La race blanche, avant-garde de l'humanité depuis la Renaissance, a vécu depuis deux siècles dans de grandes douleurs, comme une femme à la veille d'enfanter.

Crise, mais aussi peut-être annonce d'un avenir mutant. Si la race blanche a perdu sa volonté de se perpétuer, n'est-ce pas parce qu'inconsciemment, elle prépare une mutation ? Il existe un ensemble des populations de l'Europe, ensemble formé par le métissage sélectif au sein de l'isolat périphérique blanc entre indigènes européens, aryens, grecs et juifs, métissage biologique qui fut aussi le support d'un métissage idéologique et d'un syncrétisme religieux. Cet ensemble a, depuis le XIX° et surtout depuis le XX° siècle, entamé une mue formidable : l'émergence douloureuse d'une nouvelle forme d'humanité, apte à penser la reprogrammation de son substrat biologique comme on peut penser la reconfiguration d'un outil matériel, distinct de son « logiciel » mental de plus en plus élaboré. *L'humanité blanche est en train de sortir de la nature, voilà pourquoi elle se laisse mourir dans l'ordre naturel.*[62]

Cette émergence progressive d'une nouvelle humanité est un phénomène à la fois parfaitement visible et cependant parfaitement impensé, dans la mesure où il est largement impensable. La construction de la nouvelle humanité par la race blanche en voie d'implosion recouvre en effet un mécanisme stupéfiant qu'on ne peut pas appeler autrement qu'une « auto-prédation » – comme si une partie de l'être propre des Blancs était en train de dévorer une autre partie de leur être propre.

Critiquant Schopenhauer, Nietzsche, dans la seconde moitié du XIX° siècle, posa les grandes lignes de l'analyse qui permet de comprendre ce

---

[62] Note 2020 : après avoir lu « Homo Deus », de Yuval Noah Harari, et avoir appris les « exploits » du généticien chinois He Jiankui, « créateur » des premiers bébés « OGM », l'auteur est bien obligé de constater que non seulement le monde blanc est bien sur la voie en question, mais en outre il est en train de se faire doubler par le monde jaune !

mécanisme malgré son caractère presque impensable. Nietzsche expliqua comment l'humanité blanche est en train de régresser pour tout ce qui, en elle, n'est pas le surhumain, afin précisément que le surhumain s'impose comme devenir de l'humain. Le surhomme nietzschéen est précisément l'être qui peut supporter la liberté absolue qu'autorise la mort de Dieu : la liberté d'être son devenir.

Mais voici ce que Nietzsche ne vit pas : cette liberté surhumaine est comprise dans le cadre de la domination bourgeoise, une domination sans justification spirituelle qui accompagne la logique prométhéenne et révolutionnaire du capitalisme. Derrière la question de la race, il y a donc depuis deux siècles une autre question, presque toujours invisible : la question de savoir quel groupe humain, quel sous-ensemble de l'humanité blanche, va constituer le point de départ du surhumain construit par le capitalisme prométhéen.

Voilà. Nous sommes au cœur du débat, car nous avons mis à jour ce que la question raciale cache : la question humaine.

*

Cette question a pris, depuis deux siècles, un tour que par le passé, elle ne pouvait pas prendre : nous approchons potentiellement d'un moment de l'Histoire où il faudra décider de quelle fraction de l'humanité est le point de départ d'une nouvelle Histoire : celle du surhomme.

C'est là une nouveauté absolue dans l'Histoire. Aucune culture traditionnelle n'envisagea jamais que la finalité du politique pût être le dépassement des potentialités humaines. Le mythe du surhomme est une idée moderne. Alexandre le Grand n'était pas admiré parce qu'il était plus qu'un homme, mais parce qu'il illustrait l'accomplissement de l'homme grec – un homme parfait, un dieu presque, mais pas un surhomme. Les généraux qui triomphaient à Rome avaient auprès d'eux un esclave chargé de leur répéter : « Souviens-toi que tu n'es qu'un homme ». Lorsqu'il apparut que les Césars avaient atteint un tel niveau de puissance qu'on ne pouvait plus les comparer aux simples mortels, on décida d'en faire symboliquement des dieux – mais pas des surhommes. La figure qui surplomba sans discontinuer le Moyen Âge occidental est le Dieu fait Homme, pas le surhomme. L'humain, jusqu'aux temps modernes, restait enfermé dans ses limites propres. Désormais, il en est sorti, et c'est pourquoi la question raciale a pris une tournure nouvelle.

La vraie question n'est pas de savoir s'il existe une race supérieure, la vraie question est de savoir qui va en fonder une.

N'en déplaise aux antisémites pathologiques, il n'y a pas de « bacille juif ». N'en déplaise aux égalitaristes en folie, si quelqu'un menace la liberté du peuple, ce n'est certes pas la petite bourgeoisie Koulak. L'implosion de l'humanité blanche n'a rien à voir avec le maintien de la tradition juive, rien à voir non plus avec l'inégalité relative des opprimés et des classes moyennes. Elle a en revanche tout à voir avec la création progressive par le Capital d'une haute bourgeoisie entièrement structurée par son positionnement économique prédateur. La vraie question n'est pas de savoir quelle race est supérieure – cela, c'est le leurre qu'on agite devant les naïfs, racistes ou antiracistes confondus. La vraie question est de savoir qui, en se rendant maître du capital et donc du démiurge technicien, va se rendre maître de la machine qui assiste le vivant, et demain, peut-être, *le supplantera ou le modifiera.*

C'est au regard de cet enjeu qu'il faut penser l'effondrement de la volonté vitale au sein de la race blanche. Cet effondrement traduit essentiellement une crise dans la constitution de l'homme européen : il est en train de muter, et cette mutation entraîne un affaiblissement temporaire de la volonté de vivre. L'homme européen est en train, sans s'en rendre compte, de se diviser entre une élite, capable de fonctionner à l'ère technologique, vouée à fonder la base de la surhumanité en devenir, et une masse vouée à la disparition, ou en tout cas au déclassement évolutionnaire, parce qu'elle est inadaptée au changement radical d'environnement induit par le développement technoscientifique. Le comportement suicidaire que nous observons chez nombre de nos contemporains européens traduit de leur part la volonté inconsciente de mourir à cette « paléo-humanité » pré-technologique pour que naisse en eux une « néo-humanité » adaptée à l'ère nouvelle.

Voici venir les Derniers hommes annoncés par Zarathoustra – Nietzsche. En profondeur, l'effacement du mâle dans nos sociétés européennes exténuées renvoie à la prise de conscience, favorisée par le cataclysme des deux guerres mondiales, que le principe femelle, c'est-à-dire l'humanité charnelle et qui veut vivre, doit être fécondée par un principe mâle *mutant*, une autre forme d'humanité spirituelle, adaptée à l'ère technologique.

Voilà la vraie question derrière la logique racialiste, et si le lecteur reprend les chapitres 2 à 5 de ce petit essai à la lumière des chapitres 6 à 8, il pourra constater que cette question-là ne pouvait pas ne pas se poser, qu'elle n'a pas cessé de se poser, et qu'elle a été, depuis quelques temps déjà, l'arrière-plan semi-conscient derrière toutes les fausses questions agitées pour cacher les vrais enjeux.

*

Force est de constater que les grilles de lecture institutionnelles implosent totalement, une fois la question raciale inscrite dans cette perspective.

Officiellement, en France et d'une manière plus générale en Europe, l'idéologie de référence des partis institutionnels mondialistes est l'antiracisme. Les mouvements d'opposition nationaliste sont quant à eux taxés de racisme. Telle est la grille de lecture officielle : bloc institutionnel mondialiste et antiraciste contre mouvements d'opposition nationalistes et racistes.

Sauf que…

Sauf que c'est beaucoup plus compliqué que cela.

Reprenons les catégories analysées précédemment : où sont-elles, aujourd'hui, sur l'échiquier politique ?

Les racialistes conservateurs et modérés sont généralement dans le camp nationaliste, à quelques exceptions près. Le paradoxe est qu'ils partagent ce camp avec les antiracialistes modérés. C'est que pour un européen de souche, il peut y avoir deux raisons de ne pas apprécier le déferlement migratoire qui commence. La première raison, c'est qu'un européen de souche peut légitimement vouloir préserver son identité raciale. On peut trouver ce souhait regrettable si l'on est antiracialiste, c'est une question de sensibilité – mais en tout cas, c'est un souhait légitime, car chaque homme a le droit de choisir son destin. Cependant, il existe aussi une deuxième raison de déplorer le tsunami migratoire : c'est qu'en déferlant à toute vitesse sur l'Europe, les vagues d'immigration ne peuvent plus être assimilées. Dans cette optique, un antiracialiste modéré regrettera non pas que trop d'immigrés deviennent français (par exemple), mais au contraire que trop peu y parviennent. Le même camp, celui des nationalistes, héberge donc deux sensibilités opposées sur la question du racialisme.

Conclusion confirmée, d'ailleurs, par le sociologue Emmanuel Todd, qui a établi qu'en France, aussi étonnant que cela paraisse à première vue, ce sont les régions où les taux de mariages mixtes sont les plus élevés dans la population immigrée qui votaient également le plus pour le Front National, depuis les années 1990. C'est la France assimilationniste de tradition universaliste qui vote pour le Front National, alors que la France différentialiste boude ce parti, pourtant en théorie le plus ethnodifférentialiste parmi les grands partis français. Dans les régions où les immigrés sont le plus volontiers accueillis à l'intérieur de la société française à titre individuel, ces mêmes immigrés sont rejetés dans leur masse, lorsque celle-ci s'impose en tant que corps étranger dans l'ensemble national.

Aucun paradoxe, au demeurant, si l'on se replace dans la longue durée, et si l'on réfléchit à la question raciale en termes dynamiques, au regard des enjeux que nous venons de dégager. L'antiracialisme modéré des disciples d'Auguste Comte a consisté, pendant toute la III° République, à organiser une société française à trois étages : la bourgeoisie dominante, la masse populaire française européenne, les populations dominées réduites au statut de l'indigénat. Il en est résulté qu'en France métropolitaine, la population a pris l'habitude non seulement d'une certaine égalité des conditions, mais aussi et surtout d'une participation collective à la définition symbolique du devenir humain.

C'est pourquoi le peuple français, inconsciemment, entend participer en bloc à la dynamique générale de construction de la surhumanité en devenir. Or, les immigrés, en déferlant sur la France sans s'assimiler, remettent en cause cette stratification ternaire qui rejetait l'indigène dans la paléo-humanité pré-technologique. La France converge désormais vers un modèle dual : des élites qui participent symboliquement à la définition du devenir humain, et une masse aliénée, qui regroupe tous les dominés, européens et immigrés extra-européens *confondus*. Les Français de souche sont peu à peu réduits à un nouveau statut de l'indigénat : voilà pourquoi ils protestent.

Nos républicains universalistes, antiracialistes conservateurs, sont obligés de constater que sur le plan pratique, la fusion entre ex-colonisés et masses populaires françaises crée un nouvelle forme de « racisme », un racisme paradoxal qui oppose une hyperclasse en voie de formation, de plus en plus homogène, à une immense masse dominée – racisme paradoxal, dans la mesure où il ne repose pas sur une opposition quant à la filiation réelle passée, mais au contraire sur une opposition *quant à la filiation symbolique future* : « paléo-humaine » dans le cas des masses, « néo-humaines » dans le cas de l'hyperclasse.

L'horizon du racisme s'est déplacé : il a cessé d'être appuyé symboliquement sur la filiation passée, il fait référence implicitement à la filiation future. Ainsi, les partis nationalistes regroupent de plus en plus clairement d'une part ceux qui veulent défendre une filiation biologique passée, donc des différentialistes plus ou moins franchement racialistes tournés vers le passé, et ceux qui veulent défendre au nom des masses un droit à participer à la définition collective du devenir humain, donc des universalistes plus ou moins franchement antiracialistes et tournés vers l'avenir.

Symétriquement à cette collision ubuesque des antiracialistes et des racialistes du côté des conservateurs, on trouve une collision comparable du côté des révolutionnaires.

Les racialistes extrémistes d'aujourd'hui sont, en Europe, assez rarement des Blancs. Il y a des racialistes extrémistes blancs, bien entendu, mais ils sont très peu nombreux – pour admettre les dynamiques fondatrices du racialisme révolutionnaire, il faut généralement qu'une population soit portée par le dynamisme démographique, ce qui n'est évidemment pas le cas des Blancs en Europe. Les racialistes extrémistes en Europe sont désormais, pour l'essentiel, à rechercher chez les Noirs et les Blancs métissés issus d'Afrique du Nord, populations dans leur grande majorité tout à fait paisibles, mais qui hébergent en leur sein une minorité de racistes anti-européens mus par la soif de revanche envers l'Occident. Ces racialistes révolutionnaires se présentent souvent comme des antiracialistes extrémistes – mais on a vu, au chapitre 5, que ces deux catégories apparemment opposées sont tout à fait réversibles.

Complexité supplémentaire, cette combinaison paradoxale entre racialisme et antiracialisme, dans le cas précis des racialistes / antiracialistes issus de l'immigration extra-européenne, s'organise autour d'un racisme déployé par des groupes humains contre une race supposée supérieure – configuration assez inédite.

Pour comprendre, il faut revenir à notre survol de la théorie évolutionnaire. Nous avons mis en évidence le fait suivant : l'individu est poussé à rechercher la combinaison de son patrimoine génétique avec le patrimoine génétique des individus et des groupes qui présentent les plus fortes chances de survie et d'expansion dans le milieu où évoluent les intéressés. Donc les individus et les groupes dont la dérive génétique est retardataire en terme évolutionnaire au regard des milieux considérés sont amenés à développer des stratégies d'alliance avec les individus et les groupes dont la dérive génétique est en avance au regard des milieux considérés. À l'inverse, les individus et les groupes appartenant à des isolats en avance sur le plan évolutionnaire et dans le milieu considéré ont tendance à refuser ces alliances, pour ne pas perdre leur avance évolutionnaire.

Nous avons sous les yeux un exemple frappant de ce mécanisme dans les comportements des populations issues de l'immigration, en particulier les populations noires : les subsahariens présents en Europe peuvent être à la fois racistes, comme en témoigne la violence déployée par une minorité de voyous allogènes contre les populations autochtones, et simultanément « antiracistes », dans la mesure où les mêmes qui agressent les Blancs cherchent à se métisser avec eux. Il y a en apparence contradiction – d'un côté, attaquer, de l'autre, proposer l'alliance. Mais ce paradoxe n'en est pas un, il s'agit là de deux stratégies raciales inconscientes, qui répondent fondamentalement au même besoin : combler le fossé évolutionnaire supposé entre deux isolats raciaux latents, dont l'un est supposé plus apte que l'autre à prendre le tournant de l'ère technologique – donc plus à apte à fonder la surhumanité en devenir.

Peu importe en l'occurrence que ce fossé soit réel ou imaginaire : l'important, c'est que les intéressés, de toute évidence, le croient réel. Demandez-vous d'où vient le fétichisme du gadget high-tech propre aux bandes de jeunes Noirs qui, ces dernières années, volaient systématiquement MP3 et téléphones portables, dans les transports en commun parisiens – et de préférence à des Blancs, et de préférence à des Blancs habillés en « bourgeois ».

Cet antiracialisme / racialisme extrémiste d'en bas est récupéré par d'autres antiracialistes extrémistes, institutionnels ceux-là – qui sont aussi des racialistes extrémistes cachés. À la réversibilité racialiste / antiracialiste des voyous ethniques répond en effet la réversibilité antiracialiste / racialiste des milieux dirigeants capitalistes.

Antiracialistes, les détenteurs du capital le sont fort logiquement, dans la mesure où l'idéologie mondialiste du métissage aboutit concrètement à réserver le principe de filiation aux seuls détenteurs du capital. En effet, comme le principe de filiation est une des conditions les plus nécessaires pour organiser une « Paiedeia » durable et structurée, le principe d'humanité lui-même est par contrecoup progressivement réservé à ces groupes-là, qui savent se préserver dans un cadre mondialiste – les autres groupes sont incapables de construire une « Paiedeia », donc ils perdent conscience d'eux-mêmes, donc ils ne sont plus à même de bâtir une stratégie évolutionnaire cohérente dans le cadre d'une volonté vitale structurée. Ainsi, l'idéologie du métissage est porteuse à terme de la destruction du principe d'humanité dans la masse, ce principe étant réservé à l'élite, ou supposée telle. C'est pourquoi un antiracialiste sincère comme Albert Jacquard est politiquement dans l'erreur alors qu'il peut très bien avoir scientifiquement raison : il n'a jamais compris que si le système politico-médiatique le laisse promouvoir certaines de ses idées, c'est parce que son égalitarisme nivelle tout principe de différenciation extérieur au capital.

L'antiracialisme du pouvoir contemporain est éminemment intéressé, il est tout à fait comparable par ses dynamiques perverses à l'antiracialisme révolutionnaire du XX° siècle, tel que nous l'avons analysé au chapitre 5. Et il est aussi tout à fait réversible terme à terme dans un racialisme extrémiste du type du racialisme nazi, tel que nous l'avons analysé au chapitre 3. La destruction de la « Paiedeia » dans la population européenne de souche réserve le principe évolutionnaire à l'hyperclasse, les masses européennes retombant progressivement, en termes de niveau de conscience collective, au niveau des peuples jadis colonisés. Peu à peu, les peuples d'Europe, plus ou moins métissés mais surtout déconstruits, semblent promis à retomber au niveau de cet

« Animal-Masse » dont parlait le peu regretté Adolf Hitler, il y a trois quarts de siècle.

On commence d'ailleurs à pouvoir observer cette chute annoncée in vivo. Comme il a été dit précédemment, la particularité unique du néocortex, particularité qui en fait un objet sans équivalent dans l'ensemble du vivant, est qu'il n'est pas construit par le corps en réaction au monde matériel, mais au contraire en réaction à un monde idéel immatériel. Donc, en l'absence de « Paiedeia » structurée et structurante, ce monde idéel ne peut imprégner les cerveaux de manière approfondie. Et l'implosion du langage dans les populations déracinées, implosion dont nous sommes témoins, est la première manifestation évidente de ce mécanisme de déconstruction de l'humain dans l'homme moyen.

Une grande partie de la jeunesse française ne maîtrise plus sa propre langue. Or, le développement du néocortex est inséparable de l'acquisition du langage articulé. Les cas d'enfants sauvages, c'est-à-dire d'enfants ayant grandi hors de toute relation humaine, ont démontré qu'un cerveau humain, lorsqu'il n'est pas stimulé par le langage, ne développe pas normalement son néocortex. Nous ne parlons pas parce que nous avons un cerveau d'homme, nous avons un cerveau d'homme parce que nous parlons. L'humanité que le métissage déstructurant est en train de fabriquer, par l'absence de toute « Paiedeia » et la destruction corollaire du principe de filiation, est donc une humanité au néocortex arasé – en fait, c'est une humanité déshumanisée.

Or, simultanément, l'idéologie mondialiste néolibérale, et sa traduction concrète dans le développement indéfini des inégalités sociales, sont en train de produire, à l'autre extrême du spectre de ces inégalités, une hyperclasse caractérisée par un très fort niveau d'acquisition des capacités fondatrices de la pensée supérieure, celle qui ouvre la porte à la maîtrise du démiurge technologique. Ainsi s'esquisse lentement une humanité à deux vitesses. La capacité des peuples à développer les modes de pensée spécifiques au néocortex, contre la prédominance du système limbique et du cerveau reptilien, sera un facteur clef de succès dans les luttes au sein de l'espèce humaine pour la poursuite du mécanisme évolutionnaire, dans le millénaire qui vient : derrière l'idéologie du métissage qui déconstruit la « Paiedeia » pour les groupes non favorisés économiquement, se profile donc tout simplement le monopole de ce facteur clef de succès, monopole attribué systématiquement aux détenteurs du capital.

En 1994, aux USA, est paru un ouvrage qui a défrayé la chronique et engendré une très vive polémique. Intitulé « The Bell Curve », c'est-à-dire « la courbe en cloche », cet ouvrage présente une impressionnante collection de séries statistiques visant à démontrer qu'il existe une forte corrélation entre le niveau de richesse et le niveau de quotient intellectuel. Il y a une conclusion implicite, non tirée explicitement par les auteurs de cet ouvrage collectif, coécrit par un professeur de Harvard et un membre du thinktank conservateur « American Enterprise Institute » – une conclusion que ces auteurs ne tirent pas explicitement, mais qui sous-tend manifestement toute leur démarche. Cette conclusion, c'est que la richesse est, dans une économie de type néolibérale, un instrument de sélection efficient pour faire émerger progressivement une élite intellectuelle – une nouvelle « race des seigneurs », définie non par son appartenance à une souche précise, mais par l'effet d'une sélection sociale efficiente sur le plan biologique – une « race des seigneurs » définie non comme l'aboutissement d'un processus de sélection raciale, mais comme le point de départ d'un tel processus.

À l'aune de cette thèse implicite, on voit très bien comment l'antiracisme radical promu dans le cadre de l'idéologie dominante convergera, à terme, vers une dynamique sociale très proche de celle que nous avons décrite au chapitre 3, s'agissant des élucubrations du sieur Hitler sur « l'Animal-Masse » et « l'Homme-Dieu ». La différence entre ce racialisme nouveau et le racialisme du XX° siècle, c'est que la « race des seigneurs » en voie de constitution n'est pas définie par une filiation passée, qui la retrancherait du reste des hommes, mais par une filiation future, qui la retranchera à l'avenir – la filiation d'une surhumanité, apte à gérer les défis de l'ère technologique, et s'émancipant peu à peu d'une « paléo-humanité » retombant progressivement quant à elle au niveau du « bestialisme ».

Cette remarquable innovation dans l'art de se croire sorti de la cuisse de Jupiter ne rend pas le racialisme extrémiste nouveau genre moins dangereux que ses devanciers. Au contraire : c'est peut-être le premier racialisme révolutionnaire à se donner vraiment les moyens de son projet.

*

Voici démantelée la grille de lecture conventionnelle. Ce qu'il est convenu d'appeler le camp antiraciste (les mondialistes, pour parler simplement) regroupe des racialistes extrémistes (les théoriciens de la mutation par l'hyperclasse), lesquels manipulent plus ou moins les antiracialistes extrémistes (les théoriciens du métissage universel), lesquels sont souvent aussi, en pratique, des racistes antiblanc. Pendant ce temps, le camp supposé raciste (les nationalistes, toujours pour faire simple) regroupe en réalité des antiracialistes modérés (en France, les assimilationnistes républicains) et des racialistes modérés (la mouvance identitaire et ses diverses annexes). Il y a des racialistes dans les deux camps et des antiracialistes dans les deux camps. Et en réalité, le camp mondialiste est bien plus dangereux que le camp nationaliste, car son néoracialisme révolutionnaire est infiniment plus négateur de la dignité de la personne humaine que le vieux racialisme conservateur des mouvances identitaires.

Nous pouvons à présent répondre à la question liminaire de ce chapitre : comment se fait-il que les conclusions assez simples tirées aux chapitres 6 à 8 soient tabous, alors qu'elles coulent de source ? – Réponse : parce qu'elles ouvrent la porte à la formulation de la situation contemporaine en termes justes. L'idéologie antiraciste dominante a pour fonction de parasiter tout débat sur la nature mutante des logiques néoracialistes, afin qu'on ne voie pas qu'un nouveau racialisme révolutionnaire se met en place – un racialisme radicalement inhumain, le racialisme mondialisé du surhumain défini contre l'humain.

10. CONTRE LE NÉORACIALISME
DE DOMINATION

Entendons-nous bien ici sur la notion de surhomme.

Quel est ce surhumain qui opère aujourd'hui une prédation sur l'humanité blanche ? Quel est ce surhomme qui dévorera demain sans doute l'humanité jaune elle aussi, comme l'indique déjà clairement l'évolution du Japon ? Quelle est cette humanité d'après l'humanité qui, plus tard sans doute, sauf à imaginer un effondrement de la civilisation, une fois que le progrès socioculturel aura rattrapé le reste de la planète, dévorera l'humanité entière ?

Quelle est la nature de ce surhumain ? Est-ce le surhumain de Nietzsche ? – Non, évidemment non.

Le surhumain de Nietzsche n'est pas d'une espèce différente de l'espèce humaine. La réflexion de Nietzsche ne porte pas sur la dérive génétique, pas directement du moins. Chez Nietzsche, il est question de tout autre chose. Le surhomme de Nietzsche est l'homme qui peut assumer la liberté, a priori insupportable, de celui qui vit sans Dieu, de l'homme pour qui Dieu est mort.

Pour Nietzsche, une fois Dieu mort, l'homme occidental bascule, comme l'avait dit Schopenhauer, dans la bestialité – parce qu'il ne peut pas assumer la raison en l'absence de la foi. Mais Nietzsche poursuit la réflexion un pas plus loin que Schopenhauer. Et il explique que, parmi les nihilistes qui s'ébattent une fois Dieu mort, il n'y a pas que des hommes inférieurs déterminés à sombrer – il y a aussi des hommes supérieurs, qui succombent quant à eux à l'idolâtrie.

Pour Nietzsche, il y a donc deux nihilismes : le « petit nihilisme » décrit par Schopenhauer, c'est à dire la bestialité de l'homme inférieur ; mais aussi le « grand nihilisme » de l'homme présumé « supérieur », un homme présumé supérieur qui n'inspire que pitié à Zarathoustra-Nietzsche.

Or, force est de constater que le surhumain prédateur en voie d'incubation dans notre système ressemble beaucoup plus à une nouvelle incarnation de ce « grand nihilisme » nietzschéen qu'à l'émergence d'une surhumanité authentique. Le surhumain de Nietzsche, c'est l'esprit libre qui refuse l'idolâtrie. Présocratique, Nietzsche voit le surhumain comme l'homme qui vit l'Eternel Retour – c'est-à-dire l'idée qu'il n'y a pas lieu de chercher de sens à l'Histoire, de solution à la question humaine, d'au-delà justificateur. Le surhumain de Nietzsche est l'homme qui a renoncé à résoudre la question humaine, c'est l'homme pour qui cette question est, en elle-même, ce qu'il faut vivre. Le surhomme de Nietzsche assume la raison sans la foi parce qu'il se pense comme un atome dans un univers parcouru d'ondes de force qui reviennent éternellement sur elles-mêmes. Le surhomme de Nietzsche a trouvé la porte de l'éternité à l'intérieur de l'espace d'indétermination autonome constitué par l'esprit humain : voilà ce qu'est son essence.

Le surhumain qui est en train de dévorer l'humanité blanche relève très précisément de la catégorie inverse. Il est le Dernier Homme « supérieur », parvenu au point extrême de sa trajectoire.

La nature profonde de l'expérience humaine est en train de se révéler, et avec elle, la monstruosité de cette expérience apparaît au grand jour. Nous vivons une apocalypse : nous avons la révélation que nous sommes par essence une prédation, individuellement celle de notre base biologique par notre néocortex, collectivement celle de notre masse rejetée dans la bestialité par notre élite déshumanisée. Le surhumain qui est en train de nous dévorer est ce qu'il y a au-delà des Derniers Hommes, au-delà des idolâtres. C'est l'idole incarnée. C'est le contraire du Surhomme qui est en train de s'emparer de l'expérience humaine pour empêcher l'émergence d'une humanité refondée, d'une *véritable* humanité *véritablement* adaptée à l'ère technologique.

Un schéma général invisible se répète à tous les niveaux. Au niveau individuel, on voit apparaître dans l'Occident contemporain des types d'homme qui ne se pensent plus eux-mêmes en référence à l'arbre de l'évolution. La représentation par laquelle la volonté vitale était structurée dans l'esprit individuel est aujourd'hui totalement déconstruite. Il y a une autonomisation de l'individu par rapport à l'espèce qui renvoie de manière implicite à une rupture entre l'espace d'indétermination autonome néocortical et l'espace mental collectif suscité par le substrat anthropologique.

Au niveau social, même constat. Apparaissent des réseaux sociaux totalement dématérialisés. Ces réseaux sociaux ne sont plus régis par les exigences du temps et de l'espace réels. Ils sont inscrits dans un seul espace-temps : celui créé par l'interaction des espaces d'indétermination néocorticaux coordonnés artificiellement pour édifier un simulacre de totalité.

Ce mécanisme de déconnexion entre l'espace d'indétermination mentale et la base biologique humaine n'en est qu'aux balbutiements, mais les choses peuvent aller beaucoup plus loin. Nous avons aujourd'hui des intelligences artificielles très inférieures au néocortex humain. Mais nous n'en sommes peut-être qu'au début de la révolution cybernétique. Pour certains théoriciens, nous entrons dans une époque où il sera possible à l'homme de penser la migration de son espace d'indétermination mentale. On peut par exemple imaginer l'émergence d'un authentique espace d'indétermination autonome virtuellement infini de type cybernétique. Alors la question se posera de savoir si l'on n'a pas fabriqué un principe d'humanité extérieur à la base biologique humaine.

Le vertige cybernétique peut encore se combiner avec un autre vertige, biotechnologique celui-là. Quand on pense la question raciale aujourd'hui, on la pense toujours en référence à ce que nous avons vécu jusqu'ici, depuis le début de l'Histoire. Eh bien, on a tort. Il faut penser cette question en la situant dans un paradigme renouvelé. Les théoriciens de la soi-disant race supérieure et ceux de l'impossible Égalité absolue dans l'ordre naturel risquent un jour de se retrouver les uns et les autres pris à revers par le surgissement apocalyptique d'une véritable race supérieure – fabriquée, celle-là, par ingénierie. Pourquoi pas, un jour, des humains génétiquement modifiés ? Pourquoi pas, demain, un monde où une partie de l'humanité, disons l'hyperclasse mondialisée, reprogrammerait sa base biologique, de génération en génération ?

À l'aune de ces perspectives, les dangers racialistes perçus généralement par le grand public sont de simples leurres. Les nazillons d'opérette mis en avant par les médias institutionnels ne représentent plus qu'un péril marginal. Pendant qu'on nous les montre, pendant qu'on nous incite à les combattre, les vrais risques ne sont ni vus, ni couverts : des risques sérieux qui, bien plus que du côté des anciens racialistes ethniques en perte de vitesse, se situent du côté de l'alliance contre nature des antiracialistes radicaux et des racialistes révolutionnaires technoscientifique.

Sur ces questions, on doit lire ou relire Norman Spinrad, et en particulier son remarquable roman d'anticipation « Rêve de fer ». Spinrad y décrit les mécanismes mentaux sous-jacents à la folie racialiste révolutionnaire. À la fin de son récit, il montre Hitler imaginant un monde où une race parfaite est fabriquée en laboratoire, puis conservée statique – inévitablement statique, car étant parfaite, elle n'a plus besoin d'évoluer. Ce que Spinrad nous montre là, c'est l'interruption de l'Eternel Retour, c'est la négation du surhumain au sens de Nietzsche par un autre surhumain, fantasmé, fabriqué sur mesure pour les Derniers Hommes.

Rien, absolument rien de nouveau, d'ailleurs – si ce n'est que les questions théoriques sont devenues pratiques. Depuis toujours, le néocortex humain veut s'émanciper de sa base biologique, parce que celle-ci est mortelle. Cet espace d'indétermination autonome, une fois l'idée de Dieu morte, se rêve en recréateur du monde. Celui qui s'est coupé du flux de la Création, coupé de l'Eternel Retour, a besoin de se faire lui-même créateur. Pour sortir de la souffrance imposée par la raison sans la foi, le Dernier Homme de type supérieur, incapable de devenir le Surhumain au sens de Nietzsche, ne peut que se faire Dieu, donc refaire l'Homme, donc détruire ce qu'était l'Homme préalablement. Voilà de quoi il s'agit, et il suffit de lire la Bible, en particulier l'Apocalypse, pour comprendre que tout cela était, et de longtemps, prévisible et prévu.

Hitler, en détruisant la race juive, détruisait inconsciemment ceux qui pouvaient se rattacher à une filiation indestructible. C'est par antiracisme qu'Hitler a voulu détruire la race juive. Semblablement, en exterminant les élites russes puis ukrainiennes, les bolcheviks voulaient détruire un principe de noblesse qui fondait une filiation. Aujourd'hui, ces mêmes forces qui firent jadis Hitler, ou les bolcheviks, s'expriment de manière renouvelée.

Voilà la grille de lecture qui permet de penser la situation présente.

*

Le racialisme de domination peut prendre désormais des formes complètement nouvelles. On n'entasse plus les gens dans les chambres à gaz, on ne les fait plus mourir de faim, mais d'une certaine façon, on fait pire : à l'époque des génocides directs, au moins, le crime se voyait. Aujourd'hui, le crime est invisible – et souvent, il l'est même pour les criminels.

C'est qu'il s'agit d'un crime largement mental. Le schéma générateur de la culture de mort dans laquelle nous vivons est intériorisé très profondément. Invisibles et silencieuses sont les armes par lesquelles les néoracialistes et leurs complices antiracialistes révolutionnaires sont en train de détruire ce qui est à partir de l'Etre, pour que s'impose leur être propre. Non su est leur fantasme – ils ne savent pas eux-mêmes qu'ils rêvent de créer à la place de l'Etre un être qui soit issu d'eux. Ce n'est pas ainsi qu'ils perçoivent leur propre démarche – même si c'est bien ce qu'elle est.

C'est en réalité la nature même de l'esprit humain qui est en jeu, c'est de cette nature que procède la soif de mort. Les forces qui se meuvent ici prennent leur source en amont de la pensée, elles sont indicibles. Nietzsche s'est trompé : le Surhomme n'existe pas. Personne ne peut vivre avec la raison et sans la foi. Quels que soient les efforts que l'on fait pour se passer d'une clef de voûte symbolique à l'espace d'indétermination mental, il faut malgré tout le relier à l'espace universel. Spinoza disait : « le soleil comme la mort ne peut se regarder en face ». Toute la pensée contemporaine vit le cauchemar de devoir, précisément, regarder la mort en face – et elle ne le peut pas.

Notre espace d'indétermination néocortical autonome ne peut pas admettre qu'il doive se dissiper avec notre base biologique. Nous ne pouvons comprendre notre mortalité qu'en la percevant comme un retour vers l'espace d'indétermination universel. Mais voilà : nous ne savons plus comment revenir vers cet espace, nous en sommes coupés, séparés. Incapable de comprendre la mort de la base biologique comme l'instant où l'espace d'indétermination autonome converge vers l'espace universel, l'individu européen contemporain cesse de penser sa propre mortalité, et ayant cessé de se savoir mortel, il ne peut concevoir la nécessité de se prolonger par l'exercice de la volonté vitale.

Où cela nous conduit-il ?

Projetons-nous dans l'avenir. D'après les spécialistes, à l'horizon 2050 au plus tard, l'utérus artificiel sera probablement disponible. La démographie, jusqu'ici très contrainte, peu susceptible d'être pilotée de manière artificielle, va devenir un élément parmi d'autres, au sein de l'ensemble des paramètres soumis à l'action volontariste du pouvoir. On peut imaginer qu'un totalitarisme futur se fabrique une « base biologique » sur mesure. Les perspectives ouvertes par cette évolution sont évidemment bien plus dangereuses que n'importe quel racialisme de domination « classique ».

Or, depuis un demi-siècle, nous assistons à la négation de la famille, et même d'une manière générale à la négation de la filiation biologique comme facteur structurant principal du fait social. L''appartenance au cycle consommation / production est supposée primer le rôle biologique chez les femmes. Alors demain ? Une fois l'utérus artificiel disponible ?

Ce n'est pas tout. Les biologistes sauront un jour, c'est certain, tester les potentialités mutationnelles du génome humain. On peut imaginer des isolats périphériques artificiels, construits par des cultures de cellules reproductives en laboratoire. Imaginez ce qu'un régime totalitaire fera de ces techniques, une fois le principe de filiation brisé. Depuis un demi-siècle, on a, à travers la banalisation de l'avortement, cassé la conscience que l'humanité avait de sa filiation. Ce faisant, on a ouvert la porte à n'importe quel vertige constructiviste.

Nous allons peut-être vers une catastrophe absolue, et c'est en fonction de cette catastrophe latente qu'il faut désormais penser la question du racialisme. La « solution finale de la question juive » n'était peut-être qu'un laboratoire. Les Juifs ont servi jadis de cobayes à Dieu, ils pouvaient donc aussi servir de cobayes au Diable. Ce qui nous attend, c'est la solution finale de la question humaine.

Voilà comment il faut comprendre la propagation de la culture de mort dans la race blanche, avant-garde technicienne de l'humanité. La destruction des peuples d'Europe est, sous un certain angle, la continuation, par des moyens nouveaux et selon une optique nouvelle, de la destruction des Juifs d'Europe. Le fait est que la puissance des instruments de conditionnement social rend possible le déroulement de ce crime sans violence apparente. Mais ne nous y trompons pas : fondamentalement, ce sont les mêmes forces profondes qui agissent, en fonction des mêmes dynamiques.

Le néoracialisme technoscientifique de l'hyperclasse mondialisée en voie de constitution : voilà l'ennemi.

11. POUR UNE RÉHABILITATION DU PRINCIPE IDENTITAIRE

À l'aune de ce danger-là, celui représenté par le racialisme conservateur et plutôt modéré des diverses tendances identitaires européennes est négligeable, pour ne pas dire inexistant. Je ne nie pas qu'il puisse exister, au sein de ces tendances, des franges extrémistes, composées pour l'essentiel de petits Blancs frustrés, souvent inaptes à gérer le changement, et qui, sentant que l'avenir appartient aux individus plus performants qu'eux sur le plan social, se consolent en réclamant une supériorité essentialisée par la race – un profil qui inspire désormais plus de compassion que de crainte. Je ne nie pas non plus que ces franges extrémistes puissent, ponctuellement, dériver vers des attitudes de violence potentiellement négatrices du principe d'humanité tel qu'il s'incarne dans des groupes ethniques rivaux. Mais je maintiens que ces franges extrémistes ne peuvent représenter qu'un danger extrêmement faible, car elles n'ont, à l'échelle de l'Histoire qui vient, ni moyen, ni projet.

Pas de moyen, pour commencer : la dynamique spontanée de nos sociétés, telle qu'elle est construite mécaniquement par l'infrastructure économique du capitalisme mondialisé, favorise le jeu des antiracialistes extrémistes, qui veulent nier les identités enracinées. Au temps des migrations tous azimuts, ces antiracialistes ont toutes les cartes en main. Par opposition, les racialistes sont totalement sans prise sur une évolution spontanée, impulsée par l'infrastructure économique, et qui leur est systématiquement défavorable.

Pas de projet, ensuite. Quel que soit le cadre de leur réflexion, les racialistes identitaires, dès qu'ils dérivent vers l'extrémisme révolutionnaire, implosent idéologiquement. Un projet identitaire qui se voudrait également prométhéen n'aurait aucun sens. Comme il a été dit au chapitre 8, la dérive génétique est un phénomène extrêmement lent. Le génome « glisse » par micromutations d'environ un deux cents millionièmes par génération. À ce rythme, pour opérer une évolution significative d'un isolat périphérique racial par le simple jeu d'une sélection naturelle différenciée, il faudrait des milliers de générations. Il est évident que le maintien d'un isolat périphérique racial sur des durées aussi longues n'a pas de sens à l'échelle du temps historique, donc la dérive du racialisme identitaire vers la conception prométhéenne est un non-sens. Il n'existe aucun risque sérieux de fractionnement biologique du substrat humain par une démarche racialiste classique.

On objectera qu'un projet identitaire peut servir de cadre à une démarche racialiste révolutionnaire s'appuyant sur les possibilités ouvertes par les biotechnologies. Cette objection n'est pas valable : par définition, une démarche néoracialiste de ce type sortirait du cadre conceptuel identitaire. Le racialisme conservateur des mouvances identitaires vise par nature à inscrire l'homme dans une lignée. Or, le néoracialisme révolutionnaire prométhéen qui menace avec le vertige biotechnologique consiste précisément à nier la volonté vitale pour rendre possible une approche constructiviste sur la base biologique humaine. En conséquence, de par sa nature même, la démarche identitaire est un garde-fou contre le vertige biotechnologique.

Il faut se rendre à l'évidence : le racialisme conservateur modéré doit être réhabilité. C'est un contre-feu indispensable contre le danger néoracialiste biotechnologique.

*

Il n'est bien sûr pas question de justifier un racialisme de séparation obsessionnel et pathologique. Nul ne niera que le métissage soit possible, personne n'envisagera de l'interdire. Il s'agit en revanche de refuser non le métissage, mais l'idéologie du métissage – c'est-à-dire l'idée que par définition, le métissage est une bonne chose. Il s'agit de réhabiliter le racialisme de séparation modéré, comme un antidote à l'antiracialisme extrémiste, lui-même comparse du néoracialisme technologique.

Nous avons besoin, pour nous préserver du retour de la logique racialiste au XXI° siècle sous une forme nouvelle, d'hommes et de femmes qui soient, à nouveau, inscrits dans une lignée. Voilà de quoi il est question.

L'Evangile dit : « Honore ton père et ta mère, et tu chériras ton prochain comme toi-même. » Que signifie ce verset ? Tout simplement que c'est en inscrivant dans une lignée qu'un homme se rattache à l'humanité. Coupons cette filiation biologique fondatrice, supprimons la volonté vitale par laquelle le néocortex humain se pense comme une expression momentanée de l'espace d'indétermination universel, et nous fabriquerons à nouveau le monstre, tel qu'il a surgi au XX° siècle – mais cette fois-ci, il surgira avec des moyens autrement plus redoutables. Refusons-nous au contraire à couper cette filiation biologique fondatrice, et nous nous serons préservés du monstrueux, nous nous serons donné les moyens de dire non.

Dans « Mémoire et identité », un texte paru au tout début du XXI° siècle, le défunt Pape Jean-Paul II soulignait que le mal est toujours issu de l'absence d'un bien qui devrait être présent dans un être, et qui n'y est pas présent. S'exprimant bien évidemment dans le cadre conceptuel chrétien, le défunt Pape précisait que ce bien, ce bien qui avait été absent au XX° siècle, et dont l'absence avait rendu possible le déploiement des idéologies totalitaires, que ce bien si précieux et si défaillant, donc, était la connaissance de la miséricorde de Dieu – c'est-à-dire, pour traduire les choses en termes plus neutres sur le plan religieux, la connaissance de la possibilité d'un retour de l'espace d'indétermination néocortical individuel vers l'espace d'indétermination universel, la possibilité d'une réconciliation finale.

Le prix à payer pour connaître cette miséricorde divine, soulignait encore le défunt Pape, c'est l'amour de Dieu jusqu'au mépris de soi – c'est-à-dire, toujours pour traduire les choses en termes neutres sur le plan religieux, la reconnaissance de son propre espace d'indétermination néocortical en tant qu'il est une simple expression momentanée de l'espace d'indétermination universel. Or, cet amour de Dieu jusqu'au mépris de soi, soulignait Jean-Paul II, passe par l'inscription de l'homme dans une mémoire, construite par une identité structurante. Voilà pourquoi il faut réhabiliter un racialisme de séparation modéré : parce que sans racialisme, il n'y a plus de filiation, et parce que sans filiation, il n'y a plus de mémoire.

Cette réhabilitation suppose une remise à plat très sérieuse du cadre idéologique dominant en Occident. Le « Je pense, donc je suis » de Descartes : voilà ce que la réhabilitation de la pensée identitaire doit nous faire remettre en cause. C'est l'individualisme bourgeois issu des Lumières que nous devons déconstruire désormais, pour nous en libérer, et nous évader ainsi d'un utilitarisme qui, en nous enfermant sur nous-mêmes, nous interdit notre véritable destinée d'homme – c'est-à-dire, pour reprendre cette fois la formulation chrétienne, l'Amour.

Il s'agit désormais, pour rendre à notre race sa volonté biologique, d'accomplir une révolution conceptuelle à l'échelle d'un changement de millénaire. L'homme individuel n'existe pas, c'est une abstraction, une illusion. Place à nouveau à l'homme inscrit dans une lignée, dans une race – au sens médiéval du terme. Il s'agit de reconnaître la nature humaine comme « donné réel » issu de l'espace d'indétermination universel, en amont de tout produit de l'espace d'indétermination autonome néocortical. Au-delà même de Descartes, c'est l'ensemble de l'hégémonie nominaliste sur nos modes de pensée qui doit être défaite.

Dans « Mémoire et identité », Jean-Paul II soulignait encore que cette reconstruction de l'homme social, de l'homme conscient de s'inscrire dans une totalité vers laquelle il doit revenir en confiance, que cette construction de l'humanité dans l'homme, pour tout dire, ne peut se faire que par l'inscription des hommes dans leur patrie. Le lien entre les corps et la terre, dans la matière, fait écho à un autre lien, entre l'espace d'indétermination autonome construit par le néocortex et l'espace d'indétermination autonome universel – un lien construit avec la beauté dans la « Paiedeia ». En lisant « Mémoire et identité », je repensai à Maurice Barrès, « La colline inspirée », et à ce lien charnel, ce particularisme assumé, qui est le fondement nécessaire de toute pensée à la fois universelle et incarnée.

*

Un long travail de réhabilitation de la pensée identitaire : voilà ce qui nous attend.

Il faudra rejeter dans les marges les imbéciles racistes haineux qui nuisent tant à l'expression apaisée et apaisante d'un souci identitaire raisonnable, base d'une volonté vitale saine et sans agressivité. C'est la condition sine qua non pour que les gens raisonnables, porteurs d'une pensée argumentée et pondérée, puissent s'exprimer dans de bonnes conditions et faire passer leur message, progressivement.

Ce sera très difficile. Les néoracialistes extrémistes ne manipulent pas seulement les antiracialistes révolutionnaires d'origine extra-européenne : ils utilisent aussi les racialistes identitaires européens naïfs, et il y en a beaucoup hélas. Qu'on observe attentivement les stratégies mises en place, à travers le modèle communautariste, et l'on comprendra quel jeu exact jouent les néoracialistes révolutionnaires. Ne perdons pas de vue les vrais enjeux : en redonnant un principe de filiation à l'homme du XXI° siècle, à l'homme adapté à l'ère technologique, il s'agit de faire en sorte que cet homme-là, le Technicien comme figure au temps de la technique régnante, soit préservé du vertige biotechnologique prométhéen. Quoi de plus efficace, du point de vue de ceux qui veulent précisément rendre ce vertige possible, que d'enfermer le principe de filiation dans un ethnicisme haineux, dans une impasse communautariste où des groupes médiocres quantitativement et qualitativement pourront toujours être dressés les uns contre les autres, ferments de division vivant de la division ? Un principe identitaire enfermé dans semblable régression ne peut pas constituer le facteur d'unité salvateur. L'identité fermée, haineuse, agressive, est la pire ennemie d'un authentique principe de filiation, ouvert, dynamique.

Or, cette identité fermée sera, dans les décennies qui viennent, la vision de l'identité qui sera la plus facilement partagée par le grand public. Pour toutes les raisons évoquées aux chapitres 7 et 8, le système social que la société multiraciale promeut spontanément à travers l'écroulement de la « Paiedeia » peut être défini comme une société de la méfiance. Le professeur Robert Putnam, de l'université de Harvard, a publié en 2000 « Bowling Alone », un ouvrage exposant comment, aux USA, le sentiment d'appartenance collective a progressivement implosé depuis la fin de la ségrégation. Selon ce chercheur, depuis que la société américaine est devenue effectivement multiraciale, c'est-à-dire depuis la fin des années 50 (auparavant, c'était une société d'apartheid), la confiance entre les individus s'est affaiblie, car dans les ensembles incluant la plus grande diversité interne, les individus se font moins confiance que dans les ensembles incluant une diversité faible.

Putnam a montré, et c'est surtout en cela qu'il est intéressant, que cette méfiance généralisée ne concerne pas seulement les relations interraciales : même entre individus appartenant au même groupe racial, du fait de l'effondrement général du lien social, la méfiance est plus forte quand ces individus doivent évoluer dans une société multiraciale. La diversité raciale engendre la montée des crispations à tous les niveaux, par contrecoup de l'effondrement de la « Paedeia ». Il en résulte que des réflexes de communautarisation se mettent en place non seulement pour éviter d'avoir à fréquenter les membres des autres groupes raciaux, mais aussi et surtout pour préserver l'harmonie au sein du groupe racial, en interne.

Dans cette société de la méfiance, deux attitudes extrémistes vont s'opposer, et par la force des choses se cautionner mutuellement. Il y aura d'un côté ceux qui, constatant l'effondrement de l'utopie multiraciale, prôneront le retour à des identités fermées, hostiles les unes aux autres – de la société de la méfiance à la non-société du ghetto, et de là, au pogrom de tous par tous. Il y aura d'un autre côté ceux qui, faisant le même constat, en déduiront qu'il ne reste plus qu'à imposer un métissage obligatoire, universel, pour fusionner toutes les races dans une race unique, la « race métisse » – et de là, on évoluera vers la négation du sentiment de filiation, et donc vers le vertige biotechnologique, tôt ou tard.

Comment désamorcer ce piège ? Comment réhabiliter le racialisme de séparation ouvert, c'est-à-dire celui qui rend possible la « Paiedeia » tout en ouvrant la porte à un métissage progressif, naturel, s'effectuant au rythme lent mais régulier qui caractérise, depuis toujours, les brassages de population féconds ? Comment sortir de l'alternative mortifère entre d'une part l'antiracialisme révolutionnaire fanatique, et son idéologie du métissage, et d'autre part le racialisme ultraconservateur borné, et son idéologie de la race pure ?

La réponse, à mon avis, et ce sera la conclusion de cet opuscule, est simple : il faut réhabiliter l'antiracialisme modéré, pour qu'il serve de cadre à un racialisme modéré. Je prône l'union des modérés.

12. LA SITUATION PRÉSENTE

Récapitulons.
Nous avons vu, chapitres 2 à 5, que le lien entre racialisme et racisme n'est pas du tout direct. L'antiracialisme peut déboucher sur le racisme, le racialisme peut servir de point d'équilibre à une gestion harmonieuse de la coexistence entre les groupes raciaux. En pratique, les mécanismes générateurs de la violence raciste trouvent beaucoup plus leur origine dans la pensée extrémiste, racialiste ou antiracialiste, que dans la pensée modérée, racialiste ou antiracialiste.

Nous avons vu comment le racialisme extrémiste et l'antiracialisme extrémiste sont, l'un et l'autre, directement induits par la dynamique des sociétés capitalistes, et par la question que cette dynamique soulève quant à l'unicité du devenir humain. Nous déduisons de tout ceci une loi historique iconoclaste et pourtant avérée, à savoir qu'un certain niveau de racialisme doit être toléré pour empêcher que l'antiracialisme, devenu révolutionnaire, ne se retourne en racialisme révolutionnaire, potentiellement exterminateur. En d'autres termes, nous admettons que le racialisme modéré est une digue contre l'extrémisme raciste. Nous récusons donc, au regard des enseignements de l'Histoire, la doxa contemporaine selon laquelle le racialisme serait, par essence, criminogène. Nous affirmons au contraire que l'antiracialisme, surtout lorsqu'il se fait révolutionnaire, partage avec le racialisme extrémiste l'essentiel de la responsabilité, en matière de négation du principe d'humanité.

Nous avons vu ensuite, aux chapitres 6 à 8, que la question raciale, pour être pensée dans des termes corrects, doit être d'abord située dans le cadre plus général d'une anthropologie sans parti pris, sans prédétermination artificielle du fait humain – et cela, bien sûr, recoupe tout à fait la conclusion précédente : c'est justement parce qu'il sous-entend une prédétermination du fait humain que l'antiracialisme révolutionnaire, comme le racialisme révolutionnaire, empêche une perception apaisée de la question raciale. Nous avons vu, en particulier, comment l'antiracialisme extrémiste détruit la « Paiedeia », c'est-à-dire la capacité du fait social à construire et préserver le fait humain à travers l'éducation, au sens le plus élevé de ce terme. Nous en avons déduit qu'au contraire de l'antiracialisme contemporain, une conception sans parti pris de l'anthropogenèse doit comprendre l'homme comme une créature complexe, dont certains éléments sont par nature étroitement corrélés à la question raciale, et d'autres tout à fait indépendants de cette question.

Nous avons vu que l'homme inclut une dimension qui n'est qu'humaine, par son néocortex, espace d'indétermination autonome, et une dimension totalement animale, par son cerveau reptilien et son système limbique, espace de prédétermination biologique – et nous avons compris pourquoi cette deuxième dimension, même si elle n'est objectivement que très à la marge modelée par la question raciale, l'est en revanche de manière décisive sur le plan subjectif.

À partir du chapitre 9, nous avons commencé à deviner que l'articulation entre racialisme extrémiste et antiracialisme extrémiste recoupe l'instrumentalisation mutuelle de deux stratégies raciales : d'une part celle des groupes situés en bas de l'échelle sous l'angle de la capacité de participer au devenir humain à l'ère technologique, groupes qui ont intérêt à égaliser la masse pour se hisser au niveau des groupes intermédiaires, d'autre part celle des groupes situés tout en haut de l'échelle, qui ont également intérêt à cette égalisation de la masse, mais cette fois pour creuser l'écart entre la masse et l'élite. Nous avons également dessiné à très gros traits, aux chapitres 9 et 10, l'architecture mentale qui sous-tend ces mécanismes, et nous avons compris qu'elle renvoie fondamentalement à l'échec du projet nietzschéen, le Dernier Homme supérieur se donnant potentiellement les instruments technologiques par lesquels il échappera à la nécessité du Surhomme – tous ces termes au sens nietzschéens.

Nous en avons conclu, au chapitre 11, qu'il devient nécessaire de réhabiliter un certain niveau de racialisme conservateur et modéré de séparation, qui seul permettra de préserver le sentiment de filiation, et de là la volonté vitale de l'homme biologique, et opèrera donc comme un contre-feu face à la menace représentée par le vertige technologique. Et nous avons vu également que cette réhabilitation ne sera pas chose facile, car le racialisme conservateur peut, lui aussi, être instrumentalisé par les racialistes néorévolutionnaires, à leurs propres fins.

Il nous reste donc une question à régler : comment interdire cette instrumentalisation ? Comment empêcher les néoracialistes révolutionnaires de confisquer le devenir humain, en instrumentalisant à la fois les antiracialistes extrémistes et les racialistes conservateurs ?

*

La réaction spontanée des gens raisonnables, lorsque l'on évoque les perspectives prométhéennes ouvertes par le vertige biotechnologique, est de réclamer la fermeture de ces perspectives. Cette réaction spontanée est parfaitement compréhensible, mais le problème, comme on s'en rendra compte très vite dans le courant du siècle à venir, c'est qu'il n'est pas possible de « désinventer » les choses. Il y a des portes qu'on ne peut plus refermer, une fois qu'on les a ouvertes.

Une bonne partie de la planète ignore superbement les tabous judéo-chrétiens – et c'est le cas, en particulier, dans le monde jaune, potentiellement dominant au XXI° siècle. Dans ce monde-là, imprégné par l'idéocratie confucéenne et taoïste, l'idée occidentale de la personne incarnée comme finalité de l'Histoire n'a aucun sens. Il en découle que dans ce monde-là, le vertige biotechnologique risque fort de se déployer à peu près librement. Le mode de pensée asiatique est très abstrait, bien caractéristique de peuples présentant, sur le plan physiologique, une grande capacité à déconnecter l'espace d'indétermination néocortical et sa base corporelle. Selon ce mode de pensée, rien n'interdira que le principe d'humanité soit progressivement déconnecté de son substrat biologique naturel. Les mécanismes qui ont fait imploser la volonté vitale dans le monde blanc vont également la faire imploser dans le monde jaune, mais alors que dans le monde blanc, l'aboutissement de l'implosion est pour l'instant le basculement dans un hédonisme individualiste absurde, dans le monde jaune, cela pourrait très bien être l'émergence d'une volonté vitale d'un type nouveau – une volonté vitale biotechnologique.

Ce tournant potentiel de l'humanité jaune devrait mécaniquement obliger l'humanité blanche à adopter les mêmes projets, sauf si celle-ci accepte de se faire distancer de manière irrémédiable. Les possibilités d'amélioration de la base biologique humaine par l'ingénierie génétique semblent très importantes. Ce qui fonctionne d'ores et déjà pour les espèces animales n'a aucune raison de ne pas fonctionner pour les êtres humains. Si l'humanité jaune décide de procéder à l'ingénierie génétique de son substrat biologique, l'humanité blanche devra suivre. À mon humble avis, c'est de très loin le scénario le plus probable pour les siècles à venir, même s'il est possible que des crises, des effondrements et des régressions technologiques interrompent momentanément le processus.

Dans ce contexte, le racialisme conservateur des mouvances identitaires prendra tout son sens s'il est inséré dans un antiracialisme conservateur. Les antiracialistes conservateurs doivent impérativement trouver le courage de poser enfin les vrais problèmes. Ils doivent dire que la mutation de l'espèce humaine à l'ère biotechnologique est pratiquement inéluctable, que le principe d'humanité pourrait même, un jour, s'émanciper de tout substrat biologique. Ils doivent donc ériger cet horizon en point de référence obligé de leur antiracialisme, pour formuler l'exigence décisive : la nécessité que cette mutation soit conduite non par une race, mais par la race humaine, dans son ensemble.

Cette exigence est incontournable : quiconque prétendra s'en émanciper fera de son propre espace d'indétermination sa fin propre, et quiconque raisonnera ainsi se coupera, en dernière analyse, de la force cosmique créatrice de la volonté vitale. Ou bien nous irons tous ensemble vers cet avenir mutant, ou bien personne n'ira – parce que nous sommes « un », nous sommes unis par une égalité ontologique fondamentale, indépassable parce qu'elle s'enracine dans notre indétermination, dans notre infinité. Ceux qui le nieront, se nieront eux-mêmes. Voilà ce qu'il faut dire, à présent.

L'antiracialisme conservateur doit fournir au racialisme conservateur un cadre au sein duquel une prise de conscience des vrais enjeux deviendra possible. Cette prise de conscience est indispensable – et quand elle aura eu lieu, le racialisme conservateur mutera, en même temps que l'antiracialisme conservateur. Le moment approche où, devant l'énormité des questions, il ne sera plus possible de se cacher derrière les fausses évidences.

C'est cette rencontre des modérés qu'il faut maintenant organiser. Cette convergence de ceux qui veulent défendre leur race, et qui ont raison de le faire, avec ceux qui veulent défendre la race humaine, et qui ont raison aussi de leur point de vue, cette convergence prendra du temps. Elle sera progressive. Elle supposera que bien des idées reçues soient dépassées, et que d'innombrables faux débats soient écartés.

Mais c'est la seule voie possible pour que reste irrésolue la question qui nous fait vivre : la question humaine.

13. BIBLIOGRAPHIE

A. de Gobineau, « Essai sur l'inégalité »

C. Lévy-Strauss, « Race et histoire »

G. Dumézil, « Mythe et épopée, L'idéologie des trois fonctions dans les épopées des peuples indo-européens »

H. Chamberlain, « La genèse du XIX° siècle »

J-J. Rousseau, « Essai sur l'origine de l'inégalité »

A. Comte, « Le catéchisme positiviste »

J. P. Rushton, « Race, evolution and behavior »

J. Diamond, « De l'inégalité parmi les sociétés »

A. Jacquard, « Inventer l'homme »

Gerald Edelman, « Biologie de la conscience »

Luca Cavalli-Sforza, « Qui sommes-nous ? »

A. Schopenhauer, « Métaphysique de la mort »

E. Todd, « Le destin des immigrés »

F. Nietzsche, « Ainsi parlait Zarathoustra »

N. Spinrad, « Rêve de fer »

Pape Jean-Paul II, « Mémoire et identité »

Robert Putnam, « Bowling Alone »

CRISE OU COUP D'ÉTAT

En relisant, en 2013...

« Crise ou coup d'État » fut rédigé de septembre 2008 à novembre 2008. Publié initialement en feuilleton sur le site scriptoblog.com, il le fut ensuite au format livre, en 2009.

L'origine de ce travail était la suivante. En juillet 2008, j'avais rédigé un article, sur le site scriptoblog.com, intitulé « Quand l'imprévisible est certain » (voir ci-après). Cet article valait avis de tempête : pour quiconque prenait le temps de s'informer sérieusement, il devenait évident, au début de l'été 2008, que le système de la dette allait connaître à court terme un accident grave, peut-être fatal, et que cet accident aurait de lourdes implications sociales, politiques et même géopolitiques. On ne savait alors ni que l'accident surviendrait en septembre 2008, ni qu'il se produirait à l'occasion de la faillite de Lehman Brothers. Mais on savait qu'il était proche.

Cette contribution fut reprise sur de nombreux sites. Elle me valut un courrier exceptionnel par sa qualité. Je décidai donc de me lancer dans une série d'articles, pour approfondir les pistes que je venais d'esquisser.

De toute manière, j'éprouvais, en 2008, le plus grand besoin de clarifier mes idées sur le cadencement prévisionnel des évènements économiques, car il devenait clair qu'au moins dans les premières phases de la catastrophe, ce serait décidément l'économie qui donnerait le tempo aux autres champs dans lesquels le chaos se répandrait. Les éléments esquissés dans « Céfran » et « De la souveraineté » me paraissaient, sous cet angle, bien légers – et d'une légèreté presque coupable.

« Crise ou coup d'État ? » est, me semble-t-il, une réussite. Les constats effectués en 2008 sur l'origine de la crise systémique financière sont hélas encore aujourd'hui parfaitement d'actualité. C'est d'ailleurs au fond la seule surprise, pour qui parcourt aujourd'hui ce texte vieux de cinq ans : que le système soit parvenu à durer jusqu'en 2013, alors qu'on a constaté sa mort clinique en 2007. La nouveauté, la seule, est que les banques centrales en sont maintenant à maintenir la capitalisation des places boursières en achetant directement des titres, en manipulant ouvertement le marché – alors que jusqu'en 2008, elles y parvenaient simplement en gonflant la sphère financière par l'usage indirect de l'outil monétaire, via les politiques de taux.

MICHEL DRAC

L'ARTICLE À L'ORIGINE DE « CRISE OU COUP D'ÉTAT ? » : QUAND L'IMPRÉVISIBLE EST CERTAIN

JUILLET 2008 : LE DOLLAR BRÛLE, LE MONDE VA BIENTÔT L'IMITER.

L e paradoxe de la situation économique mondiale actuelle, c'est que le déclenchement d'une crise de très grande ampleur, probablement comparable à celle de 1929, est à la fois totalement certain, et totalement imprévisible. Donc, ce petit article sans prétention pour essayer d'expliquer aux lecteurs peu au fait des théories économiques pourquoi, si vous voulez bien me passer l'expression, *ça va chier*.

Et aussi pourquoi, s'il est certain que *ça va chier*, il en revanche très difficile de dire exactement *quand* et *comment*...

TOTALE CERTITUDE

Un krach boursier est, sur le plan mathématique, une catastrophe, c'est-à-dire *une rupture d'équilibre dans un environnement dynamique*. Un système donné est parvenu au point où ses contradictions internes ne peuvent plus être surmontées dans le cadre du système, aussi le système explose-t-il, pour se recomposer au prix du « solde » brutal d'un certain nombre de contradictions – et, parfois, de *contradicteurs*.

En général, un krach se déroule en cinq temps.

Premier temps : une spirale haussière est enclenchée. La raison *apparente* est toujours que de petits malins, quelque part, ont trouvé une recette miracle pour se faire de l'argent. Exemple : prétendre que la « nouvelle économie » engendrerait mécaniquement un taux de rendement de 15%, aspirer des investissements disproportionnés et vivre dessus joyeusement (cas de la bulle Internet). Exemple : prétendre qu'on peut prêter aux pauvres en gageant leurs crédits sur la hausse supposée indéfinie des prix de l'immobilier, leur facturer des taux surdimensionnés et noyer le risque dans des produits de placement de plus en plus complexes (cas de la bulle des subprimes).

Cependant, cette raison apparente *n'est pas* la raison réelle. La raison réelle tient à ce que l'on appelle *la dérive inégalitaire du capitalisme*.

Pendant la première phase du cycle de krach, le marché est nourri par un phénomène de concentration morbide des richesses. Pour qu'une spirale haussière soit enclenchée, en effet, il faut qu'il existe des capitaux *en surcroît*, qui ne trouvent pas à s'investir dans l'économie réelle, dans la croissance effective de l'outil productif. C'est pourquoi la phase de spirale haussière est souvent couplée à une période de dérive inégalitaire.

Cette dérive inégalitaire est spontanée, elle résulte de la nature même de l'économie capitaliste. Sans entrer dans les détails, le mécanisme est le suivant :

quand un smicard gagne 5% de plus, le smicard dépense 5% de plus. Quand un riche gagne 5% de plus, le riche économise 5% de plus (il n'a rien à acheter qu'il n'ait déjà). Donc peu à peu, le riche s'enrichit alors que le smicard reste toujours aussi pauvre. Donc peu à peu, le capital s'accumule à un bout du spectre social et l'inégalité se creuse, mécaniquement.

Or, comme le capital est de plus en plus accumulé, il lui faut, pour maintenir son taux de rendement, ponctionner de plus en plus les salaires. Ainsi, on a eu, entre 1980 et 2008, une très belle phase de dérive spontanée du capitalisme, avec une part des profits dans le PIB qui est passée en Occident de 20% à 33% environ (la part des revenus du travail et sociaux, entretemps, est donc passée de 80% à 67%).

Pendant cette première phase d'un cycle de krach, le discours des autorités oscille bien entendu entre l'euphorie (« nous vivons une période de croissance sans précédent ») et le rappel au bon sens (ainsi Greenspan mettant en garde, en son temps, contre « l'exubérance irrationnelle des marchés »). Pour le reste, c'est une période de laisser-faire : les autorités capitalistes, n'ayant pas à faire face à des crises ouvertes, se contentent d'observer la dérive sans intervenir, ou si peu. C'est ce que nous avons observé régulièrement ces dernières décennies, pendant les périodes de spirale haussière (1995-1999, 2003-2007).

Cependant, pendant que les marchés festoient, le mécanisme générateur du krach est déjà en train de se mettre en branle…

Comme la concentration des richesses entraîne une rétraction mécanique du marché, puisque les riches épargnent de plus en plus alors que les pauvres se serrent la ceinture de plus en plus, il faut, pour continuer à générer de la croissance, prêter aux pauvres pour qu'ils continuent à consommer. C'est ce que nous avons vu aux États-Unis depuis 30 ans, avec une progression régulière de la dette privée, jusqu'au chiffre de 170% environ du PIB officiel.

Chiffre d'autant plus inquiétant que, suivant les estimations, 75% environ du PIB américain est constitué par le secteur tertiaire pur, dont une forte proportion renvoie à des activités artificielles. Par conséquent, si l'on ramène la dette privée américaine à la production effective de biens primaires et secondaires, *les Américains sont endettés à hauteur d'environ 6 années de leur production agricole et industrielle.*

Un tel niveau d'endettement implique qu'en pratique, le système n'a plus aucune signification. Ce n'est plus qu'un empilement de conventions adossées les unes aux autres, qui peut s'effondrer à tout moment comme un château de cartes.

Depuis des décennies, l'Amérique fabrique donc une fausse croissance, qui engendre une augmentation régulière des indices boursiers tout simplement parce que l'argent s'accumule dans les portefeuilles d'investissement, mais qui ne renvoie plus au développement économique réel en termes de production. La machine tourne en générant une dette qui croît mécaniquement, jusqu'à atteindre, si on ajoute dette privée, dette publique et dette financière (les dettes des institutions financières entre elles) le total hallucinant de 340% du PIB (12 ans de production !).

En Europe, on a assisté au même mécanisme, quoiqu'à un degré moindre. La Grande-Bretagne et la Hollande, caractérisées par des taux d'endettement privé important, ressemblent aux USA sous cet angle. L'Allemagne aussi a un taux d'endettement privé élevé, mais moindre tout de même que la Grande-Bretagne et surtout resté relativement plus stable qu'en Angleterre. La France et l'Italie ont un taux d'endettement privé plus bas, mais ce faible endettement privé s'accompagne d'un très fort endettement public (65% du PIB en France si l'on se limite à la dette comptable stricto sensu, probablement plus de 150% si l'on comptabilise les retraites des fonctionnaires comme une dette).

Il n'est pas absurde de voir dans la quasi-faillite de l'État français le prix à payer pour limiter l'endettement privé, les allocations sociales n'étant en somme qu'une manière de continuer à faire consommer les pauvres autrement qu'en leur prêtant à taux élevé – ce qui reporte le problème de la dette sur la collectivité. De ce constat, on peut déduire qu'une certaine gauche utopiste a bien tort de nier la réalité du problème de l'endettement public, mais aussi qu'une certaine droite libérale ferait mieux de *la boucler*, puisqu'en réalité, ce problème n'est que la traduction dans l'espace français d'un déséquilibre général créé au niveau mondial par le néolibéralisme.

Enfin, signalons que l'Espagne, entrée plus tard dans le capitalisme international et caractérisée par un boom immobilier irrationnel, constitue un cas particulier : l'endettement privé y est parti de très bas, pour grimper à toute vitesse ces dernières années. Les Espagnols auront réussi l'exploit improbable de devenir de véritables champions de l'irrationnel libéral en une seule génération post-Franco.

Deuxième temps : la spirale haussière finit par exploser, ce qui déclenche une spirale baissière. Exemple : certaines startups peinent à afficher la moindre rentabilité, du coup les investisseurs prennent conscience du risque, et les actions de ces startups commencent à dégringoler du sommet absurde où elles s'étaient hissées (explosion de la bulle Internet). Exemple : les prix de l'immobilier ont atteint le seuil où même avec des prêts bidon, la classe moyenne inférieure ne peut plus acheter. Du coup, les prix plafonnent. Les emprunteurs de *subprimes* obligés de déménager se retrouvent alors dans l'impossibilité de vendre leur maison pour rembourser leurs prêts, et les prêteurs commencent à vaciller. Des doutes surviennent sur leur solidité financière, et leurs actions chutent par à-coups brutaux et successifs.

L'explosion de la bulle des subprimes, à l'été 2007, a illustré ce processus de retournement de manière particulièrement nette. À partir de 2004, la réserve fédérale a progressivement remonté ses taux d'intérêt, qui étaient tombés historiquement bas après la crise des années 2001-2002. Ce choc a suffi pour faire exploser progressivement, de 2005 à 2007, tout un système d'endettement à taux variable et sans caution solide. À la mi-2007, le taux de non-remboursement sur les subprimes était monté à 15%. Résultat : en août 2007, plusieurs institutions financières spécialisées dans les subprimes se sont trouvées en situation de quasi-faillite, faute de pouvoir récupérer leurs créances.

Il en est résulté une crise de défiance envers toutes les créances titrisées, c'est-à-dire les créances « paquet » regroupant, sur un titre boursier donné, un ensemble d'actifs divers en proportion variable. Il est devenu soudain très important de savoir quels véhicules étaient porteurs de créances subprimes, et on s'est alors rendu compte qu'une grande partie du système financier était potentiellement exposé au risque subprimes. Pour donner une image : vous achetez une obligation, et cette obligation est émise par une institution qui va utiliser votre argent pour le prêter en subprime : si les prêts subprimes ne sont plus remboursés, cette institution ne pourra plus vous rémunérer correctement, et la valeur de votre obligation va donc en souffrir.

Depuis un an, progressivement, le système financier mondial implose. Cela se fait par une succession de convulsions, dont l'épicentre se trouve dans le secteur subprimes, mais les secousses secondaires sont ressenties pratiquement partout. Le 11 juillet 2008, tout récemment donc, la banque californienne Indymac, l'un des plus gros prêteurs hypothécaires américains, a été mise sous tutelle par les autorités fédérales. C'est la plus grosse faillite bancaire aux USA depuis 24 ans. Cette faillite est la conséquence directe du retrait en quelques jours de plus d'un milliard de dollars par des clients affolés, à la suite de rumeur sur la solvabilité du groupe. En langage clair : c'est la panique. En un an, l'action Indymac a perdu *99% de sa valeur.*

Or, et voilà le fait essentiel, *nous n'en sommes qu'au tout début du processus.*

Si la bulle des subprimes a constitué un cas d'école, elle n'est en réalité qu'un signe avant-coureur. Les subprimes représentaient, en tout, *moins de 4% de l'endettement des ménages américains.* Cela veut dire que si le système saute dans sa globalité, on assistera à une crise *vingt fois plus grosse* que celle des subprimes.

Or, le bateau USA tangue quand il encaisse une vague ordinaire d'un mètre de haut… mais quand il prendra par le travers une déferlante de vingt mètres, *il chavirera.*

Troisième temps : la contagion à l'économie réelle. Cette troisième phase du cycle de krach commence lorsque du fait de la baisse des actifs, certains acteurs économiques extérieurs au secteur bancaire se trouvent à leur tour en difficultés de trésorerie. C'est le cas par exemple quand vous, ami lecteur, espériez revendre vos actions Société Générale à un prix X pour financer la réfection de votre toiture, et découvrez soudain que vous ne vendrez ces actions qu'à un prix X/2, la SG ayant dû encaisser les pertes liées aux subprimes (entre autres choses) – d'où votre décision de ne rénover que la moitié de votre toiture…

Ce qui est vrai pour vous l'est aussi pour les PME, et même, avec quelques nuances, pour les grandes entreprises industrielles. La baisse des actifs engendre mécaniquement une contraction des disponibilités monétaires, et cette contraction est ressentie progressivement par l'économie réelle.

Le mécanisme est lent. Dans un premier temps, l'implosion des actifs boursiers a peu d'impact sur l'économie réelle, parce qu'en réalité, cette implosion ne détruit au départ que de la valeur fictive. Au fond, l'argent qui disparaît n'a jamais existé. Seulement, et c'est là que ça coince, dans un second temps, on s'aperçoit qu'une fois disparu l'argent imaginaire, *le système est bloqué par la concentration des richesses.*

En effet, la conséquence de l'implosion de la spirale haussière, *c'est qu'il n'est plus possible de financer une croissance artificielle par un endettement sans caution.* Qui va, aujourd'hui, placer des subprimes sur le marché américain ? Personne, évidemment. Résultat : le capitalisme est renvoyé à sa contradiction interne, les pauvres sont toujours aussi pauvres, et comme il n'y a plus personne pour leur prêter de l'argent, ils ne consomment plus. Résultat du résultat : crise de la demande.

C'est à ce moment-là, en général, qu'un gouvernement avisé prend des mesures drastiques pour empêcher la crise de gagner l'économie réelle. Ces mesures sont connues sous le terme générique de *keynésianisme.* En gros, il s'agit de faire tourner la planche à billets pour créer de la monnaie (ce qui impose de dévaluer), puis de distribuer cette monnaie aux consommateurs via des allocations ou, encore mieux, de lancer des grands chantiers publics ou parapublics, d'où activité, d'où salaires, d'où relance – et en plus, amélioration des infrastructures. Il en découle un effet de déconcentration de la richesse, donc une relance du système : à nouveau, les pauvres se sont un peu enrichis, donc ils peuvent consommer. Grâce à un *New Deal* (nouvelle distribution des cartes), les joueurs peuvent relancer la partie.

Il est très important pour la suite des évènements de noter que *ce n'est pas là ce que la FED, et à un degré moindre la BCE, ont fait pendant l'année écoulée.* La FED a certes baissé ses taux et « fabriqué » la bagatelle de 400 milliards de dollars pour éviter l'implosion complète du système financier américain, mais cette considérable manne monétaire n'a pas été injectée dans l'économie réelle, ce qu'il aurait fallu faire dans une optique keynésienne. *Cet argent a été utilisé pour renflouer les institutions financières mises à mal par la crise des subprimes*, ce qui revient à dire que pour masquer la disparition d'un argent imaginaire, on s'est contenté de fabriquer encore plus d'argent imaginaire.

En conséquence, non seulement la politique de la FED ne résout pas le problème, *mais elle va au contraire l'aggraver.* En offrant la manne monétaire à la sphère financière, la FED ne lutte pas contre la concentration morbide des richesses qui est la cause première de la crise, elle va au contraire *renforcer* cette concentration morbide. Ainsi, on risque de s'acheminer vers une phase de stagflation, c'est-à-dire un combiné entre inflation (du fait de l'émission monétaire incontrôlée destinée à couvrir les défaillances d'institutions financières) et la stagnation (du fait de l'absence de croissance, faute de relance possible par l'augmentation de la demande de biens et de produits).

Cet effet semble toléré par les autorités. Mieux : il semble qu'elles l'encouragent. Il n'est pas possible que la FED ne sache pas qu'elle offre aux spéculateurs les moyens de spéculer toujours davantage, et donc d'enclencher de nouvelles bulles spéculatives. Après l'immobilier, en phase d'implosion maintenant que la bulle des crédits immobiliers se dégonfle, c'est au tour des matières premières de subir l'afflux irrationnels de capitaux qui n'ont plus de contrepartie dans l'économie réelle. Il en découle une catastrophe latente dans les pays pauvres (émeutes de la faim) et une situation de grande tension pour les classes populaires des pays riches (évolution des modes de consommation des Français).

Force est de constater que lorsque la FED accorde 400 milliards de dollars en ligne de crédit aux grandes banques d'affaire pour écarter temporairement tout risque de cessation de paiement au niveau des grands acteurs de l'économie financiarisée, elle débloque des moyens qui, ne pouvant s'investir dans l'économie réelle, vont relancer la machine spéculative – et force est de constater que les autorités monétaires le savent très bien, et force est de constater, donc, que lorsque le FMI ne débloque que 400 *millions* de dollars pour aider les pays pauvres à nourrir leur population, le message est : nous vous accordons mille fois moins d'importance qu'à notre économie de casino, nous vous foutons de votre gueule, *vous pouvez crever*.

Force est donc de constater que la crise est *programmée*, qu'elle est manifestement *volontaire*, ou en tout cas *acceptée*, et qu'elle correspond à une stratégie *délibérée*. Et force est donc de constater qu'il n'y a aucune raison pour que les évènements n'aillent pas jusqu'à leur terme, c'est-à-dire jusqu'au cinquième temps du cycle de krach.

Quatrième temps : la contagion à l'économie réelle produit une révision à la baisse de l'activité, donc des profits des sociétés. Il en résulte un effet d'emballement que certains observateurs superficiels croient irrationnels, mais qui est au contraire tout à fait rationnel. L'apparent mimétisme des boursiers traduit en période de hausse un comportement irrationnel dans l'absolu (calcul cynique de très court terme), mais en période de krach, il ne fait que rendre compte d'un calcul économiquement très sain : les actifs ne sont plus rentables, donc on les vend. Il en résulte un cercle vicieux : la baisse des actifs entraîne une chute de l'activité qui induit en retour une nouvelle baisse des actifs, et ainsi de suite.

Où en sommes-nous de ce mécanisme ?

Nous nous trouvons pour l'instant à la fin du troisième temps en ce qui concerne la vague annonciatrice de la crise, c'est-à-dire l'explosion de la bulle des subprimes. *Nous sommes encore, en revanche, au début du deuxième temps en ce qui concerne la vague principale*, c'est-à-dire l'explosion du système de crédit dans son ensemble.

Pour l'instant, la crise des subprimes a fini de diffuser dans l'économie réelle, et elle entraîne un ralentissement significatif de la croissance aux USA. Par contrecoup, elle a considérablement dégradé le ratio de solvabilité de certains établissements européens fortement engagés sur les marchés américains – UBS, la Société Générale et même, ô surprise, le très prudent Crédit Agricole (les caisses régionales sont au bord de la révolte, il n'est pas impossible qu'un phénomène intéressant se déroule de ce côté, qui annoncerait le soulèvement des acteurs de l'économie réelle). La crise des subprimes a aussi plombé significativement les capacités de consommation des Américains, et il est certain maintenant que la croissance américaine va souffrir d'un ralentissement durable.

Cependant, tout cela n'est encore que broutilles, par rapport à :
- Ce qui risque fort d'arriver à brève échéance,

- Et qui, si la politique actuelle est poursuivie indéfiniment, finira forcément par survenir…

- À savoir la répétition de la crise des subprimes, *mais cette fois à l'échelle de l'ensemble du système financier.*

Un facteur exogène peut ici venir accélérer l'évolution du système d'ensemble : le prix du pétrole. Sous l'effet de la spéculation principalement, mais pas seulement, l'or noir ne cesse de grimper. Or, on sait qu'un pétrole à 200 $, c'est de la croissance en moins[63], et un pétrole à 500 $, c'est la récession assurée. Une brusque envolée du baril aurait pour conséquence de révéler brutalement la très grande fragilité de l'économie américaine, et à un degré moindre de certaines économies européennes :

- Des « bulles » latentes, dans l'économie occidentale, il y en a tellement qu'on ne les compte plus. Une grande partie des crédits au particulier, aux USA, sont rattachés à des catégories à peine moins malsaines que les subprimes. En cas de ralentissement brutal de l'économie américaine, une bulle trois ou quatre fois plus grosse que celle des subprimes peut éclater sans crier gare. On citera aussi, à titre de figure emblématique, le problème des crédits par carte bancaire, véritable pousse à consommer destiné aux ménages modestes. C'est une frénésie de crédit qui a fait tourner la machine ces cinq dernières années, aux USA et, à un degré moindre, en Europe…

- L'explosion du taux d'endettement, dans une période comme celle que nous vivons, ne concerne plus seulement les particuliers. Du fait de la masse incroyable de capitaux que la dérive inégalitaire du capitalisme a fait s'amasser sans contrepartie matérielle, l'économie spéculative a progressivement envahi l'économie réelle, surtout depuis la fin des années 90. Le véhicule le plus important de cet envahissement est le LBO, « Leveraged buyout », ou *financement d' acquisition par emprunt*, technique qui entraîne, au fur et à mesure des fusions-acquisitions, une augmentation exponentielle du taux d'endettement des entreprises concernées (en gros : on rachète des entreprises en se finançant par de la dette à court terme, on dépèce et on se paye sur la bête pour rembourser la dette et faire un bénéfice, en négligeant l'entretien de l'outil industriel et les problématiques métier). Il y a là une sacrée bulle, qui risque en explosant de faire plus de bruit que les subprimes. Combien d'entreprises, si elles n'atteignent pas leurs objectifs de court terme du fait d'une récession, vont planter des créanciers qui espéraient un rendement rapide, à défaut d'être sain ?

- La dette américaine *extérieure* avoisine 12.000 milliards de dollars. Une grande partie est détenue par la Chine, qui pour l'instant finance l'Amérique en lui réinjectant les excédents commerciaux qu'elle accumule avec autant de frénésie que l'Amérique, de son côté, cumule les déficits. Cette situation délirante impliquera à terme une crise en Chine, ce pays présentant la particularité absurde d'avoir une énorme capacité industrielle et un marché

---

[63] Note 2020 : on a pu constater aujourd'hui que de toute façon, le pétrole ne peut pas monter à ces niveaux. L'économie « craque » avant, de toute manière.

intérieur encore très limité (les usines chinoises ne fonctionneraient d'ores et déjà qu'à 50% de leur capacité).

Mais surtout, cette situation peut créer à terme une crise gravissime aux USA. Imaginons que demain les Chinois cessent de réinjecter leurs excédents commerciaux dans l'économie américaine, et qu'en rétorsion les Occidentaux retirent leurs investissements de Chine. Que répondre aux Chinois s'ils nous disent : « très bien, gardez les dollars, nous gardons les usines » ? – Cette boutade n'en est pas une : au-delà des jeux complexes de l'économie financiarisée, le phénomène de fond qui se déroule sous nos yeux est *le basculement latent du centre de gravité de l'économie productive à l'échelle mondiale*. Et la Chine des années 2000 n'est pas le Japon des années 90. En 1989, pour éviter de gros ennuis à une Amérique qui, rappelons-le, possède des bases militaires au Japon, le pays du soleil levant avait accepté une réévaluation de sa monnaie, et donc un réajustement progressif du déficit commercial américain et des créances japonaises sur les USA. Rien ne dit que la Chine sera aussi accommodante, vingt ans plus tard. Il n'y pas de bases américaines en Chine.

Cinquième temps : la Grande Dépression. La spirale baissière des actifs boursiers a donc contaminé l'économie réelle qui, en calant, a à son tour révélé la fragilité des entreprises surendettées. Ne dégageant plus assez de cash pour rembourser leurs créanciers eux-mêmes aux abois, les entreprises industrielles et commerciales font faillite.

Cette fois, ça y est : l'ensemble du système économique est par terre. Désormais, *c'est l'économie matérielle qui est désorganisée*. Des sous-traitants se retrouvent en chômage technique à cause de la faillite de leur client principal, des grandes entreprises sont désorganisées par les faillites en chaîne de leurs sous-traitants.

La baisse des actifs atteint un tel niveau que la capitalisation boursière (nombre d'actions émises par cours de l'action) de nombreuses entreprises pas encore en faillite devient inférieure à leur actif net comptable (biens inscrits à l'actif moins les dettes), et cela même en évaluant l'actif net dans une logique de liquidation. On arrive donc à une « sous-valeur » des entreprises, ce qui est absurde. Dès lors, la chute des cours ne peut plus se poursuivre, parce que de toute façon, la simple revente des actifs suffirait à dégager un profit, sans même faire fonctionner l'outil de production. À partir de ce moment-là, le krach boursier ne peut plus se poursuivre, parce qu'il a en quelque sorte ramené les valeurs boursières à un « plancher » infranchissable. Historiquement, au XX° siècle, un seul krach a atteint cette phase extrême : celui de 1929 – et encore : pas partout dans le monde, ni dans tous les secteurs.

Cependant, cette stabilisation des indices boursiers à un niveau très bas n'entraîne pas mécaniquement la relance de l'activité économique réelle. Certes, la « purge » a effacé une grande partie des dettes. Mais les pauvres restent toujours aussi pauvres, et la consommation ne repart pas vraiment. Historiquement, la sortie de crise fut obtenue, après la grande dépression des années 30, en partie par le New Deal (en partie seulement), et surtout... *par la guerre*.

La guerre résout le problème principal, celui qui est à la racine de la crise : la concentration des richesses. Par la guerre, il devient possible de faire fonctionner l'outil de production sans remettre en cause directement le caractère inégalitaire marqué dans la répartition des richesses. La guerre justifie que les fabricants d'armes encaissent de fabuleux bénéfices, *et les usines tournent même s'il n'y a plus que des pauvres incapables d'acheter leur production* : de toute façon, ce qu'on produit, ce sont des armes, des munitions, des objets détruits par la guerre, qui remplace la consommation comme appel à la production. Et puis, à la fin de la guerre, de deux choses l'une : ou l'on a perdu, et il ne reste plus qu'à servir le conquérant. Ou l'on a gagné, et alors il est possible de relancer la machine économique en finançant un nouveau boom de la consommation par le pillage des pays conquis – ou, variante, par la conquête de leur marché intérieur, offert à l'industrie du conquérant. *L'impérialisme est le seul moyen pour le capitalisme de surmonter sa contradiction interne fondamentale, une fois la voie keynésienne écartée.*

TOTALE IMPRÉVISIBILITÉ

Alors faisons le bilan.

Nous savons que fondamentalement, nous sommes à la veille d'une crise majeure, un nouveau 1929. Et nous savons que le seul moyen d'empêcher ce 1929, ce serait un néo-keynésianisme de grande ampleur, à l'échelle planétaire. Et nous constatons que pour ne pas remettre en cause le modèle de société inégalitaire qu'ils ont construit progressivement ces deux dernières décennies, les maîtres du monde refusent ce néo-keynésianisme. Nous en déduisons logiquement qu'ils acceptent donc le 1929 – c'est soit leur objectif, soit un à côté de leur politique qu'ils tolèrent.

Ce que nous ne savons pas, en revanche, c'est comment ils comptent organiser ce 1929. En gros et sous réserve des lapins blancs que ces messieurs ont peut-être caché dans leur chapeau, ils peuvent faire deux choses :

Hypothèse 1 : attaquer l'Iran, déclencher une guerre, et ainsi résoudre la contradiction interne du capitalisme,

Hypothèse 2 : ne pas attaquer l'Iran, donc gérer la faillite du système américain en continuant pendant un certain temps d'injecter des dollars à tout va.

Dans l'hypothèse 1, nous ne savons pas qui gagnera. Si les USA réussissent à mettre la main sur l'Iran et à mettre sous contrôle tout le Moyen Orient, il est possible qu'ils acquièrent un réel levier sur la Chine, l'obligeant à encaisser le poids de la crise qui vient, comme le Japon l'a fait dans les années 1990. S'ils perdent, ou s'ils se retrouvent avec un Iran qui bloque le détroit d'Ormuz, nous aurons un pétrole hors de prix, ce qui justifiera aux yeux des opinions le maintien d'un faible niveau de vie, et donc la structure inégalitaire de la société. Variante que nos amis les Grands de ce Monde soupèsent en ce moment avec prudence : la crise devient telle que la population disjoncte…

Dans l'hypothèse 2, nous ne savons pas au juste combien de temps les USA pourront continuer à fabriquer du dollar fictif avant que la super-bulle n'explose, sur le modèle d'une crise des subprimes à l'échelle de l'ensemble du système de crédit. Il faudrait disposer de modèles économétriques extraordinairement fins pour simuler l'évolution spontanée de l'économie financiarisée dans les 5 ans qui viennent.

Alors voilà, vous comprenez maintenant pourquoi :

- On a la certitude que nous allons vers une crise majeure (sauf improbable miracle, à savoir la conversion soudaine des élites mondialistes à un néo-keynésianisme planétaire et véritablement généreux),

- Et cependant, il est absolument exclu de se risquer à une prévision précise quant à la date et aux modalités de déclenchement exact de la crise à venir.

Situation intéressante, non ?

REMERCIEMENTS

Merci à mes premiers lecteurs,
Jean-Frédéric, Alain, François

Merci au « Zélote » pour son superbe travail de documentation

AVERTISSEMENT

Ce texte doit être lu comme une analyse en l'état des données rendues publiques au moment de sa rédaction. Il est possible que certaines données cruciales restent pour l'instant cachées, en particulier s'agissant des opérations hors bilan conduites par les banques centrales.

Graphe 1 – La plus grande correction de l'Histoire

34.000 milliards $ partis en fumée !

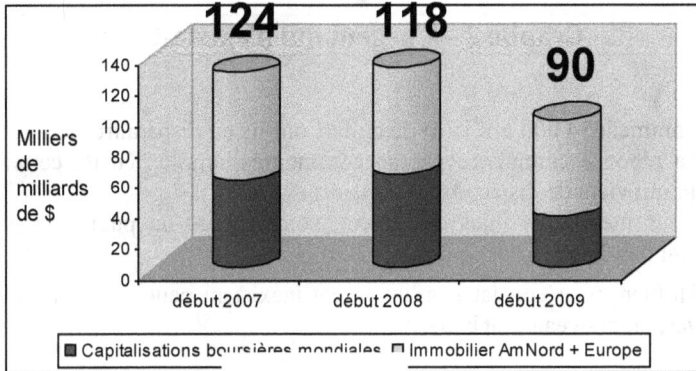

En deux ans, de janvier 2007 à janvier 2009, environ 34.000 milliards de dollars sont partis en fumée. L'implosion des marchés action compte dans ce total pour 28.000 milliards. Va très probablement lui succéder la baisse des marchés immobiliers. Début 2009, 6.000 milliards environ avaient été détruits à ce titre, et l'essentiel restait à venir. Certains experts estiment à 20.000 milliards la valorisation immobilière encore à perdre.

Pour finir et si l'on raisonne en dollars constants, d'ici à fin 2011, la Deuxième Grande Dépression aura probablement détruit *entre 50.000 et 60.000 milliards de dollars*. *25 ans* du produit intérieur brut français !

Comment une telle correction est-elle possible ? Pourquoi cet ajustement se déroule-t-il maintenant et de cette manière ? Quelles seront ses conséquences à moyen terme ?

Voilà les trois questions auxquelles nous allons tenter de répondre par ce petit essai.

PREMIÈRE QUESTION
COMMENT EST-CE POSSIBLE ?

Graphe 2 – L'argent qui n'existait pas

Comment 34.000 milliards de dollars ont-ils pu disparaître en deux ans ?

La réponse commence par un constat très simple : en un certain sens, l'argent qui vient de disparaître *n'a jamais existé*.

Vous me direz : mais cet argent, comment a-t-on pu le compter, s'il n'existait pas ?

Eh bien, pour constater qu'un argent inexistant peut *donner l'impression d'exister*, un nouveau graphique :

Masse monétaire vs PIB

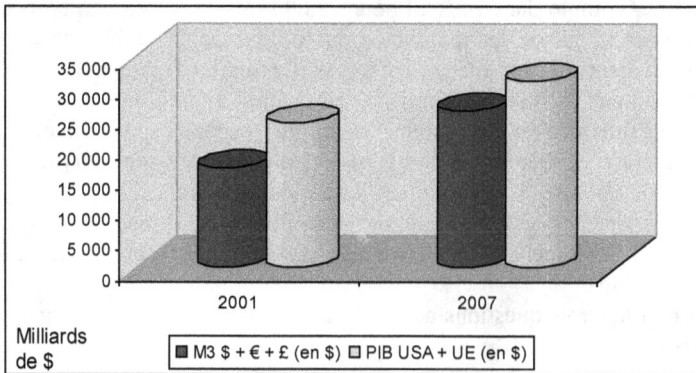

35 000
30 000
25 000
20 000
15 000
10 000
5 000
0

2001   2007

Milliards
de $ ■ M3 $ + € + £ (en $) □ PIB USA + UE (en $)

Ce graphique compare M3 et le PIB, pour l'ensemble USA-Union Européenne, en convertissant les euros et sterlings en dollars au taux de change moyen du premier trimestre 2009.

[Précisions techniques : M3 est l'agrégat qui représente le mieux la masse monétaire totale. Il inclut la monnaie fiduciaire (billets + pièces), les dépôts à vue et les instruments négociables tels que les titres de créance d'une durée inférieure ou égale à deux ans. Le PIB, produit intérieur brut, donne quant à lui la valeur totale de la production de biens et services dans un pays donné par les agents résidant à l'intérieur du territoire national.]

Or donc, en comparant la masse monétaire et le produit intérieur brut, que constatons-nous ?

Regardez bien ce graphique. Il n'y a rien qui vous frappe ?

Eh non, vous n'avez pas la berlue : entre 2001 et 2007, la masse monétaire *a progressé beaucoup plus vite que le PIB*. En six ans, M3 a crû de 60% (de 16.000 à 26.000 milliards de dollars environ), alors que le PIB n'augmentait que de 30% (de 24.000 à 31.000 milliards de dollars).

Résultat :

- en 2001, pour un dollar en circulation, on constatait environ 1,5 dollars de biens produits et de services fournis,

- en 2007, à périmètre comparable, on ne constatait plus que 1,2 dollars de biens produits et de services fournis.

Conclusion : nous avons, en six ans, vu apparaître dans nos comptes en banque un tas d'argent qui, par rapport aux normes initiales, avait de moins en moins de contrepartie *réelle*. Tout s'est passé comme si nous vivions, pendant ces six années, une immense illusion d'optique collective : l'argent qui circulait entre nos mains, ou qui dormait sur nos livrets d'épargne, représentait de moins en moins des choses *réelles*.

D'où est venu cet argent qui n'existait pas, et qui cependant se promenait sous nos yeux ?

Graphe 3 – L'argent qui vient de la dette

Pour répondre à cette question, il faut comprendre d'où vient l'argent que nous manipulons.

Jusqu'au 15 août 1971, l'argent était supposé représenter de l'or. Plus précisément, depuis 1945, les différentes monnaies du monde étaient appuyées sur des réserves en dollars, et le dollar lui-même était réputé valoir de l'or (au taux de 35 $ pour une once d'or).

Cependant, ce système dollar/or était fragile. Dès la fin des années 60, il devint évident que la masse monétaire en dollars excédait les réserves d'or au-delà des normes admissibles.

En 1966, le président français, Charles de Gaulle, entreprit donc de rapatrier une partie des réserves d'or confiées aux USA. Cette décision fut une des raisons pour lesquelles les milieux d'affaires lui retirèrent leur appui, et le remplacèrent en 1969 par Georges Pompidou, un ancien fondé de pouvoir de la banque Rothschild.

Dès lors, les USA purent imposer facilement leur volonté en matière monétaire. Or, à la fin de la guerre du Vietnam, ils avaient fabriqué tant de dollars qu'ils ne pouvaient plus garantir la convertibilité-or. Le président Nixon décida donc, un beau matin, que le dollar, désormais… valait le cours auquel on l'échangerait contre les autres monnaies.

A partir de ce moment-là, la masse monétaire en circulation ne fut plus encadrée par *rien*.

Donc, depuis 1971, l'argent est tout simplement créé par les banques quand elles émettent du crédit, *sans qu'il subsiste le moindre garde-fou*.

Le schéma ci-dessous explique, de manière très simplifiée, comment le crédit accordé par les banques génère l'argent que vous manipulez.

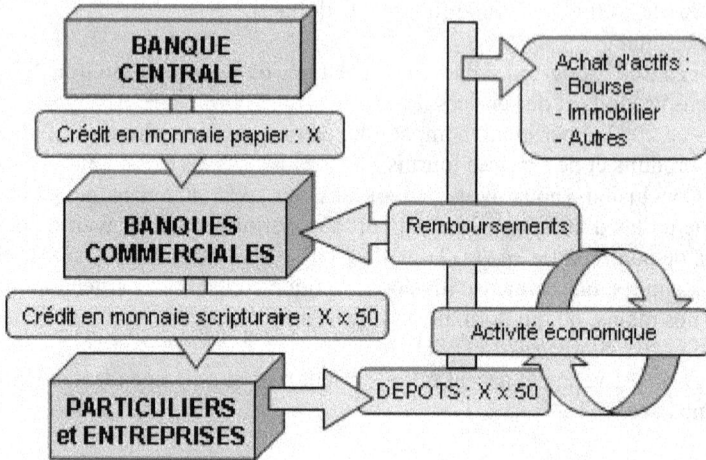

Ce schéma simplifié vous montre comment l'argent naît et vit dans notre système : la banque centrale prête de l'argent papier aux banques commerciales, et celles-ci consentent des crédits aux entreprises et aux particuliers – avec quelques règles additionnelles qui dépendent des pays. La principale règle, la plus commune parce qu'elle est induite directement par la circulation monétaire, est qu'il faut que l'encours en monnaie papier soit égal à plus ou moins 2% des dépôts bancaires (taux qui dépend des pays).

D'autres règles, dites prudentielles, encadrent encore l'émission de crédit – la plus célèbre est le ratio Cooke, qui énonce que le rapport des fonds propres sur les encours pondérés doit être égal ou supérieur à 8%. Cependant, pour un certain nombre de raisons complexes que nous évoquerons plus loin, ces règles prudentielles ont été très largement contournées, depuis quelques années.

Ainsi, les banques *fabriquent l'argent en prêtant*, et elles peuvent prêter beaucoup plus que leurs fonds propres, et, en gros, jusqu'à 50 fois ce qu'elles ont elles-mêmes été obligées d'emprunter (en argent papier) à la Banque Centrale.

*

Dette totale vs PIB

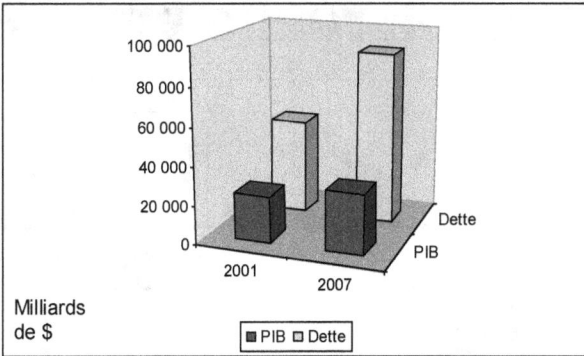

Ce qui nous amène à la raison pour laquelle la masse monétaire a depuis 2001 progressé beaucoup plus vite que le PIB (cf. graph 2).

C'est la dette qui crée l'argent sans contrainte depuis 1971, et entre 2001 et 2007, *et les banques ont usé et abusé de cette liberté* : la masse totale de dette a augmenté beaucoup plus vite que le PIB, générant un énorme *surplus de liquidités.*

En 6 ans, sur l'ensemble des pays occidentaux, le PIB a augmenté de 30% en dollars courants. Dans le même temps, la dette totale des acteurs (État, entreprises, ménages) a augmenté d'un peu plus de 60% en dollars courants. Ces chiffres vous rappellent quelque chose ? C'est normal : la croissance de la dette totale, + 60% sur 6 ans, est *pratiquement la même* que la croissance de la masse monétaire (cf. graph 2).

Cette situation appelle trois questions complémentaires :
- qui a prêté,
- qui s'est endetté,
- et pour faire quoi ?

Graphe 4 – Des taux d'intérêt absurdes

A la première question, « qui a prêté ? », réponse évidente : le système bancaire.

Pour comprendre comment, à travers ce système opaque, nous nous sommes avancé à nous-mêmes un argent que nous ne pourrons pas rembourser, il suffit de regarder la courbe des taux directeurs de la Federal Reserve, sur la période 2000-2007, rapportée à l'inflation officielle et à l'inflation « réelle réestimée ».

Taux directeurs et inflation réelle aux USA

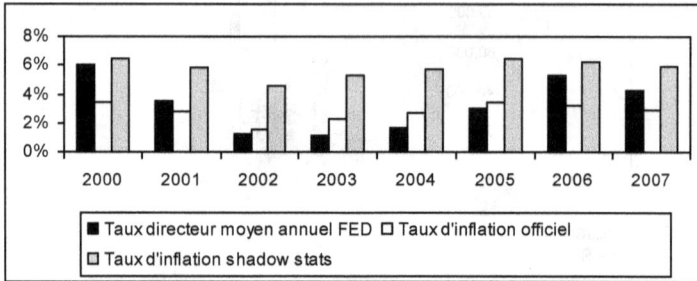

L'inflation « réelle réestimée » présentée ici correspond à l'hypothèse prudente des « shadow statistics », en matière de « annual consumer inflation » vue par les économistes américains *indépendants*.

Il faut savoir qu'aux USA, les statistiques officielles ont commencé à dériver sérieusement à partir de 1987. Les spécialistes estiment que l'évaluation de l'inflation a été biaisée d'environ 1 à 2 points à partir de cette date et jusqu'en 1993. Ensuite, l'écart entre la réalité et la « fiction institutionnelle » a crû jusqu'à au moins 3 points (certains disent 7 points), pour se stabiliser ensuite à haut niveau à partir de 2000. On a retenu ici l'hypothèse prudente à + 3 points.

Or, qu'observons-nous ? Eh bien tout simplement que les taux directeurs de la FED, sur la période 2000-2007, ont été constamment très inférieurs aux taux d'inflation réels. Donc, les taux d'intérêt réels payés par les banques à la FED ont été constamment *négatifs*.

Comment s'étonner, dans ces conditions, que l'endettement ait explosé ? Mettez-vous à la place des banques : elles ont la possibilité de fabriquer de l'argent en consentant des crédits, crédits dont les taux sont « bordés » par ceux de la banque centrale. Et voilà que la banque centrale prête à des taux réels *négatifs* ! Plus une banque fabrique de crédit, plus sa surface financière augmente, et voilà que le coût du crédit est négatif ! Résultat : on se dépêche de « fabriquer de l'argent », pour gonfler les bilans et afficher des perspectives de croissance. C'est à la fois absurde (sur le fond) et logique (du point de vue des acteurs).

Voilà le « modèle économique » (ou plutôt : antiéconomique) qui a sous-tendu l'économie occidentale de 2000 à 2007 ! C'est tout simplement *une gigantesque traite tirée sur notre avenir collectif*.

Nous verrons en détail, plus loin, comment techniquement cette énorme traite fut tirée. Pour l'instant, retenons simplement cette idée toute bête : de 2000 à 2007, les banques pouvaient fabriquer de l'argent avec le crédit, et comme les taux d'intérêt réels étaient négatifs, elles en ont fabriqué le plus possible, sans se poser la question du retour sur investissement réel. Ainsi, collectivement, à travers le système bancaire, nous avons tiré une énorme traite sur notre avenir.

Vous me direz : et en Europe donc, ça donne quoi ?

Taux de refinancement et inflation réelle en Euroland

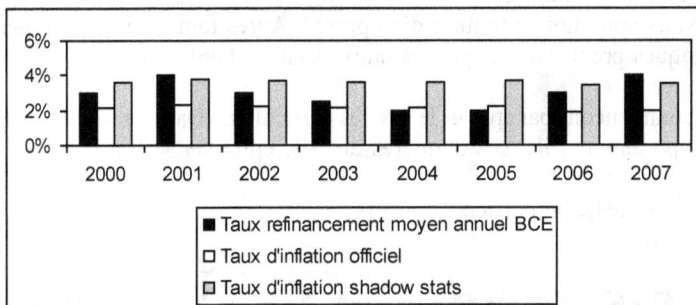

À la différence des USA, où l'écart entre la réalité et la fiction officielle est tel que les « shadow statistics » ont droit de cité, en Europe, cet écart reste plus limité, et donc un doute subsiste.

Cependant, si l'on prend en compte :

- l'ajustement hédoniste des biens (c'est-à-dire le fait que des prix baissent dans le « panel » parce que les biens en question sont technologiquement obsolètes – cas en particulier des appareils de communication, de son et d'image),

- les prix de l'immobilier (qui ne sont pas pris en compte dans les chiffres officiels de l'inflation),

On arrive à la conclusion qu'il y a probablement entre 1 point et 2,5 points d'inflation cachée, selon les années.

Sur cette base, on arrive à la conclusion que les taux de refinancement BCE ont dû avoisiner le taux d'inflation réel. Donc en Europe, les taux d'intérêt réels ont été probablement nuls, voire légèrement négatifs de 2002 à 2005[64].

Ce n'est pas aussi délirant qu'aux USA, mais c'est quand même une situation anormale, qui explique le gonflement de la masse monétaire en euros, sur la période.

---

[64] Note 2013 : les taux d'intérêt réels ont été fortement négatifs en Europe du sud, et légèrement positifs en Europe du nord.

Graphe 5 – Consommer à crédit

Nous avons donc la réponse à notre première question. Qui a prêté ?
Réponse : *la collectivité, aux USA et en Europe, via le système bancaire*, et grâce à des taux d'intérêts réels négatifs ou nuls.

Deuxième question maintenant : qui a emprunté ?

Et là, la réponse est à nouveau : *la collectivité.*

Ont emprunté aux banques : les particuliers, les entreprises, l'État – *tous les acteurs économiques.*

Mais pourquoi cette furie d'emprunt ? Après tout, ce n'est pas parce que les banques proposent des prêts à taux variables faibles que l'on est obligé de s'endetter ?

Commençons par étudier le cas des particuliers. Dans quelle proportion nos contemporains ont-ils, ces dernières années, éprouver le besoin de s'endetter tous azimuts ?

Dans quelle proportion ?

Énorme…

Ratio Endettement des ménages/PIB
dans les grands pays occidentaux

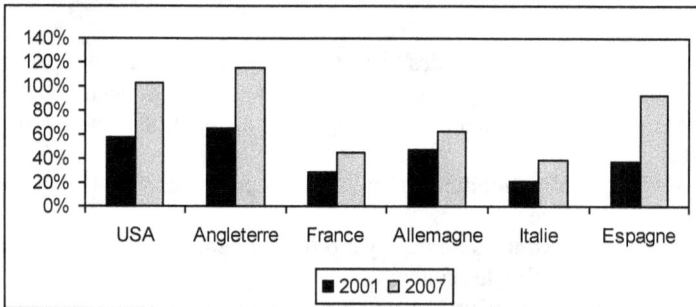

Dans tous les grands pays occidentaux, les particuliers se sont endettés de manière croissante de 2000 à 2007. La palme du délire revient à l'Anglosphère : les ménages américains et britanniques terminent la période à des niveaux d'endettement tout simplement absurdes. Au Royaume-Uni, l'endettement des ménages pèse environ 120% du PIB. Aux USA, environ 105%.

Mais le reste de l'Europe suit, à quelque distance il est vrai. L'Espagne passe, en moins d'une décennie, d'une situation classique de pays latin (faible endettement des ménages) à une situation pratiquement de type anglo-saxon (fort endettement des ménages)[65]. Tous les autres pays voient leur endettement gonfler, à un rythme qui oscille entre + 5% et + 10% par an (à l'exception de l'Allemagne, qui est partie d'un endettement plus élevé, mais en croissance beaucoup plus lente qu'ailleurs).

Pourquoi cette explosion de l'endettement des ménages, à des degrés divers partout en Occident ? Il y a deux raisons : *les prix de l'immobilier* et *le crédit à la consommation.*

Graphe 6 – La bulle immobilière

L'explosion de l'endettement trouve sa première cause dans celle des prix de l'immobilier, et celle-ci est elle-même une conséquence des très bas taux d'intérêt. C'est-à-dire que la dette a été rendue nécessaire par la dette, dans la mesure où plus les gens pouvaient facilement s'endetter pour acheter des maisons, plus il y avait d'acheteurs de maisons, donc plus les prix des maisons montaient, donc plus les gens devaient s'endetter pour acheter.

Ce qu'on pourrait schématiser ainsi :

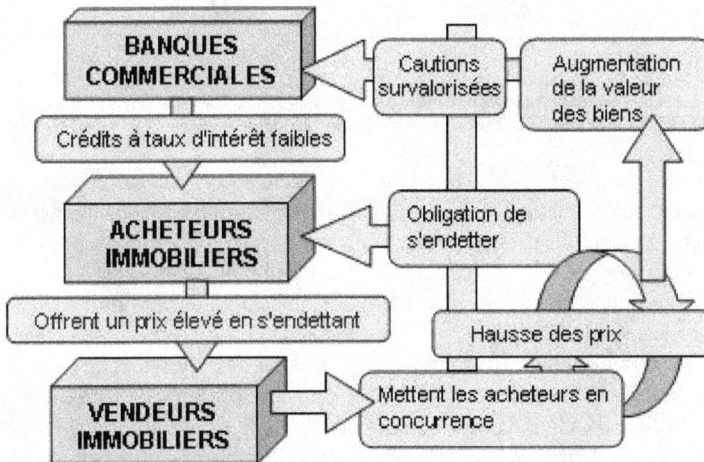

On remarquera que le gonflement de la bulle immobilière a donc été possible grâce à l'enchaînement de trois spirales haussières :

---

[65] Note 2013 : il faut expliquer ici que l'inflation réelle en Espagne était élevée, alors que les taux directeurs européens restaient calqués sur ceux de l'Allemagne. C'est ce différentiel qui a poussé les ménages espagnols à s'endetter, comme d'ailleurs l'ensemble des acteurs économiques de la plupart des pays du sud de l'Europe.

- spirale des prix de l'immobilier, du fait de la multiplication des acheteurs induite par la facilité du crédit,
- spirale de la dette, due à la hausse des prix, qui imposait aux acheteurs de s'endetter plus pour acheter des biens survalorisés,
- spirale des cautions, car plus les banques prêtaient, plus les cautions augmentaient, en apparence, avec le prix des maisons (d'où l'illusion entretenue par les banques que leurs crédits étaient gagés par des contreparties saines).

En voici par exemple la traduction quantitative aux USA :

Dettes et immobilier aux USA

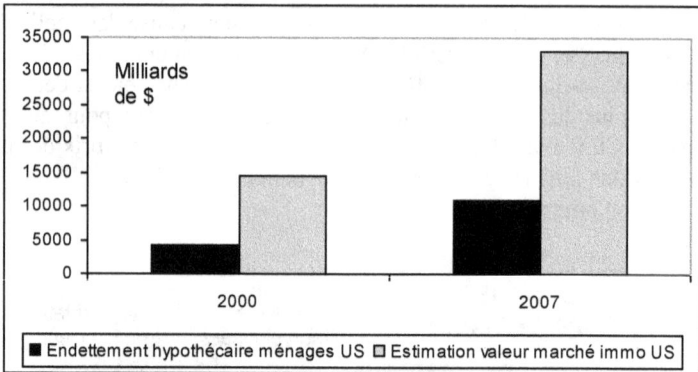

Entre 2000 et 2007, l'encours des dettes hypothécaires des ménages américains est passé de 4.000 à 11.000 milliards de dollars. Dans le même temps, la valeur globale du marché immobilier est passée, en estimation, de 14.500 à 33.000 milliards. Et les cautions prises par les banques au regard des emprunts ont mécaniquement suivi la même progression en valeur optique que le marché immobilier.

On remarquera que la croissance des dettes hypothécaires a été plus importante (+ 175%) que celle des prix de l'immobilier (+ 125%). Les experts pensent que cela vient du fait que les emprunts hypothécaires ont été en partie utilisés par les ménages pour financer la consommation de biens non durables.

En Europe, les tendances ont été identiques, mais moins prononcées.

Graphe 7 – Frénésie de consommation

Ainsi, la première cause d'endettement des ménages, l'immobilier, est en réalité pour l'essentiel une conséquence des bas taux d'intérêt.

Il n'en va peut-être pas de même de l'autre cause de l'endettement des ménages : le crédit à la consommation. Cette cause a deux sous-causes distinctes : des taux d'intérêt bas certes, qui ont poussé à la consommation, mais aussi un écroulement du taux d'épargne, révélateur d'une baisse du revenu relatif des classes populaires et moyennes.

Reprenons tout cela dans l'ordre.

Les taux d'intérêt bas expliquent-ils à eux seuls la hausse des crédits à la consommation ? Non. Regardez la courbe des encours de crédits à court terme des ménages américains sur la période.

Crédits à la consommation aux USA

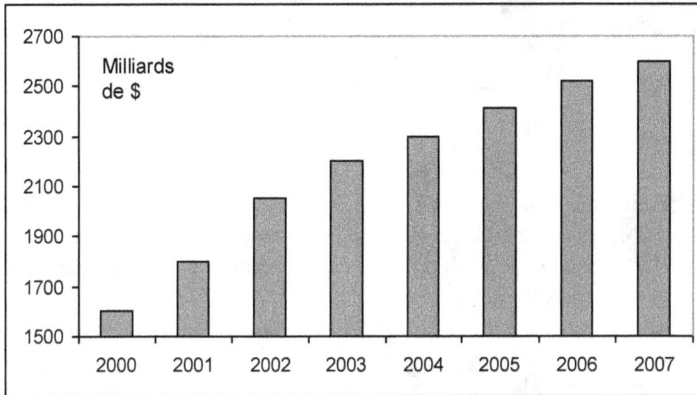

Cette courbe ne recoupe nullement celle des taux d'intérêt (voir ci-dessus, « taux directeurs et inflation réelle aux USA). L'explosion des crédits à la consommation commence dès 2000 (en fait : dès les années 90), *avant* la période de taux d'intérêt bas, et elle se poursuit *après* 2005, donc *après* la remontée des taux.

Graphe 8 – L'Amérique d'une feuille de paye à l'autre

Donc, ce ne sont pas les taux d'intérêt bas qui expliquent, à eux seuls, la hausse du crédit à la consommation. Alors quelle est l'autre cause ? Est-ce l'écroulement du taux d'épargne.

Vérifions.

Taux d'épargne des ménages US

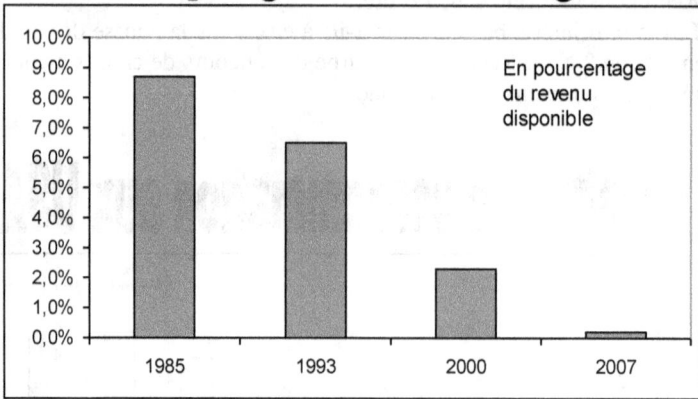

Effectivement, à partir de l'an 2000, le taux d'épargne des ménages américains, en pourcentage du revenu disponible, est extrêmement bas (moins de 2% des revenus sont épargnés). Et il converge progressivement vers quasiment 0%, en 2007.

Il est clair que ces ménages américains qui n'épargnent plus du tout vont emprunter pour consommer. Cela tombe sous le sens : si le ménage *moyen* ne peut plus épargner, cela veut dire que les ménages *sous la moyenne* sont amenés à s'endetter.

Graphe 9 – Marketing tous azimuts

Cet effondrement du taux d'épargne appelle deux interprétations. Si l'on ne peut plus épargner, c'est soit parce qu'on dépense trop, soit parce qu'on ne gagne pas assez.

Est-ce que les Américains dépensent trop ?

On ne peut pas nier l'apparition de nouveaux « besoins », créés par la technologie ou le marketing :

Nouveaux besoins, nouvelles dépenses

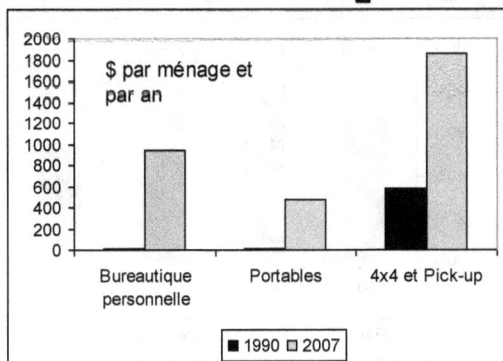

Si l'on se restreint aux trois principaux postes de dépense générés ou boostés par le marketing entre 1990 et 2007, on découvre que le ménage américain moyen, sur cette période, a dépensé presque 1.000 $ de plus par an en ordinateurs, 600 $ en téléphone portable et 1.300 $ en véhicule de type 4x4. Soit, au total, à peu près 2.900 $ en plus, par ménage, rien que sur ces postes particulièrement visibles – à quoi s'ajoute les divers besoins additionnels grevant des postes moins visibles. Au total, certainement de quoi expliquer, en grande partie, la croissance des besoins en consommation des américains.

Mais est-ce la seule cause de l'effondrement du taux d'épargne ? – Pas sûr...

Graphe 10 – La contre-attaque des rentiers

Depuis 1980, à peu près partout dans le monde à des degrés divers, les revenus du travail ont progressivement été rognés par ceux du capital :

Partage du PIB dans l'OCDE

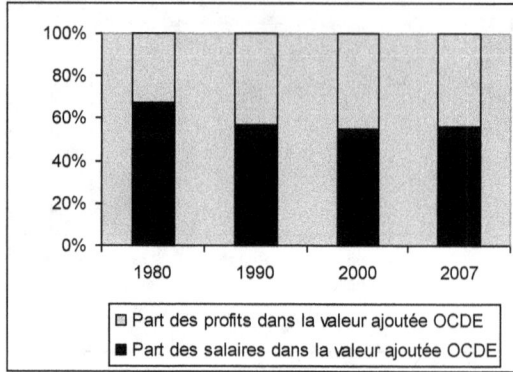

C'est aussi pour cette raison que le taux d'épargne des ménages américains a baissé. Non seulement le marketing les pousse à acheter toujours plus, mais encore leurs revenus ont tendance à croître plus lentement que le PIB, une évolution générale dans les pays de l'OCDE...

A la fin des trente glorieuses, le rapport capital/travail dans l'OCDE jouait en faveur des salariés. La part des salaires dans la valeur ajoutée avait atteint un « pic » historique pour les revenus du travail (67% - se reporter à la note correspondante en fin d'ouvrage pour le périmètre exact) – il s'agissait alors, dans une économie qui traversait une crise brutale, d'éviter la « panne de la consommation » qui aurait provoqué une spirale de déflation.

Mais avec le reaganisme des années 80, le rapport fut revu en faveur du capital (plus que 58% pour les salaires). Et depuis, sur l'ensemble de l'OCDE, c'est à peu près ce taux qui est respecté.

Graphe 11 – Une dynamique inégalitaire

Conséquence de cette révision du partage de la plus-value en faveur du capital, les écarts de revenus se sont fortement creusés. Voici, sur la période 1990-2005, les taux d'évolution annuelle estimée du revenu réel par quantile de revenus.

Evolution des revenus US par quantile

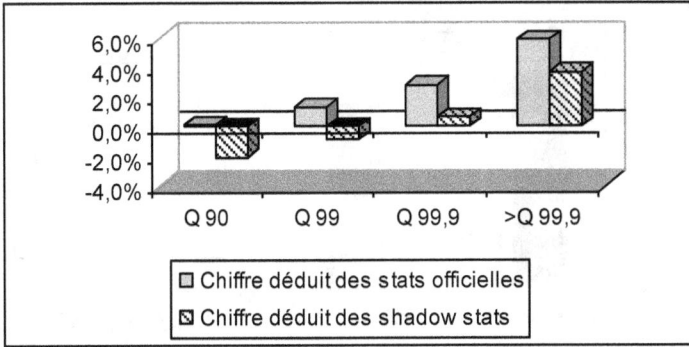

Le chiffre officiel correspond à l'évolution du salaire moyen selon le quantile (les 90 quantiles les plus bas, puis les quantiles 91 à 99, puis le quantile 99 à 99,9, et enfin le 0,1% du haut). Le chiffre *shadow stats* est réparti sur les mêmes catégories, mais redressé pour tenir compte de l'inflation réelle.

Conclusion : au moment même où le marketing les amenait à éprouver constamment de nouveaux besoins, les classes populaires et moyennes américaines ont vu leurs revenus réels soit progresser très légèrement (+ 1% par an), soit régresser très légèrement (- 1% par an), selon la façon de redresser l'inflation. On comprend donc pourquoi leur taux d'épargne a implosé de 1985 à 2000, puis pourquoi ils ont sombré dans le surendettement une fois leur capacité d'épargne réduite à zéro, de 2000 à 2007 !

Graphe 12 – Emprunter ce qu'on ne gagne pas

Ici, il est intéressant de s'intéresser de plus près à cette dynamique inégalitaire, afin de bien comprendre pourquoi elle a été dévastatrice.

Première raison : sur la période, la croissance économique des USA est en grande partie issue de la croissance démographique, elle-même tirée en grande partie par l'immigration. La croissance *officielle* du PIB est de + 2,5% par an en moyenne sur le dernier quart de siècle, et la croissance de la population avoisine + 1% par an. Donc la croissance du PIB par habitant n'a été, en chiffres officiels, *que de + 1,5% par an.*

Deuxième raison : à l'intérieur même du salariat, les inégalités se sont creusées.

Salaires : toujours plus pour ceux qui gagnent plus

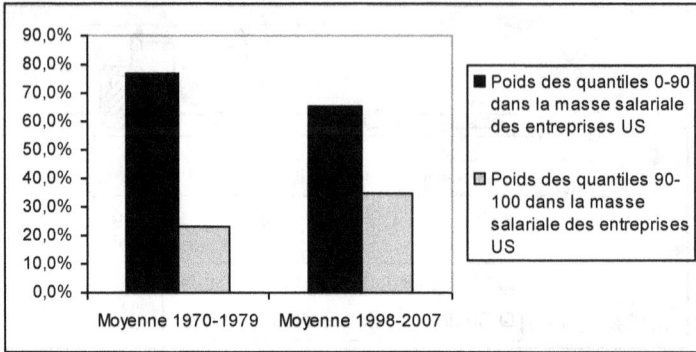

Graphique : comparaison Moyenne 1970-1979 et Moyenne 1998-2007.
- ■ Poids des quantiles 0-90 dans la masse salariale des entreprises US
- □ Poids des quantiles 90-100 dans la masse salariale des entreprises US

C'est très net : depuis les années 80, la croissance des salaires, aux USA, est surtout le fait des 10% les mieux payés. Les inégalités salariales ne cessent de se creuser sur la période – et cela, on le notera au passage, en partie à cause de l'immigration, qui, en inondant l'économie américaine de main d'œuvre peu qualifiée, a fait pression à la baisse sur les bas salaires.

Ainsi, si l'on résume, la « croissance américaine », tant vantée par les néolibéraux depuis 1985, n'a consisté, du point de vue de 90% des Américains, qu'à :

- Voir son salaire réel stagner, en dépit des chiffres officiels, parce que l'inflation était sous-évaluée dans les statistiques gouvernementales, et parce que les hauts revenus absorbaient tous les gains de croissance,

- S'endetter facilement, à taux variable, pour compenser momentanément l'absence de croissance réelle des vrais revenus du travail.

Conclusion : depuis un quart de siècle, aux USA, la « croissance » a largement consisté à remplacer les salaires par de la dette.

Graphe 13 – En Europe comme aux USA ?

Et en Europe ? Eh bien en Europe, les mêmes mécanismes ont joué, *mais avec de très grandes disparités selon les pays*. Par exemple, s'agissant de l'épargne des ménages :

Evolution du taux d'épargne des ménages - Europe - Trois grands pays

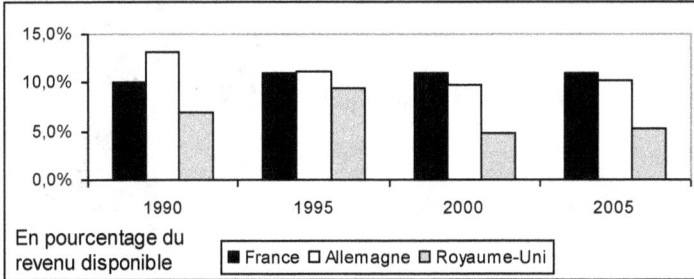

Trois modèles émergent :

- le modèle anglais, qu'on peut décrire comme un quasi-alignement sur la situation des USA (Royaume-Uni, Irlande, Grèce, une partie de la Scandinavie, Espagne avec quelques nuances),

- le modèle allemand, qu'on peut décrire comme un alignement très partiel sur le système américain, avec davantage de rigueur gestionnaire mais une compression beaucoup plus faible des taux d'épargne (Allemagne, une partie de l'Europe scandinave),

- le modèle français, caractérisé par le maintien d'une forte capacité d'épargne des ménages (relativement peu endettés) – mais aussi par l'utilisation de l'État, de plus en plus endetté, comme structure de défaisance collective (France, Italie avec quelques nuances).

Graphe 14 – En France aussi...

Cependant, même dans des pays comme la France, réticents à adopter le modèle venu des USA, l'emballement des inégalités est manifeste à partir des années 90, et s'accélère fortement à partir de l'an 2000.

Voici par exemple la croissance annuelle des revenus par quantile, en France, sur la période 1998-2006. On constatera qu'elle ressemble beaucoup à celle observée aux USA sur la période 1990-2005 (voir graphique 11).

Evolution revenus français / quantile

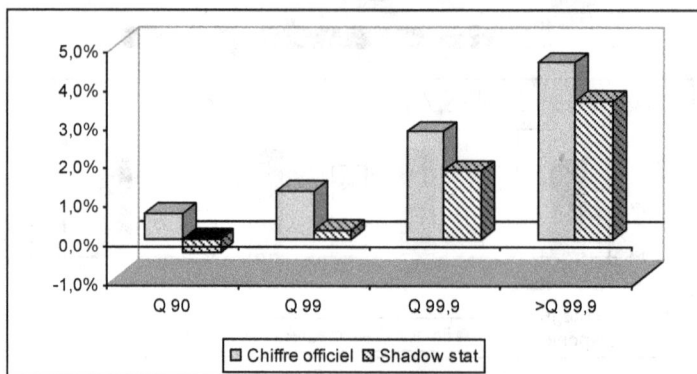

Comme on le constate, même si le différentiel d'évolution des revenus entre catégories populaires et moyennes d'une part, supérieures d'autre part, est moins prononcé qu'aux USA, il est tout de même très net.

[On notera cependant que cette tendance est survenue tardivement : jusqu'au début des années 1990, les inégalités de revenus ont tendance à baisser en France – notre pays est le dernier des grands pays occidentaux à être entré dans la dynamique inégalitaire caractéristique du néolibéralisme.]

Ainsi, même quand l'État a fait barrage au vent inégalitaire venu d'Outre Atlantique, les sociétés européennes ont commencé à muter insensiblement ces dernières décennies. Et la France, sans doute la plus protégée des sociétés européennes, en est un exemple criant. Plus lent qu'aux USA, déclenché avec retard, le mouvement vers toujours plus d'inégalité dans la répartition des revenus a été, pour finir, également très prononcé. Si les sociétés européennes ont été impactées de manière diverse et à des degrés très variables par le néolibéralisme, fondamentalement, dans les grandes lignes, le diagnostic que nous venons de faire pour les USA est également valable pour l'Europe.

Graphe 15 – L'Occident dans le même sens

Preuve supplémentaire : sur les principaux indicateurs de l'implosion des catégories populaires et moyennes, une rapide comparaison USA / Europe…

USA / UE : le match des perdants

Taux d'épargne des ménages

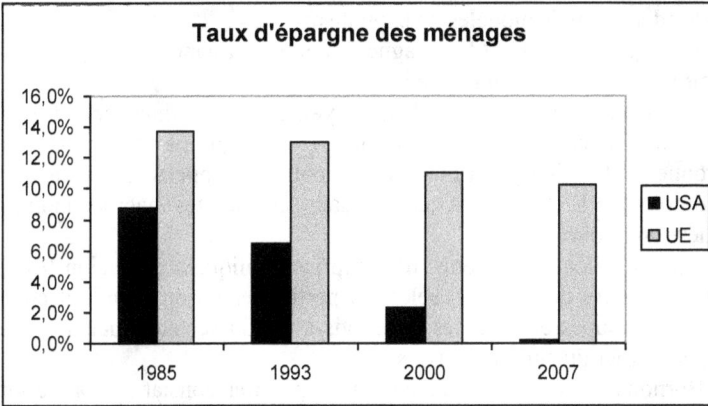

Ratio endettement des ménages / PIB

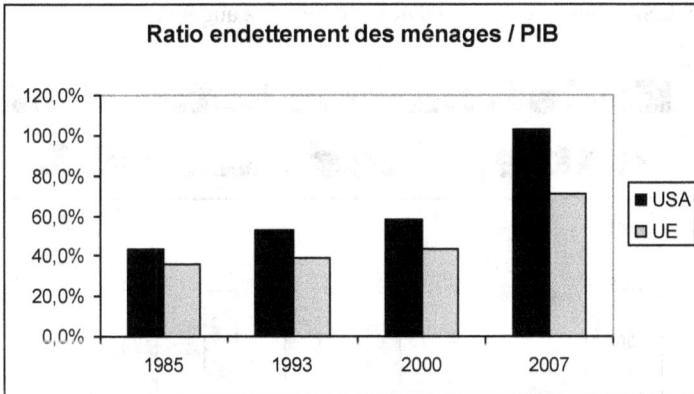

La conclusion saute aux yeux : globalement, les ménages américains sont dans une situation pire que celle des ménages européens, mais ceux-ci sont malgré tout dans une situation très dégradée :

- sur le taux d'épargne rapporté au revenu disponible, l'Europe suit la courbe des USA, avec une pente moins accentuée,

- sur le ratio d'endettement, l'Europe suit la courbe des USA, avec une pente moins marquée, le niveau délirant atteint aux USA n'étant, en Europe, rencontré que dans les pays qui ont suivi le modèle anglais.

Graphe 16 – La dette des entreprises

Passons aux entreprises, à présent. L'analyse de leurs dettes est *beaucoup* plus difficile, tant les méthodes de financement sont différentes, en particulier entre les deux grands modèles de capitalisme :
- modèle rhénan (Allemagne, Japon) : financement principalement bancaire, faible recours au marché,
- modèle anglo-saxon (USA, Royaume-Uni) : financement par appel massif au marché, recours aux dettes intra-groupe complexe dans un environnement mondialisé (une manière polie de rappeler que nous ne savons pas combien de ENRON sont cachées dans les comptes macroéconomiques de la sphère anglophone).

Ces spécificités des dettes d'entreprise expliquent que selon les sources, selon la manière de calculer, selon en particulier qu'on prend en compte les dettes intragroupes et certaines dettes vis-à-vis du secteur financier, le chiffre total peut varier du simple au triple !

Bornons-nous pour commencer à un premier constat : si on se limite au ratio le plus simple, c'est-à-dire l'endettement total porté aux bilans des entreprises rapporté au PIB, et si l'on admet les chiffres officiels, il est clair qu'aux USA, l'endettement total des entreprises a augmenté sur la période 2001-2007.

Endettement total des entreprises aux USA

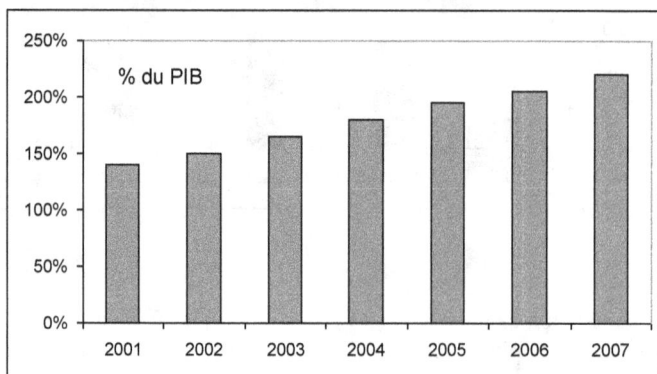

Graphe 17 – Le paradoxe de l'épargne abondante

Cependant, la situation est plus complexe que pour les particuliers. Pour ces derniers, tout est logique : ils ont eu plus de dépenses, pas suffisamment de revenus pour couvrir ces dépenses, donc moins d'épargne et plus d'endettement.

Mais pour les entreprises, il n'en va pas de même. Le contexte général est différent.

À l'échelle de l'ensemble de l'OCDE en effet, voici ce qu'on observe sur la période si l'on étudie l'épargne et l'investissement des entreprises, rapportés au PIB...

Qu'est-ce que les entreprises du monde riche font de leur argent ?

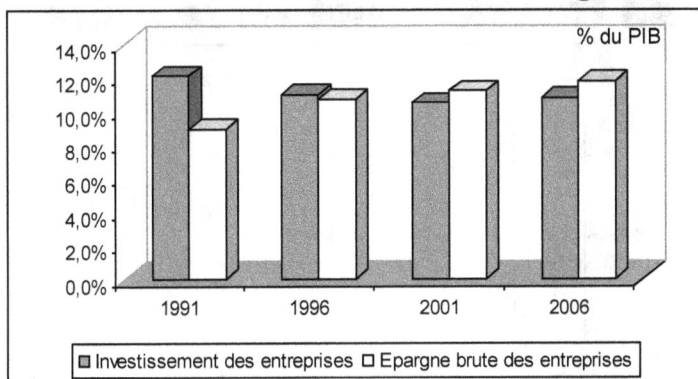

Conclusion plutôt déroutante : dans le monde riche, dont les USA font partie jusqu'à nouvel ordre, l'épargne des entreprises augmente nettement depuis un quart de siècle, et le niveau d'investissement a plutôt tendance à baisser.

Alors là, on ne suit plus. Pourquoi les entreprises s'endetteraient-elles, si elles épargnent de plus en plus et investissent de moins en moins ? C'est étrange, non ?

Soyons logique :

- Si vous gagnez plutôt bien votre vie (rapport épargne + investissement / PIB en légère augmentation),
- Si vous ne dépensez pas beaucoup pour investir,
- Si vous épargnez de plus en plus...
... pourquoi diable iriez-vous vous endetter ?

Faut-il croire que les entreprises US constituent un cas à part ? Des gens qui s'endettent pour le plaisir ? Ou bien des gens qui n'arrivent pas à s'en sortir, alors que tout le monde, dans leur catégorie, se porte apparemment très bien, ailleurs dans les pays riches ?

Graphe 18 – Un capitalisme surfinanciarisé

De manière assez surréaliste, on a pu dire, récemment, qu'il y avait dans le monde un « excès d'épargne ». Le plus incroyable, c'est ce que ce n'est pas tout à fait faux !

Le graphique ci-dessous indique ce que les entreprises *non financières* du monde riche, dans le G7 en tout cas, on fait de leur épargne croissante :

Quand les entreprises se transforment en rentières

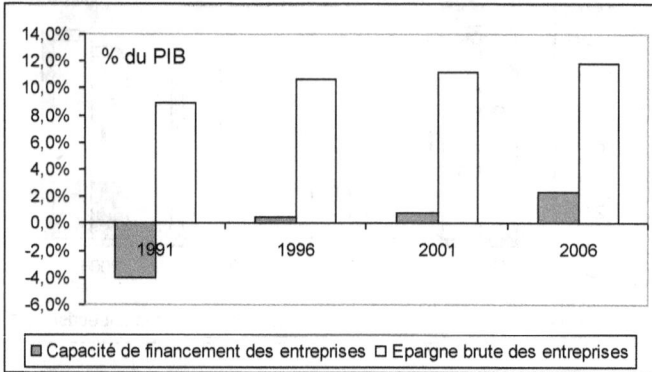

Eh non, vous ne rêvez pas ! Les entreprises du monde riche ont utilisé leur épargne pour se financiariser à outrance. Même les entreprises dites non financières sont, en réalité, devenues des acteurs d'une économie principalement spéculative. Ces entreprises ont à partir de 2000 une capacité de financement *positive*. C'est-à-dire que les entreprises non financières *ont trop d'argent pour ce qu'elles investissent.* Pendant qu'on ruinait les ménages des classes inférieures et moyennes, d'énormes masses d'argent ont donc été stockées dans les bilans des entreprises – et comme ces masses n'ont pas été utilisées pour investir dans l'outil productif, elles ont alimenté la bourse !

Collectivement, les entreprises se sont mises à « se gonfler » mutuellement, à travers leur valeur boursière – il s'agit d'une gigantesque création de valeur purement fictive, puisque simultanément, l'investissement ne suivait pas. *Le capitalisme contemporain a trouvé le moyen de fabriquer de la valeur, sans fabriquer de la richesse.*

Graphe 19 – Une économie virtuelle

D'où l'évolution des indices boursiers entre 2003 et 2007 :

Quand les entreprises s'enflent d'elles-mêmes

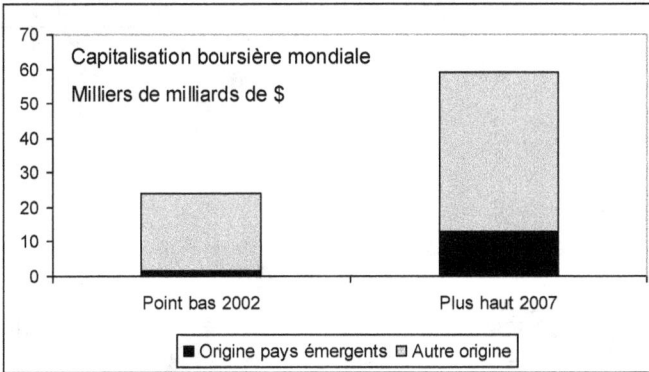

L'arrivée des capitaux des pays émergents, qui stockent la richesse du fait de leurs excédents commerciaux, n'explique pas, pour l'essentiel, le gonflement de la capitalisation boursière, entre 2003 et 2007. Cet afflux de capitaux des pays émergents a pesé probablement pour 7.000 milliards de dollars dans la capitalisation boursière additionnelle sur la période. Le reste, soit 16.000 milliards de dollars environ, est venu d'ailleurs.

D'où ça ? Eh bien de l'énorme bulle créée par la *virtualisation* de l'économie occidentale, dont les entreprises se sont progressivement muées en rentières, au lieu de continuer à développer effectivement un appareil productif qui, faute de marché solvable (cf. l'effondrement du taux d'épargne des ménages), trouvait de moins en moins de débouchés.

En 2007, quand la bulle explose, il y a trop d'argent dans les entreprises et pas assez chez les ménages.

Graphe 20 – Une machine devenue folle

Voici maintenant un graphique plus technique, mais important.

Le taux de financiarisation mesure la part du profit non investi en% du PIB, estimé par la différence entre le taux de marge des entreprises et leur taux d'investissement.

Le taux de distribution de l'EBE indique approximativement la part des profits avant investissements qui ne servent pas à l'investissement.

Que constatons-nous ?

Quand le capital
ne nourrit plus que lui-même

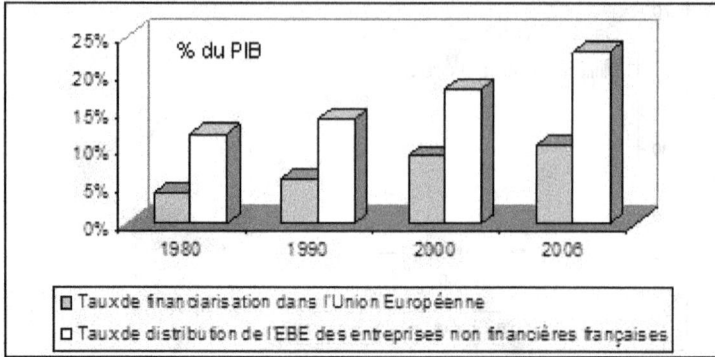

Eh bien nous constatons que le capital s'est mis à se rémunérer lui-même, sans plus se préoccuper de la réalité de l'économie productive.

Une évolution illustrée ici pour l'Europe, mais tout aussi vraie aux USA : entre les années 70 et les années 2000, le taux de distribution a également progressé aux États-Unis.

Or, où va cet argent ? Les riches le dépensent-ils ?

Non. Ils peuvent dépenser un peu plus, mais pas beaucoup plus. Si vous donnez un euro de plus à un pauvre, il le dépense (parce qu'il en a besoin). Si vous donnez un euro de plus à un riche, il en dépense le dixième, et le reste... il l'investit dans un *hedge fund* !

Ainsi, la bureaucratie des grandes entreprises, des multinationales, des marchés financiers, s'est progressivement émancipée des catégories de l'économie réelle. C'est une énorme machine à fabriquer du profit à partir du capital, coûte que coûte, et au besoin de manière totalement artificielle.

Graphe 21 – Logique de l'absurde

Qu'est-ce que la bureaucratie des marchés a fait de ce capital en surplus ? Comment l'a-t-elle rentabilisé, alors qu'il n'avait plus de contrepartie réelle ?

Réponse : elle s'est elle-même endettée pour spéculer sur les marchés financiers en forte hausse, du fait des taux d'intérêts bas et de l'abondance de liquidités. C'est en effet par l'effet de levier massif que le système a tenté, pendant plusieurs décennies, d'échapper à sa contradiction interne – ou comment, quand l'économie ne croît que de 5% par an, offrir du 15% de rendement, *en s'endettant pour investir dans des titres qui montent, parce que tout le monde s'endette pour les acheter !*

Absurde ? Complètement.

Logique ? Absolument.

Je demande ici au lecteur de se concentrer. Nous touchons au cœur du débat.

Essayons d'abord de comprendre comment une démarche peut être à la fois parfaitement logique et pourtant totalement absurde. Il faut croire que la démarche est absurde *dans un certain contexte*, et parfaitement logique *dans un autre contexte*.

Cette énorme masse de capitaux qui s'est accumulée, progressivement, dans les entreprises et, au-delà, dans les fonds de placement divers et variés, comment la rentabiliser ? Puisque les ménages n'épargnent plus (graphe 8), on leur prête (graphe 7). Mais même ainsi, le marché solvable ne peut croître suffisamment vite pour assurer des débouchés à l'investissement, en stagnation puis en régression (graphe 17). *La vitesse d'accumulation du capital est supérieure à la croissance du marché, même boosté par la dette*, puisque le partage de la valeur a été révisé en faveur du capital (graphe 10), d'où l'excès d'épargne dans les entreprises (graphe 18).

Le système est donc menacé *d'embolie* : faute de débouchés, plus d'investissement : donc le capital accumulé ne peut plus circuler. La seule solution, pour relancer la machine, c'est donc d'inventer un espace de création de richesse *indépendant de la véritable économie de marché*.

Progressivement, ces dernières décennies, l'économie financiarisée s'est ainsi émancipée de l'activité économique réelle, pour fabriquer une espèce de « monde parallèle », où se sont trouvées stockées d'immenses masses de capital. Générant des profits fictifs au regard de l'économie *réelles*, et qui, eux-mêmes stockés, n'ont pas déclenché de croissance de l'investissement et du marché *réels*, ce « monde parallèle » a fonctionné en pratique comme une vampirisation du réel par le virtuel.

En soi, le phénomène n'est pas nouveau : il est consubstantiel au capitalisme. Mais ce qui est nouveau, c'est son *ampleur*...

Par exemple, observons l'évolution du marché dit des « Credit Default Swap », un type de « produit dérivé » particulièrement important depuis l'an 2000. Comme on le constate, ce type de produit, quasiment inexistant en 2000, représente un gigantesque marché, *supérieur à la capitalisation boursière mondiale*, en 2007.

Quand la faillite devient un produit rentable

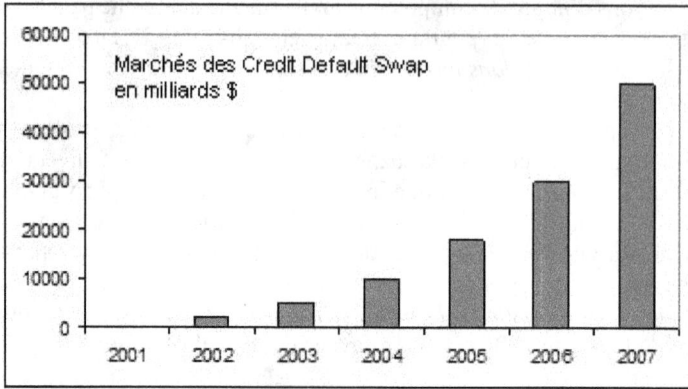

Marchés des Credit Default Swap en milliards $

Comment un marché presque aussi gros que l'économie réelle peut-il apparaître en quelques années, sans aucun support matériel ?

Quelques définitions pour comprendre de quoi il s'agit.

Un produit dérivé est un instrument financier dont la valeur fluctue en fonction de l'évolution du taux ou du prix d'un produit appelé sous-jacent, qui ne requiert qu'un placement net initial peu significatif par rapport à son enjeu, et dont le règlement s'effectue à une date future. Ce type de produit hyper-spéculatif permet de générer des gains financiers importants presque sans participation à l'économie productive réelle. Il s'agit d'un détournement des produits d'assurance de change, de prix ou de taux, conçus initialement pour faciliter le travail des agents productifs réels.

Ces marchés ont permis à certains acteurs de promettre, pendant une courte période à l'échelle de l'histoire économique, des rendements sans rapports avec la croissance réelle de l'économie. La norme des « hedge funds », les acteurs spécialisés de ces marchés hyperspéculatifs, était entre 2003 et 2006, de + 15% par an – contre une croissance en monnaie courante, dans l'économie mondiale réelle, qui devait avoisiner + 7%, et une croissance de l'économie réelle *en Occident* qui, toujours en monnaie courante, ne devait guère dépasser, maximum, + 5%.

Revenons aux Credit Default Swap, les CDS, sans doute l'aspect le plus pathologique du capitalisme contemporain. Un CDS est un contrat de protection sur une dette : je signe avec vous pour un CDS, vous me donnez un peu d'argent, et en échange, je vous garantis sur une créance que vous estimez plus ou moins douteuse.

Ce marché explose entre 2000 et 2007 parce que les spécialistes savent parfaitement que dans l'économie réelle, les particuliers et les entreprises sont de plus en plus exposés au défaut de paiement (graphes 6, 7, 16), et parce qu'ils y voient une opportunité pour rentabiliser le capital en surplus (graphe 20). En d'autres termes, avec les CDS, non seulement le capital spéculatif se rentabilise sans lien avec le capital productif, mais il spécule même *sur la destruction du capital productif et l'implosion de l'économie réelle*. La bureaucratie qui pilote le capital spéculatif mondialisé s'est donc, avec l'explosion de ce marché, totalement émancipée de l'économie réelle.

Cet exemple doit nous amener à tirer une conclusion très importante, parce qu'elle modifie tout l'arrière-plan idéologique de notre réflexion. Cette conclusion, c'est la suivante : À PARTIR DE L'AN 2000 AU MOINS, L'EQUATION « CAPITALISME = ÉCONOMIE DE MARCHE » EST DEVENUE FAUSSE.

Voilà comment une évolution absurde, dans notre ancien contexte, devient parfaitement logique, dans un nouveau contexte. Le fait que les entreprises aient grevé leurs bilans d'une montagne de dettes, alors qu'elles épargnaient trop, s'explique par un divorce à l'intérieur de ce bloc, « les entreprises » - un divorce entre les gens qui maîtrisent le *capital spéculatif*, en surpoids, et ceux qui pilotent le *capital productif*, de plus en plus dépourvu de marchés solvables.

Désormais, on peut écrire :
CAPITALISME ≠ ÉCONOMIE DE MARCHE
CAPITALISME = BUREAUCRATIE VAMPIRE

Graphe 22 – Liquidité partout, solvabilité nulle part

Ce capital en excès, stocké dans les comptes des entreprises, déborde littéralement, partout, sur les bureaucraties de la planète entière. Des milliers de milliards de dollars sont stockés dans les comptes des acteurs financiers, à l'Ouest. En Asie, d'autres milliers de milliards sont stockés dans les réserves de devises des banques centrales.

Petit graphique pour vérifier la réalité du phénomène : voici l'évolution des réserves de devises des banques centrales, réserves ici converties en dollars.

Le capital stocké
sous-produit de l'argent en surplus

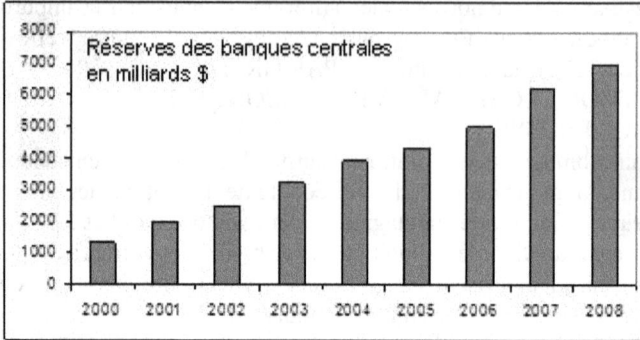

Ce graphique montre que les réserves des banques centrales ont été multipliées à peu près par 6, entre 2000 et 2008. Une énorme masse de 6.000 milliards de dollars a été gelée à l'intérieur de ces réserves, au fur et à mesure que les excédents commerciaux, chinois en particulier, venaient renforcer les réserves des banques centrales asiatiques.

Et l'on remarquera au passage avec intérêt qu'au graphe 2, nous avions observé une création monétaire, entre 2001 et 2007, de l'ordre de + 10.000 milliards de dollars (euros + dollars + livres sterling), dont un peu plus de la moitié semblait indue au regard de la croissance du PIB en monnaie courante...

Nous reviendrons plus loin sur cette *aube asiatique*, mais pour l'instant, contentons-nous de relever que nous avons une petite idée de ce qu'est devenue l'énorme masse monétaire en surplus, identifiée dès le graphe 2.

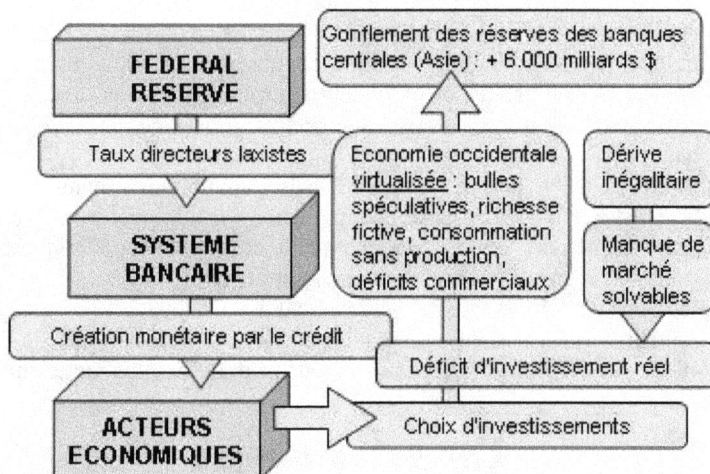

En somme, entre 2000 et 2008, il s'est passé la chose suivante : l'Occident ne pouvant continuer à croître faute de marchés solvables, il s'est inventé une énorme économie totalement fictive, une machine à fabriquer une fausse reprise économique, complètement artificielle. Et cette énorme machine à fabriquer de la valeur fictive a servi à construire de l'argent « imaginaire », de l'argent sans contrepartie réelle, qui n'a pas produit d'inflation uniquement parce qu'il s'est trouvé gelé :

- dans les comptes des entreprises multinationales, dans le système financier administré par la bureaucratie occidentale (graphes 17 à 21),

- dans les réserves des banques centrales, surtout asiatiques, administrées par la bureaucratie asiatique (graphe 22).

On commence à comprendre comment un argent imaginaire a pu apparaître puis disparaître, par milliers de milliards de dollars, sous nos yeux ébahis... Cet argent a été *stocké*, en grande partie sous forme de bons du Trésor US.

Graphe 23 – L'égoïsme des arrivistes

Une des questions qu'on peut se poser, dans ces conditions, c'est : étant donné que ce système, bien que parfaitement logique du fait de sa cohérence interne, est complètement absurde en cela qu'il déconnecte complètement l'économie financiarisée de l'économie réelle ; étant donné donc que ce système complètement absurde ne peut, en dernière analyse, que s'effondrer quand le réel se venge (et il finit toujours par se venger) ; étant donné donc que les gens qui ont piloté ce système savaient qu'il allait tôt ou tard s'écrouler... pourquoi, donc, n'ont-ils rien fait pour prévenir l'écroulement ? Pourquoi construire une maison dont on sait qu'elle va s'écrouler ?

La réponse est simple : parce que ces gens-là, les membres de la bureaucratie du capital mondialisé, avaient *intérêt* à ce que le système, absurde mais logique, pousse sa logique, et donc son absurdité, le plus loin possible[66]. Les revenus des membres de cette oligarchie capitaliste sont en effet liés non à l'économie réelle, *mais à l'économie fictive fabriquée par les marchés financiers.*

En théorie, bien sûr, la rémunération de l'entrepreneur, dans le système capitaliste, est liée à la croissance économique qu'il fabrique, à la *création de valeur* que son activité génère. Mais de quelle croissance économique parle-t-on ? De quelle *valeur* dit-on que l'entrepreneur la crée ?

Regardez ce qui s'est passé concrètement depuis 2003.

Comparons la croissance en monnaie courante du PIB français, de l'indice CAC 40, et des 50 plus gros revenus patronaux français, plus-value sur stock-options incluses.

L'argent en surplus sous-jacent de l'enrichissement illégitime

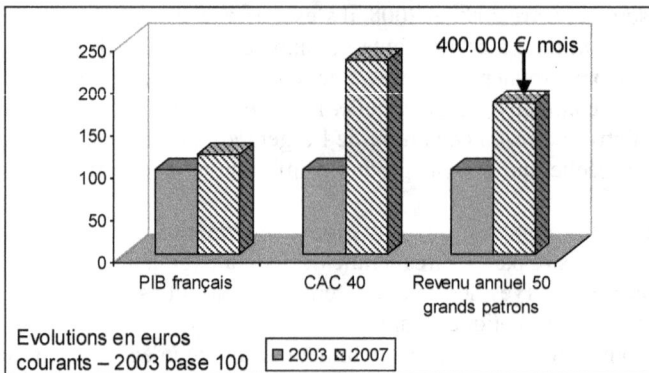

La conclusion est sans appel : en quatre ans, de 2003 à 2007, du « creux » du marché au « pic » du marché, le PIB français croît, en euros courants, d'à peu près 20%. Le CAC 40 lui, gonflé par l'accumulation du capital spéculatif ne pouvant s'investir dans l'économie réelle (graphes 18 et 19), prend + 130%. Et les salaires des grands patrons ? Eh bien, dans l'ensemble, ils suivent le CAC, *pas l'économie réelle.*

Voilà pourquoi la bureaucratie du capital spéculatif globalisé a laissé une économie virtuelle vampiriser progressivement l'économie réelle. Parce que le gonflement de cette économie virtuelle a permis, également, le gonflement des revenus et des patrimoines de la nomenklatura mondialiste capitaliste, de cette

---

[66] Note 2013 : et le moins qu'on puisse dire, c'est que l'évolution de ces dernières années ne nous amène pas à réviser notre jugement…

« hyperclasse mondialisée » qui truste, à travers ses divers réseaux, les fauteuils directoriaux des deux côtés de l'Atlantique.

Les élites occidentales ont prospéré sur la lente agonie des économies réelles dont elles avaient la charge.

Graphe 24 – En France aussi ?

Donc les entreprises américaines, en s'endettant toujours plus alors qu'elles disposaient d'un excès d'épargne, n'ont pas fait autre chose que ce que toutes les entreprises du monde occidental ont fait. Elles se sont inscrites dans une nouvelle économie, caractérisée par la recherche systématique du profit financier le plus grand possible, par l'effet de levier le plus grand possible… et sans lien ou presque avec la réalité de la création de richesse réelle, en termes de biens ou de services.

Vérification avec les entreprises françaises, qui ont suivi à peu près la même courbe que le reste de la zone euro :

Endettement des entreprises non financières françaises

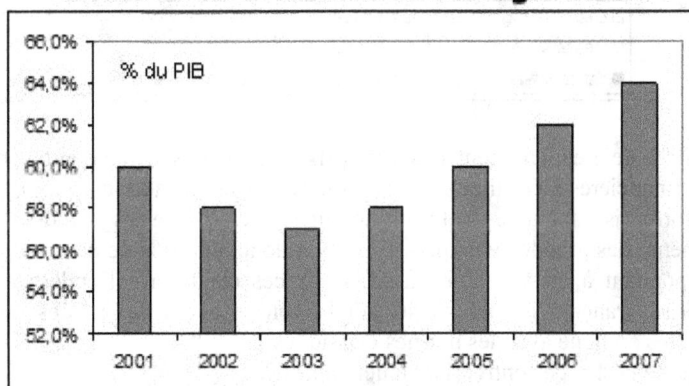

Comme les entreprises américaines, les entreprises françaises voient leur endettement croître de manière significative pendant la période d'expansion, de 2003 à 2007, après une courte phase de désendettement qui suivit l'éclatement de la bulle Internet, en 2001. Si leur endettement, en valeur absolue, semble encore assez faible (64% du PIB), il a progressé de 7 points en 4 ans.

Graphe 25 – Complexité de la situation

Cet endettement en croissance forte place-t-il les entreprises du monde occidental dans la même situation de faillite virtuelle que les ménages américains ? La réponse, ici, doit être très nuancée.

En fait, tout dépend de ce qu'il y a *à l'intérieur* du « paquet » de dettes des entreprises. Il faut en effet savoir si ces dettes correspondent à de véritables engagements de création de valeur future, ou à de simples jeux d'écriture dans le cadre d'une économie financiarisée extraordinairement complexe.

Pour les entreprises françaises, la situation est relativement claire...

Structure de l'endettement des entreprises françaises

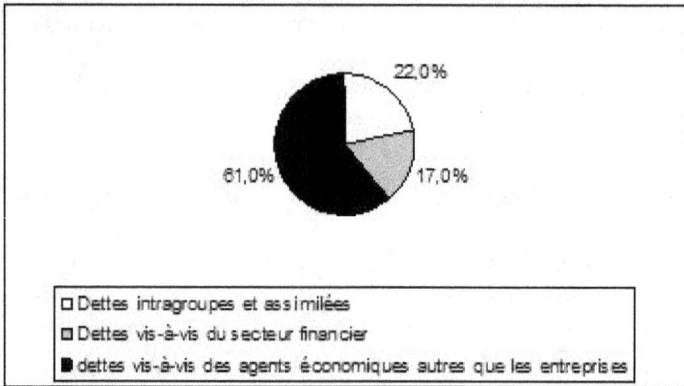

39% de l'endettement des entreprises françaises correspond soit à des dettes financières s'équilibrant plus ou moins dans le cadre de jeux d'écriture inter-entreprise, soit à des dettes intragroupes, c'est-à-dire des jeux d'écriture au sein même des grandes entreprises. Il n'y a donc que 61% de dettes « nettes », correspondant à un véritable passif. Dans ces conditions, l'endettement des entreprises françaises s'établit à 40% du PIB en dettes « nettes ». C'est un chiffre à peu près en ligne avec les normes classiques.

Qu'en est-il des entreprises américaines ?

Alors là, il est beaucoup plus difficile de se montrer catégorique. Les chiffres disponibles quant à l'endettement des entreprises US sont très difficiles à interpréter. Le poids des dettes intragroupes n'est pas facile à calculer, mais il est sans doute très élevé (plus du tiers du total, semble-t-il). Surtout, l'interpénétration entre finance d'exploitation et finance de marché fait qu'il est difficile de déterminer la part de l'endettement qui correspond à des dettes d'exploitation et la part qui ne correspond qu'à des jeux d'écritures ou à des « paris spéculatifs ». Par ailleurs, souvenons-nous que, s'agissant des entreprises américaines, nous parlons de comptes tenus par des gens formés à l'école de Jeffrey Skilling, le directeur financier d'Enron – l'apprenti sorcier qui fabriqua un chiffre d'affaires fictif gros comme le PIB de la Hongrie, grâce à des centaines de structures de défaisance cachées dans les paradis fiscaux ! Pour tirer des conclusions de ce genre de comptabilité…

En résumé, ce qu'on sait :

- Les dettes des entreprises américaines ont fortement crû ces dernières années, jusqu'à atteindre un total très important (de l'ordre de 200% du PIB, toutes catégories de dettes confondues).

- Cette croissance de la dette est malsaine, puisque dans le même temps, il y a excès d'épargne au niveau des entreprises. La spéculation à fort effet de levier est devenue le seul moyen de rentabiliser un capital en excès : trop d'argent à placer, d'où l'obligation de s'endetter pour maximiser le rendement de cet argent sans utilisation possible dans l'économie réelle : tel est le paradoxe de la *virtualisation* !

Et toujours en résumé, ce qu'on ne sait pas :

- À l'intérieur des dettes des entreprises US, une grande partie est sans doute potentiellement couverte par l'excès d'épargne, mais on ne saurait dire exactement quelle proportion, car ce ne sont pas forcément les acteurs endettés qui détiennent l'épargne.

- À l'intérieur de ces dettes, une proportion non négligeable correspond à des jeux d'écriture intragroupes ou assimilés, jeux qui traduisent la complexité des mécanismes financiers utilisés par les multinationales, et l'interpénétration croissante (et dangereuse) entre finance de marché et finance d'entreprise.

En conclusion s'agissant des entreprises américaines :

- On peut dire qu'elles se sont inscrites, ces dernières années, dans un modèle financier malsain, traduisant une déconnexion inquiétante entre rendement comptable et réalité de la création de richesse.

- On ne peut pas savoir si elles sont, comme les ménages américains, en situation de faillite collective. C'est plus compliqué : elles sont inscrites dans un système *de moins en moins modélisable*.

Graphe 26 – La dette publique, une fabrication

En somme, dans le monde des entreprises, tout se passe comme si la finance spéculative *s'était organisée pour endetter les acteurs économiques productifs*, malgré la surabondance de capital.

Et qu'en est-il des États ? Eh bien, il en va exactement de même. La dette publique dont on nous rebat les oreilles… est le résultat d'une politique de mise en dépendance systématique et, n'en doutez pas, tout à fait délibérée.

Commençons par rappeler les chiffres bruts…

Evolution de la dette publique brute, chiffres non retraités

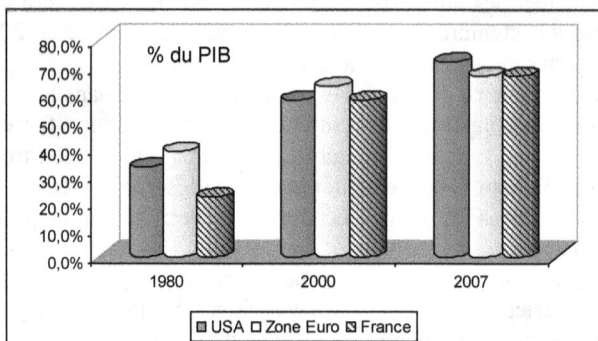

Comme on le voit, la dette publique *brute* des principaux États occidentaux n'a cessé de croître depuis 30 ans, si l'on s'en tient aux chiffres non retraités (et la situation de la France, quoi qu'on en ait dit, n'est pas particulièrement dégradée). C'est cette croissance qui fait dire aux privatiseurs de tous poils que « l'État est mal géré », et qu'il convient de le « réformer », c'est-à-dire, dans leur esprit, de le démanteler – hors de cette privatisation tous azimuts, disent-ils, point de salut.

Mais…

Mais dans la réalité, c'est beaucoup plus compliqué que cela. Tout, absolument TOUT est faux dans l'argumentaire des privatiseurs.

En réalité :

- Les finances publiques des États occidentaux sont encore *bien plus profondément négatives* que les chiffres bruts ne le laissent apparaître.

- Mais cet endettement *gigantesque* n'a que fort peu à voir avec une « mauvaise gestion publique ». Il correspond techniquement à un changement des règles de création monétaire opéré en deux temps (aux USA, avec l'abolition de l'étalon-or en 1971 ; en Europe, avec l'interdiction faite aux banques centrales de prêter directement à l'État).

- Et, cerise sur le gâteau de ce qu'il faut bien appeler le *mensonge néolibéral*, cet endettement artificiel gigantesque ne sera en rien réglé par des privatisations, au contraire : cela ne ferait qu'aggraver le problème.

Graphe 27 – Au-delà des affichages

Les finances publiques américaines sont encore *bien plus profondément négatives* que les chiffres bruts ne le laissent apparaître, et il en va de même d'ailleurs pour certains États européens, dont la France.

On nous bassine avec la dette brute des États : c'est une vision très partielle, pour ne pas dire partiale, qui ignore en effet...

- Certaines dettes contractées par des organismes non étatiques, mais dont l'État est de fait caution (municipalités, régions en Europe, États fédérés et comtés aux USA, secteur parapublic à vocation sociale),

- Les créances détenues par l'État, qui viennent se soustraire à la dette brute pour calculer la dette nette,

- L'actif d'exploitation détenu par l'État (parc immobilier, en particulier), qui vient en déduction de la dette nette pour déterminer le passif net (ou l'actif net) de l'État dans son ensemble,

- Les dettes non comptabilisées au titre des dépenses sociales et assimilées, qui viennent en complément aux dettes comptabilisées, *et qui sont en réalité le principal problème des années futures.*

Voici, sous cet angle, la situation française en 2007 :

	%age du PIB
Dette brute critères de Maastricht	66,0%
+ Compléments (1)	13,0%
- Actifs financiers des administrations	40,0%
= Dette publique nette	39,0%
- Actifs corporels des administrations	73,0%
= Passif public net	-34,0%
=> Actif public net	34,0%
- Dettes latente au titre des retraites (1)	70,0%
= Situation financière réelle État	-36,0%

(1) Estimation

Ce tableau est riche d'enseignement :

a) L'agrégat dont on nous rebat les oreilles, la dette brute, n'est en lui-même, pas très significatif ;

b) Sur le strict plan comptable, la dette publique française n'a rien de dramatique. Elle correspond certes à une dégradation très nette de la situation de notre État et tutoie les niveaux à partir desquels le remboursement peut poser problème pour des raisons techniques (et rappelons au passage que l'actif public corporel ne peut pas être totalement aliéné pour rembourser la dette). Mais nous disposions en 2007 d'actifs financiers importants en contrepartie de notre dette brute, de sorte que notre dette nette est finalement encore assez raisonnable. Donc le discours officiel sur les « critères de Maastricht » et la dette publique est pour tout dire relativement vide de sens.

c) En revanche, si l'on sort du plan comptable et si l'on prend en compte la dette latente au titre des retraites, alors il est exact que la situation de notre État est très inquiétante.

Faut-il prendre en compte cette dette latente ? Oui, sans aucun doute. Voici pourquoi :

Le papy-boom
Le vrai problème

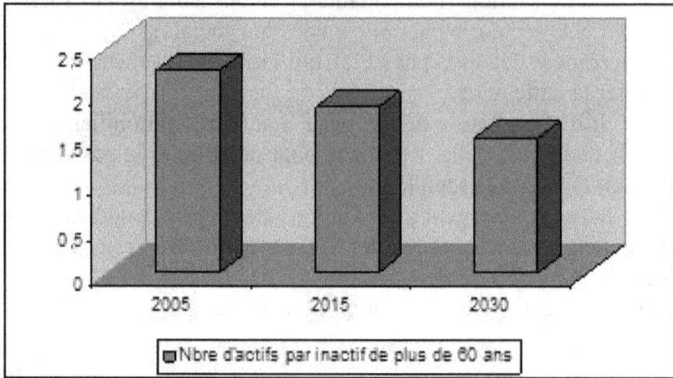

À partir du moment où le ratio actifs/inactifs va passer de 2,25 actifs par inactifs à 1,55 actifs par inactifs en 20 ans, il est très clair que le financement des retraites par répartition va nous imposer des révisions douloureuses. Il va forcément falloir que « quelqu'un » paye pour les retraites des baby-boomers, alors que la base de cotisation se restreint au moment précis où le nombre de retraités explose. Or, sur une partie au moins de la question (les retraites des fonctionnaires), l'État est de facto caution du système de retraites par répartition.

À partir de là, pas d'hésitation : il faut considérer que notre État a une dette réelle au titre des retraites – et comme on l'a vu ci-dessus, cela veut dire qu'en pratique, la France est en grande difficulté financière, effectivement. Mais *elle ne l'est pas pour les raisons avancées par les néolibéraux* (État mal géré, etc.) : elle l'est parce que notre démographie déséquilibrée va obliger l'État à soutenir des régimes de retraites archi-déficitaires – et, en fait, la mesure de nos perspectives financières dépend essentiellement de l'estimation de cette gigantesque impasse budgétaire.

Graphe 28 – Généalogie d'un pillage

Cependant, si le facteur réellement problématique est la démographie (cf. graphe 27), il n'en reste pas moins que la dette publique brute de la plupart des États occidentaux a fortement crû ces dernières décennies (cf. graphe 26). Il est intéressant d'essayer de comprendre *pourquoi*.

La cause principale de l'endettement croissant des États est un changement dans les règles de création monétaire.

En effet, quand un État est en déficit, il peut couvrir ce déficit de trois manières : en augmentant les impôts (pour combler le déficit) ; en faisant tourner la « planche à billets » (ce qui crée de l'inflation) ; en s'endettant auprès de quelqu'un (public, Haute Banque ou autres États).

Avant 1973, pour l'essentiel, les États européens, et en particulier la France, finançaient par l'inflation le déficit budgétaire qui leur permettait de conduire une politique de stimulation de la demande privée et d'anticiper sur les besoins en équipement public. Puis, quand ces États avaient accumulé les déficits, donc une création monétaire excessive, ils dévaluaient leur monnaie. Cela nuisait aux capitalistes qui détenaient cette monnaie, mais profitait aux travailleurs qui avaient bénéficié de la relance par l'État. C'est la formule qui a rendu possible ce que nous appelons « les trente glorieuses ».

En 1973, ce système prend fin. C'est alors que la dette publique commence à se creuser.

Essayons de comprendre comment on en est arrivé là. Petit rappel des faits, pour commencer, en remontant jusqu'aux origines du problème.

L'histoire de la monnaie contemporaine commence en réalité dès 1907, quand une très grave crise financière menace le capitalisme américain. C'est alors qu'un pool de banques d'affaires, organisé autour de la banque JP Morgan et associant, en particulier, les banquiers Rockefeller, Warburg et Rothschild, envisage de coordonner les émissions de crédit dans le cadre d'une institution « semi-publique » encadrant des banques *privées*. En 1913, après moult péripéties, le président Woodrow Wilson finit par créer cet établissement. À partir de cette date, le dollar est donc en réalité une monnaie émise par des banques privées, dans le cadre d'un consortium partiellement contrôlé par l'État fédéral – un système curieux, qui fera dire parfois que ce sont, en réalité, ces banques privées qui contrôlent de fait l'État fédéral, car bien malin qui pourrait dire qui contrôle qui, en réalité, dans cette histoire.

En 1945, après la victoire américaine, le système de Bretton woods rattache toute la zone occidentale à la FED, indirectement, sur le plan monétaire. Cependant, il y a un garde-fou : les banquiers privés ne peuvent pas créer de la monnaie sans précautions, ils doivent garantir l'étalon-or du dollar.

À partir de la fin des années 50, ce système se dérègle. En 1963, le président Kennedy tente d'en reprendre le contrôle : il est assassiné peu après, et on peut supposer que ce n'est pas sans lien.

En 1966, la création monétaire est devenue telle que l'étalon-or ne peut plus constituer qu'une fiction. Un accord secret est conclu entre les principales banques centrales, sous l'égide de la FED et de la Banque d'Angleterre. La France gaullienne refuse d'y souscrire, et on peut supposer, là encore, que le démantèlement progressif du gaullisme, en 1968/69, n'est pas sans lien, lui non plus, avec cette *histoire de l'argent* qui sous-tend *notre* histoire.

Une fois le verrou gaulliste anéanti, plus rien en Occident ne s'oppose à la dictature financière de la haute finance anglo-saxonne. En 1970, le rapport Werner, dans le cadre de la Communauté Économique Européenne, préconise l'instauration d'une autorité monétaire progressivement unifiée à l'échelle de l'Europe. En août 1971, la convertibilité-or du dollar est abolie. Cette mesure signifie que plus rien n'encadre l'émission monétaire par la FED, c'est-à-dire par les banques privées qui en constituent l'armature. À cette date, les actionnaires de ces banques se sont donné les moyens de créer arbitrairement de la « valeur fictive ».

Dans ces conditions, il faut absolument trouver un autre « facteur d'équilibre » - ou bien il n'y aura plus aucun frein à l'inflation. Ce facteur d'équilibre, c'est le *régime des changes flottants* – c'est-à-dire la loi de l'offre et de la demande appliquée aux monnaies : l'argent est supposé valoir ce que l'on est prêt à payer pour lui, chaque devise vaut un « panel » implicite de toutes les autres devises. Dans ce système, les banques centrales qui laisseront se créer trop de monnaie seront pénalisées par la baisse du signe monétaire qu'elles émettent.

Cependant, le régime des changes flottants ne permet pas une remise en ordre du système dollar. Il est au contraire potentiellement porteur d'une remise en cause du statut du dollar comme monnaie de réserve. Si chaque monnaie « vaut » un panel des autres monnaies, pourquoi le dollar serait-il nécessairement le cœur du panel ?

C'est pourquoi, avant d'établir complètement le régime des changes flottants, la haute finance anglo-saxonne a pris soin de verrouiller les instruments de la création monétaire *hors de la sphère dollar :*

- Dans la sphère dollar, d'une part, la FED a continué à avancer des ressources à l'État américain, et ainsi à procéder *de facto* à une création de masse monétaire – désormais sans autre contrepartie que le risque pesant sur le dollar dans le régime des changes flottants. Cette spécificité américaine explique, soit dit en passant, le besoin impératif, pour les USA, de faire libeller les transactions pétrolières en dollars (le pétrole fut, de 1971 à 2008, le véritable étalon du dollar – un étalon mobile, mais un étalon tout de même).

- Hors de la sphère dollar, d'autre part, les banques centrales (dont la Banque de France) ont cessé de prêter directement aux États un argent créé « ex nihilo », ce qu'auparavant elles faisaient (selon des modalités complexes et diverses).[67]

Conclusion : de 1913 à 1973, de la création de la FED au régime des changes flottants, l'histoire que nous venons de rappeler est celle d'un *coup d'État monétaire mondial.* Ou comment les gens qui contrôlent effectivement la FED, se sont mis en situation de contrôler *toute l'économie mondiale.*

---

[67] Note 2013 : le constat est plus que jamais d'actualité, et il suffit de comparer la politique monétaire US et celle pratiquée dans l'Euroland pour le vérifier.

L'édition initiale de l'ouvrage présentait ici également, sous forme graphique, une analyse de la structure des créanciers USA/France, mais cette analyse apparaît aujourd'hui caduque, étant donné les informations rendues disponibles depuis, qui laissent penser que les données dont nous disposions alors étaient probablement manipulées. Nous nous abstiendrons donc de la reprendre ici, d'autant plus qu'elle n'est nullement essentielle à la bonne compréhension du propos.

Graphe 29 – Le coup d'État monétaire

Ce coup d'État monétaire mondial explique pour l'essentiel la croissance de la dette publique en France, depuis trois décennies.

En effet, comparons l'évolution de la dette publique française :
- telle qu'elle a été effectivement constatée,
- telle qu'elle aurait été constatée, si l'État s'était endetté auprès de la Banque Centrale en la rémunérant à peu près au taux d'inflation,
- telle qu'elle aurait été constatée, si l'État avait pu financer ses déficits tout simplement par la création monétaire, comme ce fut le cas pendant les « 30 glorieuses ».

Evolution de la dette publique brute, chiffres retraités

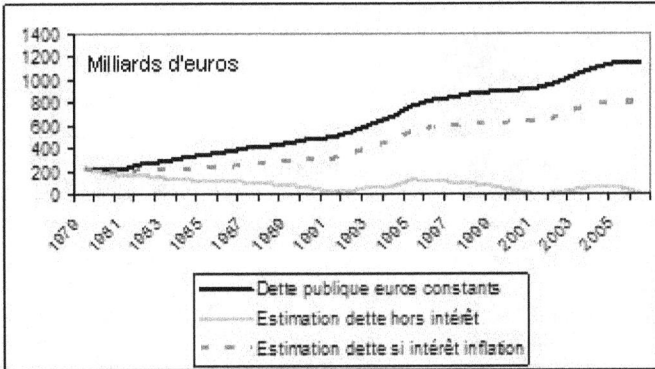

Les chiffres sont éloquents. Si l'État français avait pu se financer, après 1973, comme il le fit pendant les trente glorieuses, la dette publique française serait, aujourd'hui, *tout simplement nulle*. Le calcul a été effectué ici par neutralisation des intérêts recalculés sur la base des taux de base bancaires de la période considérée, mais un calcul alternatif, sur la base des intérêts figurant aux lois de finances, donne un résultat équivalent : résultat sans équivoque ! *La quasi-totalité de la dette actuelle correspond en réalité aux intérêts composés de la dette initiale préexistante*, telle qu'elle s'était constituée dès la fin des années 70 (et qui était, à l'époque, assez raisonnable).

C'est par le jeu des intérêts sur la dette que l'État français se retrouve, depuis trois décennies, en déficit chronique – et la constitution de la « base » de cet effet boule de neige a été, signalons-le au passage, la très forte augmentation des taux d'intérêt décidés par la FED, au tournant des années 70/80, pour endiguer (déjà) une inflation jugée excessive. En somme, pour dire les choses simplement, notre dette publique résulte en grande partie d'un simple jeu d'écriture, qu'on devine *soigneusement organisé*.[68]

Si l'on considère qu'à défaut de se financer comme il le faisait pendant les 30 glorieuses, l'État français aurait dû au moins pouvoir se financer en présentant ses effets à l'escompte de la Banque de France, un peu à la manière dont l'État US se finance auprès de la FED (disons pour simplifier : en rémunérant l'organisme émetteur au taux d'inflation), alors un bon tiers de la dette publique disparaît.

Ces petits calculs démontrent tout simplement que notre dette publique brute est pour l'essentiel *illégitime*. En effet, pourquoi devrions-nous payer un taux d'intérêt nettement supérieur à l'inflation sur nos emprunts, et en outre, pour commencer, pourquoi devrions-nous emprunter, au lieu de créer collectivement du signe monétaire ?

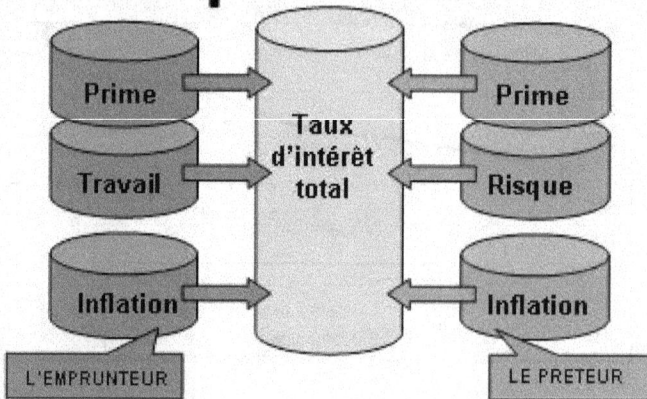

_____

[68] Note 2013 : ce passage est un peu faible en termes d'argumentation. Pour expliciter davantage :

- Une première attaque part du cœur de l'économie occidentale, l'Anglosphère, au début des années 70, et touche l'Europe *à travers* les institutions de la CEE. C'est l'instauration du système des changes flottants, qui pérennise la dissymétrie entre USA et Europe malgré l'abolition du système de Bretton Woods.
- Une deuxième attaque part de ce même cœur, à la fin des années 70/début des années 80. C'est l'ensemble formé par les *reaganomics* aux USA et la dérégulation boursière londonienne orchestrée par les conseillers de Margaret Thatcher.

La place manque pour expliquer en détail l'articulation de ces deux offensives. Il faudrait pour cela présenter en profondeur les théories Milton Friedman.

Un taux d'intérêt résulte toujours de la rencontre entre un emprunteur et un prêteur.

Du point de vue de l'emprunteur (pour la dette publique : l'État), le taux d'intérêt traduit la somme de l'inflation, du travail (l'activité que l'on pourra conduire grâce au capital emprunté) et d'une prime correspondant à l'avantage que l'emprunteur attend de son activité. Dans le cas de l'État, il est à noter que l'obligation de se financer par emprunt va donc entraîner *une modification de la conception de la dépense publique* : puisqu'il va falloir dégager une rémunération, l'État va cesser de dépenser *en vue de la collectivité* (vision franco-allemande de l'État interventionniste suivant un droit spécifique, au regard de missions spécifiques) ; il devient au contraire un acteur économique *comme les autres* (vision anglo-saxonne de l'État soumis au droit privé).

Du point de vue du prêteur, le taux d'intérêt est la somme de la neutralisation de l'inflation, de la rémunération du risque lié à l'emprunt et d'une prime additionnelle, qui correspond à l'intérêt que le prêteur trouve dans l'opération. Or, en principe, prêter à l'État (en tout cas un grand État comme la France) est quasiment sans risque. C'est pourquoi la rémunération des emprunts publics était traditionnellement très faible : placement de père de famille, sans risque mais faible rendement. Le taux des intérêts versés actuellement, si l'on en croit les lois de finances récentes (environ 3,5%), indique qu'une « prime de risque » importante est concédée aux prêteurs (inflation officielle : 1,5%). À quoi correspondent les + 2% de prime ? Où est le risque pour le prêteur ? En réalité, tout se passe comme si à travers le niveau des taux d'intérêt offerts, l'État *reconnaissait la réalité de l'inflation cachée*.

Finalement, nous arrivons en tout cas à la conclusion que la dette publique brute, dont on nous rebat les oreilles, est largement le résultat d'un modèle économique, et implicitement de la conception de l'État qui sous-tend ce modèle – à savoir la conception anglo-saxonne.

Si l'on se souvient du tableau récapitulant la situation financière de notre État, au graphe 27, tableau qui montrait que cette situation apparaît bien dégradée au regard de l'enjeu représenté par le papy-boom des années 2010-2020, force est donc de constater… *que tout s'est passé comme si, à travers la dette publique, la haute finance mondialisée avait préempté les capacités de remboursement de l'État, nous plaçant à terme dans l'obligation d'aliéner le patrimoine national pour régler les retraites.*

Eh bien, comme nous allons le voir maintenant dans la deuxième partie de ce petit essai, c'est exactement de cela qu'il s'agit.

DEUXIÈME QUESTION
POURQUOI MAINTENANT ET DE CETTE MANIÈRE ?

Graphe 30 – L'Asie, réservoir de main d'œuvre

Nous avons maintenant reconstitué l'enchainement général qui a conduit à la crise. Des milliers de milliards de dollars ont été « fabriqués » artificiellement par le jeu du crédit, et l'implosion d'abord de l'immobilier américain, ensuite de l'immobilier en général et des marchés actions, traduit tout simplement la disparition de cet argent « fictif », sans contrepartie dans l'économie réelle.

Le mécanisme qui a entraîné cette émission monétaire incontrôlée a également été décrit.

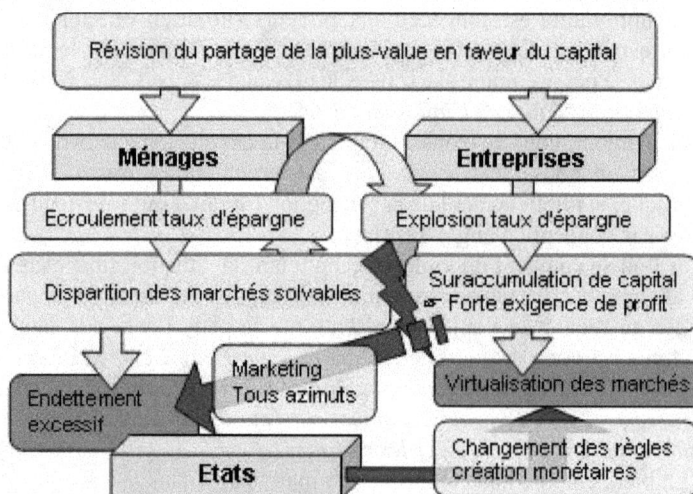

Au commencement, il y a la révision de la plus-value en faveur du capital :
- révision opérée dans les années 80, remettant en cause le partage de la plus-value tel qu'il s'était établi à l'issue de la crise des années 70,
- révision accentuée ensuite progressivement, entre 1990 et 2007.

Cette révision a entraîné d'une part une implosion de l'épargne des ménages dans les pays directement touchés par la démarche (USA, Grande-Bretagne, quelques pays européens), d'autre part une explosion de l'épargne des entreprises, et en particulier du secteur financier. La conjonction de ce capital en excès sur les marchés et de la disparition progressive des marchés solvables a engendré une contradiction dans le système. Pour surmonter cette contradiction, il a donc fallu trouver un relais de croissance : ce fut la dette, qui s'emballe après la récession de 2000, pour prolonger le système jusqu'en 2007 – c'est-à-dire jusqu'au moment où la crise éclate, avec les crédits immobiliers US de la catégorie « subprimes ».

Pourquoi le système a-t-il éclaté en 2007, et ni avant, ni après ? Et pourquoi a-t-il éclaté de cette manière-*là* ?

Pour répondre à ces questions, il faut d'abord remonter en amont de la cause première question que nous avons préalablement dégagée. On a vu que le point de départ de la crise, sa cause profonde, est la révision du partage de la valeur ajoutée en faveur du capital. Mais pourquoi cette révision ? Qu'est-ce qui l'a rendu possible, progressivement, depuis trente ans ?

La réponse est simple : *la loi de l'offre et de la demande a fait considérablement baisser le coût du travail à l'échelle mondiale*. Et le facteur principal qui explique cette baisse spontanée, c'est tout simplement l'entrée dans l'économie globalisée de milliards d'hommes qui, jusque-là, étaient tenus en marge.

Evolution de l'offre mondiale de main d'oeuvre

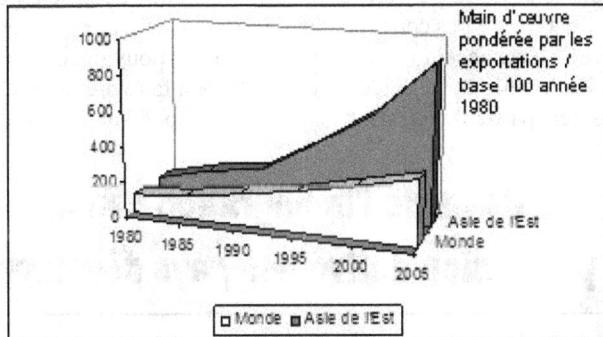

Si l'on pondère la main d'œuvre par pays par les exportations du pays considéré, l'offre de main d'œuvre dans l'économie globalisée a été multipliée environ par 3,5 depuis 1980. La raison ? Simple : l'offre de main d'œuvre de l'Asie de l'Est, Chine en particulier, a été multipliée dans le même temps *par 9*.

Entre 1982 et 1987, le capitalisme connaît une phase de reprise, après la crise très grave engendrée par le second choc pétrolier. Mais en 1987, cette reprise explose en plein vol, lors d'un krach boursier particulièrement bref, mais aussi particulièrement violent. La croissance par la magie de la dérégulation et du développement de l'industrie informatique, sur le modèle californien, est menacée de ne pas pouvoir survivre à sa première crise sérieuse.

C'est alors qu'un « miracle » va venir sauver ce modèle économique anglo-saxon bien essoufflé. Ce miracle, c'est l'ouverture soudaine des marchés ex-soviétiques et chinois, ouverture qui devient irrémédiable dès la fin des années 80. En quelques années, la population vivant dans l'économie-monde américano-centrée passe d'environ 2 milliards de personnes à environ 5 milliards de personnes. Dans toute l'histoire du capitalisme, il n'y a qu'un seul équivalent à ce phénomène : c'est l'extension de l'économie-monde européenne lors des grandes découvertes, aux XV° et XVI° siècles. C'est un évènement gigantesque, qui change fondamentalement la donne pour les acteurs du système en expansion.

En particulier, cet évènement ouvre au capital occidental un accès très peu règlementé à une immense main d'œuvre, dans l'ensemble très disciplinée et remarquablement formée par les régimes communistes défunts. Du jour au lendemain, le rapport de force bascule donc complètement entre capital et travail. Sans s'en rendre compte, les travailleurs occidentaux « valent » désormais 3,5 fois moins aux yeux de leurs employeurs – tout simplement parce qu'il y a potentiellement 3,5 fois plus de travailleurs sur le marché.

Graphe 31 – L'immigration, armée de réserve du Capital

On peut relever, au passage, que cette dynamique de mise en concurrence des mains d'œuvre n'a pas correspondu uniquement à l'ouverture des économies asiatiques. Elle a été accentuée délibérément par les pouvoirs occidentaux, dans une stratégie d'immigration évidemment destinée à faire pression à la baisse sur les salaires (en particulier les bas salaires correspondant à des emplois peu qualifiés).

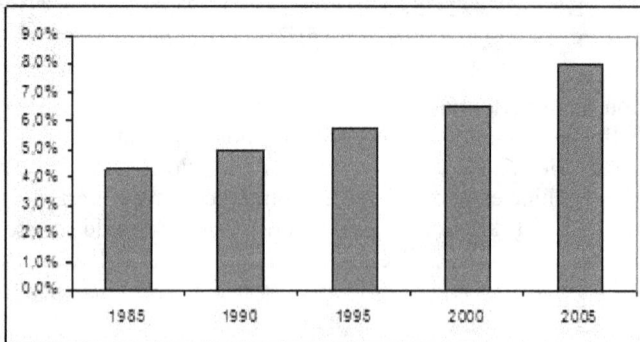

Poids de l'immigration dans la population active des pays développés

En un quart de siècle, le poids de l'immigration dans la population active des pays développés est passé de 4% à 8%. À noter que ce chiffre s'entend une fois neutralisés l'immigration assimilée, c'est-à-dire que dans les 8% finaux n'entre pas la partie des flux passés naturalisée par le pays d'accueil – pas plus, dans le cas des pays pratiquant le droit du sol, que les enfants d'immigrés. Voici, aussi, une des causes de la stagnation, voire dans certains pays de la régression des salaires correspondant aux emplois peu qualifiés, depuis 25 ans (voir graphes 11 et 14).

Graphe 32 – Les délocalisations

Revenons au phénomène tout de même le plus important, sur le plan strictement économique : l'entrée de l'Asie dans l'économie-monde capitaliste.

Pour bien comprendre l'évènement, il faut en saisir l'ambivalence du point de vue des dirigeants du capitalisme occidental :

Sous un certain angle, c'est une *menace*. Le capital asiatique peut en effet s'appuyer sur une force de travail gigantesque et d'excellente qualité. Il existe, pour les capitalistes occidentaux, un véritable risque de perdre partout des parts de marché.

D'un autre côté, c'est une *opportunité*. Si les capitalistes occidentaux parviennent à s'approprier cette force de travail, au moins en partie, ils ont virtuellement gagné la guerre de classes contre les prolétaires occidentaux.

Il n'existe probablement pas de « complot » visant à détruire les économies occidentales pour fabriquer une économie mondialiste. Il est inutile en tout cas qu'il y en ait un pour expliquer les évènements des décennies récentes. Les capitalistes occidentaux ont tout simplement *suivi leur intérêt*. Il est possible qu'en suivant ces intérêts, ils aient été amenés à se doter d'instances de coordination faisant croire à un complot – mais en réalité, ces instances n'ont fait que répondre aux besoins spontanés des parties prenantes.

Depuis 1987, le capitalisme occidental a recherché *l'intégration* entre son outil de production et l'outil de production en cours de développement en Asie. Des segments de chaîne logistique ont été confiés à la sphère chinoise (industrie manufacturière, industrie lourde) et, dans des proportions moindres, à l'Inde (sidérurgie, industries polluantes et informatique). On parle, pour décrire ce phénomène, de la *délocalisation* de la production.

Un bon moyen de vérifier la réalité du phénomène est d'étudier les importations de produits semi-finis dans les pays développés.

L'impact des délocalisations

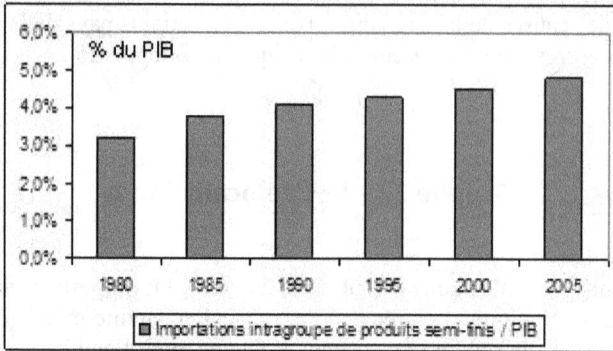

Entre 1980 et 2005, les importations de produits semi-finis passent de 3% à 5% du PIB. En soi, l'impact peut paraître limité, mais il faut se souvenir que nous ne parlons là que d'une partie des délocalisations : les délocalisations partielles, celles qui ne portent que sur un segment de chaîne logistique producteur de produits semi-finis (cas, par exemple, de l'ouverture d'une usine en Chine qui fabriquerait des éléments de boîte de vitesse partiellement assemblés). S'y ajoutent les délocalisations portant sur des segments de chaîne logistique complets, voire sur des chaînes logistiques complètes, qui débouchent sur des produits finis (cas, par exemple, de l'ouverture d'une usine en Chine produisant des véhicules).

Graphe 33 – Quand Wall Street tue l'Amérique

Si l'on considère maintenant l'ensemble des importations intra-firme, c'est-à-dire à l'intérieur de la même entreprise, on cerne mieux l'ampleur du problème, en particulier aux USA.

Les multinationales "américaines" ont organisé le déficit commercial US

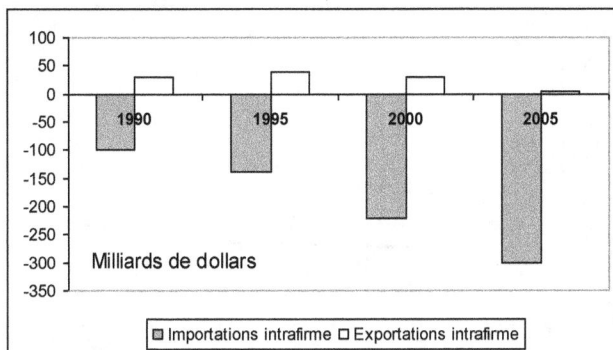

Entre 1990 et 2005, le volume des exportations intra-firme US est baisse. Dans le même temps, le volume des importations intra-firme est passé de 80 milliards de dollars à plus de 300 milliards. Ainsi, quand en 2005, le déficit commercial américain atteint 700 milliards de dollars, sur ce total, *40% vient des flux internes aux multinationales US.*

Il faut prendre la mesure de ce phénomène. Un peu plus de 300 milliards de dollars de déficit, c'est, dira-t-on, 2,5% du PIB US, environ. Peu de choses ? Rappelons que le PIB américain est constitué à 80% de services, alors que les importations intra-firme US sont constituées pour l'essentiel de produits finis et semi-finis. En d'autres termes, les importations intra-firme US pèsent probablement 13% de la production industrielle du pays.

Conséquence secondaire, mais significative : la loyauté même des firmes US à l'égard de leur pays ne peut qu'être remise en cause. La « transnationalisation » de ces firmes est si poussée, qu'on peut se demander dans quelle mesure elles sont encore prêtes à s'inscrire dans le cadre tracé par les intérêts de leur « patrie d'origine ».

Graphe 34 – Une guerre de classe

Ainsi, depuis un quart de siècle, la dynamique du capitalisme occidental, et en particulier du capitalisme américain, a reposé en grande partie sur l'exploitation de la main d'œuvre asiatique.

Une stratégie délibérée, soutenue par le pouvoir politique qui a créé le cadre rendant possible cette véritable entreprise de pillage. En arrière-plan : le différentiel de salaire phénoménal entre les populations occidentales et les masses asiatiques.

Rapport du salaire horaire au salaire US

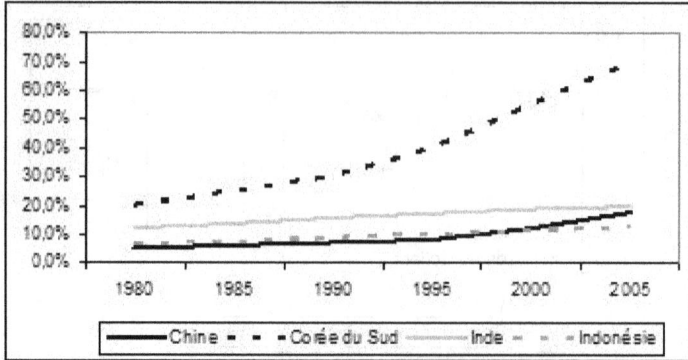

Dans les industries de main d'œuvre, le capital va presque systématiquement là où le travail est bon marché. Attiré dans les années 80 par la Corée du Sud en plein boom, il glisse vers la Chine dans les années 90, au fur et à mesure que le salaire moyen coréen (en parité de pouvoir d'achat) se rapproche de son équivalent US. Dès que la Chine, inquiète de l'instabilité latente de sa population et de la fragilité de son économie d'exportation, commence à développer un marché intérieur, faisant monter le salaire moyen à partir de la fin des années 90, le capital glisse vers l'Indonésie, la Birmanie, et retourne vers l'Inde, dont les salaires moyens plafonnent depuis le début des années 2000. On a même pu relever, ces dernières années, des déclarations de responsables économiques occidentaux, s'inquiétant des augmentations salariales en Chine – comme si, dans l'esprit des capitalistes occidentaux, le niveau de vie actuel des populations chinoises constituait en quelque sorte un point de référence souhaitable, qu'il ne faut pas remettre en question.

Graphe 35 – L'Amérique impériale ?

Le résultat de cette brillante politique des multinationales occidentales, US en particulier, fut :

Une expansion des profits comptables de ces multinationales, expansion qui a permis de rémunérer le capital en excès (voir graphe 20) et de fabriquer une économie virtuelle plus grosse que l'économie réelle (voir graphe 19) ;

Une *régression* de l'économie occidentale, US en particulier, dans le domaine de la production *réelle*.

Cette régression de l'Occident, des USA en particulier, a fini par dégénérer jusqu'à une situation d'implosion latente, en tout cas Outre-Atlantique. Cela se voit particulièrement bien dans les chiffres du déficit commercial des USA depuis la fin des années 90 – un déficit en croissance explosive, de 2001 à 2005, donc à une époque où le dollar *baisse* sur les marchés financiers. Monnaie faible, déficit commercial en hausse : une situation *anormale*.

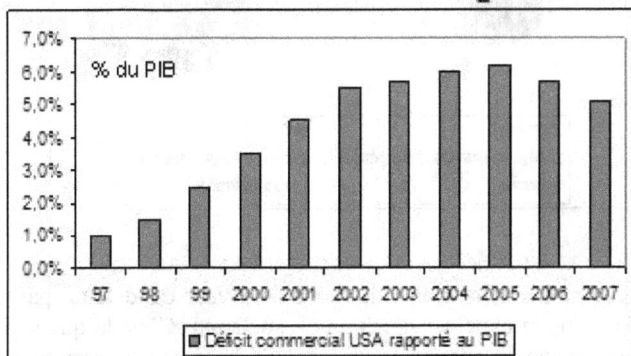

À partir des années 2000, les États-Unis n'ont plus l'économie d'une république, capable de produire globalement ce que sa population consomme. À partir de cette date, les USA ont clairement une économie caractéristique des situations historiques de *déclin impérial*, c'est-à-dire une économie qui :

- poursuit comme objectif principal l'enrichissement des classes dominantes, et relègue au niveau des objectifs secondaires le développement des forces productives,

- exploite les pays dominés pour entretenir une plèbe domestique relativement improductive,

- et repose donc sur un déficit commercial croissant du « centre », déficit qui vide progressivement ce « centre » de sa substance économique – anéantissant ainsi la base corporelle de la puissance, dans un véritable processus d'autodestruction.

Graphe 36 – L'Empire qui ne s'appartenait pas

Cette destruction de la base corporelle des USA a deux traductions principales : le recul de la production en termes réels, sur lequel nous reviendrons longuement, et la mise en dette *extérieure* de l'État américain.

Commençons par analyser cette dette extérieure publique américaine.

Qui possède les bons du Trésor US à l'étranger ?

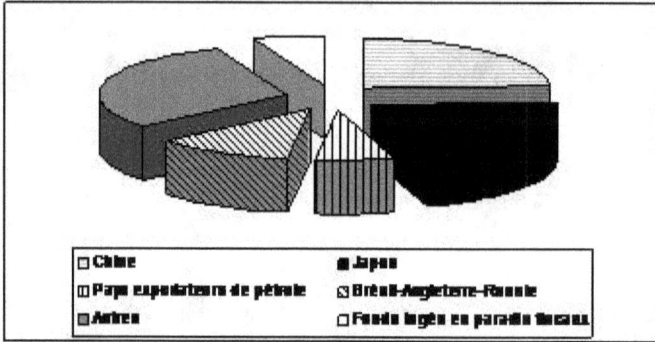

Un peu moins de la moitié des bons du Trésor US détenus par des acteurs non résidant appartiennent à la Chine ou au Japon. C'est là que se trouvent la principale menace financière pour les USA : en cas de crise très violente remettant en cause la suprématie du dollar (c'est-à-dire la situation où nous entrons au moment où j'écris ces lignes), la Chine, surtout si elle convainc le Japon d'abandonner son attitude de suiveur à l'égard des USA, peut provoquer une véritable implosion de la monnaie américaine, soutenue pour l'instant par le recyclage des excédents commerciaux de son principal rival stratégique.

Une situation *évidemment* non pérenne…

Graphe 37 – La superpuissance la plus fragile de l'Histoire

En réalité, depuis vingt ans, les USA ont présenté la particularité surprenante de se comporter comme un *empire démocratique marchand*, un paradoxe évidemment insurmontable :

- Impériale, l'Amérique l'est puisqu'elle se comporte comme un centre prédateur (cf. graphe 35) ;

- Mais démocratique, elle prétend le rester, puisque ce centre prédateur continue à entretenir une importante classe moyenne, et ne s'inscrit pas (pas encore ?) dans la structure sociale binaire (aristocratie/plèbe) caractéristique des empires ;

- Et marchande, l'Amérique l'est plus que jamais, puisque ce qu'elle achète à l'étranger, y compris dans les pays dominés, elle le paye (au lieu de se servir purement et simplement, comme un empire militariste).

Le résultat de cette politique absurde, c'est que l'Amérique est devenue le débiteur de la planète :

En 1980, les USA avaient une position extérieure nette (différence entre les avoir étrangers détenus par les Américains et les avoirs US détenus par des étrangers) largement positive : l'Amérique finançait le reste de la planète avec ses ressources propres.

En 2007, la situation s'est complètement inversée. Les USA ont une position extérieure nette largement négative, comme le montre le graphique ci-après.

Position extérieure nette des USA

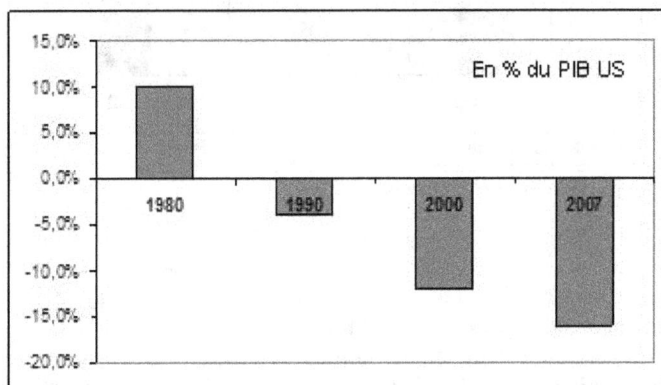

Il faut bien comprendre ce que signifie ce graphique. Cela veut dire qu'en 2007, le pays qui détient le dollar, principale monnaie de réserve de la planète (environ 65% des réserves de change des banques centrales), est dans une situation de grande fragilité financière. Une position extérieure nette frôlant les − 20% du PIB implique en effet non seulement une grande dépendance à l'égard des créanciers (Chine et Japon en premier lieu), mais aussi un besoin de financement important, puisque les intérêts de la dette nette commencent à tirer sur la croissance du pays.

Graphe 38 – Vers l'Empire mondialiste ?

Si l'on regarde de plus près ce recul américain, on s'aperçoit qu'il a correspondu à une mutation du rôle des USA dans l'économie globalisée. Les USA sont passés, en 25 ans, d'une position de cœur industriel du monde capitaliste à une position de *gestionnaire du capital-risque mondialisé*, ce qui n'est pas du tout la même chose.

La preuve ci-dessous : en 1985, les USA ont encore une économie d'État continent, ouverte mais dotée d'une identité forte. En 2005, leur économie est totalement intégrée dans une économie-monde globalisée.

De l'économie américaine à l'économie mondialiste

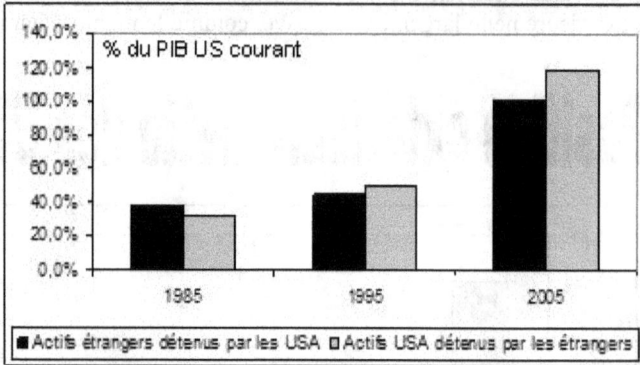

En 20 ans, le poids des actifs étrangers détenus par les USA ou US détenus par l'étranger est devenu supérieur au PIB du pays, ce qui veut dire que le capital « américain » est en réalité un capital mondialisé. Soit physiquement aux USA, soit physiquement à l'étranger, mais toujours *mondialisé*.

Cette économie américaine mondialisée, cœur du mondialisme, est une économie de *banquier*. Si les USA sont parvenus jusqu'ici à éviter la ruine, c'est parce que :

- les étrangers possèdent désormais aux USA des actifs sûrs à faible rendement (bons du Trésor, en particulier) ;

- alors que les Américains possèdent désormais à l'étranger surtout des actifs risqués à fort rendement (prises de participation, investissements directs).

Le modèle économique du mondialisme américanomorphe

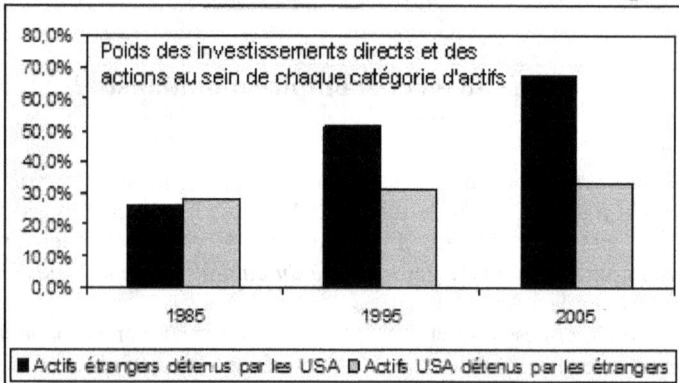

L'Amérique, concrètement et du point de vue du capital mondialisé, aujourd'hui, c'est un super coffre-fort gardé par une dizaine de porte-avions nucléaires. Les riches du monde entier y placent leur capital dans des actifs au rendement faible, mais présumé sûr. Les gestionnaires du coffre-fort, quant à eux, investissent dans des placements plus risqués à l'étranger, et le différentiel de rendement leur permet de financer leur politique de puissance, de l'entretien d'une plèbe de plus en plus improductive à la construction d'un outil militaire futuriste. On a donc d'abord fabriqué un monde dual opposant des nations salariées à des nations rentières, puis une « hyperclasse mondialisée » s'est constituée, qui se substitue progressivement à la « nation rentière » pour la remplacer comme substance même des États-Unis.

Ainsi, la stratégie des classes dirigeantes US a consisté, ces dernières décennies, à se positionner en protecteur/racketteur des classes dirigeantes du reste de la planète. Entre l'alliance avec leur propre peuple et l'alliance avec les classes dirigeantes étrangères, les classes dirigeantes de la première puissance mondiale ont choisi : vive l'Empire ! Et comme tout empire doit tomber, l'empire US ne fera pas exception…

Ainsi, si la position extérieure nette des USA, en 2005, n'était négative *que* de 18% du PIB environ, c'était uniquement parce que les actifs à risque détenus par les USA à l'étranger étaient surévalués, *en période de spéculation haussière massive*. Ceci implique qu'avec l'implosion des bulles spéculatives à partir de 2007 (voir graphe 1), la position extérieure nette des USA a encore dû se dégrader[69] considérablement, pour approcher, probablement environ – 45% du PIB :

Avant l'implosion des marchés actions, les USA possédaient à l'étranger environ 15.000 milliards de dollars d'actifs étrangers (contre 17.000 milliards d'actifs américains, surtout monétaires, détenus par l'étranger). Sur ces 15.000 milliards d'actifs étrangers détenus par les USA, 10.000 milliards environ étaient des actifs boursiers ou assimilables.

Ces 10.000 milliards se sont soudain contractés pour ne plus « valoir » que 5.000 milliards. Et en conséquence, la position extérieure nette des USA a dû passer, approximativement, à 7.000 milliards de dollars en négatif (soit 45% du PIB).

Tous ces calculs sont évidemment approximatifs, et il ne faut pas leur donner une valeur de précision excessive. Mais leur *valeur significative* est réelle, eu égard au caractère massif des évolutions signalées : les USA sont sinistrés financièrement, parce que quand le capital-risque implose, le

---

[69] Note 2013 : où l'on comprend pourquoi, depuis 2009, la FED a constitué le fer de lance de l'action conduite conjointement avec la Banque d'Angleterre, la BCE et la Banque du Japon pour soutenir artificiellement les marchés actions. Ceux-ci servent en quelque sorte de contrepartie obligée aux dettes publiques, et en premier lieu à la dette américaine. Là réside un équilibre artificiel à maintenir impérativement, pour qui veut préserver la structure d'ensemble du système monétaire international.

gestionnaire du capital-risque implose avec. Techniquement, on peut considérer qu'un pays qui possède une position extérieure nette aussi négative que celle des USA est en très grande difficulté financière. Gestionnaire de capital-risque, tant que la conjoncture est favorable, c'est une situation idéale. Mais quand la conjoncture se retourne...

Graphe 39 – Un monde à deux vitesses

Une question qu'on peut légitimement se poser, ici, est : « Mais enfin, tout cela était très prévisible. Les arbres ne montent pas jusqu'au ciel, et on se doute bien que tôt ou tard, les vagues spéculatives étant ce qu'elles sont, un capital exagérément spéculatif va imploser. Alors pourquoi les élites américaines ont-elles organisé un système qui a entraîné leur pays vers la ruine ? »

La réponse tient en un seul graphique. Le voici...

L'indice de Gini : Les inégalités dans le monde

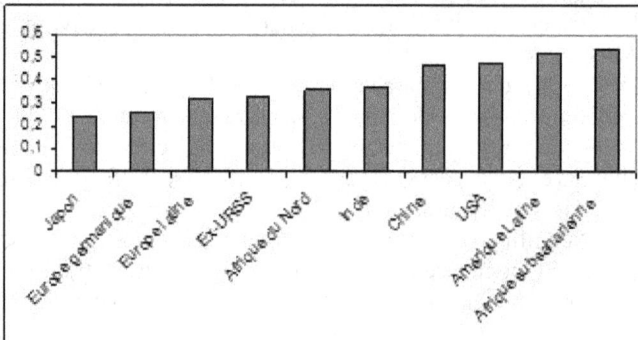

S'il y a un seul graphique à retenir dans cet ouvrage, c'est celui-là. C'est ce graphique qui vous dit la raison *politique* de la crise qui commence sous nos yeux.

Ce graphique présente les indices de Gini par grandes zones géographiques. Cet indice est indicatif du niveau d'inégalité dans une société. Il est calculé comme suit :

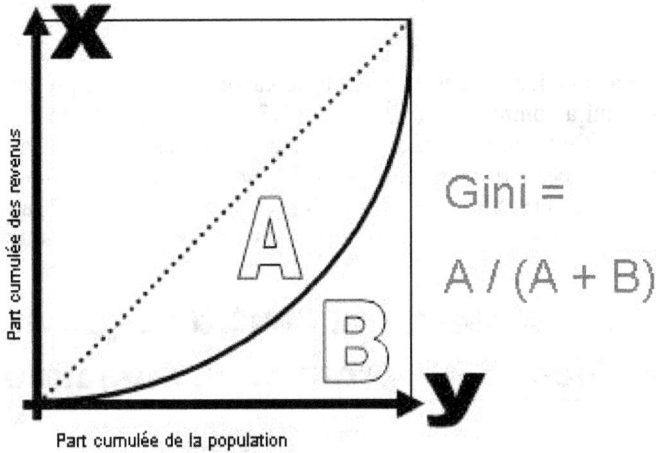

Part cumulée de la population

En abscisse, on place la population, par centiles en général, du centile le plus pauvre au centile le plus riche. En ordonné, on place la part cumulée des revenus correspondant à la somme des centiles inférieurs ou égal au centile de référence en abscisse. Le rapport entre la surface À et la surface À + B indique le « poids de l'inégalité » dans une société donnée. Plus il est élevé, plus cette société est inégalitaire.

Or, que voit-on ?

Eh bien on se rend compte qu'à part les USA, les pays développés sont moins inégalitaires que les pays émergents ou sous-développés. Conclusion : *les riches des pays pauvres sont potentiellement plus riches que les riches des pays riches.*

Toute la politique américaine de ces dernières décennies, et d'une manière toute la politique des élites occidentales, doit être analysée à la lumière de cette réalité : l'intérêt de nos « élites » n'est pas d'aligner les pays pauvres sur la structure sociale des pays riches dont ils ont la charge. L'intérêt de classe de nos élites est de faire *le contraire.*

Voilà pourquoi la domination américaine s'est muée en empire américanomorphe du capital mondialisé. Voilà pourquoi les classes dirigeantes occidentales ont favorisé le libre-échange (mise en concurrence inéquitable des mains d'œuvre, cf. graphe 34) et l'immigration (cf. graphe 31), et cela au prix d'un terrible affaiblissement de la situation financière du cœur de leur puissance (cf. graphe 37, 38 et 39) : parce que derrière la mutation de l'Amérique et la constitution d'une immense économie virtuelle (graphes 19 à 22), il y a un choix de société.

La classe dirigeante a choisi une société inégalitaire, et elle a payé ce choix au prix de notre richesse collective. C'est une stratégie *de casse,* parce que c'est une stratégie *de classe.*

Graphe 40 – Revanche du réel

C'est en fonction de cette stratégie de casse qu'il faut analyser la crise économique qui a commencé en 2007, aux USA, avec l'implosion de la bulle des subprimes. Cette implosion, dont nous parlerons plus loin en détail, n'a en effet été qu'un facteur déclenchant. *Les subprimes ont été le détonateur, mais pas l'explosif.* La véritable charge explosive, c'est l'état général où la stratégie de classe des dirigeants occidentaux a mis les économies dont ils avaient la charge.

Le basculement du centre de gravité de l'économie productive mondiale

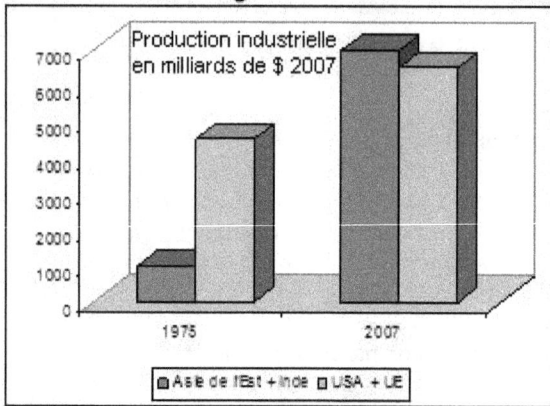

Éloignons-nous un instant du monde trompeur de l'économie purement financière, et intéressons-nous un instant à l'économie physique – celle de la production. Il faut bien voir que l'économie financiarisée ne peut pas exister séparément de l'économie physique de manière durable – et l'inverse est d'ailleurs tout aussi vrai. Quand l'économie financiarisée diverge significativement de l'économie physique, on peut donc être certain qu'une *correction* va avoir lieu, tôt ou tard.

L'économie-monde financiarisée de 2007 était, comme nous l'avons vue, non plus un empire américain, mais un empire américanomorphe, et provisoirement américano-centré. Mais l'économie physique, quant à elle, avait déjà commencé à s'éloigner de ce schéma depuis plusieurs années. Comme l'illustre le graphique ci-dessus, entre le monde de 1975 et celui de 2007, une transformation géographique fondamentale a affecté l'économie physique : le centre de gravité du monde, en termes de production industrielle, a basculé de l'océan atlantique (USA/Union européenne) à l'Asie (Japon, Inde, Chine et périphérie).

Fondamentalement, la crise qui commence en 2007 est la crise d'un modèle américanomorphe et américano-centré, produit par les stratégies de classe des dirigeants occidentaux, et qui ne correspond plus à la réalité du monde qu'il a lui-même produit. En 2007, la localisation du centre de gravité du capitalisme mondialisé a cessé d'être clairement positionnée aux USA : voilà la dimension *géopolitique* de la crise.

Graphe 41 – Chine vs USA, passage du témoin ?

Arrêtons-nous un instant plus en détail sur la réalité de la production industrielle, et zoomons sur la situation dans les grands pays.

La Chine, atelier du monde

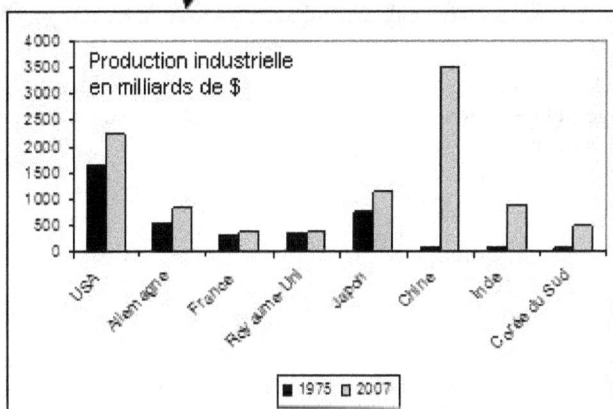

Le constat est sans appel. Les USA, qui pèsent en 2007 environ 20% du PIB mondial ne pèsent plus, à cette date, que 11% de la production industrielle. À cette même date, la Chine, qui ne pèse encore que 10% du PIB mondial, représente déjà 16% de la production industrielle mondiale. Dans l'économie financiarisée, les USA sont encore la plus grande économie du monde. Mais dans l'économie physique, productive au sens du produit matériel (la marchandise), la Chine les a supplantés. Les rôles ont été inversés entre Washington et Pékin sur le plan quantitatif.

Or, il y a toujours un moment où la réalité de la puissance économique, donc militaire, donc politique, c'est la réalité de la production – et le sous-jacent de toute production, y compris la production de services à valeur ajoutée authentique, c'est forcément la *marchandise* – donc *l'usine*. Comme le montre ce graphique éloquent, quand on regarde la réalité de la production, le moins qu'on puisse dire est que l'Occident (USA + UE) est assez mal parti :

Quatre industries majeures, quatre centres potentiels pour le capitalisme

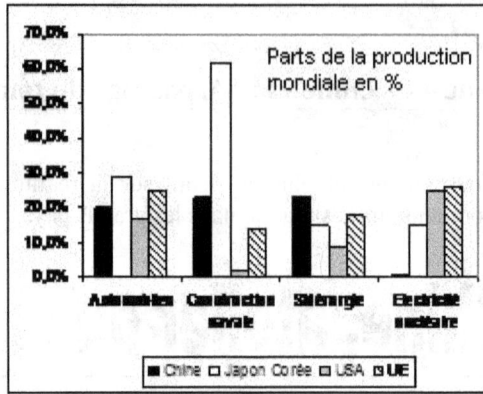

Parts de la production mondiale en %

■ Chine □ Japon Corée □ USA □ UE

La Chine, contrairement à l'idée répandue, n'est déjà plus un simple atelier de montage ; elle suit le même chemin que le Japon en son temps … mais avec 10 fois plus de moyens humains, et deux fois plus vite (!) :

	Angleterre	France-Allemagne-USA	Japon	Dragons asiatiques	Chine - Inde
1780	Textile, industrie de main d'œuvre	Économie agricole	Économie agricole	Économie agricole	Économie agricole
1820	Charbon, industrie lourde	Textile, industrie de main d'œuvre	Économie agricole	Économie agricole	Économie agricole
1860	Chemins de fer, construction mécanique	Charbon, industrie lourde, chemins de fer	Textile, industrie de main d'œuvre	Économie agricole	Économie agricole
1900	Industries technologiques	Construction mécanique puis technologies	Charbon, industrie lourde, chemins de fer	Économie agricole	Économie agricole

	Angleterre	France-Allemagne-USA	Japon	Dragons asiatiques	Chine - Inde
1940	Crise de reconversion	Industries technologiques	Construction mécanique	Textile, industrie de main d'œuvre	Économie agricole

1980	Tertiarisation	Tertiarisation (partielle en Allemagne)	Industries technologiques et tertiarisation	Charbon, industrie lourde	Industries de main d'œuvre puis industries lourdes
2000	Virtualisation	Virtualisation (sauf Allemagne)	Tertiarisation	Construction mécanique	Construction mécanique et marche forcée technologique

L'ensemble Chine-Japon-Corée prédomine clairement dans la sidérurgie et la construction navale, fait jeu égal avec l'ensemble USA-UE dans l'automobile, et le seul domaine où l'Occident reste absolument prédominant, c'est le nucléaire (d'où la fragilité énergétique chinoise, d'où aussi la stratégie de mise sous contrôle des ressources d'énergie primaire par les USA, d'où enfin les efforts de Pékin pour négocier des transferts de technologie en matière de nucléaire civil, avec la France en particulier).

La Chine proprement dite écrase le marché de la sidérurgie. Elle est pour l'instant en retard par rapport au Japon et à la Corée sur la construction navale, mais il faut savoir qu'elle a présenté ces dernières années des taux de croissance phénoménaux en la matière (+ 20% par an). Elle sera probablement la première puissance navale civile en 2030. Par opposition, situation stratégique déconcertante, la thalassocratie américaine *ne produit pratiquement plus de bateaux…* à part les navires de guerre.

En 2007, ce qui s'est passé, c'est que les USA ont commencé à payer le prix de leur implosion dans l'ordre de l'économie réelle. Nous allons maintenant analyser la séquence selon laquelle ce phénomène s'est produit. Mais avant toute chose, il faut bien ici marquer un temps d'arrêt, et comprendre l'ampleur du tournant historique que nous venons de prendre. C'est une séquence longue de deux siècles, qui vient de s'achever. Cette séquence, le règne du capitalisme occidental, avait commencé au début du XIX° siècle ; elle s'achève au début du XXI° siècle. En 1820, avant de s'effondrer sous le triple impact de la décadence de son régime politique, des agressions extérieures et de son incapacité à prendre le tournant de la révolution industrielle, la Chine pesait 35% du PIB mondial, devançant légèrement l'Empire britannique. Son éclipse, de 1830 à 2000, nous a donné l'illusion que l'Occident était la seule civilisation capable de produire un centre industriel et commercial crédible à l'échelle d'une économie-monde globalisée. Eh bien, Pékin s'apprête à nous prouver que nous avions tort.

Graphe 42 – Le krach inévitable d'un système à bout de souffle

Nous pouvons maintenant analyser en détail le mécanisme de la crise. Rappelons que l'éclatement de la « bulle des subprimes » n'a été que le facteur déclenchant. La cause de fond de la crise, c'est tout simplement que le *système de l'argent* qui s'était mis en place, progressivement, entre 1971 et 2000, était en réalité devenu caduc dès la récession de 2000 – et si le système n'a craqué qu'en 2007, c'est uniquement parce qu'il avait été tenu à bout de bras par les autorités monétaires, depuis près d'une décennie.

Les arbres ne montent pas jusqu'au ciel

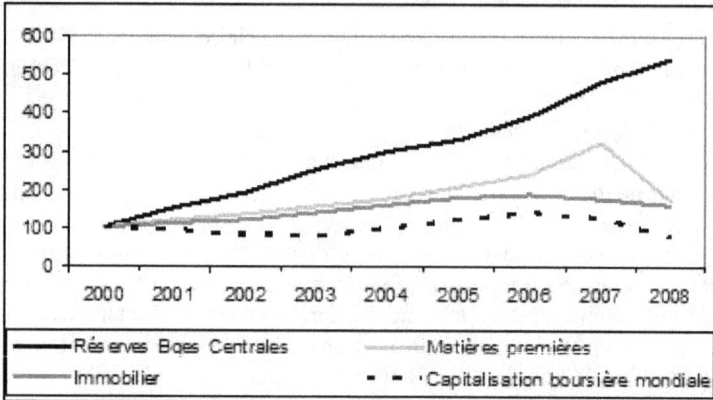

Le graphique ci-dessus présente l'évolution de quatre indicateurs, tous ramenés en base 100 début 2000.

Nous admettrons, pour la commodité de l'exercice, que les réserves des banques centrales sont un bon indicateur de la masse monétaire en excès. Ce n'est pas un indicateur parfait, mais il est simple, peu contestable et tout de même assez significatif.

En 2000-2001, l'économie américaine est sinistrée par le krach de la nouvelle économie, qui révèle par contrechoc de nombreuses « bulles » secondaires (affaire ENRON, par exemple). En fait, la croissance américaine des années 90 a été assez malsaine, tirée pour l'essentiel par le pillage des mains d'œuvre asiatiques (cf. graphes 33 et 34). Cette croissance malsaine ne s'est pas accompagnée d'un développement significatif des capacités productives occidentales (cf. graphe 40). Le système monétaire mis en place après 1971 est trop instable (cf. graphe 29), et il a engendré des facilités telles pour l'empire US qu'un amateur d'histoire longue pourrait un peu assimiler son effet à celui de l'or américain sur l'empire espagnol (graphes 33 et 34). Pour recycler la richesse sans contrepartie réelle, le système a donc fabriqué une bulle boursière (la « Nouvelle Économie ») : bien entendu, cette bulle implose, comme c'est le destin de toute bulle spéculative, quand quelqu'un se décide à constater qu'on valorise des actifs à des niveaux sans rapport avec la réalité.

Cette implosion, encore amplifiée par les attentats du 11 septembre 2001, plonge l'économie américaine dans une récession molle, mais tenace. La FED a énormément de mal à faire repartir l'économie US, et elle est amenée à baisser ses taux d'intérêt jusqu'à des niveaux absurdes (cf. graphe 4). La relance est donc effectuée, mais d'une certaine façon, c'est une fausse reprise, financée avec de l'argent fictif. En réalité, le système de l'argent mis en place en 1971 a donc explosé dès 2000, et il ne se maintient, de 2000 à 2007, qu'en se *virtualisant*.

Suit une période où la masse monétaire en surcroît déborde littéralement partout sur l'économie réelle, au fur et à mesure que l'économie virtualisée se cherche désespérément des débouchés. De 2003 à 2006, les marchés action et l'immobilier explosent, puis cassent leur tendance, tout simplement parce qu'il n'y a plus d'acheteurs (dans l'immobilier, parce que les ménages sont lessivés, voir graphe 9, et pour les marchés actions, parce que le Price Earning Ratio, rapport des dividendes au cours, est devenu trop mauvais). En 2007, alors que l'implosion de l'immobilier a commencé outre-Atlantique et menace en Europe, une nouvelle bulle se forme, sur les matières premières, comme si le capitalisme virtualisé, ayant renoncé à spéculer sur l'immobilier et les actions, se cherchait une dernière carte de recours. C'est l'époque délirante où des traders, depuis leur bureau, avec pour tout équipement un téléphone et un ordinateur, manipulent virtuellement des milliers de tonnes de blé, de pétrole ou de sucre, faisant monter les cours artificiellement (ce qui provoquera d'une part des débuts de disette dans les pays pauvres, d'autre part un ralentissement de l'économie réelle dans les pays développés, facteur qui précipitera d'ailleurs la crise de 2007).

En 2007, quand la bulle immobilière craque, les banques américaines commencent à donner des signes de faiblesse. Tout est prêt pour que commence le dernier acte de l'histoire du capitalisme issu de la réforme monétaire de 1971 : la *liquidation*.

Graphe 43 – Le piège des « subprimes »

Le détonateur de la crise a été l'explosion de la bulle des subprimes. Quelques mots à ce sujet.

Les prêts dits *subprime* furent créés aux USA et généralisés dans la foulée de l'abolition de la loi Glass-Steagall, passée par Roosevelt en 1933, loi qui avait instauré une incompatibilité entre les métiers de banque de dépôt et de banque d'investissement. L'abolition de cette loi fut organisée par le secrétaire au Trésor de Bill Clinton, Robert Rubin, mais elle était demandée depuis longtemps par les banques américaines, inquiètes de voir la City londonienne tailler des croupières à Wall Street, grâce à une déréglementation totale.

L'abolition de Glass-Steagall, plus conjoncturellement, facilita la fusion constitutive de Citigroup. On remarquera à ce propos que Rubin lui-même devint ensuite conseiller pour Citigroup après l'arrivée de Bush au pouvoir – et qu'il inspire aujourd'hui, à travers ses élèves Summers et Geithner, la politique du président Obama.

La confusion redevenue possible entre banque de dépôt et banque d'investissement permit, après le krach de 2000, d'adosser des activités de prêts à des opérations sur titres et valeurs mobilières. Il en résulta un très fort accroissement de la surface financière des banques d'investissement, ce qui était le but recherché.

Désormais, en « fabriquant » de la masse monétaire par des prêts même douteux, adossés à des hypothèques plus ou moins bien valorisées, les banques commerciales peuvent gonfler artificiellement les actifs des banques d'investissement. C'est un des facteurs explicatifs de l'emballement de la création monétaire dollars, déjà analysé par ailleurs (cf. graphe 3).

Dans ces conditions, l'intérêt des banques est de prêter le plus possible, pour augmenter leur surface financière. Les créances douteuses, une fois fabriquées par les banques commerciales, sont « titrisées » par les banques d'affaires, c'est-à-dire qu'elles sont déversées dans des véhicules regroupant des créances saines et des prêts « subprimes ». Ces véhicules sont revendus sur les marchés, permettant aux banques d'affaire d'encaisser des revenus considérables. La machine infernale est lancée, plus personne ne l'arrêtera.

Traduction chiffrée : le volume des prêts « subprimes » consenti annuellement explose en 2003 et augmente pour parvenir à son maximum en 2006…

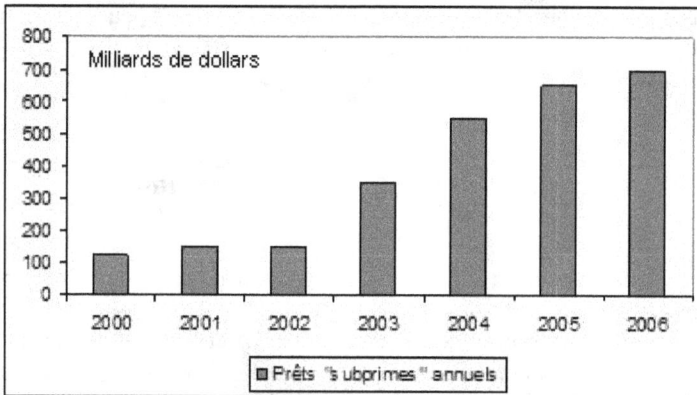

Mais au juste, qu'est-ce exactement qu'un prêt « subprime » ?

Un « subprime » est, aux États-Unis, un prêt consenti à une personne à faibles revenus, gagé sur le logement de l'emprunteur, et remboursable selon un taux d'emprunt variable et, généralement, croissant. Il est à noter que la justification officielle de l'établissement de cette catégorie de prêts, qui ne répondent pas aux règles prudentielles ordinaires, fut la nécessité de faciliter l'accès à la propriété des populations à faible revenu, fabriquées en masse par le capitalisme reaganien (cf. graphes 8 à 12), populations souvent issues des minorités noires et hispaniques. C'est ce qui permit au pouvoir US de présenter l'affaire comme un programme de « discrimination positive », alors que la véritable finalité était de faciliter l'accroissement des prêts émis par les banques commerciales, et ainsi d'augmenter la surface financière des banques d'investissement (cf. ci-dessus).

Les prêts « subprimes » sont nommés ainsi parce qu'aux USA, les gens sont classés, selon leurs capacités de remboursement, en « prime » ou « subprime ». « Prime » veut dire qu'un emprunteur n'a jamais eu de défaut de paiement. « Subprime » veut dire qu'un emprunteur a déjà eu un défaut, et que donc, on peut lui prêter *sans lui accorder la remise qu'on accorde aux emprunteurs « Prime »*.

Le taux d'intérêt total des prêts « subprimes » était donc élevé : il s'agissait d'un taux variable dépendant du taux directeur de la banque centrale, auquel était ajoutée une « prime » importante. Cependant, un premier taux d'intérêt, promotionnel, fixe et très bas, sur les deux premières années, servait à attirer les emprunteurs, tandis que les taux d'intérêt bas proposés par la FED, entre 2003 et 2005, entretenaient l'illusion que le taux final des crédits « subprimes » était faible. Il s'agit donc d'un véritable piège à emprunteur.

L'idée était, pour de nombreux emprunteurs, que tant que le marché montait, ils pourraient toujours revendre leurs maisons plus chères que leur crédit, pour rembourser et garder une marge… mais bien sûr ce schéma a explosé en plein vol lorsque le marché s'est retourné.

Le retournement du marché immobilier lui-même a été enclenché par la remontée des taux d'intérêt de la FED, en 2005, comme en témoigne le graphique suivant…

Un marché shooté... en manque

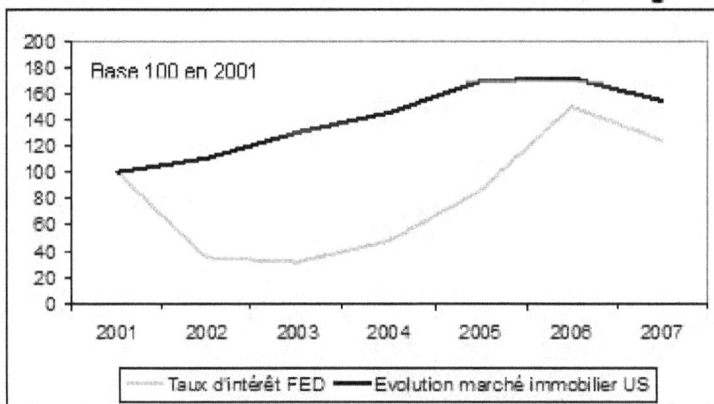

De 2002 à 2004, les taux d'intérêt FED sont historiquement bas (inférieurs très nettement au taux d'inflation réel). Du coup, les tableaux d'amortissement présentés aux emprunteurs laissent croire à des crédits bon marché. Les prêts « subprimes » se multiplient donc, jusqu'à représenter un bon tiers des crédits hypothécaires aux USA – du coup, la demande explose et le marché immobilier s'envole.

Puis, en 2005, les taux FED remontent brutalement[70]. Du coup, il y a moins d'acquéreurs de biens immobiliers, et le marché se retourne – et donc, c'en est fait du raisonnement rassurant « si l'emprunteur ne peut plus payer, revendons sa maison » ! – Désormais, la maison vaut moins que le crédit.

On remarquera au passage que tout cela arrive au moment précis où pour de nombreux emprunteurs « subprimes », la période initiale à taux fixe promotionnel s'achève, pour ouvrir l'ère des remboursements à taux variable dépendant des taux FED…

Le résultat ne se fait pas attendre : les crédits « subprimes » plafonnent à partir de fin 2005, et le marché immobilier, après un « plateau » très court, commence à plonger.

La crise commence, elle sera terrible.

Graphe 44 – La mécanique du désastre

Pris en tenaille entre la hausse des taux d'intérêt et la baisse du marché immobilier, les Américains de la classe moyenne inférieure et des classes populaires ethniques ne parviennent plus à rembourser, et ne peuvent pas vendre.

Le piège se referme…

---

[70] Note 2013 : l'inflation commençait à s'emballer, via en particulier les hausses déjà perceptibles sur les matières premières. Tout n'a donc pas nécessairement été programmé dans cette histoire, et on doit tenir compte ici d'une possibilité : que la FED ait été elle-même surprise par l'évolution des prix du pétrole, faute d'avoir anticipé la combinaison explosive entre laxisme monétaire, spéculation débridée et approche du pic d'extraction des pétroles conventionnels.

Rêve américain, réveil en sursaut

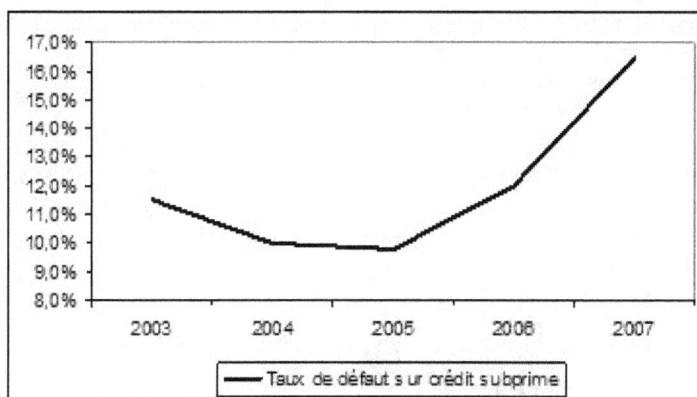

Ce graphique montre bien le mécanisme : en 2003, 2004, 2005, le taux d'emprunteurs en retard de paiement, sur les prêts de la catégorie « subprime » est historiquement bas. C'est l'époque de l'argent facile (voir graphe 43). Puis, à partir de la mi-2005, très vite, le taux de retard explose, pour atteindre des niveaux inédits. L'Amérique des demi-pauvres a commencé à imploser.

En soi, ce mécanisme ne touche au départ que des masses financières assez marginales. 17% de retard de paiement sur les prêts « subprimes », cela ne représente jamais que quelques dizaines de milliards de dollars de manque à gagner pour les marchés financiers. C'est évidemment une sacrée facture, mais par rapport à la surface financière totale du système bancaire américain, c'est une goutte d'eau.

Comment cette gouttelette a-t-elle pu soulever un raz-de-marée océanique ? Pour le comprendre, il va falloir entrer quelques instants dans le détail de la mécanique financière…

Si la crise a commencé par l'implosion ô combien prévisible de la bulle « subprimes », son véhicule a été la combinaison des créances ABS et les obligations dites CDO. ABS veut dire *asset-backed securities*, littéralement « titres adossés à des actifs ». CDO signifie *collateralized debt obligations*, c'est-à-dire mot à mot « obligations de dette sur nantissement » (on parle, en Français, d'obligations adossées à des actifs). Ce concept a été développé dans les années 80, précisément dans la salle des marchés de Salomon Brothers, futur Citigroup et employeur de Robert Rubin (comme on se retrouve !).

Un ABS est une valeur mobilière dont les flux de trésorerie prévisionnels sont basés sur ceux d'un portefeuille de créances (immobilières ou autres). En général, les ABS « fusionnent » quelques milliers de crédits hypothécaires en un « véhicule » unifié – l'idée étant que les éventuelles défaillances de paiement vont être noyées dans la masse, de sorte que le flux de trésorerie prévisionnelle, pour des raisons statistiques, doit être vérifié au total. On dit que ces créances sont « titrisées », ce qui permet à leurs détenteurs de les revendre – ainsi, le prêteur peut se refinancer à l'instant T, en échange de la future rétrocession d'une partie des intérêts versés par les emprunteurs.

Un CDO est un regroupement d'ABS (en général plusieurs centaines), dont un banquier confie souvent la gestion à une société ad hoc (on parle de « special purpose vehicle », SPV, c'est-à-dire « véhicule à objet spécifique » - parfois logé dans un paradis fiscal, ce qui revient à dire que toute réglementation sur ce marché est inopérante). Les SPV permettent donc aux banques d'externaliser en partie le risque, ce qui a donné lieu à des pratiques comptables plus que douteuses (contournement des ratios prudentiels). Passons sur la créativité des banques pour ce qui concerne la manière dont les SPV répercutent le risque sur les acheteurs des titres qu'ils émettent, par exemple en les intégrant dans des CDS (cf. graphe 21) – qu'il suffise de dire que certains contrats ont atteint un niveau de complexité tel qu'il faut un haut niveau en mathématiques pour en saisir les mécanismes.

Qui sont les acheteurs des CDO émis par les SPV ?

Les CDO représentent souvent un capital supérieur au milliard de dollars. Un CDO émet des titres dont les modalités de retour sur investissement sont d'une grande complexité : bien évidemment, les clients des SPV gestionnaires de CDO sont donc rarement des particuliers. Ce sont en grande partie soit des fonds spéculatifs à haut rendement, soit des investisseurs institutionnels – donc des professionnels de la finance dont les besoins sont assez hétérogènes (les « hedge funds » veulent du rendement et du risque, les institutionnels fuient le risque). Pour attirer cette clientèle hétérogène, les gestionnaires de CDO décomposent leurs titres en tranches distinctes, de la plus sûre (mais aussi la moins rentable) à la plus risquée (qui offre un rendement attractif). Cependant, il existe une zone floue, dans les tranches intermédiaires. En outre, certains acheteurs de tranches à haut risque répercutent le risque sur d'autres acheteurs en mêlant créances risquées et créances sûres, si bien qu'au final, étant donné le niveau de complexité atteint par ce système fou, l'architecture d'ensemble défie toute modélisation. De titrisation en sur-titrisation, les « créances pourries » infectent potentiellement presque toutes les catégories de titres.

Conclusion : le mécanisme ABS-CDO via SPV exporte le risque final vers les acquéreurs des titres émis par les acheteurs du CDO (souvent, via des fonds de retraite ou d'investissement, les ménages qui, par ailleurs, sont aussi les emprunteurs derrière les créances versées dans l'ABS). L'ABS-CDO permet donc au banquier de faire retomber sur la masse des emprunteurs les risques liés aux crédits accordés à ces mêmes emprunteurs – un véritable pousse-au-crime, une fois la réglementation assouplie sur les « subprimes », puisque les banquiers pouvaient, en titrisant leurs créances, étendre leur surface financière sans assumer totalement les risques liés à une extension artificielle. Le risque est exporté, à travers la filière SPV – grands investisseurs, *à tout le système économique*.

Cette conclusion est d'une grande importance : elle implique en effet que le krach des « subprimes » a été *programmé*. En effet, si nous étudions les acteurs du krach, nous réalisons qu'ils savaient tous nécessairement, dès le départ, comment l'affaire se terminerait – sauf incompétence inimaginable.

Les financiers qui pilotaient cette affaire ne pouvaient pas ne pas savoir que le marché de l'immobilier allait tôt ou tard se retourner (« les arbres ne montent pas jusqu'au ciel », vieux principe toujours vérifié) – et d'ailleurs, la manière dont ils ont veillé à l'externalisation du risque démontre bien qu'ils s'y attendaient. De même, ils savaient très bien que la mécanique ABS-CDO allait rendre l'implosion de la bulle ingérable en créant les conditions d'une contamination impossible à maîtriser, et ils savaient très bien que cela obligerait de facto les États à voler au secours des marchés, sachant que l'incendie « subprimes » ne pourrait pas être circonscrit. À leur niveau et en fonction de leurs intérêts, ils ont donc délibérément programmé la mise en liquidation de la machine absurde, s'enrichissant au passage.

Mais conclusion beaucoup plus importante encore : il est impossible que les autorités monétaires et financières américaines n'aient pas vu que ce scénario allait se réaliser – impossible, tout simplement impossible : ces gens-là avaient toutes les informations requises pour juger de la probabilité du scénario noir. Quand la FED abaisse ses taux à des niveaux absurdes, en 2003-2004, ses dirigeants savent très bien qu'ils ne pourront pas maintenir des taux aussi bas très longtemps – et donc qu'il faudrait réguler le marché du crédit. De même, quand la FED remonte ses taux, très vite, sur 2005-2006, ses dirigeants ne peuvent pas ne pas savoir qu'ils vont acculer des millions d'emprunteurs à la ruine. Semblablement, étant parfaitement au courant de l'usine à gaz ingérable des CDO, ces dirigeants devaient forcément s'attendre à la contagion de la crise à l'ensemble du système financier.

Et donc, puisque les autorités monétaires et financières savaient qu'elles courraient à la catastrophe, et puisqu'elles ont laissé faire, *c'est que la catastrophe les arrangeait.*[71]

Graphe 45 – Le piège se referme

À partir du moment où l'implosion de la bulle « subprimes » devenait évidente, les acteurs des marchés financiers ont commencé à perdre confiance. Il devint de plus en plus clair pour tout le monde que de nombreux CDO, appuyés

---

[71] Note 2013 : à la relecture, ce passage est un peu trop catégorique. Le raisonnement suppose en effet que les dirigeants du système financier global *existent*, c'est-à-dire que les autorités de régulation peuvent agir. Une hypothèse alternative serait qu'il n'y a plus vraiment de capacité d'arbitrage effectif au centre du système, et que nous sommes, donc, confrontés à l'intelligence émergente des marchés, auto-productrice et entièrement dédiée à la croissance mécaniste de la surface financière globale – une forme de cancer, en somme, dont les autorités de régulation sont au final les otages plus que les maîtres.

sur des ABS regorgeant de créances irrécouvrables, allaient être incapables d'honorer leur rendement prévisionnel.

En conséquence, les prêteurs furent de plus en plus réticents à confier leur argent à des SPV gestionnaires de CDO. Et plus ces SPV étaient considérés comme risqués, plus se tendirent les « spreads », c'est-à-dire l'écart entre le taux de rendement exigé par les marchés à l'égard de ces SPV et le rendement exigé d'une obligation d'État présentant le même profil de flux.

La fin de la confiance

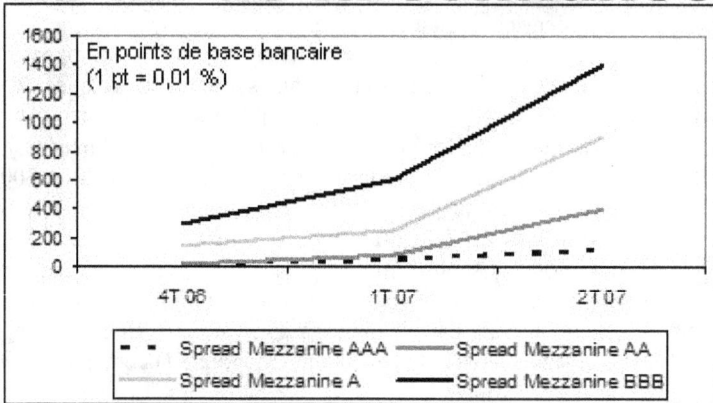

En points de base bancaire
(1 pt = 0,01 %)

| | 4T 06 | 1T 07 | 2T 07 |

- - Spread Mezzanine AAA ——— Spread Mezzanine AA
Spread Mezzanine A ——— Spread Mezzanine BBB

Ce graphique montre très clairement l'écroulement de la confiance des investisseurs entre juin 2006 et juin 2007. Plus le taux d'emprunteurs « subprimes » en retard de paiement augmente (cf. graphe 45), plus le spread des obligations émises par les CDO augmente. Quand on arrive à l'été 2007, il a atteint à peu près 15% pour les CDO les moins bien notés. Quand on se souvient que les acteurs qui investissent sur ces marchés utilisent un fort effet de levier (cf. graphe 21), cela veut dire que les investisseurs disent aux CDO : « Je suis prêt à acheter vos obligations à 15%, et sachant que je vais emprunter pour acheter 10 fois ce que je possède réellement, cela veut dire que je vais encaisser 150% de ma mise initiale réelle. Mais attention : avec ce rendement sur un an, j'amortis mes frais, et je me mets en situation de sortir très vite. Je n'ai plus confiance en vous à moyen terme, vous n'êtes plus qu'un investissement risqué de très, très court terme. »

Dès l'été 2007, les grands investisseurs se sont donc mis en situation de sortir de la bulle, le plus vite possible. La faillite programmée est en vue, *et tout le monde le sait.*

Du moins, tout le monde le sait dans les milieux « autorisés ». Car pendant ce temps-là, le public est toujours entretenu dans une bienheureuse ignorance. C'est l'époque où la communication officielle rassure : « Ne vous inquiétez pas pour la crise des 'subprimes', ce n'est qu'un mauvais moment à passer, etc. » Le grand public continue à faire confiance, et les petits porteurs ne retirent pas leurs avoirs des marchés actions et obligations.

Le piège qui s'est refermé sur les classes populaires et moyennes inférieures l'a fait sans bruit. Les classes moyennes et moyennes supérieures, attirées sur les marchés par les rendements artificiels des années 2003-2006, ne voient pas qu'un second piège se referme sur elles : *la liquidation des fonds de retraite du baby-boom.*[72]

Graphe 46 – Lehman, Albino Alligator

La suite des évènements est logique : l'implosion de la bulle des « subprimes » contamine, par le biais de la titrisation, l'ensemble du système financier. Les banques sont de plus en plus réticentes à se prêter mutuellement de l'argent, chacune pariant sur la faillite des autres, et petit à petit, les institutions financières américaines se trouvent, une à une, entraînées dans le krach...

En mars 2008, Bear Sterns, une des principales banques d'affaire américaine, est au bord de la faillite. La FED organise son sauvetage en catastrophe. La cause de la quasi-faillite de Bear Sterns ? Des provisions énormes pour couvrir les créances irrécouvrables liées aux « subprimes », puis un jeu spéculatif, quand certains acteurs, ayant parié que Bear Sterns allait faire faillite, en ont retiré leurs capitaux (prédiction auto-réalisatrice).

Pendant l'été 2008, le gouvernement américain est obligé de sauver, par une quasi-renationalisation, les rehausseurs de crédit Fanny Mae et Freddy Mac (schématiquement, les entités en charge d'assurer en dernier ressort les prêts hypothécaires).

En septembre 2008, deux autres banques sont au bord de la faillite : Merrill Lynch et Lehman Brothers. Les autorités vont encore organiser le sauvetage de Merrill Lynch par Bank of America (dès lors surchargée d'actifs pourris), et peu après, l'État américain sauvera l'assureur AIG pour la coquette somme de 85 milliards de dollars...

Et pourtant, une banque d'affaires, Lehman Brothers, va être abandonnée à son sort.

Or, ce qui est intéressant à observer, c'est que cette banque aurait pu être sauvée. Ce n'était ni la banque la plus coûteuse à racheter, ni celle présentant la

---

[72] Note 2013 : en pratique, parmi les grands acteurs boursiers, ce sont les fonds de retraite qui ont payé la facture du krach, compte tenu de leurs règles d'investissement et du rythme de la dégradation des titres pourris par les agences de notation.
Après quoi les banques centrales ont relancé le casino.
Entre temps, bien entendu, Goldman Sachs n'avait pas vendu.
Business as usual !

structure de bilan la plus désastreuse (en tout cas tant qu'on ne plonge pas dans le détail des comptes).

Voici par exemple l'évaluation de l'exposition des banques américaines à la crise des « subprimes », telle qu'elle était connue à l'été 2008, donc au moment où les autorités américaines ont décidé de ne pas sauver Lehman...

L'impact des subprimes

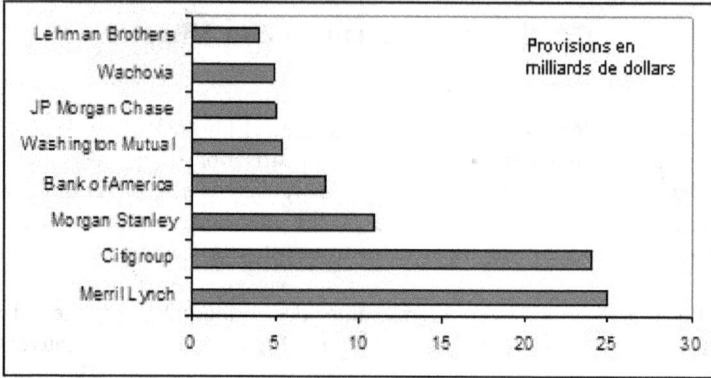

Provisions en milliards de dollars

Même si, à l'été 2008, les comptables de Lehman avaient « oublié » de signaler quelques 3 ou 4 milliards supplémentaires (tout le monde peut se tromper !), force est de constater que le sauvetage de cette « petite » banque n'aurait pas coûté très cher, par rapport à celui de Merril Lynch, ou encore par rapport à celui (qui vint ensuite) de Citigroup. L'exposition de Lehman n'était pas particulièrement forte, et il aurait suffi d'injecter quelques milliards de dollars pour sauver cette compagnie. Compte tenu des montants dégagés ensuite par les plans de sauvetage successifs, c'était une goutte d'eau.

D'où l'inévitable question : pourquoi la FED, qui avait sauvé Bear Sterns et qui, par la suite, sauva le système dans son ensemble, a-t-elle laissé tomber Lehman Brothers ?

À cette question, la réponse officielle est que Lehman ne pouvait fournir, à côté de ses actifs pourris à reprendre par un sauveteur quelconque, suffisamment d'actifs sains permettant de garantir la viabilité finale de son bilan. Mouais. Vu ce que nous savons par ailleurs (cf. graphe 44), il ne semble pas que les autres banques d'affaires américaines aient pu, de leur côté, présenter des comptes « sains », renvoyant « l'image fidèle » d'une structure de bilan solide.

Alors pourquoi Lehman Brothers ?

Je n'ai pas la preuve de ce que je vais avancer ici, mais voici ma thèse : l'oligarchie financière a décidé de créer un choc pour conditionner l'opinion, en vue de débloquer ensuite les « plans de sauvetage » bancaires qui ont permis, en toute simplicité, de reporter les dettes sur les États, et donc en dernière analyse vers les contribuables. La faillite de Lehman, en provoquant une énorme onde de choc à travers le système financier mondial, a placé les dirigeants politiques devant un choix cornélien : ou bien laisser tomber les banques, et voir l'ensemble du système de l'argent s'effondrer (et avec lui toute la structure sociale), ou sauver les banques, coûte que coûte.

Lehman Brothers, la plus petite des banques d'affaires US, a donc été pour l'oligarchie financière *un pion sacrifié*. Et l'on remarquera au passage que le Secrétaire au Trésor qui a décidé ce sacrifice, Henri Paulson, est un ancien employé d'une concurrente de Lehman, Goldman Sachs.

Graphe 47 – Stratégie du choc

L'état de choc créé par la faillite Lehman a été suffisant pour que les États, USA en tête, volent au secours de la finance mondialisée. Dans les jours qui suivirent cette faillite, en effet, le capitalisme est, pour ainsi dire, tomber en panne.

L'embolie du marché interbancaire

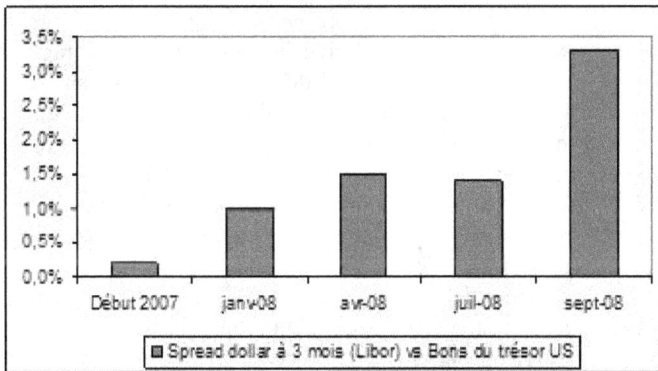

Ce graphique indique l'évolution du « spread » (c'est-à-dire l'écart) entre le taux des bons du Trésor US et le taux LIBOR, c'est-à-dire le taux auquel les banques se prêtent du dollar entre elles. Le résultat est sans ambiguïté : le marché interbancaire se tend nettement à partir de 2008, et il se bloque quasiment fin septembre 2008. Un écart de 3,4% entre le LIBOR et la rémunération des bons du Trésor peut paraître faible, mais pour les spécialistes, à un moment où le marché anticipe une *baisse* du taux directeur de la banque centrale, c'est le signe que les banques ne se font plus confiance entre elles – plus du tout.

Cette situation est lourde de menaces. Si les banques ne se prêtent plus entre elles, elles ne peuvent plus prêter à leurs clients. Certes, une banque peut dans certaines limites émettre du crédit sans contrepartie (cf. graphe 3), et ainsi

« fabriquer de l'argent ». Mais il y a tout de même des limites – en particulier quand il s'agit de liquidités, qui par définition doivent être disponibles à très court terme.

En septembre 2008, pour beaucoup d'établissements bancaires aux bilans déséquilibrés, ces limites sont atteintes. Quand, fin septembre 2008, le marché interbancaire est presque au point mort, l'ensemble du système est menacé de collapsus[73]. Si la crise systémique échappe à tout contrôle, toutes les institutions financières occidentales, appuyées désormais sur une invraisemblable pyramide de dettes, vont s'effondrer, une à une, comme un jeu de dominos tombant les uns sur les autres.

C'est alors que les États volent à la rescousse des banques. « C'est ça, » disent en substance les dirigeants, « ou la catastrophe absolue. » La liquidation du capitalisme post-1971 peut commencer, et avec elle, la spoliation de ses créditeurs les moins puissants : vous et moi, les *petits*.

Graphe 48 – Plus dure sera la chute

Il est temps de faire la synthèse.
Pourquoi la crise a-t-elle éclaté maintenant ?
Parce que le système était parvenu au bout de son rouleau, tout simplement. Quand on met bout à bout la première partie (graphes 1 à 29, croissance de l'endettement pour compenser la dérive inégalitaire) et les graphes 30 à 41 (accélération de la dérive inégalitaire du fait de l'accroissement de l'offre mondiale de main d'œuvre bon marché, et simultanément basculement du centre de gravité de l'économie productive vers les pays possédant cette main d'œuvre additionnelle), on aboutit logiquement aux graphes 42 à 44 (le système craque en réalité dès 2000, la période 2001-2007 correspond à une fausse reprise orchestrée, l'organisation du système de crédit ayant été conçue pour rendre les États nécessairement solidaires des banques).

En fait, le système de l'argent issu de la réforme de 1971 a généré de tels déséquilibres que ce système, à partir de 2000, ne pouvait pas ne pas craquer – et l'oligarchie américano-britannique le savait très bien. Dès 2000, le centre américano-britannique du capitalisme mondialisé a implosé, et les années qui suivirent ne furent qu'une phase préparatoire à la liquidation. La crise a éclaté, parce qu'on avait atteint le point où elle ne pouvait plus être différée.
Pourquoi la crise a-t-elle éclaté de cette manière ?

---

[73] Note 2013 : rappelons que depuis la rédaction de « Crise ou coup d'État ? », on a découvert que le Libor avait été massivement manipulé ces dernières années, dans le cadre d'une délictueuse entente interbancaire. Une véritable escroquerie en bande organisée… à l'échelle de l'économie globalisée !

Tout simplement parce que le Pouvoir s'est organisé pour que l'implosion de l'économie occidentale en termes de production réelle soit payée par les peuples, et pas par l'oligarchie, pourtant responsable de cette implosion.

Certes, l'histoire récente ne résulte *pas* que de l'application d'un programme pensé de bout en bout. Je crois plutôt qu'à chaque étape d'un processus étalé sur quatre décennies, l'oligarchie financière américano-britannique a piloté en vue de ses intérêts, renforçant constamment son emprise sur les États et les peuples, et les affaiblissant ainsi progressivement, jusqu'au moment où la question est devenue : « Comment maintenir un pouvoir oligarchique qui consume sa base ? » - Et la réponse fut : « En achevant de piller cette base pour sauver le pouvoir. »[74]

La meilleure traduction de ce phénomène est peut-être donnée par le graphique ci-dessous, qui présente l'évolution de la capitalisation boursière des principales banques de l'Anglosphère, entre début 2007 et début 2009. Si l'on admet que la capitalisation boursière est représentative de ce que les marchés pensent de la valeur intrinsèque des banques (leur « véritable » valeur, s'entend, par celle qui transparaît de leurs actifs nets « officiels »), voici l'évolution :

Retour à la réalité

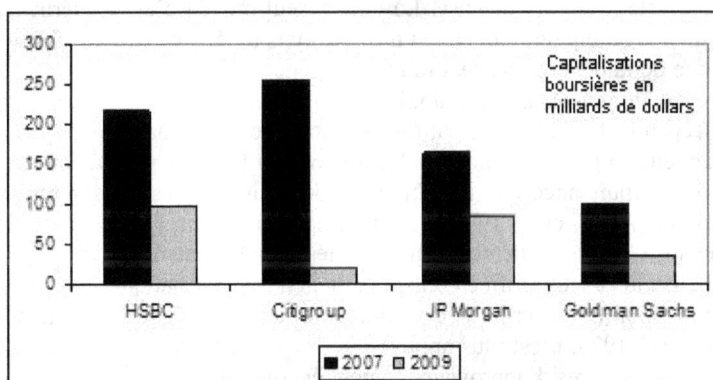

La capitalisation boursière début 2007 indique la valeur que les marchés accordaient aux banques US et britanniques, dans le cadre de l'économie virtualisée construite par les jeux hyper-spéculatifs. La capitalisation boursière début 2009 indique ce qui reste de cette valeur, une fois que la bulle « endettement » ayant implosé, c'est la capacité à créer de la valeur réelle qui

---

[74] Note 2013 : là encore, l'évolution récente ne nous fait pas changer d'avis. Les mêmes tendances sont à l'œuvre, de manière désormais tout à fait évidente.

sert d'étalon de mesure des actifs boursiers. Le résultat est sans appel : la chute des valeurs bancaires est nettement plus forte que celle des marchés en général (- 70% contre – 50%), et dans certains cas, la valeur est pratiquement divisée par 10 (Citigroup).

Ce qui s'est passé en 2007-2008, c'est que la fiction est devenue si éloignée de la réalité qu'elle a perdu toute crédibilité, et le système a implosé – quant à la manière dont cette implosion a été communiquée à l'économie réelle, nous avons vu ce qu'il faut en penser.

*

Nous ne pouvons plus nous contenter, pour comprendre notre monde, de l'histoire « officielle ». C'est une *autre histoire* des dernières décennies qu'il faut écrire – une histoire dont les acteurs ne sont pas les États capitalistes, mais les forces qui les meuvent dans l'ombre.

À partir des années 60, le dollar est menacé par sa déconnexion croissante d'avec l'or. En 1971, après avoir verrouillé les alliés européens (chute du régime gaulliste), les USA reconnaissent la déconnexion.

Puis, en 1973, pour sauvegarder leur privilège monétaire, ils profitent de la guerre du Kippour (qu'ils ont peut-être sciemment provoquée) pour créer un choc pétrolier (en réalité, ce sont les grandes compagnies pétrolières qui ont rendu ce choc possible, pas les pays de l'OPEP). Le pétrole devient « LA » ressource-clef, rare et coûteuse. Le dollar, seul moyen d'en acquérir, possède donc un nouvel étalon – un étalon mobile, mais un étalon. C'est le début d'une décennie de faible croissance, qui prépare cependant la relance des USA, après la crise de 79, grâce aux technologies informatiques.

Cependant, l'économie californo-centrée de l'informatique ne permet pas de maintenir la prédominance des USA dans l'ordre de la production réelle. La montée en puissance de la Chine et des autres pays émergents semble inéluctable. Aussi, entre 1985 et 2000, progressivement, les milieux dirigeants occidentaux (essentiellement anglo-américains) tentent-ils de capter la mondialisation à leur profit en pillant la main d'œuvre asiatique – condition sine qua non pour faire perdurer un centre dominant de l'économie-monde qui, depuis 1971-1973, n'est plus appuyé que sur la confiance et, indirectement, la maîtrise des sources d'approvisionnement énergétique.

En 2000, cependant, ces mêmes dirigeants se rendent à l'évidence : l'Asie monte en puissance plus vite qu'ils ne le pensaient, et leur propre économie productive menace d'imploser sous l'effet même de la domination qu'ils exercent.

À partir de cette date (2000), les dirigeants de l'anglosphère s'organisent donc pour remodeler leur zone d'influence sur de nouveaux schémas, plus inégalitaires (graphe 39), *et donc plus favorables à la concentration maximale du capital* : un ajustement de la structure de classes est en préparation, qui alignera plus ou moins l'Occident sur un modèle comparable à celui de la Chine (main d'œuvre corvéable, oligarchie unifiée et structurée).

Ce remodelage de la structure de classe a été préparé par une fausse reprise, orchestrée pour rendre possible, en sortie de crise, *un coup d'État déguisé.*

En conclusion, nous pouvons à présent insérer dans la séquence historique longue les mécanismes analysés jusqu'ici...

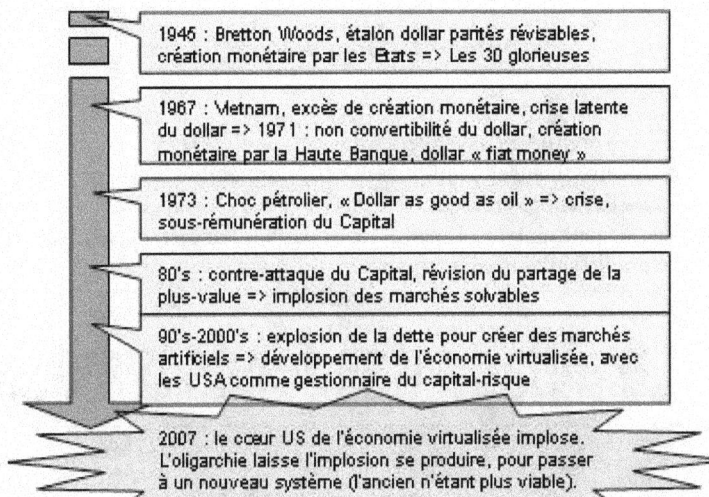

1945 : Bretton Woods, étalon dollar parités révisables, création monétaire par les États => Les 30 glorieuses

1967 : Vietnam, excès de création monétaire, crise latente du dollar => 1971 : non convertibilité du dollar, création monétaire par la Haute Banque, dollar « fiat money »

1973 : Choc pétrolier, « Dollar as good as oil » => crise, sous-rémunération du Capital

80's : contre-attaque du Capital, révision du partage de la plus-value => implosion des marchés solvables

90's-2000's : explosion de la dette pour créer des marchés artificiels => développement de l'économie virtualisée, avec les USA comme gestionnaire du capital-risque

2007 : le cœur US de l'économie virtualisée implose. L'oligarchie laisse l'implosion se produire, pour passer à un nouveau système (l'ancien n'étant plus viable).

TROISIÈME QUESTION
QUELLES CONSÉQUENCES ?

Graphe 49 – On a volé la planète !

L a première conséquence de la crise, c'est la contamination de la crise aux finances publiques. Depuis septembre 2008, profitant de l'état de choc créé par la faillite de Lehman Brothers, l'oligarchie financière a contraint les États à un soutien financier massif, tel qu'aucune industrie en difficulté n'en a jamais eu.

Le pillage des fonds publics

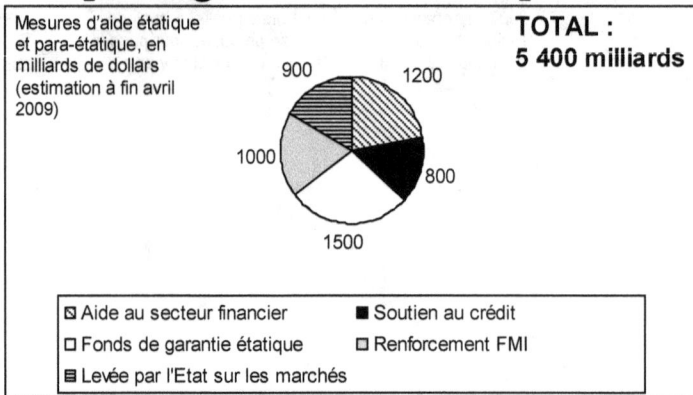

Mesures d'aide étatique et para-étatique, en milliards de dollars (estimation à fin avril 2009)

TOTAL : 5 400 milliards

900   1200
1000
800
1500

▨ Aide au secteur financier   ■ Soutien au crédit
□ Fonds de garantie étatique   ▢ Renforcement FMI
▤ Levée par l'Etat sur les marchés

En tout, si l'on se borne aux mesures officiellement annoncées (donc compte non tenu des opérations hors bilan de la FED et des « mesures d'assouplissement » consenties par ailleurs par les diverses banques centrales, en tout sans doute plusieurs milliers de milliards de dollars additionnels – des masses énormes, concédées aux banques sans garanties solides), ce sont, en huit mois, 5.400 milliards de dollars[75] qui ont été prélevés dans les fonds publics des pays occidentaux (nous parlerons plus loin de l'Asie, qui ne s'inscrit pas dans le même schéma).

---

[75] Note 2013 : on en sait désormais un peu plus qu'en 2008, et il semble que la « facture » ait été un peu plus salée encore. Mais disons que l'ordre de grandeur est bon.

Ces 5.400 milliards se décomposent en 5 catégories d'aide, qu'il convient de traiter séparément :

1°) Les aides directes au secteur financier, soit par reprise des actifs « pourris », soit par recapitalisation des sociétés au bord de la faillite. En tout, 1.200 milliards, dont 70% aux USA. Une partie de ces aides sont théoriquement récupérables, puisque les actifs acquis n'ont pas une valeur nulle et puisque les États, selon les modalités adoptées, prennent le contrôle partiel des sociétés en question. À titre indicatif, Goldman Sachs évaluait, par exemple, la valeur réelle de ses actifs « pourris » à 22% de leur valeur nominale. Si l'on admet ce ratio, cela veut dire que sur ces 1.200 milliards, 78% sont potentiellement engagés à fonds perdus (selon le prix auquel les actifs sont repris, ce taux peut évidemment être révisé).

2°) Les fonds de garantie étatiques, destinés à « rassurer » les marchés sur la viabilité des emprunteurs. En tout, 1.500 milliards, essentiellement dans l'Euroland. Le discours officiel est que ces garanties ne joueront pas, et donc que le coût réel sera nettement plus faible. Comme nous le verrons plus loin, ce discours doit être accueilli avec le plus grand scepticisme.

3°) Les fonds levés par l'État sur les marchés, destinés à couvrir les créances irrécouvrables par ailleurs, avec garantie étatique (solution retenue par l'administration Obama aux USA). Il s'agit d'une variante de la catégorie 1 : l'État reprend les créances « pourries », mais avec de l'argent qu'il emprunte, sous sa garantie, aux marchés. L'idée derrière est d'aller chercher les milliers de milliards de dollars qui « dorment » dans les paradis fiscaux, et d'une manière générale chez les acteurs pour qui la période récente a été marquée par un « excès d'épargne » (cf. graphes 18 à 20). Là encore, on peut supposer que la dépense va retomber pour finir en grande partie sur les comptes publics, car on ne voit pas très bien comment les États pourraient emprunter de l'argent, acheter des créances « pourries » et ensuite, miraculeusement, rembourser des dettes réelles avec ces créances largement irrécouvrables. Cette mesure s'analyse donc essentiellement comme un compromis boiteux entre la nécessité de faire payer les marchés et la volonté de ne pas les pénaliser – finalement, un relais de transmission de la faillite privée vers les comptes publics.

4°) Le renforcement des capacités du FMI : cette mesure très médiatisée, pour donner suite au G20 d'avril 2009, devra maintenant être mise en œuvre, ce qui suppose un processus long et complexe. On ne sait pas, pour l'instant, ce que le FMI fera de cet argent, mais ce qui est clair, c'est que les États pourront difficilement le débloquer autrement qu'en s'endettant. La procédure s'analyse donc comme un facteur d'affaiblissement de la solidité financière des États, même si, à ce stade, on peut aussi y voir un moyen, pour l'Occident, de voler au secours de tel ou tel État particulièrement en danger… en ouvrant une porte de sortie à la Chine, *acheteuse potentielle des bons du FMI.*[76]

---

[76] Note 2013 : à ce stade, on en est toujours là, ou à peu près. L'histoire est en quelque sorte gelée, depuis quatre ans, tandis que les occidentaux « jouent la montre » pour faire

5°) 900 milliards de soutien au crédit, logés presque entièrement aux USA. Il s'agit de faciliter l'endettement des ménages et des entreprises US (déjà archi-surendettés) pour leur éviter de couler immédiatement. La mise en œuvre des mesures sera très complexe et déterminera largement leur impact réel, mais dans l'ensemble, on peut analyser le procédé comme un moyen de maintenir sous respiration artificielle les acteurs de l'économie réelle, afin que leur faillite ne provoque pas l'implosion incontrôlable des acteurs purement financiers. Le caractère pervers de la mesure est évident : alors qu'il faudrait donner aux Américains les moyens de se désendetter, on leur donne les moyens *de continuer à s'endetter*.[77] [78]

En synthèse, on voit que sur ces 5.400 milliards, l'essentiel ira aux acteurs purement financiers, et la part qui ira aux acteurs de l'économie réelle ne sert qu'à leur permettre de continuer à rémunérer les acteurs purement financiers. On constate aussi qu'une très forte proportion de ces engagements doit être considérée comme engagements à fonds perdus, car, comme le montre le tableau ci-après, le total des dettes des acteurs occidentaux doit avoisiner 90.000 milliards de dollars, et avec 5.400 milliards, on ne couvre qu'une hypothèse optimiste : un taux de défaillance de 6%...

---

durer encore un peu leur dominance dans l'ordre monétaire. Mais personne n'est dupe : tôt ou tard, il faudra reconsidérer le poids respectif des occidentaux et des émergents dans le système financier international, et cela passera par une refondation monétaire.

[77] Note 2013 : ce fut effectivement la politique suivie par l'administration Obama / Premier Mandat – sauver la sphère financière avec des moyens illimités, et maintenir sous perfusion l'économie réelle en injectant des sommes dix fois moins importantes dans le cadre d'une politique vaguement néo-keynésienne, au fond une relecture laxiste de Milton Friedman.
Il est encore trop tôt pour conclure sur leur deuxième mandat. Apparemment, délivré du risque de non-réélection, l'actuel Président des États-Unis est un peu moins docile à l'égard de Wall Street.

[78] Note 2020 : Obama 2 a été moins désastreux qu'Obama 1, en effet. Mais deux constantes ont été une fois de plus vérifiées :
- En réalité, le locataire de la Maison Blanche, même pendant un second mandat, n'a pas une très grande marge de manœuvre.
- Et le Parti Démocrate a été noyauté par une tendance, disons la tendance Clinton pour faire simple, qui est entièrement au service des intérêts oligarchiques.

Acteurs	Situation	Réaction probable en cas de Très Grande Dépression	Volume estimé des dettes mi-2008
Ménages US	Surendettement massif, taux d'épargne faible	Effondrement des remboursements dans les classes moyennes et populaires	14 000
Etat US	Endettement fort, dont 50 % à l'égard de la FED	Défaut de paiement, inflation	12 000
Entreprises US + Europe	Surendettement (svt des entreprises non fi) mais excès d'épargne (svt logé en paradis fiscaux)	Faillites en chaîne, forte proportion de créances irrécouvrables	45 000
Ménages Europe	Endettement raisonnable, sauf GB, épargne correcte, sauf GB	Vache à lait probable	9 000
Etats Europe	Endettement fort à l'égard des marchés financiers presque exclusivement	Défaut de paiement, inflation	10 000

(En milliards de dollars)

Quand l'on regarde ce tableau, on prend la mesure du problème. Si une très grande dépression éclate dans les années qui viennent (et pour des raisons exposées plus loin, il est très probable que ce sera le cas), alors sur ces 90.000 milliards de dettes, une forte proportion ne sera *jamais* remboursée – pas en monnaie solide, en tout cas. Les USA vont voir leur endettement exploser du fait des plans de sauvetage successifs, et à un degré moindre, ce sera le cas des autres États occidentaux. On ne voit pas très bien comment les ménages US, avec une épargne nulle, vont rembourser leurs 14.000 milliards de dettes. Les entreprises occidentales cumulent certes épargne et dettes, mais ce ne sont pas forcément les mêmes acteurs qui sont endettés et qui disposent de liquidités abondantes – et, en outre, la mécanique des effets de levier, combinés avec les produits dérivés, a fabriqué de la dette « cachée », additionnée sur ces dettes réelles… À l'aune de ces chiffres, on voit que 5.400 milliards, c'est peu par rapport aux risques réels – et que donc ces 5.400 milliards seront effectivement engagés, pour l'essentiel, à fonds perdus.

Et ce n'est qu'un début…

Il ne faut donc pas être dupe des discours officiels au sujet de ces plans d'aide au secteur financier : cet argent sera bel et bien dépensé, et il va servir pour l'essentiel à sauver les acteurs de l'économie virtualisée, sur le dos des acteurs de l'économie réelle. Cela s'appelle une *prédation* (et l'on remarquera à ce propos que la remontée des indices boursiers, au second trimestre 2009, a correspondu au moment précis où certains titres industriels étaient sous-cotés, tandis que les aides affluant dans les caisses des banques leur offraient de nouvelles capacités d'investissement).

Il est possible de faire un parallèle entre cette gestion de la crise au coup par coup, rustine après rustine placée en catastrophe sur un système au bord du krach, et la politique suivie par le président Hoover, aux USA, après la crise de 29. Pendant un peu plus de deux ans, l'administration républicaine tint les

MICHEL DRAC

grandes banques à bout de bras, différant leur collapsus final et dépensant des sommes pour l'époque gigantesques, en pure perte. L'issue des plans de sauvetage actuels sera probablement la même : elle n'empêchera pas le naufrage du système, mais aura permis aux grands acteurs, responsables du désastre, de se sauver eux-mêmes – en tout cas dans l'immédiat. *En conséquence, ceux qui ont provoqué la crise risquent fort d'en sortir renforcés, puisqu'ils auront ruiné tout le monde en ne se ruinant pas eux-mêmes.*[79]

Graphe 50 – 1929-2008, retour vers le futur

Voyons maintenant pourquoi le scénario de la dépression, très profonde et très durable, est aujourd'hui de loin le plus probable. Les premiers indicateurs de l'évolution de l'économie réelle dans les mois qui ont suivi l'éclatement de la crise ouverte, après septembre 2008, ne laissent en effet guère de doute : nous nous inscrivons dans un scénario qui, au mieux, sera conforme à la double crise des années 70 (1973 et 1979), et au pire renverra aux configurations de la Grande Dépression des années 30.

Premier indicateur : le recul du commerce international.

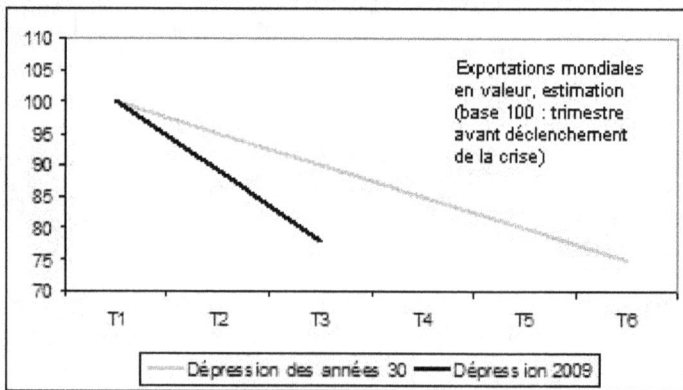

L'effondrement du commerce international

---

[79] Note 2013 : pas grand-chose à reprendre quatre ans plus tard. Disons qu'on a pu être surpris par la capacité des classes dirigeantes à répéter rituellement, à chaque accalmie, que « la crise est finie », et impressionné par l'habileté étonnante de MM. Bernanke et Draghi, les équilibristes en apesanteur au-dessus d'une mer de fausse monnaie.
Mais sur le fond, vraiment, pas grand-chose à reprendre à ce que l'on pouvait pressentir en 2009. *Nihil novi sub sole.*

En un peu moins de 2 trimestres, depuis octobre 2008, le commerce international en valeur a baissé d'environ 25% (grande hétérogénéité des chiffrages selon les organismes – on a retenu ici les valeurs moyennes). Quel que soit le chiffre retenu, de toute manière, il n'y a *aucun* précédent à cette situation : en deux trimestres, nous avons fait le chemin qui nous avait pris 6 trimestres environ après la crise de 1929 – et quant à la crise des 70's, elle n'avait entraîné qu'un ralentissement très momentané, à peine perceptible.

La cause de cet écroulement est simple : 90% environ des échanges mondiaux dépendent directement du crédit. Une panne dans le système financier engendre donc mécaniquement une panne du commerce international – en volume, mais aussi et surtout en valeur, car les prix s'effondrent faute de demande. Le moteur de ce commerce, depuis vingt ans, était essentiellement l'endettement croissant des Américains. À partir du moment où cet endettement a atteint son seuil de rupture, *toute la dynamique du capitalisme contemporain est par terre.*[80]

Et c'est pourquoi il est très probable qu'au-delà des jeux complexes de l'économie financiarisée, nous entrions dans une phase de dépression longue et dure. Nous ne sommes pas dans la situation des 70's, nous ne passons d'un modèle capitaliste de croissance à un modèle de faible croissance : nous assistons à la panne du cœur du système construit par l'économie-monde. C'est le scénario de 1929, *en plus grave.*

Graphe 51 – La fin d'un monde

Autre signe particulièrement net de la gravité de cette dépression : l'écroulement de la production industrielle, particulièrement net dans les économies d'exportation dépendantes des USA.

Ci-dessous l'évolution des productions industrielles, ramenées à une base 100 / septembre 2008 :

---

[80] Note 2013 : le commerce international est ensuite reparti, mais sur des bases nouvelles, les relations émergent-émergent prenant de l'ampleur. Il est toutefois évident que cette reprise est fragile, comme le démontre d'ailleurs assez clairement la décision chinoise de basculer rapidement vers un nouveau modèle de développement, plus autocentré.

Production industrielle :
la fin du modèle américano-centré

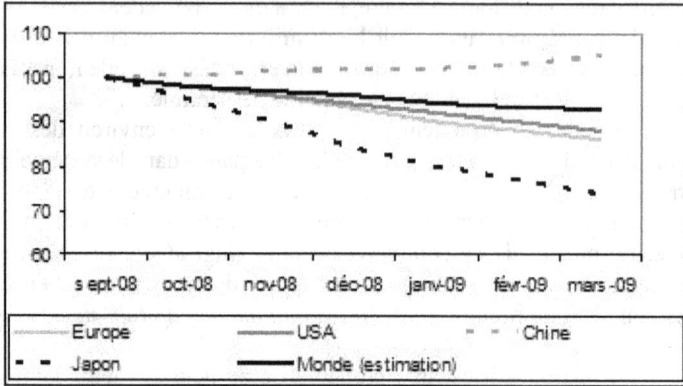

Aux USA même, on observe une baisse de 10 à 15% (selon les sources) de la production industrielle sur 6 mois. Cette baisse est d'autant plus significative qu'elle affecte une économie déjà largement désindustrialisée.

En Europe, on observe une baisse de la production industrielle, sur 6 mois, de l'ordre de 15%. Cette baisse est un peu plus forte qu'aux USA parce que l'Europe est moins désindustrialisée, et parce que son industrie est dépendante des marchés d'exportation. Le pays le plus industrialisé, l'Allemagne, souffre particulièrement (moins 20% environ), parce que son économie d'exportation est directement impactée par le commerce mondial (une situation qui n'est pas sans rappeler celle du Japon).

Le Japon, justement. Là, on peut parler d'effondrement de la production industrielle. En six mois, elle a baissé de 25 à 30% selon les sources. C'est un phénomène jamais vu par sa brutalité – même après la crise de 1929, le recul de la production n'avait pas été aussi rapide. La cause ? Évidente : l'industrie japonaise travaille essentiellement pour l'export – et l'effondrement du commerce international la prive de débouchés. Sur le plan géostratégique, cette situation, si elle perdure, sera lourde de conséquence : elle implique que le Japon, « petite grande puissance » traditionnellement poussée à adopter un comportement suiviste par rapport à la puissance dominante, risque de se tourner de plus en plus vers la Chine, s'éloignant des USA[81].

---

[81] Note 2013 : la lecture de ces constats faits en 2009 permet de bien comprendre les choix effectués par les dirigeants à cette époque. C'est pour empêcher, ou en tout cas retarder coûte que coûte ce scénario du pire, qu'ils ont jeté par-dessus bord toute prudence monétaire. Ils ont réussi dans un premier temps, mais la « rechute » de 2011 a prouvé que rien n'était réglé sur le fond.

En Chine même, le rythme de croissance de la production industrielle est passé, de + 12% par an ces dernières années, à environ + 5%, la baisse s'expliquant par le recul très net des productions destinées à l'exportation.

Cependant, *la production chinoise continue à croître.*

Ainsi, si l'on accepte les statistiques chinoises (?), la croissance du marché intérieur compenserait donc, d'ores et déjà, en partie, la baisse des exportations. En d'autres termes, la Chine semble en mesure de se positionner, à court terme, en nouvelle locomotive de la croissance mondiale. C'est entre autres le résultat d'un plan de relance d'environ 400 milliards d'euros, qui a semble-t-il *bénéficié à une industrie en croissance.*

Certes, la croissance chinoise est fortement réduite, et il faut s'attendre à de grandes difficultés dans l'Empire du Milieu. Mais quand on compare les courbes chinoises et occidentales… La conclusion est évidente : nous assistons probablement au début du transfert du centre de gravité de l'économie mondialisée. Ce centre, logé aux USA depuis un siècle, est en train de passer en Asie, et plus particulièrement en Chine. Reportez-vous au graphe 40, et projetez sur la situation actuelle (légère supériorité de l'Asie en termes de production) l'impact des évolutions en cours : le résultat est clair. Disons qu'à l'horizon 2020, si ces tendances sont poursuivies, l'Atlantique sera, en termes de production brute, définitivement distancé par son concurrent géostratégique majeur. Sur le strict plan de la production en volume, ce serait alors, littéralement, *la fin de la domination occidentale.*

Voilà ce qui est en train de se jouer, sous nos yeux, au-delà des affichages produits par notre système en bout de course dans le domaine illusoire de l'économie virtualisée.

Graphe 52 – Vers une société brutale

Cette implosion du capitalisme centré sur l'Occident devrait, logiquement, provoquer une forte baisse du niveau de vie des populations occidentales. Le capitalisme obéit à des règles, induites directement par la nature même de ce système. L'une de ces règles, c'est que le centre du système capitaliste propose à ceux qui y vivent un niveau de vie beaucoup plus élevé que celui rencontré dans la périphérie. Par conséquent, lorsque le centre se déplace, le niveau de vie baisse fortement là où se trouvait son ancienne localisation.

Concrètement, cette baisse du niveau de vie va, en Occident, se traduire par un accroissement très sensible des inégalités. Toute la dynamique du capitalisme occidental, tel que nous l'avons analysée dans la partie I, montre que les élites de notre hémisphère sont caractérisées par un fort tropisme idéologique inégalitariste. C'est pourquoi on peut s'attendre à ce que ces élites, au lieu de prendre acte du fait que le modèle inégalitariste qu'elles ont promu est une des principales causes de la catastrophe, renforcent au contraire la dynamique inégalitaire qu'elles ne cessent de promouvoir depuis trente ans. Étant donné la logique dans laquelle ces élites se sont progressivement murées (cf. graphe 28), c'est la suite logique des évènements.

La première traduction de ces évolutions sera, à court terme, une forte augmentation du chômage dans les pays occidentaux (et bien sûr au Japon, mais le format de cet ouvrage ne permet pas d'entrer dans l'étude de ce cas particulier).

Chômage : hausse programmée

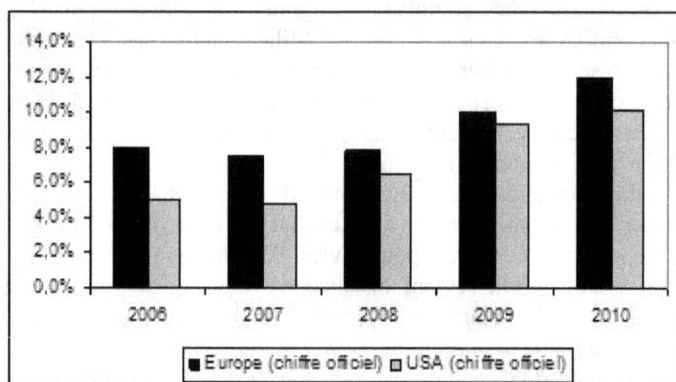

Le graphique ci-dessus reprend les prévisions de l'OCDE. Ces prévisions ne traduisent pas simplement la prolongation des courbes actuelles : elles sous-entendent une certaine manière de gérer la crise en cours. Le sous-entendu derrière ce graphique, c'est que les États concernés vont « laisser faire » la dynamique du capitalisme, c'est-à-dire que l'impact social de la crise économique ne sera pas, ou peu contrebalancé par des politiques contre-cycliques[82] [83].

Il faut se souvenir, à ce propos, que les chiffres officiels sur le chômage ne traduisant pas la réalité. D'après les spécialistes, il faut rajouter de 6 à 10 points aux statistiques américaines, et de 3 à 7 points aux statistiques européennes. Tout ceci nous conduit, à l'horizon fin 2010, à des taux de chômage réels supérieurs à 20% dans la plupart des pays occidentaux (à titre d'information rappelons que le taux de chômage, en Allemagne, à l'arrivée au pouvoir du parti nazi, avoisinait précisément les 20%).

---

[82] Note 2013 : exact à 100% en Europe. La situation américaine est un peu plus complexe, l'inégalité croissant là-bas par l'effondrement des bas salaires autant sinon plus que par le chômage.

[83] Note 2020 : cela s'est fait, mais plutôt qu'un développement systématique du chômage, nous assistons à l'explosion des formes d'emploi précaire.

Des taux de chômage de cet ordre impliquent un durcissement très net de notre modèle de société. Milton Friedman, un des théoriciens du monétarisme, donc du passage, dans les années 70, d'un modèle postkeynésien à l'actuel modèle néolibéral, estimait pour sa part qu'il était « souhaitable » que le chômage soit maintenu aux alentours de 10% (pour combattre les « tensions inflationnistes », dues selon lui à la hausse des salaires). Le passage à un modèle de société appuyé sur un taux de chômage de l'ordre de 20% correspond donc à une transition du modèle néolibéral vers un autre modèle – en clair : un *fascisme libéral*, une société admettant l'usage de la violence sociale instituée.

Il est évident qu'une transition de cet ordre, s'appliquant en outre à des populations qui ont pris l'habitude du consumérisme (cf. graphe 9), va engendrer des tensions sociales très fortes, probablement des révoltes populaires. On reliera ces évolutions prévisibles aux évolutions récentes de la législation rendues possibles par la paranoïa antiterroriste, en particulier aux USA (Patriot Act).

Cette relation assez évidente, pour qui veut bien se donner la peine de regarder les choses en face, nous confirme d'ailleurs que la crise en cours n'est nullement un accident de parcours, mais bien une transition prévue depuis une bonne dizaine d'années, et préparée en conséquence par des classes dirigeantes qui, entre la défense de leurs intérêts propres et celle des peuples dont elles ont la charge, ont depuis longtemps fait leur choix (cf. graphe 39).

Graphe 53 – Relance par l'inflation

Sur le plan monétaire, cet ajustement brutal de la structure de classes peut se traduire de deux manières différentes : soit par une forte déflation, engendrant une implosion économique complète et une hausse encore plus forte du chômage (scénario de la crise des années 30), soit par une forte inflation laminant les classes moyennes (scénario de la crise allemande des années 20, ou sous une forme très atténuée de la crise des années 70). Pour un certain nombre de raisons que nous allons maintenant analyser, cette deuxième hypothèse a de très fortes chances d'être réalisée.

Il y a des raisons objectives de penser que la dynamique spontanée du système l'oriente vers la déflation. En premier lieu, l'implosion démographique des pays occidentaux va forcément réduire la demande (les baby-boomers arrivent à l'âge où, les enfants ayant quitté le nid familial, la consommation diminue). En second lieu, la ruine de la classe moyenne va forcément engendrer une rétraction très sensible des marchés en *volume*.

Cependant, la question de savoir si la crise sera soldée par une déflation ou par une inflation dépendra pour l'essentiel *des décisions des autorités*. Si les autorités décident de liquider la dette irrécouvrable par une émission massive de masse monétaire, la quantité de signe en circulation croissant beaucoup plus vite que la quantité de biens et services disponibles, l'inflation est inévitable.

Or, cette question est déjà largement réglée…

Dans une configuration telle que la nôtre aujourd'hui (crise de solvabilité), la déflation survient si les banques font faillite. Dans ce cas, il y a disparition pure et simple des actifs sans contrepartie physique (les acteurs perdent les avoirs qu'ils avaient dans ces banques), donc un « effet de pauvreté » symétrique de « l'effet de richesse (fictive) » observé pendant la phase spéculative. C'est le scénario des années 30.

Toujours dans notre configuration (crise de solvabilité), l'inflation survient en revanche si les banques *ne font pas* faillite, parce que les autorités monétaires, pour éviter les faillites en chaîne, ont « fabriqué » du signe monétaire additionnel, compensation des actifs « fictifs ». Dans ce cas, le caractère « fictif » des actifs est transféré des actifs non liquides (créances) vers la masse monétaire. Progressivement, au fur et à mesure que les créances arrivent à échéance, la quantité de signe monétaire augmente donc, et il y a inflation – voire, si le mécanisme s'emballe, hyperinflation. C'est le scénario des années 70 (stagflation) ou de l'Allemagne des années 20 (hyperinflation).

À partir du moment où les autorités n'ont laissé tomber qu'une seule banque (Lehman, la plus petite), puis ont embrayé très vite sur des plans de soutien massifs (cf. graphe 49), on s'oriente clairement vers le scénario inflationniste. Il est en revanche trop tôt pour savoir si nous aurons une stagflation ou une hyperinflation.

Tout dépendra en fait de la quantité de dettes qui va, pour finir, se retrouver en masse monétaire. Certains spécialistes estiment aujourd'hui que l'hyperinflation est certaine (Jacques Cheminade, par exemple). Loin de moi l'idée que j'aurais le même niveau qu'eux en macro-économie, mais regardons les chiffres tels qu'ils sont…

Stagflation ou hyperinflation ?

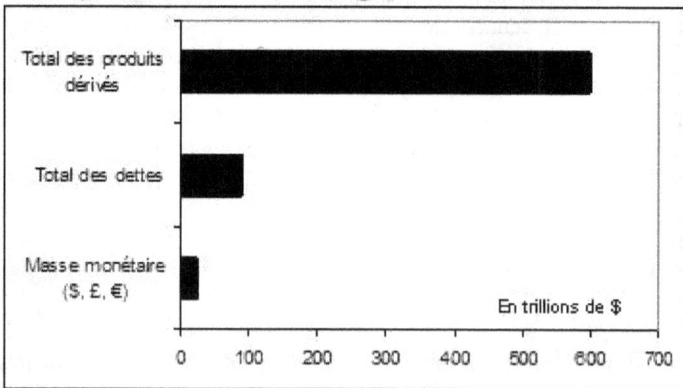

On voit sur ce graphique que l'inflation sur un modèle proche de celui des années 70 est le scénario logique si seules les dettes « réelles » (hors produits dérivés) sont finalement couvertes par accroissement de la masse monétaire.

Schématiquement, avec un total des dettes « réelles » (hors-jeux d'écriture liés aux produits dérivés) de l'ordre de trois fois la masse monétaire, on peut s'attendre, si un tiers de ces dettes est irrécouvrable, à une division par deux environ de la valeur du signe monétaire. Par conséquent, si la crise est pilotée intelligemment et de manière concertée, nous allons vers une dépression dure, suivie par une stagflation du type de celle des années 70 (c'est sans doute pour cette raison qu'actuellement, tous les États d'Europe ont d'ores et déjà secrètement pris les commandes des grands groupes bancaires, les directions de ces groupes ne faisant plus qu'appliquer les ordres de la puissance publique – aux USA et en Angleterre, c'est la banque qui est devenu l'État, mais en Europe continentale, c'est l'État qui est devenu la banque).

En revanche, si les dettes liées aux produits dérivés (purs jeux d'écriture) sont couvertes par création monétaire, alors là, il n'y a pratiquement plus de limites. Le rapport entre ces produits et la masse monétaire est de l'ordre de 1 à 20 (1 à 80 si l'on inclut les produits dérivés de très court terme). Si ces dettes-là sont converties en masse monétaire, nous allons vers un scénario « Allemagne de Weimar », c'est très clair. L'avenir nous dira si les autorités parviennent à gérer l'affaire dans l'ordre, pour une stagflation relativement raisonnable...[84]

Quoi qu'il en soit, il faut reconnaître que la sortie de crise par l'inflation est, du point de vue des oligarchies occidentales, la sortie de crise la plus logique. Et cela, à plus d'un titre.

1°) Tout d'abord, l'inflation permet d'éviter au système l'aveu de sa faillite. Il est beaucoup plus aisé de cacher à la population le processus de mise en liquidation si celui-ci est effectué à la faveur d'une inflation, parce que monsieur et madame « tout le monde », dans ce cas, ne voient pas diminuer leurs revenus mathématiquement. Évidemment, ces mêmes personnes observeront une forte baisse de leur pouvoir d'achat, mais dans la mesure où les individus ont du mal à conserver la mémoire exacte de leur situation matérielle au-delà de quelques mois, le processus sera, d'une certaine manière, relativement indolore.

2°) Ensuite, l'inflation permet de laminer les classes moyennes. Or, ce sont les classes moyennes qui sont « dans la ligne de mire » des classes dirigeantes, pas les classes inférieures.

Même si ce court essai est centré sur la pure problématique économique, il faut ici nous souvenir que l'économie n'est qu'un volet du politique. Il est bien évident que, dans les prises de décision, en dernière analyse, c'est un ensemble de variables économiques, politiques, sociologiques et culturelles (voire philosophiques ou religieuses) qui vont interagir pour aboutir à l'action. Or, étant donné la posture idéologique des classes dirigeantes occidentales actuelles, posture idéologique caractérisée par une recherche inconsciente du sentiment

---

[84] Note 2013 : pour l'instant, les autorités sont parvenues à gérer dans le cadre d'une stagflation sur les produits de consommation courante, compensée par une déflation d'actifs elle-même bien pilotée. À plus long terme, les bases exposées en 2009 restent fondamentalement pertinentes, à mon humble avis.

d'élection temporelle, c'est la classe moyenne que ces classes dirigeantes vont viser prioritairement (parce que c'est celle qui, en établissant une continuité entre la base et le sommet de la structure sociale, empêche les classes supérieures de se sentir radicalement *séparées* des classes inférieures). Où l'on retrouve les conclusions du graphe 39…

3°) Enfin, dernière raison mais pas la moins importante, l'inflation rend la crise beaucoup moins douloureuse pour les classes dirigeantes *elles-mêmes*, en particulier dans la mesure où les revenus de ces classes sont étroitement liés à l'évolution du prix des actifs, et en premier lieu des actifs boursiers.

Voici par exemple les courbes (lissées par trimestre) du Dow Jones après d'une part la crise de 1929 (gestion par la déflation), et d'autre part la crise de 1973 (gestion par la stagflation).

Comme on le constate, la gestion par la déflation dans les années 30 a entraîné une chute des indices boursiers beaucoup plus forte que la gestion par la stagflation dans les années 70, ce qui est logique (quand le signe monétaire perd de sa valeur, les actifs s'apprécient en termes courants). Même si pour l'instant la courbe du Dow Jones post-2008 reproduit presque exactement celle du Dow Jones post-1929 (crash monstrueux, puis rebond technique prononcé), à plus long terme, nous devrions logiquement revenir sur une configuration proche du Dow post-1973. L'inflation à venir servira, aussi, à sauver les stock-options des dirigeants ![85]

---

[85] Note 2020 : il est difficile de porter un jugement économique sur la décennie écoulée, parce que les statistiques ont été manipulées de manière systématique. Après la crise de 2008, les médecins ont cassé le thermomètre faute de pouvoir réellement traiter la fièvre. Si on s'en tient aux chiffres officiels, il y a eu une certaine croissance et une faible

Graphe 54 – L'Empire contre-attaque !

Une autre raison qui va pousser à l'inflation est que les pays européens, même si leur situation, en termes d'endettement global tous acteurs confondus, est moins dégradée que celle des USA, vont eux aussi être obligés de voler au secours de leurs banques en quasi-faillite. Comparons par exemple les ratios dettes sur capitaux propres des grandes banques françaises et américaines :

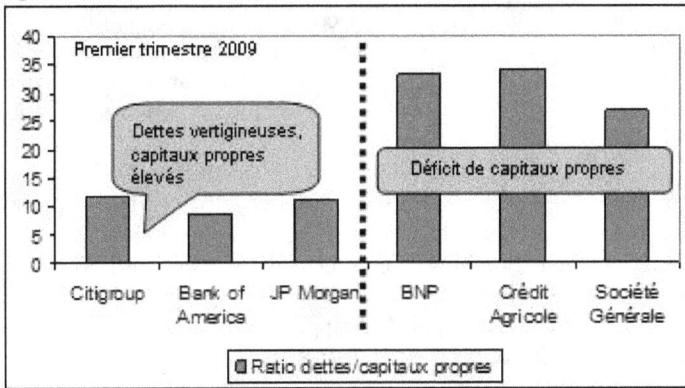

Ce graphique démontre que même si l'Amérique croule littéralement sous les dettes, ses grandes banques, dûment recapitalisées par un pouvoir qui n'est jamais que leur émanation, et cela depuis des décennies, sont en réalité moins en difficulté que les grandes banques européennes (la situation des banques françaises est transposable, mutatis mutandis, à tout le système européen,

---

inflation. Mais le calcul de l'inflation est techniquement défectueux, et par contrecoup, les chiffres de croissance ne sont pas vraiment significatifs.

Dans la réalité, ce qu'on a observé en Occident, c'est une stagnation du niveau de vie pour la grande majorité de la population, et pour une minorité non négligeable, disons les deux ou trois déciles inférieurs de la stratification des revenus, une dégradation sensible et de plus en plus insupportable. Quand il s'agit de la réalité vécue par la population, l'explosion des décès par overdose ou suicide, dans la classe moyenne inférieure américaine, en dit sans doute plus long que les statistiques produites par la bureaucratie étatsunienne. À un degré moindre, les mêmes constats valent sans doute en Europe, en particulier dans les pays méditerranéens sinistrés.

Allemagne incluse). Si l'on compare les dettes des banques américaines à celles des banques européennes, on verra en effet que l'ordre de grandeur est le même (et même légèrement supérieur aux USA). Mais si l'on compare les capitaux propres, on se rend compte, en revanche, que les banques US sont encore très fortement capitalisées.

Cette situation implique que les États européens, *volens nolens*, vont être obligés de suivre les USA dans la voie d'une relance inflationniste, voire hyper-inflationniste [86]. Ils n'auront tout simplement pas le choix. La crise qui commence est née aux USA, et elle est donc, fondamentalement, la traduction de l'implosion de l'Amérique comme centre de gravité du capitalisme mondialisé. Il semble probable que l'implosion du dollar par le jeu des déficits publics non finançables autrement que par la « planche à billets » précèdera l'explosion éventuelle de la zone euro, trop hétérogène et au système bancaire fragilisé…[87]

Mais justement parce que la crise est d'abord américaine, les USA sont encore en mesure de la modeler à leur convenance – c'est-à-dire, pour dire les choses plus directement, de profiter de leur situation momentanée de cœur en implosion pour muscler leurs grands prédateurs bancaires, afin de conduire une guerre financière secrète contre les protectorats européens, délibérément fragilisés.

Ceux qui, en Europe, se réjouissent de l'écroulement du protecteur US prennent donc peut-être leurs désirs pour des réalités : en fait, le protecteur est bien décidé à faire retomber le poids de sa faillite sur son protectorat, afin de se positionner en cœur d'un empire occidental qui restera sous domination de la finance anglo-saxonne.

Et la manœuvre, étant donné le rapport de forces, a de fortes chances de réussir… Elle peut échouer, certes (surtout si la dislocation des États-Unis atteint un point de non-retour). Mais elle peut très bien réussir…

---

[86] Note 2020 : il n'y a pas eu d'hyper-inflation parce que l'argent fictif est resté bloqué dans une économie financiarisée déconnectée de l'économie productive. Mais en revanche, il y a bien eu création monétaire ex nihilo, à un rythme très soutenu, via le « quantitative easing ».

[87] Note 2020 : dix ans plus tard, l'euro tient toujours, ce qui tient du miracle. Mais la zone est de plus en plus fragile. Aux dernières nouvelles, l'Italie envisage l'introduction d'une monnaie parallèle pouvant servir au paiement de l'impôt.

Europe/USA : le plus faible paiera pour le plus fort

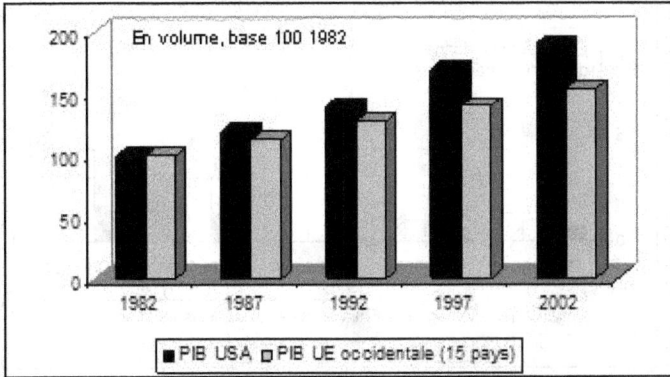

Il faut se souvenir des conclusions des graphes 17 à 25 : la période 1985-2005, qui a vu l'implosion de l'Amérique comme centre de gravité de l'économie productive mondiale, a aussi vu l'émergence d'une colossale puissance financière apatride, aux mains de la finance mondialisée. C'est pourquoi les conclusions des graphes 33 à 38 doivent être bien comprises : c'est l'Amérique réelle, l'Amérique des Américains si j'ose dire, qui est en ruine. L'Amérique comme base de la haute-banque jadis purement anglaise peut en revanche s'en sortir, parce qu'elle a affaibli l'Europe, son protectorat, pour l'utiliser comme monnaie d'échange dans le grand jeu mondial avec l'Asie.

Et en face de la machine de guerre financière anglo-saxonne, en effet, qu'ont à faire valoir les européens ?

L'euro ?

L'euro est certes une monnaie qui, désormais, pèse lourd sur la scène mondiale. Mais elle reste très secondaire en termes de réserves de change (à peu près le quart du poids du dollar), et en outre, elle est très fragile, tout simplement parce qu'elle est mal conçue – n'est pas viable une monnaie unique, dans un espace économique où les facteurs de production ne peuvent circuler librement vu les problèmes linguistiques, et où coexistent des économies structurellement très différentes : l'Allemagne possède une industrie du haut de gamme et des machines-outils faiblement concurrencée, elle a donc intérêt à un euro fort ; d'autres pays sont inscrits sur des marchés concurrentiels, et ils ont donc intérêt à un euro faible.

Différentiel de taux dans l'euroland / bons gouvernementaux long terme

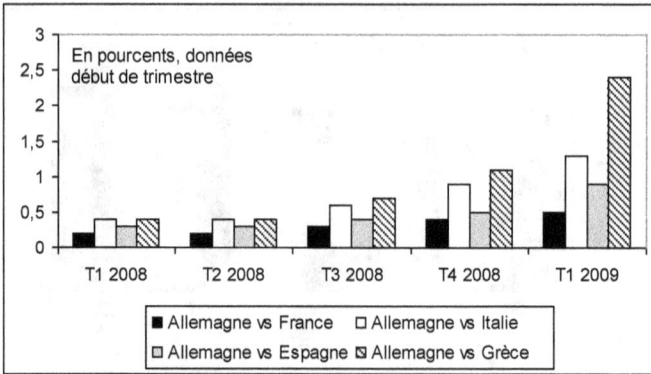

Comme le montre le graphique ci-dessus, dès l'éclatement de la crise financière, les différentiels de taux exigés des bons du Trésor dans les différents États de l'Euroland se sont emballés dans des proportions telles que l'unité de la zone monétaire est de facto remise en cause. La Grèce, début 2009, « payait » l'argent 2 points de plus que l'Allemagne. Traduction : la déroute de l'État grec est quasiment garantie à brève échéance[88], si la Grèce ne peut pas, pour se relancer, dévaluer. Or, c'est précisément ce que l'euro l'empêche de faire.

Combien de temps une telle situation peut-elle perdurer ? Si le dollar implose, si l'euro entre en surévaluation, si les entreprises françaises et italiennes ne peuvent plus exporter, combien de temps avant que la BCE ne cède aux pressions de Paris et de Rome ? Au demeurant, même l'Allemagne, à partir d'un certain niveau de surévaluation de l'euro, serait pénalisée (fermeture du marché américain).

En face d'une machine de guerre financière construite pour créer la panique et ainsi centraliser le pouvoir, l'euro risque donc de tomber devant l'ennemi avant même que celui-ci ait eu le temps de partir à l'assaut. C'est pourquoi le pessimisme est de rigueur, pour nous autres, européens : dans le grand jeu géostratégique qui commence, nous partons perdants. Certes, rien n'est joué : les USA peuvent, compte tenu de leur économie réelle, connaître une période de troubles telle qu'ils ne seraient plus en mesure de dominer leur protectorat. Mais à ce stade, ce n'est pas le scénario le plus probable.

---

[88] Note 2013 : c'est à peu près ce qui s'est passé, à ce détail près que de manière au fond presque comique, ou disons tragicomique, les dirigeants européens se sont arrangés pour ne pas parler de défaut partiel (« *haircut* » sonne mieux).

Graphe 55 – Nouvelle donne géostratégique

La configuration générale de la nouvelle géostratégie est maintenant claire…

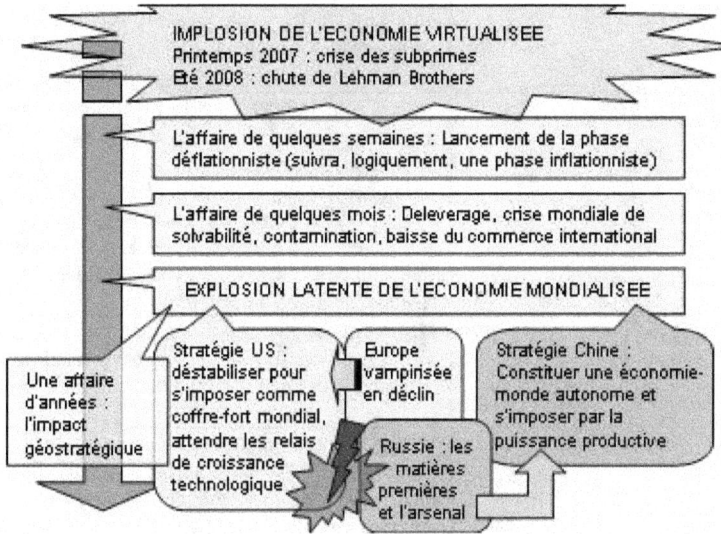

L'économie mondialisée construite par les multinationales US (cf. graphes 33 à 38) va forcément être remise en cause par l'implosion de l'Amérique comme cœur du capitalisme globalisé. La Chine monte en puissance, remettant en cause le caractère central des USA. On peut donc s'attendre à un double mouvement :

- émancipation progressive de la sphère asiatique, au rythme où la Chine sortira de sa dépendance envers le dollar,
- renforcement du centralisme anglo-saxon (USA, City londonienne) à l'intérieur de la zone d'influence US (hémisphère occidental).

L'occidentalisation va remplacer la mondialisation comme doctrine géostratégique de l'Empire, ce qui implique que l'Empire sera plus petit (la moitié du monde et non le monde entier), mais *plus autoritaire* (parce qu'en concurrence avec la sphère asiatique).

La sortie de la Chine hors de la sphère dollar est déjà en cours :

Juillet 2008	Le principal fonds d'État chinois sort brutalement de Fanny Mae et Freddy Mac, contribuant au déclenchement de la crise de ces organismes.
Août 2008	Les dirigeants chinois interrompent le processus de réévaluation du Yuan face au

	dollar, avant de le reprendre puis de l'interrompre à nouveau.
Janvier 2009	Le président Obama ayant protesté contre l'interruption de la réévaluation du Yuan, Pékin suspend temporairement ses achats de bons du Trésor US.
Premier trimestre 2009	La Chine convertit progressivement environ 100 milliards de réserves de devise en dollar contre des devises autres, lors d'échanges bilatéraux avec des divers pays.
Avril 2009	Au G20 de Londres, Pékin plaide pour une monnaie mondial appuyée sur un panel de monnaie continentale, et dénonce ainsi implicitement le système dollar. Les USA choisissent de ne pas en tenir compte... puis confirment discrètement que leurs réserves d'or sont de 1.000 tonnes, et pas de 400 tonnes (comme annoncé précédemment)
Mai 2009	Le Brésil et la Chine signent un accord bilatéral : désormais, leurs relations commerciales ne seront plus libellées en dollars.
Juin 2009	Premier sommet des pays émergents (Brésil, Inde, Russie, Chine + Iran observateur). Les pays en question se mettent d'accord pour appuyer leurs monnaies les unes sur les autres, par constitution de réserves croisées, afin de se dévulnérabiliser collectivement face au dollar US.
Juillet 2009	La Chine et la Russie proposent publiquement la constitution d'une monnaie de réserve mondiale appuyée sur un panier de devises.

Pour qui sait lire entre les lignes, c'est limpide : Pékin prépare tout doucement sa sortie de l'économie américano-centrée. Et les réticences US n'y changeront rien : quand les Américains disent non, les Chinois sourient poliment... et négocient directement avec le Brésil, la Russie et l'Inde.

La stratégie US, jusqu'à une date récente, a consisté à essayer de s'approprier la main d'œuvre asiatique, chinoise et indienne, pour dominer la planète à travers le capitalisme mondialisé. Une nouvelle stratégie va émerger : centraliser le pouvoir en Occident (donc affaiblir encore plus l'Europe pour la garder sous contrôle), et conserver des leviers de puissance (en premier lieu les ressources en hydrocarbures) pour conserver l'avantage sur la Chine, rival majeur. Ce sera, sur le plan géostratégique, la conséquence principale de la crise en cours.[89]

Dans cette *nouvelle guerre froide*, la ligne de confrontation, pour autant, ne passera pas nécessairement directement entre les USA et la Chine. Les deux puissances sont en effet à la fois rivales (à long terme) et alliés objectifs (à court terme). Leur interdépendance est très forte, compte tenu du fait que la Chine a besoin de la paix avec les USA (elle n'a pas les moyens d'une guerre ouverte à ce stade), tandis que les USA, de leur côté, ont besoin de l'Asie comme réservoir de main d'œuvre (cf. graphe 33). Il s'agit donc, dans l'immédiat, plus d'un « ni paix ni guerre » que d'une guerre froide à proprement parler, entre Chine et USA.

La ligne de confrontation de la *nouvelle guerre froide* va, en fait, probablement passer entre la Russie et les USA. Pour les Américains, en effet, il est concevable de garder la prééminence sur la Chine, malgré sa plus grande population et son indéniable potentiel de puissance, aussi longtemps que celle-ci ne conclut pas un partenariat stratégique avec les deux autres grandes puissances eurasiatiques : Inde et Russie. Dans la mesure où l'Inde n'est pas capable d'être autonome (manque de matières premières), c'est la Russie qui peut, en s'alliant avec la Chine, faire basculer à court terme le rapport de forces entre Eurasie et Occident « américano-centré ». Les USA vont donc chercher à mettre la Russie sous contrôle et à l'empêcher de reconstituer sa zone d'influence traditionnelle en Asie centrale, et s'ils n'y parviennent pas (tout indique qu'ils n'y parviendront pas), ils n'auront plus d'autres possibilités que de la briser, au besoin par la guerre.

---

[89] Note 2013 : pas grand-chose à modifier à ces constats. Le verrouillage de l'Europe par le « protecteur » US s'est progressivement accentué ces dernières années, et l'encerclement géostratégique de la Chine est manifestement devenu l'objectif majeur de Washington. Seule nuance au propos rédigé il y a quatre ans : dans l'entreprise de confiscation des ressources naturelles pour bloquer l'expansion asiatique, les USA ont délégué de nombreuses missions à leurs alliés, en particulier à la France, dans son « pré carré » africain.

Balance des forces militaires rapportées au standard OTAN

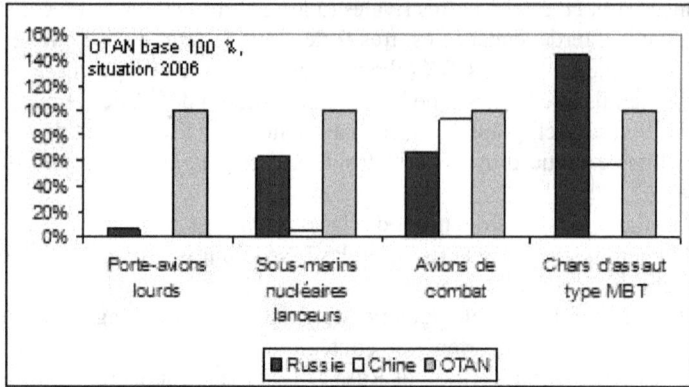

Il est donc intéressant d'étudier les rapports de force militaires, puisque la dynamique géostratégique peut conduire à une situation de guerre. Le graphique ci-dessus[90] permet, à très gros traits, de décrire la situation actuelle :

1°) Supériorité absolue de la thalassocratie anglo-saxonne en termes maritimes, avec la quasi-totalité des forces aéronavales disponibles – le paradoxe de l'empire américano-britannique est qu'il n'a plus de construction navale, mais conserve temporairement la maîtrise militaire des mers – une situation extrêmement dangereuse, puisque le seul terrain sur lequel les anglo-saxons restent prédominant est celui qui conduit à l'affrontement.

2°) Capacité stratégique réelle de la Russie, grâce à ses sous-marins nucléaires lanceurs d'engins. Conclusion : les USA peuvent faire la guerre à la Russie, mais ce sera forcément une guerre limitée, indirecte – une confrontation directe est aussi impensable qu'au temps de la guerre froide. Quasi-inexistence en revanche de la Chine, à ce niveau – ce qui veut dire que la Chine, pour exister en cas de durcissement très net, sera *obligée* de s'allier à la Russie. Elle n'a, pour l'instant, pas le choix (il est vrai que cette situation peut évoluer rapidement, l'aéronautique chinoise progressant à pas de géant, y compris dans le domaine militaire).

3°) Situation probable de parité au niveau des armes conventionnelles, la supériorité des matériels OTAN (chars russes vétustes, infériorité technologique dans le domaine aérien) étant compensée par la plus grande capacité à encaisser des pertes.

---

[90] Note 2013 : le graphique est un peu balourd. Mais l'argumentaire me paraît globalement juste. J'aurais dû insister davantage sur la dimension technologique, en particulier pour tout ce qui touche à la question cruciale de la suprématie aérienne.

Conclusion : nous allons vers une période de fortes tensions, qui ne pourront pas déboucher sur une guerre ouverte (sauf scénario catastrophe), mais devraient voir une succession d'opérations de déstabilisation de la Russie par l'alliance américano-britannique, et en réponse une alliance forte, autour de l'Organisation de Coopération de Shanghai, entre Russie et Chine – vraiment, une nouvelle guerre froide. Une variante, peu probable, serait le rattachement de la Russie à l'aire d'influence US – mais même si l'économie russe reste dépendante des investissements étrangers, on ne voit pas très bien comment cela serait possible, alors que les USA sont justement en train de perdre leur situation de prédominance.

Graphe 56... ou plutôt chapitre 56

Pour une fois, un chapitre sans graphe... car nous allons cette fois, en conclusion, prendre, enfin, *du recul* !

Un dernier mot sur la question de l'Empire anglo-saxons, et sur la façon dont ses dirigeants voient probablement la situation que nous venons de balayer – trop rapidement, sans doute, mais nous avons en tête les grandes équations. Il faut bien voir que pour les réseaux oligarchiques du capitalisme occidental, l'enjeu est de survivre, comme puissance dominante, à une situation d'affaiblissement peut-être *temporaire*. L'Amérique a implosé comme puissance économique productive, mais elle peut rebondir sous une forme différente, totalement mondialisée. Ce sera très difficile, évidemment (nous y reviendrons), mais ce n'est pas impossible.

Voici le planning prévisionnel des grands évènements qui, aux dires des spécialistes, vont impacter l'économie mondiale, dans les 50 ans qui viennent. Commençons par la démographie, elle conditionne tout le reste :

Date probable	Évènement	Probabilité
2010	L'Europe et le Japon en implosion démographique – Papyboom – affaiblissement irréversible des pays concernés	Certaine
2025	La population des USA a cessé d'être majoritairement blanche. L'AmNord est une miniature de la future humanité unifiée.	Très probable
2030	La population chinoise s'est stabilisée. La Chine est fragilisée par le vieillissement.	Très probable
2040	L'Afrique noire, en 30 ans, est passée de 900 millions à 1,8 milliards d'habitants. Le sous-continent indien de 1,7 milliards à 2,7 milliards	Quasi-certaine, sauf

	d'habitants. Le niveau de vie de ces populations est bas.	scénario catastrophe
2050	L'Asie de l'Est est en implosion démographique. La Chine ressemble à la Corée du Sud de 2010, en vingt fois plus grand.	Assez probable
2060	L'Europe est majoritairement peuplée par des populations d'origine extra-européenne. C'est une reproduction de la situation générale de l'Amérique « babélisée ».	Très probable
2100	Les vagues de migration venues des zones pauvres (Afrique, sous-continent indien, AmLat) ont achevé de remodeler la démographie des pays riches (AmNord, Europe, Chine, Japon, Russie). Il n'y a plus de nations constituées. Un pouvoir mondial émerge progressivement, par fusion des élites elles-mêmes métissées.	Possible

Conclusion : pour qui se place du point de vue des élites mondialistes américano-centrées, la question est de savoir comment ces élites, dont la base historique est en implosion, vont survivre à la phase délicate du processus : entre 2010 (fin de la prédominance occidentale) et 2050 (début de la fusion globale des classes dominantes). Dans l'histoire, nos interrogations identitaires d'Européens inquiets ne pèsent, on l'a compris, rigoureusement rien. C'est à l'aune de cette donne, de ces perspectives, qu'il faut comprendre la réaction de nos élites depuis le déclenchement de la crise : se sauver elles-mêmes, coûte que coûte.

Passons maintenant à la donne sociopolitique anticipée par l'oligarchie.

Date probable	Évènement	Probabilité
2010	Les sociétés occidentales se durcissent. La crise entraîne une paupérisation accrue des classes fragiles et détruit progressivement les classes moyennes. Conflits de classe violents (a).	Très probable
2015	Le vieillissement des sociétés occidentales détruit certains marchés mais en fait naître d'autres. Redistribution des cartes du commerce mondial (b).	Très probable
2020	Les instances supranationales ont, partout en Occident, pris le pas sur les gouvernements nationaux. Cette situation pose problème : le	Très probable

	démantèlement des nations sur le plan politique anticipe de 80 ans leur disparition sur le plan culturel. Risques de révolte des élites locales (c).	
2030 [91] [92]	Épuisement des sources d'énergie fossiles. Conflits pour les ressources encore existantes (d)	Très probable
2050 (?)	Convergence achevée des formes de gouvernement asiatiques et occidentales (e)	Probable

Si l'on reprend ces perspectives sociopolitiques, on comprend à la fois d'où viennent les évolutions récentes en la matière, et en quoi la crise, telle qu'elle vient d'éclater, va *faciliter* leur gestion par l'oligarchie mondialiste :

a) Les évolutions sociologiques récentes (féminisation, immigration accélérée) ont pour effet de démanteler les capacités de résistance des vieux peuples (les femmes sont plus poussées par nature au compromis avec la puissance dominante, les immigrés et les autochtones peuvent être opposés les uns aux autres, pour le plus grand bénéfice de leurs maîtres communs). Il est de plus en plus évident que ces évolutions sont impulsées précisément pour faciliter la gestion, aussi paisible que possible, de l'ajustement de la structure de classe imposé par le passage du néolibéralisme au libéral-fascisme. Voilà un sujet de réflexion pour la gauche bien-pensante...

b) L'idéologie contemporaine relative au maintien en activité des « séniors » anticipe sur les besoins du marché. Le discours porté par les intellectuels « aux ordres » (Jacques Attali) sur la « rectangularisation de la vie » (comprendre : tout le monde au travail jusqu'à l'âge de l'euthanasie) révèle en filigrane une compréhension du monde dans laquelle la question du vieillissement est ramenée à un seul impératif : comment *faire du profit* avec le vieillissement. Et l'on remarquera ici qu'en détruisant les fonds de retraite du papy-boom (cf. graphe 45), la crise va faciliter le passage à une société où la vieillesse sera « rectangularisée » (quelle belle expression !)

c) À travers divers réseaux (Fondation franco-américaine, Fondation Bertelsmann, etc.), l'élite anglo-saxonne travaille sans relâche, depuis plusieurs décennies, à rendre les élites européennes *plus solidaires de leurs homologues anglo-saxonnes qu'elles ne le sont de leurs propres peuples*. C'est une stratégie délibérée (publique même), et l'on remarquera ici que la fragilisation de la

---

[91] Note 2013 : les informations aujourd'hui disponibles permettent d'anticiper une crise progressive, commençant par les combustibles liquides dès 2020. C'est probablement, avec la question technologique, le paramètre le plus structurant et, en même temps, le plus incertain dans la simulation de notre avenir à moyen terme.

[92] Note 2020 : quelques temps après la rédaction de la note 2013, nous avions confirmation que les percées technologiques dans les industries extractives allaient probablement permettre de différer cette crise d'une décennie environ. L'avenir n'est jamais écrit.

finance européenne par le biais de la crise américaine (cf. graphe 54) va faciliter le déploiement de cette stratégie.

d) Il est à peu près certain que tant que le progrès technologique ne nous aura pas apporté une source d'énergie illimitée et écologique (et ce n'est pas demain la veille), il est impossible que toute la planète vive sur le standard occidental actuel. Cela serait tout simplement écologiquement désastreux, compte tenu de l'empreinte écologique moyenne d'un occidental. En outre, l'épuisement des ressources naturelles va imposer de revoir à la baisse la quantité d'énergie utilisée par individu... Par conséquent, si les sociétés du monde entier doivent converger vers le même modèle, il va falloir que les occidentaux consomment moins (c'est eux qui, en partie, devront converger vers les peuples moins développés). Et l'on remarquera que la crise, en fabriquant une société à deux vitesses (cf. graphe 44, par exemple), prépare cette convergence *vers le bas pour la masse*.

e) Plus profondément, si l'objectif d'un « gouvernement mondial » est, à très long terme, bien celui poursuivi par nos dirigeants (en tout cas, c'est ce qu'ils proclament eux-mêmes), il faudra que ce gouvernement ait une forme homogène à travers toute la planète. Il faut donc que les Occidentaux convergent vers l'Asie, au rythme où celle-ci convergera vers eux. Or, on remarquera que l'effet de cette crise, en accroissant la centralisation du pouvoir dans le capitalisme occidental (cf. graphes 20, 39 et 54) va commencer à aligner le monde blanc sur le monde jaune : une élite vivant le temps du progrès, une masse plongée dans un temps immobile[93].

Quand toutes les implications d'une crise, compte tenu de la manière dont elle est gérée, vont dans le sens voulu par ceux qui ont provoqué cette crise, peut-on douter qu'elle ait été provoquée, en partie du moins, de manière tout à fait volontaire ? – Franchement, quant à moi, je n'ai guère de doute : la Deuxième Grande Dépression du capitalisme occidental est, en réalité, *un coup d'État oligarchique mondial*.

Ce coup d'État oligarchique vise en réalité à préparer, et voilà le fond de l'affaire, l'installation des élites actuelles au cœur des futures élites mondialisées, qui auront, le moment venu, à gérer un monde complètement différent du nôtre – et surtout seront en mesure de s'en réserver les avantages...

Petit aperçu des perspectives technologiques du XXI° siècle :

Date possible	Évènement	Probabilité
2020	Très grands ordinateurs quantiques	Faisabilité incertaine
2030	Allongement considérable de la durée de vie, organes « de rechange », fabriqués sur mesure	Très probable

---

[93] Note 2013 : formulation rapide donc imprécise. Mais l'idée générale est, je crois, assez clairement exposée.

2040	Apparition du premier utérus artificiel rendant possible la gestation complète in vitro	Faisabilité probable
2050	Ingénierie moléculaire sur le génome humain, « fabrication » d'êtres humains « sur mesure »	Faisabilité incertaine
2050 et +	Ordinateurs neuronaux intégrant intelligence cybernétique et intelligence biologique	Faisabilité probable
2050 et +	Energie de fusion maîtrisée pour utilisation civile	Faisabilité incertaine
2050 et +	Mind control (contrôle de l'esprit) par insertion d'implants dans le cerveau humain	Faisabilité incertaine
2050 et +	Quasi-immortalité par possibilité de « transfert » des cerveaux humains sur une base cybernétique	Evoqué par des chercheurs reconnus

Le propos de ce tableau n'est pas de prévoir exactement ce que sera l'évolution technologique, mais de montrer le « calendrier technologique » en fonction duquel réfléchit la classe dirigeante qui gère actuellement la crise. Il faut comprendre quelles perspectives sérieuses (le redécollage du capitalisme par les biotechnologies à l'horizon 2030) et quels fantasmes de domination (voire d'immortalité !) animent ces élites, pour comprendre leur attitude apparemment illogique.

Toutes les notions en fonction desquelles nous réfléchissons sont sans objet du point de vue des véritables dirigeants. « Peuples », « égalité », « justice », « nations », « prospérité des masses », etc. : hors sujet, pour des David Rockefeller, des Jacques Attali, des Robert Rubin. La crise qui commence est, de leur point de vue, *un mauvais moment à passer.* Leur problème, c'est de rester aux commandes de la « civilisation » dominante, jusqu'au redémarrage du capitalisme, lorsque de nouvelles inventions vont enclencher un nouveau cycle long, vers 2030. S'ils y parviennent, ils seront en mesure ensuite de se réserver l'essentiel des bénéfices liés à ce redécollage, et au-delà, de s'approprier un avenir qui, dans leur fantasme de toute-puissance, ressemble à un accomplissement luciférien. Tout cela a l'air délirant, mais lisez donc Jacques Attali ou William Sims Bainbridge, si vous ne me croyez pas !

Dans cette optique, non seulement l'écrasement des populations occidentales n'est pas un mal, *mais c'est un bien.* Ramener ces populations à un statut de dominés comparable à celui vécu par les peuples pauvres est, pour cette oligarchie uniquement préoccupée d'elle-même, une bonne chose : c'est éviter d'avoir à partager, c'est éviter la concurrence des classes potentiellement capables de contester la prédominance des marchands (techniciens, en particulier). C'est donc au regard de ces enjeux, de cette histoire prévisible, qu'il faut décoder l'attitude de nos dirigeants face à la crise, pour en comprendre les ressorts secrets.

Graphe 57 – Obama, racialisation et ingénierie sociale

Revenons à des considérations plus immédiates.

Même si les classes dirigeantes tiennent les populations pour quantité négligeable, lesdites populations, quant à elles, ne vont pas forcément accepter facilement d'être la « variable d'ajustement » de la crise du capitalisme anglo-saxon. Il est donc intéressant d'essayer de comprendre comment les dirigeants vont tenter d'interdire toute révolte.

L'élection du président Obama, aux États-Unis, est sans doute révélatrice des techniques d'ingénierie sociale qui seront déployées dans ce cadre. Ces techniques seront les suivantes :

Fabrication d'une fausse alternative au sein du système (Obama, candidat conseillé par Robert Rubin, et pourtant présenté comme l'homme du *changement* !).

Trucage systématique des données statistiques pour dissimuler aux populations l'ampleur réelle de l'ajustement dans la structure de classe (la politique d'Obama, depuis son arrivée au pouvoir, a consisté à agir beaucoup sur les indicateurs, et peu sur les faits qu'ils sont supposés traduire).

Instrumentalisation des conflits extra-économique, au sein du corps social, pour créer des points de crispation secondaires, faciles à instrumentaliser (d'où la relance par Obama d'une politique antifamiliale, destinée à approfondir le clivage entre libertaires et conservateurs ; d'où, également, la dimension « antiraciste » du personnage, pour capter les « minorités » et ainsi faire taire la majorité silencieuse).

Ce dernier point mérite d'être souligné, parce qu'il faut s'attendre, dans les années qui viennent, à une très forte montée des tensions intercommunautaires, dans tous les pays touchés par la crise. Il est important de comprendre que l'oligarchie fera semblant de lutter contre ces tensions (pour se donner le beau rôle) tout en les attisant en sous-main[94]. La racialisation des rapports de classes, entre classe moyenne et minorités des ghettos, sera systématiquement promue (vieille stratégie des classes dirigeantes), mais il faut bien voir qu'elle ne le sera pas à travers le prisme d'un discours raciste – au contraire : c'est en jouant sur l'antiracisme que l'oligarchie va fabriquer, indirectement, du racisme. Et l'on remarquera, à ce propos, la composition ethnique de l'électorat d'Obama :

---

[94] Note 2013 : la France est actuellement en train de subir une attaque particulièrement marquée sur ce plan.

Obama : une élection raciste

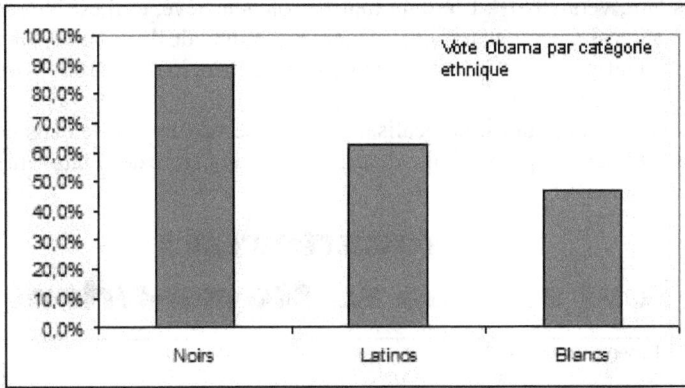

La morale de l'élection Obama, c'est que l'oligarchie, pour faire passer le sauvetage des banksters aux frais du contribuable américain, a joué sur le racisme. Nous voilà prévenus.

Graphe 58 – Vers le choc des « civilisations » ?

On remarquera à ce propos que la France va se retrouver, sous cet angle, au point de confluence de deux grands facteurs de tension probablement entretenus par le pouvoir mondialiste :
-    la racialisation des rapports de classe (qui s'incarnent, en France, entre autres choses par le face à face entre une classe moyenne plutôt « européenne de souche » et des classes populaires largement musulmanes) ;
-    la question du Moyen Orient, et l'instrumentalisation probable de la théorie du « choc des civilisations » pour justifier la mainmise occidentale sur les réserves d'hydrocarbures.

Nous avons vu (cf. graphe 40) que la Chine, rival géostratégique des USA, a un talon d'Achille : son économie n'est pas entrée dans le nucléaire civil, et n'y entrera que progressivement, dans les 20 ans qui viennent. La Chine reste très dépendante du pétrole, et elle va l'être de plus en plus, au fur et à mesure qu'en se développant, elle pourra de moins en moins s'appuyer, comme elle le fait actuellement, sur le charbon (la restriction sur les « droits à la pollution », prônée par une partie de l'oligarchie US *pour les autres pays*, est d'ailleurs, entre autres choses, un moyen de limiter la croissance de cette économie chinoise dépendante du charbon).

Conclusion : le principal levier que les USA peuvent espérer conserver sur leur rival, pendant la période 2010-2030 qui sépare leur implosion comme puissance dominante du déclenchement d'un nouveau cycle technologique, sera... le pétrole, une fois de plus.

Or, si les avis des spécialistes sont partagés sur le moment exact du pic d'extraction du pétrole, tous convergent pour estimer que ce pic aura été franchi, au plus tard, vers 2020[95]. L'ère du tout-pétrole s'achève, et il est intéressant de relever, au passage, que la crise qui commence coïncide de manière surprenante avec l'instant précis où la production de notre principale source d'énergie va commencer à décroître.

Dans ces conditions, la localisation des réserves de pétrole dans le monde suffit à expliquer la quasi-totalité de la politique étrangère des États-Unis depuis 20 ans :

Hydrocarbures :
Tout se joue au Moyen-Orient

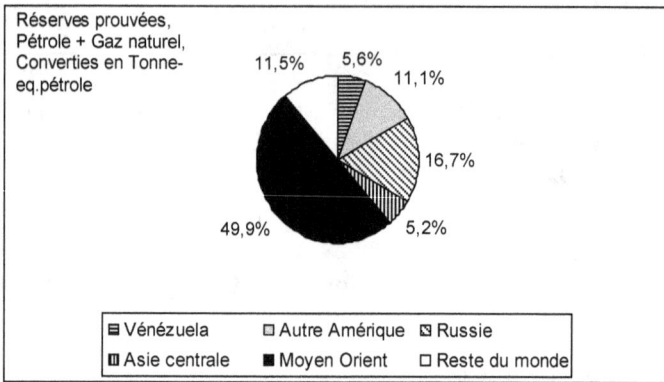

Et à l'avenir ? Eh bien dans la période 2010-2030, il sera *encore plus essentiel* pour les USA de conserver leur mainmise sur les ressources en hydrocarbures. S'ils y parviennent, alors ils brideront la croissance chinoise et pourront, bon an mal an, se placer en situation de capter le rebond prévisible du capitalisme, après 2030, lors d'un nouveau cycle technologique. Regardez où se trouvent les réserves : en Russie (tentatives de déstabilisation), en Asie centrale (tentative d'implantations américaines dans les ex-républiques soviétiques), en Irak (guerre), en Iran (rumeur de guerre), dans la péninsule arabe (protectorat américain), au Venezuela (tentative de déstabilisation) et, pour le reste du monde, en Afrique (Nigéria principalement, sous contrôle des multinationales occidentales).

---

[95] Note 2013 : le pic d'extraction sur les pétroles conventionnels a désormais été reconnu par l'Agence Internationale de l'Energie, en 2010 (il aurait été franchi dès 2006). Le pic d'extraction sur l'ensemble des pétroles devrait être franchi en 2020 au plus tard, en dépit de la mise en exploitation des pétroles de schiste.

Cette politique n'a aucune raison d'être remise en cause. Il est même très probable, étant donné les enjeux (cf. graphe précédent) qu'elle sera, entre 2010 et 2030, fortement accentuée. Donc, pour la justifier, l'oligarchie va probablement chercher à déclencher une hostilité entre Occident et Islam, parce qu'une grande partie des ressources se trouve en terre d'Islam (60% environ, et plus de 80% des ressources aisément exploitables), et parce qu'il faut bien se donner des prétextes de guerre... et parce que pour entraîner les vassaux européens dans une guerre fondamentalement anglo-saxonne, l'oligarchie aura besoin de les effrayer.

Or, simultanément, que constatons-nous, dans notre petite Europe en déclin ? Nous constatons que nos vieux pays sont fortement déstabilisés par l'irruption de l'islam sur leur sol. Et qui voyons-nous, soudain, se muer en preux chevaliers de l'Occident, en pourfendeurs intransigeants de l'intolérance islamique ? Ceux-là mêmes qui, depuis 1974 et le tournant immigrationniste de la classe dirigeante européenne, ont tout fait pour faciliter l'importation des musulmans en Europe.

Tiens, tiens... voilà des considérations qui, à tout prendre, comptent peut-être beaucoup plus que la reprise de l'Intifada en Palestine.

À moins que nous ne parlions d'un seul et même sujet.

Graphe 59 – Apocalypse Now

Pour conclure ce rapide survol d'une crise qui, je crois qu'à présent c'est clair, ne survient certes pas par hasard (!), je voudrais risquer, si mon lecteur me le permet, une sorte d'échappée belle philosophique – conclue par le graphique le plus parlant qu'on puisse imaginer.

Il s'agit de se demander ce qu'est cette crise, *ce qu'est son essence.* Pourquoi survient-elle maintenant ? Nous en avons compris les ressorts matériels, nous en discernons l'explication « côté factuel »... mais prenons de la hauteur, et essayons de voir l'affaire d'un autre point de vue : un point de vue philosophique, précisément.

En guise de conclusion, je vous propose cinq « grilles de lecture », pour expliquer ce qu'est cette crise, ce qu'elle *révèle.*

a) Le moment marxien

Il est évidemment impossible de ne pas mentionner en premier lieu, parmi les grilles explicatives de la crise, l'analyse marxienne.

Que penser d'un système qui met 10 millions d'Américains à la rue, alors qu'il y aurait 19 millions de logements vides dans le pays ? Que penser d'un système dans lequel les écarts de rémunération entre un trader improductif et un ouvrier productif sont de l'ordre d'un à mille ? Les salaires des dirigeants de nos grandes entreprises françaises sont déjà obscènes (cf. graphe 23), mais il faut savoir qu'ils sont « raisonnables » (tout est relatif) par rapport à ceux des dirigeants de la haute finance anglo-américaine.

On peut dire sans exagérer que si l'objectif secret des dirigeants de l'anglosphère, depuis 20 ans, est de nous persuader de la justesse des constats de Marx sur la dynamique inégalitaire spontanée du capitalisme, c'est une réussite sans précédent !

Cependant, au-delà de ce moment marxien, il faut aller chercher, peut-être, chez d'autres auteurs, les causes des causes mises en lumière par cette première grille d'analyse.

b) Le moment orwellien

George Orwell, comme d'une manière générale presque tous les critiques du capitalisme ne se rattachant pas au marxisme, insista à plusieurs reprises sur le fait que les très grands systèmes fédérateurs ont du mal à perpétuer les types humains qui les ont rendus possibles. En conséquence, à la différence de la plupart des marxistes, il n'imputait pas seulement les vices du capitalisme au système en lui-même, il soulignait que ces vices tenaient aussi *à la nature des hommes qu'il produisait* – en haut de la structure sociale, mais en bas aussi. Pour Orwell, le totalitarisme, comme tous les processus d'effondrement de la société dans un chaos mécaniste, prenait en effet sa source non seulement dans le mensonge, mais aussi dans l'existence et la généralisation des types d'hommes qui vivent par et pour le mensonge. Ou pour le dire plus simplement : si le mensonge règne, c'est parce que les menteurs dominent.

Le capitalisme américain contemporain, de toute évidence en pleine dérive pré-totalitaire, nous en fournit une superbe illustration. Les Américains qui construisirent l'Amérique, première puissance mondiale, étaient, en bas de la structure sociale, des hommes courageux, physiquement forts, aptes aux tâches les plus lourdes – et, en haut de la structure sociale, des hommes au jugement posé, à l'imagination débordante et, d'une certaine manière, généreuse. Certes, dès l'origine, ce peuple a été brutal (les amérindiens en savent quelque chose). Mais il n'a pas toujours été médiocre.

Les Américains d'aujourd'hui, tels qu'ils ont été façonnés en retour par la puissance américaine que leurs ancêtres avaient rendue possible, ne sont pas taillés sur le même patron. En bas de la structure sociale, ce sont des individus obsédés par la consommation, intellectuellement et physiquement peu aptes à fournir un travail soutenu. En haut de la structure sociale, ce sont des individus tout aussi médiocres, quoique d'une autre manière : obsédés par l'argent en tant que tel, obsédés par *leur* apparence et par *les* apparences, ils n'utilisent leur imagination déclinante que pour renforcer sans cesse la prédation qu'ils exercent.

Un portrait, soit dit en passant, qui « colle » aussi aux Européens, aux particularités locales près.

c) Le moment wébérien

Le sociologue allemand Max Weber est célèbre, entre autres, pour avoir formulé une thèse contestable, mais en tout cas intéressante : le capitalisme aurait une éthique, et cette éthique, à tout prendre, serait entrée en résonnance particulière avec la mentalité protestante. L'éthique de responsabilité induite par le protestantisme aurait poussé le « bon bourgeois », allemand mais aussi américain, à travailler dur et dépenser peu – une ascèse intramondaine favorable à l'accumulation du capital.

Si Weber a raison, alors la crise du capitalisme est, aussi, une crise de son éthique…

Et force est de constater que c'est, entre autres choses, bien de cela qu'il s'agit. Une des caractéristiques principales du capitalisme que nous avons étudié ici est en effet sa *virtualisation*. Le signe monétaire a cessé de rendre compte de la réalité des forces productives, il s'est émancipé à l'égard des catégories fondatrices de l'éthique protestante : travail et capital *productif*. Le capitalisme anglo-saxon, jadis protestant, a, pour dire les choses simplement, cessé d'être protestant. Il est devenu *autre chose*, quelque chose qui n'a plus d'éthique, qui n'a plus de raison – en tout cas au regard de ses propres catégories fondatrices. Quelque chose qui est donc, fondamentalement, *fou* – dénué de raison.

Car c'est bien de cela qu'il s'agit, il faut le reconnaître. Quand on lit la prose de certains économistes monétaristes, on est frappé de les voir se féliciter du succès du système lorsque celui-ci se sauve, au besoin en faisant crever l'économie réelle. À ce degré d'aveuglement, on peut parler de folie. Lorsque la perception du monde est *coupée en deux*, dans une schizophrénie parfaite, entre un réel incarné que l'on nie, et une fiction totalisante que l'on idolâtre, on peut parler de *folie*.

Le fait de ne plus distinguer le vrai du faux constitue la définition médicale de la folie, et c'est bien ce qui arrive aux monétaristes[96]. Ces gens-là pensent que ce qui est vrai, c'est ce qui est cohérent au sein de leur point de vue : ils confondent leur perception du réel avec la vérité. Cela porte un nom : c'est un délire auto-justifié, un discours en boucle, une *paranoïa*.

Ce capitalisme devenu fou parce qu'il a perdu son éthique a été fabriqué à coups de stock-options, au fur et à mesure que la haute finance « achetait » la complicité des élites industrielles, et les cooptait dans le cercle très restreint des très riches, *des très, très riches*. Mais il faut aussi se demander si ce dépassement de l'ancienne contradiction entre Haute Banque et grande industrie n'a pas correspondu, en profondeur, à un autre type de dépassement – une conquête idéologique secrète, presque impalpable. Quelque chose qui, vu de l'extérieur, ressemble à la confiscation de la machine productiviste par une autre machine – une machine purement spéculative, et pas seulement au sens économique du terme.

---

[96] Note 2013 : je parle là des disciples de Milton Friedman, pas des monétaristes ordolibéraux allemands, tout de même d'une autre nature.

d) Le moment spenglerien

Le philosophe allemand Oswald Spengler fournit peut-être, à ce propos, une grille de lecture complémentaire. Pour Spengler, qui écrivait au début du XX° siècle, l'Occident était entré en déclin parce que, fondamentalement, la culture qui lui avait donné naissance, vers l'An Mil, avait fini de dire ce qu'elle avait à dire. Et donc, évidemment, *l'Occident n'avait plus rien à dire.*

Spengler, reprenant la distinction allemande traditionnelle entre culture (règne de la qualité) et civilisation (règne de la quantité), annonçait que l'issue de ce processus serait l'apparition d'un « nouveau césarisme » - une civilisation qui, ayant fini de reproduire la culture pour la perpétuer alors qu'elle avait cessé de s'inventer, en serait réduite à se confondre avec le système de pouvoir qu'elle avait engendré. Fait étonnant, il annonçait pour le début du XXI° siècle le moment précis où, l'Amérique ayant fini de conquérir l'Europe comme Rome avait conquis la Grèce, elle se transmuerait en base d'un Empire occidental entièrement préoccupé du maintien, et si possible de l'expansion de son *pouvoir.*

N'est-ce pas exactement ce à quoi nous assistons ? L'Occident contemporain est malade de lui-même. Tout indique qu'il ne supporte plus son incapacité à se réinventer. C'est une machine, qui fabrique en série des types humains de plus en plus médiocres, de plus en plus absorbés par la seule question de la *quantité.* Il conserve certes, temporairement, une indéniable créativité scientifique. Mais à quoi consacre-t-il sa supériorité technologique ? À son armement, presque exclusivement. Quant au reste, tout cela sert surtout à développer une culture de l'*entertainment* qui, discrètement, constitue un aveu : l'aveu qu'on n'a plus rien à faire en ce monde, et qu'il faut bien *se distraire,* puisqu'on s'ennuie.

Comment s'étonner qu'une société appuyée sur le néant, animée uniquement par l'exigence de sa propre reproduction, s'écroule sur elle-même, à la manière de tours jumelles dynamitées ? Au fond, si les classes supérieures ne poursuivent plus qu'un fantasme d'enrichissement illimité, c'est parce que c'est la seule chose qui les *occupe.*

L'Occident est en crise, parce qu'il ne produit plus de *beauté.* C'est la racine secrète de cette crise, la cause derrière toutes les causes : il n'y a plus rien pour s'occuper, plus d'autre projet que la croissance indéfinie de la puissance.

e) Le moment apocalyptique

En ce sens, on peut enfin voir cette crise comme une Apocalypse. Pas nécessairement comme la fin d'un monde (quoique), mais en tout cas comme une *révélation.* La crise qui vient de nous frapper va en effet nous révéler la nature profonde du *système de l'argent* – et peut-être va-t-elle-même nous révéler un peu plus que cela…

La plupart des théories économiques définissent l'argent comme le signe du crédit – et, si l'on s'en tient à ses modalités de création, c'est effectivement ce qu'il est (cf. graphe 3). Mais cette définition, à bien y réfléchir, ne nous apprend rien sur la nature de l'argent. Elle nous dit que l'argent est le signe du crédit, mais comme le crédit lui-même est formulé par le signe monétaire, la définition classique nous dit, tout simplement, que l'argent est *le signe de lui-même*.

En réalité, si nous voulons comprendre la nature de l'argent, nous devons nous demander ce qu'est son effet. C'est par ses conséquences qu'on peut le saisir comme une cause. Et l'on verra alors que l'argent n'a pas le même effet selon la main qui le tient, et que donc, *il n'est pas constamment le signe de la même chose.*

Si je détiens un billet de banque nécessaire à la survie d'autrui, alors autrui, pour que je lui donne ce billet, fera ce que je veux qu'il fasse. Forcément.

Par conséquent, si je détiens un billet de banque nécessaire à la survie d'autrui, alors ce billet est le signe du *pouvoir* que j'exerce sur autrui. Le billet de banque symbolise le fait que je sais ce qu'autrui va faire, parce que je suis en mesure de restreindre les options offertes à lui.

Ce billet de banque symbolise donc, en dernière analyse, ma capacité à plier le monde réel extérieur à ma personne, et le monde d'autrui à la représentation de mon monde propre. Le billet de banque, dans ce cas, symbolise tout simplement ma volonté de confondre mon être avec l'Etre, c'est-à-dire, littéralement, de me faire Dieu. Dans cette optique, le billet de banque devient un instrument *d'auto-élection.*

A l'inverse, imaginons maintenant que je donne, *sans contrepartie*, ce billet à autrui. Le billet est maintenant dans la main d'autrui. Je n'ai aucun moyen de savoir ce qu'il va en faire. Je suis désarmé, face à l'univers des possibles dans lequel il se meut.

Littéralement, autrui devient alors pour moi la présence de Dieu – il me dit, par sa liberté, que mon être n'est pas l'Etre, et que je dois faire avec, composer, dialoguer, *aimer*. En ce sens, l'argent m'enrichit *si je le donne*. Il me confère en effet, alors et alors seulement, une richesse d'une autre nature que la richesse matérielle : il m'enseigne ma place dans le monde – et ainsi, il me réconcilie avec lui. Dans cette optique, le billet de banque devient un instrument de mon *humilité* devant Dieu.

À l'aune de ce constat simplissime, la nature de l'argent apparaît clairement : dans ma main, le billet de banque est le signe du *pouvoir* – dans celle d'autrui, après que j'ai donné, il est le signe de *l'amour.*

Conséquence : la nature de l'actuel système de l'argent apparaît aussi clairement. Ce système est fait pour que je ne *donne* pas – c'est l'évidence, et tout cet essai, au fond, n'a servi qu'à reconstituer cette évidence.

Ce système de l'argent est donc fait pour que l'amour disparaisse du monde, et pour que le pouvoir seul existe comme principe des relations entre les êtres. Voilà de quoi il s'agit. La nature du système de l'argent, c'est la déshumanisation du monde.

Et voilà donc, très exactement, ce que la crise actuelle va nous *révéler.*

*

Cependant, au-delà de la révélation, il y a la question de ce que nous ferons de celle-ci. Allons-nous choisir, avec nos dirigeants complètement dépassés conceptuellement, de sauver le système de l'argent ? Ou bien déciderons-nous de sortir de ce système ?

La question n'est pas théorique. Il ne s'agit pas ici de dire : voyons, réfléchissons sous l'angle philosophique, et restons-en là. C'est une question très pratique, qui va se poser, probablement, à l'horizon 2030, peut-être même avant.

Aller, un dernier graphique pour la route…

La vraie question

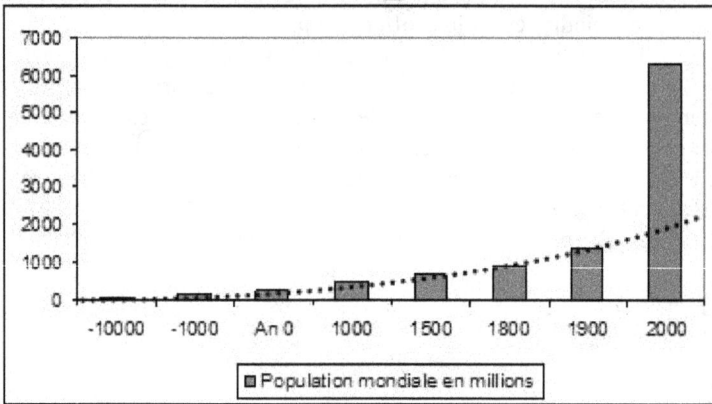

Population mondiale en millions

NOTES

Graphe 1

Évolution de la capitalisation boursière mondiale :
http://www.world-exchanges.org/statistics/time-series/market-capitalization
« Thomson financial datastream » donne des chiffres légèrement différents de ceux de
« World federation of exchanges », car n'incluant pas certains marchés parallèles, mais
la tendance est identique.
Évolution des prix de l'immobilier :
Pour les USA, extrapolation à partir des indices de prix indiqués par S&P – Case Shiller
et des données fournies par le magazine Capital
(http://www.capital.fr/immobilier/actualites/la-valeur-du-marche-immobilier-americain-
a-fondu-de-3300-milliards-de-dollars-en-2008-350465).
Pour l'Europe, extrapolation à partir des données fournies par le magazine L'Expansion
(http://www.lexpansion.com/Économie/actualite-economique/la-correction-de-l-
immobilier-francais-va-s-accentuer_184024.html) et par la revue Études foncières
(http://www.adef.org/statistiques/index.htm).

Graphe 2

Pour la masse monétaire en dollars, on s'est appuyé sur le site
http://www.nowandfutures.com/key_stats.html, qui propose une évaluation de la masse
monétaire M3 dollars, sachant que depuis 2006, la Réserve Fédérale a cessé de publier
cet agrégat. D'autres sites proposent des évaluations proches. La masse monétaire retenue
ici au titre de l'année 2007 avoisine 11.800 milliards de dollars. Il est à noter que la masse
monétaire actuelle (été 2009) est évaluée à environ 14.500 milliards, ce qui représente
une expansion de plus en plus rapide.
Pour la masse monétaire en euros, on s'est appuyé sur les chiffres cités par MM. Holbecq
et Derruder, dans leur ouvrage intitulé « La dette publique, une affaire rentable » (Yves
Michel, 2008).
Pour la masse monétaire en livres sterling, on a retenu les chiffres fournis par la Banque
d'Angleterre
(http://www.bankofengland.co.uk/statistics/ms/2009/jun/taba2.3.xls),
sachant que le périmètre de calcul de M3 est légèrement différent entre zone euro et zone
livre. Le chiffre retenu ici pour la masse monétaire en livre sterling 2007 est celui du
quatrième trimestre, soit 1.824 milliards de livres.
La clef de conversion utilisée pour ramener les chiffres en dollars a été le taux de change
au moment de la rédaction, soit 1 euro = 1,39 dollars, et 1 livre = 1,60 dollars. Cette clef
de conversion a été appliquée aux chiffres 2001 et 2007, pour neutraliser les variations de
change survenues sur la période. Un calcul alternatif aurait consisté à retenir les taux de
conversion à la date de référence. Ce calcul aboutit à un résultat proche, les trois masses
monétaires ayant suivi des évolutions à peu près parallèles.
Pour les chiffres de produit intérieur brut : chiffres du FMI, convertis en dollars à parité
de pouvoir d'achat.
Piste complémentaire :
Concernant les incertitudes sur l'évolution de la masse monétaire, on s'intéressera à la
question des opérations hors bilan des banques centrales. Par définition, ces opérations
ne sont pas connues au moment de sa concrétisation. Les lecteurs désireux de se détendre
pourront visionner par exemple cette audition de l'inspectrice générale de la FED :
http://www.dailymotion.com/video/x9oibr_9000-milliards-de-egares-par-la-res_news

Où l'on apprend avec intérêt que ladite inspectrice générale n'a aucune idée de qui a bénéficié de plusieurs milliers de milliards de dollars d'opérations hors bilan...

Graphe 3
Pour les chiffres du PIB, se reporter au graphe 2.
Pour les chiffres de la dette, se reporter aux graphes 5, 15, 16, 24 et 26. L'évaluation de la dette des entreprises est sujette à caution (cf. graphe 25), du fait des difficultés à distinguer les dettes intragroupe et les dettes des acteurs financiers.
Sans entrer dans des détails qui nous entraîneraient trop loin pour le format de cet ouvrage : la tendance lourde est avérée (très forte croissance de l'endettement, beaucoup plus rapide que la croissance de l'économie), mais il faut admettre qu'il existe une forte incertitude sur le niveau exact de cette tendance.

Graphe 4
Pour les taux directeurs de la FED et de la BCE, le quotidien Le Monde :
http://www.lemonde.fr/Économie/infographie/2008/12/04/evolution-des-taux-la-bce-et-la-reserve-federale-des-États-unis_1127069_3234.html
Pour les taux d'inflation officiels aux USA, il s'agit des taux de la FED, dont on trouvera une analyse ici : http://www.apprendrelabourse.org/article-30745682.html
Pour les taux d'inflation officieux aux USA, il existe plusieurs sources. Le site shadowstat.com indique un écart entre les taux officiels et les taux réels de l'ordre de 7 points : http://www.shadowstats.com/alternate_data. D'autres chercheurs arrivent plutôt à un écart de trois points : http://dailyreckoning.com/shadow-stats-give-a-truer-picture/.
On a retenu ici l'hypothèse la plus prudente, sachant que le débat n'est pas clos.
Pour les taux d'inflation officiels de la zone euro, il s'agit des estimations fournies par la commission européenne, et reprises ici par l'association européenne des enseignants : http://www.aede.eu/fr/illustrations.html.
Pour les taux d'inflation officieux de la zone euro, il n'y a pas de source indiscutable. Voici quelques exemples de recoupements :
http://www.paperblog.fr/1027582/l-inflation-cachee-de-la-grande-distribution/ (les techniques qui permettent à la grande distribution de masquer l'inflation réelle)
http://www.banquedefrance.fr/fr/publications/telechar/bulletin/etu171_5_logo.pdf
(l'écart entre inflation officielle et inflation perçue par les opinions publiques, en Europe, depuis l'introduction de l'Euro)
http://www.agoravox.fr/actualites/societe/article/indice-des-prix-de-l-insee-les-18251
(analyse détaillée et éclairante des nombreux biais existant dans le panier retenu par l'INSEE pour le calcul de l'indice des prix à la consommation)
On a retenu ici, au final, une hypothèse sur le taux d'inflation réelle qui paraît raisonnable, étant donné les éléments mentionnés supra.

Graphe 5
Pour les taux d'endettement des ménages de la zone euro 2007, chiffres de la BCE (cités par le blog tropicalbear.over-blog.com). Les chiffres 2001 sont déduits de la chronique du PIB et de la source suivante concernant l'endettement des ménages : http://www.oee.fr/pdf/oeefree_pdf/rf13.pdf (Observatoire de l'épargne européenne).
Pour l'endettement des ménages britanniques en 2007, Le Monde, 10 janvier 2007, « Quand les Britanniques flambent », et Observatoire de l'épargne européenne, s'agissant des chiffres 2001.
Pour l'endettement des ménages américains : étude économique de l'OCDE, États-Unis 2007, partie 4. Les données 2007 ont été extrapolée à partir des données 2006, combinée avec les taux de croissance indiqués par :

http://www.journaldunet.com/Économie/magazine/dossier/dette-deficit-croissance-les-États-unis-sont-ils-en-faillite/les-menages-ont-depense-sans-compter.shtml
La conversion des données en ratio de PIB, lorsqu'elle était nécessaire, a été effectuée sur la base du PIB indiqué par le FMI sur les années de référence.
Il est à noter que la définition des « ménages » n'est pas tout la même en Europe et aux USA. En Europe, les entrepreneurs individuels sont en partie rattachés aux « ménages », ce qui n'est pas le cas aux USA. On a ici choisi de ne pas opérer de retraitement à ce titre, faute de données le permettant.

Graphe 6
Évolution recalculée à partir des données Thomson Datastream citées par Alternatives Économiques
(http://gesd.free.fr/brender7.pdf).
Le stock 2007, évalué à 11.000 milliards de dollars, est celui indiqué par la Réserve Fédérale.
Et pour nous détendre, une étude économique de BNP Paribas, datée du 29 mars 2004 : « les ménages américains sont endettés mais riches ».
(http://economic-research.bnpparibas.com/applis/WWW/recheco.nsf/EcoWeekByDateFR/1B034FABC3DC7CE4C1256E66004DD1E5/$File/EcoWeek04_13%20FR.pdf?OpenElement)
[Publication de 2004, croustillante puisque nous annonçant que l'endettement des ménages américains n'avait rien d'inquiétant, alors qu'on remarquait « l'absence de bulle spéculative sur le marché immobilier » ! Qui aurait cru que la direction des études économiques de BNP Paribas avait tant d'humour.]
Sur les prix de l'immobilier, on s'intéressera à la question du tunnel de Friggit, qui encadre les prix de l'immobilier à partir de leur ratio au revenu disponible des ménages. Lire : « Prix des logements, produits financiers immobiliers et gestion des risques » (Economica, 2001).

Graphe 7
Réserve Fédérale, citée par le Journal du Net.
http://www.journaldunet.com/Économie/magazine/dossier/dette-deficit-croissance-les-États-unis-sont-ils-en-faillite/un-recours-systematique-au-credit.shtml

Graphe 8
OECD economic outlook, n° 82, décembre 2007 issue 2
Cité par le laboratoire LEAP
Corroboré par le site Melchior (sciences économiques et sociales) : http://www.melchior.fr/Le-taux-d-epargne-et-l-endette.6563.0.html

Graphe 9
Marché des téléphones portables aux USA en 2000 : CTIA, The Wireless Association
Marché des 4x4 : extrapolation du niveau de consommation fondé sur le total du marché US et les chiffres de part de marché des « light trucks » aux États-Unis, chiffres fournis par le US Dept. of Energy :
http://www.grinzo.com/energy/index.php/category/transportation/
Marché de la bureautique personnelle et produits associés (Internet, jeux vidéo) : extrapolation du niveau de consommation fondé sur les taux d'équipement aux États-Unis :
http://www.nytimes.com/imagepages/2008/02/10/opinion/10op.graphic.ready.html
Recoupée avec l'étude « Consumer Expenditure Survey » de l'US department of Labor, dernières données disponibles :

http://www.bls.gov/
Il est à noter que cette évaluation est sujette à caution. Cependant, la tendance globale est recoupée par la simple observation des modes de vie.

Graphe 10
Le partage de la valeur ajoutée, Université Bordeaux 4, Jean-Marie Harribey, Dominique Lévy (2008)
http://harribey.u-bordeaux4.fr/travaux/monnaie/diapo-partage-va.pdf
[travail remarquable, dont la lecture est fortement conseillée.]
Les revenus du capital s'entendent y compris impôts versés par le capital. À noter que sur la période, le taux d'imposition est à peu près stable, donc l'intégration de l'imposition du capital dans les revenus du capital est à peu près neutre.
Pistes complémentaires :
Il existe plusieurs méthodes de chiffrage du partage de la valeur ajoutée. Ces méthodes peuvent donner des résultats assez différents. Par exemple, s'agissant de la France, les chiffres du rapport du FMI 2007 ne correspondent pas aux chiffres calculés par l'INSEE. On a retenu ici l'agrégat qui paraît le plus représentatif, salaires d'un côté, profits de l'autre, et en admettant la correction de la non salarisation (diminution progressive de la part des revenus des entreprises individuelles) proposée dans le cadre de l'étude citée supra.

Graphe 11
Article de l'économiste Paul Krugman "Graduates Versus Oligarchs", publié dans The New York Times du 27/06/2006, et cité par le blog http://www.danielmartin.eu/Économie/Croissance-PIB-Inegalites.htm.
Cet article fournit des indications sur l'évolution des revenus US par quantile sur la période 1972-2005 (chiffres avant impôt).
Ces données ont été combinées avec les données indiquées par le US Census Bureau sur l'évolution année par année, selon une répartition des quantiles légèrement différente, pour estimer l'évolution spécifique sur la période 1990-2005 (la croissance des revenus a été plus rapide entre 1972 et 1990 qu'entre 1990 et 2005). Il est possible que les résultats soient légèrement biaisés, puisqu'on a supposé que l'évolution des quantiles supérieurs avait été parallèle au sein de la tranche supérieure mentionnée par l'US Census Bureau (les 5% du haut).
Le redressement sur l'inflation au titre des shadow stats a été opéré sur la base des hypothèses basses fournies par les chercheurs cités supra, sachant que le taux de correction appliqué sur une période 1990-2005 (- 2%) est plus faible que le taux retenu par ailleurs sur la période postérieure à 2000.
Enfin, il faut noter que la fiscalité a amplifié le phénomène traduit dans ce graphique : la croissance des revenus après impôt est encore plus différentielle que la croissance des revenus avant impôt.

Graphe 12
Le partage de la valeur ajoutée, Université Bordeaux 4, Jean-Marie Harribey, Dominique Lévy (2008)
http://harribey.u-bordeaux4.fr/travaux/monnaie/diapo-partage-va.pdf

Graphe 13
Pour la France et l'Allemagne :
OECD economic outlook, n° 82, décembre 2007 issue 2
Cité par le laboratoire LEAP
Pour la Grande-Bretagne :

Conseil d'orientation des retraites,
http://www.cor-retraites.fr/IMG/pdf/doc-311.pdf
et observatoire de l'épargne européenne,
http://www.oee.fr/pdf/oeefree_pdf/150_2007_1.pdf

Graphe 14
Paris School of Economics
Etude de Camille Landais : Les hauts revenus en France (1998-2006), une explosion des inégalités ?
http://www.jourdan.ens.fr/~clandais/documents/htrev.pdf
L'inflation est redressée, pour la colonne « shadow stats », selon les modalités indiquées au graphe 4.
À noter que le constat de Camille Landais est modéré dans un rapport récent de l'INSEE :
http://www.insee.fr/fr/publications-et-services/dossiers_web/partage_VA/rapport_partage_VA.pdf

Graphe 15
Pour les USA, OECD economic outlook, n° 82, décembre 2007 issue 2, cité par le laboratoire LEAP
Pour l'Union Européenne, source Eurostat
http://epp.eurostat.ec.europa.eu/cache/ITY_PUBLIC/2-30042009-CP/FR/2-30042009-CP-FR.PDF

Graphe 16
Réserve fédérale, citée par le Journal du Net :
http://www.journaldunet.com/Économie/magazine/dossier/dette-deficit-croissance-les-États-unis-sont-ils-en-faillite/l-endettement-des-entreprises-a-explose.shtml

Graphe 17
Sénat, Rapport d'information n° 35 (2002-2003) de M. Joseph KERGUERIS, fait au nom de la délégation du Sénat pour la planification, déposé le 29 octobre 2002
http://www.senat.fr/rap/r02-035/r02-03551.html
OCDE, Perspectives économiques n° 82, chapitre 3
http://www.oecd.org/dataoecd/4/51/39738945.pdf
L'épargne des entreprises est l'épargne brute, calculée selon la méthodologie indiquée par l'OCDE dans la publication citée ci-dessus.

Graphe 18
OCDE, Perspectives économiques n° 82, chapitre 3
http://www.oecd.org/dataoecd/4/51/39738945.pdf
La capacité de financement des entreprises est calculée selon la méthodologie indiquée par l'OCDE dans la publication citée ci-dessus.

Graphe 19
Sur le poids des pays émergents :
http://www.mon-sondage.com/Sondage/349/19-de-la-capitalisation-boursiere-mondiale-vient-des-pays-emergents.html
Sur la capitalisation boursière mondiale :
http://www.world-exchanges.org/statistics/time-series/market-capitalization

Graphe 20

Sur l'évolution du taux de distribution de l'EBE en France : 'Partage de la valeur ajoutée, partage des profits et écarts de rémunérations en France, Rapport au Président de la République, Mission présidée par Jean-Philippe Cotis,Directeur général de l'Insee'
http://www.insee.fr/fr/publications-et-services/dossiers_web/partage_VA/rapport_partage_VA.pdf
Sur l'évolution du taux de financiarisation (part des profits non réinvestis, donc soit distribués, soit incorporés en réserve) : La hausse tendancielle du taux d'exploitation, Michel Husson (Inprecor n°534-535, janvier-février 2008)
http://hussonet.free.fr/parvainp.pdf
Sur l'évolution des profits distribués aux États-Unis :
Le partage de la valeur ajoutée, Université Bordeaux 4, Jean-Marie Harribey, Dominique Lévy (2008)
http://harribey.u-bordeaux4.fr/travaux/monnaie/diapo-partage-va.pdf

Graphe 21
Les Échos, 8/10/2008
http://www.lesechos.fr/info/finance/300299653.htm

Graphe 22
FMI, Currency Composition of Official Foreign Exchange Reserves (COFER)
http://www.imf.org/external/np/sta/cofer/eng/index.htm

Graphe 23
Plusieurs études ont été recoupées pour arriver à cette évaluation, forcément approximative. La tendance générale est clairement établie.
Exemple de sources :
La Tribune, sur les revenus 2007 :
http://www.latribune.fr/depeches/associated-press/les-revenus-des-50-premiers-patrons-francais-ont-gagne-20-lan-dernier-selon-capital.html
Le journal du Net, sur les revenus 2002 :
http://www.journaldunet.com/management/0308/0308salaire.shtml

Graphe 24
Ministère des Finances, « Quels indicateurs pour la dette des entreprises françaises ? »
http://www.finances.gouv.fr/fonds_documentaire/Prevision/dpae/pdf/2004-019-30.pdf
INSEE, « La situation financière des entreprises : vue d'ensemble et situation relative des PME », Pauline Givord, Claude Picart, Fabien Toutlemonde
http://www.insee.fr/fr/ffc/docs_ffc/ref/ECOFRA08d.PDF

Graphe 25
Ministère des Finances, « Quels indicateurs pour la dette des entreprises françaises ? »
http://www.finances.gouv.fr/fonds_documentaire/Prevision/dpae/pdf/2004-019-30.pdf
INSEE PREMIERE, N° 836, Au-delà des entreprises : les groupes, Anne Skalitz
http://www.insee.fr/fr/ffc/docs_ffc/IP836.pdf

Graphe 26
Pour la France, INSEE
http://www.insee.fr/fr/indicateur/cnat_annu/base_2000/secteurs_inst/admin_publiques.htm tableau 3.341
Projet de Loi de Finance pour 2008 :
http://www.performance-publique.gouv.fr/fileadmin/medias/documents/ressources/PLF2008/REF08_2.pdf

Pour les États-Unis, source Réserve Fédérale, citée par le Journal du Net
http://www.journaldunet.com/Économie/magazine/dossier/dette-deficit-croissance-les-
États-unis-sont-ils-en-faillite/bientot-10-000-milliards-de-dette-publique.shtml
Pour la zone euro, recalcul à partir des données de :
The CIA World Factbook, pour 2007
https://www.cia.gov/library/publications/the-world-factbook/index.html
« L'État du monde 2001 », aux editions La Découverte, pour l'année 2001

Graphe 27
Patrimoine des administrations :
INSEE, les comptes de patrimoine
http://www.insee.fr/fr/themes/comptes-nationaux/souschapitre.asp ?id=44
Compléments à la dette au périmètre des critères de Maastricht : estimation citée par
Wikipédia, reprenant les évalutions de la comptabilité nationale
http://fr.wikipedia.org/wiki/Dette_publique_fran%C3%A7aise
Estimation de la dette latente principalement au titre des retraites, rapport Pébereau
http://lesrapports.ladocumentationfrancaise.fr/BRP/054004454/0000.pdf
Pour l'évolution du ratio actifs/inactifs, INSEE :
http://www.insee.fr/fr/themes/document.asp ?ref_id=ip1092&reg_id=0#inter1

Graphe 28
Sur les origines de la non convertibilité du dollar décidée en 1971, conférence de presse
du général de Gaule le 4 février 1965 :
http://www.ina.fr/politique/politique-internationale/video/CAF89046394/conference-de-
presse-du-general-de-gaulle.fr.html
L'annonce de non convertibilité du dollar par Nixon en 1971 :
http://www.youtube.com/watch ?v=iRzr1QU6K1o&eurl=http%3A%2F%2Fdechiffrage
s.blog.lemonde.fr%2Fcategory%2Forganisations-
internationales%2Fpage%2F2%2F&feature=player_embedded
Pour la décomposition de la dette publique américaine, Wikipedia citant les chiffres US
Treasury :
http://en.wikipedia.org/wiki/United_States_public_debt
Pour la décomposition de la dette publique française, Wikipédia citant la Banque de
France :
http://fr.wikipedia.org/wiki/Dette_publique_de_la_France
*Note 2013 : les données wikipédia utilisées à l'époque me paraissent a posteriori non
fiables.*

Graphe 29
Redressement à l'inflation opéré à partir des données suivantes :
http://inflation.free.fr/inflation-depuis-1901.php
Chronique des déficits publics et reconstitution du scénario par émission monétaire sans
emprunt appuyé sur les calculs fournis dans l'ouvrage déjà cité :
« La dette publique, une affaire rentable », Holbecq et Derudder, Yves Michel 2008

Graphes 30, 31 et 32
FMI, étude « Plein feu sur la mondialisation du travail » :
http://www.imf.org/external/pubs/ft/fandd/fre/2007/06/pdf/picture.pdf

Graphe 33
Centre d'analyse stratégique, note de veille mars 2008, « Réalités et apparences du déficit
extérieur américain » :

http://www.strategie.gouv.fr/article.php3 ?id_article=796

Graphe 34
FMI, étude « Plein feu sur la mondialisation du travail » :
http://www.imf.org/external/pubs/ft/fandd/fre/2007/06/pdf/picture.pdf

Graphe 35
La Dépêche, citant le Département du Commerce :
http://www.ladepeche.fr/article/2008/02/14/434311-Les-États-Unis-ont-reduit-leur-deficit-commercial-pour-la-1ere-fois-en-six-ans.html
Les déficits sont ramenés aux chiffres de PIB indiqués par le FMI pour l'année de référence.

Graphe 36
Wikipedia, citant l'US Treasury Department :
http://en.wikipedia.org/wiki/United_States_public_debt

Graphe 37 et 38
Centre d'analyse stratégique, note de veille mars 2008, « Réalités et apparences du déficit extérieur américain » :
http://www.strategie.gouv.fr/article.php3 ?id_article=796

Graphe 39
Classement des pays par indice de Gini :
http://www.nationmaster.com/graph/eco_inc_equ_un_gin_ind-income-equality-un-gini-index

Graphe 40 et 41
Les productions industrielles ont été calculées en combinant les statistiques de PIB indiquées par le FMI et la répartition par secteur d'activité indiquée :
-        pour 2007, par le CIA World Fact Book,
-        pour 1975, principalement par « L'état du monde 2001 », La Découverte
Sources pour les marchés sectoriels :
Automobile :
http://commons.wikimedia.org/wiki/File:Production_d%27automobiles_en_2007.svg
Construction navale :
http://en.wikipedia.org/wiki/Shipbuilding
(On a retenu la moyenne des chiffres 2006/2008, sachant que le marché de la construction navale est caractérisé par des ruptures rapides, vu le faible nombre de très grandes unités produites.)
Sidérurgie :
http://fr.wikipedia.org/wiki/Production_d'acier
Citant les chiffres de :
http://www.worldsteel.org/
Electricité nucléaire :
http://www.edf.com/html/panorama/production/nucleaire/
monde.html

Graphe 42
Réserves banques centrales : voir graphe 22
Immobilier : voir graphe 6
Capitalisation boursière : voir graphe 19

Matières premières : trend général déduit de la confrontation des sources suivantes :
http://www.etf-tracker.com/2008/04/07/evolution-des-principaux-indices-de-matieres-premieres/
http://www.journaldunet.com/Économie/magazine/dossier/l-Économie-mondiale-court-elle-le-risque-d-une-deflation/l-Économie-mondiale-risque-t-elle-une-deflation.shtml
http://www.belkhayate.ma/fr/mailing.php ?id=57

Graphe 43
Source : Inside Mortgage Finance, cité ici :
http://www.npr.org/templates/story/story.php ?storyId=9085408

Graphe 44
Source : Mortgage Banking Association of America
http://www.memoireonline.com/07/08/1344/crises-financieres-et-contagion-cas-des-subprime.html

Graphe 45
Source : Markit Financial Information Service
Cité par :
http://www.edhec-risk.com

Graphe 46
Le Figaro, 23 mai 2008, infographie
http://www.lefigaro.fr/marches/2008/02/07/04003-20080207ARTFIG00636-subprime-l-onde-de-choc.php

Graphe 47
Thomson Datastream
Confirmé par : Ecobrowser
http://www.econbrowser.com/archives/2008/11/
the_progress_of.html

Graphe 48
http://www.leconomiste-notes.fr/dotclear/index.php ?2009/01/22/140-representation-graphique-de-l-information

Graphe 49
Les données présentées résultent de la synthèse des éléments fournis par les gouvernements concernés, mis en perspective en fonction des analyses fournies par des analystes indépendants.
Sources principales :
http://en.wikipedia.org/wiki/Troubled_Asset_Relief_Program
http://www.lefigaro.fr/marches/2009/03/23/04003-20090323ARTFIG00269-geithner-devoile-son-plan-pour-liberer-les-actifs-douteux-des-banques-.php
http://www.courrierinternational.com/article/2009/04/16/le-plan-geithner-une-sorte-d-escroquerie
http://www.rfi.fr/actufr/articles/106/article_73434.asp
Il est à noter que la communication officielle est très avare de détails concernant les plans de sauvetage bancaire. Par conséquent, il a fallu s'appuyer sur des éléments disparates pour reformer une vision d'ensemble et ventiler les aides entre postes à peu près homogènes.

Graphe 50
http://www-bcc.imf.org/external/country/civ/rr/2007/032407.pdf
http://www.leap2020.eu/GEAB-N-36-est-disponible !-Crise-systemique-globale-Le-choc-cumule-des-trois-vagues-scelerates-de-l-ete-2009_a3341.html
http://www.lexpansion.com/Économie/actualite-economique/alerte-le-commerce-mondial-s-effondre_176716.html

Graphe 51
Le Quotidien du peuple pour la Chine
OCDE pour Europe, USA et Japon
http://stats.oecd.org/Index.aspx ?querytype=view&queryname=90
À noter qu'en l'absence de données sur la production industrielle mondiale, on a estimé sa tendance par la moyenne pondérée OCDE + Chine.

Graphe 52
OCDE, cite par le magazine L'Expansion :
http://www.lexpansion.com/patrimoine/bourse/l-ocde-releve-ses-previsions-voit-une-reprise-atone-en-2010_183866.html
Piste complémentaire :
Sur la sous-évaluation du chômage aux USA, on pourra consulter le site www.shadowstats.com.
http://www.shadowstats.com/article/payroll-employment-labor-market

Graphe 53
http://dshort.com/charts/bears/four-bears-large.gif
On a daté le début du krach de septembre 2008.

Graphe 54
Source pour les ratios dettes/fonds propres : bilans des banques concernées
Source pour les différentiels de taux : chiffres de la BCE
Source pour l'évolution du PIB : chiffres du FMI

Graphe 55
Center for Strategic and International Studies
http://csis.org/

Graphe 57
http://www.mondialisation.ca/index.php ?context=va&aid=10845
http://www.lereporter.ma/index.php ?option=com_content&view=article&id=953:obama-president-post-racial-ou-elu-ethnique-&catid=84:monde&Itemid=272

Graphe 58
http://fr.wikipedia.org/wiki/R%C3%A9serve_p%C3%A9troli%C3%A8re
http://www.eurotopics.net/fr/magazin/magazin_aktuell/gas_2009_01/zahlen_und_fakten_gasreserven/
http://www.cosmovisions.com/RangReservesGaz.php
Les réserves de gaz ont été converties en Tonnes Équivalent Pétrole pour addition avec les réserves pétrolières.

CRISE ÉCONOMIQUE OU CRISE DU SENS

En relisant, en 2013...

édigé en 2009, « Crise économique ou crise du sens ? » est à mon avis le plus original, mais aussi le moins abouti des textes regroupés dans ce recueil.

Une raison de cet état de fait est que j'ai tenté de m'élever à un niveau de réflexion supérieur, peut-être sans m'être assez bien équipé pour cela – l'ouvrage souffre d'un évident déficit méthodologique.

Une autre raison est plus simplement qu'à partir de 2009, j'avais commencé à mettre en pratique certaines théories avancées précédemment[97] – et ce passage à l'acte eut pour conséquence inéluctable de mobiliser l'essentiel de mon énergie. On peut être théoricien et malgré tout dans la pratique, mais alors chaque minute consacrée à la pratique est perdue pour la théorie.

Quoi qu'il en soit, « Crise économique ou crise du sens ? » reste à mon avis un bon point de départ pour une réflexion à prolonger. C'était une tentative pour expliciter exactement *ce qui était vaguement sous-entendu dans la conclusion de « Crise ou coup d'État ? ».*

Expliciter exactement ? Je n'y suis pas parvenu. Mais l'esquisse s'est précisée, tandis que le discours, au départ exagérément centré sur l'instant 2000-2010, et sur le pays France, commence à s'élargir tout en prenant du relief.

Il faut lire « Crise ou économique ou crise du sens ? » comme une invitation à *réfléchir plus loin.*

---

[97] Note 2013 : depuis quatre ans, je me suis consacré principalement à l'édification d'une base autonome durable collective. En substance, il s'agit de participer concrètement à la démarche décrite dans « De la souveraineté ». Pour le concept de Base Autonome Durable, lire mon ami Piero San Giorgio, et particulièrement son manuel « Survivre à l'effondrement économique » (chez le même éditeur).

REMERCIEMENTS

Merci aux auteurs qui ont nourri ma réflexion,
Et plus particulièrement à
Michel Ianoz et Ronan Hervouet, pour leurs précieux témoignages sur la Russie et la Biélorussie postsoviétiques

INTRODUCTION

Dans « Crise ou coup d'État ? », publié l'an dernier, j'ai essayé de faire le point sur les causes purement économiques de la Deuxième Grande Dépression. Je veux ici prolonger cette réflexion, en questionnant le système non sous l'angle de ses dysfonctionnements, mais *dans son fonctionnement même*. Ce que je veux mettre en lumière, c'est que notre système est, en lui-même, une *maladie*. Derrière la dépression de notre « modèle économique », la crise de notre *mode de pensée*.

Il s'agit ici de remonter aux causes fondamentales de la catastrophe contemporaine – c'est-à-dire, en amont de la quantification des notions, dans la *définition* même de ces notions. « Crise ou coup d'État ? » ne questionnait pas les agrégats en eux-mêmes. Il disait : voilà les mesures, voilà leur conséquence, voilà en quoi cette conséquence est incohérente avec elle-même. Mais il ne questionnait pas *ce qui est mesuré*.

Il est temps de nous éloigner de « l'économie-monde », pour nous demander si l'économie *peut* constituer un monde.

*

Au risque de briser le suspense, voici d'emblée ma conclusion : nous vivons en réalité une implosion *spirituelle*. Contrairement aux apparences, ce n'est pas un système économique qui s'est écroulé le 15 septembre 2008 : c'est l'ultime forme vivante d'un projet philosophique né au Moyen Âge, et parvenu à maturité au XVIII° siècle. Sous cet angle, la chute du néolibéralisme à la fin de la décennie 2000-2010 ne vient pas contredire celle du communisme soviétique deux décennies plus tôt : au contraire, elle en est la continuation logique. Néolibéralisme et capitalisme d'État soviétique n'ont été que les avatars tardifs d'un mode de pensée exténué. Leurs décès consécutifs signifient, tout simplement, qu'une âme collective est parvenue au bout de ses réincarnations.

Ce qui achève de s'écrouler avec le néolibéralisme contemporain, c'est le projet d'une humanité *absolument connaissable*. Pour des raisons que j'exposerai en détail dans la suite de cet ouvrage, je pense qu'il est possible de représenter tous les systèmes politiques et économiques issus de la modernité comme des machines faites pour créer, à partir de l'information sur la *matière*, un sens totalement *explicite*, donc parfaitement contrôlable, comme un fluide que l'esprit pourrait déverser dans un contenant de son choix. Nous assistons à l'effondrement de cette hégémonie nominaliste devenue perverse.

Ce qui s'est passé le 15 septembre 2008, c'est que *l'Etre a parlé*. Et il a dit : *je suis ce que je suis*. Ce jour-là, il est apparu évident que la réalité n'était pas construite par le consensus des représentations – et que donc, aucun système de représentations, aussi perfectionné qu'il soit, ne pourrait jamais l'englober totalement.

Le sens n'est vrai que s'il se reconnaît incomplet. Aucun énoncé n'est définitif s'il ne se clôt pas par un point d'interrogation. Notre mode de pensée doit être radicalement reconsidéré : la modernité technoscientifique menace de s'achever en catastrophe antihumaine absolue. Voilà la *vraie* crise – celle dont la dépression économique n'est que le symptôme.

Pour démontrer que la crise contemporaine est d'abord celle d'un mode de pensée nominaliste, positiviste et pseudo-scientifique, je croise quelques disciplines que l'on marie assez rarement : la philosophie, l'histoire, la théorie des systèmes d'information et la théorie de la valeur. On s'étonnera sans doute de ces mariages contre nature. Mais comme on le verra, le croisement de ces domaines d'ordinaire disjoints permet de dire certaines *évidences*, qui sans cela resteraient tout juste pressenties.

J'ai divisé mon travail en quatre parties.

Dans la première partie, intitulée « Penser », je tente de montrer que la spécificité de la pensée en période de crise, de chute, de rupture brutale, est de s'émanciper des *signes* pour remonter aux *choses*. Pour *préparer le terrain*, j'esquisse une théorie générale des attitudes mentales et des comportements sociaux qui permettent de décoder une période de cette nature. Je conclus en m'appuyant sur ces attitudes et ces comportements pour dévoiler la nature exacte du système qui s'écroule sous nos yeux : une *machine sémantique* d'un type bien précis, correspondant à des intérêts de classe et renvoyant à une certaine vision du monde.

Dans la deuxième partie, « Comprendre », j'utilise les enseignements de la première partie pour définir ce que *pourrait* être un mode de pensée adapté à *notre* chute contemporaine. Je tente, en particulier, de « dé-nominaliser » notre vision du système économique capitaliste contemporain. Objectif : montrer les choses, que les signes cachaient.

Dans la troisième partie, « Anticiper », j'exploite les enseignements de la deuxième partie pour étudier les diverses facettes de la période qui s'ouvre à présent devant nous – et qui risque de ne pas être particulièrement réjouissante. Le lecteur sera, ici, un peu déprimé par mes constats. Qu'il m'en excuse, je lui dois la franchise : en substance, je montre qu'en réalité, nous vivons depuis trois décennies dans un incroyable *village Potemkine global*, construit essentiellement par un jeu de cache-cache avec les contraintes écologiques et démographiques. Lorsque le décor va s'écrouler, la réalité dévoilée sera proprement terrifiante : les *signes* ont servi, depuis trois décennies, à découper la catastrophe réelle en *fragments de triomphe apparent*. Quand les signes disparaîtront, la catastrophe apparaîtra.

Enfin, dans la quatrième partie, « Survivre », je m'efforce d'esquisser une *piste* pour ceux qui devront affronter notre rude avenir. Où l'on arrivera très vite à la conclusion que c'est par une *véritable refondation de la pensée* que notre monde pourra renaître – réapprendre à dire le Vrai, ce serait, déjà, nous préparer à le *vivre*.

Comme le propos est à la fois peu réjouissant et très abstrait, j'ai adopté un principe d'exposé original : en tête de chaque chapitre, je propose un petit récit introductif, à titre d'exemple de ce qui se passe « quand la chute survient » (des anglo-saxons diraient sans doute « *when the shit hits the fan* », mais nous n'avons pas d'équivalent en Français). Il ne faut pas nécessairement chercher une connexion trop simple, trop directe, trop claire entre le contenu d'un chapitre et son petit récit introductif. Il n'y a là qu'une manière de rendre vivant un exposé qui, sans cela, serait terriblement aride. Ma méthode, dans cet ouvrage, consiste à tourner de manière insistante autour des problématiques, pour les dénuder peu à peu. Jusqu'à en dévoiler le contenu caché.

Je veux, pour prendre à revers une manière de pensée que je crois abusivement *informatique*, être résolument *littéraire*.

PARTIE I – PENSER

1 - La folle soirée de Karl Müller

L e 9 novembre 1989, comme chaque jeudi, le garde-frontière est-allemand Karl Müller (appelons-Karl Müller) prend son service à 18 heures, à Berlin, dans la Bornholmer Strasse.

Depuis quelques semaines, la RDA est entrée dans une crise sans précédent. Des centaines de milliers d'Allemands de l'Est ont quitté le pays, profitant de l'ouverture de la frontière hongroise avec l'Autriche. Les autorités ont fermé la frontière avec la Tchécoslovaquie, pour endiguer ce gigantesque exode. Résultat : des manifestations sans précédent à travers tout le pays. Fin octobre, Honecker saute, lâché par Gorbatchev. Egon Krenz le remplace à la tête du pays. Le 1er novembre, l'exode reprend. Le 4 novembre, une gigantesque manifestation submerge Berlin. On parle d'un million de personnes autour de l'Alexander Platz. Du jamais vu.

Le pays vacille. Pour la première fois depuis les sanglants évènements de juin 1953, le pouvoir communiste est mis sous pression par la rue. Les dirigeants est-allemands se sont réunis pour discuter de la question-clef du moment : qui a le droit, ou pas, de voyager hors de RDA ? Fermer le pays, c'est prendre le risque d'une explosion. Le laisser ouvert, c'est la certitude de l'implosion : des millions d'est-allemands veulent partir – pour la plupart parce que le niveau de vie à l'Ouest est plus élevé qu'à l'Est. Après plus de quinze ans de déclin économique, la liquéfaction avérée de l'économie est-allemande est sur le point de déboucher sur une implosion politique.

Ce que le garde-frontière Karl Müller ne peut pas savoir, quand il prend son service, en cette fin d'après-midi du 9 novembre 1989, c'est que le ministère de l'Intérieur a reçu consigne, le matin même, de préparer un décret autorisant formellement le départ des citoyens est-allemands vers l'Allemagne de l'Ouest – le départ, mais pas les allers-retours. C'est l'ultime carte jouée par la direction est-allemande : laisser partir ceux qui le désirent, soit quelques pourcents de la population. Et conserver, pour le reste, la structure étatique et politique aussi intacte que possible.

Dans l'après-midi, le Bureau Politique est-allemand a demandé l'aval des soviétiques. Ceux-ci l'accordent aussitôt. Dès cet instant, c'est-à-dire plusieurs heures avant que Karl Müller prenne son service, le Mur est donc *déjà* abattu – du moins pour quiconque possède un visa. Mais personne ne le sait : la nouvelle ne doit être rendue publique que le lendemain. D'ici là, blackout dans les médias.

Cela n'empêche pas les rumeurs. Quand Müller prend son service, on parle, dans la rue, de « ce qui se prépare ». On raconte qu'un nouveau règlement « est à l'étude ». D'où viennent ces rumeurs ? Mystère. Qui les a répandues ? Mystère toujours. En tout cas, bien qu'officiellement rien n'ait été annoncé, officieusement, tout le monde « croit savoir » quelque chose.

Étrange soirée, pense Müller, en s'installant dans sa guérite.

À sept heures du soir, lors d'une conférence de presse, un politicien est-allemand plutôt de second plan, le camarade Schabowski, laisse échapper qu'une décision a été prise, ce jour même, visant à rendre possible la sortie du pays. On lui demande de préciser : il répond dans un jargon alambiqué, typique de la bureaucratie est-allemande – mais sa langue de bois laisse penser que tout le monde peut sortir, à tout moment. On lui demande : « Quand cela prend-il effet ? » Il répond : « Tout de suite ».

Il y a eu erreur de sa part : il n'a pas eu le temps d'étudier la décision du Bureau Politique en détail, et n'a pas compris que les candidats au départ devraient déposer une demande préalable.

La formulation de la décision est si floue que les responsables du Mur sont pris de court. Ils n'ont pas eu communication du nouveau règlement, qui paraît-il est déjà entré en application. Que faire ? Dans un premier temps, les officiers de la Stasi décident que faute de savoir qui ils doivent laisser passer, ils ne laisseront sortir personne. Ils ne peuvent pas décider autre chose.

À 19 heures 30, la télévision répercute les déclarations de Schabowski à l'Allemagne de l'Est abasourdie. Quelques minutes plus tard, dans les cafés à proximité du Mur, le bruit commence à se répandre : *le Mur n'existe plus*. Des Berlinois de l'ouest et de l'est s'approchent du Mur. On leur dit qu'ils n'ont pas le droit de traverser ce Mur qui n'existe plus. Comprenne qui peut.

Dans sa guérite, Müller se demande ce qui se passe. Il voit un officier courir vers un groupe de Berlinois qui se sont massés derrière une barrière. Plus tard, un autre officier fait une annonce par hautparleur : « Il n'est pas possible de passer la frontière sans autorisation spéciale ». Müller, qui n'a pas la télé dans sa guérite, se demande pourquoi on prend la peine de rappeler cette évidence. Il s'appuie discrètement au mur derrière lui et observe du coin de l'œil son grand patron, le colonel Harald Jäger, lequel semble, une fois n'est pas coutume, agité et indécis.

À 21 heures, ce sont plusieurs centaines de personnes qui sont massées derrière les barrières, sous les yeux incrédules du garde-frontière Müller. Des gens beuglent que tout cela n'a aucun sens. Müller, lui, n'y comprend plus rien. Qu'est-ce qui n'a pas de sens ? Le Mur est là, non ? Il est là, voilà qui a un sens, n'est-ce pas ? Personne ne prend la peine d'expliquer ce qui se passe à la sentinelle Müller – et du coup, la sentinelle va de surprise en surprise.

À la même heure, en Allemagne de l'Ouest, le Bundestag vient d'interrompre sa session vespérale pour entonner l'hymne allemand : « Unité, et justice, et liberté » – quelqu'un a annoncé, à la tribune, la chute du Mur.

Ce que Müller ne peut pas savoir, c'est qu'il garde donc un Mur *qui n'existe plus*.

Le Mur vient de révéler qu'il n'existe pas, qu'il n'a jamais existé, qu'il n'a jamais été qu'une convention, une illusion, une apparence. La réalité reprend ses droits : l'Allemagne est un pays.

La RDA n'a jamais existé.

Dans sa guérite, le garde-frontière Müller continue à garder une frontière inexistante, et il n'en sait toujours rien. À l'instant même, Egon Krenz, le secrétaire général est-allemand et de facto dirigeant du pays, vient de décider qu'il fallait « lever les barrières » – il n'avait plus le choix : c'était ça, ou déployer l'armée. L'erreur de Schabowski a transformé « vous pouvez passer avec visa » en « vous pouvez passer comme s'il n'y avait pas de Mur ». Personne ne le sait, mais la réunification est déjà effective. Le réel vient de basculer d'un système de représentation dans un autre.

Pendant quelques minutes, la plus grande confusion règne dans les étages supérieurs de la hiérarchie, bien au-dessus de la tête du garde-frontière Müller. Lui, pour l'instant, est toujours dans sa guérite. Devant lui, il y a toujours ces gens qui se sont massés devant le Mur et semblent attendre Dieu sait quoi. Mais pendant ce temps, dans les hautes sphères, on s'agite. Certains échelons de la chaîne de commandement ne veulent semble-t-il pas croire à la réalité de l'ordre donné par Krenz.

Par on ne sait quel circuit bureaucratique, une consigne parvient tout de même aux supérieurs de Müller : les Est-allemands peuvent passer, sachant que leurs papiers seront tamponnés, et qu'ils ne pourront pas revenir à l'Est.

En fait, la Stasi ne sait plus quoi faire, et elle décide tout simplement de laisser les Berlinois décider, sous réserve que leur décision soit ferme. Vous pouvez passer, puisque vous voulez sortir et puisque vous êtes trop nombreux pour qu'on vous en empêche. Mais vous ne pourrez plus rentrer – et donc le Mur existe encore, et donc *notre* représentation du réel continue à exister. Voilà l'idée des cadres de la Stasi. Le Pouvoir est-allemand est en train d'abandonner le réel, mais il veut sauver sa *représentation* du réel.

Le problème, c'est que la consigne parvient incomplètement aux supérieurs de Müller. Ils laissent passer les gens, tamponnent la photo d'identité sur leur passeport, *mais ne les préviennent pas qu'ils sont de fait expulsés du pays*. Des milliers d'Allemands commencent donc à défiler sous les yeux du garde-frontière Müller, des gens qui croient simplement aller faire un tour à l'ouest – et lui aussi le pense, que ces gens-là vont juste faire un tour.

Du coup, il commence à se demander, ce brave garde-frontière, ce qu'il fait là, dans sa guérite, à surveiller une rue qu'apparemment n'importe qui peut traverser, moyennant un coup de tampon totalement inutile. Qu'est-ce que c'est que ce *sketch* ? Une caméra de télévision occidentale pointe son museau à quelques dizaines de mètres, et sans le savoir, le garde-frontière Müller passe une première fois à la postérité. Sur les images d'archive, on peut remarquer l'air légèrement ennuyé qu'il arbore, l'attitude d'un homme qui se trouve confronté à une situation bizarre, inattendue, illogique.

C'est que, voyez-vous, vers 22 heures 30, heure de Berlin, le garde-frontière Müller commence à questionner son système de représentation, et tente péniblement de dévoiler le réel dissimulé derrière. Müller, qui est un bon soldat, découvre soudain avec étonnement qu'on peut *se poser des questions*. Le réel *peut* servir à décrypter le système de représentation.

Tempête sous une casquette.

Entre 22 heures 30 et 23 heures, la foule grossit devant le Mur. Des centaines de Trabant klaxonnent dans la rue qui mène au point de passage « gardé », ou plutôt vaguement surveillé, par le garde-frontière Müller. La télévision est-allemande vient d'annoncer que finalement, pour passer la frontière, il faut d'abord déposer une demande. Mais faute d'instructions, Müller continue à laisser passer quiconque se laisse tamponner le passeport. Tout à l'heure, le Mur existait alors qu'on avait annoncé qu'il n'existait plus. À présent, on a dit qu'il existait, mais il n'existe plus. Deux réels se superposent, pendant quelques minutes. Et la télévision de l'Ouest, qu'on capte en Allemagne de l'Est, diffuse des images montrant les gens qui traversent le Mur sans difficultés. À la superposition des réels s'ajoute celle des représentations.

Soudain, la foule se met à grossir, de plus en plus vite. Müller entend des gens discuter : « C'est officiel, la télévision l'a annoncé, et regarde, c'est vrai, on peut passer... » Une des deux représentations, celle qui correspond au réel en train de se faire, a définitivement supplanté l'autre, celle du réel en train de se défaire. Derrière la barrière, la foule scande : « Ouvrez les portes, ouvrez les portes ! »

Un peu avant minuit, le colonel Harald Jäger décide d'entrer dans l'histoire de son pays. Puisqu'on ne lui donne aucune instruction, il tranche : sur son ordre, on lève la barrière.

La foule pousse une exclamation. Puis elle se rue, littéralement, sous la barrière relevée. Et le garde-frontière Müller, ce 9 novembre 1989, un peu avant minuit, éprouve une sensation stupéfiante : l'espace se recompose sous ses yeux. Depuis des mois qu'il est en poste ici, il a toujours eu l'impression que le territoire autour de sa guérite était un no man's land – un espace vide, un glacis, une zone de tir. Et soudain, ce no man's land perd de la profondeur, se transforme en rue. La largeur devient la longueur, et réciproquement, comme si toutes les règles de la géométrie étaient abolies.

Puis la géométrie de l'espace se fige à nouveau, selon des règles nouvelles.

C'est fini, le duel entre deux systèmes de représentation est terminé, une réalité s'est imposée contre l'autre. Deux heures plus tôt, l'unité nationale allemande était une fiction, l'idéologie socialiste une réalité. À présent, c'est l'inverse : la réalité, c'est la nation allemande, et l'idéologie socialiste, déjà, apparaît comme une simple fiction, sans support matériel, biologique ou social.

A minuit, Müller termine son service. Il entre à ce moment-là une deuxième fois dans le champ d'une caméra de télévision, et passe à la postérité en la personne d'un solide garçon à la bonne bouille un peu joufflue, vêtu en garde-frontière est-allemand, qui regarde autour de lui avec un mélange de stupeur et d'amusement. Détail comique, son col de chemise est orné d'une trace de rouge à lèvres, et il doit refuser avec un sourire la coupe de champagne qu'une dame lui propose. La RDA entrera dans l'histoire comme la première dictature dont la chute se confondit avec un *happening festif.*

Au milieu de cette foule qui crie, chante et danse, comme saisie de folie, Müller se trouve franchement encombré de son uniforme. « De quoi ai-je l'air, » se demande-t-il, « en garde-frontière d'une frontière qui n'existe plus ? »

Il décide qu'il va rentrer chez lui se changer, puis qu'il ira à l'ouest, puisque c'est permis.

Mais d'abord, il s'approche de son chef, et demande, d'une voix douce et sans très bien savoir quelle réponse il espère : « Excusez-moi, mon lieutenant… Je reviens demain ? »

*

La folle soirée du garde-frontière Karl Müller est riche d'enseignements. Ce qu'elle nous montre, c'est que quand un système s'écroule, sa représentation subsiste pendant un certain *temps de latence*, après l'effondrement de sa matérialité.

En réalité, la dislocation du système est-allemand avait commencé bien avant le 9 novembre 1989. Ce système n'existait que dans le cadre du Pacte de Varsovie, et donc en dernière analyse, en lien avec l'Union Soviétique. Or, dès le milieu des années 70, l'URSS avait commencé à se défaire. Le système soviétique n'avait fonctionné que sous Lénine et Staline, au prix d'une violence d'État inimaginable. Dès Khrouchtchev, la machine socialiste commence à se détraquer. Puis elle tombe en panne, dans les premières années du « règne » de Leonid Brejnev.

À partir de 1975, la cohésion interne de l'empire soviétique est menacée. La nomenklatura s'est muée en une privilégiature cynique, dont les liens avec les diverses mafias ethniques (caucasiennes ou juives, essentiellement) vont s'approfondissant. Cette dislocation molle se communique, selon divers canaux et à des rythmes variables, aux divers satellites de l'Union – dont l'Allemagne de l'Est.

À partir de 1975 aussi, la RDA, pourtant le moins mal géré des États socialistes, vit au-dessus de ses moyens. Le discours officiel ne change pas, et dans les manifestations publiques, la foule continue à applaudir règlementairement, au coup de sifflet. Mais en réalité, plus personne n'y croit, même pas les dirigeants. La RDA est un État-prison. Une prison relativement douillette, certes. Mais une prison quand même.

Dès la fin des années 70, plusieurs pays du bloc de l'Est vacillent. La Pologne, reprise en main au début des années 80 par le pouvoir militaire. La Hongrie, qui pratique une politique de réformes économiques et s'ouvre progressivement aux intérêts occidentaux. Autour de la RDA, les craquements se multiplient. Jusqu'à l'année 1986 où Gorbatchev lance la Perestroïka, annonciatrice de la dislocation terminale du système de contraintes qui, bon an mal an, faisait jusque-là tenir l'édifice à peu près debout.

Pendant ce temps-là, en RDA, Erich Honecker et son successeur pressenti, Egon Krenz, maintiennent la fiction du socialisme réel, intangible et triomphant. Entre 1986 et 1989, la direction est-allemande joue une partition étrange, consistant, en substance, à maintenir inchangé le système de représentation d'une réalité qui, elle, se transforme à toute vitesse. Alors que la Pologne, profitant de la relative liberté d'expérimentation ouverte par Gorbatchev, commence à évoluer vers davantage de pluralisme, alors que la Hongrie annonce qu'elle ne se reconnaît plus aucune obligation à dénoncer les Allemands de l'Est qui tentent de rejoindre l'Autriche par son territoire, Berlin-Est continue à prétendre que le « Bloc socialiste » est toujours monolithique, et que l'économie planifiée reste en vigueur, sans nuances ou presque.

Donc, pendant trois ans, alors que l'Europe commence à basculer sur la configuration post-guerre froide, l'Allemagne de l'Est conserve un système de représentation institutionnelle parfaitement inchangé. Dès 1987, le maître espion berlinois, Markus Wolf, véritable homme fort du régime puisque poulain de Moscou, a d'ailleurs pris ses distances par rapport à la ligne Honecker – preuve que le véritable pouvoir soviétique, c'est-à-dire le KGB, avait *dès cette date* programmé la liquidation du régime est-allemand.

Ce qui se passe dans la nuit du 9 au 10 novembre 1989 n'est donc pas la chute du Mur – en réalité, « Die Mauer » était tombée, dans les têtes, depuis plusieurs années, et dans les faits, depuis l'ouverture de la frontière hongroise. Ce qui se passe, *c'est la dissipation d'une illusion.* Le 9 novembre 1989, le réel n'a pas été modifié, il s'est révélé *à travers la déchirure du système de représentation.*

C'est cette déchirure dans la représentation qui explique le côté paradoxal, déconcertant, presque surréaliste de l'évènement du 9 novembre 1989. Les acteurs se sont trouvés en quelque sorte « hors grille », ils ont eu l'impression de flotter, tels des astronautes sortis de l'attraction terrestre. Lors de cette nuit fatidique, à plusieurs reprises, on s'est trouvé en plein quiproquo. Le Mur tombe d'abord parce que la foule *ne comprend pas* ce qui se passe. Elle *croit* que le Mur a cessé d'être parce que, dans la tête de l'homme de la rue, c'est une évidence, il ne doit pas être là. Mais en réalité, pour les officiers de la Stasi, il faut qu'il soit toujours là. Le même fait – on laisse passer les gens en tamponnant leur passeport – a donc *deux* sens, selon le système de représentation dans lequel les intéressés s'inscrivent. Officiers de la Stasi et Berlinois ont la même information, mais ils ne la *filtrent* pas de la même manière.

Cette ambiguïté fut sans doute entretenue de manière inconsciente par un appareil d'État est-allemand en état de choc. Il faut rappeler ici que la direction est-allemande ne cessa qu'au tout dernier moment de croire à l'intervention soviétique – bien que Gorbatchev, en lançant l'expression « maison commune » pour parler de l'Europe, puis en ordonnant le retrait d'Honecker un mois plus tôt, eût déjà clairement indiqué que le Mur, dans sa tête, avait cessé d'être. Chez les dirigeants de l'Allemagne de l'Est, il y eut semble-t-il une période pendant laquelle *ils ne purent pas croire* que *leur* monde avait cessé d'être.

Si l'on en croit la tradition, c'est Héraclite qui le premier constata : « Ni Le soleil, ni la mort ne peuvent se regarder en face. » Il en va de même du soleil aveuglant de l'Histoire, et de la mort des systèmes.

*

Et aujourd'hui ? Dans notre krach contemporain, y a-t-il, une fois de plus, une dualité des systèmes de représentation ? Y a-t-il une persistance pathologique des normes périmées ? – Bien sûr qu'une telle persistance existe.

Bien sûr que notre monde est caractérisé par la coexistence d'une réalité et d'une fiction, qui depuis longtemps ne se parlent guère.

Une fois de plus, l'implosion du réel précède celle du système de représentation. Que s'est-il passé en 2008, quand la finance mondialisée a commencé d'imploser ? Une superstructure chargée de *filtrer* l'information pour produire un *sens* conforme aux finalités du système a commencé à dysfonctionner de manière sensible... *parce que l'information disponible n'incluait plus assez de données compatibles avec le filtre chargé de produire le sens*. L'implosion de l'infrastructure a fini par entraîner celle de la superstructure. C'est exactement la formule de l'effondrement soviétique.

Alors, années 80 de l'URSS, années 2000 de l'Occident, même combat ? Serons-nous un jour dans la posture d'un Karl Müller ?

En novembre 1989, ce qui se joue dans les coulisses, c'est la négociation par Gorbatchev du « lâchage » de la RDA en échange de milliards de Deutsch Marks dont l'URSS, en quasi-faillite, a désespérément besoin. Et semblablement, en cette fin d'année 2009, alors que j'écris ces lignes, on a pu voir un président des États-Unis se rendre à Pékin pour négocier une *ligne de crédit*.

Nous ne le savons pas. Nous ne le voyons pas. Notre système, infiniment plus subtil et performant que l'énorme et grotesque *machin* soviétique, sait dissimuler sa faillite, pour l'instant, bien mieux que Moscou ou Berlin-Est ne pouvaient le faire. Mais en réalité, *le Mur du capitalisme ultra-financiarisé est en train de tomber.*

Attention : je n'ai pas dit qu'il *était* tombé.

J'ai dit qu'il était *en train* de tomber.

Nous vivons un moment historique bien précis : la divergence entre l'illusion institutionnelle et la réalité est devenue telle que plus personne ne peut la nier. Mais la contradiction n'est pas encore résolue par la revanche du réel.

Nous n'en sommes pas là.

Quelle heure est-il au pied du Mur ?

Et si l'histoire de l'URSS nous permettait de comprendre *exactement* où nous en sommes ?

*

Il y a beaucoup de points communs entre l'ancien système soviétique et l'actuel système occidental. J'emprunte ici son analyse à l'historien Éric Hobsbawm, qui écrit en substance, dans « L'Âge des extrêmes », que la crise du monde soviétique et celle du monde occidental n'en faisaient finalement qu'une, et que la grande différence de perception entre ces deux versants du même phénomène provient du fait que dans un système centralisé, vertical et intégré comme l'URSS, la flexibilité de la structure d'ensemble est plus faible.

Cela semble parfaitement logique : dans un système centralisé et rigide, l'effondrement institutionnel intervient assez tôt dans le cours de la débâcle socioéconomique – alors que dans un système flexible, comme le capitalisme occidental, l'effondrement de la superstructure peut être repoussé à la fin du processus de dislocation infrastructurelle. Plus une construction est souple, mieux elle supporte l'affaissement de ses soubassements. Et cela est encore plus vrai quand le système rigide part de relativement bas, comme le système soviétique : perdre 20% de son efficacité quand on est proche du seuil de survie, c'est une catastrophe. Alors que perdre 20% de son efficacité quand on est très au-dessus du seuil de survie, comme l'Occident des années 2000, c'est un inconfort qui peut, pendant un certain temps, passer presque inaperçu.

À l'appui de sa thèse sur la convergence invisible des désastres occidentaux et soviétiques, Hobsbawm fait observer que les grandes variables descriptives de la sociologie des populations en phase de rupture généralisée du lien social ont finalement évolué dans la même direction et presque au même rythme, de part et d'autre du Rideau de Fer – éclatement de la famille, effondrement des taux de natalité, implosion de la pratique religieuse. Et, fait-il remarquer, ces variables ont même, dans certains domaines, évolué de manière *plus négative* à l'ouest qu'à l'est ! Il cite par exemple la charpente des valeurs traditionnelles, moins déstructurées à l'est qu'à l'ouest du rideau de fer (comme la comparaison des deux Allemagnes le montre très clairement), ainsi que la liquéfaction mentale et culturelle de la population occidentale, imprégnée par un conditionnement publicitaire autrement plus pervers et redoutable que la traditionnelle propagande des États totalitaires.

De fait, indépendamment des réflexions d'Hobsbawm sur le plan psychosociologique, force est de constater qu'il existe beaucoup de ressemblances entre les dernières décennies du système soviétique et les soixante ans que nous autres, occidentaux plus ou moins repus, avons vécu depuis la fin de la Seconde Guerre Mondiale. On peut faire un parallèle entre l'histoire de l'URSS de 1953 à 1991 et l'histoire de l'Occident de 1945 à 2008 – une des deux histoires, celles de l'URSS, étant plus rapide, parce qu'elle concerne un système plus simple, et plus catastrophique, parce qu'elle est celle d'un monde plus fragile.

Approfondissons le parallèle, voyons où cela nous mène.

Après la mort de Staline, l'URSS cessa d'être à proprement parler un système totalitaire. Elle resta un État autoritaire et policier, certes, mais le trait distinctif du totalitarisme, la violence d'État illimitée, avait quasiment disparu. Sous un pouvoir devenu plus *raisonnable*, puisque s'assignant à nouveau des *limites*, la société soviétique s'organisa rapidement comme une coexistence entre le « monde institutionnel du Parti » et le « monde réel de la population ». Cette coexistence entre une fiction qui se veut réelle et une réalité vécue comme fictive a duré 38 ans, de 1953 à 1991, avec trois phases bien marquées : dix ans pour sortir du stalinisme et tenter une coexistence réel/fiction dans la transparence (Khrouchtchev), deux grosses décennies pour maintenir coûte que coûte la frontière entre ces deux univers irréconciliables (Brejnev), puis finalement six ans pour tenter de ramener la fiction vers le réel (Gorbatchev), et aboutir à sa dislocation – inéluctable, évidemment.

Beria avait été écarté dès l'été 53 : il avait tenté de préempter la déstalinisation, lui, l'homme de la Terreur, mais le vent de révolte que sa démarche avait soulevée (en Allemagne en particulier) le prit au dépourvu, et ses chers camarades le firent arrêter pour garantir le maintien du statu quo (schéma général qui devait se répéter pendant trois décennies : un pas en avant, un pas en arrière).

Arrive donc l'année 54. Khrouchtchev sait, lui, élaborer un cocktail qui rassure l'oligarchie tout en garantissant une relative paix sociale : bon connaisseur du monde paysan, il propose des mesures favorables à la paysannerie, en particulier la réduction de la ponction opérée par l'État via les taxes et les prix fixés (trop bas sous Staline). Il lance par ailleurs des grands projets (aménagement des terres vierges agricoles, surtout au Kazakhstan) et promeut une politique d'encadrement de la population plus souple (décriminalisation des fautes professionnelles, par exemple). Bref, il parvient à dégager des espaces de liberté pour la population, tout en préservant les privilèges de la nomenklatura. La transparence entre idéologie et réalité est tentée à travers la recherche d'un compromis constamment renégocié.

Les premières années Khrouchtchev sont, dans l'ensemble, des années heureuses, avec une croissance importante du revenu moyen (+ 6% par an) – ce sont un peu les « sept glorieuses » de l'URSS. De mini « trente glorieuses », en somme. Premier parallèle possible entre l'URSS et l'Occident, voici une époque où la croissance des forces productives fait, semble-t-il, bon ménage avec le maintien des structures sociales préexistantes.

Cependant, le khrouchtchévisme a ses faiblesses. Tout d'abord, la déstalinisation n'est pas poussée à son terme. Pour ne pas heurter l'appareil du Parti, Khrouchtchev s'est abstenu de mettre en cause le régime de Parti unique lui-même, et ce faisant, il a laissé perdurer une logique oligarchique difficilement compatible avec le projet de libération des forces productives qu'il enclenchait par ailleurs. Il restera toujours otage des conservateurs les plus bornés au sein de l'appareil : à plusieurs reprises, il devra faire machine arrière sur ses projets les plus audacieux, pour ne pas risquer un heurt entre une machine d'État toujours monolithique et une population qui a du mal à décoder les signaux venant de la direction centrale, et pourrait se croire autorisée à manifester son mécontentement trop nettement (un cas de figure qui s'est historiquement produit en Hongrie, en 1956, avec les conséquences qu'on sait). D'autre part, même quand Khrouchtchev peut lancer des réformes, il doit s'attendre à les voir appliquer de manière aveugle, souvent excessive, parfois complètement aberrante, par un appareil bureaucratique sélectionné sous Staline pour sa docilité, et pas pour sa compétence. La machine stalinienne, dès l'époque Khrouchtchev, démontre qu'elle est impossible à réformer. Pendant trente ans, Moscou a sélectionné ses cadres sur leur capacité à *ne pas* penser : faute irrémédiable.

Facteur aggravant, les initiatives de Khrouchtchev en politique étrangère furent souvent aventureuses (Mur de Berlin, crise des missiles), et il apparut progressivement comme un homme qui semblait ne pas savoir tirer profit de la situation de prééminence (Spoutnik, missiles intercontinentaux, développement rapide) dont la direction moscovite, bien à tort d'ailleurs, se croyait titulaire. La conjonction de ces phénomènes – aventurisme à l'étranger, incapacité à rompre avec le pouvoir bureaucratique en interne – finit par éroder la position de Khrouchtchev.

En 1962, quand il tenta d'agir concrètement contre la corruption qui croissait de plus en plus visiblement dans certaines républiques périphériques (Azerbaïdjan en particulier), la résistance de l'appareil brisa ses velléités. En apparence, ce n'était pour lui qu'une défaite sur un terrain secondaire. Mais en profondeur, cela voulait dire que le système soviétique, pour ne pas remettre en cause sa structure, son architecture et les positions acquises par ses maîtres, cessait de poursuivre comme objectif la libération des forces productives. C'était, décidément, un système de *destruction de valeur*, dont l'objectif auto-assigné ne pouvait être que la reproduction indéfinie de lui-même, pour le plus grand intérêt de la nomenklatura.

N'est-ce pas là, d'une certaine manière, ce que les élites occidentales, par des voies différentes, ont commencé à s'avouer à elles-mêmes, de leur côté, à la fin des trente glorieuses ? – le parallèle Occident/URSS apparaît là très clairement.

La fin de la période khrouchtchévienne est, fort logiquement, marquée par un sentiment de désillusion. Les Samizdats commencent à circuler sous le manteau. L'intelligentsia a désormais un peu moins peur, elle recommence à penser – et se débat d'autant plus sous la chape de plomb idéologique qu'elle peut désormais espérer la soulever, progressivement. La figure du « dissident », l'intellectuel soviétique qui refuse de « penser dans les clous », date de cette époque – Soljenitsyne fait parler de lui pour la première fois en 1962.

En somme, la société soviétique, à présent que la terreur stalinienne ne sature plus l'esprit du peuple, prend conscience de ses incohérences. L'activisme de la direction Khrouchtchev ne fait qu'accélérer le phénomène – plus le Centre agite la société, plus celle-ci prend conscience du fait que le Centre refuse en réalité de se remettre en cause lui-même. Mutatis mutandis, le début des années 60, en URSS, ressemble bel et bien à la fin des 30 glorieuses en Occident. C'est un moment de l'histoire où une période de croissance s'achève, qui avait été rendue possible par une libération partielle des forces productives, des forces vives qui font avancer la société, et en bouleversent la structure. C'est un moment de l'histoire où la croissance s'achève, et où l'on s'aperçoit que la libération des forces productives n'était que partielle, *très* partielle.

Voici venir la reprise en main brejnévienne.

En octobre 64, la nomenklatura se débarrasse de Khrouchtchev, et charge un pur apparatchik, Leonid Brejnev, de la lourde tâche de faire en sorte que, surtout, rien ne change. Car tel était le *véritable* cahier des charges de Brejnev : conserver la structure de la société soviétique aussi stable que possible.

Le cahier des charges officiel, bien entendu, était tout différent : il s'agissait d'administrer le « socialisme développé » pour conduire le pays vers les cimes à travers la réforme économique, devenue « principe actif » du système soviétique. Mais la rhétorique officielle ne faisait illusion auprès de personne : en réalité, l'URSS de Brejnev est un immense congélateur, où tout semble figé – à commencer par les positions sociales au sein de la nomenklatura. Pendant deux décennies, on assiste donc à une divergence croissante entre deux

« mondes », d'une part celui des statistiques, truquées, soit l'illusion de la grande puissance appuyée sur un complexe militaro-industriel en expansion, et d'autre part celui des réalités, cruelles, soit le quotidien du plus grand pays sous-développé du monde. D'un côté le monde imaginaire construit par la superstructure, qui finit par devenir dupe de son propre système de représentation. Et de l'autre côté, le monde réel, où la matière répète inlassablement un autre message, dit une autre vérité, proclame une évidence qui lui est propre.

Là encore, on peut remarquer une certaine ressemblance, mutatis mutandis, avec l'histoire occidentale récente. Un système qui se rigidifie idéologiquement pour affirmer simultanément l'intangibilité de certaines positions acquises et sa capacité à évoluer globalement dans un sens positif ? C'est bien ainsi que l'on pourrait caractériser l'économie capitaliste anglo-saxonne (et européenne par contrecoup), après le tournant néolibéral, pris selon les pays entre 1978 et 1985. De fait, le néolibéralisme a abouti à conforter les positions acquises de la haute bourgeoisie, miner les forces productives réelles (désindustrialisation, coup de frein aux progrès dans l'agriculture) et fabriquer une croissance en trompe l'œil à coup d'indices boursiers gonflés artificiellement. C'est à peu de choses près la même tambouille que celle servie par Brejnev à l'URSS – avec infiniment plus de subtilité bien sûr, le trucage des comptes étant, dans l'économie ultra-financiarisée centrée sur la City londonienne, bien plus habile que dans le très balourd Gosplan moscovite. Mais on observe bel et bien, en Occident, entre 1985 et 2008, une divergence croissante entre le monde illusoire du « Gosplan capitaliste » (les grandes places boursières) et celui, réel, où vivent des peuples de plus en plus mal à l'aise.

Plusieurs détails viennent conforter le parallèle. On citera en particulier...

La multiplication des « fils et filles de », qui caractérisa la nomenklatura soviétique à partir des années 70 (les cadres s'enracinent à l'époque localement, et deviennent inamovibles ou presque, ce qui rend possible des stratégies de néo-féodalisme clientéliste plus ou moins appuyé sur une base familiale) – une multiplication des « fils et filles de » dont nous avons un bel exemple dans la France contemporaine.

La captation par les bureaucrates des « fonds de stimulation » inventés par les économistes soviétiques pour tenter (en vain bien sûr) de relancer un développement effectif à partir d'entreprises enlisées dans la routine (un phénomène de captation des marges de manœuvre qui n'est pas sans rappeler les dérives du dispositif des stock-options en Occident).

L'élaboration, au niveau de la haute nomenklatura soviétique, d'un « code de bonne conduite » visant à faire collaborer constamment des tendances parfois antagonistes, mais unies sur l'essentiel, à savoir la nécessité de conserver collectivement le pouvoir (soit à peu de choses près le fonctionnement de la démocratie bipartisane occidentale contemporaine, ou quand le duel des comparses cimente l'alliance des privilégiés).

L'arrêt des investissements productifs réels (lié, en URSS, aux dysfonctionnements du Gosplan, et en Occident, surtout dans le monde anglo-saxon, à la prédation de l'économie productive par l'économie spéculative, tout occupée à profiter des délocalisations et des effets de levier tous azimuts).

Exemple encore de parallèle soutenable : la glissade progressive des hommes du système, en particulier dans les hautes sphères, vers une forme inattendue et comique d'auto-caricature involontaire : en URSS, la « batterie de cuisine » qui ornait la poitrine d'un Brejnev devenu franchement sénile, et dans la France d'aujourd'hui, le côté blingbling de notre étrange « hyper président ». Une évolution qu'on reliera, dans les deux cas, au développement de plus en plus marqué de la corruption et du clientélisme.

Et puis ce trait si éclairant sur la vraie nature des maux dont le système souffre : la poursuite insensée de nouvelles techniques de motivation (régime des brigades de travail autogérées en URSS, perfectionnement incessant des méthodes de gestion des ressources humaines en Occident) ou de conditionnement (accentuation très nette de l'effort propagandiste en URSS à partir de 72/73, augmentation permanente des dépenses publicitaires et de communication des grandes entreprises en Occident).

Encore une ressemblance : l'URSS interrompt la publication de certaines statistiques (jugées trop mauvaises et difficiles à truquer) en 1974 (mortalité infantile, par exemple) – et les USA interrompent la publication de certaines statistiques à partir de 2006 (masse monétaire, en particulier).

Et encore un point commun : l'implosion démographique de la population centrale (russe en URSS, blanche en Occident), et l'explosion conjointe des populations périphériques (Asie centrale en URSS, Afrique par rapport à l'Occident).

Encore une analogie : le rapport entre l'URSS et l'Occident sous Brejnev n'est pas sans évoquer celui qui s'établit entre l'Occident et la Chine, progressivement, depuis deux décennies : ambiguïté de la notion de « détente » entre 1970 et 1985, ambiguïté de l'étrange alliance/compétition sino-américaine, et dans les deux cas, entrée en dépendance financière à l'égard du compétiteur stratégique.

Ajoutons à cela, ultime ressemblance, et sans doute la plus grave : la croissance malsaine d'un complexe militaro-industriel qui devient progressivement la substance du pouvoir (et quelques guerres néocoloniales à la clef, dont celles d'Afghanistan, au cimetière des empires – de *tous* les empires).

Sur beaucoup de plans, l'URSS de Brejnev ressemble donc bel et bien à notre Occident contemporain – dans une version certes infiniment plus balourde et inefficace : on ne saurait assimiler le tragi-comique désastre soviétique des années 80 avec les conditions de vie dans notre Occident contemporain – conditions de vie certes en recul pour une large partie de la population, mais encore globalement excellentes (par rapport aux normes soviétiques).

Disons que l'URSS des années Brejnev ressemble à l'Occident post-Reagan non dans l'absolu, mais par ses tendances sociologiques de fond, lesquelles procèdent toutes du même phénomène fondateur : *la schizophrénie croissante d'une société dont l'infrastructure et la superstructure ne se parlent pratiquement plus.*

En 1985, quand il arrive au pouvoir, Gorbatchev se retrouve donc devant une société schizophrène, sur laquelle règne un système ubuesque. Il lance ce que l'on a appelé la « perestroïka », c'est-à-dire la restructuration du système. En réalité, il s'agit, pour une superstructure institutionnelle qui n'a pas parlé à l'infrastructure économique et culturelle depuis deux décennies au moins, de se mettre enfin à l'écoute, et d'essayer de rattraper son évolution. La véritable raison de la perestroïka n'est donc nullement la volonté officielle de « perfectionner » le socialisme. Il s'agit plus modestement de remettre au travail une société qui, dégoûtée par des décennies de mépris institutionnel, est entrée dans une apathie complète – une « grève » non déclarée, dont la « méthode » était principalement, en toute simplicité, le droit à la paresse institutionnalisé.

Mais voici une remarque importante.

Jusqu'en 1985, ce « droit à la paresse » quasi-institutionnalisé n'a pas vraiment perturbé le système soviétique – après tout, ce système assume désormais sa nature : c'est une machine à reproduire l'ordre social en détruisant de la valeur. Un tel système ne saurait être perturbé par la lenteur du développement économique, c'est l'évidence.

Quel est donc l'évènement qui a amené les hiérarques gérontocrates du Kremlin à confier la direction du système à un véritable réformateur, pour la première fois dans l'histoire de l'URSS ? Pourquoi, soudain, est-il devenu si indispensable de relancer une machine depuis longtemps embourbée ?

Fin 1984, les USA indiquent qu'ils sont en train de développer un système de défense antimissile : l'IDS, initiative de défense stratégique. Dès lors, pour l'URSS, se relancer à brève échéance est une question de vie ou de mort : elle est en train de perdre la guerre froide – l'avance technologique occidentale dans le domaine militaire devient décisive, le projet de bouclier stratégique américain peut détruire l'équilibre stratégique à moyen terme. Si le pays n'est pas rapidement remis sur les rails, la défaite du « socialisme réel » est consommée.

On peut raisonnablement penser que c'est le constat de leur défaite militaire à moyen terme qui a convaincu les soviétiques de l'urgence qu'il y avait à opérer une véritable réforme de leur système. Et donc, si cette hypothèse est juste, alors on peut dire que s'agissant de l'Occident contemporain, *nous n'en sommes pas encore là.*

On a parfois comparé la crise financière de septembre 2008 à une « chute du Mur de l'argent », qui serait au capitalisme occidental ce que la « chute du Mur de Berlin » fut au système soviétique – mais comparaison n'est pas raison. La crise de septembre 2008 est plutôt assimilable à un craquement annonciateur de l'effondrement général – disons : la révolte polonaise autour de Solidarnosc, un « moment » particulièrement aigu dans la confrontation entre les deux « mondes » superposés et qui ne se parlent plus, société d'une part, système de l'autre. Et la période que nous vivons actuellement, avec l'étrange présidence US d'Obama, le Noir chargé de changer *la couleur des apparences* pour que rien ne change sur le fond, serait assez comparable, au fond, à la période qui précéda la « normalisation » polonaise – un temps de fausses concessions et d'illusionnisme politique savamment étudié. Au-delà de la différence manifeste entre les deux évènements (d'un côté une révolte syndicale, de l'autre un krach boursier majeur), le point commun est en tout cas évident si l'on analyse l'affaire en termes de confrontation entre un système de représentation autonomisé à l'égard du réel, et une réalité qui décide de se venger.

Notre Mur de l'argent n'est pas tombé. Il a *commencé* à tomber.

*

Si le parallèle doit être prolongé, l'équivalent de l'IDS, l'arrivée au pouvoir du Gorbatchev américano-britannique et la chute finale du « Mur de l'argent » sont donc encore *devant nous*. On pourrait imaginer par exemple, afin de fixer les idées, le scénario suivant :

À titre d'équivalent à l'IDS, un coup d'arrêt net donné à l'expansionnisme américain au Moyen Orient, coup d'arrêt qui rendrait inaccessible la seule porte de sortie « par le haut », du point de vue des élites occidentales, dans le contexte actuel : à savoir la mainmise sur l'essentiel des ressources en hydrocarbures, arme stratégique de premier ordre pour freiner l'expansion chinoise. Une fois cette porte de sortie fermée, les élites américano-britanniques seront renvoyées à l'implosion de leur base économique productive – sauf scénario catastrophe de la course en avant désespérée, jusqu'à la Troisième Guerre Mondiale.

À titre d'équivalent à la perestroïka, la conversion soudaine des élites occidentales à l'économie « relocalisée », à la suite d'un deuxième krach boursier majeur (prévisible sur 2010/2011).[98] Viendrait ensuite une tentative de réforme en catastrophe du système, tentative qui s'emballera, échouera parce que conduite dans l'urgence et donc dans le désordre (historiquement, la perestroïka entraîna une *très forte baisse* du PIB soviétique), débouchera sur une tentative de reprise en main désespérée (le putsch de 1991 à Moscou)… et finira par impliquer une révolte des peuples contre une classe dirigeante tenue *pour irresponsable, mais très coupable.*

Et comme équivalent à la chute du Mur, nous aurions par exemple une grève générale dans un grand pays, déclenchée après l'implosion du système de couverture sociale, pour exiger la dénonciation unilatérale de la dette publique – grève couronnée de succès, puisqu'entraînant l'effondrement du système financier international, et l'abolition de facto de *toutes* les dettes.

Tout ceci n'est évidemment qu'hypothèses…

… Mais, pour un certain nombre de raisons que nous allons détailler plus loin, ce parallèle, cette hypothèse d'une chute du « Mur de l'argent », chute qui pourrait nous mettre tous, collectivement, dans la peau de Karl Müller, d'ici quelques années… eh bien ce parallèle *a de bonnes chances d'être vérifié.*

---

[98] Note 2020 : ce deuxième krach a été transformé en rechute mineure par l'entente des banques centrales, en 2011-2014. Mais il est en train de se produire, au moment où cette note est rédigée, en mars 2020. L'histoire a été congelée une petite décennie.

Note pour plus tard : il faut nous préparer à une chute majeure, qui va *révéler* la nature du système dans lequel nous vivions – un système de destruction de valeur, uniquement dédié à sa propre reconduction.

2 – Les pieds sur terre

Joseph Joanovici observait la tablée avec amusement.

« À vue de nez, il n'y a autour de cette table personne qui soit ce qu'il prétend être, » pensait-il, « et je suis, au fond, le seul honnête homme de ce ramassis de canailles ! »

Juif « économiquement utile », « *wirtschaftlich wertvoller Jude* » dans le jargon bureaucratique hitlérien : voilà, officiellement, ce qu'il était, monsieur Joseph !

« *Wertvoll* » - littéralement : de *valeur*.

Ferrailleur à Clichy à l'arrivée des Allemands, monsieur Joseph avait tout de suite compris quel parti il pouvait tirer de sa judéité.

« Vous pouvez être certain de mon dévouement, puisque seule ma totale soumission peut me sauver la vie, » expliqua-t-il aux officiers de la Wehrmacht qui le reçurent après qu'il eut sollicité une entrevue par l'intermédiaire d'un homme d'affaires issu du meilleur monde.

« Je sais, mieux que quiconque en France, comment récupérer des métaux, » continua-t-il devant les gradés allemands, visiblement intéressés. « Avec moi, vous pouvez être certain que pas un gramme de métal n'échappera au Reich ! »

Il n'avait pas été surpris quand les Allemands lui avaient répondu, en toute simplicité : « Peu nous importe en réalité que vous soyez juif, la seule chose qui compte est que vous soyez utile ! » (*wertvoll*)

C'est que monsieur Joseph, à la différence de la plupart de ses contemporains, avait les pieds sur terre.

« Il fallait bien que Hitler donne des boucs émissaires aux Allemands, » expliquait-il sous le sceau du secret à de rares amis, sidérés par ses amitiés nazies. « On ne peut pas lui en vouloir d'avoir choisi les Juifs pour ça. Et puis, il y a du vrai dans cette histoire de ploutocratie, j'en sais quelque chose. Alors, voilà, les Juifs payent parce que ça permet de décharger la colère populaire... Mais en réalité, voyez-vous, Hitler n'en a rien à faire de nous autres, les youpins. Peu lui importe qu'un de nous survive ici ou là. Ce qu'il ne veut pas, c'est que nous soyons trop nombreux et trop forts, c'est tout. Toute cette histoire, c'est une pure question de *détention du Capital*. Rien d'autre. Au fond, mes chers amis, le jour où il ne restera plus que des Juifs collabos, ils ne seront plus juifs, les Juifs... Et puis, juif, ça veut dire quoi, d'abord ? Hein, franchement ? Allons, juif, c'est juste un mot pour dire 'à l'opposé des antisémites', et antisémite, d'ailleurs, ça veut juste dire 'à l'opposé des Juifs'. Je vous le dis, moi : dans la vie, on est ce qu'on décide d'être, à condition de savoir naviguer... Vous verrez, pour finir, j'aurai mon certificat d'aryanité, et avec l'appui des Allemands, en plus ! »

Et bien sûr il avait eu raison de parler ainsi, monsieur Joseph. Du moment qu'il ramenait des métaux, les Allemands étaient contents. Et ils payaient bien, ces cochons-là ! Le Reich n'était pas avare, dès qu'il s'agissait de ferraille. En pleine guerre, chaque bout de métal valait son poids de sang.

Monsieur Joseph encaissait les bénéfices, imperturbablement, et sa petite affaire, ma foi, roulait toute seule. Par prudence, il avait décidé de recycler une partie de ses bénéfices dans l'appui à la Résistance – au cas où, contre attente, les Anglais finiraient par gagner la guerre, ramenant dans leur fourgon cet obscur général planqué à Londres.

De Gaulle, tu parles d'un nom !

« Juif, nazi, collabo, résistant, j'ai tous les atouts en main, » pensait-il encore, tout en observant les convives autour de lui. « Quel que soit le camp qui débarquera flingue en pogne pour repasser ses ennemis, j'aurai la bonne carte à présenter ! Et si ça ne suffit pas, avec tout l'argent que j'ai de côté, je m'en sortirai toujours... »

Monsieur Joseph soupira d'aise. Lui, le petit émigré de Bessarabie, quasi-analphabète et pourtant richissime, était peut-être la seule personne au monde à comprendre les raisons de sa stupéfiante réussite : « J'ai les pieds sur terre, » répondait-il, énigmatique, quand on l'interrogeait à ce sujet. « Les pieds sur terre, et des yeux pour voir... »

Il se passa la langue sur les lèvres et fit l'inventaire de la tablée, pour la dixième fois au moins. Lui, là-bas, ancien truand devenu flic dans la gestapo française. Elle, à côté, ancienne putain devenue femme du monde pour la gestapo allemande. L'autre, au fond, minable auteur devenu critique littéraire, etc. etc. Pas un pour racheter l'autre ! Chacun jouant à être le contraire de ce qu'il était !

« Je les survole comme un aigle survole les moutons pour choisir ses proies, » pensait monsieur Joseph, de plus en plus satisfait de lui-même.

Soudain, son attention fut attirée par un des types de la gestapo française.

« Après tout, Joseph, tu n'es qu'un sale youpin ! », beuglait ce type, Lafont, visiblement éméché, probablement furieux que monsieur Joseph n'ait pas immédiatement répondu à une question qu'il venait de poser.

« Ah ! », pensa Joanovici, « encore un imbécile qui confond les choses et leurs noms ! »

Il leva sa coupe de champagne et répliqua, d'une voix posée : « Et ça coûte combien pour ne plus l'être, *Hauptsturmführer* ? »

*

Garder les pieds sur terre. C'était ça, le secret de monsieur Joseph.

Un exemple à suivre ? Sur le plan moral, évidemment, non. Mais sur le plan pratique, à coup sûr.

Garder les pieds sur terre, cela veut dire ne pas se laisser saisir par le vertige, quand l'espace est reconfiguré. Cela veut dire être capable de penser, instantanément, dans les termes qui permettent de cartographier la nouvelle configuration. Bref, cela veut dire échapper à l'étrange ivresse qui, un certain 9 novembre 1989, saisit le sympathique garde-frontière Müller.

C'est que, voyez-vous, si l'ivresse allemande de novembre 1989 fut aussi gaie que fructueuse, d'autres ivresses, dans l'histoire, ont été nettement moins joyeuses !

Mode d'emploi pour *échapper à l'ivresse*.

Une ivresse à laquelle il est difficile de résister.

Tout évènement historique de très grande ampleur suscite, chez ses témoins immédiats, un effet de sidération d'autant plus fort que l'évènement, par son caractère de rupture soudaine, entraîne le réel au-delà du paradigme des représentations conventionnelles. Un des aspects les plus révélateurs de cet effet de sidération est le recours très fréquent, dans ce genre de situations, à une fuite vers l'intemporalité – comme si la révélation du caractère discontinu et métonymique de l'évolution historique imposait aux témoins une fuite hors du temps, par-delà la vanité des puissances temporelles. « La Cité de Dieu » fut rédigée par Saint Augustin après la chute de Rome. L'Imitation de Jésus Christ est contemporaine de l'implosion du monde médiéval. Chateaubriand rédigea le Génie du christianisme après la Révolution Française. Et alors que l'esprit prussien finissait d'imploser dans le nazisme, Heidegger proposait le retour philosophique à l'esprit grec.

Cette tendance à fuir vers l'intemporalité peut donner le meilleur ou le pire, selon le talent des hommes et la capacité des peuples à se refonder à travers la catastrophe. Mais, d'une manière générale, le pire prédomine sur le moment. Il faut que du temps passe, pour qu'un tri s'opère, et que les discours apocalyptiques de bazar soient renvoyés à leur juste place – c'est-à-dire au rayon des contes de bonne femme.

Au catalogue des *pathologies* psychiques et culturelles induites par la brutalité d'une chute majeure, on peut énumérer le moralisme doloriste (si nous tombons, c'est parce que nous l'avons bien mérité, si les barbares nous submergent, c'est parce que Dieu nous châtie, etc.), la recherche d'une explication univoque et donc rassurante, souvent dans des forces extérieures au domaine politique (si nous tombons, c'est parce que Mère Nature en a assez de nous, etc.) et la quête éperdue de boucs émissaires (Juifs, francs-maçons, jésuites, etc.). Le caractère pathologique de ces discours faussement explicatifs ne tient pas nécessairement à leur totale inexactitude (ils peuvent dire *une partie* de la vérité), mais au fait qu'ils enferment la pensée dans un paradigme artificiel et restreint, largement déconnecté du réel.

Ne doutons pas que notre expérience contemporaine – la chute de la civilisation occidentale – entraînera chez nos contemporains, dans les années qui viennent, le même type de réactions tour à tour pathétiques, drolatiques et tragiques. Pour beaucoup, s'absorber dans la contemplation mystique de la fin *du* monde est un remède à la sordide réalité qu'induit immanquablement la fin de *leur* monde.

La chute d'un monde est un traumatisme aussi psychologique que matériel. Elle laisse les habitants du monde déchu dans une détresse qui ne tient pas seulement à leur incapacité à agir, mais aussi à leur inaptitude manifeste à comprendre. L'examen des grandes chutes de l'histoire (Rome au V° siècle, la France capétienne au XIV° siècle, l'Ancien Régime à la fin du XVIII° siècle) démontre qu'en de telles occasions, les élites en place sont tétanisées, et ne peuvent plus que reproduire mécaniquement les formes du monde ancien, tandis que le peuple oscille entre accablement et révolte désordonnée. La transformation des rapports de force économiques, politiques et militaires peut être si soudaine, inverser si brutalement un état des choses qu'on croyait éternel, que le comportement des collectivités et des individus n'est pas sans évoquer, en pareilles circonstances, le lourd tic-tac d'une pendule qu'on aurait oublié d'arrêter dans la chambre d'un mort. Tout est changé, sauf les habitudes.

*

Cependant, au milieu de ce chaos, dans cette confusion affreuse, toujours, ici ou là, quelques individus avisés et souvent sans scrupules tirent profit du désastre pour faire avancer leur cause personnelle. Et comme le reste de la population est totalement sidéré, incapable de se mouvoir dans un environnement devenu complètement imprévisible, ces individus-là acquièrent immédiatement, du simple fait qu'ils ont été capables de se mettre en mouvement, un avantage concurrentiel décisif.

Une des vérités gênantes que la pudeur des historiens a tendance à bannir un peu trop facilement des livres d'histoire, c'est que les deux meilleurs moments pour édifier rapidement une grande fortune sont les périodes de boom... et les périodes de krach. Nous avons parlé ici de Joseph Joanovici, l'homme qui fit fortune sous l'Occupation, mais nous aurions aussi pu évoquer les oligarques russes des années 1990. Et dans les deux cas, nous nous apercevons que ces enrichissements obscènes sont certes démesurés, mais finalement *historiquement logiques*.

Les périodes de chute sont caractérisées par une démultiplication considérable des enjeux – soudain, tout va plus vite, et d'abord l'édification des fortunes, ainsi que leur dilapidation. Combiné avec l'effacement plus ou moins complet de la loi écrite, ce phénomène explique l'intensification radicale des luttes à tous les niveaux de la structure sociale – une intensification qui fait mal au corps social, mais en partie *pour son bien*.

Toute période de crise correspond à une montée de la violence. Lorsque les rapports sociaux sont bouleversés par une mutation significative du contexte, les processus de régulation préexistants ont tendance à tourner à vide. Ceux qui les animent ne les maintiennent que pour donner l'illusion que leur position est encore justifiée, et ceux qui les acceptent sont de moins en moins nombreux – soit qu'ils sortent de leur périmètre d'application, soit qu'ils décrètent unilatéralement leur caducité. L'augmentation de la violence sociale qui résulte de ces mécanismes combinés entraîne des phénomènes *à la fois* négatifs et positifs.

La violence sociale peut briser des obstacles longtemps infranchissables et jusque-là difficilement contournables. En perturbant les processus institués, elle contraint les acteurs à remettre en cause leur routine, voire à redéfinir partiellement leur identité. Elle oblige paradoxalement à une refondation des liens de protection mutuelle, de subsidiarité et de solidarité. En ce sens, on peut dire que la violence sociale extrême est en période de chute un processus *bénéfique* : un organisme dont la superstructure aurait implosé sans qu'il en résulte un accroissement de la violence sociale n'aurait aucune chance de secréter, rapidement et brutalement, une superstructure renouvelée. Il mourrait tout bonnement à petit feu. À contrario, un organisme soudain dépouillé de sa superstructure, mais s'adaptant au prix de convulsions violentes, se refonde et *survit*.

La violence est la fièvre à l'intérieur du corps de l'humanité. C'est pour cette raison qu'un homme comme Jünger pouvait déclarer, après l'odieuse boucherie de 14-18, « la guerre, notre mère » : dans certaines circonstances historiques, la destruction engendre la renaissance.

Même les acteurs a priori les plus symptomatiques de la décomposition finissent par participer de la recomposition, en général sans l'avoir le moins du monde souhaité. En un certain sens, le laps de temps, en général assez court, qui commence avec la fin d'un monde et s'achève avec la naissance du monde suivant, est le seul moment historique où le libéralisme intégral cesse d'être désorganisateur. Le chaos généré par l'abandon de toute vision transcendante, de tout ordre vertical, finit par atteindre le point où le prix à payer pour refonder un ordre, une vision, est précisément de renoncer à en avoir aucune, sinon celle que la réalité va secréter, spontanément.

Cette renonciation à toute vision prédéfinie est le secret de la pensée de crise.

Les périodes de chute entraînent généralement une très rapide et chaotique redistribution des pouvoirs, presque toujours en faveur d'échelons locaux à la légitimité appuyée uniquement sur des rapports de force directs (féodalisation à la chute de l'Empire Carolingien, ou sous une forme différente, à la fin de l'URSS). Il en découle un mélange surprenant de liberté accrue (pour les forts, que la loi écrite et l'autorité centrale ne brident plus) et de liberté diminuée (pour les faibles, parfois les forts d'hier, qui ne peuvent plus se réfugier derrière une loi centralisée devenue sans force, sinon sans objet).

Cependant, cette dislocation n'est que temporaire. Très vite, immanquablement, les nouveaux rapports de force structurent une nouvelle représentation sociale, laquelle s'émancipe des rapports de force pour stabiliser une situation relativement vivable. Personne ne peut vivre durablement dans l'anarchie. Le paradoxe des périodes de chute veut donc que pour sortir de l'anarchie, il faille d'abord la pousser jusqu'au point où l'ancienne superstructure a totalement implosé, et où la nouvelle structure peut donc être secrétée par les rapports de force spontanés.

Ainsi, l'économie générale des périodes de chute et de chaos est fondée sur la poursuite, parfois pas tout à fait inconsciente, du niveau d'incohérence suffisant pour que les normes et règles précédemment établies perdent tout pouvoir et toute vigueur, ce qui rendra possible l'élaboration de nouvelles règles, adaptées à l'effondrement de l'ordre ancien. On plonge au fond de la piscine pour remonter brutalement en y donnant un coup de pied.

CRISE ÉCONOMIQUE OU CRISE DE SENS

C'est encore, probablement, une autre raison du développement d'une littérature apocalyptique de qualité diverse dans ce type de période : inconsciemment, les contemporains de la chute recherchent un état de fusion métaphorique entre chaos absolu dans l'ordre matériel et désorganisation complète du discours, afin que la dislocation des liens logiques rende possible l'émergence d'un nouvel ordre empirique. La littérature apocalyptique est un genre caractéristique de l'implosion du monde juif à partir du III° siècle av. JC, mais elle ouvre la porte à l'élaboration des représentations structurantes de la chrétienté naissante. La grande peur de l'An Mil est contemporaine de l'implosion de l'ordre carolingien *et* de l'émergence de la féodalité. Sade précède de peu la Révolution Française, comme s'il avait fallu que l'ordre libertin se pousse à ses extrémités pour qu'un ordre nouveau émerge de sa dégénérescence perverse.

On pourrait multiplier les exemples presque à l'infini. D'une manière générale, quand la Chute survient, il faut cesser de penser le monde dans des catégories stables, et admettre que la pensée doit devenir fluide – et donc que les mots, pour recouvrir des concepts *réalistes*, doivent abandonner l'enveloppe *nominaliste* forgée à l'époque de stabilité qui vient de prendre fin. En d'autres termes : la pensée adaptée aux époques de crise est de type surcritique, elle doit constamment faire exploser ses propres cadres. C'est, par nature et quel que soit le style qu'elle adopte, une *apocalypse*.

Penser en temps de crise, c'est retrouver la substance des êtres, sous l'écorce des idées. « Garder les pieds sur terre », en temps de crise, cela veut dire réadapter constamment sa propre assise intellectuelle. Refuser la stabilité des concepts, pour conserver la cohérence globale de l'univers au sein duquel on évolue. C'est *ainsi* qu'on échappe à l'ivresse mortelle de l'anéantissement.

Le secret des gagnants, en temps de crise, n'est fondamentalement ni dans leur puissance matérielle, ni dans leur supériorité intellectuelle. Il réside dans leur capacité à penser au rythme des évènements, à rester aux aguets, et à s'interroger constamment sur les concepts qu'ils emploient. Un esprit adapté au temps de crise, de chute, de rupture majeure, c'est un esprit inquiet, qui se soumet constamment à l'autocritique la plus féroce, et n'hésite pas, une fois les fausses catégories décodées, à se glisser dedans pour les instrumentaliser à son propre avantage.

Bref, c'est l'esprit retors, mais génial, de « monsieur Joseph ». L'homme qui savait que pour arrêter d'être juif sous les nazis, il suffisait de *payer*.

Note pour plus tard : si l'on veut comprendre quelque chose à ce que *révèle* l'effondrement d'un système, il faut se détacher des signes produits par ce système, pour aller directement à la réalité qu'ils *recouvrent*. Erreur à ne pas commettre : fuir vers l'intemporalité. Principe fondateur : garder les pieds sur terre, penser le réel dans sa *trivialité*.

3 – Un homme de réseaux

À propos de Joseph, en voici un autre.

Et dans la série esprit retors, pas mal non plus.

Meet Joseph Fouché, conventionnel survivant à la convention, montagnard survivant à la Montagne, jacobin survivant au jacobinisme, terroriste survivant à la terreur, criminel survivant à la police, policier survivant au crime, républicain survivant à la République, affairiste survivant au krach financier, ministre de l'Empereur survivant à l'Empire, ministre du Roi survivant aux Cent Jours – et à présent plus que jamais, ministre de ses propres intérêts, dans une France livrée à l'anarchie.

Nous sommes à Paris, en juillet 1815. Fouché a été ministre de la police pendant les Cent-Jours, sous Napoléon. Et que se passe-t-il après la défaite de Waterloo ? Que se passe-t-il quand Louis XVIII revient au pouvoir ?

Eh bien, Joseph Fouché reste ministre !

50 000 hommes étaient morts en Belgique. L'une des plus sanglantes batailles de l'histoire avait marqué la chute de l'aigle impérial. On s'était expliqué toute une journée à la baïonnette, pour conclure une guerre qui avait duré 23 ans et tué deux millions de Français au bas mot. Et finalement, Joseph Fouché, imperturbable, restait ministre – ministre d'un camp après l'avoir été de l'autre.

Position qui lui permit, entre autres choses, de s'assurer qu'il ne serait pas sur la liste des victimes de la Terreur Blanche – pour la bonne raison que cette liste, il l'établissait !

Pour comprendre comment Fouché réussit ce tour de force incroyable, il faut s'intéresser à son parcours. Il faut comprendre, en particulier, comment il sut constamment se placer à l'intersection de plusieurs *réseaux*.

Les *réseaux* : la *chose* que, pendant un quart de siècle, les signes révolutionnaires ont *recouverte*.

Joseph Fouché fut élu député à la Convention en septembre 1792. À quoi devait-il cette élection ? Sans doute à son *réseau* de relations. Ce professeur de sciences était issu des milieux cléricaux (il avait reçu les ordres mineurs, préparatoires à la prêtrise), mais il avait su se faire des amis parmi les révolutionnaires – à commencer par un certain Maximilien de Robespierre, rencontré à Arras.

Fouché est fondamentalement un homme des sociétés de pensée – ces loges maçonniques ou crypto-maçonniques qui, dans les dernières années de l'Ancien Régime et les premières de la Révolution, ont fait la pluie et le beau temps.

Mais il n'est pas que cela. Fouché partage avec Robespierre, Danton et quelques grands révolutionnaires, le génie spécifique qui permet à chaque instant de « sentir » le peuple, l'Assemblée et, d'une manière générale, le point exact du mouvement des idées révolutionnaires où se trouve le consensus latent du corps social. C'est pourquoi cet homme de *réseaux* est capable de *doser* exactement, à chaque instant, son « degré d'appartenance » aux diverses sensibilités et organisations qui se partagent plus ou moins pacifiquement la direction de la Révolution.

Le *réseau des réseaux* : *chose* par excellence, derrière le *signe* révolutionnaire.

Une révolution, c'est un réseau de réseaux qui remplace un autre réseau de réseaux.

Parce qu'un système social, *c'est* un réseau de réseaux. Ni plus ni moins.

Sous la Terreur, Fouché est le pire des terroristes. À Lyon, sa répression de l'insurrection soulève le cœur. Il fait tirer sur le peuple au canon, sans hésiter. C'est, en apparence, un révolutionnaire brûlant, impitoyable, fanatique.

Mais en apparence seulement. Au moment même où il fait tuer des centaines de personnes au motif qu'elles auraient trahi la République et comploté avec l'ennemi, Fouché lui-même ne dédaigne pas de prendre langue avec les Anglais. Il fricote avec un certain William Harris, banquier d'affaires et agent britannique notoire. Il est d'ailleurs possible que ce soit sur ordre des services britanniques qu'il ait adopté une position maximaliste, « pure et dure », au-delà des souhaits de Robespierre, Londres considérant à ce moment-là qu'il était bon que la République se déconsidère par ses violences. L'Incorruptible, au reste, ne fut pas dupe, et critiqua violemment Fouché – se faire traiter d'extrémiste par Maximilien de Robespierre, voilà qui certes n'est pas donné à tout le monde !

Entre 1794 et 1799, Fouché n'a plus accès au pouvoir politique. Sous la République thermidorienne, comme la plupart des anciens terroristes, il est en quelque sorte « au placard ». Cela ne l'empêche pas de continuer à activer ses réseaux. Il travaille maintenant avec les fournisseurs aux armées. La guerre est, dans la France d'alors, à peu près le seul secteur économique rentable. Fouché utilise son carnet d'adresses pour s'imposer comme intermédiaire entre l'oligarchie politique corrompue et les milieux d'affaires corrupteurs, et nous le retrouvons bientôt *en réseau* avec certains des banquiers qui, dans quelques années, financeront allègrement le putsch d'un certain général Bonaparte.

En 1799, le Directoire, corrompu et impuissant, tremblait devant le retour potentiel des jacobins. Fouché proposa ses services : en tant qu'ancien terroriste, il était bien placé pour savoir où, quand et comment on pouvait écraser ses anciens amis. On peut supposer qu'en l'occurrence, il agissait pour le compte de ses nouveaux partenaires, les financiers. Une fois de plus, Joseph avait humé le vent, et compris d'où il soufflait.

Ce n'est pas le tout d'être dans les réseaux. Il faut aussi savoir décoder les flux qui parcourent le réseau des réseaux. Le réseau des réseaux constitutif d'un système social a pour fonction de filtrer l'information pour créer le sens – et pressentir le sens, c'est anticiper sur l'évolution du système global. *La méthode Fouché.*

Ses nouveaux amis capitalistes remercièrent l'autre « monsieur Joseph » de son zèle à combattre ses anciens amis révolutionnaires : ils firent de lui le ministre de la police de Napoléon – position qu'il conserva jusqu'en 1814, avec de temps à autre une disgrâce passagère, due presque toujours aux inquiétudes de l'empereur, méfiant, et on le comprend, à l'égard d'un ministre capable d'entretenir des amitiés dans tous les camps, à tous les niveaux et sur tous les plans.

En 1814, Fouché trahit Napoléon. Cela surprit l'Empereur si peu qu'il n'hésita pas à faire de Fouché, à nouveau, son flic en chef, pendant les Cent

Jours. De là à penser que Fouché avait trahi Napoléon sur l'ordre de ce dernier, en 1814, il n'y a qu'un pas, que la plupart des historiens font sans trop hésiter.

À moins que la reconduite du sieur Joseph dans ses fonctions, après Waterloo et par le roi, n'indique au contraire que c'était Louis XVIII qu'il avait trahi sur ordre...

À moins encore qu'il ait trahi ses *deux* maîtres, à chaque fois, sur ordre.

Comment savoir, avec Joseph Fouché ?

Comment savoir, avec un homme *qui filtre l'information un pas en avant du réseau des réseaux ?*

*

Même sans prétendre décoder l'énigme Fouché, on peut malgré tout tirer quelques leçons du parcours stupéfiant de l'homme le plus retors d'une époque ô combien fertile en hommes retors. Son ascension enseigne en effet, mieux encore que celui de Joanovici, comment un individu qui sait, pendant une époque de chute, détecter les idées sous les mots, peut utiliser cette connaissance *au mieux*. En fait, on pourrait presque prendre la vie de Joseph Fouché comme un » manuel pratique de survie » en période troublée !

Un manuel de survie qui, pour des raisons assez évidentes, sera le bienvenu dans les années qui viennent.

La période, qui suit immédiatement la rupture des équilibres longtemps respectés, est caractérisée en général par trois traits qui, tous, favorisent l'explosion de la violence sociale : accroissement des inégalités, rupture des liens contractuels, accentuation des orientations politiques, religieuses et philosophiques. Tout se divise, toutes les divisions s'accentuent. Ce qui était proche s'éloigne, ce qui était loin devient invisible, voire impensable. En ces instants-là, l'étranger commence exactement là où s'arrête le soi. Les cercles intermédiaires de l'altérité semblent abolis. Il n'y a plus aucune instance de médiation – chaque réseau redéfinit constamment ses interfaces, chaque composante de chaque réseau en fait de même. Alliance, ignorance mutuelle, ou destruction mutuelle : pas d'autres possibilités, pas d'échappatoire. Toi et moi, ou alors, toi ou moi : les relations humaines ne peuvent se décliner que sur deux modes.

Et cependant, la période de rupture est aussi caractérisée par l'impossibilité de définir des camps stables, des oppositions franches et des alliances claires, parce qu'il y a tellement de clivages structurants qu'on ne sait plus *lesquels* sont décisifs. Il n'y a plus de fossé infranchissable parce qu'il n'y a plus que des fossés, partout, entre chacun et tous les autres. La vie politique de ces périodes est caractérisée par une instabilité permanente et paroxystique, au point que les contemporains, souvent, se mettent à vivre au jour le jour. Sous l'Ancien Régime, à Paris, « sous peu » voulait dire dans quelques mois. En 1793, « pour longtemps » veut dire jusqu'au surlendemain. Le temps n'a pas accéléré, mais l'horizon de planification des acteurs politiques s'est rétréci dans des proportions extraordinaires. Le caractère extrêmement tranché des oppositions n'a d'équivalent dans la brutalité que la soudaineté de leur inversion. Le *réseau des réseaux* se fait et se défait, à toute vitesse, jusqu'à ce qu'un nouveau point d'équilibre soit atteint.

L'exacerbation des tensions dans ce type de période finit par déboucher sur des absurdités criantes. Et cela devient pour finir insupportable : la plupart des gens « craquent » nerveusement, dans ces périodes, bien avant d'être brisés physiquement. Dans l'ensemble, les hommes supportent relativement bien l'injustice, aussi longtemps que celle-ci leur paraît répondre à un système cohérent. En revanche, lorsque l'injustice devient arbitraire, donc imprévisible, sans règle, sans loi, sans logique, sans justification, elle est beaucoup moins bien tolérée. Et la disparition des liens de causalités visibles et linéaires est précisément la particularité des périodes de rupture. Conclusion : « survivre », dans de telles périodes, c'est d'abord survivre *psychologiquement*.

Comprendre, c'est déjà être sauvé à moitié.

*

En somme, ce que nous montrent les exemples de nos « messieurs Joseph », c'est que :

En période de chute, les sociétés humaines dévoilent leur *nature*, que le réseau de signes était chargé de recouvrir,

Cette nature des choses, dans la société humaine, c'est qu'une société est *une machine à produire du sens*,

En utilisant *une règle de filtrage de l'information*,

Dans le cadre d'un *réseau de réseaux*.

On avance.

Nous voilà en situation de faire un peu de théorie.

J'emprunte ici son analyse au philosophe américain Howard Bloom. Je crois utile de faire une longue incise, pour présenter la thèse exposée par ce philosophe dans son ouvrage : « Le cerveau global ». Dans une très large mesure, cette thèse contient en effet toutes les « briques de base » dont nous avons besoin, pour décoder le trajet extraordinaire d'un homme comme Fouché.

Pour Howard Bloom, l'actuelle « révolution Internet » n'est que la continuation du « cerveau global » par d'autres moyens. Il entend par là l'intelligence collective construite par l'humanité, vue comme un système adaptatif complexe – le réseau des cerveaux étant, à l'échelle collective, ce que le réseau des neurones est à l'échelle de chaque intelligence individuelle.

Démonstration :

Notre intelligence collective est constituée sur la base d'une architecture distribuée ; elle se perfectionne constamment par un ensemble de mécanismes adaptatifs issus de la réaction d'optimisation spontanée générée par l'addition des décisions individuelles.

Cette optimisation est dans une large mesure l'objectif inconscient poursuivi par les individus, qui, bien qu'ils ne le sachent pas eux-mêmes, ne parviennent que très exceptionnellement à se penser isolément de la structure d'ensemble (être utile au groupe est un besoin fondamental de la psyché humaine, comme chez tous les êtres vivants). Les neurones/individus les plus aptes à la faire circuler reçoivent en retour la plus grande quantité de matière première informative – d'où leur capacité à prendre de plus en plus d'importance dans les réseaux, et pour finir à jouir de toutes sortes de privilèges. Exemple : Fouché, qui maximisa la collecte de l'information parce qu'il avait démontré sa capacité à la *filtrer*.

D'où la conclusion de Bloom : l'architecture Internet, avec sa concurrence entre les sites pour se placer à la confluence des réseaux d'échange, d'influence et de connaissance, *n'est que la continuation du « cerveau global » par d'autres moyens*.

Remontant le temps, Bloom établit que cette dynamique autocréatrice de l'information, de la connaissance et de l'influence dans les sociétés humaines, n'est rien d'autre que la réplique, dans un méta-espace construit par l'esprit, des mécanismes de base fondateurs de la matière et de la *vie*. L'idée qu'il faut s'associer pour exister est déjà présente dans la façon même dont la matière se constitue : un neutron isolé, non « marié » à un proton, et au-delà à un groupe de particules dans un noyau atomique, n'a que dix minutes d'espérance de vie. Les atomes se combinent, les molécules créent des êtres de plus en plus complexes. Bloom parle, pour évoquer la constitution du monde, d'un « compulsion connective ». Pour lui, cette « compulsion connective » est la véritable loi fondamentale de l'évolution – une loi qui englobe et dépasse celle, non pas fausse mais *limitative*, du « struggle for life » darwinien.

Derrière le discours de Bloom, ce qui s'esquisse, c'est donc la compréhension de la vie *comme un processus de gestion de l'information*, en vue d'une complexification indéfinie des organisations qui encadrent le chaos matériel, pour secréter du *sens*. Le sens, défini comme l'information traitée par un sujet qui la filtre, possède en effet une propriété-réponse à la « compulsion connective » : il rend possible la *continuité* de cette compulsion. Appuyé sur une *mémoire*, qui le crée et qu'en retour il structure, le sens insère chaque action dans une chaîne qui va d'un point origine à un point destination. En réalité, le sens est donc *une stratégie de survie des organismes*, stratégie dont la finalité est, en créant des mécanismes adaptatifs *apprenant* (via la mémoire) de rendre possible une gestion de l'environnement plus performante que la simple addition des cellules de base, même spécialisées. *Le sens est une stratégie de survie au-delà du réflexe.*

Les gènes, dont le darwinisme analyse la destinée comme s'ils étaient la brique de base de la vie, sont en réalité *déjà* de l'information traitée. Appuyé sur les progrès de la biologie des micro-organismes, le discours de Bloom dégage un continuum entre le sujet individuel et la collectivité : le sujet individuel multicellulaire est, en réalité, une *collectivité*, consciente d'elle-même en ce sens qu'elle peut secréter du sens à son échelle ; et la collectivité est, à une échelle supra, un sujet *individuel* – perçu comme collectif par ses briques de base. En somme, ce que nous dit Bloom, c'est qu'une juste compréhension des mécanismes de la vie (et de la survie) passe par la mise en perspective de notre être propre, et par son insertion dans un continuum, de l'infiniment petit à l'infiniment grand : le continuum de *l'information*, matière première du *sens*, stratégie de survie des organismes multicellulaires et méta-organismes collectifs.

Darwin, en pensant le monde comme compétition entre les individus et les sous-groupes, n'a perçu *qu'une* fonction de la gestion de l'information – un point de vue limitatif, qui lui a masqué l'existence d'un continuum de la coopération *jusque dans l'affrontement.*

Ce continuum qui relie les cerveaux multicellulaires entre eux pour fabriquer un « cerveau global » possède un certain nombre de types de synapses. Le premier type, le plus instinctif, est l'apprentissage imitatif (nous apprenons à imiter nos congénères, partant du principe que leurs réactions doivent *avoir un sens* – le phénomène contemporain de la *mode* n'est rien d'autre que la reproduction de cette synapse collective de base). Au-delà apparaissent des types bien plus sophistiqués, capables de se comporter en répartiteurs et interrupteurs de l'information :

- la hiérarchie sociale (fondamentalement, l'apprentissage imitatif sélectif, puisqu'on imite et suit les individus les plus hauts dans la hiérarchie),

- le regroupement d'information (échange d'information entre sous-groupes spécialisés, une autre figure de l'apprentissage imitatif, mais cette fois selon un processus sélectif *réciproque*),

- le code (échange d'information sur une base symbolique),

- et enfin l'ultime étape, le langage articulé (spécificité humaine).

Dans tous les cas, il s'agit fondamentalement de méthodes de gestion de l'information en vue de secréter un *sens collectif.* Sous cet angle, les premières bases de données sont les lieux de regroupement où les animaux partagent les informations par apprentissage imitatif (pour l'essentiel), tandis que le premier Internet remonte à des dizaines de millions d'années : c'est l'invention, par les fourmis, d'une architecture distribuée (la piste phéromone jouant le rôle d'un site Internet, qui peut être « lu » y compris par des acteurs extérieurs à la colonie source).

Sur ces bases, Bloom souligne ensuite que *les « mauvais » côtés des sociétés ne traduisent que des fonctions de traitement de l'information dans les super-organismes collectifs :*

- le conformisme est tout simplement une qualité au sein des masses qui facilite l'apprentissage imitatif ;

- la misanthropie est une autre qualité, exigée au sein de certaines minorités, pour conserver un « stock » de non-conformistes qui peuvent, en cas d'évolution brutale du contexte, servir de base à de nouveaux conformismes ;

- les personnalités contrôlantes et autres pervers narcissiques sont des « juges internes » dont l'avidité et la brutalité permettent d'arbitrer constamment entre les divers conformismes rivaux, au mieux des intérêts globaux du groupe (quand tout va bien) ;

- les organisations contraignantes, verticales et autoritaires sont un cadre adapté à l'exercice de leur pouvoir par les juges internes (Bloom parle d'une fonction de « distribution des ressources »),

- tandis que les luttes intestines servent à affuter les armements des sous-groupes en vue de renforcer la puissance du groupe dans son ensemble (la « lutte pour la vie » est donc, en réalité, le principe actif d'une machine apprenante).

Pourquoi, alors, percevons-nous ces fonctions régulatrices comme potentiellement néfastes ?

Bloom répond : parce qu'avec le langage articulé, l'être humain a franchi un seuil qualitatif qui fait de lui le premier être capable d'opérer une reprise réflexive de son insertion dans le « cerveau global ». Or, le problème, c'est que nous ne vivons dès lors pas dans la réalité, mais dans la perception que nous en avons. Donc l'objet de notre reprise réflexive n'est pas le réel, mais la perception que nous en avons. Ainsi, le langage, qui nous permet d'atteindre un niveau d'apprentissage sans commune mesure avec les animaux, a toutefois son revers : *il nous coupe du réel*.

Il en découle qu'en temps normal (hors période de crise extrême qui révèle brutalement la nature des choses), la société humaine vit dans une *fiction partagée*. La machine à apprendre collective dialogue surtout avec elle-même. Elle est constamment menacée d'autisme.

La majorité des gens (les conformistes) pensent non en fonction du code représentatif du réel transmis par le super-organisme collectif (cas des sociétés animales simples), mais en fonction du langage non-représentatif du réel, mais représentatif du système de représentation du réel, transmis par un super-organisme collectif capable de secréter une « réalité » distincte, artificielle, reconstruite (propriété du langage articulé). Il en découle que la « réalité » où vivent la majorité des gens, pendant la quasi-totalité du temps, est en réalité constituée par l'enchaînement mécanique de *signes* déconnectés des *choses*. Bref, le sens créé par la mécanique social n'est pas de l'information librement traitée par les sujets, mais une simple *routine*. Ou si l'on préfère, et pour dire les choses avec une franchise que le très poli Howard Bloom n'ose pas : en fait, la plupart des gens *ne pensent pas*. Ils font semblant, c'est tout.

D'où le fait que le conformisme, dynamique positive en temps normal, peut devenir un accélérateur de chute quand un système est entré en obsolescence. Une des conséquences de l'emprise conformiste, c'est que les très grands systèmes fédérateurs humains présentent un délai de latence important entre la mutation radicale de leur environnement et leur adaptation, en particulier quand il s'agit de déterminer les comportements qui doivent être récompensés et ceux qui doivent être punis. La règle d'or de la gestion de l'information dans les systèmes distribués, « renforcer les connexions de ceux qui réussissent et réduire celles de ceux qui échouent » se met donc à tourner, dans la phase qui précède l'écroulement d'un système fédérateur humain, au rebours de sa finalité : on ne récompense pas ceux qui réussissent *dans le réel*, mais ceux qui réussissent à maintenir une *représentation* fallacieuse du réel. La machine apprenante humaine, fondée sur le langage articulé, est infiniment plus performante et complexe que celle bâtie par les sociétés animales. Mais justement à cause de sa complexité, elle peut manquer de rapidité, lorsqu'il lui faut se remettre en cause – et la raison de fond de cette lenteur, c'est que la majorité des gens *subissent* le langage, au lieu de le créer.

Une majorité à laquelle s'opposent les « messieurs Joseph » dont nous venons de parler…

Sur le plan pratique, pour les individus, à chaque étape du processus d'effondrement d'un système, si l'on a bien suivi Bloom, il y a donc deux phases : jusqu'à un certain point, il faut s'inscrire dans la représentation dominante du réel (même si elle est fausse), afin d'être récompensé socialement, et au-delà de ce « certain point », il faut au contraire savoir dénoncer cette représentation, pour faire partie des gagnants de la phase qui commence, à savoir la liquidation de l'ancien système de représentation, déclaré caduc. Il y a là un ensemble de paramètres explicatifs très satisfaisant, pour qui étudie la manière dont les systèmes fédérateurs humains réagissent en période de crise aiguë. Nous commençons à comprendre le trajet de nos « messieurs Joseph ».

Cela dit, à quel moment précis passe-t-on d'une phase à une autre ? Quand faut-il cesser de calquer son discours sur celui du troupeau un tantinet crétinisé ? À quel instant exact devient-il socialement plus payant d'être de l'avant-garde ?

Bloom répond en substance : au moment où une fraction, émancipée à l'égard du conformisme induit par le discours dominant, est issue d'une ingénierie sociale souvent consciente (introversions individuelles se combinant pour créer une passion collective de la rupture, d'où une aptitude à former une sous-culture autonome). Cette fraction produit un système de représentation renouvelé, qui s'avère, en termes de production du sens, plus performant que le système généralement admis, de manière indubitable et concrète. Très souvent, la particularité de ces fractions excentrées, créatrices d'un système de représentation renouvelé, est de « sentir » le Zeitgeist, l'esprit de leur époque, de manière particulièrement vive. Et très souvent, à leur origine, on trouve un petit groupe d'individus, que Bloom décrit comme des « introvertis faustiens », et qui cherchent, par leur influence, à structurer une normalité alternative – d'abord parce qu'ils sont convaincus (parfois à tort, parfois à raison) que leur représentation est plus juste que la représentation dominante ; ensuite parce que tous les êtres humains, de toute façon, cherchent à restructurer la « réalité perçue » par le groupe en fonction de leur propre perception (c'est un besoin fondamental, qu'on résume parfois comme « la soif de pouvoir » et qui, explique Bloom, renvoie en fait à une stratégie de maximisation de l'homéostasie individuelle – j'impose mon système de représentation, donc je prédétermine l'évolution de mon environnement social).

Il existe donc, à l'intérieur des groupes humains comme à l'intérieur de tous les super-organismes, une catégorie inverse des agents de conformité : ce sont les agents de diversité. Lorsque ceux-ci s'éloignent du centre de gravité social et commencent à constituer, aux marges de la société, des sous-groupes qui démontrent une viabilité supérieure, le centre de gravité du système de représentation bascule, et un nouveau système s'impose.

Dans la pratique, les modalités de ce phénomène de fractionnement/décentrage/redéfinition sont très diverses. Elles peuvent prendre la forme d'une attirance pour un modèle extérieur. Les super-organismes que constituent les sociétés humaines sont en compétition les uns avec les autres, et chaque super-organisme peut donc servir de « modèle/fraction » aux super-organismes voisins (un excellent exemple, que Bloom ne propose pas mais qui paraît bien révélateur, est la manière dont les Allemands de l'Ouest ont servi de

« modèle/fraction » aux Allemands de l'Est, facilitant, à partir de l'ouverture des frontières hongroises en 1989, l'émergence chez les Allemands de l'Est d'une fraction interne en cours de décentrage – ceux qui passaient à l'Ouest, massivement).

Ainsi, conclut Bloom, le réseau des super-organismes concurrents établit spontanément une architecture décentralisée, où les affrontements sont autant de possibilité de coopération. Enquillant (sans l'avouer) la voie tracée par Lévi-Strauss, Howard Bloom parvient donc, en substance, à l'idée qu'il existe un *optimum de diversité*, qui rend l'architecture d'ensemble la plus créative (donc la plus complexe) possible, tout en préservant sa capacité à faire évoluer son système de représentation avec un délai de latence aussi court que possible, par rapport au réel.

Les gagnants du jeu sont ceux qui parviennent le mieux à estimer comment le système de représentation global peut et doit muter, au vu de son niveau de complexité, de conformisme et de diversité. Pour dire les choses simplement, la masse perd toujours ; les individus qui s'écartent du système dominant trop tôt, sans s'agréger à une fraction capable de faire basculer le centre de gravité, perdent autant sinon plus ; mais ceux qui s'éloignent du centre de gravité pour s'agréger à (ou en) une fraction autonome capable de faire basculer le centre, sont les grands gagnants du jeu.

Et comment s'intégrer à ces fractions gagnantes ? Bloom répond : *par l'insertion dans les réseaux d'échange de l'information les plus performants au regard des réalités objectives.*

Fouché, toujours.

Ce que nous enseigne Howard Bloom, c'est que l'information est la matière première du succès, mais qu'elle ne se confond nullement avec le pseudo-sens dominant construit par le système de représentation institutionnel. Au contraire : l'information qui fait gagner est celle qui *n'est pas* disponible dans le cadre du système de représentation institutionnel. Le « sens tactique » des vainqueurs, que l'on parle des sous-groupes ou des individus, est en réalité leur capacité à *construire ou contribuer à construire du sens*, à partir de l'information traitée librement, par opposition à l'illusion de cohérence que procure le système dominant – illusion qui s'effondre en phase de rupture, de crise, d'effondrement.

En substance et si l'on va à l'essentiel, ce que Bloom explique, c'est que dans un système sur le point de s'effondrer, il faut penser la réalité en amont des catégories conventionnelles, pour définir une grille de lecture sur-performante, et ensuite *l'imposer*. Le vainqueur, dans une fin de monde, dans une *Apocalypse*, c'est le *Révélateur*.

*

La thèse de Bloom éclaire d'un jour intéressant le parcours d'un Joseph Fouché. À chaque étape de sa vie mouvementée, le grand révolutionnaire a su sentir le « Zeitgeist ». Il a compris, dès le début de la Révolution, que la loi du moment serait « pas d'ennemis à gauche ». Puis, une fois Robespierre tombé, il a senti que la loi du mouvement révolutionnaire était : « pas d'ennemis au centre ». Et quand les Bourbons sont revenus, il a immédiatement compris que la nouvelle loi serait : « pas d'ennemis capables de déstabiliser le pays ». À chaque étape, Fouché a su anticiper sur l'évolution de l'esprit collectif parce qu'il a deviné quelle fraction avait trouvé le système de représentation annonciateur de l'époque ultérieure. Il a toujours marché exactement au pas de la Révolution, parce qu'il a toujours eu, mentalement, un coup d'avance sur cette histoire.

Fouché était un bel exemple d'introverti faustien, parfaitement froid, lucide, méthodique. À la différence de Robespierre, faustien jusqu'à la démence, Fouché sut utiliser sa capacité à secréter un sens appuyé sur le réel, sans jamais perdre de vue les rapports de force. Moins ambitieux que l'Incorruptible, et sans l'ombre d'un doute d'une moralité infiniment moins estimable, il avait pour lui une qualité qui manquait terriblement à l'idéaliste et terrible avocat-dictateur : le *réalisme*. Au sens philosophique : la capacité de ne jamais succomber à une hégémonie nominaliste susceptible de figer la pensée.

On peut évidemment trouver Fouché répugnant. Ce meurtrier de masse, corrompu et, probablement, agent de l'étranger, est tout sauf sympathique. Mais il faut retenir sa leçon, elle est centrale pour qui veut faire face à une période de très grande convulsion sociale.

N'arrêtez jamais de remettre en cause les catégories que vous employez.

Ne considérez jamais rien comme acquis.

Pensez sans relâche.

Note pour plus tard : la société est une machine à créer du sens à partir de l'information, et quand la machine tombe en panne, pour la relancer, *il faut savoir reconstruire du sens pour que naisse une nouvelle machine.*

4 - Le vrai vainqueur de Waterloo

Revenons à l'année 1815, mais cette fois du point de vue anglais. Ce sera l'occasion de découvrir un des maîtres secrets de Joseph Fouché – un véritable *maître*, dans l'art de penser avec un coup d'avance.

J'ai nommé Nathan Rothschild, fils de Mayer Amschel Rothschild – et probablement le financier le plus intelligent de toute l'histoire de la finance britannique.

Nous sommes le 20 juin, à Londres. C'est le matin.

On croit savoir qu'en Belgique, le Duc de Wellington vient de livrer une gigantesque bataille à l'Ogre de Corse. Mais on ignore s'il est vainqueur ou vaincu. S'il l'a emporté, l'Empire britannique sera le maître incontesté de l'économie-monde occidentale. Mais s'il a perdu, tout peut encore être remis en cause. Une victoire anglaise signifie cinquante ans de prospérité, et donc une hausse vertigineuse de tous les actifs. Une défaite implique, peut-être, un nouveau blocus continental, et un krach boursier. La City, anxieuse, attend le verdict des armes.

Nathan Rothschild, lui, n'attend plus. Depuis quelques minutes, il *sait*. Assis devant lui, il y a l'agent envoyé en Belgique par la puissante banque d'affaires dont il dirige la branche anglaise. L'homme revient de Waterloo, et il est formel : quand il a quitté le champ de bataille, l'avant-veille au soir, l'affaire était décidée. Napoléon est vaincu.

Rothschild réfléchit. Que va-t-il faire de cette information stratégique ? Dans la famille, parmi les employés, tout le monde s'attend à ce qu'il achète, le plus vite possible, dès la victoire connue. Mais lui hésite. Il a une autre idée. Une idée risquée, mais qui peut faire gagner à sa banque une véritable *fortune*.

Nathan Rothschild hésite. Comme tous les membres de la tribu fondée, il y a maintenant un siècle, dans la *Judengasse* de Francfort sur le Main, il se sent comptable de chaque pfennig, de chaque centime, de chaque penny qu'il risque en bourse.

« La famille va perdre beaucoup en France, ce sera dur pour James, » murmure Nathan. « Il donc va falloir que la famille gagne beaucoup ici, à Londres, pour compenser les pertes encaissées par mon frère à Paris. »

Puis il consulte sa montre, dans un geste mécanique.

« Il est déjà bien tard, » fait-il observer à son vis-à-vis. « D'un autre côté, » reprend-il, « James va certainement avoir de belles opportunités, si nous pouvons lui transférer de la trésorerie… Et puis il y aura les indemnités de guerre, c'est toujours juteux… »

Nathan Rothschild se projette en pensée vers le champ de bataille de Waterloo, à deux cents kilomètres de Londres. Là-bas, on doit finir d'enterrer les morts. Rothschild n'éprouve aucune émotion à l'idée que 50 000 jeunes Français, Anglais, Prussiens et Flamands sont tombés pour que triomphe l'Empire Britannique. Mais il suppute la probabilité pour que le succès de Wellington soit connu à brève échéance. La juste appréciation du temps est, comme toujours en bourse, le facteur-clef.

Les Rothschild devaient leur fortune à la guerre. Pendant la rébellion américaine, ils avaient organisé, financé et rentabilisé la vente des mercenaires hessois à l'Angleterre. Sous l'Empire français, ils avaient lancé trois pseudopodes principaux : une branche à Francfort, pour encaisser les bénéfices que rapportait la fourniture des armées de Napoléon, une branche à Paris, pour profiter de la prospérité du vainqueur d'alors, et une autre branche à Londres, qui s'appuyait sur ses sœurs pour contourner le blocus continental, et ainsi faire de fabuleux profits. Le secret de la famille, c'était qu'elle pouvait à volonté se diviser pour épouser les camps du moment, et que jamais, jamais, les solidarités tissées par le sang ne se dissoudraient. Les Rothschild formaient un principe d'unité, dans un monde divisé : c'était la source de leur puissance.

Nathan Rothschild savait tout cela, et loin d'en éprouver de la honte, il en était fier. À ses yeux, un Juif profiteur des guerres entre goyim prouvait, tout simplement, qu'il était assez malin pour s'enrichir. La morale de Rothschild était celle des vainqueurs, pas celle des victimes.

Et à présent, il avait en perspective la plus extraordinaire des victoires – et aussi, hélas, un risque considérable…

Nathan ferme les yeux. Il sait qu'il existe un second secret, derrière la puissance des Rothschild. Ils sont passés maîtres dans l'art de collecter et de diffuser l'information. La famille Rothschild fonctionne littéralement comme une éponge à information. Une éponge qui saurait absorber tout ce qu'elle peut, et ne laisserait filtrer, ensuite, que ce qu'elle estime utile de laisser filtrer. Les Rothschild, maîtres du renseignement, le sont aussi dans l'art plus subtil de la désinformation.

Nathan rouvre les yeux. Il a pris sa décision. Lui aussi, il va gagner la bataille de Waterloo. À sa manière.

Il remercie son agent, puis le reconduit courtoisement jusqu'à la porte de son cabinet – une marque de respect extraordinaire de la part d'un banquier Rothschild, pour un simple employé. Après quoi il convoque ses courtiers à la bourse, l'un après l'autre.

À chaque courtier qui travaille notoirement pour la maison Rothschild, il « apprend » la très probable défaite de Wellington, et ordonne de vendre toutes les actions qu'il pourra – tout de suite. Et publiquement, que ça se sache.

À chaque courtier qui ne travaille *pas ouvertement* pour la maison Rothschild, il apprend la victoire certaine des Anglais à Waterloo, et ordonne d'acheter toutes les actions qu'il pourra – juste avant la clôture de la séance. À ce moment-là, la rumeur de la défaite aura été propagée, et il y aura certainement énormément d'actions à racheter au rabais.

Puis Nathan Rothschild attend. Il attend patiemment. Priant pour que la dépêche officielle annonçant la victoire de Wellington ne paraisse pas à Londres avant que ses agents n'aient lancé la deuxième vague d'ordres – les ordres d'achat.

Ses prières furent-elles d'une quelconque utilité ? Ou bien le hasard sourit-il, une fois de plus, à l'audacieux ? Comment savoir…

Ce qui est certain, c'est que le soir venu, Nathan Rothschild était devenu le vrai vainqueur de Waterloo.

En une seule journée, il avait littéralement razzié le stock-exchange !

*

Loin de moi l'idée qu'un Nathan Rothschild soit un exemple à suivre sur le plan moral. Il est, au fond, à peu près aussi contestable qu'un Joanovici ou un Fouché. Mais force est de constater que lui aussi donne une formidable leçon de *survie en environnement chaotique*.

À vrai dire, nous ne savons pas de manière certaine dans quelle condition Rothschild spécula sur l'issue de la bataille de Waterloo. Il existe plusieurs versions de cette histoire. Selon les uns, les Rothschild auraient utilisé un service de pigeons voyageurs. Selon d'autres, leur envoyé sur place aurait pris une journée d'avance en embarquant à Ostende sans attendre l'issue complète de la bataille. Certains estiment aussi que le « coup » boursier des Rothschild n'a en réalité jamais existé, voire qu'ils en ont eux-mêmes propagé la légende pour ancrer dans les esprits la certitude de leur suprême habileté.

Mais en fait, il importe peu pour nous, ici, que Nathan Rothschild ait ou n'ait pas réussi le « coup boursier du siècle » en spéculant sur Waterloo. La véritable leçon de l'histoire des Rothschild, c'est justement qu'ils ont réussi à faire fortune *en ne spéculant pas*.

Les Rothschild du XIX° siècle débutant fournissent une extraordinaire illustration des principes évoqués par Bloom dans son « cerveau global ». Ils permettent de comprendre *exactement* pourquoi les choses se passent, en période de crise, de chute, de rupture, comme Bloom le dit. Et, fait encore plus important pour nous, les Rothschild, dont la fortune est née à l'époque où l'Ancien Régime tombait, sont très représentatif du système de représentation qui se formait à l'époque – un système issu d'un modèle intellectuel dissident, et qui est devenu, depuis et pour deux siècles, *notre système dominant*.

Les Rothschild, agents de diversité constitutifs d'une fraction apte à *produire du sens*, et donc à construire la nouvelle machine sociale.

Deux points à étudier, donc :

Un, les Rothschild comme illustration de la théorie de Bloom,

Deux, la nature du système de représentation produit par les Rothschild.

UN – Les Rothschild comme preuve du caractère stratégique de la maîtrise de l'information et de la capacité à produire du sens

Si l'on définit la spéculation par le *pari*, alors les Rothschild n'ont que *très peu* spéculé. En réalité, toute la stratégie de la maison Rothschild, pendant le chaos financier créé par les guerres napoléoniennes, a consisté à réduire l'incertitude en perfectionnant leur réseau d'information, et à développer des solutions de couverture permettant de maximiser les gains *en toute hypothèse*. La maison Rothschild, dans une stratégie tout à fait consciente, s'est positionnée à cheval sur les camps pour pouvoir participer de la victoire d'un camp ou de l'autre, à chaque instant, en arbitrant en interne, dans le cadre d'un système de transfert de capitaux par compensation, d'une filiale à l'autre.

Il est très frappant à ce propos d'observer que l'éclatement de la maison Rothschild a été réalisé *pendant* la période du blocus continental et des conquêtes napoléoniennes. En d'autres termes, les Rothschild se sont mis en situation d'avoir un pied dans chaque camp *au moment précis où les communications entre les deux camps devenaient théoriquement impossibles*. On tient là la preuve qu'ils se sont organisés pour pouvoir reconstituer à leur niveau, au sein de leur fraction dissidente (la famille Rothschild et quelques familles juives apparentées) une unité, une cohérence, un *sens* qui par ailleurs n'existaient plus. Agents de diversité tolérés par les juges internes, et donc respectés par les agents de conformité, grâce à leur aptitude à procurer des denrées rares (or, débouchés, produits exotiques, mercenaires), les Rothschild purent incuber une conformité alternative, *en surplomb* d'une identité européenne divisée par le chaos napoléonien. Bien loin d'être des spéculateurs vulgaires, les Rothschild ont donc été des *anti-spéculateurs*. Leur propos ne fut jamais de prendre des paris en spéculant, *mais de se mettre en situation de ne pas avoir besoin de spéculer*.

L'anecdote, peut-être grossie, de la fortune faite par Nathan Rothschild sur Waterloo, illustre particulièrement bien ce positionnement. En ce 20 juin 1815, à Londres, tout le monde spécule sur la victoire ou la défaite de Wellington. Tout le monde, sauf Rothschild. Lui a en effet décidé de *ne pas* spéculer : il s'est donné les moyens de *savoir*. Et dès qu'il sait, il prend un pari non sur les faits, *mais sur le comportement des spéculateurs.* Pari, au demeurant, gagné d'avance : Rothschild s'est placé, dans le processus de détermination du sens, en surplomb de la masse – il connaît à l'avance le sens que le public va construire, quand il verra la maison Rothschild vendre. Le plus extraordinaire, quand on y réfléchit, est qu'il est très possible après tout que le « messager » n'ait jamais existé, et que Nathan Rothschild ait décidé tout simplement de faire s'écrouler la bourse, avant de racheter à vil prix. L'idée était *peut-être* que si Wellington avait perdu, Rothschild avait racheté les actions à leur vrai cours – et que s'il avait gagné, à l'inverse, la « maison » faisait un bénéfice fabuleux. *La décision de créer le sens avait suffi, en somme, à générer une réalité perçue par la foule.*

Il faut se représenter Nathan Rothschild, méditant ce jour-là sur sa capacité à façonner l'univers mental collectif où évoluaient ses contemporains. Il faut l'imaginer étudiant d'un œil distrait l'agitation des agents de change et des courtiers, tous préoccupés de ce qui se passait dans l'instant, à Londres – pendant que lui, Nathan Rothschild, volait déjà en pensée à Paris, là où un « coup » boursier symétrique pourrait bientôt être tenté, avec les capitaux raflés à Londres.

Oui, en pensée, Nathan était déjà auprès de James, son parent, chef de la branche française...

Un James Rothschild qui, à Paris, devait d'ailleurs bientôt s'installer dans l'ancien hôtel particulier de Joseph Fouché !

DEUX – Le monde selon Rothschild

Étant donné que le système de représentation en train de s'écrouler sous nos yeux est précisément celui que des hommes comme Nathan Rothschild incubèrent il y a deux siècles, il est très intéressant, au-delà de l'étude des stratégies de la maison Rothschild, de se pencher sur la nature de ces stratégies. Quelle vision du monde est incarnée dans le sens produit par Nathan Rothschild, quand il réalise le « coup » boursier du 20 juin 1815 ?

La réponse tient dans une citation fameuse du fondateur de la dynastie (en tout cas du premier Rothschild à avoir, réellement, été un grand banquier, et non un simple Juif de cour). Ce fondateur légendaire s'appelait Mayer Amschel Rothschild, surnommé le « père de la finance internationale ». Et il a dit, je cite : « Donnez-moi le contrôle de la monnaie d'une nation, et je me moquerai de savoir qui fait ses lois ! »

Ce qui signifie cette phrase, c'est tout simplement que dans le monde vu par Rothschild, l'argent *est* la loi. Et si l'on définit la loi de la manière la plus large, « ce qui règle l'ordre du monde », les implications philosophiques de la phrase de Mayer Amschel Rothschild apparaissent en pleine lumière : l'argent est, pour lui, l'instrument de création du *sens* lui-même, puisque l'information traitée par le sujet ne peut avoir pour débouché que la formulation des *règles de l'ordre du monde.* En d'autres termes, ce que dit le vieux Rothschild, c'est, pour parler comme Howard Bloom, que :

Les financiers sont des introvertis faustiens,

Capables d'incuber une normalité alternative,

Constitutive d'une réalité perçue entièrement formulée mathématiquement,
A partir uniquement de la donne matérielle,
Qu'on appelle l'Argent.

Ou pour le dire de manière plus synthétique, ce que nous dit Meyer Amschel Rothschild, c'est que le capitalisme est un système matérialiste de production du sens – *exactement comme le système soviétique, qui s'est écroulé en 1989.*

Note pour plus tard : la société issue de la modernité capitaliste (sous toutes ses variantes) est fondamentalement une machine à produire du sens *à partir de l'information quantitative sur la matière.*

CONCLUSION DE LA PARTIE I

Faisons le point. Nous avons vu que :

1-1 – Quand un système s'écroule, c'est une faille dans le réel perçu, structuré par le système de représentation institutionnel, qui s'élargit. En fait, l'infrastructure du système s'est déjà écroulée. L'instant de la chute est simplement l'instant où cela devient évident, et où le système de représentation construit par la superstructure implose, aspiré par le vide de l'infrastructure effondrée.

1-2 – Il y a beaucoup de points communs, beaucoup plus qu'on ne le pense, en tout cas, entre l'évolution du système soviétique avant 1989 et l'évolution du système capitaliste occidental depuis quelques décennies.

2 – Quand un écroulement commence, pour ne pas être débordé par les évènements, il faut être capable de remettre en cause les catégories de sa propre pensée. Il faut échapper aux enchaînements mécaniques des énoncés prédéterminés, et penser en termes réalistes, au vrai sens du terme.

3-1 – Lors d'une phase d'effondrement, il est essentiel de penser avec un coup d'avance, parce que cette phase est toujours extrêmement *dangereuse*. En particulier, il existe des enchaînements spontanés, induits par la nature même de ces époques, qui font que des épisodes de très grande violence sont probables, sinon certains.

3-2 – Tout système de représentation est aussi un système d'information producteur de sens. Une bonne connaissance des règles d'évolution des systèmes d'information est donc très utile en phase de chute. En particulier, le « secret » de ceux qui parviennent à « penser avec un coup d'avance », dans les situations de chaos, est qu'ils ont compris que la fonction du système d'information est de fabriquer du sens, et qu'en conséquence, une fois le système par terre, pour garder « un coup d'avance », le mieux est de créer, ou de contribuer à créer le *nouveau sens*. Cela suppose en particulier trois qualités : une bonne aptitude à déceler le *Zeitgeist*, l'esprit du temps, une forte capacité à travailler en réseau, et, point essentiel, un esprit « *faustien* » consistant à vouloir *répandre sa vision*, pour en faire la *réalité partagée*.

4-1 – Le système qui s'écroule sous nos yeux a été construit, il y a plusieurs siècles, par des hommes qui possédaient ces qualités, au moment précis où le système précédent, l'Ancien Régime, achevait de s'écrouler. Loin d'être une axiomatique neutre, résultant en quelque sorte de la nature spontanée et non contrainte des relations de commerce, le capitalisme bancaire imposé à l'Occident par la prédominance anglo-saxonne a eu un début, comme l'idéologie soviétique, et il aura une fin, comme elle. C'est un système de représentation faustien, assurant la dominance de ses acteurs centraux.

4-2 – Le système capitaliste assure cette dominance par un tour de passe-passe que les acteurs ne perçoivent généralement pas : en réalité, dans l'économie spéculative que ce système construit en surplomb de l'économie productive, tout le monde spécule... sauf le banquier. Lui, qui maîtrise l'instrument de l'unification artificielle de la réalité mathématiquement reconstruite (l'argent) n'a pas besoin de spéculer. Il domine les autres acteurs, *en les enfermant dans la spéculation*.

Telles sont, à ce stade, nos grandes conclusions. Elles peuvent paraître traduire, pour l'instant, des intuitions plus que des déductions. Comme je l'ai expliqué en introduction, la méthode suivie dans cet ouvrage est *littéraire*, elle privilégie le survol répété des problématiques, l'imprégnation progressive.

Pas d'impatience. Nous allons maintenant approfondir.

Et *comprendre*.

PARTIE II – COMPRENDRE

5 - Une Argentine désargentée

A voir de l'argent à la banque en 2000 à Buenos, c'était *ne pas* en avoir. À un certain moment, pendant la crise argentine, l'argent a révélé quelque chose sur lui-même. Il a dit : « Vous pensiez que j'existais, parce que tout le monde le disait. Mais voilà, en réalité, *je n'existe pas.* »

Imaginons un membre de la classe moyenne argentine, pendant les premières années du XXI° siècle. Appelons-le Juan. Juan Lopez, par exemple. Pas très original, mais admettons. Et intéressons-nous à l'expérience que ce brave Juan Lopez a vécue, au début de la dernière décennie.

En décembre 2001, le gouvernement du président Fernando De la Rua décrète le gel partiel des comptes bancaires. Qu'est-ce que cela veut dire ?

En 2001, l'Argentine est sous tutelle du FMI. En pratique, les fins de mois de l'État argentin dépendent des virements consentis, ou refusés, par cette institution. Le problème, c'est que le FMI ne subventionne cet État au bord de la ruine qu'en échange de « réformes structurelles » qui visent toutes, officiellement, à assurer le sacro-saint « équilibre budgétaire ». Et comme fin 2001, les « réformes structurelles » n'ont pas permis de retrouver « l'équilibre budgétaire », le FMI refuse de transférer un gros milliard de dollars. L'honnêteté oblige à reconnaître que dans cette histoire, la férocité du FMI n'est pas seule en cause : l'incurie du gouvernement argentin était notoire.

Dès qu'on sut que le FMI refusait de transférer les dollars, il devint évident pour tout le monde que la monnaie émise par l'Argentine, le peso, avait une valeur virtuellement *nulle*. Une monnaie créée par un État en déficit et qui ne possède plus aucune réserve de change vaut la parole de ce gouvernement – c'est-à-dire, dans le cas de l'Argentine en 2001 : très exactement *rien*.

En décembre, les Argentins se ruent donc sur leurs comptes en banque pour retirer le plus vite possible leurs pesos et les convertir en dollars. Des dollars que personne, évidemment, n'était prêt à confier à des banques en quasi-faillite. D'où, pour éviter l'implosion du système bancaire, la solution trouvée par l'État argentin : le *Corralito*, une limitation des retraits d'argent depuis un compte courant à 250 pesos par semaine.

Revenons à Juan Lopez. Un beau jour de décembre 2001, donc, alors qu'il s'apprête à retirer ses économies pour acheter le plus vite possible du dollar, il apprend à la radio que sa banque ne peut plus lui accorder que de quoi subsister (et encore). Le reste de l'argent est bloqué – alors que le cours du peso peut à tout moment s'écrouler complètement et l'inflation s'emballer (une situation bien connue des Argentins).

Juan Lopez panique. Cela fait des années qu'il épargne. Il était tout fier d'avoir mis de côté, peu à peu, de quoi changer sa voiture et réparer le toit de sa petite maison. Ce digne membre de la classe moyenne inférieure (disons qu'il est enseignant) réalise soudain que cette épargne, on vient tout simplement de la faire disparaître, d'un coup de baguette magique. Pas content, Juan Lopez.

Juan apprend, sur ces entrefaites, que des centaines de personnes viennent de se réunir devant sa banque. Ces gars-là exigent qu'on leur rende leurs économies. « Moi aussi, je vais exiger ! », lance Juan, fou de rage. Il se joint à la manifestation et, pendant quelques minutes, s'amuse à faire le plus de bruit possible, en tapant deux casseroles l'une sur l'autre, devant les portes closes de sa banque. Évidemment, ça ne lui rend pas son argent. Mais il aura eu le plaisir d'insulter la classe politique argentine, et de reprendre le slogan sans équivoque lancé par des milliers de personnes : « Sortons les sortants ! » (variante argentine : « Qu'ils s'en aillent tous ! »)

Toujours aussi furieux, Juan participe à la grève générale, le 13 décembre. Ce qui ne lui rend pas davantage son argent, mais lui permet de se dire qu'au moins, ce jour-là, il n'aura pas travaillé pour rien – puisqu'il n'a pas travaillé du tout !

Et il n'est pas le seul à raisonner ainsi. En cette fin d'année, toute l'Argentine est en train de tomber en panne. Les écoles ouvrent par intermittence. Les trains roulent quand ils ont le temps. Les routes sont coupées par des barrages improvisés par telle ou telle corporation en furie, par tel ou tel groupe de chômeurs plus ou moins désespérés.

En révélant qu'il n'existait que comme convention, l'argent vient de faire imploser toutes les relations économiques, et virtuellement tous les liens sociaux. L'Argentine est, à ce moment-là, très près du chaos intégral. L'argent, qui n'est plus rien, qui n'est appuyé sur rien, qui s'effondre dans le vide dont il était tissé, entraîne dans sa chute toute une société, toute une économie – preuve, si besoin était, que l'argent était le seul support possible du lien social, dans cette société.

Les gouvernements se succèdent à une allure surréaliste. Des ministres de l'économie totalement débordés rédigent des plans dont le contenu n'est compréhensible que dans leur bureau et dont la diffusion s'arrête à leur antichambre. Pendant quelques jours, l'Argentine n'a, en réalité, plus aucune superstructure d'encadrement.

Début 2002, Juan s'aperçoit avec horreur qu'il n'a plus mangé de viande rouge depuis trois semaines – et pour cause : les magasins sont vides, la famille survit avec un sac de riz et quelques légumes secs…

Juan se maudit de n'avoir pas changé ses pesos en dollars dès le mois d'octobre, comme son frère, Miguel, l'y incitait. Il sait que Miguel, qui lui a retiré tout son argent de la banque, fait en ce moment des affaires en or. En quelques jours, quiconque possédait des devises a vu son capital multiplié par cinq ou six. « Ah, » pense Juan, « dire que si j'avais écouté Miguel, je pourrais tout de suite changer de voiture, refaire le toit, et il me resterait encore de quoi manger de la viande tous les jours ! »

Car si les magasins sont vides, le marché noir explose. Et ceux qui ont des dollars, mangent encore, eux, le « bif », cette viande goûteuse qui est aux Argentins ce que le fromage est aux Français et la saucisse aux Allemands !

Juan va voir Miguel et mendie quelques dollars. Quand son frère accepte de lui céder de quoi manger correctement pour quelques semaines, Juan est ému jusqu'aux larmes. » Tu sais, » avoue-t-il à Miguel, « si tu ne m'avais rien donné, je crois que je me serais joint à une de ces bandes de pillards qui attaquent les fermes... »

Miguel sourit et dit tendrement à son frère : « Je sais, Juan. Je sais... »

Début 2002, le chaos est devenu tel, en Argentine, que selon le classique mécanisme étudié précédemment, un nouvel ordre peut émerger. On a atteint le fond de la piscine – même s'il faudra encore plusieurs années pour remonter, le pire est évité. Le gouvernement déclare l'insolvabilité du pays, et les créanciers, conscients du fait qu'il n'y a plus rien d'autre à faire, acceptent peu à peu de réviser l'échéancier et le montant des remboursements. En pratique, la dette extérieure argentine perd progressivement entre 60% et 80% de sa valeur, malgré les hurlements des banques, allemandes en particulier (les Allemands furent les grandes victimes collatérales du désastre argentin – « on » avait dû « oublier » de leur dire quand il fallait sortir du jeu).

L'argumentaire de Buenos Aires, il est vrai, a le mérite de la simplicité : « Nous avons de quoi vous payer entre un cinquième et un tiers de ce que nous vous devons. Donc vous pouvez dire oui et toucher cela, ou dire non... et ne rien toucher du tout ! »

Dans la foulée, le péroniste Duhalde, qui vient d'arriver au pouvoir, prend la décision de dévaluer massivement le peso. Ce n'est que logique, et à vrai dire, les Argentins ne sont pas surpris : ils ont tout simplement confirmation que leur épargne fond comme neige au soleil. Mais le gouvernement introduit une petite ruse supplémentaire : il décide qu'on va autoritairement convertir tous les comptes en dollars en comptes en pesos, à un taux de change désavantageux pour les détenteurs de ces comptes. En d'autres termes, les Argentins avisés, qui avaient cru se protéger en ouvrant des comptes en dollars, se font détrousser comme les autres !

Au point où on en était, cela même n'étonna pas les intéressés.

Juan, qui avait perdu son travail fin janvier 2002, comme de très nombreux Argentins, put toucher une aide sociale de 150 pesos... même pas de quoi se nourrir, sans parler de nourrir sa famille ! Sa seule consolation, dans les mois qui suivirent, fut de constater qu'il n'était pas seul dans son cas : en un semestre, l'économie argentine, déjà malade avant la crise, avait rétréci d'un bon huitième !

Finalement, fin 2002, après avoir vécu d'expédients pendant trois trimestres (sa femme cousait des robes et il les vendait au marché dans une monnaie de troc), Juan retrouva un travail. Il serait désormais ouvrier à la chaîne dans une usine qui venait de rouvrir, la dévaluation du peso offrant à l'industrie argentine une bouffée d'oxygène – les exportations reprenaient, enfin.... C'était une usine autogérée – plus aucun patron ne voulait investir. Mais c'était une usine qui tournait, et qui payait décemment.

Les conditions de travail étaient dures et les machines vétustes, mais Juan ne se plaignait pas. Il faut dire qu'avant de sombrer, avec le reste de son pays, il avait enseigné... l'économie. Il savait donc fort bien qu'après avoir dénoncé unilatéralement sa dette, l'Argentine ruinée ne pourrait plus compter que sur elle-même. Plus personne ne lui prêterait. Et on n'était donc pas prêt d'investir massivement dans la mécanisation, la robotique ou les conditions de travail !

Pendant toute l'année 2003, la famille de Juan Lopez remonta la pente, petit à petit. Jour après jour, l'ancien professeur d'économie mettait son bleu de travail, et partait travailler. Souvent il rentrait tard, car les coupures de courant, fréquentes, perturbaient la production – et le comité de direction exigeait qu'on rattrape le chômage technique en heures supplémentaires non payées. À la fin de l'hiver, il y eut même plusieurs nuits où Juan, qui voulait à tout prix conserver son emploi, dut dormir sur place, devant sa vieille machine déglinguée, car il était trop tard pour rentrer à la maison, il n'aurait pas eu deux heures de sommeil. « Que voulez-vous, » disait le contremaître, « on n'y peut rien, le pays ne peut plus se payer de pétrole, et ça fait des années qu'on n'a pas réparé nos vieilles centrales ! Allez les gars, on en met un coup dès que le courant revient ! »

Pour la fin de l'année, Juan put offrir à ses enfants un superbe cadeau : un vrai repas argentin, avec de la viande, de la *bonne* viande. C'était la première fois depuis plus d'un an que Juan pouvait faire manger décemment sa famille, par ses propres moyens, et sans mendier chez Miguel. Il ne toucha presque pas à son assiette, et observa ses enfants, qui mangeaient à la lueur des bougies (on économisait l'électricité, pour ne pas subir le malus redoutable que les familles trop dépensières se voyaient infliger – l'Argentine vivait, littéralement, sur des *bouts de chandelle*).

Ce soir-là, Juan Lopez, pour la première fois depuis deux bonnes années, se sentit heureux. Il avait désormais la certitude que sa famille ne ferait pas partie du quart de la population condamnée à la malnutrition...

... dans un des pays les plus fertiles du monde.

*

Comment l'Argentine en est arrivée là ? Comment un pays qui était encore, en 1945, un des plus riches du monde, a-t-il pu se transformer, en moins d'un siècle, en pays « *undevelopped* », « in-développé », « qui a régressé depuis son statut de pays développé vers un statut de sous-développement *acquis* » ?

Pour le comprendre, il faut parcourir l'histoire argentine depuis cette date. Une histoire qui commence avec l'arrivée au pouvoir de Juan Péron.

Le péronisme est un mouvement assez étrange, qui mêle de manière désordonnée des références diverses. On pourrait le définir comme un national-travaillisme vaguement militariste, vaguement populiste, et surtout très opportuniste. Il a souvent été divisé contre lui-même, l'aile gauche (socialisme national, base populaire ouvrière) étant constamment en lutte avec l'aile droite (néofascisme anticommuniste, soutenue par l'armée). Ces divisions ont été instrumentalisées fréquemment, et avec succès, par des investisseurs étrangers, surtout britanniques au départ, américains ensuite, qui avaient financé le décollage du pays, et ne se sont jamais résignés à en perdre le contrôle. L'Argentine est un cas à part dans le monde : un pays développé, riche même, qui se trouvait, malgré sa richesse être aussi une sorte de *colonie*. Un statut ambigu au possible, pour un pays dirigé par un parti ambigu au possible.

Sous le régime de Peron, l'Argentine se dote d'un État providence. Les entreprises sont nationalisées, la protection sociale développée. Cette politique généreuse, mais dans une certaine mesure mal calculée, nuit à la compétitivité de l'économie argentine, et surtout déplaît à certains de ses bailleurs de fond. L'instabilité politique est permanente. Peron perd le pouvoir, puis le retrouve dans des circonstances troubles. Sa femme lui succède à sa mort, en 1974 – tout simplement parce que le « péronisme » n'existe pas, il ne s'est jamais doté d'un corpus doctrinaire sérieux, et se réduit donc en fin de compte à la personne de son fondateur – ou, par défaut, de son épouse.

C'est là que se noue le drame argentin.

Isabel Peron ne tient le pouvoir que deux ans. Le 24 mars 1976, le commandant en chef des armées, le général Videla, s'impose à l'occasion d'un pronunciamento militaire typiquement sud-américain. Même si cela n'est pas prouvé formellement, on peut raisonnablement penser que le coup d'État a été organisé par les capitalistes, argentins et étrangers, qui virent dans Videla l'homme qui allait les débarrasser des tendances « gauchisantes » du péronisme. Il est cependant à noter que nous sommes très mal renseignés sur la nature exacte des forces derrière Videla : on ne s'explique pas, en particulier, les raisons qui amenèrent les Anglo-Américains à faciliter sa chute, après la guerre des Malouines. Le plus probable (mais là encore, il ne s'agit que d'intuitions raisonnées) est qu'il a été utilisé pour démanteler la gauche péroniste et communiste (la *sale guerre*), avant de devoir céder la place à une oligarchie moins nationaliste, plus directement sous la coupe des intérêts financiers transnationaux.

À partir de la fin des années 80, une fois le péronisme de gauche liquidé, le pillage de l'économie argentine peut commencer. L'économie implose à la fin des années 80, les réformes lancées sous Videla ayant désorganisé la production. En 1989 et 1990, le pays connaît une phase d'hyperinflation traumatisante pour la population. Dans les années suivantes, les économistes de l'École de Chicago sont appelés à « redresser » le pays, et ils appliquent les recettes monétaristes les plus dures : la création monétaire est retirée aux politiques.

Donc *tout se passe en fait comme si*, profitant de l'état de faiblesse où la dictature avait mis l'économie du pays, l'oligarchie bancaire avait laissé la monnaie s'écrouler, afin de justifier une politique favorable à ses intérêts. Le pyromane joue les pompiers. Ceux qui ont brûlé la monnaie prouvent qu'ils peuvent la recréer. La machine à produire du sens à partir de l'information sur la donne matérielle est passée entièrement sous le contrôle de ceux qui l'ont inventée : les *banquiers*.

Lesquels, dans l'histoire, en affectant de rechercher la *rentabilité*, ont conquis le *pouvoir*.

Entre 1989 et 1999, des pans entiers de l'économie argentine sont privatisés. La monnaie argentine, le nouveau peso, est aligné sur le dollar américain. Pour verrouiller ce lien, un système de création monétaire limitée est mis en place : le peso ne peut être émis qu'en fonction des entrées de dollars dans le pays. En pratique, le peso devient donc un sous-dollar, et les Argentins peuvent, s'ils le souhaitent, détenir des comptes directement libellés en dollars.

Dans un premier temps, la réforme donne de bons résultats. Les capitaux étrangers s'engouffrent dans le pays. La croissance revient, tirée par des exportations que le faible cours du dollar, donc du peso, soutient de fait. L'inflation revient à un niveau raisonnable – par la force des choses, c'est à peu près le même niveau qu'aux USA, puisque la masse monétaire du peso est indirectement liée à celle du dollar. En apparences, tout va bien, l'Argentine se remet de sa décennie terrible (1976-1989).

Mais…

Mais en réalité, l'économie du pays est en train de s'effondrer – sans que personne ne s'en rende compte. Dans le *système de représentation* généré par le système financier « peso-dollar », la prospérité est au rendez-vous. Mais dans la réalité que masque ce système de représentation, la ruine est au bout du chemin.

Les fondements structurels de l'économie nationale argentine ont en effet été jetés bas. Buenos Aires a totalement perdu sa souveraineté monétaire – ce qui veut dire que l'Argentine subira désormais sans pouvoir réagir les aléas induits par les décisions américaines. Les entreprises étrangères qui ont profité des privatisations gèrent les réseaux publics dans une pure optique de profit à court terme : les infrastructures sont de moins en moins entretenues.

L'économie argentine est dépendante des exportations pour faire rentrer du dollar. Or, à partir de 1998, le Real brésilien recule devant le dollar, et le peso argentin s'apprécie mécaniquement. L'Argentine, qui a bénéficié du libre-échange sud-américain dans les années 90, devient soudain très déficitaire. Faute de dollars, les banques du pays ne peuvent pas relancer la machine économique par le crédit : la seule issue possible est une politique de rigueur. Pour exporter, il faut que l'Argentine baisse ses coûts, afin de compenser l'appréciation du couple peso-dollar. Résultat, l'absence de crédit engendre la déflation salariale. Résultat du résultat, la demande intérieure implose, après les exportations – d'autant plus que dans le même temps, les entreprises étrangères augmentent les tarifs des services publics, ce qui prélève du pouvoir d'achat sur les ménages. La récession est violente.

Pour essayer de retrouver des marges de manœuvre, le gouvernement argentin demande l'appui du FMI. Celui-ci accepte de fournir des dollars, mais seulement en échange de compressions budgétaires qui provoquent une nouvelle contraction de la demande intérieure. La déflation budgétaire se combine avec la déflation salariale pour bloquer toute possibilité de reprise.

À partir de fin 1999, la dislocation politique et monétaire du pays commence. Les provinces, pour compenser le *credit crunch* du peso, émettent leurs propres monnaies. C'est, dans certaines parties du pays, le seul moyen d'éviter une explosion sociale incontrôlable. L'État fédéral, lui aussi totalement à court de liquidités, contribue à créer de la monnaie parallèle : il paye ses fonctionnaires en reconnaissances de dettes – qui seront très vite acceptées comme moyen de paiement. En pratique, l'Argentine est donc en train de cumuler une déflation (de monnaie exportable, le peso) et une inflation (de monnaie locale).

La situation devient intenable à la fin de l'année 2001. L'Argentine est un pays sans monnaie reconnue. Le chaos est en train de s'installer dans toutes les relations contractuelles. Une économie de troc commence à se développer.

Et c'est à ce moment que le gouvernement, paniqué par la perspective d'un effondrement complet débouchant sur l'explosion du pays, décide le blocage du compte de Juan Lopez.

*

Ce que prouve la crise argentine, en fin de compte, c'est que la perte de sa souveraineté monétaire signe de facto la mort économique d'un État. En réalité, si nous nous souvenons des conclusions de la partie I, nous discernons tout de suite, s'agissant de l'Argentine, la loi fondamentale qui régit l'écroulement d'un système de représentation capitaliste. L'Argentine a sombré parce que :

Elle n'a pas été capable d'incuber une normalité, un système de représentation, une manière de construire le sens de l'activité économique à partir de l'information sur la matière.

Donc les financiers transnationaux, en bons *introvertis faustiens*,

- Lui ont imposé *leur* normalité, constitutive d'une réalité perçue entièrement formulée mathématiquement,

- Qu'on appelle le Dollar,

- Et qui ne représentait pas de manière fiable la réalité de l'économie argentine (réalité non perçue).

L'Argentine est tombée dans la faille ouverte, par l'alignement du peso avec le dollar, entre le *système de représentation* de son économie, et la *réalité* de son économie. Et la cause de cette faille, la cause profonde, c'est *l'inaptitude de l'élite argentine à secréter un système de représentation autonome* (faillite conceptuelle du péronisme)

Si vous reprenez point par point l'histoire exposée dans ce chapitre, vous constaterez que c'est là une vérité *d'évidence*.

Note pour plus tard : quand on ne peut pas incuber un système de représentation *autonome*, on est à la merci de la machine à produire du sens maîtrisé par la Banque.

6 - Qui se soucie de la Galice ?

Une des questions que l'exemple argentin laisse pendante à ce stade, c'est : mais pourquoi les instances dirigeantes de la haute finance ont-elles créé en Argentine une situation qui a fini par se retourner *contre* les institutions financières qui dominent ces instances ? Car au bout du compte, le fait est que les créanciers de l'Argentine, donc les pays qui dominent le FMI, en ont été en partie de leur poche. Le moins qu'on puisse dire, c'est que le fait d'avoir ruiné l'Argentine n'a guère profité à des investisseurs étrangers dont beaucoup détenaient la dette argentine, directement ou indirectement. On ne voit pas très bien *qui*, pour finir, a tiré réellement profit du désastre argentin. Finalement, *tout le monde* a perdu, à part quelques acteurs plus avisés (ou mieux informés) que d'autres, qui se sont retirés à temps.

Pour répondre à cette question, il faut revenir à la notion de système de représentation – et nous intéresser plus en détail à la psychologie de ces « introvertis faustiens » qui, pour Howard Bloom, sont les incubateurs de la *réalité perçue*. Et plus précisément, il faut nous intéresser à la psychologie de ces gens lorsqu'ils sont à la tête d'un *Empire*.

Direction : Madrid au XVII° siècle. *Meet* le comte-duc de Olivares, Premier Ministre de l'homme le plus puissant de son temps : le Roi Philippe IV d'Espagne.

*

Gaspar de Guzmán y Pimentel, comte d'Olivares et duc de Sanlucar la Mayor, dit le comte-duc d'Olivares, fut probablement *la dernière chance de l'Espagne*. On peut considérer qu'il fit le maximum pour empêcher la chute du premier empire transocéanique de l'histoire – et s'il échoua, c'est tout simplement parce qu'il ne pouvait pas réussir.

Imaginons-le à l'instant précis où il sait qu'il a perdu. Nous sommes à Madrid, en 1641. Cela fait vingt ans qu'il dirige, directement ou indirectement, l'immense empire espagnol – le premier de l'histoire dont on peut dire que sur lui, le soleil ne se couche jamais. La péninsule ibérique, l'Artois, une partie de la Flandre, la Franche-Comté, d'autres possessions, ici ou là : rien qu'en Europe, l'empire s'étend sur des terres si vastes qu'aucun roi ne peut espérer les visiter toutes. Au-delà des mers, les possessions de l'Espagne sont à l'échelle du continent sud-américain. Aux antipodes, Madrid s'est même approprié les lointaines Philippines. Les galions espagnols sillonnent les océans, la moitié de l'or du monde afflue vers les caisses du roi d'Espagne. On n'a jamais rien vu de tel, dans toute l'histoire des conquêtes.

Et pourtant, quand il arrive aux affaires, après des années passées à intriguer dans une cour déchirée et livrée à toutes les ambitions, Olivares sait qu'il prend la direction d'un empire au bord de l'implosion. L'Espagne est sur le point de mourir de ses victoires.

Madrid règne sur la moitié du monde – mais aux portes mêmes de la Castille, la Catalogne menace de faire sécession. L'or de l'Amérique submerge la noblesse espagnole et remplit les caisses du roi, mais cet or est un poison autant qu'une bénédiction : il rend les nobles fous, les détourne de la gestion de leurs terres, les dissuade d'entreprendre quoi que ce soit de constructif, de productif, de sérieux, pour mettre en valeur les terres peuplées par le peuple espagnol. Olivares se souvient avec amertume de ce nobliau venu de Galice qui, lorsqu'on lui demanda comment se portait l'agriculture de son pays, répondit : « Mais voyons, qui se soucie de la Galice ? » Le comte-duc rabroua le jeune aristocrate : « Et qui pourrait s'en soucier, sinon vous ? » À quoi l'autre répondit : « Monseigneur, donnez-moi un commandement aux Indes, et en une année, je ramènerai au royaume plus d'or qu'en un siècle, nos paysans ne pourraient en amasser ! »

Ah, l'or, l'or… Olivares n'ose l'avouer, depuis vingt ans, mais au fond il le sait bien : c'est cet or, ce satané métal jaune, qui est en train de tuer l'Espagne – et qui finira, il en est sûr à présent, par détruire l'Empire avec le Royaume !

Le comte-duc a essayé de faire comprendre au roi que l'or *n'est pas la richesse*. Qu'il n'en est que le *signe*. « Méfions-nous de la France, » répète-t-il depuis des années, « elle est petite, mais c'est ce qui fait sa force : là où nous devons dépenser des fortunes pour tenir ensemble des peuples qui ne se connaissent pas, le roi de France n'a souvent qu'un mot à dire pour que ses sujets, qui tous se reconnaissent en lui, marchent d'un pas égal. »

Mais le roi Philippe n'a jamais vraiment écouté ce qu'Olivares lui répétait. Comment lui en vouloir ? Certes, il est fou. Mais comment ne pas devenir fou, quand on règne sur la planète ? Comment un monarque qui voit chaque année les tributs affluer de tout un continent, pourrait-il s'intéresser à quelques champs de Castille, qu'on ne cultive plus, parce que ça n'intéresse pas la noblesse ? Le roi ne pense qu'à l'art, à ces merveilleux tableaux peints par Velasquez, et à la guerre, à la gloire, à la vaillance des *tercios* – et à l'or, bien sûr, l'or qui paye l'art et la guerre.

Olivares sait qu'il va tomber. Sa disgrâce est imminente. Il sait que les Espagnols ne l'aiment pas. Il a voulu les remettre dans le droit chemin, leur rendre le sens des proportions. Cela ne l'a pas rendu populaire, évidemment. Les fous n'aiment pas qu'on les ramène à la raison. « Méfions-nous des Flamands, » répétait-il depuis des années, « ces gens-là ont dix fois moins d'or que nous, mais ils l'utilisent si bien, qu'avec un lingot, ils créent trente fois plus de richesses réelles que nous autres avec dix lingots. » Comment se fait-il donc, se demande Olivares ce jour-là, pour la millième fois au moins, que les Flamands, avec si peu de moyens, parviennent à tant de résultats, quand les Espagnols, qui ont su conquérir le monde, semblent incapables de faire fructifier leurs conquêtes ?

En cette année 1641, Olivares pressent que ce sera bientôt la fin, et cela le terrifie. Oh, ce n'est pas sa fin *à lui* qui l'inquiète. Il va perdre le pouvoir ? La belle affaire, il se doutait bien que cela arriverait, tôt ou tard. Non, ce qui le mine, c'est la fin *de l'Empire espagnol*. Olivares pressent que la France va gagner. Il devine, déjà, la bataille de Rocroi. Il sent que la terre sera française, et en déduit que la mer sera hollandaise, ou anglaise.

Et pour la millième fois au moins, il répète, en observant les rayonnages pleins de livres qui courent le long des murs de son cabinet de travail : « Mais comment, comment avons-nous fait pour perdre la partie, alors que nous avions toutes les cartes en main ? »

*

La réponse à la question du conte-duc Olivares est très simple : *l'Espagne* n'a pas perdu *bien qu*'elle ait eu toutes les cartes en main, mais *parce que l'Empire espagnol* avait toutes les cartes en main… et donc l'Espagne, *en tant que pays*, n'en avait plus aucune.

Tous les empires finissent par ruiner le pays dont ils sont le produit. Le peuple romain a disparu corps et âme, littéralement phagocyté par son empire. L'empire d'Alexandre avait marqué l'extension maximale de la culture grecque, et la fin de l'indépendance des cités grecques. L'histoire de la Chine, monde en soi depuis trois mille ans, est rythmée par l'implosion des composantes de cet immense pays-continent qui ont préalablement servi de cœur à l'Empire, et ne survivent pas à leur domination. Tous ceux qui ont conquis l'Inde s'y sont perdus – et les Britanniques comme les autres : la Grande-Bretagne ne s'est jamais remise de la perte de son Empire, sa substance avait été avalée par sa conquête. La Russie, pays aux ressources immenses, commence tout juste à se remettre de prix exorbitant qu'elle dut payer pour accomplir un rêve impérial. Les empires tuent immanquablement ceux qui les bâtissent.

Revenons à l'exemple de l'Espagne.

L'Empire espagnol, c'était l'extension par la force du domaine régi par un *système de représentation du réel* – un système qu'on pourrait décrire, pour résumer, comme un *catholicisme d'État*. Dans la série « Introvertis faustiens » bien décidés à imposer leur *Zeitgeist* pour structurer le sens, on a rarement fait mieux que les sbires de l'Inquisition espagnole ! L'Empire espagnol était une machine :

- dont l'énergie provenait de la vitalité de son cœur castillan (population courageuse, exportatrice de cadets de famille désargentés et ambitieux),
- dont les rouages étaient régulés par un système de mise en conformité du réel perçu avec le sens construit par l'idéologie catholique d'État (soit la religion catholique mise au service de l'ordre social monarchique),
- dont la dynamique était l'expansion du domaine matériel surcodé par le système de représentation idéologique,
- et dont la cartographie était dessinée par l'or (et tous les métaux précieux), signe du tribut versé par la périphérie soumise au système de représentation, et de la rétribution versée aux agents de conformité par le centre producteur du système de représentation.

La dynamique d'expansion de cet empire aboutit progressivement à modifier le poids respectif des rapports base-sommet et des rapports périphérie-centre dans les flux du tribut et de la rétribution. Au fur et à mesure que l'Empire s'étendait, le tribut fut de moins en moins prélevé par le sommet (le Roi) sur la base (le peuple espagnol), parce qu'il était de moins en moins exprimé en vitalité (la force, le courage, la capacité de travail des Espagnols) et de plus en plus exprimé en or (un principe d'équivalence unificateur, dont les sources se trouvaient dans les colonies). En assurant la domination de son système de représentation sur une fraction de plus en plus large de l'univers, l'Empire espagnol s'est donc en quelque sorte *désincarné*, et il a perdu sa capacité à penser le monde à la manière des agents de diversité (les conquistadors, des originaux/marginaux, tel Hernan Cortez) pour le penser de plus en plus à la manière des agents de conformité (les bureaucrates, les courtisans enrichis par les métaux précieux venus d'Amérique). Progressivement, les « introvertis faustiens » créateurs du système de codage ont cessé de se penser comme une fraction en lutte pour la construction du sens. Il se sont vus, et se sont donc comportés, de plus en plus comme des agents de conformité chargés d'administrer un réel déjà décodé, surcodé, *saturé de sens.*

S'étant convaincus que le pouvoir leur était dû, les nobles espagnols ont cessé d'être faustiens, parce qu'ils n'en avaient plus besoin. Ils pouvaient encore conquérir, dominer, exploiter – mais ils ne pouvaient plus se souvenir des motifs de la conquête, de la domination ou de l'exploitation. Très vite, l'Empire-machine s'est mis à tourner en vue de lui-même, sans plus ramener son action à l'Espagne comme finalité.

Au début du XVIII° siècle, quand Olivares prend le pouvoir à Madrid, cette évolution a *déjà* fait virtuellement imploser la puissance espagnole. L'Espagne comme pays est *ravagée* par les « bénéfices » de l'Espagne comme Empire :

L'afflux permanent de métaux précieux arrivés du Nouveau Monde, combiné avec la stagnation de l'économie productive espagnole, a engendré une inflation considérable, ruineuse pour les classes sociales inférieures (qui tirent peu de bénéfice de l'Empire, étant donné que les revenus des colonies sont captés par les classes supérieures).

Cette inflation n'est pas spécifique à l'Espagne, elle est générale en Europe à l'époque. Mais ce qui est spécifique à l'Espagne, c'est la *cause* de l'inflation : ailleurs en Europe, les prix montent parce que la population augmente plus vite que la production ; en Espagne, les prix montent alors que de nombreuses régions *perdent des habitants.* Dans le reste de l'Europe, le système de codage monétaire est dépassé par l'explosion du substrat démographique. En Espagne, au contraire, le système de représentation *sature le réel humain.*

Dans ces conditions, plus l'Empire s'étend, plus le peuple est pauvre ; *l'Empire est une machine à accroître les inégalités à l'intérieur de son centre.* D'où un cercle vicieux : puisque le centre s'appauvrit, sa population la plus aventureuse est poussée vers les colonies – ce qui vide encore un peu plus l'Espagne-pays de sa substance.

Des révoltes se produisent un peu partout : dans les colonies, parce que pour financer son expansion et ses guerres, l'Empire prélève des tributs insupportables, et au centre, en Espagne, parce que le peuple est paupérisé.

Dans ces conditions, l'Empire doit relancer de nouvelles guerres, afin de trouver de nouveaux revenus pour financer son armée.

Donc plus l'Empire tente de sortir du cercle vicieux, plus le cercle vicieux se renforce.

Olivares tenta tout ce qui était en son pouvoir pour briser cette malédiction. Il s'efforça de ramener la noblesse espagnole vers l'économie productive, mais il échoua : l'or, instrument de formulation du sens produit par la vision impériale, avait littéralement gangréné l'âme des élites espagnoles. La machine à coder le réel pour produire le sens voulu par ces élites s'était emballée, elle ne pouvait plus fonctionner qu'en détruisant la réalité. Donc la machine à produire du sens, *était devenue une machine à produire du non-sens.*

Pendant ce temps-là, deux nouveaux mondes naissaient, qui allaient prendre la relève.

En Europe du Nord, d'autres « introvertis faustiens », protestants ceux-là, construisaient une nouvelle représentation partagée, capable de produire du sens à partir de l'information renvoyée par le réel. Cette nouvelle machine à faire du sens était mieux adaptée que l'Empire espagnol aux exigences du capitalisme océanique naissant. Plus souple, plus décentralisée, elle s'appuyait sur une éthique de la création de richesse, précisément l'éthique que l'Espagne, malgré les tentatives de ses universitaires, à Salamanque, n'était pas parvenue à élaborer.

En France, une autre « introversion faustienne » prenait forme. Richelieu perfectionnait le concept de « Raison d'État », et la machine centralisatrice de l'État royal, préfiguration de l'État-nation, allait remplacer le concept catholique espagnol impérial comme grande alternative au capitalisme nord-européen. Là encore, derrière la capacité à produire du sens, il y avait un projet – un projet qui, *n'étant pas encore réalisé*, pouvait se lancer à l'assaut du réel, au lieu de le vampiriser.

Finalement, au début des années 1640, toutes les régions de l'Empire, une à une, entrèrent en rébellion. Et l'Empire espagnol s'effondra sous son propre poids. Olivares fut exilé, l'Espagne entra en décadence pour trois siècles. Comme tous les peuples orphelins d'une grandeur impériale, les Espagnols vivraient désormais dans le *spectacle* de leur grandeur passée. Velasquez ne le savait pas, mais en réalité, il peignait les décors d'une interminable *reprise*.

Pourquoi les Empires ruinent-ils ceux qui les bâtissent ? Parce qu'un empire, entreprise faustienne par excellence, déconnecte le système de représentation créateur de la perception collective d'avec la réalité du substrat, particulièrement au cœur même de l'empire. L'Empire est le moment où la démarche créatrice des « introvertis faustiens » (pour parler comme Bloom) a tellement bien réussi, qu'elle ne trouve plus rien à représenter – ce qui l'oblige à créer sa propre réalité, au détriment de la réalité, afin de continuer à *poursuivre un horizon*.

Voilà pourquoi la noblesse de Galice ne s'intéressa pas à la Galice.

Est-ce aussi pourquoi, quatre siècles plus tard, quand l'Empire construit par les « introvertis faustiens » nord-européens protestants est entré en crise, les créanciers de l'Argentine ont tué la poule aux œufs d'or ?

*

Avant d'aller plus loin, balayons une objection possible : oui, bien sûr, le monde capitaliste contemporain *est un Empire*. Et encore oui, cet Empire *est en crise*.

Cet Empire est infiniment plus subtil que son devancier espagnol. Il a une capacité remarquable à dissimuler sa nature. Mais c'est bien un Empire.

Démonstration.

Démonstration qui, puisque cet Empire est celui des banquiers (confère Nathan Rothschild), doit passer par une analyse de *l'argent*.

Par nature, tout signe monétaire est le signe de trois choses :
- le sous-jacent matériel (ce qu'on peut acheter avec),

- la capacité du pouvoir à imposer le signe comme équivalent à son sous-jacent matériel (droit de « battre monnaie »),
- la possibilité pour les acteurs économiques de commercer (« nous avons confiance dans le même signe, qui devient donc le signe de notre confiance mutuelle »).

Comme la capacité du pouvoir n'est jamais assurée de manière indiscutable, on admet généralement qu'un *pouvoir*, pour créer cette *confiance*, doit asseoir son droit de « battre monnaie » sur un *sous-jacent* matériel qui sert d'étalon. En général :

1. L'or ou l'argent.
2. Plus rarement : un système de prix fixés sur les produits de première nécessité (farines, par exemple), ou encore sur le travail (source de toute richesse réelle).
3. Encore plus rarement : le signe devient son propre étalon, étant entendu qu'une division des pouvoirs garantit un contrôle mutuel entre ceux qui émettent et ceux qui décident l'émission (banque centrale soumise à l'État de droit).

En général, on admet (simple bon sens) que le système le plus stable est le numéro 1, mais que le plus dynamique est le numéro 3 (monnaie de crédit, possibilité pour l'État d'anticiper sur la croissance pour favoriser l'investissement). Le système numéro 2 est un compromis, qui s'est avéré historiquement peu durable.

Le trajet du dollar au XX° siècle s'explique par la coexistence, au cœur même du système monétaire américain, d'un système 1 longtemps préservé comme une fiction, sous lequel a prospéré une perversion du système 3.

Chronique pour comprendre.

En 1907, une crise très profonde frappe la finance anglo-saxonne. Le Congrès des États-Unis veut en finir avec le pouvoir financier, qui déstabilise le pays. C'est dans ce contexte qu'en 1910, *à l'initiative du politicien républicain chargé par le Congrès de mettre les banques sous contrôle*, une réunion discrète se tient entre les représentants des grands banquiers américains – toutes les « grandes maisons » sont représentées : Rothschild (par Paul Warburg), Rockefeller, J.P. Morgan, Vanderlip. Tous ces banquiers, bien qu'américains, ont des liens plus ou moins étroits avec la City londonienne. À leur ordre du jour : consolider le pouvoir branlant de la haute finance anglo-américaine, fragilisé par la crise. Ils mettent au point un système d'émission monétaire oligopolistique, qui sera définitivement organisé en 1913, sous l'acronyme « FED » – Federal Reserve. En apparence, c'est une banque centrale. En réalité, c'est un consortium de banques privées, qui s'arroge le droit de battre monnaie pour le compte des États-Unis.

1913, c'est un peu comme si le renard avait construit le système de sécurité du poulailler.

À partir de cette date, les USA continuent officiellement à fonctionner dans le cadre du système 1. Le dollar est toujours appuyé sur l'or. Mais en réalité, c'est une fiction : le Congrès des États-Unis s'est donné les moyens de « fabriquer » de l'argent au-delà du numéraire effectivement disponible, sous réserve que la FED lui consente les crédits ad hoc. Et la FED, de son côté, s'est donné les moyens de contrôler de facto le Congrès, puisqu'il ne peut se financer que par son intermédiaire. En réalité, les USA sont donc déjà passés à une variante du système 3, secrètement, à travers une corruption du système 1. L'originalité de ce système 3 secret, c'est qu'il est contrôlé par un consortium de banques privées. Les USA ont, sans que le peuple américain le sache, adopté le système de l'Empire britannique. Le dollar fait semblant de représenter un sous-jacent matériel, alors qu'il ne représente que le pouvoir de contrainte de la Banque.

Sous le système 1 préservé, le système 3 dégradé et corrompu.

Le financement de la Grande Guerre, la fausse prospérité des années 20 et la crise de 1929 : tout s'explique par la dégradation progressive de ce « système 3 caché ». Le New Deal ne remet pas fondamentalement en cause cette donne, même si Roosevelt fit son possible pour en limiter les effets pervers. En 1945, à Bretton Woods, Keynes (un homme de l'oligarchie, mais aussi un homme intelligent) tente, en proposant le « Bankor », d'imposer une monnaie d'étalon mobile – une manière d'officialiser la coexistence des systèmes 1 et 3 dans un cadre plus transparent, donc plus contrôlable. Il échoue, et à travers le système « *dollar as good as gold* », l'ambiguïté perverse du dollar post-1913 devient le sous-jacent du système financier international. Le ver est dans le fruit.

La suite, c'est la révélation progressive de la corruption cachée. En 1971, le décrochage entre les stocks d'or et la masse monétaire devient tel que les USA ne peuvent plus prétendre que « dollar as good as gold ». Un nouveau système est mis en place : les changes flottants. Pour que ce système continue à s'organiser autour du dollar, les USA mettent sous contrôle le pétrole : « *dollar as good as oil* ». L'étalon du dollar est un étalon mobile (comme le voulait Keynes), mais c'est le pétrole. Et cela se fait dans une absence totale de transparence (précisément ce que Keynes voulait éviter).

La maîtrise des approvisionnements en hydrocarbures permet à la finance anglo-saxonne de financer, à partir de la fin des années 70, une « reprise » centrée sur la Californie – une reprise largement en trompe l'œil, qui s'accompagne de la désindustrialisation progressive des USA. Le prix du pétrole est aussi une arme stratégique pour les USA : en le faisant baisser, ils peuvent ruiner l'économie soviétique (dépendante des exportations d'hydrocarbures). En le faisant monter, ils nuisent à la compétitivité de leurs rivaux (Europe, Japon), tout en payant, eux, avec une monnaie qu'ils fabriquent. Progressivement, le dollar se met à représenter la capacité des USA à imposer leur signe monétaire par la force – cela, et cela seul. En 2003, Saddam envisage de libeller ses ventes de pétrole en euro. Quelques mois plus tard, son pays est écrasé sous les bombes.

1913-1945-1971-2003 : par étape, le système révèle sa nature. Sous la fiction d'un système 1 préservé, une pure corruption du système 3. Les USA sont devenus un Empire, prédateur, improductif, et dont la réalité même ne repose, en dernière analyse, que sur la force militaire.

Dit comme ça, le caractère impérial de la domination anglo-saxonne paraît évident. Comment se fait-il qu'on ne le voie pas ?

Comment ? Tout simplement par l'habileté avec laquelle la corruption du système 3 a été dissimulée d'abord sous la fiction du système 1, ensuite sous l'apparence de rationalité d'un système 3 *faussement cohérent*.

Les Empires traditionnels avaient besoin, pour opérer une ponction sur les dominés, de prélever une taxe visible. L'Empire bancaire contemporain a cette force extraordinaire qu'il prélève le tribut de manière imperceptible, *à travers le processus de création monétaire*. Machine à produire du sens à partir de l'information quantitative sur la matière, le système bancaire s'est en effet progressivement donner la possibilité d'aller au-delà du codage de l'information stricto sensu : il peut la *surcoder*.

Le système de la FED impose aux banquiers de conserver, dans les comptes de leurs clients, 10% de la somme qu'ils émettent par ailleurs en crédit. Ces 90% se retrouvent donc prêtés, et les clients les replacent… à la banque. Les banquiers peuvent donc à nouveau prêter 90% de 90%, soit 81%. Dès le deuxième « tour » de ce petit jeu de dupes, la banque a donc prêté 90 + 81 = 171% de l'argent déposé chez elle. Et ainsi de suite. Sans entrer dans les détails mathématiques de la *théorie des suites*, on peut démontrer que grâce à ce système, au bout d'un très grand nombre d'opérations du même ordre, un banquier peut créer neuf fois plus d'argent qu'il n'en a dans ces comptes.

Combinée avec un ensemble de techniques financières d'une complexité délirante (les produits dérivés, par exemple), cette méthode de création monétaire ex-nihilo aboutit en pratique au résultat suivant : la Banque, cœur de la machine à coder et surcoder le réel matériel, peut fabriquer le signe monétaire sans contrepartie. Ainsi, la taxation se fait non par l'impôt, qui se voit, mais par la dégradation progressive du signe – qui peut, dans une certaine mesure, passer inaperçue. Voilà comment Rothschild & compagnie, implantés au cœur de la machine de codage issue du monde nord-européen, puis américain, prélèvent le tribut impérial. Le plus fort, c'est que personne ne le voit. C'est beaucoup, beaucoup plus malin, que les galions d'or espagnol, ou les statistiques bidonnées du Gosplan !

Et pourtant, *c'est* un Empire.

Un Empire qui, comme tout empire, devait tôt ou tard entrer en crise, submergé par ses pathologies.

La dimension pathologique de cet Empire de la Banque, dimension tout à fait comparable à celle qui caractérisait l'Espagne impériale finissante, est avérée. Pour être fixé, il suffit d'ailleurs d'observer les données fondamentales de la puissance anglo-saxonne :

Voilà des gens qui contrôlent un gros quart des terres émergées (25 millions de kilomètres carrés, USA, Canada, Australie et autres confondus),

Qui représentent à tout casser 7% de la population mondiale (400 millions sur 7 milliards),

Qui détiennent une puissance militaire amplement suffisante pour dissuader toute tentative d'agression,

Qui sont donc en situation de dominance complète,

Qui n'ont (re-donc) aucun problème sérieux avec les autres (pourquoi en auraient-ils, puisqu'ils sont riches et ont les moyens de se défendre ?),

Et qui, nonobstant, passent leur temps à agresser les autres parce que, disent-ils, les autres les menacent (Irak 2003, Afghanistan aujourd'hui, etc.).

Alors, si ces gens ont un problème alors qu'ils n'en ont pas avec les autres... n'avons-nous pas la preuve qu'ils ont *un problème avec eux-mêmes* ?

*

L'Empire capitaliste contemporain est bel et bien entré en crise. Nous autres, occidentaux situés dans ou à la périphérie proche de l'Anglosphère, nous apprêtons à vivre l'expérience traversée par les contemporains du comte-duc de Olivares.

Essayons de comprendre *pourquoi*.

Prenons l'exemple de ce qui est en train d'arriver en ce moment à l'Islande. Ce petit pays insulaire s'est comporté, dans les années 90-2000, comme un avant-poste de l'économie dématérialisée de l'Empire anglo-saxon contemporain. C'était un site expérimental d'avant-garde.

Et en tant que tel, un lieu où les évènements futurs se produisent en modèle réduit avec quelques années d'avance.

Dans les années 2000, l'Islande vécut un « miracle économique » (comme l'Argentine du début des années 90). L'Islande passait alors pour un des pays les plus développés du monde. Le budget de l'État était soit en très léger déficit, soit carrément excédentaire. Le taux de chômage était bas, le niveau de vie élevé. Il semblait inimaginable que l'Islande puisse s'effondrer économiquement. C'était, en quelque sorte, une Suisse polaire. Les agences de notation estimaient que la fiabilité de la dette publique (très faible) était absolue. Le PIB par habitant était un des plus élevés de la planète : 52 000 dollars environ. L'Islande était le super-Occident, super-développé.

Seules ombres au tableau : une explosion considérable de l'endettement privé, et une balance des paiements déséquilibrés (surtout du fait des importations de marchandises) – soit, on le remarquera d'emblée, *exactement la situation de la Grande-Bretagne et des USA*, à la même époque.

Comme celle de l'Anglosphère, l'économie de l'Islande était dynamique, mais le secteur des services y croissait beaucoup plus vite que l'économie productive dans l'ordre matériel (surcodage). L'agriculture comptait pour 4% du PIB, et l'industrie (pêche, aluminium) pour 23% (des chiffres comparables à ce qu'on observe en moyenne dans les pays occidentaux). Le secteur financier était en plein boom, et c'est surtout lui, après la privatisation et la dérégulation complète du système bancaire, en 2003, qui tirait la croissance du pays. Vraiment, l'Islande apparaissait alors comme une Grande-Bretagne modèle réduit – jusque dans ce détail révélateur : les investissements considérables effectués par ce petit pays dans les biotechnologies, un choix également effectué, à la même époque, par la Grande-Bretagne.

Soudain, en 2008, à une vitesse stupéfiante, cette économie en plein boom a implosé. Complètement. Fait incroyable, le PIB par habitant a réduit de 20%, en quelques mois. Du jamais vu.

Que s'est-il passé ? Eh bien tout simplement, *l'endettement des banques avait atteint dix fois le PIB du pays*.

Quand le système financier international s'est grippé, ces banques se sont retrouvées dans l'obligation d'honorer des dettes bien au-delà de leurs disponibilités – et elles ne pouvaient plus compter sur les flux financiers internationaux transitant par leur petit pays (paradis fiscal) pour se refinancer. Elles étaient fragiles. Si fragiles, qu'elles attirèrent les prédateurs. Des fonds spéculatifs commencèrent à parier sur leur faillite, en utilisant les instruments complexes des marchés à terme. Cela accéléra l'effondrement du système.

Or, à la différence des USA, l'Islande ne peut pas payer ses créanciers en imprimant des dollars ! (une phrase qui, on le remarquera, implique que le jour où les créanciers des USA cesseront d'accepter des dollars, l'Amérique connaîtra le sort de l'Islande).

La faillite des banques islandaises apparut bientôt inéluctable. Le public se rua sur les guichets pour retirer ses économies (le signal de la débâcle généralisé du système financier, depuis toujours). Les gens utilisèrent l'argent papier qu'ils avaient récupéré pour se procurer des biens de première nécessité stockables, si bien que les magasins furent bientôt complètement vides. L'Islande richissime offrait au monde étonné un remake polaire du scénario argentin.

Le gouvernement islandais fit la seule chose possible : il nationalisa les banques pour éviter la panne complète du pays. « L'ami britannique » de l'Islande laissa pitoyablement tomber son annexe nordique, et le gouvernement de Londres, dans un geste stupéfiant, alla jusqu'à utiliser les lois anti-terroristes pour geler les avoirs des banques islandaises en Grande-Bretagne. Londres, à ce moment-là, aurait fait *n'importe quoi* pour éviter qu'en retirant leurs avoirs afin de couvrir leurs dettes, les Islandais ne communiquent la dynamique d'implosion à une finance anglaise mal en point. Ceci prouve, soit dit en passant, que les dirigeants anglo-saxons sont prêts aux pires exactions pour sauver leur système financier – quand bien même celui-ci serait, en réalité, totalement impossible à sauver. Note pour plus tard.

Mais ce n'est pas tout. Non contents d'avoir traité les Islandais de terroristes, les Britanniques orchestrèrent une campagne internationale très brutale pour contraindre le gouvernement de ce petit pays à reporter dans les comptes publics les dettes des banques nationalisées, telles quelles et sans renégociation de fond. Cela revient à dire que les Islandais vont maintenant devoir travailler, pendant une génération ou deux, en grande partie pour rembourser une dette qu'ils n'ont pas contractée. Il n'est pas interdit d'y voir une sorte d'exemple : que les peuples payent, semblent dire au monde les dirigeants du système financier anglo-saxon, que les peuples payent comme nous faisons payer les Islandais ! *Que les peuples fabriquent le sous-jacent matériel du surcodage que nous avons généré en excès.*

Aux dernières nouvelles, la population risque fort de rejeter par référendum le principe d'incorporation des dettes bancaires dans les comptes publics, ce qui revient à dire que l'Islande va sortir du système financier international. On aurait du mal à en blâmer les Islandais, reconnaissons-le.[99]

En tant que site expérimental d'avant-garde, cette Islande en faillite est révélatrice des traits dominants du monde dont elle fut le laboratoire, cette économie occidentale (surtout anglo-saxonne) en voie de désindustrialisation. Qu'est-ce que c'est, en réalité, cette économie financiarisée, dématérialisée, virtualisée ? Quelle est son *essence* ?

Où l'on retrouve l'exemple espagnol, par-delà la complexité de la forme impériale *bancaire*.

L'économie anglo-saxonne dématérialisée est une machine :

- dont l'énergie provenait de la vitalité de son cœur américain (population courageuse, grande productrice d'entrepreneurs audacieux),

- dont les rouages étaient régulés par un système de mise en conformité du réel perçu avec le sens construit par l'idéologie de la « démocratie de marché » (soit une agrégation instable entre l'héritage des francs-maçons américains et certaines conceptions induites par le protestantisme, le tout mis au service de l'ordre économique induit par le capitalisme),

- dont la dynamique était l'expansion du domaine matériel surcodé par le système de représentation idéologique (que mesurons-nous, quand nous mesurons le PIB ? Nous ne mesurons pas l'activité économique stricto sensu, mais l'activité économique *surcodée par le signifiant monétaire*, donc indirectement par l'économie dollar – et on a vu ce qu'il fallait en penser),

- et dont la cartographie était dessinée par le dollar, signe du tribut versé par la périphérie soumise (en main d'œuvre chinoise, en pétrole irakien) au système de représentation, et de la rétribution versée aux agents de conformité par le centre producteur du système de représentation (en dividendes pour les actionnaires, et, de manière décroissante, en pouvoir d'achat accordé au consommateur occidental).

Conclusion : *nous retrouvons tout à fait l'architecture observée à propos de l'Empire espagnol.* Rien d'étonnant au demeurant : c'est l'architecture de *tous* les empires. Il est donc logique que ce soit, aussi, l'architecture de l'empire anglo-américain régi, fondamentalement, par la haute finance.

Ce qui est inquiétant, évidemment, c'est que l'Islande vient d'imploser. Que le laboratoire modèle réduit de l'Empire implose, sous-entend que l'Empire lui-même, à brève échéance, pourrait le suivre sur ce chemin.

Et quoi de plus logique, en effet ? Les USA et la Grande-Bretagne, comme pays, ont été *ravagés* par les « bénéfices » de l'Empire « anglo-saxon », dont les cœurs à la fois rivaux et partenaires sont la City londonienne et Wall Street. C'est

---

[99] Note 2020 : à noter que les Islandais ont donné une leçon au monde. Ils ont prouvé que la meilleure chose à faire, en face du terrorisme bancaire, c'est tout simplement de dire non. Point final, même pas la peine d'argumenter. Cela, ce non, c'est suffisant pour créer une nouvelle réalité. Il suffit de pouvoir la penser collectivement, et voilà, elle *est*.

exactement le même mécanisme que celui qui a provoqué l'effondrement de l'Empire espagnol, quatre siècles plus tôt :

- Le développement du libre-échange inéquitable entre les pays à bas salaires (surtout en Asie) et les pays occidentaux a entraîné la stagnation de l'économie productive américano-britannique, stagnation dont le prix a été payé (en chômage essentiellement, ainsi qu'en contraction des salaires des emplois non qualifiés) par les classes sociales inférieures (tandis que les classes supérieures captaient les revenus du libre-échange).

- Dans ces conditions, exactement comme l'Empire espagnol avant lui, l'Empire « anglo-saxon » s'est avéré *une machine à accroître les inégalités à l'intérieur de son centre.*

- Des contestations surgissent, un peu partout. Dans les pays dominés, l'Empire prélève un tribut de plus en plus mal supporté, et les dominés sont sur le point de faire exploser le surcodage imposé par l'Empire, donc l'étalon monétaire dollar. La Chine se met en situation de sortir de la zone dollar, et les autres pays du « BRIC », Brésil, Inde et Russie, s'apprêtent à lui emboîter le pas. Au centre même de l'Empire, le peuple paupérisé est travaillé par de sourds mouvements de révolte (pour l'instant remarquablement étouffés par un conditionnement médiatique d'une puissance hors du commun).

- Dans ces conditions, l'Empire a dû lancer des guerres, afin de maintenir le fondement de sa domination, le dollar. Guerre militaire en Irak pour conserver le principe des ventes de pétrole libellées en dollars, et en Afghanistan pour se rapprocher des réserves de gaz naturel du Turkménistan. Mais aussi guerres financières, par exemple contre l'Amérique Latine (le cas argentin en est un exemple).

- Le problème, c'est que ces guerres coûtent cher à l'Empire. Gagnées, elles ne font que renforcer les flux financiers qui engraissent les classes supérieures, mais appauvrissent *in fine* les classes inférieures, au cœur de l'Empire. Perdues, ou mal gagnées, elles nuisent à la crédibilité d'un système surcodé, spectacularisé, qui ne tient au fond que parce qu'il peut modeler la perception du réel par les dominés. Donc plus l'Empire tente de sortir du cercle vicieux, plus le cercle vicieux se renforce... exactement comme dans l'Espagne du XVII° siècle !

Là encore, rien d'étonnant : les mécanismes qui entraînent la chute des Empires sont à peu près toujours les mêmes. Ce que nous enseigne l'exemple espagnol, c'est que les USA sont en gros arrivés au point où la chute devient irrémédiable : *quand en essayant de sortir du cercle vicieux, on le renforce.*

Les dirigeants de l'Anglosphère tenteront tout ce qui est en leur pouvoir pour briser cette malédiction. Mais ils échoueront : le monétarisme de la zone dollar, instrument de formulation du sens produit par la vision impériale USA/Grande Bretagne, a littéralement gangréné l'âme des élites de ces pays. La machine à surcoder le réel pour produire le sens voulu par ces élites s'est emballée, et elle ne peut plus fonctionner qu'en détruisant la réalité. Donc la machine à produire du sens, *est devenue une machine à produire du non-sens.*

L'Islande, laboratoire de l'économie virtualisée, est très révélatrice sur ce plan. Quand le PIB islandais est divisé par deux après le krach, nous avons tout simplement confirmation qu'une moitié de ce PIB n'était que du surcodage additionnel, de la fausse réalité, construite pour prolonger l'extension du système de représentation au-delà de ses limites matérielles.

*

Ce qui est bien embêtant, quand on analyse notre situation contemporaine en Occident, c'est que si le cœur de notre économie ressemble à l'Empire espagnol sur le point d'imploser, sa périphérie présente une similitude troublante avec la position de l'Argentine en 2001 – un pays dominé, contraint de se lier au système de représentation imposé par le cœur dominant.

Les Européens ont un peu tendance, depuis qu'il est devenu évident que les USA sont mal en point, à redresser la tête et à se dire : après tout, peut-être que nous allons avoir l'occasion de retrouver des marges de manœuvre par rapport à notre protecteur US ! – Mais les Européens feraient bien de se méfier : ce n'est pas parce que le centre de l'Empire est moribond que sa périphérie proche est bien portante !

Ne parlons pas de la Grande-Bretagne : elle est encore plus malade que l'Amérique. Mais même pour l'Europe continentale, le tableau n'est pas tout rose. Bien sûr, le mécanisme de vampirisation du réel par le virtuel, la spectacularisation, le surcodage de valeur fictive, n'ont pas atteint le même niveau en Europe et dans l'Anglosphère – comme toujours, c'est au centre de l'Empire que l'Empire a creusé le plus vaste néant. On peut par exemple observer avec intérêt que le PIB de l'Europe révèle, dans l'ensemble, une moindre tertiarisation, et surtout une tertiarisation plus saine. Outre que l'Amérique fait 80% de son PIB en services, elle y inclut des « services » aussi exotiques et déroutants que les primes d'assurance en expansion induites par la privatisation intégrale du secteur – c'est à peu près la logique qui permettait à l'URSS d'inclure dans son PIB les salaires de sa bureaucratie pléthorique. On ne trouve pas en Europe continentale de « délire » du même acabit – ou disons : pas dans les mêmes proportions.

En outre, on peut remarquer que contrairement aux apparences, *même en termes financiers*, la croissance européenne par habitant a été équivalente à celle des États-Unis sur la période récente. Depuis 1980, la croissance du PIB US a été de 3% par an, contre 2,2% pour l'Union Européenne. Mais si on s'intéresse au PIB par habitant, on s'aperçoit que le différentiel de croissance du PIB en faveur des USA *est uniquement dû à leur croissance démographique*.

Cependant, ce bilan européen comparativement moins désastreux reste, dans l'absolu, très médiocre. En réalité, si l'on tient compte de la croissance fictive liée au surcodage croissant de l'économie physique, la croissance de la production réelle a été très faible en Europe depuis la fin des « trente glorieuses ». L'agriculture européenne est en crise structurelle, et malgré la hausse des rendements (hausse qui a fortement ralenti depuis 1980), la production par habitant est quasiment stable dans la plupart des filières. La production industrielle européenne a cessé de croître significativement depuis plus d'une décennie, *et elle baisse chaque année depuis 2005*, plombée en particulier par le recul rapide de l'industrie automobile.

Si l'on s'éloigne du référent monétaire, donc si l'on se libère des effets de *surcodage*, on se rend compte que dans de très nombreux domaines de production, l'Europe est au mieux en croissance lente sur le plan structurel – et que dans plusieurs secteurs clefs (automobiles, construction mécanique, construction navale), elle est en recul en valeur absolue. Et si l'on compare la performance de l'Europe à celle de l'Asie dans l'économie productive, le résultat est dramatique : pratiquement, depuis 20 ans, l'Asie de l'Est croît chaque année de 5 points plus vite que l'Union Européenne (pour les détails chiffrés, je renvoie le lecteur à mon ouvrage « Crise ou coup d'État ? »). Alors certes, l'économie continentale européenne n'en est pas encore au niveau de déconnexion entre réalité et représentation atteint par l'économie de l'Anglosphère. Mais pour autant, il n'y a pas de quoi pavoiser.

Dans ces conditions, l'économie européenne apparaît comme une économie *associée* à l'Empire, partiellement *contaminée* par les logiques de surcodage, de virtualisation, de spectacularisation malsaine caractéristique des empires entrés en décadence. On pourrait comparer sa situation à celle du Portugal sous Olivares : un sous-empire, absorbé par l'Empire principal. Donc une construction finalement aussi fragile que celui-ci, à peu de choses près.

En pratique, l'Euro apparaît comme un dollar-bis, et pas comme la monnaie saine d'une économie productive. En pratique, c'est un *currency board*, qui lie les anciennes monnaies nationales (toujours présentes de manière sous-jacente) à une unité monétaire centrale (en réalité une extension de l'ancien Deutsch Mark), exactement comme le peso argentin était lié au dollar en 2001.

Un scénario possible de contamination de la crise à l'Europe est d'ailleurs l'explosion du *currency board* européen sur un modèle argentin. La Grèce, en proie au surendettement, pourrait par exemple sortir de l'euro, enclenchant un processus d'explosion qui serait la réplique européenne de l'implosion du dollar. La surévaluation actuelle de l'Euro a, sur l'économie d'un pays comme la Grèce, des effets très comparables à ceux de la hausse du dollar sur l'Argentine, à partir de 1998.

Exactement comme le FMI a martyrisé l'Argentine en lui imposant une cure d'austérité drastique alors que son économie implosait, la finance européenne (surtout allemande) veut, si l'on en croit les déclarations récentes de la chancelière allemande, Angela Merkel, mettre la démocratie grecque sous contrôle. Sous une forme différente, il s'agit, là encore, d'une perturbation majeure introduite par le dysfonctionnement du système de représentation, devenu prédateur de l'économie réelle – l'illusion de l'unification économique du continent, derrière l'union monétaire décrétée dans une pure optique volontariste (le surcodage de « l'Empire associé »).

On ne s'étonnera donc pas de voir se produire, aux marges de cet « Empire associé » européen (en fait, surtout allemand), des mouvements de révolte annonciateurs de la chute – là encore, on s'amusera au contraire de constater qu'à la fin du gouvernement Olivares, en Espagne, le Portugal entra en rébellion de plus en plus ouverte, sous la pression d'une population excédée. L'Histoire, décidément, se répète.

Note pour plus tard : l'Europe risque de payer très cher son incapacité à construire un système de représentation autonome à l'égard de la haute finance anglo-saxonne.

7 – Blackout !

Jack bossait comme trader chez Enron. Officiellement, il était chargé de négocier des livraisons d'électricité entre États américains. Tout cela avait l'air très technique. Il était question d'arbitrer les marchés au plus juste, de faire profiter les acteurs des avantages de la dérégulation, etc. Mais en fait, son boulot était simple : il devait faire du fric, n'importe comment, et le plus vite possible.

En l'an 2000, Enron avait besoin de trésorerie. Depuis des années, la compagnie truquait sa comptabilité avec l'aide rémunérée de ses commissaires aux comptes, en utilisant la technique (légale aux USA) du *market-to-market*, technique qui permettait d'évaluer les actifs en fonction de leur rendement *supposé*. Comme la situation de trésorerie ne pouvait évidemment pas refléter cette comptabilité hautement créative (un euphémisme pour décrire une pure escroquerie), la direction financière pratiquait la cavalerie avec un art consommé, cachant des milliards de dollars de dettes dans des entités spéciales, aux limites du périmètre de consolidation – des entités aux noms exotiques, logées dans des paradis fiscaux. Enron était un château de cartes, son modèle économique n'était que du vent. Les rares opérations d'investissement réelles conduites par son équipe dirigeante peu compétente avaient tourné au désastre, en Inde, en Californie…

La Californie, justement. En ce moment, c'était le dernier espoir d'Enron. Grâce à ses amis politiques et au lobbying de ses partenaires financiers, la compagnie était parvenue à faire déréguler le marché de l'électricité dans cet État américain richissime. Et cette dérégulation offrait aux traders d'Enron un merveilleux terrain de jeu.

Car si Enron s'était montrée incapable de développer des capacités productives réelles, elle avait en revanche développé une extraordinaire expertise dans l'art de faire de l'argent par la spéculation tous azimuts. Il existait une devise cachée dans cette société : « Peu importe que les marchandises soient livrées, peu importe que les services soient rendus, l'important, c'est que l'argent tombe dans la caisse ! » Chez Enron, la comptabilité était fausse, mais elle était supposée *créer la vérité*. Ce n'était plus l'inventaire qui donnait le niveau comptable des stocks, c'était le niveau comptable des stocks qui valait inventaire. La représentation était devenue une réalité parallèle.

Dans cette réalité parallèle, les « gars d'Enron » étaient les plus beaux, les plus forts, les meilleurs. Cette entreprise, qui ne produisait pas grand-chose à part des dettes et des échecs technologiques, avait cependant construit une étrange mythologie vaguement néo-macho – une construction sans doute favorisée par le phénomène de guerre des sexes (très présent aux USA, et manifeste chez Enron, au plus haut niveau de la hiérarchie), phénomène qui poussait les « gars d'Enron » à revendiquer la supériorité virile dans la compétition sociale.

Il n'est pas tout à fait absurde d'y voir un cas de *psychopathologie collective*. En fait, il est probable qu'un psychiatre, consulté sur le sujet, nous apprendrait que cela s'appelle, en langage savant, une *paraphrénie* – une fable délirante juxtaposée à la réalité, et que les délirants acceptent collectivement pour sauvegarder une part essentielle de leur vie sociale – voire de la représentation qu'ils ont d'eux-mêmes, en tant que personne.

En d'autres termes, une grande partie des traders de la société Enron relevaient de la psychiatrie lourde !

Ces « gars d'Enron » supposés être les meilleurs des meilleurs, imbus d'eux-mêmes et très fiers d'eux, se comportèrent à l'égard de la Californie comme une authentique bande de desperados, un gang de bootleggers en col blanc. Dès qu'on leur eut confié la tâche « d'optimiser » le fonctionnement du marché de l'électricité en Californie, ils appliquèrent à la lettre l'idée « géniale » du directeur financier d'Enron, un certain monsieur Skilling. Pour ce dernier, tout, absolument tout, était assimilable à un titre financier – et donc tout, absolument tout, devait être géré *comme* un titre financier. Au lieu de poser des pipelines pour acheminer le gaz et le pétrole, Enron s'appliqua donc à créer des « tuyaux virtuels », et à faire transiter non la matière, mais les flux financiers la symbolisant. Et semblablement, au lieu de se préoccuper prioritairement de poser des lignes à haute tension et de construire des transformateurs, comme n'importe quel fournisseur d'électricité, Enron utilisa sa maîtrise d'une partie du parc des centrales californiennes pour gérer les flux financiers… et eux seuls !

Si Jack avait enregistré les conversations qu'il tenait avec ses copains traders, un jour quelconque de l'année 2000, voilà le genre d'échanges que cela aurait donné (NB : dialogue reconstruit en synthétisant les propos de traders réellement enregistrés chez Enron) :

« Ouais, dis donc, faut se grouiller faire monter le prix du kilowatt, là, j'ai envie de prendre ma retraite à trente ans, moi ! »

« Pas de problème, je vais dire à une centrale d'arrêter de produire, en prétendant qu'on est déjà saturé. »

« Ouais, c'est cool. On va faire un massacre. Californie, tu vas souffrir ! » (petits cris d'excitation)

« Ouais, t'as raison. On va leur couper le courant, à ces cons ! Putain, tu sais quoi ? Je vais plonger San Diego dans le noir. Y a un mec de San Diego une fois qui m'a soufflé une strip-teaseuse sous le nez dans un claque ! »

« Pas de problème, mon gars. Vas-y pour San Diego ! »

« Ouais, génial, les gars, la chance est avec nous, y a un incendie qui perturbe l'acheminement du trafic… »

« Brûle, bébé, brûle ! » (rires)

« Bon, j'ai coupé à San Diego. Ça boume, le prix flambe. On leur vend à 400 dollars ? »

« Ouais, attendez, on peut mieux faire. Je vais détourner une partie vers Las Vegas. Je veux que les néons clignotent, les gars ! Vegas, nous voilà ! »

« Et ce qui se passe à Vegas, ça reste à Vegas… » (gloussements)

« Bon, on est à 1 000, on leur vend maintenant, ou on les laisse crever dans le noir, ces cons ? »

« Euh, je crois qu'on pourrait difficilement leur voler plus… »

« Tu peux reformuler, s'il te plaît ? » (rires)

« Je pense qu'on ne peut pas réarbitrer de façon plus optimale. » (éclats de rire)

« Allez, ok, » conclut Jack hilare, « je vends à la Californie pour 1 000 000 ce qui nous coûte 50 000 à produire ! Et voilà comment on fabrique 950 000 dollars, chez nous ! Création de valeur *ex nihilo !* »

*

Ces dialogues hallucinants sont révélateurs de ce qui se produit quand un système de représentation du réel implose : les acteurs placés au centre de cette implosion perdent tout sens de la mesure, et leur mode de pensée finit par régresser jusqu'à l'infantilisme le plus *crétin*, doublé d'une redoutable capacité de violence. L'homme individuel est avant tout le produit de l'homme social, et quand l'esprit ne se nourrit plus qu'à une source corrompue, il *devient* la corruption dont il s'abreuve.

Si l'on définit un Empire comme un système de représentation faustien en expansion obligée, et si l'on définit, donc, un Empire en implosion comme un système de représentation faustien *obligé de phagocyter le réel pour continuer à produire du surcodage*, alors on peut conclure que la nature même du langage est progressivement altérée dans un Empire décadent.

Quand le système de représentation global se disloque, apparaissent des phénomènes de paraphrénie, sur le modèle de ce qu'on a pu observer, par exemple, à l'intérieur de la société Enron. Dès lors, le langage articulé *se désarticule.*

Le processus de construction du sens est cyclique. « Donner un sens » à ce que nous voyons, entendons ou ressentons suppose que nous décodions l'environnement (en filtrant l'information), que nous articulions ce décodage dans un schéma logique, que nous en déduisions une conduite à tenir et que nous observions le feed-back de cette conduite – et ce cycle est repris constamment sur une pluralité de niveaux interagissant.

Par exemple, supposons que je me trouve assoupi à bord d'un petit navire et que le vent se lève. Je me réveille et constate que les rideaux de l'écoutille bougent dans un sens puis dans l'autre, quand le bateau prend une vague. J'en déduis que quand je vais me lever, j'aurai besoin de compenser le roulis. Et effectivement, en me levant, je le vérifie. Je mesure alors précisément la force du tangage, et adapte ma démarche en conséquence. Le cycle de décodage de l'information brute est terminé.

Je vais ensuite essayer d'évaluer l'ampleur du roulis, afin de me faire une idée du temps qu'il fait dehors. Si le roulis est très fort, j'en déduirai que le navire

---

se trouve en pleine tempête, et par prudence, je vais vérifier l'emplacement du gilet de sauvetage. Le cycle de surcodage de l'information brute est terminé, j'ai surcodé le réel perçu pour évaluer le réel au-delà de mon champ de perception.

Je vais ensuite sortir de ma cabine et aviser un ami que je sais peureux. Pour m'amuser et, sans doute, pour me donner une impression de supériorité, je vais lui lancer : « Je crois qu'on va couler ! » Il me répondra : « Même pas peur ! » d'une voix chevrotante, et j'éclaterai de rire pour me rassurer moi-même, essayant de caler mon propre système de représentation interne par opposition à celui de mon ami, que je sais trop impressionnable.

Comment ai-je réussi ce tour de passe-passe ? J'ai surcodé le surcodage à travers la communication pour optimiser mon propre feed-back émotionnel, m'efforçant de construire un sens positif à l'expérience négative que je suis en train de vivre. Etc. Le processus de construction et de reconstruction du sens ne s'arrête jamais.

Quand un individu se retrouve placé au centre d'un système de représentation collective en implosion, ce processus cyclique est interrompu, perturbé et déstructuré, parce que la connexion fondatrice du sens authentique, « sain », c'est-à-dire la connexion entre le réel tangible et la perception qu'on en a, est *coupée*. Ainsi au lieu de fonctionner sur un triptyque perception des signes / construction mentale de l'image des choses / élaboration de l'action et constat du feed-back, le processus intellectuel devient : perception des signes / apprentissage imitatif du sens construit à partir des signes désarticulés ou artificiellement articulés / répétition du sens ainsi construit pour vérification de conformité avec le groupe. C'est-à-dire que faute de pouvoir vérifier la conformité d'un sens articulé à partir des signes avec les *choses réelles*, l'agent de conformité va optimiser son fonctionnement pour caler en permanence la conformité des signes qu'il manipule, en eux-mêmes et sans les articuler de manière réellement logique.

Par exemple, imaginons que le bateau qui tangue soit Enron. Quand je me lève et vois les rideaux bouger, je me dis : « Tiens, il se passe quelque chose, ça doit être positif puisque sur le bateau Enron, tout doit toujours être positif. » Ensuite je pose le pied par terre et constate que le navire tangue vraiment beaucoup. Aussitôt, je m'écrie : « Nous devons aller très, très vite, il y a beaucoup de vent, on va battre les records de vitesse ! » Puis je m'élance dans le couloir et, croisant un ami que je sais timoré, je décide d'engager une compétition de machisme enronautique avec lui : « Super, on va prendre tous les risques, casser du tsunami et pulvériser le record de vitesse en voilier ! » Mon ami, enronaute chevronné, me répond sans hésiter : « Ouais, super, j'ai hâte qu'on soit au port pour épater les filles ! » Mon ami et moi calons désormais notre système de représentation l'un par rapport à l'autre, dans une sorte de négation du risque par principe. Et plus je vais caler mon système en concurrence du sien, plus il tentera de me rejoindre dans la négation du risque. Nous sommes otages l'un de l'autre, et nous développons, l'un par rapport à l'autre, un étrange syndrome de Stockholm. Le monde réel est aboli.

Moralité : le raisonnement fondamental « le bateau tangue, on risque de chavirer, vérifions que nous savons où sont les gilets de sauvetage » est devenu impossible. Le réel (le naufrage possible) n'existe plus comme point de référence du discours. Le seul point de référence restant est l'imitation conformiste du modèle promu. Il n'y a donc plus d'articulation logique à l'intérieur du langage. Le langage humain, dans un système parvenu en un tel état de délabrement, *a cessé d'être articulé de manière flexible*. L'enchaînement des concepts est devenu comparable à un mécano virtuel, sans lien avec la substance réelle qui est supposée habiter ces concepts. Les noms ont acquis une fausse stabilité parfaite, les idées qu'ils recouvrent sont supposées statiques, totalement dépourvues de fluidité, incapables de s'interpénétrer. Le langage ne sert plus à reconstruire une image mentale du réel pour dire le vrai : il n'est plus qu'un code action/réaction, par enchaînement d'instructions élémentaires prédéfinies. Nos « messieurs Joseph » se seraient bien amusés en contemplant les « gars d'Enron » !

Cette implosion du langage, retombé au niveau du code génératif des comportements dans les sociétés insectes, ou peu s'en faut, entraîne une implosion symétrique des processus de transmission de l'information à l'intérieur du groupe. Le sens n'étant plus construit, l'information cesse d'être animée par une dynamique constructive de bas en haut. Elle « tombe » de haut en bas, à l'intérieur d'une structure de plus en plus autoritaire, au fur et à mesure que la déconnexion du discours et du réel devient évidente.

Pour reprendre les concepts utilisés par Howard Bloom, une fois le langage effondré dans le code, le code lui-même se décompose. Le regroupement d'information dysfonctionne de plus en plus franchement, puisque les sous-groupes spécialisés ne parviennent plus à décoder le réel, et n'ont donc plus d'input sain à injecter dans le « cerveau global ». Les relations entre sous-groupes spécialisés se réduisent désormais à une prédation mutuelle : n'ayant plus d'espace de progression au-delà du territoire conceptuel déjà balisé, les sous-groupes combattent pour l'appropriation de ce que l'on pourrait appeler le « sens résiduel », ou si l'on préfère « l'écho du sens » qui continue à animer le « cerveau global » de manière de plus en plus faible. C'est ce qu'on observe chez Enron quand la direction marketing-export et la direction financière s'affrontent de manière dérisoire pour la place de premier centre de « création de valeur », alors qu'aucun des deux ne crée plus de valeur réelle (la direction export vient d'échouer piteusement en Inde, la direction financière n'est bonne qu'à plumer les contribuables californiens, sans jamais investir sérieusement dans les infrastructures). La paraphrénie collective engendre la schizophrénie du « cerveau global ».

L'écroulement des fonctions de regroupement d'information oblige les « juges internes » à durcir leurs règles pour conserver la cohésion de la structure d'ensemble, et les agents de conformité font une chasse brutale aux agents de diversité – violence symbolique, peur, mensonge : toutes les pathologies de la communication vont maintenant se répandre à travers le système. Les personnes en position d'autorité ont tendance à se raidir, les comportements d'imitation servile se répandent dans les strates inférieures de la structure. Les subordonnés sont déprimés par le pressentiment de la catastrophe, mais leurs supérieurs veulent les rendre encore plus déprimés, pour les empêcher de *penser*.

L'humiliation devient une méthode de management ordinaire. C'est ce qu'on observe chez Enron quand Skilling, le directeur financier, « pète un câble » en pleine réunion téléphonique et traite un analyste de « trou du cul », publiquement – ce qui provoque un mini-scandale et pousse les partenaires d'Enron à s'interroger sur la santé mentale de l'équipe dirigeante du géant de l'énergie. C'est encore ce qu'on observe quand l'arrogance des « gars d'Enron » *s'accroît* dans les mois qui précèdent la chute : plus que jamais, il faut donner l'air d'en être – parce qu'il n'y a, littéralement, *plus rien d'autre à faire*.

Ainsi tombent les Empires. Le plus grand blackout engendré par la folie Enron, ce fut *le blackout de la pensée*.

*

Enron était-il une Amérique miniature ? C'est en tout cas ce qu'on pourrait penser, quand on voit comment l'élite US s'est comportée, depuis une décennie. Si l'on reprend terme à terme toutes les étapes de l'implosion mentale collective Enron, telle que nous venons de l'analyser, on en trouvera un équivalent probant dans l'évolution des élites US depuis 2000.

⇨ Dans la phase initiale de l'implosion Enron, la poursuite de la croissance de la quantité de signe fabriquée pour marquer l'expansion du territoire se fait par surcodage de la réalité (Skilling invente le « courtage en énergie » comme nouvelle frontière d'Enron, et remplace les pipelines physiques par les « canalisations virtuelles » du marché). C'est ce que nous observons aux USA après l'implosion de la bulle Internet en 2000 : la Federal Reserve maintient ses taux à un niveau anormalement bas pendant plusieurs années, ce qui permet de créer une fausse reprise via une explosion de la dette (pour les détails techniques, voir « Crise ou coup d'État ? »).

⇨ Dans la phase d'extension du territoire surcodé, les composantes d'Enron entrent en guerre larvée les unes contre les autres, parce qu'elles se trouvent en compétition mimétique dans une logique de pur apprentissage imitatif, toutes les fonctions supérieures du langage ayant été déstructurées. De même, au sein du gouvernement des États-Unis, on a assisté, dans les dernières années de l'administration Bush, à une impressionnante compétition dans le besoin compulsif de nier les limitations de l'Empire (la tendance Obama « soft power » ne le cédant en rien à la tendance belliciste McCain, en matière d'expansionnisme assumé du « modèle américain », même si sa formulation est plus habile). Semblablement, au fur et à mesure que la bulle de l'endettement grossit, la compétition entre les diverses institutions financière semble aller croissant. D'une manière générale, les procédures de coordination du pouvoir polycentrique US semblent prises en défaut de manière de plus en plus évidente, à partir de 2004/2005 (tensions croissantes entre la haute hiérarchie militaire et l'administration Bush).

⇨ Dans la phase qui précède immédiatement l'implosion finale, on assiste à une fuite irrationnelle des dirigeants d'Enron vers des projets de plus en plus délirants, avec des objectifs de plus en plus ambitieux (c'est l'époque où Ken Lay, le président d'Enron, dévoile une banderole proclamant que son entreprise va devenir la première du monde, en toute simplicité). Cela se double d'une hyper agressivité de façade (cf. la manière pour le moins immodeste qu'eut Enron d'annoncer son irruption imaginaire dans le marché des « autoroutes de l'information »). Semblablement, les États-Unis ont semblé constamment se chercher des adversaires (pas trop difficiles à battre), une fois Saddam à terre, et les derniers mois de l'administration Bush ont vu se dessiner deux mouvements potentiellement très déstabilisateurs pour la paix mondiale : l'attaque géorgienne sur l'Ossétie du Sud (attaque évidemment soutenue par les USA) et les rumeurs de guerre, persistantes et entretenues par le pouvoir US, concernant l'Iran.

⇨ Une fois l'implosion consommée, les dirigeants d'Enron et les échelons intermédiaires ont entamé un processus de prédation pure et simple sur l'économie réelle (cf. l'anecdote rapportée au début de ce chapitre concernant la Californie). On en était arrivé au point où, pour éviter la contraction brutale du territoire surcodé au-delà de sa base réelle, *on sacrifia cette dernière pour sauver le surcodage*. C'est exactement ce que les dirigeants du système US/Grande Bretagne ont fait, à l'automne 2008 et au printemps 2009, avec les plans de soutien massif au secteur bancaire, plans financés en grevant les budgets publics de manière *intolérable*. Rien que sur l'année 2009, la Réserve Fédérale aurait acquis plus de 800 milliards de dollars de bons du Trésor US (c'est-à-dire que la FED prête à l'État américain de l'argent qu'elle fabrique *ex-nihilo*). Encore mieux : dès avant la crise, la haute finance anglo-saxonne avait anticipé en spéculant sur sa propre défaillance ! On sait aujourd'hui que certaines banques ont, via les Credit Default Swap, pris une assurance contre la faillite d'autres banques, moins centrales dans le dispositif, faillite qu'elles savaient probable, ayant vendu à ces banques fragilisées des produits toxiques. Ou comment fabriquer de l'argent fictif à partir de la faillite réelle induite par l'argent fictif. Du grand art.

Précisons, au passage, que cette prédation du réel par le surcodage est, de toute manière, depuis plusieurs décennies, le fondement de l'économie américaine. En l'occurrence, la crise de 2008 n'a fait qu'officialiser le processus. La croissance du PIB US, depuis trois décennies, est rendue possible en grande partie par la destruction de la cellule familiale (qui met les mères de famille au travail, et les oblige en outre à payer les services qu'elles accomplissaient jusque-là au sein du ménage) et de la nation américaine elle-même (la croissance du PIB par habitant renvoie en partie à la production additionnelle des clandestins, non comptés dans la population, mais comptés dans la production !).

⇨ Chez Enron, dans les semaines qui précédèrent l'annonce de la faillite régnait une ambiance bizarre : « faisons comme si ». Plus personne, en réalité, ne croyait dans le système de représentation collectif, et même, au fond, plus personne ne croyait que qui que ce fût y crût encore. Mais on *faisait semblant*.

Et semblablement, que dire d'un Wall Street où tout le monde sait que les « succès » des émissions obligataires ne sont obtenus que par le rachat des bons du Trésor US par la FED. Car tout le monde le sait ! Et tout le monde fait semblant de ne pas savoir qu'il le sait, sous prétexte qu'on ne peut pas le prouver… et tout le monde, donc, se félicite de ces « succès » totalement imaginaires !

L'Anglosphère, comme Enron, est-elle entrée en phase de liquidation après une *faillite conceptuelle totale* ? L'oligarchie US/Grande-Bretagne risque-t-elle de « péter les plombs » comme Skilling le fit à la fin de son règne sur Enron ? Allons-nous vers un basculement complet de la plus grande puissance mondiale dans l'irrationnel, dans l'abandon de toute raison, dans la *folie* ?

Ainsi tomberait l'Empire anglo-saxon, à son tour.

Note pour plus tard : nous vivons un moment bien précis dans le cycle de chute des Empires – la phase de *paraphrénie*.

CONCLUSION DE LA PARTIE II

Faisons le point. Nous avons vu que :

5-1 – Comme le démontre l'exemple argentin, quand une entité n'a pas de système de représentation autonome et cohérent, elle finit par basculer dans l'orbite du système de représentation construit par la puissance dominante du moment : l'Empire. Ce basculement est traduit par exemple en termes monétaires, mais il trouve bel et bien sa source en amont de la question financière, dans l'incapacité de la société dominée à construire une vision du monde partagée et autonome.

5-2 – Toujours d'après l'exemple argentin, une fois qu'une entité est inscrite dans le système de représentation construit par l'Empire, elle est perdue. Si elle reste à l'intérieur de ce système de représentation, elle n'a plus aucune souveraineté et subit sans pouvoir négocier les aléas induits par la politique de l'Empire. Si elle en sort, comme son seul système de représentation collectif était celui de l'Empire, elle implose complètement, et il lui faut ensuite réinventer une vision de la société, des structures, des codes et un discours fédérateur, à partir de rien, à travers une période de très grande souffrance.

6-1 – Or, les Empires finissent toujours par imploser, ce qui fait que même sans le décider, tous ceux qui s'étaient inscrit dans le système de représentation impérial finissent par vivre l'expérience de la dislocation. Cette implosion inéluctable des Empires résulte de leur nature : ce sont des machines à produire du codage, puis du surcodage, en captant la vitalité de leur cœur. Lorsque l'Empire a fini de « pomper » l'excès de vitalité, le surcodage ne peut se poursuivre qu'en phagocytant la substance même du cœur. Arrive le moment inévitable où le cœur implose, et alors, le surcodage s'effondre dans le vide creusé par l'implosion de sa base.

6-2 – L'Empire anglo-saxon approche du point où l'implosion devient manifeste. En réalité, depuis plus d'une décennie, il ne produit plus de croissance réelle. L'expansion de son économie ne traduit que le développement cancéreux du système de surcodage monétaire. Depuis 2008 et les grands plans de sauvetage au système bancaire, il est devenu évident qu'on entre dans la phase où la croissance du territoire surcodé ne pourra plus se faire qu'en dévorant la base réelle de l'Empire. Et nous, européens, sommes à la périphérie de cet Empire, mais à l'intérieur de ses frontières. Nous sommes donc menacés de subir, dans les dix ans qui viennent, le processus de dislocation vécu par les Argentins en 2001.

7 – La dislocation du système de représentation global entraîne mécaniquement celle de la pensée elle-même, y compris au niveau individuel. Le langage articulé lui-même disparaît, il se réduit à un code. Ce code lui-même explose, et les comportements sociaux ne peuvent plus être reconstruits parce que leur fondement, la « compulsion connective » est temporairement dépolarisé. En ce sens, au moment où l'Empire qui nous dominait/protégeait menace d'imploser, le plus grand danger qui nous menace est *la dislocation de notre pensée.*

Où l'on reparle des leçons fructueuses de nos « messieurs Joseph ».

PARTIE III – ANTICIPER

8 - Katastroïka !

Imaginons que nous nous trouvions à Saint Pétersbourg, dans les années 1990, et que nous nous apprêtions à partir pour un grand voyage à travers la Russie de Boris Eltsine. Nous allons à Moscou, et de là en Sibérie, jusqu'à Irkoutsk.

Voyage en Katastroïka !

Il est sept heures du matin quand nous nous levons, à Saint-Pétersbourg. Nous nous réjouissons déjà à l'idée de prendre une douche tiède... mais horreur ! Quand nous tournons le robinet d'eau chaude, l'eau coule brune, et surtout froide ! La douche à la boue froide n'étant pas notre fort, nous nous contentons d'une toilette de chat.

Arrive le moment délicat : il faut nous brosser les dents.

Pas question, évidemment, de nous rincer la bouche avec cette eau boueuse, qui sort de canalisations manifestement dans un état déplorable. Idée ! Hier, nous avons acheté une bouteille d'eau minérale : voilà qui devrait faire l'affaire. Nous nous emparons de la bouteille et constatons, avec un effroi teinté d'incrédulité, qu'un étrange dépôt grisâtre, probablement métallique, s'est formé le long des parois inférieures. Après quelques secondes d'hésitation, nous optons donc pour une innovation : piochant dans notre veste la flasque de vodka achetée hier à l'aéroport, nous testons le rinçage de dents au mélange dentifrice-vodka. Hum, pas mauvais.

Nous nous habillons et sortons de l'hôtel. La rue est pavée, ou plutôt : dépavée. De temps à autre, un bloc roule sous nos pas, et à plusieurs reprises, nous sommes bien prêts de nous vautrer dans la boue qui sourd obstinément des pierres disjointes. Nous allons dans un petit restaurant prendre un brunch bien mérité, nous réjouissant par avance de goûter à la charcuterie russe, excellente paraît-il. Mais, nouvelle surprise : en fait d'assortiment de charcuterie, on ne nous propose qu'une saucisse au goût improbable – quelque chose à mi-chemin entre la nourriture pour chien et le savon. N'étant pas masochistes, nous nous rabattons sur un petit déjeuner sucré. Mais, encore un sujet d'étonnement, il n'y a pas de confitures ! Le serveur, un charmant monsieur au Russe lourd typique du nord du pays, nous explique avec beaucoup d'amabilité, et une belle dose de fatalisme aussi, que les usines qui approvisionnaient Saint-Pétersbourg en agro-alimentaire se trouvent souvent en Biélorussie et en Ukraine, de sorte qu'une bonne partie de la carte du restaurant est désormais caduque. Nous demandons pourquoi on n'a pas imprimé de nouvelle carte. Le serveur nous explique, toujours aussi serviable, que le restaurant n'a pas les moyens de payer l'imprimeur, qui ne veut que des devises et, en outre, n'a plus de papier bristol.

Un peu désarçonné, nous nous enquérons auprès des clients d'une table voisine : « Mais pourquoi ne font-ils pas venir des denrées de la campagne environnante ? » Une dame nous explique gentiment que les paysans, après trois générations passées dans le kolkhoze, sont tellement surpris de pouvoir garder leurs récoltes qu'ils passent leur temps à s'empiffrer, et n'ont en outre aucune idée du prix auquel ils doivent vendre – ce qui fait que, dans le doute, ils ne vendent rien.

Après cette matinée instructive, nous nous attendons à tout. Le taxi nous rackette littéralement pour aller à l'aéroport, mais nous ne lui en voulons pas : il nous a longuement expliqué qu'il devait reverser la majeure partie de son salaire à la mafia caucasienne qui rançonne désormais quasi-officiellement sa profession. Petite inquiétude en montant dans l'avion, quand nous réalisons que ce Tupolev hors d'âge présente la particularité déroutante d'avoir une moquette constellée de taches et des hublots tellement sales qu'on ne voit pas à travers. Nous préférons ne pas nous enquérir de la dernière révision des réacteurs et faisons contre mauvaise fortune bon cœur. Grosse inquiétude, en revanche, quand nous voyons (par le hublot que nous avons nettoyé de notre mieux) arriver notre commandant de bord : ce superbe gaillard est encadré par deux stewards, et effectivement, cela vaut mieux – il tangue tellement que sans ses acolytes, il risquerait de s'effondrer à tout instant. Nous nous rassurons en nous disant qu'il est sans doute habitué à piloter ivre.

Nous arrivons à Moscou sain et sauf (ouf) et visitons la capitale de la Sainte Russie. Pour l'instant, on n'y trouve pas beaucoup de saints, mais une proportion incroyable de prostituées, de maquereaux, de voleurs et de mendiants. Partout des hommes aux épaules larges, qui ne semblent pas travailler, mais surveillent – ils surveillent quoi ? Eh bien tout : les prostituées, les taxis, les marchés, les boutiques. Le racket, en Russie, sous Eltsine, est pratiquement devenu l'état normal des choses, le mode de fonctionnement naturel de toute activité commerciale, licite ou illicite.

Image désolante qui nous hantera longtemps, une fois revenu en Occident : des centaines de petits vieux, dans les rues, qui vendent leurs bibelots pour compléter leurs retraites fondues comme neige au soleil. Nous achetons une décoration rutilante à un vieil homme, et doublons le prix de notre propre chef, en apprenant qu'il l'a gagnée, 50 ans plus tôt, sur le front de Biélorussie. C'est la première fois que nous rencontrons une personne victime de *génocide économique ciblé* : c'est impressionnant.

Après avoir échappé avec quelques difficultés à une nuée d'enfants malingres chassant le touriste en groupe, et distribué deux claques à des chenapans qui avaient tout bonnement mis leurs mimines dans nos poches, nous poursuivons notre chemin et nous rendons là où tous les étrangers vont à Moscou : dans l'Arbat, le vieux quartier, le Montmartre russe.

L'Arbat, c'est un peu la vitrine de la nouvelle Russie. S'il y a un endroit où on a des chances de rencontrer des Russes *libérés*, c'est bien ici ! Et certes, nous faisons la rencontre de jeunes Russes ravis de la chute du communisme, et ne s'en cachant pas. Mais à la question de savoir ce que la chute du communisme leur permet de faire, nous recevons une réponse plutôt décevante : en gros, ils peuvent s'acheter des jeans qui ont les bonnes coutures (les imitations soviétiques avaient, paraît-il, des coutures qui les identifiaient comme... des imitations), regarder à la télévision les feuilletons brésiliens et, croient-ils, « faire du business ». Nous préférons ne pas nous enquérir de la nature de ce « business » et gagnons notre hôtel avec célérité, car nous sommes épuisés.

Là, après nous être lavés les dents au mélange dentifrice-vodka, nous plongeons dans un sommeil réparateur, en attendant de reprendre notre périple le lendemain...

(À suivre)

*

Quand un Empire implose, le territoire surcodé, faute de pouvoir continuer à s'étendre, dévore le territoire matériel qui lui servait de substrat. C'est donc une économie fragilisée, et une *société* fragilisée, qui se trouvent soudain confrontées, une fois l'implosion achevée, à *l'absence complète de sens*.

Les psychiatres qui ont étudié les psychopathologies collectives ont décrit en détail ce pôle inverse de l'hyper-conformisme : *l'anomie*, la disparition de toutes les règles structurantes de l'activité sociale – ou quand l'hyper-conformisme se retourne en impossibilité de définir une norme quelconque. À l'origine, le mot avait été employé par Durkheim, à la fin du XIX° siècle, pour décrire une des causes du suicide : l'anomie débouche, selon lui, sur une irrésolution absolue, puisqu'il n'y a plus aucune valeur en fonction de laquelle on puisse agir – l'aboutissement est le suicide, parce que, quand on ne peut plus prendre aucune décision, il n'y a plus qu'à cesser de vivre. Il est intéressant ici de relever d'entrée de jeu que le concept d'anomie peut être employé sur le plan sociologique pour décrire la disparition des *règles*, et sur le plan psychiatrique pour évoquer l'aliénation paradoxale de celui qui n'a plus de *valeurs*.

L'anomie généralisée est observée, historiquement, à chaque fois qu'une société a connu un changement extrêmement rapide et déroutant, ou lorsque le vécu quotidien est incompatible avec le système de représentation institutionnel intégré par les individus. On comprend donc bien que le « moment » historique le plus producteur d'anomie est précisément l'implosion d'un système, puisque les deux effets créateurs d'anomie, changement très rapide et décalage entre le réel vécu et le réel représenté, sont maximisés.

Cette anomie généralisée entraîne, dans les cas de chute rapide d'un système, des effets très impressionnants à tous les niveaux de la construction sociale. La Russie de Boris Eltsine, entre 1991 et 2000, a particulièrement bien illustré ce processus de *dislocation anarchisante* :

⇨ *Au niveau économique*, la situation était déjà très mauvaise à la fin de l'ère Brejnev. En gros, l'URSS a fonctionné tant qu'on fusillait les gens qui arrivaient en retard au travail. À partir du moment où on a arrêté de fusiller ou d'envoyer au Goulag pour un oui ou pour un non, le système s'est progressivement déréglé, puis s'est disloqué. C'est ce qui arrive quand on ne donne aux gens aucune perspective, à part la joie d'avoir construit un « socialisme » qui semble surtout profiter aux apparatchiks.

La pérestroïka n'a pas mis un terme aux dysfonctionnements, au contraire. En fait, elle les a accentués, parce qu'elle a marqué le début du basculement du corps social de l'anomie « molle » à l'anomie « dure » - jusque-là, le système ne produisait plus de valeur, et n'avait plus de valeurs (au pluriel), mais *ça ne se voyait pas*. À partir de Gorbatchev, ça se voit, et la dislocation devient *pensable*.

C'est donc une économie soviétique déjà passablement délabrée qui a été touchée par la dislocation de l'URSS. Deux phénomènes se sont alors combinés pour produire un désastre terrible, mais non mortel :

Un facteur aggravant de la crise économique a été l'absence totale (ou quasi-totale) de procédure décentralisée structurée et institutionnelle – si bien qu'une fois le « Centre » neutralisé, il n'y avait plus aucune règle de fonctionnement stable (une société réduite à sa façade, et dont la façade s'écroule !),

Un facteur positif (et qui a probablement sauvé l'ex-URSS de la famine pure et simple) a été le très haut niveau d'intégration verticale des entreprises soviétiques.

Ici, il faut ouvrir une parenthèse pour souligner un phénomène comique : le fait que l'URSS, paradoxalement et sans le faire exprès, s'était très bien préparée à sa propre explosion (on pourra lire à ce sujet les conférences remarquables de Dimitri Orlov). Comme la coordination par le GOSPLAN était largement défectueuse, les entreprises soviétiques avaient en effet pris l'habitude d'essayer de fonctionner autant que possible comme des centres de production totalement intégrés, de la matière première au produit fini, ou peu s'en fallait.

Ce fut, pendant la période soviétique, une des raisons des faibles performances de cette économie : il est évident qu'une usine ne peut pas tout faire de façon optimale, et qu'il lui faut souvent sous-traiter pour réduire ses coûts. Donc une usine qui ne sous-traite rien a des coûts de production excessifs (c'est ce qui arrive quand un fabricant de réfrigérateurs se lance dans la chimie de transformation parce qu'il ne peut pas compter sur ses fournisseurs de plastiques).

D'un autre côté, quand l'URSS s'écroula, cette intégration verticale absurde s'avéra un coussin de sécurité très appréciable : comme les entreprises étaient largement capables de fonctionner en autarcie, la production dans de nombreux secteurs fut moins désorganisée qu'on aurait pu le craindre.

En fait, le gros problème de l'ex-URSS ne fut pas la baisse très sensible de la production proprement dite. Ce fut la désorganisation des réseaux de distribution.

Ils n'avaient jamais été bons. Même aux plus beaux jours de l'économie khrouchtchévienne, on considérait normal que les gens fassent la queue pour le moindre achat, à telle enseigne que les soviétiques étaient peut-être les seuls hommes au monde à avoir développé une *culture de la file d'attente*. Cependant, ces réseaux existaient, et obéissaient principalement à un système de contraintes : en termes de production et de livraison, le GOSPLAN n'était rien d'autre qu'un processus de normage centralisé alternatif à notre fonctionnement de fixation des prix par l'offre et la demande. Le gros problème de ce système, c'était que les biens produits étaient écoulés parce qu'il n'y avait rien d'autre à acheter, et parce qu'ils ne coûtaient pas cher. En fait, dans bien des cas, ils étaient *inutiles*.

Une fois que l'URSS eut explosé, la contrainte disparut, et les réseaux de distribution devinrent parfois inexistants – surtout quand ils étaient supposés chevaucher une frontière entre républiques ex-soviétiques, ou lorsqu'ils diffusaient des biens à l'utilité douteuse, pour qui doit regarder à son portefeuille. La baisse du PIB soviétique s'expliqua donc plus souvent par l'incapacité à *commercialiser* les biens que par une véritable impossibilité logistique à les *produire*.

C'est pourquoi l'implosion de l'économie soviétique eut des résultats si contrastés, territorialement et par secteurs. Là où se trouvaient les sites de production, souvent, non seulement on ne manquait pas, mais en outre on avait en abondance (parce que les usines continuaient à fonctionner sans pouvoir écouler leur production). Ailleurs, on pouvait manquer complètement d'un bien disponible à quelques dizaines de kilomètres de là. La situation la plus difficile à décoder est celle du système agricole : en termes statistiques, la production s'effondra de 50%. Mais on peut ici se demander si cette baisse n'a pas traduit, très souvent, le développement d'une gigantesque économie parallèle de marché noir et d'autoconsommation.

Pour finir, l'abolition des règles de fonctionnement de l'économie soviétique eut des résultats d'autant plus cruels que les *chaînes logistiques* à réguler étaient complexes, dépendantes du système de codage GOSPLAN, et faisaient appel à des acteurs multiples et distants.

Conclusion : quand un système hyper-régulé bascule soudain dans l'anomie, la gravité de la situation dépend principalement de la *complexité* de ce système (faible dans le cas de l'URSS), du niveau d'inscription du réel dans le codage, et de la capacité à maintenir, ou pas, le *principe fondateur* de l'intégration des acteurs (dans le cas de l'URSS : le normage des livraisons par le plan).

⇨ *Au niveau politique*, la chute de l'URSS a entraîné une néo-féodalisation très marquée, surtout dans les républiques périphériques. Cette néo-féodalisation a été observable pratiquement à tous les niveaux (y compris à l'intérieur du management des entreprises, domaine qui, en URSS, était largement incorporé dans le pouvoir politique). Partout, des individus ou des sous-groupes se sont emparés des rouages du pouvoir sans autre légitimité que leur capacité à s'en saisir – un pur fait accompli. Généralement, c'était d'anciens cadres du parti communiste et/ou du KGB (la seule chose qui fonctionnait vraiment en URSS).

Cette néo-féodalisation s'est manifestée en particulier sous deux formes marquantes :

Au niveau des grandes entreprises, les fonctions de direction ont été captées par des gens *très souvent liés aux mafias*. Les privatisations lancées en 1991 par Boris Eltsine ont profité pour l'essentiel à des oligarques proches de la « cour » du nouveau Tsar. Les entreprises publiques furent vendues pour une bouchée de pain, généralement sans appel d'offre digne de ce nom, et sans aucune transparence. En pratique, l'opération a été conduite sous la pression des multinationales et des grandes banques occidentales (dont la Russie avait absolument besoin pour son financement), et au bénéfice d'hommes de paille mafieux ou proto-mafieux. La plupart des oligarques qui émergèrent de ce pillage extrêmement brutal se trouvaient à l'intersection entre les réseaux d'influence du Capital international et les mafias caucasiennes ou juives (c'est un des facteurs explicatifs de la poussée raciste et antisémite en Russie).

Au niveau des républiques fédérées, le pouvoir a été confié à des individus délégués par les oligarchies préexistantes afin de sauvegarder leurs privilèges, au-delà de la faillite du système qui les avait justifiés. On citera par exemple le cas de la Biélorussie, très emblématique. Lors du coup d'État d'août 1991, le président biélorusse prend position en faveur des putschistes. Aussitôt, pratiquement toute l'oligarchie du pays se range derrière lui (la Biélorussie, qui retirait des avantages concrets de sa position d'avant-poste de l'URSS, avait intérêt au maintien de l'Union). Mais voici que le putsch échoue à Moscou. Aussitôt, toute l'oligarchie se retourne, comme un seul homme, et déchoit le président en place pour lui substituer un ami d'Eltsine. À chaque étape du processus, le seul et unique objectif de l'oligarchie biélorusse a donc été de conserver ses relations privilégiées avec Moscou, condition sine qua non du maintien du pouvoir en place à Minsk. Si les Russes s'étaient donné un président nain, les Biélorusses seraient allés chercher un gnome !

En somme, la dynamique de la Katastroïka, en ce qui concerne la répartition des pouvoirs, a été tout simplement :

- la révélation des pouvoirs cachés, une fois les pouvoirs institutionnels apparents balayés par le vent de l'histoire (donc, pour l'essentiel, la révélation du pouvoir des *mafias* – soit les mafias criminelles devenues mafias économico-politiques, soit les oligarchies politiques devenues mafias politico-financières),

- la consécration des individus capables de se placer à la confluence des rares réseaux de structuration de l'information et de construction du sens, dans cette période d'anomie généralisée (donc, en gros, les réseaux incubés soit par le dollar, nouveau vecteur des relations économiques dans une Russie dont la monnaie devait succomber à une inflation galopante, soit par le KGB, seule partie de l'URSS capable de perdurer).

Encore, et toujours, les leçons de Joseph Fouché !

*

Osons à présent un parallèle entre notre situation future et l'ex-URSS pendant la phase d'anomie qui suivit l'implosion du système et la fin de la paraphrénie brejnévienne. Exactement comme la pérestroïka fut l'instant où il devint impossible de masquer l'absurdité du système de surcodage institué, il est très probable qu'à plus ou moins brève échéance, l'implosion du système dollar marquera la fin de notre paraphrénie occidentale – et donc le début de la phase d'anomie (la question de savoir si l'explosion du système euro doit précéder ou suivre l'implosion du système dollar reste posée).

Ce qu'on peut dire à coup sûr, c'est que notre anomie risque d'être *beaucoup plus rude* que celle traversée par les ex-soviétiques, parce que notre paraphrénie est allée *beaucoup plus loin*...

⇨ *Au niveau économique*, la dislocation du support de construction du sens partagé, le dollar aux USA (et l'euro chez nous s'il implose), sera bien plus douloureuse que celle de l'ancien Gosplan soviétique, et ce pour deux raisons :

À la différence du système d'économie dirigée, qui n'a jamais bien fonctionné, le système occidental fut, pendant longtemps, caractérisé par une remarquable capacité à construire des chaînes logistiques extrêmement complexes, totalement intégrées et faisant appel à des acteurs très éloignés les uns des autres. C'est pourquoi, si le support de cette formidable capacité de coopération venait à manquer, la désorganisation de la production serait bien plus radicale qu'en ex-URSS. Peu d'usines dans le monde occidental sont caractérisées par une forte intégration verticale.

À la différence du système d'économie dirigée, dans lequel le vecteur du sens était explicite (le pouvoir de contrainte du Gosplan et l'obligation de participer à une économie planifiée et centralisée), chez nous, la construction du sens partagé est en matière économique quelque chose de largement inconscient. Donc les acteurs, si cette construction devient impossible, seront totalement déroutés, parce qu'ils ne parviendront pas à analyser le mal qui les frappe. Ils auront l'impression que quelque chose de *naturel*, et non d'artificiel, vient d'être aboli.

Parlons de la *théorie de la valeur*.

Dans l'économie de marché, le prix d'un bien ou d'un service est déterminé par la loi de l'offre et de la demande, et on considère par hypothèse que ce prix est représentatif de la valeur de la chose considérée. La plupart des gens n'en ont pas conscience, mais ce processus de détermination de la valeur traduit une pétition de principe idéologique : dire que le prix, issu de la loi de l'offre et de la demande, énonce la valeur d'une chose, c'est sous-entendre que le besoin créateur de la demande est *par hypothèse légitime*.

Cette légitimation a priori du besoin exprimé par la demande est absolument idéologique, puisqu'elle énonce une vision *individualiste et matérialiste* du monde, traduite dans un certain système de représentation :

- Une vision du monde dans laquelle l'individu constitue implicitement l'ordonnateur de son monde (ce qui revient à dire que l'individu est fondé à énoncer le sens, donc à dire l'Etre – c'est la conséquence du « Je pense, donc je suis » cartésien),

- pour autant qu'il en ait les moyens, moyens définis et arbitrés par le système de représentation monétaire (ce qui revient à dire que la détention du capital régule les droits individuels concurrents dans l'énonciation du sens – c'est la conséquence de la réponse apportée par Adam Smith à l'interrogation angoissée de Hobbes, pour qui la société était un contrat, et le contrat social constamment menacé de dissolution du fait de l'instabilité de l'autorité – réponse de Smith qu'on pourrait résumer ainsi : donnons un équivalent mathématiques au principe de dissolution, et nous en ferons un instrument de cohésion, « vice privé, vertu publique »).

La plupart de nos contemporains, quelle que soit leur affiliation politique, ne réalisent pas du tout le caractère idéologique du principe même de fixation de la valeur dans notre économie :

L'écrasante majorité des libéraux pense que la définition de la valeur ajoutée par la différence entre le prix payé pour les consommations intermédiaires et le prix de vente du produit fini est la seule possible, et qu'elle renvoie en quelque sorte à une propriété antérieure de la matière et du flux (c'est la raison pour laquelle ces libéraux se sont gargarisés de la croissance du PIB dans l'Anglosphère depuis des décennies, sans jamais se rendre compte que cette croissance était de plus en plus obtenue par le surcodage d'une valeur ajoutée purement conventionnelle).

Mais l'écrasante majorité des socialistes contemporains est tout aussi incapable de remonter en amont de la notion de plus-value. Le socialiste contemporain est un individu généralement animé de bonnes intentions, qui veut un « partage de la plus-value » laissant moins de place à « l'extorsion » (chose qu'un homme de cœur, dans le contexte actuel, ne peut qu'approuver). Le hic, c'est que ce même socialiste semble parfaitement inapte à remettre en cause la *notion* même de plus-value, à en faire la critique, à en déceler la dimension intrinsèquement idéologique. Ce qui fait de nos socialistes contemporains des libéraux qui veulent collectiviser les fruits du libéralisme – ni plus ni moins.

Pourtant, il a existé, par le passé, bien des manières de définir la valeur des biens et des services. Et cette valeur-là, bien souvent, était implicitement appuyée sur un système de valeurs (au pluriel) différent du nôtre, *producteur d'un sens collectif différent*. Par exemple, dans l'économie d'ordres construite sous l'Ancien Régime par le système des corporations, la définition de la valeur renvoyait implicitement à un impératif de *stabilité sociale* : dans un tel système, les prix étaient définis en vue de garantir les intérêts des groupes de producteurs, afin que ceux-ci puissent élever leurs familles et contribuer au financement de l'Église et de l'État. Ce système était producteur d'une valeur bien moindre en termes de consommation individuelle (d'où son démantèlement par la bourgeoisie, bénéficiaire de l'idéologie Descartes-Hobbes-Smith), mais il n'était tout simplement pas établi en vue de cette valeur-là : il poursuivait *une autre valeur*, parce qu'il servait des classes dominantes (aristocratie et clergé) *qui n'avaient pas les mêmes valeurs (au pluriel)*.

Fondamentalement, l'effondrement du système dollar/euro, effondrement qui a débuté, sans doute, avec la crise actuelle, impliquera la remise en cause de la théorie de la valeur construite par l'idéologie Descartes-Hobbes-Smith. Cet effondrement est d'ailleurs inéluctable, pour des raisons qui renvoient à des exigences situées en amont du processus d'implosion de l'Empire défini comme système producteur de sens.

Pour commencer, il se trouve tout simplement que les contraintes écologiques démontrent que la théorie de la valeur contemporaine n'est plus optimale pour faire collaborer les acteurs dans une optique globalement souhaitable. Pour parler comme Bloom, le langage des agents de conformité au sein du cerveau global ne permet plus d'énoncer un sens cohérent avec les exigences du contexte – c'est évidemment une des causes profondes de la paraphrénie contemporaine. La définition de la valeur par la loi de l'offre et de la demande repose en effet sur un présupposé écologique implicite et *faux*, à savoir que l'extension indéfinie de la demande est envisageable. On ne peut pas conduire un projet infini sur une terre aux ressources finies. Le fait que la demande soit exprimée par des acteurs qui raisonnent isolément et à court terme aboutit à évaluer la valeur dans un paradigme et sur un horizon temporel inadaptés aux enjeux contemporains.

Ensuite, dans une grande partie du monde occidental, et dans d'importantes strates de notre société, un phénomène de distanciation est observable à l'égard de la théorie libérale de la valeur. Cette distanciation ne procède pas d'une analyse approfondie de cette théorie, et elle ne débouche, à ce stade, sur aucune proposition alternative. C'est en réalité le tout début de l'anomie, par anticipation en quelque sorte sur l'implosion de la paraphrénie. Au fond, de plus en plus de gens, dans les pays développés, se demandent *pourquoi ils vivent*. Exemple parmi des dizaines : au Japon, les « mangeurs d'herbe », c'est-à-dire les jeunes hommes qui ne recherchent plus les conquêtes féminines (comme signe extérieur de richesse, s'entend), contestent implicitement un des principaux ressorts du surcodage, à savoir la fabrication de valeur symbolique via la demande de différenciation positive dans la compétition sexuelle. Si l'on ose dire, cette *débandade* du mâle japonais annonce, en filigrane, celle de tout le système de surcodage construit par la société de consommation.

Le problème, c'est qu'à la différence de la théorie de la valeur bâtie par le Gosplan soviétique, la théorie occidentale, en train d'imploser, a été *intériorisée* par les consommateurs – et, en outre, *il n'y a pas de système de rechange*.

En URSS, tout le monde savait qu'il existait un système de valorisation à visée idéologique, et personne ne pouvait raisonnablement confondre sa perception individuelle avec ce système abstrait (ou plutôt : personne à part quelques stakhanovistes). C'est pourquoi, quand l'URSS s'est écroulée, l'effondrement du processus de construction du sens économique n'a pas eu de conséquences au-delà de l'économie elle-même. Ah bon, le Gosplan ne fixe plus de normes ? Eh bien, continuons à produire pour vendre, on va tester le marché, on verra si ça marche… La dislocation du Gosplan a été un sacré chaos, cela, on ne peut pas le nier. Mais le chaos n'a pas contaminé les têtes, ou seulement à la marge. Et pour une partie au moins de la population, cela a été l'occasion de passer à autre chose – quelque chose qui, dans l'ensemble, était souhaité (les Russes, en 1991, n'avaient qu'une idée assez vague de la société libérale, dans leur esprit cela voulait dire qu'ils pourraient s'acheter des chaussures sans faire la queue quatre heures).

En Occident, en revanche, on a *déjà* testé le marché. Donc si ce système-là s'écroule, on n'a aucune idée de ce qu'il faut mettre *à la place*. En outre, si une petite partie des occidentaux sont en train de devenir des « mangeurs d'herbe » optimistes (c'est-à-dire des gens qui sortent du système de représentation préexistant par le haut, pour rechercher autre chose), la grande masse se répartit entre « mangeurs d'herbe » par *anomie* et petits consommateurs parfaitement lobotomisés, dont la construction mentale intérieure est entièrement adossée au *système de valeurs* sous-jacent à notre *théorie libérale de la valeur*.

Cette situation implique que l'anomie engendrée par l'implosion du système de représentation consumériste occidental risque d'être beaucoup plus lourde que celle engendrée, il y a vingt ans, par l'implosion du système Gosplan.

Le jour où l'URSS s'est écroulée, les Russes ont eu mal physiquement, mais dans l'ensemble, spirituellement, ils n'ont pas été excessivement traumatisés.

« Hé, Vania, le Plan ne nous dit plus ce qu'il faut faire ! » – « Mince, Volodia, comment on va faire pour truquer les normes s'il n'y a plus de normes ? » – « Quel casse-tête, Vania, remets-nous une tournée de vodka, tiens ! » – « Ah bon, nous voici en pays de connaissance, Volodia ! »

Mais le jour où le système occidental va faire naufrage, les dialogues risquent d'être beaucoup moins fatalistes : « Comment cela, le marché ne fonctionne plus ? Mais enfin, c'est *impossible* ! Le marché doit fonctionner, puisqu'il est créé par notre simple *liberté* ! Vite, débusquons les coupables de cette incompréhensible catastrophe… »

⇨ *Au niveau politique*, dans ces conditions, la dislocation de notre support de construction du sens partagé sera lourde de conséquences dramatiques. L'ambiance générale créée par l'implosion économique était très mauvaise en Russie dans les années 1990 (la démission d'Eltsine s'explique principalement par l'urgence qu'il y avait, pour ses amis oligarques, à proposer une solution au peuple russe au bord de la révolte). Mais la situation a malgré tout pu rester sous contrôle, parce que les Russes, en dépit des souffrances endurées, continuaient à espérer. Leur effondrement ouvrait potentiellement la porte à une refondation, l'anomie leur apparaissait comme une situation forcément provisoire.

Rien ne garantit une psychologie collective identique en Occident, une fois le système de représentation et d'élaboration du sens jeté à bas. Quand le système soviétique s'est effondré, personne ne s'est demandé pourquoi. Mais quand le système libéral occidental va imploser, beaucoup de gens ne croiront pas ce qu'ils vivront. Et l'incompréhension engendre la peur, la violence, la colère.

Ce sera d'autant plus vrai que, *si l'on prolonge le parallèle soviétique sur le plan purement politique*, l'Occident pourrait vivre, dans la décennie qui vient, une situation pour lui totalement inédite : le colonialisme… mais cette fois, du point de vue des colonisés !

Dans la Russie des années 90, un des principaux problèmes politiques du moment était le décalage manifeste qui existait entre la perception de puissance héritée de l'Empire soviétique et la réalité de la situation russe : celle d'un immense potentiel totalement sous-exploité. Ce décalage fut d'ailleurs un facteur aggravant de l'anomie qui frappa la Russie sous Eltsine, et il n'est pas encore totalement résorbé.

Cependant, la situation risque d'être bien pire en Occident, une fois la phase actuelle de paraphrénie consommée, dans la phase d'anomie consécutive à l'implosion. Si le décalage entre la perception de *puissance* héritée de l'URSS et la réalité de la puissance russe était majeur dans la Russie des années 90, le décalage entre la perception de *performance* et la réalité de la performance restait relativement faible. Les Russes se sont beaucoup illusionnés sur la puissance de leur État, mais très peu sur l'efficacité de leur système.

Il n'en va pas de même en Occident.

Mettons en perspective la chute de l'Occident. Oublions un moment le monde qui descend, le nôtre. Parlons plutôt du monde qui monte : la Chine.

*

La plupart des occidentaux sont encore aujourd'hui convaincus que les USA possèdent une économie infiniment plus puissante, performante et créatrice de richesses que l'économie chinoise. Il est fréquent qu'on vous oppose, quand vous évoquez la montée en puissance de la Chine, le ratio qui existe entre le PIB US au taux de change courant (14 400 milliards de dollars en 2008) et son équivalent chinois (4 300 milliards pour la même année), soit à peu près le chiffre magique de 3. Voyons, comment pouvez-vous évoquer une situation de quasi-parité entre Chine et USA en termes de puissance économique, alors que PIB des USA est trois fois plus gros que celui de la Chine ? Et comment pouvez-vous dire que le système US n'est pas forcément plus performant que le système chinois, alors que les USA, quatre fois moins peuplés que la Chine, ont un PIB trois fois plus important ? Voyons, le PIB par habitant des USA est *13 fois* plus élevé que celui de la Chine !

Pour mesurer à quel point ce type d'interrogation est en soi révélateur de la confusion carte/territoire qui constitue, dans l'actuelle phase de paraphrénie collective, l'essence du mode de pensée de nos contemporains occidentaux, il faut ici rappeler quelques évidences.

La performance d'un système doit être ramenée à ses finalités. Il est donc sans objet de comparer les économies chinoises et américaines au regard d'un critère de mesure, le PIB au taux de change courant, qui est fait pour mesurer le niveau d'activité *inscrit dans le système de représentation promu par les États-Unis*. Il faut au contraire affirmer, dès l'abord, que le PIB en lui-même n'est pas un indicateur neutre : il ne mesure pas l'activité économique au sens de la création de richesses effectives, mais l'activité économique au sens de la création de valeur financière. Et on rappellera ici qu'en 2000, le PIB américain incluait entre autres la valeur « ajoutée » inscrite au confortable et très artificiel chiffre d'affaires d'Enron (139 milliards de dollars tout de même), donc un gigantesque amoncellement de jeux d'écriture et de dettes maquillées en profit. Voilà qui donne d'emblée une idée de la pertinence de l'indicateur PIB.

La réalité de l'économie n'est pas faite par sa cartographie financière (qu'on la mesure par le PIB ou par un autre indicateur), mais par l'ensemble des chaînes logistiques de production et de transport, des services rendus et des créations de valeur intellectuelle effectives, mesurées par exemple à travers les redevances versées au titre des brevets.

Il est pratiquement impossible de ramener cet ensemble à une unité de mesure unique et non contestable, pour deux raisons :

- D'une part le territoire à cartographier n'est pas homogène dans sa substance, et on est donc obligé de retenir des équivalences conventionnelles entre, par exemple, la production physique de la marchandise et le service à valeur ajoutée greffé sur cette production, ou encore entre les marchandises elles-mêmes. Or, l'équivalence dépend implicitement du système de représentation et de construction du sens collectif dans lequel on a choisi de s'inscrire. Par exemple, dans une société où il y a de plus en plus de célibataires, le prix du mètre carré habitable est plus élevé dans les petits appartements, parce que l'offre est saturée par la demande. Inversement, si demain cette société voit une brutale poussée de la nuptialité et de la natalité, l'offre en petits appartements va saturer la demande, et le prix du mètre carré habitable sera plus élevé dans les grands appartements. De même, dans une société qui fait peu d'enfants, le fait qu'il y ait une crèche dans une résidence a peu d'importance, alors que c'est un service fortement apprécié dans une société qui fait beaucoup d'enfants.

- D'autre part la valeur allouée à une chaîne logistique de production de marchandise ou de service n'est pas la même selon qu'on s'intéresse à l'efficience ou à la robustesse du processus. Tous les gestionnaires industriels du monde savent qu'il est extrêmement difficile de quantifier dans l'absolu la valeur d'une solution de production, parce que cette valeur dépend en réalité du contexte dans lequel l'activité va s'exercer. En particulier (et cela est crucial s'agissant de l'économie contemporaine soumise à de forts risques géopolitiques à court terme, écologiques à moyen et long terme), une solution très efficiente en situation optimale peut s'avérer extrêmement fragile en situation dégradée – et son évaluation doit en tenir compte. Il est troublant, soit dit en passant, que cette évidence, expérimentée quotidiennement partout à travers le monde par des millions d'ingénieurs, n'ait jamais été sérieusement prise en compte par les macro-économistes dont les tirades remplissent régulièrement les colonnes de nos journaux. On leur suggèrera de faire, de temps en temps, un stage dans le service contrôle de gestion d'une entreprise industrielle ou de service.

En réalité, le seul moyen de juger, même très approximativement, de la performance d'un système économique (et indirectement du système politique qui l'encadre), c'est de ramener son action à ses objectifs, explicites et implicites, en situation optimale et en situation dégradée. Au rang des objectifs explicites, on retiendra le bien-être de la population (plus exactement la garantie du niveau de bien être que la population exige au regard de ses critères culturels) et le maintien des outils stratégiques indispensables à la protection de cette population. Au rang des objectifs implicites, on ajoutera sans doute la capacité d'étendre les outils d'action stratégiques permettant de maintenir et si possible d'accroître la puissance relative du pays. Pour la notion délicate de « situation dégradée », nous dirons qu'il faut s'intéresser à la capacité du système à maintenir sa cohésion si les chaînes logistiques sont durablement perturbées par des évènements possibles, par exemple une interruption des importations en énergies, matières premières ou produits semi-finis.

Cette définition, on le remarquera d'emblée, implique que nous ne validons pas une grande partie de ce qui fait la différence actuelle entre le PIB US et le PIB chinois. Tout d'abord, une moitié environ du différentiel (soit 2 fois le PIB chinois) est due à la sous-évaluation de la monnaie chinoise, sous-évaluation maintenue par Pékin volontairement, afin de favoriser ses exportations, et longtemps tolérée par les USA (parce que cela permettait aux multinationales US d'utiliser une main d'œuvre asiatique très bon marché, et donc de faire pression sur les salaires partout ailleurs dans le monde). Corrigé de cet effet de sous-évaluation, le ratio entre le PIB US et le PIB chinois tombe à 2 (au lieu de 3). Ensuite, le PIB US inclut de nombreuses prestations de service qui ne rentrent pas dans notre définition de la performance économique réelle. Par exemple, il y a aux États-Unis un million d'avocats, soit 3 pour 1 000 habitants (France : 1 pour 1 000 habitants). Il est évident que, si les salaires de ces avocats entrent dans la valeur ajoutée supposée de leurs firmes, donc dans le PIB des États-Unis, cette création de valeur comptable ne reflète pas une capacité de création de richesse de la part de la société US, mais plutôt sa tendance à la judiciarisation. On peut difficilement voire une pathologie sociale comme une richesse.

Ce point étant établi, passons maintenant à l'examen de la situation respective des USA et de la Chine, au regard de l'efficacité réelle de leurs systèmes respectifs, dans leurs contextes respectifs, et au vu de leurs objectifs stratégiques probables.

Commençons par décrire le système chinois. Il est souvent mal connu en Occident.

La Chine est désormais une *économie de marché régulée*. Cela lui a permis, à partir des années 80, de sortir de la stratégie contre-productive imposée par les maoïstes : au lieu de financer une industrie lourde qui demande beaucoup d'investissement et peu de main d'œuvre, les Chinois comprirent que leur ressource-clef était la main d'œuvre, et ils développèrent l'industrie légère. Ainsi, ils prirent le train de la révolution industrielle là où il peut être pris, c'est-à-dire en amont de la sidérurgie et de la construction mécanique, dans le *textile*, en exploitant *l'exode rural*. L'erreur stalinienne (erreur imposée, précisons-le, par les exigences militaires), erreur qui avait tué dans l'œuf le développement soviétique, fut donc évitée en Chine, à partir de 1980. Et donc, à la différence de l'industrie russe (encore aujourd'hui peu diversifiée), l'industrie chinoise s'est construite sur des bases saines, de bas en haut en termes de complexification des processus et d'intensité capitalistique.

Simultanément, dans les années 80, l'agriculture chinoise fut « décollectivisée » : elle revint, en pratique, à un système de production sur la base de la famille, soit le système traditionnel de l'Empire du Milieu.

On peut donc considérer que l'économie chinoise, dans son organisation fondamentale, n'est de type « socialiste soviétique » ni dans l'industrie, ni dans l'agriculture.

Cependant, le système chinois ne peut pas être défini non plus comme un pur capitalisme. Les prix à la consommation sont libres, *mais les prix des facteurs de production sont partiellement encadrés*. Une grande partie des entreprises chinoises sont en réalité d'anciens bureaux d'État reconvertis en firmes commerciales, mais toujours rattachés à la sphère publique.

Au fond, le système chinois est un réseau d'économies régionales *dirigées*, avec encadrement de facto des prix du travail et de la terre (largement par les autorités locales), des manufactures d'État (souvent sous le contrôle des régions), et une interpénétration du privé et du public dans le cadre d'instances paritaires ou fonctionnant comme telles au niveau local. Bref, *c'est un colbertisme adapté à l'échelle d'un continent*. La Chine nous montre tout bonnement que c'est l'État qui crée le Marché, et non l'inverse – comme nous le savions jadis en Occident, avant de nous faire laver le cerveau par les néolibéraux.

Ce qui est spécifique à la Chine, c'est uniquement l'effet de taille induit par ses dimensions.

En pratique, le pouvoir central agit comme une instance d'arbitrage entre des régions chinoises parfois aussi grandes que la France, qui arbitrent leur politique localement, et souvent en guerre commerciale très violente *entre elles* (d'où le fait qu'il existe des freins à l'importation à l'intérieur de la Chine, d'une province à l'autre). Il ne faut pas perdre de vue, à ce sujet, que le gouvernement de Pékin dirige un continent divisé linguistiquement, *mais uni par l'écriture*. Aujourd'hui comme hier, la Chine n'est donc pas un pays, mais un Empire qui ne peut que se refaire à chaque fois qu'il a explosé (au reste, les Chinois ne se trompent pas quant à cette permanence : en Chinois, la « révolution » communiste se dit « changement de dynastie », en toute simplicité).

Ce qui est nouveau, en revanche, c'est que cet Empire est dirigé par des adeptes de la mobilisation totale des forces productives, dans le cadre d'un système socioéconomique fondamentalement *corporatiste et dirigiste*, qui constitue un *capitalisme alternatif*. Cela, cette irruption de la Chine dans un débat jusque-là cantonné au monde occidental, c'est *vraiment* nouveau. Le système chinois, c'est l'économie sociale de marché moins la démocratie. Il existe, à l'Est, une nouvelle formule de régime autoritaire préservant les structures du capitalisme – en termes provocateurs : un *fascisme*.

Depuis vingt ans, ce système a généré une croissance considérable (environ 10% par an, sans tertiarisation malsaine). La réalité de cette croissance est indiscutable, même si les statistiques chinoises sont sujettes à caution (les régions ont tendance à truquer les chiffres pour des enjeux de pilotage interne), d'autant plus que certains acteurs ont intérêt, au sein du monde chinois, à *minorer* leur performance réelle.

Cette croissance, contrairement aux idées reçues, n'est que très partiellement liée aux investissements étrangers. En fait, les implantations étrangères ont intéressé Pékin pour deux raisons : parce que c'était la garantie d'un accès plus facile aux marchés étrangers, et parce que c'était l'occasion d'opérer des transferts de technologie. Quant à l'investissement lui-même, il a été obtenu à partir du taux d'épargne chinois, très élevé – quand on nous explique que la croissance chinoise est financée à crédit, ce qu'on oublie de nous dire, c'est que les crédits octroyés par les banques sont eux-mêmes couverts par l'expansion de l'épargne des particuliers. La Chine, actuellement, *code* la richesse, elle ne la *surcode* pas.

Sur le plan de l'organisation des flux de capital, la Chine fonctionne sur un modèle de banque-industrie qui la rattache au capitalisme rhénan, et non au capitalisme boursier anglo-saxon (ainsi, la capitalisation boursière de Shanghai est à peine supérieure à celle de Londres, et elle représente moins de 20% de celle de New York). Cela n'empêche pas la Chine de présenter un taux d'investissement énorme (jusqu'à 40% du PIB ces dernières années, un chiffre caractéristique d'un *décollage* exceptionnellement rapide).

C'est cet investissement, conduit à un rythme très soutenu, qui explique la croissance chinoise, tirée par l'accroissement des capacités de production et le transfert progressif de la main d'œuvre des activités sous-productives vers des activités productives. Contrairement à l'Occident, où la croissance est produite par la consommation (financée par la dette), en Chine, elle est le fait d'un investissement massif. Sans nier que les décisions d'investissement soient parfois mauvaises, il reste qu'indiscutablement, la croissance chinoise a été, ces dernières décennies, plus saine que la croissance occidentale (il vaut mieux avoir des usines surdimensionnées et des ouvriers peu productifs que des consommateurs surendettés et plus d'usines du tout).

La première conclusion qu'on peut tirer de ce tableau chinois, quand on le rapporte à celui présenté par un système américain en pleine paraphrénie et désormais menacé de basculer à tout moment dans la phase d'anomie, c'est que le système chinois, en tout cas, s'est montré, ces dernières décennies, incomparablement plus performant que le système américain, en termes de capacité à créer de la croissance *réelle*. Le fait que cette performance ne traduise qu'un rattrapage n'enlève rien à sa réalité. Le fait qu'il soit évidemment plus facile de monter quand on part de bas n'empêche pas que l'on a monté en Chine, et pas aux États-Unis.

Cette croissance a-t-elle permis de garantir aux Chinois ordinaires le niveau de vie que leur standard culturel exige ? Il faut sans doute ici distinguer deux Chine : le monde rural (900 millions de personnes) et le monde urbain (« seulement » 400 millions), deux mondes présentant des sociologies et des mentalités très différentes.

Pour la Chine rurale, la période contemporaine est celle d'une amélioration réelle du niveau de vie, parti il est vrai de très bas (la croissance démographique chinoise des XVIII°, XIX° et XX° siècles avait fait des campagnes chinoises un véritable enfer surpeuplé). À l'heure actuelle, cette immense campagne n'a plus faim, et les familles sont en situation d'établir leurs enfants. *Au regard des normes de ce monde*, cela seul suffirait à faire de l'époque actuelle une période de prospérité.

Mais on se tromperait en pensant que la Chine en est encore là : il faut se méfier des statistiques qui indiquent un revenu rural moyen par tête de l'ordre de quelques centaines d'euros, elles n'ont pas beaucoup de signification dans un univers où une grande partie de l'activité économique n'est pas inscrite dans le cycle de l'échange. En réalité, plus de la moitié des ménages ruraux ont le téléphone et une machine à laver, presque tous ont la télévision.

Autant dire que pour la Chine rurale, l'époque actuelle correspond à une sorte de *miracle économique*. Il faut se rendre compte que nous parlons là d'un monde qui est passé, en une génération, d'un sous-développement comparable à celui de l'Afrique Noire à une opulence comparable aux zones retardataires de l'Europe. *La campagne chinoise vit actuellement les trente glorieuses*, elle est en train de développer son potentiel en procédant au *codage du réel* à travers le signifiant économique. Bref, la Chine des années 2000 démontre tout simplement que le processus de développement vécu par l'Occident pendant les trois premiers quarts du XX° siècle, à des dates variables selon les zones, peut être conduit hors d'Occident (comme il l'a déjà été au Japon ou en Corée).

Il n'y a là rien de nouveau, rien d'étonnant. La seule chose surprenante, c'est de lire dans la presse occidentale des contre-vérités du genre : « la croissance de la Chine est dépendante de ses exportations », alors que la croissance annuelle du pays (+ 600 milliards de dollars par an en parité de pouvoir d'achat, en moyenne sur ces dernières années) est égale à environ 4 fois l'excédent commercial (+ 150 milliards environ, les bonnes années), et qu'elle résulte donc pour les trois quarts du développement du marché intérieur. Là encore, derrière les illusions occidentales, on trouve en réalité la confusion entre la carte et le territoire : les exportations chinoises représentent le quart du PIB nominal (faussé par le taux de change), mais elles ne *rapportent* que 2 points de croissance réelle par an. Cette confusion carte/territoire explique que les occidentaux soient aujourd'hui très surpris de voir la Chine poursuivre sa croissance, ralentie mais toujours soutenue, malgré la contraction de son commerce extérieur. En l'occurrence, il aurait suffi d'analyser les données en profondeur pour comprendre que la Chine peut se développer de manière autocentrée. Plus lentement certes, mais aussi d'une certaine manière plus sainement : la réduction de l'extraversion chinoise va obliger l'économie de l'Empire du Milieu à accélérer la construction de son marché intérieur.

S'il existe évidemment des motifs de mécontentement dans les zones rurales, cela tient surtout à un fait vieux comme le monde : le mirage des villes, la fascination du paysan devant le citadin – et surtout la fascination du paysan *pauvre* devant le citadin *enrichi*. Les excédents de la main d'œuvre rurale se déversent régulièrement dans les villes, selon un phénomène très classique d'*exode rural* et d'*immigration vers les zones industrielles*. Là encore, il n'y a absolument rien de surprenant, et la Chine est tout simplement en train de vivre l'évolution que nous avons connue, en Europe, pendant les trente glorieuses – dans ce domaine-là aussi.

Le migrant rural pauvre et en situation irrégulière (la Chine a un système de passeport intérieur), qui survit en zone urbaine avec trois bols de riz par jour en sous-louant deux mètres carrés au sol dans un appartement surpeuplé, est l'exact équivalent de notre « arabe qui dort chez les marchands de sommeil », personnage typique des années 70. La seule différence est que « l'arabe » chinois parle souvent la même langue que son marchand de sommeil. Pour le reste, même motif, même punition. Le développement des entreprises industrielles en zone rurale (une priorité du gouvernement chinois depuis deux décennies, pour limiter les migrations intérieures) n'est que l'équivalent de notre « aménagement du territoire ». Et là encore, la seule originalité de la Chine, c'est l'ampleur des phénomènes : il y aurait 130 millions « d'immigrés de l'intérieur », dans l'Empire du Milieu (dont 80 millions de « clandestins tolérés », énorme réservoir de main d'œuvre à bon marché).

Dans la Chine urbaine et fortement industrialisée se déroulent aujourd'hui des phénomènes qui évoquent nos trente glorieuses encore plus clairement que dans les campagnes. La transformation des entreprises publiques en sociétés par action a été conduite dans une logique *d'économie mixte* qui n'est pas sans rappeler les solutions du gaullisme en France (quand l'État utilise le privé comme agent de transformation bénéfique, et quand le privé utilise l'État comme allié stabilisateur), tandis que l'organisation interne des entreprises, avec un congrès des ouvriers influençant le conseil des superviseurs, fait penser à la cogestion allemande (dans une version plus autoritaire, puisque fortement encadrée par l'appareil du Parti).

Il est à noter que sans être parfait (certaines entreprises privatisées en quasi-monopole ont été touchées ces dernières années par une vague de scandales), le processus n'a absolument pas donné lieu à une entreprise de pillage, au contraire de ce qui s'est passé en Russie sous Eltsine. Sur ce point, le succès du passage à l'économie de marché par une Chine souveraine, par opposition aux conditions désastreuses de la Russie sous domination du capital anglo-saxon, a constitué une leçon très importante, *et reçue parfaitement à Moscou.*

Je crois que le signe le plus probant du caractère assez sain de ce processus de privatisation est qu'il a donné lieu à d'innombrables *critiques*. À la différence de l'économie version Enron, l'industrie chinoise contemporaine ne prétend pas voler de succès en succès. Elle se reconnaît des problèmes, et les assume politiquement et médiatiquement. Par exemple personne, en Chine, ne songe à nier que le système de banque-industrie ait débouché, dans certains cas, sur des surinvestissements massifs et désastreux, ni qu'il ait connu des scandales retentissants, essentiellement parce que le grand point faible de la gestion chinoise est le défaut d'expertise et d'audit au niveau bancaire.

Cela seul suffit à démontrer que la Chine n'est pas entrée dans une phase de surcodage préludant à la phase de paraphrénie, comme les USA l'ont fait à partir des années 1990 : elle est encore en phase de codage du réel, et donc de croissance *réelle*. Quand la Chine avoue qu'entre 10% et 30% des prêts bancaires aux entreprises sont improductifs, cela veut dire qu'en Chine, *on se pose* la question du caractère productif des prêts. Par rapport à une économie occidentale où l'on en est à débloquer 17% du PIB, en 2009, juste pour sauver les banques elles-mêmes, c'est une différence *positive*. Il vaut mieux savoir qu'on n'est pas parfaitement bien portant qu'être mourant et ne pas savoir qu'on l'est.

En somme, la Chine est tout simplement en train de nous démontrer qu'ayant des fondamentaux anthropologiques comparables à ceux des autres pays asiatiques, elle peut développer une économie aussi efficace que celle de ces pays. Il n'y a là rien de surprenant ni d'illogique. Certes, c'est une évolution décisive dans l'architecture de l'économie globale, parce que le poids de la Chine en fait un acteur spécifique par nature. Mais ce n'est au fond que le retour à la situation qui prévalait avant la révolution industrielle et la guerre de l'opium : en gros, le poids économique de la Chine a vocation à dépasser légèrement celui de l'Occident pris dans son ensemble, puisque la population chinoise est supérieure (1 300 millions pour la Chine seule, contre environ 900 millions pour l'Occident), et la productivité par travailleur potentiellement comparable (on estime d'ailleurs qu'avant la révolution industrielle, la Chine avait un PIB par habitant conforme à la moyenne européenne).

L'Empire du Milieu ne fait que rattraper son retard – et il n'a accompli, pour l'instant, qu'une partie du chemin ; il faudra encore deux décennies, peut-être trois[100], pour que la Chine achève de concrétiser son potentiel. La rapidité de sa croissance s'explique tout simplement par le fait, précisément, qu'il ne s'agit que d'un rattrapage, et nous n'en sommes qu'au début de ce rattrapage. Cet immense pays nous offre un remake des trente glorieuses, à son échelle.

La seule question qui se pose à présent, c'est : les USA ont-ils les moyens d'empêcher la Chine de devenir la première puissance mondiale ? Et la réponse dépend, évidemment, de l'appréciation de la *robustesse* de l'économie chinoise, au-delà de son niveau de performance en situation normale.

Les facteurs de vulnérabilité de l'économie chinoise sont considérables. La surcapacité est importante dans certaines industries, et une brutale contraction de la demande internationale implique une augmentation rapide du taux de chômage. En outre, il est clair que les inégalités sont excessives (l'indice de Gini est comparable à celui des USA), et engendrent un vif mécontentement (les troubles sociaux sont fréquents et très violents). Facteur aggravant, la population chinoise vieillit, et la proportion actifs/retraités va aller se dégradant dans les décennies qui viennent, entraînant une crise structurelle des systèmes de retraite (la situation de la Chine, sur ce plan, est assez comparable à celle de l'Europe, à un détail près : la population va continuer à augmenter pendant quelques années, du fait de « l'effet retard » de la forte croissance des décennies passées).

Mais il ne faut pas perdre de vue que le régime chinois n'est nullement démocratique, et que l'assouplissement de ce régime a été, jusqu'ici, très « dosé ». Même si ce constat est d'une grande tristesse, il faut l'admettre : la répression brutale sur les contestations sociales est à ce stade la seule méthode adaptée à la réalité chinoise. Ou pour le dire en termes provocateurs : *le fascisme, du point de vue des fascistes, ça marche.*

Conclusion : la probabilité qu'un grand mouvement de contestation sociale puisse voir le jour et déboucher sur autre chose qu'un massacre (cf. Pékin 1989) paraît relativement faible. D'autant plus que les difficultés liées à la crise des retraites vont fabriquer des pauvres *vieux*, donc peu remuants.

Autre facteur de fragilité, plus sérieux celui-là : la croissance chinoise est très consommatrice d'énergie. L'industrie chinoise est vorace autant que polluante, et il faudra des décennies pour qu'elle rattrape son retard en matière de lutte contre la pollution et de réduction de la facture énergétique.

Mais pour l'instant, la Chine semble se mettre en situation de couvrir ce risque par son entente avec la Russie. Il semble que les deux grandes puissances soient aujourd'hui parvenues à une alliance structurelle : la Russie ouvre à la Chine les immenses réserves de la Sibérie, la Chine se développe, stabilise sa population et évite une émigration catastrophique vers l'espace russe.

---

[100] Note 2020 : on sait aujourd'hui que ce sera deux au plus, en partant de 2009. La Chine va devoir rembourser le dividende démographique que lui a apporté la politique de l'enfant unique. Elle a commencé à basculer, dès le milieu des années 2010, dans une phase de *surcodage*.

Fragilité encore : l'autosuffisance alimentaire pourrait être compromise si, les hydrocarbures venant à manquer, l'approvisionnement en engrais chimiques faisait défaut. La Chine, dont la croissance démographique ne s'achèvera pas avant deux décennies, va devoir gérer une situation tendue à ce niveau entre 2020 et 2030. Elle est autosuffisante en céréales (ce qui est l'essentiel et constitue un exploit pour un pays ayant par habitant deux fois moins de terres arables que l'Union Européenne, et six fois moins que les USA), mais le changement de mode de consommation des Chinois (qui passent à l'alimentation carnée) va l'obliger à importer (soit de la viande, soit de l'alimentation animale). Et son autosuffisance elle-même pourrait être remise en cause pendant la courte période où elle n'aura pas encore commencé à réduire sa population, et ne disposera probablement plus des mêmes ressources en hydrocarbures – d'autant plus que les structures familiales de l'agriculture chinoise peuvent freiner l'investissement, et donc nuire à l'amélioration des rendements.

Mais pour l'instant, la Chine semble se mettre en situation de couvrir ce risque en achetant des terres agricoles partout dans le monde, et surtout en Afrique (un continent aujourd'hui radicalement sous-exploité, mais qui pourrait devenir un véritable grenier à blé, si des investissements de grande ampleur étaient consentis). Par ailleurs, dans ce domaine aussi, l'alliance russe est utile : la Chine a besoin d'eau pour irriguer l'ouest de son territoire, et cette eau ne peut être captée qu'avec l'accord du Kazakhstan et de la Russie. Comme le Kazakhstan ne risque guère de s'opposer en même temps à Moscou et à Pékin...

Fragilité toujours : la Chine ne maîtrise souvent qu'un segment isolé au sein des chaînes logistiques à l'international – une situation inquiétante pour une économie très extravertie. Une grande partie des exportations chinoises est constituée ainsi de produits semi-finis dont l'assemblage final sera effectué hors du pays, ou de produits finis élaborés à partir de composants étrangers. Le niveau d'intégration verticale de l'économie chinoise est faible sur tout ce qui touche aux flux extérieurs.

Mais on gardera en tête que la Chine est bien placée pour diversifier ses fournisseurs : la France a accepté de lui fournir des centrales nucléaires et des usines aéronautiques (avec transferts de technologie dans les deux cas), l'Allemagne et le Japon seraient bien incapables de reconvertir leur industrie des machines-outils s'ils perdaient le marché chinois, etc. En pratique, cette vulnérabilité chinoise par manque d'intégration verticale ne paraît pas excessive, parce qu'elle possède des vulnérabilités symétriques chez les partenaires de la Chine. Être dépendant de ses partenaires est grave pour un petit pays qu'on peut « laisser tomber » facilement. Être dépendant quand vos fournisseurs risquent la ruine en cessant de vous approvisionner, ce n'est pas la même chose.

En conclusion, à ce stade, la Chine ne maîtrise donc pas *directement* tous les fondamentaux de la production – mais elle est en situation de garantir un contrôle *indirect* sur les fondamentaux qui lui font défaut en termes de contrôle direct.

Contrôle direct : la Chine détient une main d'œuvre efficace et disciplinée, une infrastructure matérielle suffisante pour le niveau d'intégration logistique requis par l'organisation générale, une capacité d'épargne suffisante pour financer l'investissement, un mode de régulation collective relativement performant, un marché intérieur encore peu développé mais dont les réseaux sont déjà pré-dessinés (quoi qu'on en dise en Occident), ainsi que des approvisionnements en matières premières qui ne sont pas négligeables (dans l'ouest du pays) et une assez bonne capacité à mettre en concurrence ses fournisseurs sur les segments non maîtrisés de ses chaînes logistiques.

Contrôle indirect : la Chine manque de gaz et de pétrole, mais la Russie est prête à lui en fournir. La Chine manque encore de savoirs et de savoir-faire (surtout dans les industries à forte intensité technologique), mais ses fournisseurs ont tellement besoin du marché chinois qu'en pratique, Pékin n'éprouve guère de difficulté à diversifier ses sources. Et si les machines-outils et robots viennent d'Allemagne ou du Japon, ces deux pays, puissances qui ne peuvent pas survivre sans marché d'exportation solvable, constituent pour Pékin des partenaires avec lesquels une relation de dépendance mutuelle s'est nouée – et nullement des acteurs qui tiendraient la Chine en dépendance, sans être tenus par elle.

La conclusion semble claire et nette : la Chine maîtrise *tous* les fondamentaux de la production, et elle maîtrise aussi très largement sa capacité à les défendre, et à les renforcer. Le seul moyen pour les USA d'empêcher une situation de parité Chine-Occident (ne parlons pas de la parité Chine-USA, elle ne sera évidemment que provisoire), c'est donc la guerre. L'instant où tout est remis en cause.

Mais quelle guerre ?

Guerre financière ? Difficilement envisageable. Certains arguent qu'il suffirait aux USA de laisser filer le dollar pour détruire les réserves de change chinoises. Étrange raisonnement, qui revient à dire qu'il suffit de se suicider pour que votre adversaire perde la créance qu'il avait sur vous ! En réalité, si les USA laissent filer le dollar, un nouveau système financier international émergera, et comme la Chine jouera un rôle central dans ce système, elle n'aura plus *besoin* de sa réserve en dollars.

Guerre technologique ? Pour l'instant, les USA ont encore plusieurs longueurs d'avance. Mais cela ne durera pas. L'université chinoise compte 23 millions d'inscrits. Plusieurs universités sont considérées comme d'un niveau tout à fait comparable aux meilleurs établissements occidentaux (avec lesquels ont lieu des échanges). Si l'on ajoute à cela l'existence de transferts de technologie importants, pourquoi faudrait-il que la Chine reste durablement retardataire sur le plan technologique, par rapport à une Amérique au système éducatif sinistré par cinq décennies de gauchisme pédagogique ? – Précisons encore que le gouvernement chinois n'hésite pas à se montrer agressif quand il s'agit des nouvelles technologies : Pékin investit massivement dans les biotechnologies, et vient de déclencher une guerre contre Google, pour promouvoir un moteur de recherche *chinois*.

Reste en fait deux armes aux États-Unis, et seulement deux : la déstabilisation par agitation des nationalismes périphériques et instrumentalisation des troubles sociaux, et la guerre *militaire*.

Je ne crois pas à la déstabilisation. Non que la Chine soit un modèle de stabilité, mais parce qu'il m'apparaît que les USA auraient beaucoup à perdre à ce petit jeu. Qui, aujourd'hui, est le plus à même de déstabiliser l'autre, d'une Chine en croissance dotée d'un régime fascisant, ou d'une Amérique en crise gravissime dotée d'un régime pseudo-démocratique mal vécu par une population habituée à la liberté ? Les USA n'ont pas intérêt à entrer dans une stratégie de déstabilisation progressive, forcément lente et visible (pour les services secrets en tout cas), parce qu'une confrontation située sur ce terrain risquerait fort de leur être *défavorable*.

Reste donc la guerre militaire.

Encore faut-il pouvoir la faire, et surtout être à peu près sûr de la gagner. Mais comment les USA, qui ne peuvent pas contrôler l'Irak, et n'osent attaquer l'Iran, pourraient-ils se lancer à l'assaut de la Chine, fût-ce par alliés interposés et dans des conflits périphériques ? Le fait de disposer de moyens supérieurs n'a pas beaucoup d'importance, si l'utilisation de ces moyens est inenvisageable.

Le sujet, cependant, préoccupe Pékin : récemment, on a appris que l'Armée chinoise avait secrètement creusé des milliers de kilomètres de tunnel, sous les montagnes de l'Ouest du pays, pour y conserver la « deuxième artillerie », c'est-à-dire les armes stratégiques – et garantir ainsi une possibilité de contre-frappe en toute situation.

En somme, il semble bien qu'à moins d'un retournement de situation imprévisible, le XXI° siècle sera chinois ! Si l'on se demande comment on a pu en arriver là, je crois que la réponse est assez évidente. Les États-Unis ont laissé la Chine se développer, pendant les années Clinton, parce que :

- L'élite US était fascinée par le modèle fascisant de l'Empire du Milieu (une situation qui n'est pas sans rappeler le financement de Hitler par une partie des élites anglo-saxonnes), et s'est dit qu'en implantant des multinationales US en Chine, elle pourrait capter une immense main d'œuvre, et donc gagner la guerre de classes en Occident – et tout cela, sans risquer la suprématie, parce que la Chine ne peut pas contrôler directement tous les fondamentaux de la production, et sachant que la Russie, dans l'esprit des élites US, devait devenir un satellite de l'Occident,

- Puis, en 2000, la Russie étant au bord du chaos, Eltsine a dû tirer sa révérence, et les oligarques russes ont commis l'erreur fatale de soutenir la candidature d'un homme qui leur paraissait docile, un certain Vladimir Poutine,

En 2005, l'Organisation de Coopération de Shanghai s'est transformée en alliance russo-chinoise quasi-structurelle, et la Chine a acquis, par voie indirecte, *via la Russie*, les éléments de puissance qu'elle ne détient pas directement.

*

En conclusion, ce qu'on peut dire, s'agissant de la Katastroïka occidentale à venir sur le plan politique, c'est que si, comme en URSS, elle se traduit par la révélation des *vrais* rapports de force et de pouvoir, les populations occidentales vont éprouver un choc énorme : pour la première fois de leur histoire depuis cinq siècles, elles seront *du mauvais côté de la domination*. Logiquement, les mondes émergents (la Chine étant le principal, mais il aurait fallu parler ici, si la place n'avait pas manqué, de l'Inde, voire d'autres pays du Sud, Brésil en tête), vont

CRISE ÉCONOMIQUE OU CRISE DE SENS

se trouver dans une certaine mesure en situation de faire subir aux peuples occidentaux ce que ceux-ci ont fait subir au peuple russe dans les années 1990. Quand les Américains ruinés se retrouvent salariés de patrons chinois !

Mais la grande différence entre l'Occident et la Russie, encore une fois, c'est que les Russes n'ont pas été fondamentalement surpris, lorsqu'il est apparu que leur système était sous-performant. Ils ont eu du mal à comprendre que leur illusion de puissance n'était qu'illusion, mais ils ont compris. Il n'est pas certain que les Occidentaux comprennent aussi facilement – et il est très possible, en fait, qu'ils *refusent de comprendre*.

Notre pour plus tard : le basculement d'une paraphrénie totale, organisée autour de l'illusion de « l'Hyperpuissance », dans une anomie complète, sera si brutal, et accompagné d'une telle *déflation de puissance*, que les populations concernées risquent de devenir *folles*.

9 – Raspoutitsa !

Revenons à notre périple en Katastroïka. Après une nuit de repos bien méritée, nous voici à l'aéroport, à Moscou. Direction : Irkoutsk, capitale de la Sibérie. Nous allons survoler l'immense plaine que le printemps a délivrée de l'hiver. Après de longs mois sous son manteau glacé, la terre sibérienne a été rendue à l'air libre. C'est la raspoutitsa. Soudain, cette terre, que le gel avait rendue dure comme l'acier, se transforme en océan semi-liquide. De l'Oural au lac Baïkal, il y a quatre mille kilomètres de boue. Quatre mille kilomètres que nous allons survoler sans crainte, puisque l'hôtesse, dans l'avion, nous a chaleureusement confirmé que (c'est notre jour de chance) la compagnie a pu faire le plein, et nous ne risquons pas de tomber en panne de kérosène entre Krasnoïarsk et Novossibirsk. Ouf. Prendre l'avion dans la Russie de Boris Eltsine, quelle aventure !

À Irkoutsk, un ami russe nous accueille. Appelons-le Boris : il sera notre guide pour comprendre la raspoutitsa post-soviétique, de l'intérieur si l'on peut dire.

Nous avons rencontré Boris à Moscou, dans les années 80, alors que l'ère Brejnev s'achevait, quand Gorbatchev n'était encore qu'un obscur apparatchik du sud de la Russie. À l'époque, Boris était, à nos yeux, le « soviétique type ». Il travaillait comme *normeur* dans une grande entreprise – une manière de comptable à mode du Gosplan. Son travail ne l'enthousiasmait pas, mais il le subissait avec une résignation teintée de fatalisme – le caractère national russe comme antidote aux aberrations de l'économie planifiée.

Ce qui rendait la vie de Boris à peu près supportable, à l'époque, c'étaient les petites « niches » qu'il s'était ménagées, ici ou là, dans sa vie, comme des oasis de liberté, d'humanité et de chaleur, où se ressourcer périodiquement, entre deux traversées du grand désert glacé qu'était devenue la Russie congelée, surgelée, vitrifiée des années Brejnev. C'est bien pourquoi nous appréhendons notre rencontre avec Boris : à l'époque, ses « niches », c'était sa « datcha » (en fait, un jardin ouvrier prolongé par une baraque tout juste habitable), son appartement (petit mais très bien meublé) et sa passion pour l'accordéon (un vrai professionnel). Aujourd'hui, peut-il encore se ménager ces petites « niches » ? Ou bien la lutte pour la survie a-t-elle absorbé la totalité de son existence ? – Nous redoutons, en arrivant à Irkoutsk, de découvrir notre ami en ruines, un alcoolique, sans doute, comme la Katastroïka en a produit des millions !

Mais en arrivant à Irkoutsk, une surprise nous attend. Boris a bonne mine. Il semble très heureux de nous revoir. Ses yeux sont brillants, avec dans le regard un je ne sais quoi de fermeté et de confiance que nous ne lui connaissions pas. Ça alors ! La Katastroïka a réussi à Boris ! À croire qu'il se sent mieux dans un pays ruiné !

Dans les jours qui suivent, Boris nous décrit sa nouvelle vie. Un tableau contrasté…

A l'usine ? Catastrophe ! Quand le système s'est écroulé, Boris s'est rendu compte qu'il ne servait plus à rien. À quoi peut bien servir un normeur, quand il n'y a plus de normes ? Le pire, d'ailleurs, c'est qu'à bien y réfléchir, Boris s'est même rendu compte, à cette occasion, que d'une certaine manière, *il n'avait jamais servi à rien*. Le fait est que la production a fortement baissé, mais cela n'avait rien à voir avec la disparition des normes – c'étaient des problèmes d'approvisionnement, tout bêtement. Et les normes ? Eh bien, on fonctionne aussi bien sans qu'avec !

Avoir travaillé vingt ans comme normeur, et découvrir un beau jour que les normes ne servaient à rien… Dure, dure, la vie d'un soviétique devenu ex-soviétique !

Boris s'en est remis. Il a trouvé un boulot comme contremaître dans une usine, à Irkoutsk. « Être mobile, » nous explique-t-il, « quand tout s'écroule, c'est vital. Si tu ne peux pas bouger quand tout bouge autour de toi, tu es mort. »

Et dans sa nouvelle usine, ça marche ? « Euh, non, » avoue Boris, légèrement hilare, « mais comme ce n'est plus un problème pour moi, ça ne m'affecte pas outre mesure. »

Nous avouons notre incompréhension. Comment ça, « plus un problème » ?

« Écoute, » murmure Boris sur le ton de la confidence, « en Russie aujourd'hui, il y a tout ce qui est officiel, et qui ne marche pas du tout, et tout ce qui est officieux, et qui marche très bien. L'usine, c'est le grand n'importe quoi. Ça fauche à tout va – on traite des métaux rares, et les ferrailleurs viennent faire leur marché jusque dans les ateliers ! En fait, ça fauchait tellement que le directeur a engagé des gardes armés, kalash en bandoulière, à la porte de l'usine ! Mais ça n'a servi à rien, parce que les gardes laissent passer tout ce qu'on veut, suffit de les intéresser aux bénéfices… Et puis, comment tu voudrais qu'on prenne le directeur au sérieux ? Il ne s'est toujours pas expliqué sur le camion entier, bourré de métaux rares, qu'il avait expédié on ne sait ni où ni pourquoi, il y a trois mois, et qui est tombé en panne à la sortie de l'usine – même que le chauffeur, un tchétchène tiens donc ! Eh bien le chauffeur avait l'air bien embêté quand on lui a demandé le bon de livraison… »

Nous regardons Boris avec des yeux ronds. Notre ami est-il en train de nous expliquer qu'il est devenu gangster ?

« Ah non, » se récrie-t-il, « je fauche, mais seulement dans les proportions raisonnables, celles sur lesquelles on s'est mis d'accord avec les camarades ! Et si tu veux savoir, ça ne rapporte pas tant que ça. Le gros de mes revenus, c'est l'alcool clandestin. Ça, pour le coup, ça rapporte vraiment ! »

Notre stupeur va croissant. Ainsi, pour Boris, la malhonnêteté ne commence pas avec le vol, mais avec le vol « au-delà de ce que tout le monde vole » ? Quelle étrange morale !... Et puis, trafiquant d'alcool clandestin, en voilà une activité !

« Mais je ne trafique pas, » proteste Boris, « je ne vends pas mon alcool contre de l'argent, ce serait *immoral*. Je ne suis pas un *mercanti*. L'alcool, c'est juste pour le *Blat*. »

Le *Blat* ? Qu'est-ce que c'est que ça encore ?

Boris nous explique doctement que c'est un terme d'argot carcéral. En substance, il s'agit de l'utilisation de réseaux informels pour obtenir des marchandises ou des services dans le cadre d'un système de troc et de renvoi d'ascenseur. Et la monnaie de cette économie parallèle, informelle, illégale mais tolérée, est principalement l'alcool, clandestin de préférence.

« Tant que tout ça ne met pas en cause l'argent, » explique notre Boris avec un doux regard candide, « ça ne regarde personne. Ce n'est que de *l'entraide*. »

Ainsi, pour Boris, il existe désormais deux territoires mentaux et sociaux bien distincts. D'un côté, l'économie monétaire, qui reste soumise à des règles plus ou moins centralisées – l'ancien domaine du Gosplan et de la bureaucratie soviétique : un territoire peu productif et gangrené par une corruption endémique généralisée, un domaine *surcodé*, dont le surcodage ne repose plus sur aucun codage solide. Et de l'autre côté, il y a le domaine du *Blat*, l'économie non monétaire, l'économie *hors de tout système de codage* – le nouveau domaine de l'économie non planifiée, contractuelle bien qu'informelle, où la corruption n'existe pas, ou peu, puisque les règles sont produites directement par les nécessités de l'échange. Pour notre ami Boris, l'alcool clandestin devient le support d'un échange *non codé*, donc insoupçonnable de correspondre à un surcodage malsain.

Petit à petit, au fur et à mesure qu'il nous présente sa nouvelle vie, l'ami Boris nous fait comprendre pourquoi, en pleine Katastroïka, les pieds enfoncés dans la boue gluante de la raspoutitsa post-soviétique, il tient une forme d'enfer.

C'est que les « niches » sont devenues sa vie. Désormais, la « datcha », l'appartement et l'accordéon ne sont plus des oasis de liberté et de chaleur humaine dans un désert froid, constitué par le territoire surcodé et déshumanisé du système planifié, encodé, surcodé, rigidifié. C'est au contraire l'usine qui apparaît comme une *tache de froid* dans un univers redevenu chaleureux. La vie de Boris s'est décentrée, puis recentrée. Et à nouveau, elle *fait sens*. Boris se sent désormais plus maître de son destin qu'il ne l'a jamais été. Il est, littéralement, *désaliéné*.

C'est ce qui lui permet de tenir le coup. Un soir, en dégustant d'excellents fruits au sirop (produit d'une « datcha » obtenu par le « blat »), il nous avoue que certes, tout n'est pas rose dans cette nouvelle Russie encore au berceau. Avec une pudeur d'adolescente confessant la perte de sa virginité, il entrouvre sa veste et nous révèle le pistolet petit calibre qui ne le quitte plus. « C'est un modèle ultraplat, très discret, fabriqué jadis à la demande du KGB, » nous explique-t-il. « Je suis obligé de le porter quand je fais du *bizness* avec certains camarades disons peu scrupuleux. »

Mais cette violence même fait partie de sa nouvelle vie. D'une certaine manière, nous avons l'impression qu'elle est souhaitable à ses yeux – comme la preuve la plus tangible, parce que la plus rugueuse, de sa liberté retrouvée.

Tout comme les rumeurs de sécession qui se répandent en Sibérie. Cela aussi, c'est une marque de liberté. « Se séparer de la Russie ? Ma foi, je n'en sais rien, » murmure-t-il. « J'ai du mal à y croire, mais bon. On verra bien ! »

Ce « on verra bien ! », plein d'un optimisme paradoxal, achève de nous convaincre que Boris s'en sortira. Pour lui, la Raspoutitsa n'est qu'un *moment*.

Et déjà, en observant son attitude, nous avons le pressentiment inexplicable que quand nous reviendrons en Russie, 15 ans plus tard, les rues seront solidement pavées, les canalisations réparées, l'eau potable vraiment potable et les avions vraiment sûrs.

Dans leur désastre, les Russes ont tout perdu de ce qu'ils avaient, c'est-à-dire tout ce qu'ils avaient conquis d'accessoire. Mais ils ont reconquis l'essentiel, qui leur manquait : ils ont retrouvé le *sens de la vie*.

Et cela – en observant Boris, pour le comprenons – sera suffisant *pour que tout le reste suive.*

*

Le chapitre précédent nous a permis d'esquisser les grandes lignes d'une situation d'effondrement. Une telle situation, on l'a vu, est caractérisée par une anomie généralisée – l'implosion du codage révélée brutalement par celle du surcodage, à la fin de la phase de paraphrénie. Mais voici maintenant une autre question : comment ce mécanisme est-il vécu, *concrètement*, par les populations ? On a vu, au chapitre précédent, que l'anomie qui a frappé les ex-soviétiques pourrait être non seulement l'annonce de celle qui nous menace, mais aussi une préfiguration *minorante*.

Comment *vit-on* une telle *anomie radicale* ? Pourquoi certains se laissent-ils couler, alors que d'autres résistent et refondent leur appétit de vivre, à travers le désastre ? D'où sortent ces Joanovici, ces Fouché, ces Rothschild ? Et sans aller jusqu'à ces exemples extrêmes et, moralement, on ne peut plus douteux, d'où sortent tout simplement les *survivants* ? Qu'est-ce qui leur donne la capacité de reconstruire un sens au milieu de l'absurde ? Ou, pour reprendre la terminologie de Howard Bloom : c'est quoi, un *introverti faustien* ?

Pour comprendre le vécu de ceux qui traversent la phase d'anomie, il faut sans doute reprendre le mécanisme chronologiquement, et donc d'abord analyser, sans doute, le moment précis où la paraphrénie se retourne en anomie.

À cet instant, les agents de conformité se retrouvent dans la situation peu enviable de gens qui ont l'impression de sentir le sol disparaître sous leurs pieds.

La phase de paraphrénie est caractérisée, on l'a vu à propos de l'exemple Enron, par un hyper conformisme délirant. Quand le discours support de la paraphrénie implose, cet hyper conformisme se révèle pour ce qu'il était : une sclérose du discours visant à masquer sa dislocation, une affirmation quasi-hystérique de valeurs agressives destinée à cacher que les valeurs en question étaient, en réalité, totalement inadaptées au réel.

Les agents de conformité, dont la pensée était totalement enclose dans le paradigme défini par la paraphrénie, se retrouvent donc, quand la phase d'anomie commence, totalement dépourvus de *valeurs*. Les fragments constitutifs de leur mode de réflexion sont disjoints, et, pour la plupart, il s'avère qu'une fois l'armature d'ensemble partie en lambeaux, ils n'ont plus aucun contenu *réel* à injecter dans leur pensée. Soudain, le discours paraphrénique se révèle dans sa totale absurdité. Le roi est nu : les fils qui tissaient son vêtement imaginaire ont perdu toute substance, dès lors que le vêtement a été reconnu comme un non-être. Et ces fragments qui proclamaient tous en apparence le triomphe du codage sur le réel, la capacité du *code* à produire le *sens*, deviennent autant de lambeaux de catastrophe, de non-sens, *d'Absurde*.

Boris, le « normeur » soviétique, a d'innombrables équivalents dans le monde occidental contemporain. Le sociologue américain Christopher Lash a utilisé, pour les décrire, la catégorie des « analystes symboliques ». En substance, voici de quoi il s'agit : de l'ensemble des agents de conformité qui prospèrent dans le surcodage, faute de pouvoir s'épanouir dans un processus de codage parvenu à maturité. Par exemple, on citera dans cette catégorie le cas paroxystique des *traders*, ces agents chargés de rentabiliser artificiellement le capital suraccumulé en fabriquant du rendement financier sans contrepartie physique (voir « Crise ou coup d'État ? », pour les détails techniques). Mais on pourrait aussi rattacher à cette catégorie nombre de cas moins évidents, mais pas forcément moins ridicules, comme par exemple :

- les artistes contemporains (l'art contemporain étant réputé valoir ce que les riches sont prêts à payer pour lui, il constitue une belle illustration de la création de valeur comptable sans contrepartie en termes de richesse réelle),

- ou encore certaines professions au sein des métiers du *consulting*, les *conseillers en organisation* par exemple, professions dont la seule utilité semble être de justifier, par leurs émoluments plus que conséquents, l'importance des budgets qui, eux-mêmes, définissent le statut social des cadres chargés de les piloter,

- ou, bien entendu, ce métier radicalement contre-productif, et dont le développement est peut-être, plus encore que celui des traders, révélateur du surcodage en cours : à savoir les publicitaires et autres spécialistes du *marketing proactif*.

Si l'on analyse le phénomène attentivement, on s'apercevra qu'il s'agit généralement d'une stratégie collective servant à rééquilibrer la structure sociale. Une structure sociale qui a littéralement explosé, qui s'est complètement délitée, sous l'effet d'un processus de codage *qui ne peut pas ne pas dégénérer en surcodage*.

Dans toute société, fondamentalement, trois types d'offre de contribution au cycle de l'échange animent le *cerveau global* des collectivités humaines : ceux qui apportent leur force de travail (les producteurs), ceux qui apportent leur capacité de synthèse et de *décodage* (les dirigeants) et, entre les deux, ceux qui apportent leur capacité d'analyse et de *codage* (les experts, au sens large). La production n'est pas ici seulement la fabrication de biens et la prestation de services. Entendue au sens large, elle est la production de l'espace matériel – elle inclut donc la reproduction, la perpétuation de la vie elle-même.

Le codage est indispensable au cycle de l'échange parce qu'il assure la production du *sens*, au-dessus de la production matérielle, sans lequel le jeu social ne peut que se réduire progressivement à une mécanique sans âme, donc sans vitalité. Et le décodage est le processus par lequel le codage s'accomplit, pour faire retour vers le charnel. C'est un cycle de production du sens : les producteurs fabriquent les choses à signifier, les experts créent les signes qui signifient ces choses, les dirigeants utilisent ces signes pour diriger les choses, ce qui anime les producteurs et entraîne la production de nouvelles choses à signifier.

Le problème, c'est qu'il y a toujours *excès de code,* parce que la fabrication du code va toujours un coup en avant du territoire à coder, et donc il y a prolifération, les choses à coder augmentent sans cesse parce que le code exige toujours plus de substrat à coder, et plus les choses à coder augmentent, plus le code se complexifie. C'est pourquoi la plupart des sociétés traditionnelles organisaient un découplage partiel entre l'activité des producteurs et celle des dirigeants et des experts : c'était une *ruse,* destinée à gaspiller du code, à dévorer le surplus de force produit par le cycle de l'échange à l'intérieur du cerveau global.

Le codage et le décodage traditionnels n'étaient donc pas appuyés sur la production seule, mais aussi sur l'ouverture d'espaces mentaux collectifs au-delà ou à côté du domaine de la production. Par exemple, dans la société occidentale médiévale, une bonne partie des experts étaient chargés de coder un espace mental collectif totalement extérieur à la donne matérielle (ainsi les moines). Dans cette société, l'activité des dirigeants elle-même était également en partie émancipée de la production : l'honneur féodal n'est pas réduit à l'expansion de la richesse matérielle, même si cette expansion faisait partie du « cahier des charges » d'un vassal, tandis qu'une bonne partie de l'aristocratie était ecclésiastique, donc (théoriquement) tournée vers le décodage d'un espace mental autonomisé à l'égard de la donne matérielle.

Dans notre société, du fait de l'implosion des classes dirigeantes et d'expertise d'Ancien Régime (les aristocrates, le clergé haut et bas, régulier et séculier), c'est la catégorie des marchands qui s'est accaparée les tâches de codage et de décodage. Le moment historique, où cette évolution a commencé, peut être situé, sans doute, au début du XIII° siècle, lorsque le réalisme philosophique commence à être battu en brèche, lorsque la pensée commence à être comprise comme un instrument de codage du réel, et du réel uniquement, et du réel en totalité. Et le moment où cette évolution a été définitivement consacrée fut, sans doute, la fin du XVIII° siècle, avec la formulation de la théorie libérale par Adam Smith (voir chapitre précédent), la Révolution Française... et la victoire, à Waterloo, d'un certain Nathan Rothschild !

À partir de ce moment-là, notre monde s'est doté d'un projet relativement explicite, et sans équivalent historique connu : non plus coder un territoire mental émancipé de la donne matérielle, mais étendre le territoire mental jusqu'aux limites de la donne matérielle, tout ramener à la physique, et si le territoire matériel est saturé par le code, alors l'étendre, au-delà de lui-même, compenser l'implosion de la métaphysique par l'extension indéfinie de la technique, *arraisonner* la nature si nécessaire, pour l'étendre jusqu'aux limites de l'esprit. Bref, *rendre le réel humain totalement connaissable.*

L'homme contemporain ne peut plus *penser la pensée* pour elle-même, elle n'a de valeur à ses yeux que tournée vers l'action pratique, sur le monde. L'homme contemporain est incapable de voir, dans le dialogue grec, un but *en soi*. Et il ne peut pas davantage comprendre l'intérêt de la méditation indienne, ou de la prière des médiévaux. En réalité, il s'est progressivement coupé de son *intériorité*. Pour parler comme Howard Bloom, l'homme contemporain, *sauf exception*, est un *extraverti faustien* – et non un *introverti* faustien.

Dans ces conditions, la particularité de nos sociétés, c'est qu'elles doivent trouver un débouché à l'excès de code à l'intérieur de l'univers de la production. Concrètement, ce problème de *recyclage* s'est traduit, ces dernières décennies, par l'émergence, l'explosion et la perversion croissante de cette catégorie des analystes symboliques dénoncée par Lash comme le moteur visible de ce qu'il a nommé : *la révolte des élites* – c'est-à-dire la révolte des analystes, cautionnée par les dirigeants, contre les producteurs, contre les peuples.

Ce que Christopher Lash n'a sans doute pas suffisamment étudié, c'est la dimension *quantitative* de cette explosion des analystes symboliques. Il y a dans son propos une condamnation implicite de cette catégorie – en substance, et sans le dire explicitement, il accuse les analystes symboliques d'être *des parasites*. Il a raison en un certain sens (ces gens-là détruisent de la valeur pour justifier la nécessité d'en recréer), mais en un autre sens, il a également *tort*. Les « parasites », en l'occurrence, accomplissent une tâche sociale d'une grande utilité : en détruisant de la valeur, ils font perdurer le système, ils créent un espace de codage, et même de *surcodage* (nous y voilà), sans lequel la machine ne trouverait plus de débouchés.

Si l'on analyse attentivement le fonctionnement de ces catégories d'analystes symboliques, on verra qu'elles fonctionnent, toutes, à peu près sur le même modèle : collectivement, elles détruisent de la valeur codée (voire, dans certains cas, de la richesse réelle), puis individuellement, leurs membres sont chargés de recréer cette valeur (voire cette richesse), détruite par l'action collective de la catégorie. C'est ce qui permet au système occidental contemporain de continuer à fonctionner, alors qu'en réalité, il n'a plus aucun territoire de codage disponible à traiter, l'ensemble du territoire matériel, tel qu'il pouvait le définir, ayant déjà été codé.

Reprenons, par exemple, les catégories d'analystes symboliques précédemment citées.

Que fait un publicitaire ? Eh bien, il détruit de la valeur par l'action collective de sa corporation, et en crée par son action individuelle. L'étape de création de valeur (purement comptable, s'entend) est évidente, visible : le publicitaire donne de la valeur (comptable, encore une fois) à un bien parce qu'il va susciter chez l'acheteur un désir d'achat qui permettra de vendre ce bien, et de le vendre plus cher que si le désir n'avait pas été créé. L'étape de destruction collective de la valeur est, elle, dissimulée. En réalité, à chaque fois qu'un publicitaire donne de la valeur à un bien, il en ôte à un bien concurrent (de préférence un bien plus ancien que celui vendu par ses soins). Ainsi, par leur action collective, les publicitaires ne cessent de détruire de la valeur sur l'ensemble des biens offerts (surtout celle des biens anciens), tandis que chaque publicitaire, de façon palpable pour son client, crée de la valeur (comptable) pour chaque bien en particulier. On reconnaît donc, dans le « travail » des publicitaires, une ruse sociale permettant à un excès de codage de trouver un territoire où s'accomplir, alors que tout l'espace matériel a, en réalité, déjà été codé. La « société de consommation » n'est rien d'autre que cette *ruse sociale*, comme l'ont déjà démontré amplement des sociologues comme Jean Baudrillard (« le système des objets », « la société de consommation ») ou, sur un ton plus directement politique, Michel Clouscard (« Le capitalisme de la séduction »).

Que fait un consultant en organisation ? Eh bien, quiconque a travaillé en entreprise (en grande entreprise, s'entend) sait qu'il commence toujours par créer de la désorganisation, souvent par une dynamique collective (il n'est pas rare que dans la même entreprise, plusieurs consultants agissent simultanément, pour des services internes *rivaux*). En somme, un « consultant en organisation », pour justifier son existence, a besoin de la *désorganisation*. On observe d'ailleurs des stratégies collectives *d'anomie organisée*, faisant interagir les services internes et les consultants, pour justifier et l'existence des consultants en organisation, et celle des services qui les utilisent.

Que fait un artiste contemporain ? Un artiste contemporain est, généralement (il y a des exceptions), un *non-artiste*. Si l'on définit l'art comme la production du Beau, force est de constater que la plupart des artistes contemporains ne sont pas, à proprement parler, des artistes (il est possible de trouver provocateur, voire révélateur, l'urinoir de Duchamp – il est plus difficile d'énoncer en quoi l'érection de cet urinoir en œuvre d'art aurait *créé de la beauté*). En fait, le travail d'un artiste contemporain est de détruire le Beau *comme principe*, afin de libérer des espaces de *surcodage*. Est beau ce que nous décrétons beau parce que nous avons les moyens financiers de le décréter, voilà ce qu'énonce l'acheteur d'une œuvre d'art contemporain. En ce sens, l'artiste contemporain est d'ailleurs à la pointe extrême du processus d'analyse symbolique, puisqu'il est le seul (probablement) à pouvoir sauter l'étape du codage pour aller directement au surcodage, depuis la destruction de valeur. L'art contemporain est l'accomplissement du rêve ultime du capitalisme financiarisé : créer de la valeur par pur surcodage, sans même avoir besoin de s'encombrer d'une phase préalable de codage.

En ce sens, même un trader n'est pas aussi performant qu'un artiste contemporain, du point de vue des véritables finalités du système entré en phase de surcodage massif. Un trader a, en effet, besoin d'un titre support avant de construire un *produit dérivé*. Il ne peut pas fabriquer directement le dérivé : avant d'entrer dans un processus de surcodage (ce qui est clairement le cas sur les marchés dérivés, lesquels permettent, via l'effet de levier, de fabriquer de la valeur comptable sans support matériel), le trader doit créer un codage renvoyant à une finalité matérielle (le titre support). C'est pourquoi, précisément, le trader est, contrairement à ce qu'on pourrait croire, assez peu performant au regard des finalités du système contemporain : pour pouvoir créer du code, il est en effet contraint de dégager des espaces de codage, ce qui suppose une destruction préalable de valeur (par la mise en dette systématique des acteurs, au point que la dette comme valeur est adossée à un immense trou noir, un Everest d'actifs fictifs, une antimatière économique – voir, pour les détails techniques, « Crise ou coup d'État ? »). D'une certaine manière, l'actuelle crise financière démontre que, du fait de son caractère mathématique, la finance, même totalement prédatrice, irresponsable et désincarnée, n'est pas *aussi* prédatrice, irresponsable et désincarnée que l'art contemporain.

Mais la catégorie des analystes symboliques va bien au-delà des « professions stars » que sont les publicitaires, les traders, les artistes contemporains ou les consultants producteurs de prose manégériale au kilomètre. En réalité, une bonne partie des professions du tertiaire contemporain, et même une partie des professions des secteurs primaire et secondaire, relève désormais de l'analyse symbolique. C'est l'ingénieur obligé de participer à des groupes de travail improductifs, voire contre-productifs – quiconque a mis les pieds dans une direction de l'ingénierie a pu constater que le sacro-saint « travail en équipe » est d'abord un moyen pour les incompétents surnuméraires de justifier leur existence par la destruction de valeur qui libère des espaces de codage aux rares ingénieurs vraiment efficaces et utiles, évitant que ceux-ci, à leur tour, ne rejoignent la catégorie des surplus (nous avons *trop* d'ingénieurs, puisque le problème de notre système est désormais *l'abondance*). C'est le temps de travail paysan consumé dans la chasse aux subventions agricoles (la plupart des agriculteurs, du moins des *gros* agriculteurs, ont aujourd'hui un ordinateur, qui leur permet de traiter les besoins d'une bureaucratie papivore insatiable). C'est enfin, et surtout, ces invraisemblables cohortes de cadres moyens totalement improductifs, qui promènent leur compétence technique plus ou moins imaginaire de dossiers inutiles en dossiers inutiles – et qui, même, parfois, se contentent de promener les dossiers eux-mêmes, pieusement exhibés à travers les couloirs, pour donner l'illusion qu'on les traite ces fichus dossiers, qu'on fait quelque chose, qu'on est partie prenante dans la circulation de l'information. Les amateurs de bande dessinée pourront lire, à ce sujet, les désopilantes aventures de Dilbert, le personnage de Scott Adams, ou encore le *roman d'entreprise* « La Dixième Porte », de Paul Dautrans.

Ce que Lash n'a pas suffisamment souligné, dans sa « révolte des élites », c'est que ces élites en révolte ne sont destructrices et parasitaires que dans le domaine de la production effective de richesse réelle. Au regard de la finalité du système en tant qu'il fait système, c'est-à-dire au regard de la création de valeur comptable, elles sont en revanche *indispensables*. En d'autres termes, ces élites en révolte ne sont pas consciemment, délibérément *en révolte*. Elles sont obligées d'être « en révolte » contre le réel, car elles subissent elles-mêmes, en amont de leur prédation, un ensemble de mécanismes que pour l'essentiel, elles n'ont pas enclenchés et ne maîtrisent pas. Elles sont agies autant sinon plus qu'elles sont agissantes. Pour comprendre leur « révolte », il faut la replacer au sein du système d'ensemble.

En réalité, le fond du problème, c'est que les forces productives sont en excès. Pour comprendre le processus de surcodage, il faut partir de là. Nous avons vu (chapitre 6) qu'un Empire est une machine à produire du codage, puis du surcodage, en captant la vitalité de son cœur. Nous n'avons pas encore expliqué pourquoi un Empire *doit* produire du codage, impérativement, et pourquoi ce codage ne peut pas ne pas se prolonger en surcodage prédateur du réel.

La raison fondamentale pour laquelle tout Empire doit produire du surcodage, c'est *l'excès des forces productives*.

Le code va toujours *un coup en avant* du territoire à coder parce que ceux qui codent savent, intuitivement, que ce coup d'avance ne sera que provisoire. Le rôle du codage est de rendre intelligible la société. C'est une fonction spontanée des organisations humaines – comme l'explique très bien Howard Bloom, c'est la base de la structuration du « cerveau global » défini par ces organisations. Sans codage, le développement du cerveau global échappe à ses juges internes, les agents de conformité n'ont plus de système de référence à respecter, et les agents de diversité, eux-mêmes, sont perdus (comment être un agent de diversité quand il n'y a plus de conformité ?). Quand la société ne peut plus se représenter à elle-même, le « cerveau global » cesse de secréter les centres de l'attention, de la conscience, qui font la substance même des agents de synthèse, c'est-à-dire des classes dirigeantes. Il faut que les experts produisent du code, pour que les décideurs produisent du décodage.

Dans une organisation non impériale (une petite nation, une Cité État), les progressions respectives du codage et du réel social sont effectuées parallèlement. Les codeurs tentent toujours de garder un coup d'avance sur le réel social – parfois, ils échouent, et doivent donc coder « en catastrophe » un réel qui ne peut, cependant, pas prendre trop d'avance – parce qu'il est trop proche pour cela, parce qu'on l'a sous les yeux, parce qu'entre sa « langue » et celle du code, il y a peu ou pas de différences. Mais dans un Empire, les données du problème sont différentes, parce que le réel est si grand, si protéiforme, et il parle un langage si différent de celui qui sert d'encadrement au codage, que les codeurs ont énormément de mal à anticiper sur sa vitesse de progression. De ce fait, justement parce que le réel croît de manière non mesurable, le code est obligé de prendre une avance indéfinie – pour *anticiper*. Un Empire est un cerveau global *sur-organisateur*, parce que constamment menacé de désorganisation.

Dans ces conditions, dans un Empire, le codage devient une finalité *en soi*. Les agents de décodage (les décideurs) considèrent que les agents de codage (les experts) n'ont *jamais* pris assez d'avance sur le réel. Ces décideurs font donc, plus ou moins inconsciemment, tout ce qu'ils peuvent d'une part pour freiner la production du réel (entraver les forces productives), et d'autre part pour accélérer la création du code (alourdir les fonctions d'expertise, d'encadrement et de contrôle).

Ce mécanisme du « cerveau global » de type impérial peut être comparé à ce que les psychiatres ont nommé, s'agissant du cerveau individuel, le « syndrome d'hypervigilance », une pathologie qui touche fréquemment les individus ayant été durablement placés dans des conditions de dangerosité ou de stress extrême : le cerveau ne parvient littéralement plus à *s'endormir*, il scrute constamment son environnement avec une telle insistance qu'il cesse de pouvoir l'embrasser dans sa totalité et dans son immédiateté, et pour finir, il sombre, en général, dans une forme de *paraphrénie*, voire de *paranoïa*.

La mécanique que nous avons analysée sur la base d'un exemple historique (l'Empire espagnol, chapitre 6) ou plus récent (Enron, chapitre 7) n'est rien d'autre que ce syndrome d'hypervigilance appliqué à un « cerveau global » de type impérial. Et la Katastroïka détaillée au chapitre 8 ? Eh bien c'est l'instant où, parvenu au terme de sa paraphrénie, au bout de la paranoïa, ce cerveau global explose, se disloque dans une débâcle, une *raspoutitsa*, complète et irrémédiable – exactement comme le cerveau d'un psychotique terminal sombre dans une incohérence telle, que la coordination élémentaire fait défaut, y compris dans les fonctions régulatrices de l'activité corporelle.

Les analystes symboliques en surplus qui ont déclenché la « révolte des élites » ne sont en fait que les produits de ce mécanisme. On peut tout à fait comprendre l'agressivité que leur prédation suscite de la part de ceux qui souffrent de la répression permanente sur les forces productives – il faut rappeler ici que la destruction de valeur implique, en pratique, que pour donner un *sens* au confort des catégories intermédiaires, on condamne les catégories inférieures à l'inconfort. La réalité de la lutte des classes est indiscutable. Mais ce qu'il ne faut pas perdre de vue, c'est que cette réalité ne trouve pas fondamentalement sa source dans la volonté des acteurs : elle résulte, d'abord, des mécanismes spontanés d'autorégulation exigés par un « cerveau global » ayant atteint la taille *impériale*.

Puisqu'il refuse la croissance de la production réelle, et cherche dans une véritable frénésie paranoïde à augmenter constamment la production de valeur codée au-delà de la richesse réelle, ce « cerveau global » réduit les effectifs nécessaires à la production au fur et à mesure qu'il automatise, rationalise, perfectionne les processus (au lieu de laisser croître la production en quantité et en qualité). Les surplus ainsi générés (de la force productive *en trop*) sont recyclés dans l'analyse – d'abord l'analyse productive, le codage ; puis, une fois le territoire matériel intégralement codé, dans l'analyse *symbolique*, le *surcodage*. Les innombrables « Boris, normeur soviétique » qui peuplent l'actuelle catégorie en expansion des « analystes symboliques » sont les résultats obligés, les fruits inévitables de cette dérive auto générée et exponentielle (plus il y a d'analystes symboliques, plus on a besoin de code à analyser en surcroît du codage du réel, et plus on produit du surcodage, plus on a besoin d'analystes symboliques – c'est une prolifération cancéreuse).

Quand le système bascule de la phase de paraphrénie dans la phase d'anomie, ce que vivent concrètement *les gens*, c'est l'implosion des *raisons d'être* de la catégorie des « analystes symboliques ». C'est notre ami Boris, le normeur soviétique, réalisant d'un seul coup que non seulement il ne sert plus à rien, mais au fond il n'a jamais servi à grand-chose. C'est le trader d'Enron, sortant de l'immeuble où il « travaillait » à ruiner la Californie, avec son carton sous le bras – ah, cet air de sidération intégral, ce regard n'exprimant que l'incompréhension…

Dans ce genre de situation d'anomie soudaine, quand la paraphrénie implose, on peut dire, en résumé, que si l'impact physique sur les individus dépend de nombreux paramètres difficiles à modéliser (le lieu où ils habitent, leur épargne et la manière dont ils l'ont investie, la qualité de la gestion de leur entreprise), les ravages psychologiques de l'anomie sont, logiquement, d'autant plus grands que les individus en question avaient une activité d'*analyste symbolique*. Par exemple, un plombier peut perdre son travail à l'occasion d'une crise économique, mais il ne perd pas son métier, ni sa raison d'être. Il peut retrouver du travail ou se mettre à son compte (voire pratiquer le « blat » à grande échelle). À l'inverse, un trader, un publicitaire, un consultant en organisation ou un artiste contemporain, si le système impérial actuel doit imploser complètement, sur le modèle de l'URSS, perdront *et* leur travail, *et* leur métier, *et* leur raison d'être socialement.

*

Il y a donc toujours deux niveaux de défense individuelle contre l'anomie. Il existe bien sûr un premier niveau, d'ordre matériel et physique, qui semble relativement évident : en substance, il s'agit d'éviter d'investir dans tout ce qui relève du surcodage (titres dérivés, œuvre d'art contemporain, actions des sociétés du secteur tertiaire pur), et même autant que possible d'éviter d'investir dans le codage (actions des sociétés industrielles, or-papier), pour s'orienter vers ce qui relève du réel direct, non codé (terre, pierre, biens d'usage que l'on peut rentabiliser soi-même, or-métal – voire, pour les plus aventureux, les biens susceptibles de donner lieu, le moment venu, à du « blat », tels que les spiritueux, les lames de rasoir, les bas-nylon, que sais-je encore…).

Mais au-delà de ce niveau matériel évident, la défense individuelle contre l'anomie passe, aussi, par la préservation des espaces de liberté, i.e. des espaces *mentaux*, qui permettent à l'esprit de ne pas être captif totalement du processus de codage et de surcodage. Notre « Boris, normeur soviétique » est sauvé, en pleine Katastroïka, par la capacité qu'il a conservée, malgré son ancien métier, de penser le monde dans les catégories du réel, préexistant au codage (le jardinage dans sa « datcha » ; un appartement qu'il a su meubler et entretenir, comme un cocon protecteur, avec, certainement, une bibliothèque bien fournie ; et l'accordéon, un espace de créativité et d'expression). Sans ces espaces, quand le monde codé de Boris a implosé, l'esprit aurait suivi. Grâce à ces espaces, à l'inverse, quand le codage a disparu, le vide laissé par son implosion a été, rapidement, envahi par une nouvelle *substance mentale*, une prolifération luxuriante d'idées neuves, fécondes, antérieures au codage – et donc toutes prêts à ouvrir de nouveaux espaces de codage.

Car à sa très petite échelle, notre « Boris, normeur soviétique » est bel et bien en train, avec son « blat » à coup d'alcool clandestin, de relancer un processus de codage. Dans l'immense territoire déstructuré, à travers la boue infinie de la Raspoutitsa, dans cette bouillie vide de sens, décomposée, qui subsiste après l'implosion du codage et du surcodage fabriqué par une paraphrénie impériale défunte, notre « Boris, normeur soviétique » est en train, tout simplement, de normer à nouveau son environnement – mais au nom d'un autre impératif, et cette fois, non plus contre, mais au service du réel. Notre « Boris, normeur soviétique », redonne un sens à sa vie – et même, pour la première fois, il met ce sens en accord avec son expérience propre, avec son rapport direct aux *choses*.

En somme, notre « Boris, normeur soviétique » se comporte comme un « introverti faustien » – à très petite échelle et de la manière la moins glorieuse qui soit, certes. Mais tout de même, *il code en définissant lui-même le code qu'il emploie*. Et s'il n'avait pas sauvé en lui, jadis, certains réflexes vitaux, il n'aurait pas pu le faire.

Quant à définir exactement le processus qui a permis ce miracle, quant à dire exactement *ce que c'est*, un « introverti faustien », nous allons y venir. Mais pas tout de suite. Ce sera la conclusion de cet ouvrage.

Patience.

Pour l'instant, nous devons encore faire un détour par l'autre versant de la raspoutitsa. Nous devons parler de ce qui se passe quand, à l'inverse de notre « Boris, normeur soviétique », les codeurs et décodeurs n'ont pas préservé, en eux, une part de vie antérieure au codage et au décodage. Il nous faut parler du *désastre absolu*.

Note pour plus tard : *cultivons notre jardin*.

10 – Au milieu de nulle part

Quelque part au Kosovo, en 1999, Radovan observait le ciel. Au-delà des nuages, là-haut, les avions de l'OTAN devaient chercher leurs proies. Des pilotes de A10, qu'il n'avait jamais vus et qui ne le connaissaient pas, le cherchaient pour le tuer. Lui, et l'équipage de son char T55. Des pilotes de bombardiers B-52, qui allaient peut-être, dans quelques minutes, détruire, à Belgrade, l'appartement où dormaient sa femme et sa fille. Tuer sa famille. Des hommes comme lui, pas des monstres. Des hommes comme lui, qui avaient pour mission de le tuer, d'anéantir sa famille, brûlée vive, écrasée sous le béton...

Depuis quinze ans, la vie de Radovan ressemblait à une lente descente aux Enfers. Ou plutôt disons : une lente descente, ponctuée d'accélérations soudaines, de chutes imprévisibles.

Cela avait commencé à la fin des années 80, quand l'inflation avait explosé. Le père de Radovan, qui vivait d'une modeste retraite d'employé des chemins de fer, s'était vu condamner à la misère. Ce n'était pas encore l'époque où le montant de la retraite ne payait même pas le ticket de bus pour aller au bureau d'aide sociale, tout de même. Le père prenait encore le bus, en ce temps-là. Mais c'était déjà, indiscutablement, la misère.

Radovan était étudiant, à l'époque, et il avait manifesté contre Milosevic. Tout le bloc de l'est s'écroulait. Partout, les vieilles oligarchies devaient céder la place à des hommes nouveaux, poussés en avant par les peuples en révolte.

Partout, sauf en Yougoslavie. Là, les apparatchiks s'étaient reconvertis : puisque le communisme mourait, ils se transformèrent en nationalistes – une *idéologie de rechange*, pour *garder le pouvoir*.

C'était pour cette raison que Radovan avait manifesté. Parce qu'il avait bien compris quel jeu jouait Milosevic. Parce qu'il avait bien vu comment Milosevic et Tudjman, les deux apparatchiks, *s'étaient entendus pour ne pas s'entendre*. Le Serbe et le Croate, d'accord pour ne pas être d'accord. Comme si l'ancienne oligarchie communiste s'était coupée en deux, chaque partie justifiant le maintien de son pouvoir par l'obligation de combattre l'autre partie. Oh, ils n'avaient pas dû se mettre d'accord directement, ces deux-là. Ça s'était probablement fait tout seul. Ça les arrangeait bien, vous comprenez ? Et les tensions montaient, au fur et à mesure que l'inflation s'emballait. Et chaque étape supplémentaire dans la crise économique induisait une nouvelle montée de tension entre les républiques, et chaque montée de tension provoquait un regain de difficulté économique.

En manifestant contre Milosevic, Radovan, à l'époque, savait déjà que tout dépendrait, en dernière analyse, de la réaction des grandes puissances. Qu'elles appuient un minimum l'opposition serbe, et tout pouvait encore être sauvé...

Elles n'appuyèrent pas l'opposition. Pourquoi ? Radovan n'en savait rien. C'était à croire que ces grandes puissances, USA, Allemagne, France, Russie, *voulaient* Milosevic, son nationalisme de raccroc... et les guerres qu'il devait engendrer.

Les guerres.

Entré dans l'armée en 1992, Radovan en avait fait trois. En Croatie, en Bosnie, et maintenant ici, au Kosovo. Chacune avait marqué une étape de plus dans la descente aux Enfers de son pays, dans la paupérisation, dans le chaos. La Croatie : la guerre de la minorité serbe contre la majorité croate en Croatie, et de la minorité croate contre la majorité serbe en Yougoslavie. Majoritaires minoritaires contre minoritaires majoritaires. La Bosnie : la guerre des minorités entre elles, minorité contre minorité, dans un chaos indescriptible. Et toutes ces cartes qui se superposaient, ces grilles de lecture qui, toutes, avait leur validité, à un certain niveau de lecture... Radovan n'arrivait même plus à se souvenir de qui il avait combattu à quel moment. Quant à savoir pourquoi, il ne fallait pas y songer. Pour que Milosevic reste au pouvoir à Belgrade, peut-être. Parce qu'il s'était à son tour trouvé piégé. Parce qu'ayant entraîné son pays dans la logique absurde de la guerre, il n'avait plus aucun moyen de se maintenir, sinon de prolonger cette logique, toujours plus loin.

Qu'est-ce qu'ils pouvaient comprendre à tout cela, ces pilotes d'A10 *Thunderbolt*, là-haut, dans le ciel, qui traquaient le char de Radovan pour le détruire ? Rien, évidemment. Pour eux, sans doute, cette guerre opposait une coalition à une puissance agressive. Ils étaient en train de libérer un petit peuple opprimé par son voisin. Voilà comment ils devaient voir les choses. Pour eux, sans doute, la carte du terrain qu'ils balayaient avait un sens bien précis : il y avait le Kosovo, peuplé d'Albanais, des Albanais menacés de génocide par les Serbes. Comme si les choses étaient si simples !

Radovan, lui, avait beau regarder la carte, il ne parvenait plus à lui donner un sens. Même pas le sens que Milosevic voulait donner à cette carte. « Le berceau du peuple serbe, le Kosovo ? » Oui et non. Radovan avait étudié l'Histoire en faculté. Le Kosovo était le berceau du peuple serbe, mais les Albanais pouvaient, de leur côté, faire valoir que cette terre avait *peut-être* été occupée par leurs ancêtres *avant* l'arrivée des Serbes.

Et cette histoire, répétée à l'envi par Milosevic et sa clique, d'oppression des Serbes par les Albanais... Mais qui avait opprimé qui ? Les Albanais avaient été soumis à la loi martiale, jusque dans les années 60 – à l'époque où Tito ne jouait pas encore les nationalismes périphériques les uns contre les autres. Ensuite, on leur avait accordé un statut particulier, et alors, oui, ils avaient opprimé les Serbes. Mais après avoir été eux-mêmes opprimés !

Et à présent, Radovan était là, dans son T55, au milieu d'une province dont il aurait été incapable de dire à qui elle appartenait vraiment. Un point sur une carte vide de sens. Un objectif pour les avions de l'OTAN, mais un objectif au milieu de nulle part.

Comment savoir qui avait opprimé qui, en fin de compte ? Il y avait tant de manière de lire cette carte... Quand on la lisait en gardant en mémoire la situation de 1950, elle avait un sens. Quand on la lisait en se référant à la situation de 1975, elle avait un autre sens. En fait, se dit Radovan, et en pensant cela il eut une grimace d'amertume, en fait, le seul qui donne un *sens* à tout cela, c'est Milosevic. Milosevic contre qui, lui, Radovan, avait manifesté jadis. Et qui, désormais, était son commandant en chef. Maître dans la guerre, faute d'avoir pu l'être dans la paix ! – quelle ironie !

Radovan remarqua, soudain, un point lumineux dans le ciel. Un missile sol-air, sans doute. Peu de chance qu'il touche un avion, l'OTAN dispose d'une telle supériorité technologique !

L'OTAN...

Mais d'abord, pourquoi ça existait encore, ce truc-là ? Le pacte de Varsovie avait été dissout. Logiquement, l'OTAN aussi aurait dû l'être. Il y avait quelque chose de louche dans cette survivance. Au fond, sans cette guerre, l'OTAN n'aurait plus eu de raison d'être ! Pas plus que le pouvoir de Milosevic !

Ce constat, qu'il n'avait jusque-là jamais fait, fascina Radovan. Et si, de l'autre côté, ils avaient aussi *leur Milosevic à eux* ? À leur échelle. Un Milosevic global, grand comme l'Empire US, qui aurait décidé qu'après tout, il lui fallait une bonne guerre en Europe pour justifier son existence ? Pour expliquer que mais si, mais si, l'URSS disparue, il fallait que le Traité de l'Atlantique Nord continue à s'appliquer...

Soudain, Radovan cessa de haïr ces pilotes de A10 qui tournaient, là-haut, à la recherche de son T55 prêt de rendre l'âme. « Si ça se trouve, » pensa-t-il en esquissant un sourire amusé, « le pilote du A10 qui me tuera a manifesté contre la politique belliciste des USA, à l'époque où il était à l'université ! »

Radovan joua avec cette idée pendant quelques minutes. Et si c'était vrai, après tout ?

Et si, lui dans son T55, l'autre dans son A10, ils n'étaient là, et l'un, et l'autre, que pour donner, *par l'absurdité de leur combat*, un *sens* à l'action de leurs maîtres ?

*

Quand un système implose, quand un « cerveau global » sombre dans l'anomie, les « juges internes » les plus haut placés, les dirigeants chargés du décodage, se retrouvent soudain dans l'obligation de décoder *l'absence de codage*. Dans un tel cas de figure, ils peuvent faire deux choses : réinventer un système de codage, immédiatement, ou bien renoncer à leur position de juge interne, et laisser la société secréter spontanément de nouvelles normes.

Réinventer un système de codage est complexe. Cela suppose que la phase d'anomie a déjà généré, par réaction, l'émergence à grande échelle des logiques que nous avons résumées, au chapitre précédent, par l'exemple comique mais révélateur de « Boris, normeur soviétique ». Cela suppose surtout qu'il existe, dans la masse de la population, une volonté de reconstruction suffisamment unifiée pour pouvoir donner lieu à une codification *homogène*. Or, une telle homogénéité n'est possible que si, au-delà des réflexes individuels, il existe déjà, implicitement, caché sous le flot du discours officiel, un nouveau système de codage complet, intégré – une situation rarissime : même le très puissant patriotisme russe n'a pas évité à la Fédération de Russie une décennie de chaos, avant qu'un nouveau système de codage émerge.

En pratique, l'expérience récente de la chute du bloc soviétique semble indiquer que cette reconstruction instantanée du codage n'est possible que par inclusion dans le codage d'une autre entité : la RDA dans la RFA, la Tchécoslovaquie, la Hongrie et la plupart des pays de l'Est à leur suite, à l'intérieur de l'Union Européenne. Et encore dans ce cas, la reconstruction du codage n'est jamais complète : vingt ans après la réunification, une bonne partie de la population est-allemande reste à la traîne, en grande difficulté pour intégrer un système aux exigences duquel elle n'a pas été préparée.

Dans la plupart des cas, en fait, le seul moyen pour les classes dirigeantes d'un système en implosion d'éviter l'effacement, c'est de prendre appui sur le chaos pour justifier la nécessité d'un codage *par la force pure*. C'est pourquoi, quand un système entre en implosion, les dirigeants de ce système peuvent être tentés de créer des *conflits majeurs*.

Le conflit majeur, en fixant le chaos sur une ligne de fracture donnée, a pour effet mécanique de solidariser les parties du système défunt de part et d'autre de cette ligne de fracture. L'existence d'une « ligne de front » principale, bien identifiée, rend possible la dissimulation, voire le comblement des fossés qui sont en train de s'élargir à l'intérieur du « cerveau global » de l'entité en voie d'implosion. Dans ce cas, la porte de sortie de la paraphrénie n'est pas l'anomie, mais la *paranoïa* (si un ennemi extérieur est disponible), ou la *schizophrénie* (si le cerveau global se divise contre lui-même, faute d'ennemi extérieur). Pour un psychotique dont le cerveau est en train de partir en lambeau, l'invention d'une menace extérieure (ou intérieure projetée) est une stratégie de remise en cohérence interne. Ce qui est vrai des cerveaux individuels, en l'occurrence, l'est aussi du « cerveau global ».

Si l'on prend le cas de la Yougoslavie, c'est particulièrement net. À un certain moment (vers la fin des années 80), les dirigeants du pays se sont retrouvés dans une impasse : le processus de libéralisation progressive, voulu par l'Ouest et en partie accepté par les élites yougoslaves, avait complètement dégénéré. Fait trop souvent passé sous silence, l'implosion économique de la Fédération Yougoslave a *précédé* son explosion politique – même si celle-ci, une fois enclenchée, a constitué évidemment un puissant accélérateur chaotique. En l'occurrence, on peut d'ailleurs se demander s'il y eut, de la part de Milosevic, une stratégie délibérée d'instrumentalisation des tensions : il se peut très bien qu'il ait été, d'une certaine manière, *obligé* de jouer ce jeu dangereux – tout simplement parce que c'était le seul moyen de préserver le système. On peut sérieusement douter qu'il ait à proprement choisi la voie de la conflictualité : en pratique, le seul moyen pour lui de sauver l'appareil dont il avait la charge en Serbie était de créer des tensions avec la Croatie. Les enjeux financiers ont fait le reste. Ce serait faire beaucoup d'honneur à Milosevic et Tudjman que de penser qu'ils ont pu, seuls, provoquer la catastrophe : des mécanismes plus profonds, *transversaux à l'ensemble de la société yougoslave*, sont bien évidemment en cause.

*

Ces mécanismes, qui peuvent fabriquer un conflit majeur pour neutraliser les conflits mineurs, sont d'ores et déjà très clairement à l'œuvre actuellement, partout à travers le système occidental en phase de paraphrénie terminale. On a vu aux chapitres 7, 8 et 9 ce qu'était la situation réelle de l'Occident : une économie artificielle, se prolongeant uniquement par un surcodage de plus en plus délirant, une construction collective parvenue au dernier stade de la paraphrénie, déjà minée en profondeur par l'anomie naissante, et confrontée à la montée en puissance d'une économie asiatique potentiellement plus forte qu'elle – une confrontation que la plupart des acteurs ne parviennent pas à intérioriser, tant leur paraphrénie a été parfaite, qui les a persuadés de l'absolu triomphe occidental, depuis deux décennies.

Or, depuis quelques années, les élites occidentales, et plus particulièrement les élites américaines, semblent bel et bien chercher, constamment, une ligne de front principale pour unifier le « cerveau global » de la société dont ils ont la charge, un cerveau que la paraphrénie ne parvient plus que très difficilement à structurer, au fur et à mesure que *le réel se venge*. On citera à ce titre :

⇨ Le « choc des civilisations », et plus particulièrement la confrontation Islam/Occident. Zbigniew Brezinski, ex-conseiller du président Carter, « découvreur » de Barack Obama et secrétaire général officieux de la commission trilatérale, a explicitement dit, dans son livre « Le grand échiquier », que l'unification de la population américaine ne pouvait plus se faire, vu le niveau d'hétérogénéité de cette population, que par la recherche d'un ennemi commun – et qu'à ce titre, l'Islam pouvait être retenu (parmi d'autres cibles), puisqu'il fait à la fois un ennemi facilement identifiable, perçu comme radicalement étranger et, en outre, utile à vaincre sur le plan géostratégique.

Plus profondément, la discussion avec des « néo-conservateurs » sur cette question m'a convaincu que l'Islam, *l'altérité dotée d'une unité spirituelle*, c'est-à-dire un « cerveau global » autre, mais perçu comme plus unitaire que le nôtre, parce que disposant d'un territoire de codage spirituel au-delà de la donne matérielle… est vu comme un ennemi *dont la structuration permettra, par contre-choc, de restructurer le « cerveau global » de l'Occident*. Interrogés sur la définition qu'ils donnaient de l'Occident, tous les petits bourgeois occidentaux en question sont restés parfaitement muets – dans l'incapacité parfaite de définir l'entité et le système de codage pour lesquels ils étaient prêts, selon leurs dires, à « entrer en guerre » contre l'Islam. Interrogés sur la question de savoir pourquoi ils voulaient faire la guerre au nom d'une entité qu'ils ne pouvaient pas eux-mêmes définir, tous ces petits bourgeois occidentaux ont allégué de la menace que l'Islam représenterait… pour cette entité indéfinissable. Ce que nous avons là, c'est une paranoïa servant de ligne de fuite à une paraphrénie au bord de l'implosion, une échappatoire pour éviter l'anomie. En fait, si ces occidentaux haïssent l'Islam, c'est parce que cela leur permet de se redonner une *identité*.

Et, au-delà du cas particulier des musulmans, on remarquera à ce propos que toute la politique suivie depuis trois décennies par nos élites, en matière d'ingénierie sociale (créer des catégories antagonistes pour multiplier les conflits secondaires instrumentalisables) aboutirait, en cas d'implosion complète du système, à fournir d'innombrables conflits majeurs *envisageables*.

⇨ Le « réchauffisme », idéologie déguisée en vérité scientifique, au nom de laquelle on a tenté, lors du sommet de Copenhague, début 2010, d'instaurer un système de taxation mondial (compression des forces productives, surtout dans les pays émergents, génération d'un champ de codage additionnel). En l'occurrence, « l'ennemi commun » destiné à recoaguler la structure sociale menacée d'anomie n'était pas clairement identifié, c'était en fait *l'humanité elle-même*, accusée de provoquer le réchauffement climatique. Il est à noter que le caractère artificiel des théories scientifiques sous-jacentes était parfaitement connu de tous les acteurs – au point qu'il suffisait d'une recherche Internet élémentaire pour constater que des savants reconnus contestaient, avec des arguments de poids, les thèses officielles. De toute évidence, c'est un cas de paraphrénie extrême, dégénérant en hystérie manifeste. Les critiques y ont vu une stratégie réfléchie : étant donné que le projet n'avait de toute façon presque aucune chance d'être mené à bien, vu l'opposition prévisible de la Chine (qui n'a jamais cru à la fonte des glaciers du Tibet), il n'est pas absurde d'y voir plutôt une fuite en avant dans la fiction – Enron, annonçant qu'elle va se lancer dans les « autoroutes de l'information » avait donné, à une autre échelle, une première illustration de ce phénomène.

⇨ La très étrange affaire de la « grippe À » semble s'inscrire dans la même lignée, même si, en l'occurrence, il est difficile de savoir ce qui relève de la simple escroquerie (les laboratoires pharmaceutiques auraient soudoyé des experts de l'Organisation Mondiale de la Santé pour qu'ils grossissent le risque de pandémie), et ce qui appartient au domaine des manipulations d'État (le président Obama a pris prétexte de cette grippe pour suspendre localement certaines libertés publiques, il est possible que nous ayons eu affaire à un test, en vue d'un coup d'État déguisé à venir ultérieurement)… ou ce qui ne fait que traduire le besoin compulsif qu'éprouve un « cerveau global » menacé d'explosion de se donner des *points de fixation*. En l'occurrence, « l'ennemi commun » prenait la forme inattendue d'un « virus ». Ce qui est certain, en tout cas, c'est que l'hystérie qui s'est emparé à cette occasion d'une bonne partie de l'appareil d'État et des médias est bien caractéristique d'une forme de paranoïa.

Ces dérives, pour l'instant relativement anecdotiques, doivent nous mettre la puce à l'oreille. Elles rappellent fâcheusement les obsessions qui se répandirent en Allemagne entre les deux guerres : obsession de l'ennemi invisible et cruel (les Juifs pour les nazis, les musulmans pour les neocons), obsession hygiéniste (nos lois anti-tabac ont eu un précédent historique : en Allemagne, sous Hitler). Elles sont révélatrices de la tentation éprouvée par les « juges internes » de notre « cerveau global » parvenu au terme de la paraphrénie : la fuite en avant paranoïde, pour maintenir, coûte que coûte, la cohérence d'un système en voie de complète désintégration.

Note pour plus tard : au bout de la paraphrénie, quand l'anomie risque de devenir insupportable, il reste une échappatoire, la *paranoïa*.

CONCLUSION DE LA PARTIE III

Faisons le point. Nous avons vu que :

8-1 - Quand l'hyper-conformisme implose sous le choc du réel, la paraphrénie laisse place à *l'anomie*, la disparition de toutes les règles structurantes de l'activité.

8-2 – Notre phase d'anomie occidentale risque d'être particulièrement dévastatrice, pour deux raisons :

- parce que notre système, à la différence de l'Union Soviétique, n'est pas appuyé sur une forte intégration verticale des unités de production ; la dislocation du système de codage, en rompant les sous-jacents des chaînes logistiques, peut donc entraîner des conséquences matérielles très graves – même si le point de départ est élevé, la chute risque d'être rude ;

- parce qu'il y a un énorme décalage entre l'illusion d'efficacité et de puissance donnée par le système occidental et la réalité de son inefficacité et de son impuissance – surtout compte tenu de la donne géostratégique créée par l'alliance russo-chinoise ; les peuples (et dans une certaine mesure les élites) peuvent donc être incapables de comprendre la catastrophe (et donc de la gérer).

9-1 – Lors de la phase d'anomie, les acteurs qui souffrent le plus sont ceux dont la substance s'est identifiée au processus de codage (les « analystes symboliques ») ou de décodage (les « décideurs »). Or, notre société a fabriqué beaucoup d'analystes symboliques, pour des raisons qui tiennent à la nature de notre système : un Empire (naturellement surproducteur de codage), dont le processus de codage a été *exclusivement appuyé sur la donne matérielle*, sans possibilité de consumer les surplus de codage dans les champs spirituels.

9-2 – Au niveau des « analystes symboliques » (la majorité de la population, à des niveaux divers), pour éviter de sombrer pendant la phase d'anomie, il faut conserver des espaces extérieurs au codage. L'important est de rester en prise avec le réel brut, non codé, de toutes les manières possibles, afin de pouvoir, une fois la phase d'anomie entamée, remonter la pente rapidement.

10 – Au niveau des « décideurs », il n'y a que deux possibilités, une fois la phase d'anomie entamée : soit se démettre, soit créer un conflit majeur pour obliger la paraphrénie collective à se prolonger dans la paranoïa ou la schizophrénie. Ce qui est inquiétant, c'est que les décideurs semblent, pour l'instant, s'orienter vers cette deuxième solution, créant méthodiquement les bases de futurs conflits, réels ou imaginaires. Nous sommes donc bel et bien menacés d'une implosion beaucoup plus dangereuse que celle de l'Union Soviétique.

PARTIE IV – SURVIVRE

11 – Stunde Null

1948. Allemagne année zéro.

Le pays est pratiquement anéanti. Un quart des habitations ont été détruites. Le produit intérieur brut a été divisé par quatre entre 1938 et 1946. Une bonne partie de l'outil de production a été détruite par les bombardements, et les soviétiques démontent froidement les usines pour les réinstaller chez eux. Les cœurs historiques des grandes villes allemandes, peut-être les plus beaux d'Europe, ont été presque totalement détruits. L'Allemagne, dont l'identité s'était historiquement construite autour de ses villes, est désormais un pays *sans support culturel*.

La partie masculine du pays a été littéralement arasée. En tout, sur les 75 millions d'habitants que comptait l'Allemagne avant la guerre, entre 7 et 9 millions sont morts. Environ un Allemand sur huit. Onze millions de soldats allemands ont été fait prisonniers. Depuis trois ans, ils rentrent au pays, progressivement. Ceux capturés par les anglo-américains ont subi une captivité rude, mais humaine. Ceux tombés entre les mains des soviétiques vivent bien pire. Ils ne sont pas encore tous de retour au pays, loin de là. Beaucoup ne reviendront jamais.

La population féminine est en à peine moins mauvais état. Pendant deux ans, en échange de cartes d'alimentation, des millions de femmes allemandes ont été employées à déblayer les gravas accumulés dans les villes bombardées. On les appelle les « *Trümmerfrauen* », les femmes-débris. Mais la catastrophe matérielle se double d'un désastre psychologique collectif. On estime que deux millions d'Allemandes au bas mot ont été violées par les troupes soviétiques. Dans la zone occidentale, c'est l'époque des *Venonika Dankeschön*, jeu de mot intraduisible sur l'anglais « maladie vénérienne », « *venerial disease* » - pas le viol, plutôt la prostitution occasionnelle à grande échelle. Faisant suite à douze années de propagande machiste ininterrompue, constamment accentuée par les services du docteur Goebbels, cette humiliation collective engendrera des pathologies durables dans les relations entre les sexes – l'homme allemand, protecteur failli.

12 millions de personnes sont enregistrées comme réfugiées. Une grande partie vient des anciens territoires allemands situés à l'est de l'Oder, incorporés de force à la Pologne. C'est la plus grande épuration ethnique de toute l'histoire de l'Europe.

Les conditions de vie sont à la limite du supportable. Pendant les derniers mois de 1945, la ration calorique quotidienne a avoisiné 1 000 calories par jours – trop peu pour la survie, c'est le marché noir qui a sauvé le pays. L'hiver 1946-

1947 a été particulièrement rude. 700 000 personnes environ sont mortes de faim ou de froid.

De ce mal ne naît aucun bien. Les témoignages de l'époque montrent qu'il n'y a pas de solidarité forte au sein des populations déstructurées par les transplantations, traumatisées par la défaite, écrasées moralement par la prise de conscience des crimes du régime nazi. Le peuple allemand tout entier a été mis en accusation par les vainqueurs. La « dénazification » a impliqué le classement de tous les Allemands en plusieurs catégories, selon leur niveau de culpabilité. L'Allemagne n'est pas seulement anéantie matériellement, elle est aussi détruite spirituellement, privée de sa fierté. Il n'y a, dans toute l'Histoire de l'Europe, pas d'exemple d'un désastre équivalent. Le pire est que les Allemands ne peuvent pas incriminer la brutalité des vainqueurs : même dans ses formes les plus extrêmes, elle n'est somme toute que la répétition de la violence déployée par les Allemands eux-mêmes contre le reste de l'Europe, entre 1939 et 1945. Les vaincus, en leur for intérieur, sont persuadés que la justice des alliés n'est que basse vengeance. Mais ils se taisent. L'Allemagne est un pays martyrisé, et qui ne peut même pas se plaindre.

En fait, la grande question, en cette année 1948, c'est : comment l'Allemagne pourrait-elle ne pas sombrer dans le désespoir, dans une anomie tellement radicale qu'elle serait *irréversible* ?

L'Allemagne de 1948 est un superlatif de l'Europe en ruines.

*

A priori, la situation économique de l'Allemagne, en cette année 1948, paraît désespérée. Comment nourrir un peuple qui n'est pas autosuffisant sur son sol, et n'a plus d'industrie pour produire des biens à exporter ?

Quand il faut constituer un pré-gouvernement allemand, en cette année 1948, dans le cadre de la « tri-zone » anglo-franco-américaine, on cherche donc avant tout des compétences du côté des économistes. Les dirigeants allemands savent bien que d'immenses problèmes sociaux, culturels, politiques au sens le plus élevé, vont se poser à ce pays pratiquement arasé. Mais ils n'ont tout simplement pas le temps de considérer ces problèmes, pas le temps de s'interroger sur l'identité de la nouvelle Allemagne, pas le temps de se demander comment les personnes déplacées vont être intégrées dans les Länder occidentaux. Ils n'ont que le temps de faire de l'économie. Parce que c'est la priorité *absolue*.

Aussi laissent-ils à peu près complètement la politique, la haute politique s'entend, à la charge des puissances occupantes. La future République Fédérale, alors en voie d'incubation, est préparée par les Américains. Sa constitution est pensée par les Allemands, mais avec les briques de base fournies par les occidentaux. Elle ne prend même pas le temps de se définir elle-même. L'Allemagne de l'Ouest est un corps sans âme, uniquement consacré à se maintenir en vie.

Les Américains imposent un homme qui leur paraît, par ses capacités manœuvrières et ses opinions démocrates sincères, à même de refaire une

Allemagne conforme aux vues occidentales : il s'appelle Konrad Adenauer. Avec lui, il n'y aura pas de grande théorie, pas de discussion interminable sur l'identité allemande d'après le désastre : il prend le pays tel qu'il est, et, *profitant de son état d'anomie totale*, il le coule, comme une substance malléable, dans le moule imposé par les occidentaux.

Pour réorganiser l'économie, Adenauer va chercher en Bavière un économiste qui a réussi à redresser relativement vite la situation, dans ce Land un peu moins appauvri que les autres. Il s'appelle Ludwig Erhard. C'est un ancien combattant de la Première Guerre Mondiale, mal vu sous le nazisme pour avoir étudié un projet économique de paix. Il a un plan pour redresser le pays économiquement, un plan révolutionnaire. Il veut *l'heure-zéro*, la « Stunde Null » de la monnaie allemande. Cet économiste « libéral » va donner au monde une incroyable leçon de travaillisme appliqué.

L'idée est simple : l'Allemagne survit dans une économie de pénurie et de rationnement. Elle est gangrenée par le marché noir. Il n'y aucune solidarité entre les Allemands, aucune dynamique collective. La société allemande est dans un état d'anomie peut-être sans équivalent historique connu.

Erhard répond : c'est une *opportunité*. Il connaît parfaitement ses compatriotes. Il sait leurs gigantesques défauts : un modèle familial autoritaire qui fabrique des individus disciplinés jusqu'à l'excès, des structures traditionnelles qui secrètent un déficit chronique de solidarité. Mais il sait aussi que ces défauts gigantesques engendrent, mécaniquement, des qualités gigantesques : la discipline aveugle peut se muer en force d'organisation supérieure, le déficit de solidarité s'accompagne d'une formidable ardeur au travail. Parce qu'il a été élevé par un père qui l'appelait « monsieur » et dans une culture où il est entendu que, n'est-ce pas, « à chacun son dû », l'Allemand constitue une main d'œuvre hors de pair. Très bien. Il suffit de mobiliser cette main d'œuvre. Erhard en est persuadé : les Américains veulent fournir du capital, avec le plan Marshall. L'Allemagne n'a plus qu'à fournir du travail. Pas de problème, elle sait faire.

Le slogan d'Adenauer est : « Pas d'expérimentation, de la sécurité ». La plupart des Allemands en ont déduit que le pouvoir en train de se mettre en place voulait la stabilité, la continuation des choses s'engendrant elles-mêmes, à partir d'une situation générale bizarre et malsaine, une sorte d'économie planifiée autoritaire, tempérée d'anarchie par une multitude de système de trocs. Erhard va prendre tout le monde par surprise.

Le dimanche 20 juin 1948, sans crier gare, il annonce l'heure zéro de l'économie allemande. En une seule journée, le Reichsmark disparaît, remplacé par le Deutsche Mark. Chaque Allemand reçoit 60 marks, chaque entreprise reçoit 60 marks par employé. Le capital est réparti à égalité entre les entreprises et les particuliers. En une journée, les neuf dixièmes de la masse monétaire ont disparu ! *Tout le codage préexistant a été détruit.*

Le lundi 21 juin 1948, plus personne n'a les moyens de se livrer au marché noir. La seule méthode pour se procurer de quoi manger est de gagner de l'argent, coûte que coûte. Dans n'importe quel autre pays, ce serait l'émeute. Mais on est en Allemagne, et tous les défauts du peuple allemand deviennent, d'un seul coup, des qualités. Un peuple entier se voit placé devant une alternative dramatique : travailler, ou mourir de faim. Résultat : tout le monde travaille.

Et ça marche, immédiatement. La demande excède l'offre dans des proportions phénoménales. Il n'y a plus de rente, et donc le capital circule à une vitesse maximale. En un an à peine, la production double, dans une véritable frénésie d'activité. C'est le redémarrage économique le plus rapide de l'histoire. L'Allemagne vient de prouver que le travail est le seul véritable capital, et qu'une main d'œuvre de qualité peut pulvériser n'importe quel obstacle logistique, pourvu qu'on laisse les forces productives jouer librement.

Quatre ans seulement après la « Stunde Null » économique de Ludwig Erhard, l'Allemagne de l'Ouest génère son premier excédent commercial.

Et quatre décennies plus tard, le garde-frontière Karl Müller vivra une folle soirée qu'en 1948, personne n'aurait crue possible.

*

Ce qui frappe en premier lieu dans le « miracle économique » allemand des années 50, c'est qu'il ne s'accompagne d'aucune refondation globale sur le plan culturel ou politique. L'Allemagne post-1945 ne s'est dotée d'aucune transcendance. Le « cerveau global » constitué par le peuple allemand, à cette date, n'a pas l'ombre d'un principe organisateur supérieur. Zéro projet politique autonome. *Zéro idéal.* L'idéal démocratique apparaît comme une simple démarche mécaniste. De manière relativement comique, l'Allemagne fut sans doute le premier pays à adopter la démocratie pour satisfaire une manie de l'ordre.

L'examen des productions culturelles de l'Allemagne de l'Ouest, dans les trois décennies qui suivent la grande catastrophe, montre que le progrès économique fulgurant ne cherche pas d'autre justification que lui-même. Le cinéma allemand a certes donné des critiques remarquables (Fassbinder), mais ces critiques ne se sont épanouies que dans les marges : s'agissant du cinéma grand public, la période du « miracle économique » est, en Allemagne, celle d'un conformisme niais, absolu, d'une vacuité sidérale.

Dans l'Allemagne post-1945, la finalité est le mouvement, sans qu'on sache où ce mouvement doit mener. L'économie devient sa propre justification. Officiellement, Bonn, capitale de la RFA, ne poursuit aucun objectif stratégique explicite. Il n'y a pas de politique de puissance. Il ne s'agit même pas d'accroître le pouvoir de l'homme sur le monde. La technique déchaînée dénoncée par Heidegger est-elle encore celle qui se déploie dans l'Allemagne des années 50 ? On ne trouve nulle trace d'un projet majeur, comme la course à l'espace ou la conquête d'une nouvelle frontière technologique. C'est la technique sans ambition, sans discours, sans cérémonie, la technique en pilotage automatique. L'Allemagne est une immense usine, entièrement consacrée à produire pour améliorer le bien-être des ouvriers qui la peuplent. Les écrivains allemands d'alors, et en premier lieu le très emblématique Heinrich Böll, sont caractérisés par une technique narrative réaliste, reflétant un rapport au temps sans mise en perspective, comme une interrogation lancinante sur l'absurdité du présent généré par lui-même. Le temps allemand post-1945 est absolument linéaire, mais sa flèche n'indique plus rien.

Ce qui rend cette Allemagne vidée d'elle-même assez fascinante, c'est qu'en dépit de son anomie absolue sur le plan des représentations supérieures, elle déborde littéralement de vitalité sur le plan des productions matérielles, et trouve assez vite un mode de fonctionnement remarquablement démocratique, au sens où nos sociétés occidentales sont démocratiques – sur ce plan, l'Allemagne contemporaine est plus convaincante que la France. Dès la fin des années 50, l'Allemagne ressemble à une tentative plutôt réussie pour porter à la perfection le système que lui a imposé son vainqueur : la société de consommation ne sera nulle part aussi *parfaite* que dans ce pays. Il n'y a peut-être, aujourd'hui, nulle part dans le monde, une grande nation à ce point *embourgeoisée*. C'est le seul pays au monde qui est parvenu à ne plus penser qu'en termes quantitatifs : les USA, à ce niveau, ont été battus à leur propre jeu. L'idéal de l'homme allemand, après 1950, est de bien travailler dans son entreprise pour pouvoir s'acheter une Mercedes, et d'avoir des enfants qui travaillent bien à l'école et pourront s'acheter une Mercedes. Point final, circulez y a rien à voir. Pour décrire un tel mode de pensée, il faudrait trouver un superlatif à l'utilitarisme. Ce n'est pas un hasard si Berlin est devenue La Mecque des « alternatifs » de tous poils : aucune société au monde n'est aussi étouffante que la société allemande, pour un individu désireux de s'accomplir réellement, au-delà du simple confort matériel. La plupart des Français ne comprennent pas que si les Allemands sont si volontiers « écolo », c'est parce qu'ils vivent dans un pays où l'arraisonnement du monde par la technique a atteint le stade le plus poussé possible eu égard aux conditions techniques.

À telle enseigne qu'à partir des années 50, on commença à se demander si l'Allemagne avait réellement survécu, après 1945, ou si elle était un zombie, une machine, un robot.

La « renaissance » allemande ne fut-elle que l'importation, dans une nation littéralement rasée jusqu'aux fondations, des champs de codage latents dégagés par la méthode américaine ?

D'une certaine manière, l'Allemagne n'existe plus. Elle est devenue une fraction de l'Amérique – une fraction qui se trouve parle allemand.

Et pourtant…

L'Allemagne existe toujours, elle continue à proposer une modèle culturel spécifique. En effet, si elle dégage des champs de codage « à l'Américaine », elle continue à les explorer *sur la base de son modèle propre*. Exigence d'unité (d'où, pendant longtemps, une véritable cogestion des entreprises entre patronat et syndicats), en contrepoint d'une forte hiérarchisation (discipline de main d'œuvre). La forte spécialisation des sexes s'est maintenue – la « guerre économique » remplaçant la guerre tout court comme marqueur de l'identité masculine (une comédie populaire allemande des années 60 s'intitulera même « Mon mari, le miracle économique » - tout est dit).

En somme, on pourrait définir l'Allemagne post-1945 comme un pays qui tente de rester lui-même en explorant les champs de codage inventés, fondamentalement, par la puissance américaine. *Comme si le « cerveau global » allemand avait utilisé le flux émis par le « cerveau global » américain pour continuer à fonctionner.*

En 1989, quand le Mur est tombé, il y eut un épisode bizarre, difficile à décoder. Devant la porte de Brandebourg, des politiciens allemands se réunirent pour entonner l'hymne de la RFA, le « Lied der Deutschen » - en fait, la troisième strophe de l'ancien « Deutschland über alles ». Ce qui est très curieux, c'est qu'ils ont été sifflés – certains spectateurs ne se privant pas pour se livrer à des gestes obscènes. Comment interpréter cette curiosité : un peuple qui vient de proclamer à la face du monde qu'il était un peuple, et qui, au même moment, siffle son propre hymne national ? Qu'est-ce que ces Allemands sifflèrent ? Ce n'était pas le principe de l'unité allemande, en tout cas on peut le supposer. Alors quoi ?

Et si, en réalité, le 9 novembre 1989, le sens de ces sifflets avait été : nous sommes un peuple, *et donc nous refusons de continuer à fonctionner, comme « cerveau global », en recyclant le flux émis par l'occupant ?* – car que pouvait-on reprocher à ces politiciens allemands, à part d'être, de par l'histoire de la RFA, les emblèmes d'une ambivalence ?

Je crois qu'il y a une double leçon à tirer de l'histoire allemande depuis 1945. La première, c'est qu'un système de codage peut servir à véhiculer, à faire perdurer, à maintenir vivant, un « cerveau global » même si, fondamentalement, ce système de codage est étranger au cerveau qu'il anime. Et la seconde, c'est qu'une renaissance véritable se situerait bien *au-delà* d'un tel recyclage.

Elle consiste, comme il a été dit au début de cet ouvrage, à faire exploser les catégories elles-mêmes. Il s'agit de remonter à la racine de ce qui fait vivre le « cerveau global ».

Note pour plus tard : l'Europe, dont l'Allemagne est depuis 1945 le superlatif, s'est maintenue vivante en recyclant un flux qui est sur le point de se tarir.

C'est un risque mortel. *Et une opportunité formidable.*

12 – Conclusion

Nous vivons une époque décisive dans l'histoire de l'humanité. Jamais, peut-être, les enjeux cruciaux n'ont à ce point évidents, palpables, « en jeu ». Le système mis en place il y a deux siècles, à l'époque où Nathan Rothschild razziait le stock-exchange *en créant le sens*, est en train de se défaire sous nos yeux. Le syndrome Enron qui menace désormais tout l'Occident, pris comme un tout, n'est pas une crise ordinaire. Ce qui implose sous nos yeux n'est pas seulement une certaine forme du processus de codage inventé par l'oligarchie marchande anglo-saxonne. C'est l'Occident contemporain, *en tant que tel*, qui approche soit de son triomphe absolu, soit de son point de rupture irrémédiable.

Triomphe absolu, dans l'incroyable capacité atteinte par le système marchand à devenir la substance même de la pensée. Le sous-jacent idéologique du pouvoir du « vrai vainqueur de Waterloo », l'argent comme principe d'équivalence unificateur du monde, est devenu si prégnant que la plupart de nos contemporains ne se rendent plus compte de son caractère conventionnel. La communication contemporaine n'est rien d'autre que l'affirmation du pouvoir absolu de ce sous-jacent, de sa capacité à rendre le monde totalement intelligible. Les médias de masse, par leur formidable puissance d'imprégnation, saturent littéralement les esprits à l'échelle planétaire. Le spectacle qu'ils proposent a fini par se substituer, dans une large mesure, à toute forme de relation sociale. Au point qu'on peut se demander si nous ne sommes pas confrontés au premier Empire capable de survivre dans un état d'anomie complet, apte à dissimuler la dissolution du lien social en interdisant l'émergence d'un espace où le vide pourrait se manifester. C'est une prison parfaite, en forme de labyrinthe.

Nos contemporains semblent totalement sidérés, au plein sens du terme, par cette incroyable entreprise de colonisation mentale. Le « cerveau global » constitué par nos sociétés ne fonctionne plus normalement. L'individu contemporain, atomisé, schizophrénisé, est un client idéal pour la paraphrénie d'un système désormais entièrement voué au surcodage. L'homme social du temps jadis pouvait construire un « cerveau global » dynamique, l'homme individué contemporain ne peut que faire tourner, à vide au besoin, un « cerveau global » dont la cartographie est produite par un processus de construction du sens sans constitution du lien social. L'actuel triomphe de la subjectivité est un pur trompe-l'œil, car cette subjectivité est elle-même pré-ordonnée par une ingénierie des perceptions produite, en amont, par le système marchand.

Et pourtant, ce système proche du triomphe absolu est, également, au bord du gouffre. Son sous-jacent purement quantificateur échoue à faire vivre une société humaine conforme aux principes qui sont supposés le structurer. L'affirmation d'une équivalence homogénéisant le monde entraîne une dislocation des mécanismes nécessaires au rééquilibrage de la société. L'indifférence est de règle entre les individus, le don devient impensable, il n'y a plus aucun moyen de conserver une marge de codage, sinon la compression sans cesse renforcée des forces productives du réel social. Comment un système appuyé sur le mythe du *Progrès* pourrait-il durablement s'équilibrer, quand son maintien exige qu'on interdise toute *progression* ?

Notre temps ne peut plus penser le temps, il ne peut plus admettre son auto-engendrement créateur. L'esprit occidental est au bord de l'explosion. L'angoisse démoralisante débouche sur une dépression de moins en moins douce, et la dépression engendre la répression. La fuite en avant du système réputé « démocratique » vers le totalitarisme des marchés est avant toute chose l'instant d'une révélation : celle de la vraie nature d'un système fondamentalement dual, qui réserve aux détenteurs du capital le pouvoir de dire le Vrai. Toutes les contradictions internes de notre mode de pensée sont à la veille d'exploser au grand jour, dans un gigantesque effondrement du processus de codage et de surcodage. Plus aucune catégorie morale n'a droit de Cité. Le Juste et l'Injuste sont indifférenciés par le sous-jacent unificateur ; le Bon et le Mauvais, le Beau et le Laid, le Bien et le Mal sont cotés et *échangés*. *Le code a avalé le Verbe.*

Quelle est la différence entre le code et le Verbe ? – me direz-vous.

Et je vous répondrai : essayez donc de coder la question des *fins dernières*. Essayez donc de *coder* un énoncé tel que « Dieu est notre refuge et notre appui » (psaume 46). Vous ne pouvez pas coder cet énoncé, parce qu'il inclut un concept, « Dieu », qui constitue, en lui-même, une question *non décomposable*.

Il est temps de comprendre ce qu'est « l'introversion faustienne » dont parle Howard Bloom.

Ce sera la *conclusion*.

Et comprenne qui doit.

*

La légende de Faust enseigne qu'il y eut jadis, quelque part en Allemagne, un alchimiste qui rêvait de connaître le secret de la Création. Le Diable vint alors à lui, sous les traits de Méphistophélès – étymologiquement : *l'exhalation pestilentielle*. Méphistophélès proposa un pacte à Faust : il lui offrirait une seconde vie, et dans cette seconde vie, Faust apprendrait le secret de la Création. Mais en échange, si Faust devait jamais confesser que l'instant était si beau qu'il en souhaitait la suspension dans l'éternité, alors son âme appartiendrait au Diable. Faust accepte, car il est persuadé de ne jamais vouloir la suspension de l'instant.

Faust rencontre ensuite Margueritte, une jeune femme dont l'innocence le ravit. Il en tombe amoureux et parvient à la séduire, en lui dissimulant qu'il a renié Dieu. Elle tombe enceinte de lui – et tue l'enfant, faute de pouvoir l'élever.

Méphistophélès entraîne Faust dans un festin orgiaque, afin de lui faire espérer *la prolongation éternelle de l'instant*. Mais au cœur de cette *nuit de Walpurgis*, Faust a soudain la vision de la jeune femme qu'il a abandonnée. Il se rend auprès d'elle, et découvre qu'elle promise au gibet pour infanticide. Elle refuse qu'il la sauve grâce aux pouvoirs de Méphistophélès, et préfère expier son crime.

Faust, habité par le souvenir de Margueritte, se sauve alors toujours plus loin, hors de lui-même, et utilise son savoir *pour le bien des hommes*. C'est ce qui l'empêchera désormais de jamais demander *la fin du temps*. Faust a vendu son âme, mais il la *rachète* par l'Amour que lui donne *le souvenir de Margueritte*.

Cette légende a reçu d'innombrables interprétations – celle de Goethe n'étant que l'une d'entre elles. Mais il n'est pas absurde, en tout cas, d'y voir une métaphore de la condition de l'homme moderne, c'est-à-dire de l'homme pour qui le *code*, sous sa forme écrite, est devenu un *mode de pensée*. Le Faust historique n'était probablement autre qu'un certain Johann Fust, co-inventeur possible de l'imprimerie : voilà qui paraît clair.

Si l'on transcrit dans les catégories psychanalytiques contemporaines la légende de Faust, qu'avons-nous ? Nous avons un homme tout entier voué rendre le monde *entièrement intelligible* par un processus de codage, sur la base *d'une substance unificatrice homogène*, jusqu'au point où cet homme refait le monde, c'est-à-dire confond le code et la chose codée – et donc, au fond, se prend pour Dieu. Il y perd son âme : le « ça », *l'exhalaison pestilentielle*, s'impose dans cet esprit que seul un « Surmoi » écrasant tente de structurer, vaille que vaille, au point de tout broyer sur son passage. Mais cette âme perdue, Faust va la regagner lorsque, prenant la mesure de ce qui le sépare de la part lumineuse de son inconscient, il trouve la réconciliation entre son « Moi » devenu esclave de son « Surmoi » et le « Soi » auquel il veut revenir.

Le « Soi » désignant, pour faire simple, la *cohérence de l'être,* cohérence associée à *l'archétype féminin.*

L'« introverti faustien » de Bloom est un introverti parce qu'il peut dégager un champ de codage émancipé du champ déjà balayé par le système global dans lequel il est inséré, et il est faustien parce que, ce faisant, il va libérer la part d'ombre de son inconscient *pour faire ensuite retour à la part de lumière.* Un « introverti faustien » est un homme qui invente un champ de codage nouveau pour laisser s'écouler le code, *afin que celui-ci cesse de s'accumuler dans la pensée.*

Alors le Verbe redevient le Verbe. À nouveau, le Vrai et le Faux sont radicalement opposés, ils ont cessé d'être interchangeables. La cohérence est *refaite.*

C'est la condition de l'homme moderne que décrit Goethe, et c'est la porte de sortie de cette condition qu'il indique : nous sommes entre les mains du Démon, dit le poète, *mais ses mains vont nous propulser vers Dieu.*

A une condition.

Il faut, qu'au cœur de la nuit de Walpurgis, nous ayons *le souvenir de Margueritte.*

BIBLIOGRAPHIE ET RÉFÉRENCES

Pour approfondir, on consultera :

Références chapitre 1 :
Als die Mauer fiel (« Quand le Mur tomba »), film documentaire de Hans-Hermann Hertle et Günther Scholz
L'Âge des extrêmes, Eric J. Hobsbawm
Histoire de l'Union Soviétique, Nicolas Werth

Références chapitre 2 :
L'étrange monsieur Joseph, Alphonse Boudard

Références chapitre 3 :
Fouché, Stefan Zweig
Le cerveau global, Howard Bloom
La Révolution Française, Pierre Gaxotte

Références chapitre 4 :
Les Rothschild, Jean Bouvier

Références chapitre 6 :
La dynamique du capitalisme, Fernand Braudel

Références chapitre 7 :
Enron, the smartest guys in the room, documentaire de Alex Gibney
The creature from Jekyll Island, Edward Griffin
Les secrets de la Réserve Fédérale, Eustace Mullins

Références chapitre 8 et 9 :
Datcha Blues, Ronan Hervouet
À travers l'Empire éclaté, Michel Ianoz
La société de consommation et *Le système des objets*, Jean Baudrillard
Le capitalisme de la séduction, Michel Clouscard
Les conférences de Dmitri Orlov, disponibles sur le web
Par exemple :
http://www.scriptoblog.com/index.php ?option=com_content&view=article&id=291:le-retard-deffondrement&catid=66:societe&Itemid=56

Références chapitre 10 :
Kosovo, un conflit sans fin, Dusan Batakovic

Références chapitre 12 :
Faust, Goethe

ÉDITIONS LE RETOUR AUX SOURCES

ÉDITIONS
LE RETOUR AUX SOURCES

MAURICE GENDRE & JEF CARNAC

LES NOUVELLES
SCANDALEUSES

LE MONDE DANS LEQUEL VOUS VIVEZ N'EST PAS LE MONDE QUE VOUS PERCEVEZ

ÉDITIONS
LE RETOUR AUX SOURCES

PAUL DAUTRANS

MANUEL DE
L'HÉRÉTIQUE

UN LIVRE QUI METTRA EN COLÈRE ABSOLUMENT TOUS LES CONS

ÉDITIONS
LE RETOUR AUX SOURCES

MICHEL DRAC

TAPIS DE BOMBES

MICHEL DRAC DYNAMITE UNE À UNE TOUTES LES POSITIONS DU SYSTÈME

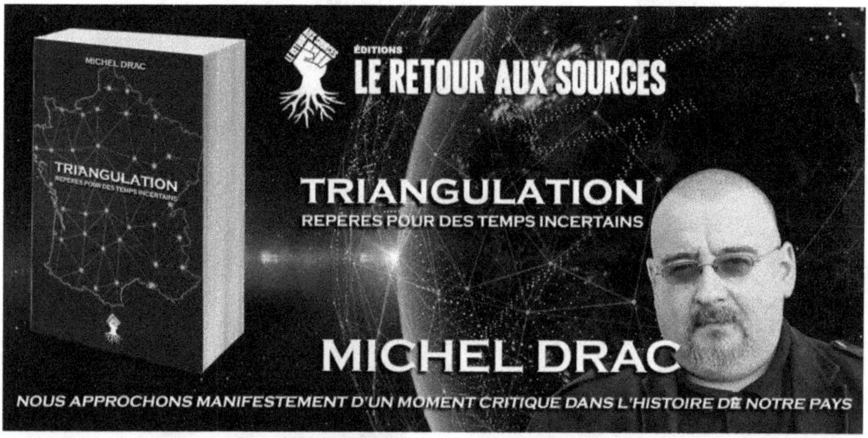

MICHEL DRAC
TRIANGULATION
ÉDITIONS
LE RETOUR AUX SOURCES
TRIANGULATION
REPÈRES POUR DES TEMPS INCERTAINS
MICHEL DRAC
NOUS APPROCHONS MANIFESTEMENT D'UN MOMENT CRITIQUE DANS L'HISTOIRE DE NOTRE PAYS

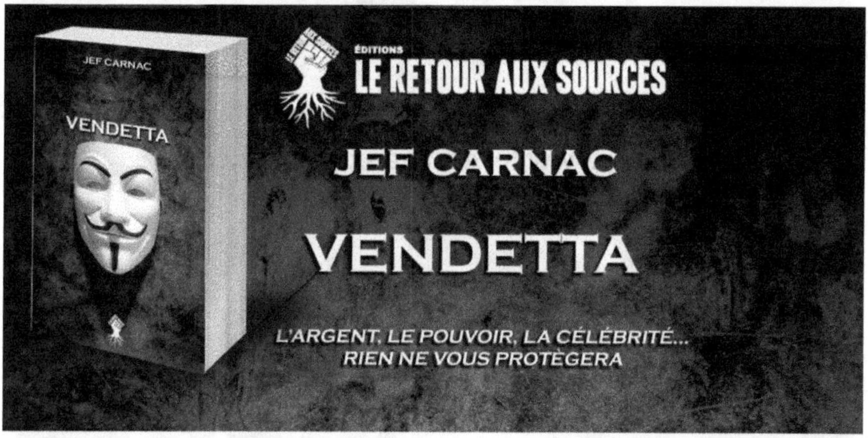

JEF CARNAC
VENDETTA
ÉDITIONS
LE RETOUR AUX SOURCES
JEF CARNAC
VENDETTA
L'ARGENT, LE POUVOIR, LA CÉLÉBRITÉ...
RIEN NE VOUS PROTÈGERA

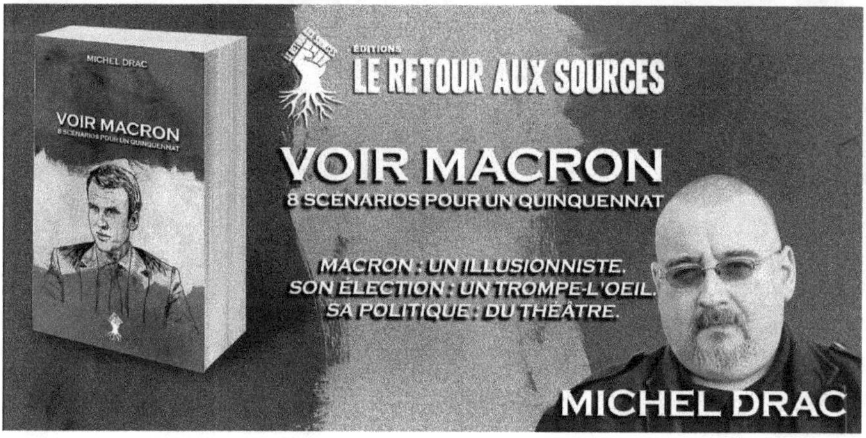

MICHEL DRAC
VOIR MACRON
ÉDITIONS
LE RETOUR AUX SOURCES
VOIR MACRON
8 SCÉNARIOS POUR UN QUINQUENNAT
MACRON : UN ILLUSIONNISTE.
SON ÉLECTION : UN TROMPE-L'OEIL.
SA POLITIQUE : DU THÉÂTRE.
MICHEL DRAC

www.leretourauxsources.com